Krobot · Slezak · Sternhart: Schmalspurig durch Österreich

Krobot · Slezak · Sternhart

Schmalspurig durch Österreich

Geschichte und Fahrpark der Schmalspurbahnen Österreichs

zweite, erweiterte Auflage

327 Fotos
1063 Fahrzeugskizzen
23 Streckenpläne
36 Bahnhofspläne
11 Typenzeichnungen

Verlag Josef Otto Slezak
Wien 1975

Autoren:
Dr. Walter Krobot: Typenskizzen
Josef Otto Slezak: Text und Gestaltung
Hans Sternhart: eisenbahn- und fahrzeuggeschichtliche Daten

Die Verfasser danken folgenden Herren für freundliche Mithilfe und Unterstützung: Dipl.-Ing. Hubert Anselm, Othmar Bamer, Dipl.-Ing. Werner Czuba, Dipl.-Ing. René Desbalmes, Wilhelm Feuersinger, Hellmuth Fröhlich †, Karl Grün, Dipl.-Ing. Erich Heiß, Ing. Hans Heiß, Ing. Franz Hubacek, Fred Kanz, Walter Kreutz, Dipl.-Ing. Gerhard Mayr, Dr. Paul Mechtler, Karl Meindl, Hans Pawlik, Dipl.-Ing. Hubert Pointner, Dr. Hans Pötschner, Dipl.-Ing. Erich Rihosek, Heinrich Sauer, Johann Soukup, Dipl.-Ing. Ingobert Stern, Hanns Stockklausner, Norbert Toldo, Franz Troger, Ing. Wilhelm Urbanczik, Ing. Peter Wegenstein, Dipl.-Ing. Fritz Wengersky, Dipl.-Ing. Kurt Wenzelburger und allen Bahnbeamten, die uns auf den einzelnen Strecken behilflich waren.

Titelbild: Murtalbahn-Lokomotive U 43 mit dem typisch österreichischen Kobelrauchfang bei Ramingstein.
Foto J. Slezak (27. 7. 1961)

Bild-Layout: Ilse Slezak
Lektorat: Dr. Friedrich Slezak
Bahnhofspläne: Ing. Peter Wegenstein

ISBN 3-900134-29-4

Band 3 (2. Auflage) der Schriftenreihe *Internationales Archiv für Lokomotivgeschichte* (IAL 3")

Druck: Neuhauser OHG, Neutorgasse 16, A-1010 Wien 1

Inhalt

Vorwort

Die Jahre nach dem Erscheinen der ersten Auflage (1961) ließen für die Nebenbahnen nichts Gutes erwarten und einzelne Leser meinten schon, bald werde man über die Schmalspurbahnen Österreichs nur mehr einen Nachruf zu schreiben brauchen. Obwohl die Bahnverwaltungen viele dieser Strecken stiefmütterlich – vor allem bezüglich Zugsangebot und Fahrzeit – behandelten und obwohl immer wieder 'Experten' zu baldiger Stillegung rieten, blieb die Mehrzahl der österreichischen Schmalspurbahnen die seither verflossenen eineinhalb Jahrzehnte erhalten; derzeit scheint deren Zukunft sogar weniger bedroht zu sein als damals und es kam sogar eine neue, die Höhenbahn Reißeck, hinzu.

Diesen Gesinnungswandel bei Eisenbahnfachleuten und Verkehrspolitikern bewirkten nicht irgendwelche neue technische Erkenntnisse, sondern einfach die maßlose Ausbreitung des Automobils, das nicht nur die Straßen mehr und mehr verstopft, sondern besonders in Fremdenverkehrsgebieten zu einer Landplage geworden ist. Schließlich ist auch einer breiteren Öffentlichkeit bewußt geworden, daß die Eisenbahn – vor allem die elektrische – das umweltfreundlichste Massenverkehrsmittel ist und sie die knapp werdenden Energievorräte besser nützt. Diesen Gesinnungswandel konstatierte auch Bundeskanzler Dr. Bruno Kreisky (Ö1, 20. 3. 1973, 7.10 Uhr); er unterstrich, daß Nebenbahnen noch vor fünf Jahren als hoffnungslos unrentabel gegolten haben, man aber nun zu schätzen wisse, daß sie das umweltfreundliche Verkehrsmittel sind. Auch das Unternehmenskonzept der ÖBB von 1975 trägt dieser Tatsache Rechnung und bekundet keine Stillegungsabsichten mehr.

Liest man heute den Text der ersten Auflage, so muß man staunen, wie die Entwicklung die damals ausgesprochenen Annahmen bestätigt und die Argumente der 'Gesundschrumpfer' widerlegt hat. Die in der ersten Auflage festgehaltenen Erfahrungstatsachen hat auch die 1971 publizierte wissenschaftliche Untersuchung *Nebenbahnen in ländlichen Räumen – zur Erfassung ihres Wohlstandsbeitrages* von Michael Drude bestätigt.

Wenn heute im Salzkammergut wieder Ansichtskarten mit einem Zug der Salzkammergut-Lokalbahn angeboten werden, so kann man das nicht nur mit Nostalgie erklären. Einheimische und Gäste müssen immer wieder – nicht nur im Vergleich zur früheren SKGLB, sondern auch im Vergleich zu anderen Fremdenverkehrsgebieten mit intakter Eisenbahnverbindung – erkennen, daß selbst der modernste Autobus kein vollwertiger Ersatz für eine Eisenbahn ist, vor allem für den Reisenden mit viel Gepäck. Auch dem lokalen Gewerbe wird kein Ersatz für den so praktischen Stückgutverkehr der Bahn geboten; das Expedieren von Kleinsendungen ist ohne Eisenbahn ein kostspieliges Problem.

Es besteht auch starke Nachfrage nach einem Dienst *Fahrrad am Bahnhof*, der bei der DB *ein Schlager* (*DB-Pressedienst* 13/1973, Seite 2) wurde und für den die Stationen von Nebenbahnen bestens geeignet sind, da dort ohnehin Personal und ungenützte Räume vorhanden sind. Überhaupt wären Nebenbahnstationen richtige Kristallisationspunkte für das nun wieder aufkommende Wochenendwandern und -radfahren, denn sie bieten all die Annehmlichkeiten (Warteraum, Sitzgelegenheiten, schattige Bäume, Trinkgelegenheit, mitunter Büffet), die wir bei Autobushaltestellen vermissen müssen. Wenn die satirische Radiosendung *Der Watschenmann* (Ö1, 14. 11. 1972) den Bürgermeister von Litschau vor den Vorhang gerufen hat, weil er ein Wartehäuschen für die Autobusfahrgäste errichten ließ, so hätte sie die ÖBB immer wieder vor den Vorhang rufen müssen, denn deren Bahnhöfe bieten noch weit mehr Annehmlichkeiten.

Zu dem Buch selbst wäre zu sagen, daß der seinerzeit geplante Ergänzungsband nicht realisiert worden ist, weil die gesamte erste Auflage bald ausverkauft war und nur eine Neuauflage die Schwierigkeiten, die sich beim Aufsuchen der Wagennummern zu den Typenskizzen ergeben haben, beseitigen konnte. Überdies haben sich vor allem im Fahrpark der Schmalspurbahnen beachtliche Veränderungen ergeben, sodaß eine Neugestaltung geraten erschien.

Vor 15 Jahren hätte auch der größte Freund der Schmalspurbahn nicht zu prophezeien gewagt, welch geradezu gigantische Formen der Betrieb von Sonderzügen für Urlaubsgäste annehmen wird. Eine Aktivität, die ursprünglich von Eisenbahnfreunden ausging, hat sich zu einem Fremdenverkehrsfaktor ersten Ranges entwickelt, und heute erleben wir ein 'Griß' um die letzten fahrfähigen Schmalspur-Dampflokomotiven. Jedes Fremdenverkehrsgebiet ist um Dampfsonderfahrten bemüht; die Gäste haben ihre Freude, die Fremdenverkehrswirtschaft erhält einen beachtlichen Impuls und die Bahn verzeichnet zusätzliche Einnahmen. Ich gebe gern zu, daß auch ich eine solch stürmische Entwicklung auf diesem Gebiet nicht erwartet habe. Zum Glück hat sich die Befürchtung, die Bahn werde durch solche Aktivitäten von einem Verkehrsunternehmen zu einer Volksbelustigung abgewertet, nicht bestätigt. Der Schienenverkehr tritt damit wieder mehr ins Bewußtsein Abseitsstehender, die dadurch auch in anderen Situationen die Eisenbahn wieder in ihre Vorstellungswelt einbeziehen.

Dieses Buch möge ein Dank an das Lokalbahnpersonal auf den Weg begleiten, das den Alltagsfahrgästen, den Urlaubern und den wißbegierigen Eisenbahnfreunden stets freundlichst entgegenkommt und dem die familiäre Atmosphäre dort zu danken ist.

Wien, im August 1975

Josef Otto Slezak

Warum Schmalspur?

So wie selbst der größte Strom seinen Ursprung in zahllosen kleinen und kleinsten Gerinnseln hat, so entstehen die mächtigen Verkehrsströme auf unseren Hauptbahnen aus vielen kleinen Zubringern. Sie verbinden entlegene Talschaften über das weite Reich der Schiene mit dem Weltverkehr.

Die Schmalspurbahn verkörpert augenfällig das Vordringen des Schienenstranges in entlegene Gebiete. Sie schlängelt sich durch enge Täler, die von der Natur vorgezeichneten Wege geschickt ausnützend. Ihre drei Meter breite Trasse wäre nicht einmal für eine bescheidene Straße ausreichend. Dieser Anpassungsfähigkeit und Anspruchslosigkeit verdankt die Schmalspur ihre Existenz neben der kontinentalen Maßstäben folgenden Normalspur.

Die großen Bahnprojekte um die Mitte des vorigen Jahrhunderts haben die europäischen Staaten fast ausnahmslos einheitlich als Normalspurlinien verwirklicht. Sie folgten dabei allerdings nicht einer verfrühten europäischen Gesinnung, sondern fügten sich einfach in die Notwendigkeit, die ersten Lokomotiven bei Stephenson kaufen zu müssen, der sie einheitlich nach der Spurweite seiner ersten Bahn, der Stockton–Darlington-Bahn, baute. Dieses Maß von 1435 mm wurde so zur Normalspur. Kleinere Spurweiten, wie schon zuvor in Bergwerken und Fabriksanlagen angewandt, blieben zunächst auf diesen Bereich beschränkt; öffentliche Schmalspurbahnen zählten lange Zeit zu den Ausnahmen.

Als um 1870 die großen kontinentalen Verkehrswege im wesentlichen ausgebaut waren und ihr weit über Erwarten segensreicher Einfluß auf die erschlossenen Wirtschaftsgebiete offenbar wurde, zeigte sich um so deutlicher das Zurückbleiben der Landstriche abseits vom Schienenweg. Sie forderten den Bau von Zubringerlinien. Wo solche – nach den strengen Vorschriften für Hauptbahnen erbaut – bereits bestanden hatten, waren sie nur im Zusammenhang mit großen Industriewerken rentabel. Daher blieb die Forderung nach weiteren Lokalbahnen selbst dann nur unzureichend erfüllt, als die Regierungen deren Bau durch gemilderte Bau- und Sicherungsvorschriften und durch finanzielle Erleichterungen förderten. Die Baukosten waren immer noch zu hoch, vor allem in Gebirgstälern, wo umfangreiche Erdarbeiten und kostspielige Kunstbauten notwendig sind.

In dieser Situation bot sich die Schmalspurbahn als Ausweg an. Sie begnügt sich mit einer schmäleren Trasse und kann – bei gleicher Geschwindigkeit und gleichem Achsstand – engere Kurven durchfahren. Daher paßt sich eine Schmalspurlinie dem Terrain besser an als eine normalspurige. Sie kann sich etwa an der Lehne eines vorspringenden Berges entlangschlängeln, den eine Normalspurbahn in einem kostspieligen Tunnel durchfahren müßte, der überdies den Bau verzögert. Auf österreichischen Lokalbahnen galt als untere Grenze im allgemeinen ein Radius von 180 m bei Normalspur und 80 m bei Schmalspur. Weiters sind die kleineren und einfach ausgerüsteten Schmalspurfahrzeuge billiger. So stellte sich die Errichtung einer Schmalspurbahn mitunter nur halb so teuer wie eine normalspurige Bahnlinie. In

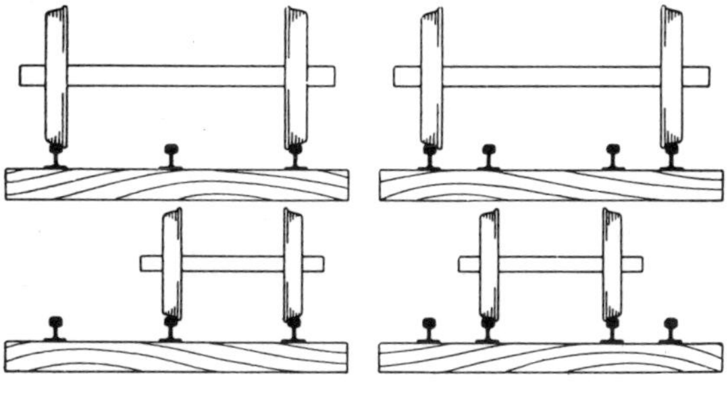

Drei- und Vierschienengleis
für Normal- und Schmalspur

Zeichnung aus *Da staunt das Vorsignal*
von J. Slezak

den meisten Fällen hieß die Fragestellung aber nicht Schmalspur oder Normalspur, sondern Schmalspur oder gar keine Bahn. Wenn nicht schmalspurig, so wären viele Bahnen überhaupt nicht gebaut worden.

Natürlich hat man die Nachteile einer Schmalspur nicht übersehen und es fehlte nicht an mahnenden Stimmen, die den Vorteil einer einheitlichen Spur – Wagenübergang, Entfallen der Umladekosten, Freizügigkeit des Fahrparks – hervorkehrten. Ja, in der Fach- und Tagespresse entbrannte im letzten Viertel des 19. Jahrhunderts ein regelrechter Kampf. Unter den Verfechtern der Schmalspur ist in Österreich besonders Wilhelm Nördling vom k.k. Handelsministerium und Friedrich Žežula von der k.u.k. Bosnabahn bekanntgeworden. Der eifrigste Befürworter einheitlicher Normalspur war der Eisenbahningenieur Max Maria Weber, der Sohn des Komponisten Carl Maria Weber.

Dieser Kampf ist bald abgeklungen und – wie üblich – erwies sich der goldene Mittelweg als Sieger. Die durch das *Gesetz, betreffend die Zugeständnisse und Begünstigungen für Lokalbahnen* vom 25. Mai 1880 – und durch die späteren einschlägigen Gesetze vom 17. Juni 1887, 31. Dezember 1894 und 8. August 1910 – geförderten österreichischen Lokalbahnen entstanden teils mit normaler und teils mit schmaler Spur, doch alle haben ihre gesamtwirtschaftlichen Aufgaben erfüllt und die erschlossenen Landesteile aufblühen lassen. Die den Projekten zugrunde gelegten Transportmengen wurden bald überschritten und heute sind sie trotz Autokonkurrenz im allgemeinen sogar um etwa 50 % höher als im besten Vorkriegsjahr 1929.

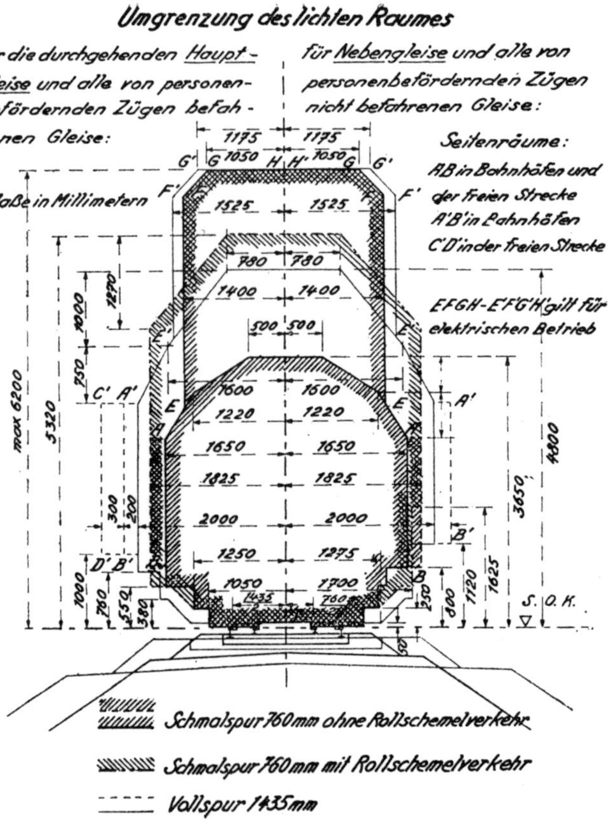

Zeichnung Ing. Otto Zell

Lokalbahn mit Zukunft

Lokalbahnen zählen heute zu den Sorgenkindern, und immer wieder spricht man von Stillegung; aber dafür sind wirtschaftspolitische und nicht technische Faktoren verantwortlich. Die Bahn muß für Fahrweg, Zugsicherung und Verwaltung selber aufkommen, wogegen die Autobusse und Lastkraftwagen der Konkurrenz die aus öffentlichen Mitteln gebauten Straßen benützen und nur ganz unzureichend – Lastautos nur zu 29 %! – mit ihrer Steuerleistung zu den Straßenkosten beitragen, wie eine Untersuchung des Österreichischen Instituts für Wirtschaftsforschung (Beilage zu den Monatsberichten 66/1961) nachgewiesen hat. Überdies trägt die Kosten für Verkehrssicherheit (Polizei, Gendarmerie) und Straßenverwaltung die Allgemeinheit. Solang diese ungerechte Lastenteilung besteht, gehen Eisenbahnverwaltungen aus wirtschaftlichen Gründen vom Schienenverkehr zum Autobusverkehr – zumindest teilweise – über; damit ist das Problem aber nicht gelöst, nur verschwindet so das Defizit aus der Buchführung der Bahnverwaltung in den großen Topf des Staatsbudgets. Übrigens weist der Geschäftsbericht der ÖBB für den Kraftwagendienst ein im Verhältnis größeres Defizit aus als für den Schienenverkehr und auch bei vielen Privatunternehmen muß der Schienenverkehr dem defizitären Autobusverkehr helfen (ESG Linz, GKB)! Auch der Postautobusverkehr ist defizitär.

Diesen unnatürlichen und volkswirtschaftlich bedenklichen Zustand können nicht die Bahnen ändern. Das wäre die Pflicht der Politiker, die nicht nur den Schienenverkehr, sondern alle Sparten des Verkehrs rationalisieren müßten. Eine entsprechende Entwicklung bahnt sich an (Kapteyn-Bericht, EWG, Brand-Gutachten). Hätten die Straßenbenützer kostendeckende Abgaben zu zahlen, so würde sich die technische Überlegenheit der Schiene auch wirtschaftlich auswirken. Die Lokalbahnen, die heute um ihre Existenz kämpfen, brauchten dann keine Konkurrenz zu fürchten und könnten ihre Aufgabe als Zubringer zu den großen Verkehrsadern unangefochten zum Wohl der Allgemeinheit mit geringsten Kosten erfüllen. Gesamtwirtschaftlich gesehen, arbeitet die Schiene billiger als die Straße. Eine Lokomotive kann siebenmal so viel leisten wie ein gleichstarker Kraftwagen. Der Ersatz von Schienen- durch Straßenfahrzeuge verstößt daher auch gegen die Entschließung Nr. 163 der Wirtschaftskommission für Europa, die den Einsatz jener Verkehrsmittel fordert, die *der Öffentlichkeit Leistungen zu den niedrigsten gesamtwirtschaftlichen Kosten* bieten.

Bis hieher entspricht der Text wortgetreu dem der ersten Auflage dieses Buches. Angesehene Gremien und politische Instanzen, von denen man eigentlich nachhaltigen Einfluß auf die Verkehrspolitik erwartet, haben also schon vor 15 Jahren ganz richtig die Bedeutung des öffentlichen Schienenverkehrs erkannt. In der Praxis ist aber für ihn herzlich wenig getan worden. Gefördert wird nach wie vor in erster Linie der Autoverkehr, unabhängig davon, ob sich die betreffende Regierung bürgerlich, sozialistisch oder kommunistisch nennt. Das hat sich in der BRD deutlich gezeigt: weil die sozialdemokratische Regierung unter Willy Brandt das Auto in seine Schranken weisen und dem Schienenverkehr wieder die ihm zukommende Vorrangstellung einräumen wollte, mußte sie einer ebenfalls sozialistischen, aber extrem autofreundlichen weichen, und nicht vielleicht bloß wegen der Affäre Guillaume, worauf Walter Urbanek in seinem Buch *Dem spurgebundenen Verkehr gehört die Zukunft* (Großhelfendorf 1974, Seite 45) hinweist. Während die DB-Zeitschrift *Die Bundesbahn* (Heft 22/1972, Seite 1187) zur Zeit von Willy Brandts Kanzlerschaft aus dem Regierungsprogramm zitieren konnte, daß die SPD der *Eisenbahn als umweltfreundlichstem, sicherstem und kostengünstigstem Verkehrsmittel* wieder die ihr zukommende Stellung einräumen wolle, läßt ein Artikel seines Nachfolgers Helmut Schmidt (im *Jahrbuch des Eisenbahnwesens* 1974) nur den Schluß zu, daß *für die Bahn nichts Gutes mehr aus Bonn zu erwarten sei* (Zeitschrift *Die Kleinbahn*, Jg. 1975,

S. 1268).[1] Da die großsprecherisch angekündigte 'Gesundschrumpfung' der fünfziger Jahre wohl eine Schrumpfung, aber keine Gesundung bewirkt hat, bemäntelt man heute diese geplante Amputation des Bahnnetzes mit anderen Worten und spricht von einem *langsamen und geordneten Rückzug aus der Fläche* (Zeitschrift *DB–Die Bundesbahn,* Heft 4/1975, Seite 203 und 204), welche Formulierung fatal an den planmäßigen Rückzug der Deutschen Wehrmacht zu Ende des Zweiten Weltkriegs erinnert. Der Schrecken, den die Erdölländer mit Boykottdrohungen und Preiserhöhungen verkehrsblinden Politikern einjagten, schien bloß eine Wende einzuleiten. Bald war alles vergessen und man hat rasch Gutachter gefunden, die wissenschaftlich nachwiesen, daß das Auto ohnehin das billigste Verkehrsmittel ist und daß das Erdöl noch für mindestens drei weitere Generationen reichen wird. Damit war die Hoffnung auf eine rasche Änderung der Verkehrspolitik wieder verflogen und der Text kann, fallweise aktualisiert, weiter der ersten Auflage folgen.

Zweifellos wird eine vernünftige Verkehrsteilung[2] wieder einmal kommen, denn auf lange Sicht hat immer noch schließlich doch die Wissenschaft über kleinliche Sonderinteressen gesiegt. Eine Renaissance der Schiene, die für die Automation geradezu prädestiniert erscheint, kündigt sich bereits an. Aufgabe der Bahnverwaltungen und der Lokalbahn-Anrainer muß es sein, die Schienenwege unbedingt für ihre Zukunftsaufgaben zu erhalten, denn wenn sie einmal stillgelegt sind, ist es zu spät. Daß ein Landstrich ohne Schienenverbindung wirtschaftlich und kulturell beeinträchtigt ist, beweisen unsere eisenbahnlosen Talschaften[3], die sich in den letzten hundert Jahren kaum entfalten konnten. In der Schweiz haben das zahlreiche Ermittlungen bestätigt. So heißt es z. B. in der *Vorlage zur Aargauischen Volksabstimmung* vom 4. Dezember 1960: *Unsere Nebenbahnen haben, wie anläßliche Untersuchungen ergaben, entscheidend zur Entwicklung der von ihnen erschlossenen Talschaften beigetragen. Die Bahngebiete besitzen ein größeres wirtschaftlich-finanzielles Potential und damit eine höhere Steuerkraft als die Nichtbahngebiete.*

Gegenwärtig untersucht in Österreich ein Marktforschungsinstitut die Rentabilität von Nebenbahnen, aber nicht nur im Hinblick auf die Bundesbahnfinanzen[4], sondern auch volks-

---

1 Das Fehlen eines verkehrspolitischen Konzepts innerhalb der SPD zeigt auch die Tatsache, daß die sozialdemokratische westdeutsche Eisenbahnergewerkschaft (*GdED-Pressedienst* 14. 4. 1975: *Bundesbahn braucht mehr Verkehr)* entschieden gegen die 'Zielvorgaben' des sozialistischen Verkehrsministers an die DB auftritt, und zwar – das sei ausdrücklich betont – nicht aus egoistischer Personalpolitik sondern in klarer Erkenntnis der volkswirtschaftlichen Bedeutung des Schienenverkehrs.

2 Zusagen maßgebender österreichischer Politiker liegen bereits vor; so sprach sich Bundeskanzler Dr. Bruno Kreisky am 24. 1. 1974 in einer wirtschaftspolitischen Erklärung vor dem Nationalrat für den Ausbau der Nebenbahnen aus und Verkehrsminister Erwin Lanc forderte (Ö 1, 2. 9. 1974, 7.15 Uhr) die Bevorzugung jener Verkehrsmittel, die energiesparend sind. Daß die Eisenbahn dieser Forderung in hohem Maße entspricht, ist wissenschaftlich hundertfach bewiesen. Da aber wissenschaftliche Erkenntnisse wenig augenfällig sind, sei an ein historisches Experiment erinnert. Als zur Zeit der ersten Eisenbahnen der bayrische König nicht so recht an die Vorteile des Schienenwegs glauben wollte, spannten dessen Verfechter den Hund des Königs vor einen kleinen Wagen; diesen brachte der Hund auf der Straße nicht vom Fleck, auf Schienen zog er ihn aber mit Leichtigkeit. Auch die Erbauer der Pferdebahnen hatten sich praktisch überzeugt, daß ein Pferd auf der Schiene etwa siebenmal so viel ziehen kann wie auf der Straße.

3 Wie sich das Herabwürdigen der Nebenbahnen nicht nur auf das Ansehen der Bahn auswirkt, sondern auch auf die Entwicklungsmöglichkeit der betroffenen Landstriche, fand die Arbeiterkammer von Niederösterreich bestätigt; sie beklagt, daß Bemühungen von Gemeinden um Ansiedlung von neuen Industriebetrieben durch das Gerede um die Stillegung von Bahnen jede Aussicht auf Erfolg verlieren (*Das Signal,* 10/1968, Seite 2). Es ist also höchst unlogisch, unzureichendes Frachtaufkommen als Grund für eine Stillegung anzugeben, wenn man potentielle Kunden geradezu verscheucht hat. Das gleiche gilt ja auch für den Personenverkehr; die Zeitschrift der österreichischen Eisenbahnergewerkschaft *Der Eisenbahner* beklagt in Heft 10/1966 (Seite 4) *die fast planmäßige Vertreibung der Bahnkunden durch mangelhaftes Verkehrsangebot und unzweckmäßige Fahrplangestaltung.*

4 Auf wie schwachen Füßen die Begründung für die Stillegung von Lokalbahnen steht, bewies das Neben-

wirtschaftlich und regionalpolitisch. Das Fernsehen hat am 3. 8. 1974 einen ausführlichen und erfreulich objektiven Beitrag dazu ausgestrahlt. So besteht zumindest Aussicht, daß sich die Einstellung maßgebender Verkehrspolitiker zu den Nebenbahnen ändern wird. Kehrtwendungen sind in der Verkehrspolitik durchaus nicht selten, wie wir es etwa hinsichtlich der Anschlußbahnen erlebten. Jahrzehntelang haben die Bundesbahnen diese – gelinde ausgedrückt – nicht gerade gefördert, seit 1970 (SPÖ-Regierungsprogramm vom 27. 4. 1970, Seite 41) aber gibt es sogar staatliche Hilfen, die beachtliche Erfolge zeitigten (*Die ÖBB in Wort und Bild,* Heft 8/1973, Seite 12). Daß eine Pro-Anschlußbahn-Politik und eine Anti-Nebenbahn-Politik nebeneinander bestehen, ist eine der vielen Ungereimtheiten im Verkehrsgeschehen. Eigentlich müßte es doch logisch sein, daß man ein Anschlußgleis nicht an einer stillgelegten Nebenbahn betreiben kann und also beide die gleiche Förderung verdienten.

Weil die österreichischen Arbeiterkammern jahrzehntelang einseitig den Autoverkehr gefördert sehen wollten, ist eine Analyse der Kammer für Arbeiter und Angestellte für Niederösterreich vom 2. Mai 1972, die sich ausführlich mit dem Nebenbahnproblem befaßt und im Prinzip das gleiche ausdrückt wie die vorhin zitierte Aargauische Vorlage, umso beachtenswerter. Es heißt darin, *daß der durchschnittliche Grenzlandsbezirksort stärker geschrumpft ist als der vergleichbare Ort an einer Nebenbahnlinie im Grenzlandbezirk,* und sie erkennt die *eminente Bedeutung der Nebenbahnstrecken für die entwicklungsbedürftigen Gebiete,* die auch die Industriellenvereinigung in ihrem Diskussionsbeitrag zum Nebenbahnproblem unterstreicht (*Die Presse,* 26. 7. 1972).

Da seit Jahrzehnten der Fremdenverkehr zu den Liebkindern der Wirtschaftspolitiker zählt, vermochten nun die spektakulären und optisch wirksamen Dampfsonderfahrten dank ihrer Anziehungskraft auf den Sommerfrischler, Lokalpolitiker der Nebenbahn wieder gewogener zu machen. So stellt Andreas Maurer, der Landeshauptmann von Niederösterreich, in einem Interview, das die Zeitschrift *Die ÖBB in Wort und Bild,* April 1975, unter der Überschrift *Niederösterreich braucht seine Nebenbahnen* veröffentlichte, wohl die wirtschaftliche Bedeutung der Nebenbahnen heraus, während sein Kollege aus dem Burgenland, Theodor Kery, im Mai-Heft die Eisenbahn das *Massenverkehrsmittel der Zukunft* nennt und meint, er *hielte auch den Bau von Schmalspurbahnen zu besonderen Sehenswürdigkeiten des Landes . . . für denkbar.* Aus einem Bundesland, das selbst seine Normalspurbahnen verkümmern ließ und das während der letzten 20 Jahre ausschließlich im Straßenbau verkehrstechnisch aktiv war, klingt eine solche Forderung mehr als überraschend.

Tatsächlich ist eine Lokalbahn für den Fremdenverkehr besonders wichtig; Urlauber ziehen die ruhig fahrende, bequeme Eisenbahn dem stickigen und rüttelnden Autobus vor und schätzen die von der Bahn gebotene Möglichkeit, Reisegepäck aufzugeben oder leicht unterzubringen. Erfahrene Hoteliers wieder schätzen den Eisenbahn-Gast, weil er in der Regel länger bleibt als der rastlose Autofahrer. Übrigens: mit einer Lokalbahn fährt man nicht nur, um anzukommen. Wie nachhaltig die Bahnfahrt zu einem Erlebnis werden kann, zeigen die in dem Buch *Dampftramway Krauss & Comp. in Wien,* 1974, auf Seite 49 abgedruckten Textstellen zeitgenössischer Literaten. Sogar maßgebende Stellen erkennen heute wieder auch diesen Wert der Eisenbahn an. So heißt es in der Zeitschrift *Die ÖBB in Wort und Bild* im Heft 9/1974 auf Seite 14: *Vielleicht wird es in Zukunft richtig sein, weniger Transportleistung als viel mehr Reiseerlebnis anzubieten.* Auch im *Verkehrspolitischen Programm der Sozialistischen Partei Österreichs* (1972) findet sich neben der sachlichen und erfreulich selbstkritischen Feststellung *Fragwürdig ist die isolierte Berechnung der Rentabilität einer Neben-*

---

bahn-Memorandum der ÖBB von 1972. Um ein Haar wären diesem 28 Strecken zum Opfer gefallen. Das ÖBB-Unternehmenskonzept von 1975 sieht dagegen keine Stillegungen mehr vor.

bahnlinie (Seite 13) auch auf Seite 19 folgende beachtenswerte Überlegung: *Die Erschließung von 'ökologischen Ausgleichsräumen' sollte demnach dem Verkehrsträger Schiene überlassen werden, wobei Nebenbahnlinien zusätzliche Bedeutung gewinnen können. Die Ausgestaltung der Streckenführung mit Hilfe landschaftsgestalterischer Maßnahmen kann ihre harmonische Eingliederung in das Landschaftsbild ermöglichen.*

In den letzten Jahren sind die schmalspurigen Nebenbahnen dank der Initiative von Eisenbahnfreunden in einer weiteren Hinsicht zu einem Faktor der Fremdenverkehrswirtschaft geworden. Der Betrieb von Dampf-Sonderzügen oder gar die Einrichtung richtiggehender Museumsbahnen hat einen beachtlichen Aufschwung genommen. Selbst amerikanische Reisebüros arrangieren Gruppenreisen zu österreichischen Schmalspurbahnen (z. B. '76 cm Gauge in Snow' der Rail Study Tours Inc. aus Vienna in Virginia). Der Hobby-Urlaub wird noch weiter an Bedeutung gewinnen, und die Erhaltung von Nebenbahnen ist auch in dieser Hinsicht erstrebenswert, selbst dann, wenn Subventionen erforderlich sind. Schließlich zahlt ja das Land Vorarlberg auch jedem Bauer pro Kuh 200 Schilling, wenn er sie – zur Freude der Fremden und zur Pflege der Landschaft – auf der Alm weiden läßt, entsprechend dem Grundsatz: *ein Tourist im Bett bringt mehr ein als eine Kuh im Stall.*

Die ortsferne Lage einzelner Bahnhöfe ist heute weniger nachteilig als früher, denn die Fahrgäste werden vielfach mit dem Auto, das im ländlichen Nahverkehr durchaus sinnvoll ist, zum Zug gebracht.

Die zahlreichen Taxibus-Tagesausflüge von Ferienorten aus zeigen, daß auch auf der Bahn Nachfrage nach mehr Zugsfahrten (für Ausflüge) besteht. Viele Sommergäste würden lieber einen Abstecher auf eigene Faust unternehmen als Rundfahrten im engen Taxibus. Der miserable Fahrplan der Lokalbahnen unterbindet dies.

Nebenbahnen sind überdies für die Hauptbahn als Zubringer wertvoll und sogar das kommerziell gehaltene Brand-Gutachten sagt, die Nebenbahnen seien für die DB so wichtig wie die Bäche für ein Flußsystem. Die Nebenbahnen werden zu Unrecht als Sündenböcke für das Defizit der Eisenbahnen hingestellt. Die Schweiz beweist das Gegenteil: obwohl sie ihre überwiegend privaten Nebenbahnen sorgfältigst hegt, bilanzieren die meisten einen Reingewinn! In der Radiosendung *Der Zankapfel* am 9. 7. 1972 bezifferte der damalige ÖBB-Betriebsdirektor Dr. Ernst Markoff jenen Anteil des ÖBB-Defizits, der den Nebenbahnen anzulasten wäre, mit nur 5 %! Daraus ergibt sich tatsächlich die Frage, warum man ausgerechnet das Nebenbahnproblem so sehr aufbauscht, die übrigen 95 % des Defizits aber offenbar als naturgegeben hinnimmt[5]. Es ist kein einziger Fall bekannt, daß sich ein Bahnunternehmen durch das Stillegen von Nebenbahnen 'gesundschrumpfen' konnte. Ein gesunder Bahnbetrieb erträgt auch ein paar defizitäre Lokalbahnen, wie es ja auch früher der Fall war, als Privatbahnen sogar solche Nebenlinien errichteten, von denen sie im vornhinein wußten, daß sie keinen Gewinn abwerfen würden. Wie viel mehr stünde es einem staatlichen Bahnunternehmen zu, auch defizitäre Nebenbahnen im Interesse der bodenständigen Wirtschaft zu erhalten. Das spricht nicht gegen meine Überzeugung, daß in einer Verkehrswirtschaft, in der jedes Verkehrsmittel

---

5 Betrachtet man dieses Problem nicht nur bahnintern, so wird sofort klar, warum gerade die Nebenbahn – zusammen mit dem Stückgutverkehr – so vehement als Sündenbock für das Defizit herausgestellt wird: aus diesen beiden Sparten können die Autofrächter am besten Transportanteile der Bahn an sich reißen. Die Zeitschrift der österreichischen Eisenbahnergewerkschaft *Der Eisenbahner* (Heft 3/1967, Seite 2) meint auch, *daß die isolierte Rentabilitätsrechnung von Nebenbahnen ein Unding sei,* und beklagt den *Einfluß der Spediteure* bei diesen Untersuchungen. Auch der deutsche Verkehrswissenschaftler Karl Oettle (Verkehrspolitik, Stuttgart, 1967, Seite 89) spricht sich gegen den Abbruch von Nebenstrecken (der DB) aus, weil *die Hauptursache des Defizits nicht im Flächenverkehr liegt.*

die gesamten von ihm verursachten Kosten trägt, der Schienenverkehr weit besser abschnitte als alle seine Konkurrenten[6].

Die Eisenbahn müßte auch die psychologische Seite dieses Problems berücksichtigen. Läßt man die Nebenbahnen auf, so wachsen beträchtliche Bevölkerungsteile ohne Verbindung zur Eisenbahn heran und sie verschwindet aus ihrem Vorstellungskreis; die Verfrächter würden, wenn sie auf Lastautos angewiesen sind, nicht zum nächsten größeren Bahnhof, sondern gleich bis ans Ziel fahren. Zahlreiche Fachleute warnen bereits vor der zuerst als Allheilmittel gepriesenen 'Gesundschrumpfung'; die US-Bahnen schrumpfen seit Jahren ohne den erwarteten finanziellen Erfolg, und die gleichen Kreise, die der DB Gesundschrumpfung empfohlen haben, kreiden nun der Eisenbahn an, daß sie von den 24.500 Gemeinden des Bundesgebietes nur 9000 bediene.

In einer energie- und umweltbewußten Wirtschaft werden die Bahnen eine weitere wichtige Aufgabe zugewiesen bekommen: den Abtransport der Abfälle aus den Ballungsgebieten, der derzeit unbefriedigend und unrationell vonstatten geht. Für einen hygienischen und wirtschaftlichen Abtransport sollten an städtischen Bahnlinien Sammelstellen angelegt werden, und nachts – wenn der Personenverkehr ruht und Lokomotiven ohnehin verfügbar sind – könnten die beladenen Wagen zu Deponien oder Verbrennungsanlagen – vor allem an abgelegenen Nebenbahnen – gebracht werden. In den nächsten Jahren werden sowieso zahlreiche Güterwagen ausgeschieden, die – weil keine hohen Geschwindigkeiten notwendig wären – für diese Zwecke adaptiert werden könnten.

Der technische Nachteil der Schmalspur, das Umladen der Güter, ist heute dank moderner Ladegeräte weitgehend gemildert und wird in Zukunft durch die Verwendung von Großbehältern noch unbedeutender. Das Umladen dauert dann nicht länger als das Rangieren beim Einmünden einer normalspurigen Nebenbahn. Daher bauten die japanischen Eisenbahnen, deren Netz zuvor ausschließlich schmalspurig (1067 mm) war, ohne Bedenken die normalspurige Schnellbahn Tokio–Osaka und sehen keine Schwierigkeiten für den Güterumschlag, da ausschließlich Großbehälter vorgesehen sind, deren Umladung nicht länger dauert als der sonst notwendige Rangiervorgang.

Der noch ausbaufähige Rollschemel- und -wagenbetrieb gestattet den Übergang von Normalspurwagen, und die Verfrächter genießen alle Vorteile eines vollwertigen Bahnanschlusses.

---

6 Der chaotische Zustand unserer Verkehrswirtschaft ist keineswegs so ohne weiteres über uns hereingebrochen. Er hat Methode. Um ein extrem hohes Maß an Konzentration in Industrie und Handel, das erst die beherrschende Stellung der Großunternehmen ermöglicht, zu erreichen, überwälzte man die Transportkosten weitgehend auf den Steuerzahler: Straßen- und Kanalbau aus öffentlichen Mitteln, Subventionierung des Luftverkehrs, Eisenbahndefizit, Beistellung von Verkehrspolizei, Luftsicherung u. a. vom Staat. Abwälzung der Unfallkosten weitgehend auf die Allgemeinheit, Subventionierung der Autohaftpflicht zu Lasten anderer Versicherungssparten. Bei kostenechten Transportspesen wäre nämlich der lokale Klein- und Mittelbetrieb gegenüber den bloß in der Produktion geringeren Kosten der Großserienfertigung regional durchaus konkurrenzfähig. Was zunächst der Staat den Großunternehmen zuliebe willfährig getan hat, tun nun auch die Privaten, indem sie mit enormem Transportkosten- und Zeitaufwand zum Einkaufszentrum fahren, obwohl die Kosten 'franko Eßtisch' höher kommen als beim Einkauf im benachbarten Greißlerladen. Hauptsache, die Großunternehmen können die hohen Kosten der Feinverteilung auf den Kunden abwälzen, der überdies unnützen Mehrverkehr erzeugt und daher nach weiteren Straßenbauten schreit. Dieses System, das auch angeblich gemeinwirtschaftlich denkende Politiker unterstützen, hat nicht nur den Kleinbetrieb betroffen, sondern auch ausgerechnet die schutzwürdigsten Konsumenten. *Im ländlichen Raum findet man bereits eine große Zahl von Ortschaften, die weder einen Lebensmittelhandel noch sonstige Fachgeschäfte des Handels aufweisen. Die Bevölkerung dieser Ortschaften ist gezwungen, ihren täglichen Bedarf in der nächsten größeren Ortschaft einzudecken, was zu einer höchst unsozialen Entwicklung führt, da die einkommensschwächeren Bevölkerungsgruppen, die sich kein eigenes Fahrzeug leisten können, sowie die alten und kranken Menschen in der Versorgung mit den Gütern des täglichen Bedarfes behindert sind.* (*Wiener Handelszeitung 3/1975*).

Rollwagen sind sogar vorteilhafter als Straßenroller, weil sie in planmäßigen Zügen laufen und keine speziellen, schlecht ausgenützten Zugmaschinen und Bedienungsmannschaften erfordern. Der Straßenroller – einst wie alles, was auf Straßen fahren kann, als Ideallösung angehimmelt – hat *sich als kostspieliges und kompliziertes Behelfssystem* erwiesen, wie der Direktor der Wynental- und Suhrentalbahn (Schweiz) im *Öffentlichen Verkehr,* Heft 8/1960, einbekennt.

Auch hinsichtlich Geschwindigkeit kann die Schmalspur durchaus zeitgemäß sein. Japanische Schmalspurzüge erreichen 163 km/h; die modernen Elektrotriebwagen schweizerischer Schmalspurbahnen fahren planmäßig bis zu 75 km/h. Wohl sind sie im allgemeinen meterspurig und daher etwas größer als die meisten österreichischen Schmalspurbahnen (760 mm), aber selbst die schweizerische Waldenburgerbahn (750 mm) fährt mit 55 km/h. Diese Bahn ist überhaupt ein Musterbeispiel dafür, wie eine notleidende, geringgeschätzte Bahn zu einem modernen, leistungsfähigen und aktiven Betrieb ausgebaut werden kann. Seit der Elektrifizierung (1953) stieg die Zahl der Fahrgäste ständig und ist höher als je zuvor; die Bilanz änderte sich schlagartig von einem hohen Defizit auf beachtliche Überschüsse. Die eleganten Elektrotriebwagen bieten den gleichen Komfort wie Normalspurwagen und brauchen die Konkurrenz der Straße nicht zu fürchten. Heute fahren etwa doppelt so viele Züge wie zur Dampfzeit, und eben eine solche Verkehrsbedienung macht eine Bahn attraktiv. Seit 1958 erfreuen sich die schweizerischen Privatbahnen sogar staatlicher Zuschüsse zur Abdeckung gemeinwirtschaftlicher Lasten.

Unsere Öffentlichkeit vergleicht leichtfertig sechzigjährige Schmalspurfahrzeuge mit modernen Autobussen. Moderne elektrische Triebwagen, wie in der Schweiz üblich, lassen nichts zu wünschen übrig und sind an Geschwindigkeit, Kapazität und Komfort dem Autobus überlegen. Auch das Salzkammergut könnte heute eine solche Bahn besitzen, wenn man seinerzeit auf mahnende Stimmen gehört hätte. Die Elektrifizierung einschließlich neuer Fahrzeuge hätte 44 Millionen Schilling erfordert, sie waren aber angeblich nicht aufzubringen. Die Liquidierung der SKGLB hat dagegen 80 Millionen gekostet, und der Bau der Ersatzstraße verschlingt hunderte Millionen! Aber selbst der Einsatz so enormer Mittel und moderner Baumaschinen hat in den 18 Jahren seit der Stillegung keine vollwertige Ersatzstraße schaffen können, wogegen die SKGLB – hauptsächlich in Handarbeit – in nur drei Jahren fertiggestellt war.

Das Beispiel der Schweiz lehrt, daß Schmalspurbahnen an sich keinesfalls einer vergangenen Verkehrsepoche angehören, sondern daß vielmehr die moderne Technik – vor allem die Elektrotechnik – die Voraussetzung für einen auch im modernen Wirtschaftsleben klaglosen Betrieb geschaffen hat. In der Schweiz sind die Schmalspurstrecken praktisch zur Gänze elektrifiziert, dagegen bedienen sich in Österreich trotz gleich günstiger Wasserkraftreserven nur 20 % der Schmalspurbahnen der wirtschaftlichen und sauberen elektrischen Energie. Die Sowjetunion, die trotz reicher Erdölvorräte die Verdieselung nur als Übergangsmaßnahme ansieht, will auch 40.000 km Schmalspurbahnen elektrifizieren (*Eisenbahn-Praxis,* Heft 3/1966, S. 106). Erst 1975 erschien in der Sowjetunion ein umfassendes Fachbuch über den Bau von Schmalspurbahnen, die dort also durchaus als zeitgemäß gelten.

Die Schweiz, der man kaum Sinn für rationales Wirtschaften absprechen kann, hat in den letzten Jahren Schmalspurstrecken, die vom Abbruch bedroht waren, ausgebaut und erweitert. Das markanteste Beispiel bietet die Luzern–Stans–Engelberg-Bahn (LSE) als *Schmalspurbahn des 21. Jahrhunderts* (*Der Eisenbahner,* 2/1965). Die Verbindung dieser beiden Begriffe wird den Verkehrs-Futurologen, die von Einschienen-, Magnet- oder Kabinenbahnen träumen, zwar nicht in ihren Kram passen, aber die LSE, deren Konzession sich bis zum Jahre 2009 erstreckt, wird bestimmt all die gegenwärtig hochgespielten neuen Bahnsysteme überleben. Ihr Vorläufer war die Stansstad—Engelberg-Bahn, die um 1960 stillgelegt werden sollte, weil ihre Gleisanlagen und der Fahrpark erneuerungsbedürftig waren und das Fehlen eines Anschlusses nach Luzern sich sehr nachteilig auswirkte. All diese Mängel behob die beschlossene Verlängerung und Modernisierung, die praktisch einem Neubau der Strecke — mit einem 1760 m langen Tunnel und einer 190 m langen Brücke — gleichkam, sowie die vollständige Erneuerung des Rollmaterials (Umstellung von Drei- auf Ein-Phasen-Wechselstrom). Als während der Umstellungszeit Autobusse aushelfen mußten, lernten die Fahrgäste erst so richtig die Vorteile des Schienenverkehrs schätzen. Die 1964 eröffnete Luzern—Stans—Engelberg-Bahn erlebte gegenüber der alten Bahn einen ungeahnten Aufschwung. Die Zahl der Fahrgäste stieg von 450.000 (1962) auf 1,250.000 (1972), die Gütertonnenleistung von 6000 auf 63.000 und in der Bilanz wandelte sich der Verlust von 60.000 Franken zu einem Gewinn von 50.000 Franken. Streckenfernsteuerung und Betriebsfunk zeichnen diese Schmalspurbahn als höchst zeitgemäß aus.

Bereits 1955 rüsteten sich auch die Schmalspurbahnen nördlich von Bern (Solothurn—Zollikofen—Bern und Vereinigte Bern—Worb-Bahnen) zu einer zukunftsweisenden Betriebsform. Der neue Berner Hauptbahnhof (1965 eröffnet) mit einer unterirdischen Endstation für die Schmalspurzüge realisierte eine Schmalspur-Version des DB-Slogans *Mit der Eisenbahn ins Herz der Städte*; das gesamte modernisierte Streckennetz kam 1974 in Betrieb und besticht durch folgende Faktoren: durchwegs eigener Bahnkörper (Abschnitt Bern—Worblaufen zweigleisig), im Stadtgebiet von Bern unterirdische Trasse (mit zwei unterirdischen Haltestellen), Taktfahrplan, gute Umsteigmöglichkeiten, Betriebsfunk, S-Bahn-mäßige Triebwagenzüge und Selbstbedienung der Fahrgäste (schaffnerloser Betrieb im Vorortsbereich). Nach all diesen erfolgreichen Bahnmodernisierungen in der Schweiz überrascht es nicht, daß die Frauenfeld—Wil-Bahn, die sich auf Autobusse umstellen wollte, sich jetzt (1975) entschlossen hat, beim Schienenverkehr zu bleiben. Während anderswo Lokalbahnen den Verkehrsplanern eben in den Städten 'im Weg' waren und verschwinden mußten, verstand es die Schweiz, sie auch dem Stadt- und Vorortverkehr (Bern, Luzern) nutzbar zu machen, wozu nun auch die Rhätische Bahn ein weiteres nachahmenswertes Beispiel bietet mit den vier im Jahre 1971 eingestellten Pendelzügen (Leichtbauweise) für den Vorortverkehr in Chur.

Daß auf einzelnen unserer Schmalspurbahnen die Personenfrequenz tatsächlich gering ist, liegt an unzureichenden Zugsverbindungen. Wenn im Tag nur drei Züge fahren, müssen sich die Anrainer auf andere Verkehrsträger umstellen. Wird aber ein annehmbarer Verkehr geboten — wofür sechs Zugpaare die untere Grenze darstellen —, so gewinnt die Bahn rasch Fahrgäste zurück, wie es die Beispiele aus der Schweiz beweisen. Bei Elektro- oder Dieselbetrieb sind ja die Betriebs- und Personalkosten so minimal, daß häufigere Fahrten nur geringe Mehrkosten, aber bedeutende Mehreinnahmen zur Folge haben. Die Eisenbahn ist bei korrekter Kostenrechnung allen anderen Landverkehrsmitteln so hoch überlegen, daß sie es gar nicht notwendig hätte, mit irgendwelchen außerbetrieblichen Argumenten wie Fremdenverkehrsförderung um Unterstützung zu buhlen. Da man aber gern ihr — im Vergleich zu anderen Verkehrsmitteln — geringes Defizit als Grund für Betriebseinstellungen hinstellt, sei ein weiteres Argument für sie angeführt. Die Beibehaltung der tatsächlich defizitären Personenschiffahrt auf der Donau wird mit Rücksicht auf den Fremdenverkehr begründet und mit der Überlegung, daß gerade in unserer Zeit jede Möglichkeit, dem vom Großstadttempo gehetzten Menschen eine Gelegenheit zum Ausspannen zu bieten, so wichtig ist, daß sie nicht verlorengehen darf. Wieviel mehr noch gilt dieses Argument für die Schmalspurbahnen unserer Heimat, die so richtig Erholungs- und Urlaubsstimmung hervorzaubern und prachtvolle Landstriche uneingeschränkt genießen lassen.

Die Schmalspurbahnen Österreichs

Die öffentlichen Schmalspurbahnen auf dem Gebiet der Republik Österreich – einschließlich Zahnrad-, aber ohne Straßenbahnen – sind zusammen 718 km lang. Das entspricht der ansehnlichen Entfernung Wien–Bludenz und macht 11 % des gesamten österreichischen Eisenbahnnetzes (6496 km) aus. Wir haben es also mit einem beachtlichen Verkehrsträger zu tun, der nicht unterschätzt werden darf und der für weite Gebiete Österreichs lebenswichtig ist. Aufschlußreich ist ein Vergleich mit der Verkehrsleistung der Austrian Airlines, die ja allgemein als beachtlicher Verkehrsträger gilt, dem jede Unterstützung gebührt. Das jährliche Frachtaufkommen der Austrian Airlines (AUA) von etwa 20.000 Tonnen stellen so geringgeschätzte Lokalbahnen wie die Zillertalbahn (80.000 Tonnen) oder die Kapfenberger Linie (140.000 Tonnen) weit in den Schatten und die AUA-Passagierfrequenz (knapp 1 Million) erreichen auch Nebenbahnen wie die Zillertal- oder die Stubaitalbahn. Jede einzelne Schmalspurbahn ist für die Anrainer zumindest genau so wichtig wie die AUA im Bundesmaßstab und diese Verkehrsadern dürfen keineswegs herabgemindert werden. 1974 bestanden in Österreich die in der Tabelle auf Seite 19 verzeichneten Schmalspurbahnen mit öffentlichem Verkehr (ohne Zahnrad- und Straßenbahnen), wobei *Privatbahnen* in *Kursivschrift* gesetzt und die Längen in Kilometern angegeben sind.

In Österreich hat die Schmalspur Tradition, denn die erste öffentliche Eisenbahn Österreichs, die Pferdebahn Linz–Budweis, war schmalspurig. In den Jahren 1827 bis 1832 abschnittsweise eröffnet, war sie zugleich die erste öffentliche Eisenbahn des europäischen Kontinents. Ihre Spur hatte das ungewöhnliche Maß von 1106 mm (= 3 1/2 österreichische Fuß). Dieselbe Spurweite hatte die südliche Verlängerung nach Gmunden (1836 eröffnet).

Eine zweite Blütezeit erlebte die Schmalspur in Österreich-Ungarn nach der Besetzung der türkischen Grenzprovinzen Bosnien und Herzegowina entsprechend den Beschlüssen des Berliner Kongresses von 1878. Am 29. Juli 1878 überschritten die ersten Truppen die bosnische Grenze. Primitive Verkehrswege erschwerten das Vordringen der Truppen und die Erschließung des Landes. Daher beauftragte die Heeresverwaltung die Baufirma Hügel & Sager, die gerade den Bahnbau Temesvár–Orsova beendet hatte, mit dem Bau einer Schleppbahn für den Heeresnachschub (Bosnisch Brod–Zenica, 190 km), die als Provisorium gedacht war. Die Baufirma verwendete dazu von ihren Baustellen Gleise und Fahrpark mit einer Spurweite von 760 mm. Da in Österreich Provisorien am dauerhaftesten sind, wurde diese Schleppbahn der Grundstock für ein mehr als 2000 km langes Schmalspurnetz, das sich bestens bewährt hat. Das Maß von 760 mm soll von Bahnmaterial (2 1/2 engl. Fuß = 762 mm) herrühren, das diese Firma vom Suezkanalbau (1859–1869) gekauft und anschließend bei der Wiener Donauregulierung (1870–1875) verwendet hat. Es ist als bosnische Schmalspur bekanntgeworden und wurde später auf Wunsch der Heeresverwaltung für die meisten Schmalspurbahnen der österreichisch-ungarischen Monarchie verwendet, um im Kriegsfall auf deren Rollmaterial zurückgreifen zu können. Das ist tatsächlich im Weltkrieg 1914/18 geschehen und hat zahlreiche österreichische Schmalspurfahrzeuge in weite Ferne verschlagen.

Das bosnische Beispiel war für die Schmalspurbahnen Österreichs nicht nur hinsichtlich der Spurweite, sondern vor allem bezüglich Leistungsfähigkeit bedeutungsvoll. Im Streit für und wider die Schmalspur konnten ihre Befürworter die unübersehbaren Leistungen der bosnisch-herzegowinischen Bahnen ins Treffen führen.

Der Ausbau des österreichischen Schmalspurnetzes erstreckte sich über etwa dreißig Jahre, zu gleichen Teilen vor und nach der Jahrhundertwende gelegen. In dieser Zeit entstanden fast alle Lokalbahnstrecken auf Grund der einleitend erwähnten Gesetze. Der Erste Weltkrieg hat diese Entwicklung abgebrochen und viele Strecken, die als Durchgangslinien gedacht waren,

Die österreichischen Schmalspurbahnen (1974)

Baulänge	Betriebslänge für Personenverkehr	Betriebslänge für Güterverkehr		Anm.
Spurweite 760 mm			Niederösterreich	
91,324	91,324	89,306	St. Pölten – Ober Grafendorf – Mariazell – Gußwerk	1)
62,343	62,343	62,343	Ober Grafendorf – Ruprechtshofen – Gresten	
70,917	70,917	70,917	Waidhofen an der Ybbs – Gstadt – Kienberg-Gaming	
5,732	5,732	5,732	Gstadt – Ybbsitz	
42,756	42,756	42,756	Gmünd – Groß Gerungs	
25,034	25,034	25,034	Gmünd – Alt Nagelberg – Litschau	
12,960	12,960	12,960	Alt Nagelberg – Heidenreichstein	
5,200	–	*5,200*	*Payerbach – Hirschwang*	
			Oberösterreich	
39,803	39,803	39,803	Garsten – Klaus	2)
			Salzburg	
52,712	52,712	52,712	Zell am See – Krimml	3)
			Tirol	
31,740	*31,740*	*31,740*	*Jenbach – Mayrhofen*	
			Vorarlberg	
35,327	35,327	35,327	Bregenz – Bezau	
			Steiermark	
10,400	–	*10,320*	*Mixnitz – St. Erhard*	
20,130	–	*19,890*	*Kapfenberg – Seebach/Turnau*	
11,453	*(11,274)*	*11,274*	*Preding-Wieselsdorf – Stainz*	4)
76,307	*76,117*	*76,117*	*Unzmarkt – Tamsweg – Mauterndorf*	5)
42,681	*(42,220)*	*42,220*	*Weiz – Birkfeld – Ratten*	6)
Spurweite 1000 mm			Oberösterreich	
14,759	*14,656*	*14,656*	*Gmunden – Vorchdorf*	7)
13,430	*13,388*	*13,388*	*Vöcklamarkt – Attersee*	
			Tirol	
18,342	*18,164*	*18,164*	*Innsbruck – Fulpmes*	
Spurweite 600 mm			Kärnten	
3,333	*3,333*	*3,333*	*Höhenbahn Schoberboden – Reißeck-Seenplateau (Sporthotel)*	

Anmerkungen:

1) St. Pölten Hbf. – St. Pölten Alpenbahnhof kein Güterverkehr
2) fahrplanmäßiger Personenverkehr nur zwischen Garsten und Molln, 9,630 km Molln – Klaus = Schienenersatzverkehr mit Autobussen; Sonderpersonenzüge (Garsten – Molln – Klaus)
3) Tamsweg – Mauterndorf siehe Steiermark
4) beschränkt öffentlicher Personenverkehr (Bedarfszüge)
5) 11,743 km Tamsweg – Mauterndorf beschränkt öffentlicher Personenverkehr (fahrplanmäßige Dampfbummelzüge)
6) beschränkt öffentlicher Personenverkehr: Weiz – Birkfeld fahrplanmäßige Dampfbummelzüge, Birkfeld – Ratten Bedarfszüge
7) 1,326 km Péagestrecke (Engelhof – Abzweigung vor Traundorf) mit der normalspurigen ÖBB-Linie Lambach – Gmunden Seebahnhof

sind heute nur Stichbahnen. So unterblieben die geplanten Verbindungen Gußwerk – Au-Seewiesen, Gresten – Ybbsitz, Litschau – Neubistritz, Groß Gerungs – Krems u.a.

Die Kohlennot nach 1918 und die Inflation der zwanziger Jahre brachten die Lokalbahnen in Schwierigkeiten, und die kurze Konjunkturzeit der Ersten Republik (1925 – 1929) konnte frühere Versäumnisse nicht wiedergutmachen. Die Wirtschaftskrise (1930 – 1938) beeinträchtigte erneut die Frequenz; für große Erneuerungen war damals kein Geld verfügbar, wenn sogar die Eisenbahner mitunter ihre Monatslöhne nur ratenweise erhielten.

Die erstaunliche Leistungsfähigkeit der Schmalspurbahnen bewies deren Verkehrsleistung im Zweiten Weltkrieg und kurz danach, als der allgemeine Wiederaufbau an die Wirtschaft höchste Anforderungen stellte, der Autoverkehr aber praktisch zum Erliegen gekommen war. Die Personen- und Güterfrequenz war oftmals doppelt so groß wie in den besten Vorkriegsjahren und die Bahnen haben sie ohne wesentliche Erweiterung der Anlagen, des Personalstands und des Fahrparks bewältigt.

Die Schmalspurbahnen Österreichs zeichnen sich durch zwei Vorzüge aus. Jede führt durch ein Gebiet voll landschaftlicher Reize; wenn manche Gegend auch noch nicht von der Fremdenindustrie erschlossen ist, wie an der Strecke Mixnitz—St. Erhard oder im Waldviertel, so ist sie dennoch für den erholungsuchenden Urlauber wie geschaffen. Der zweite Vorzug der österreichischen Schmalspurbahnen besteht im sorgfältigen Ausbau der Trasse, der sich — dank der strengen Eisenbahnaufsicht in der österreichisch-ungarischen Monarchie — auf den Betrieb günstig auswirkt. Dagegen waren zahlreiche Schmalspurbahnen in anderen Staaten, die lokale Baufirmen als Spekulationsobjekt billigst errichtet hatten, zufolge ihrer primitiven Anlage Totgeburten. Österreichs Bahnbauer haben die Schmalspur in der Regel nur dort angewendet, wo gegenüber Normalspur wesentliche Ersparnisse zu erzielen waren. So erhielten z. B. alle Lokalbahnen im Wiener Becken Normalspur und der Wiener muß — begnügt er sich nicht mit der Liliputbahn (381 mm Spurweite) im Prater oder im Donaupark — mindestens 60 Kilometer weit fahren, wenn er eine Schmalspurbahn sehen will.

Die meisten Schmalspurbahnen Österreichs entstanden als selbständige Aktiengesellschaften, die sich jedoch auf den Besitz an den Bahnanlagen und am Fahrpark beschränkten, denn den Betrieb übertrugen sie einer größeren Bahngesellschaft (kkStB, NÖLB, Südbahn). Diese führte ihn entweder auf eigene Rechnung oder auf die der Eigentümer. Im Lauf der Zeit gingen die meisten Strecken in Staats- oder Landeseigentum über.

Während der letzten Jahre erhielten die meisten österreichischen Schmalspurbahnen schwereren Oberbau und wirken auch optisch als vollwertige Verkehrswege. Die österreichische Firma Plasser & Theurer ermöglicht dank einer Variante ihrer bewährten Gleisbaugeräte auch auf Schmalspurbahnen neuzeitliche Bahnerhaltungsmethoden. Für Schmalspurbahnen ist guter Oberbau besonders wichtig, weil Unebenheiten den Lauf der Fahrzeuge infolge des ungünstigeren Verhältnisses Fahrzeugbreite : Spurweite stärker beeinflussen als auf Normalspurstrecken. Der Oberbau der österreichischen Schmalspurbahnen ist heute im allgemeinen ausgezeichnet. Das alte, feldbahnähnliche Gleis mit Schienen Form XXX (17,90 kg/m, h = 90 mm) — Blumendraht-Oberbau genannt — hat fast vollständig schwereren Schienenformen weichen müssen. Es werden nur noch Schienen Form Xa (35,65 kg/m, h = 125 mm) und Schienen Form XXIVa (26,15 kg/m, h = 110 mm) eingebaut, die Achslasten bis 12 Tonnen zulassen.

Dieses Buch behandelt die Geschichte und den Fahrpark aller Schmalspurbahnen, die auf dem Gebiet der Republik Österreich liegen und die als Eisenbahnen eingestuft sind. Für die schmalspurigen Zahnradbahnen Österreichs ist eine eigene Publikation vorgesehen.

In den folgenden Beschreibungen sind die einzelnen Bahnstrecken nicht chronologisch behandelt, sondern topographisch, von Niederösterreich westwärts fortschreitend bis Vorarlberg. Ständig wiederkehrende Angaben (Eröffnung, Elektrifizierung, Radien, Neigung) sind übersichtlich zusammengefaßt oder in die Karten eingearbeitet, um den sonst um solche Angaben gerankten Buchstabenfriedhof zu vermeiden. Ebenso fehlt im Text allgemein, was der aufmerksame Leser ohnehin den Karten- und Fahrparkskizzen sowie den Tabellen entnehmen kann. In den Kartenskizzen sind photogene Stellen der Strecken mit F gekennzeichnet. Die Pfeilspitze dabei bezeichnet die Stelle, von der aus der Zug günstig ins Bild zu bekommen ist.

Mariazellerbahn

Obwohl die prachtvolle Schmalspurbahn von der Westbahn-Station St. Pölten nach Mariazell allgemein als Mariazellerbahn bekannt ist, hat es offiziell in Österreich nie eine Bahn solchen Namens gegeben. Grenzsteine mit den Initialen St.P.K.M. erinnern noch heute an den ursprünglichen, umständlichen Namen Lokalbahn St. Pölten—Kirchberg an der Pielach—Mank, die — eine Aktiengesellschaft — den Grundstock für die niederösterreichisch-steirische Alpenbahn, wie der amtliche Name später lautete, gebildet hat. Obzwar für diese Strecken Normalspur möglich gewesen wäre, entschied sich das niederösterreichische Eisenbahnamt schon damals mit Rücksicht auf den gebirgigen Charakter der geplanten Verlängerung nach Mariazell für die Schmalspur.

Die Bahn verdankt ihre Entstehung der eisenbahnfreundlichen Initiative der Landesorgane (Landesgesetz betreffend die Förderung des Eisenbahnwesens niederer Ordnung in Niederösterreich vom 28. Mai 1895) in Zusammenarbeit mit den Gemeinden und Lokalinteressenten, die ihre Heimat mit dem Schienennetz verbinden wollten. Bau, Betrieb und Verwaltung besorgte ein 1895 errichtetes Landeseisenbahnamt; ab 1. Jänner 1908 oblag Projektierung und Bau der niederösterreichischen Landeseisenbahn-Baudirektion, Betrieb und Verwaltung der Direktion der Niederösterreichischen Landesbahnen (NÖLB). Am 15. Juli 1922 haben die Österreichischen Bundesbahnen — rückwirkend ab 1. Jänner 1921 — die NÖLB-Strecken als Pachtbetrieb und am 24. September 1922 — ebenfalls rückwirkend ab 1. Jänner 1921 — auf eigene Rechnung übernommen.

Als erste Linie des niederösterreichischen Lokalbahnnetzes entstand 1897/98 die 31 Kilometer lange Strecke St. Pölten—Kirchberg a. d. Pielach in einer Bauzeit von nur 20 Monaten, die Zweiglinie von Ober Grafendorf nach Mank in 13 Monaten. Die Abfahrtsstelle in St. Pölten lag zunächst vor dem Hauptbahnhof im Straßenniveau und wurde erst 1908 auf Gleisniveau verlegt[1] Man nannte diese Bahn zunächst Pielachtalbahn.

Der Weiterbau von Kirchberg nach Mariazell stellte ebenso hohe Anforderungen wie der Bau der großen Alpenbahnen und die Fahrt ist ebenso eindrucksvoll. Ab Laubenbachmühle hat die tunnelreiche Strecke richtigen Gebirgsbahncharakter (Steigungen bis 27 Promille) und erinnert an die Semmeringbahn. Zunächst windet sie sich in zwei großen Kehren, die dem Fahrgast prachtvolle Ausblicke (rechts sitzen!) bieten, bis Puchenstuben aufwärts und steigt anschließend, von imposanten Kunstbauten unterstützt, bis zu ihrem höchsten Punkt (892 m) im Gösing-Tunnel (2368 m lang). Wechselndes Gefälle führt schließlich die Strecke, an landschaftlichem Reiz und bautechnischer Kunst kaum zu übertreffen, von Gösing (Ausblick zum Ötscher!) zum berühmten Wallfahrtsort Mariazell, schon in der Steiermark gelegen. Die Verlängerung bis Gußwerk dient hauptsächlich dem Holztransport.

Eine Verbindung von Gußwerk über Seewiesen zur Strecke nach Kapfenberg war mehrmals geplant gewesen und findet sich in Reiseführern aus der Zeit um 1910 bereits eingezeichnet, wurde aber nicht gebaut. Eine solche vermissen selbst bahnfremde Kreise trotz relativ guter Autobusverbindung — im Winter verursacht das Ein- und Ausladen von Skiern allerdings arge Verspätungen — heute noch; so klagt das Benediktiner-Priorat in der Ausgabe 1966 des *Mariazeller Kalenders* (Seite 101): *Der Mariazeller Fremdenverkehr empfindet es heute noch als einen fühlbaren Nachteil, daß dieser Gnadenort mit der Steiermark keine Bahnverbindung besitzt.* Die Bedeutung der Mariazellerbahn für den Reiseverkehr zeigt sich auch darin, daß sie als einzige ÖBB-Schmalspurlinie auch Sitzplätze 1. Klasse anbietet.

---

1 Die Gleisanlage vor dem Bahnhofsgebäude blieb für ankommende und außerplanmäßige Züge — zunächst zweigleisig, von 1932 an eingleisig — bis 1945 in Verwendung.

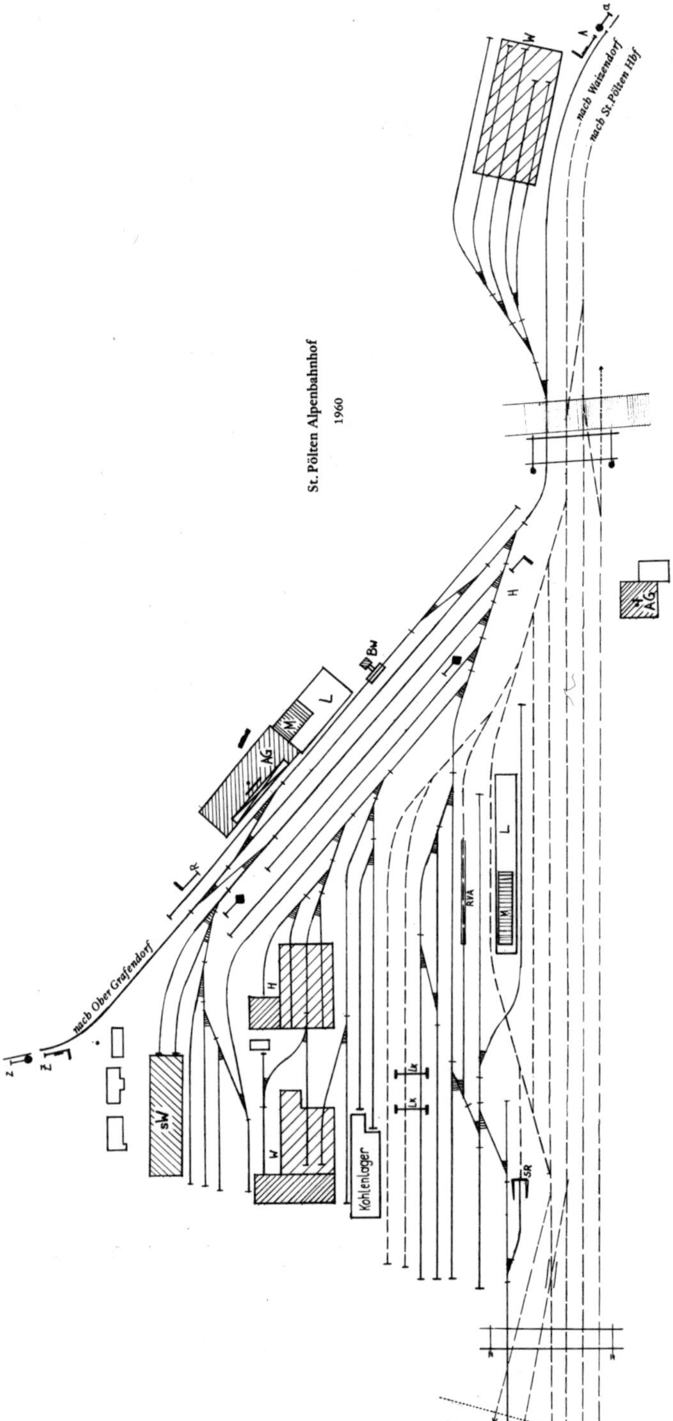

St. Pölten Alpenbahnhof
1960

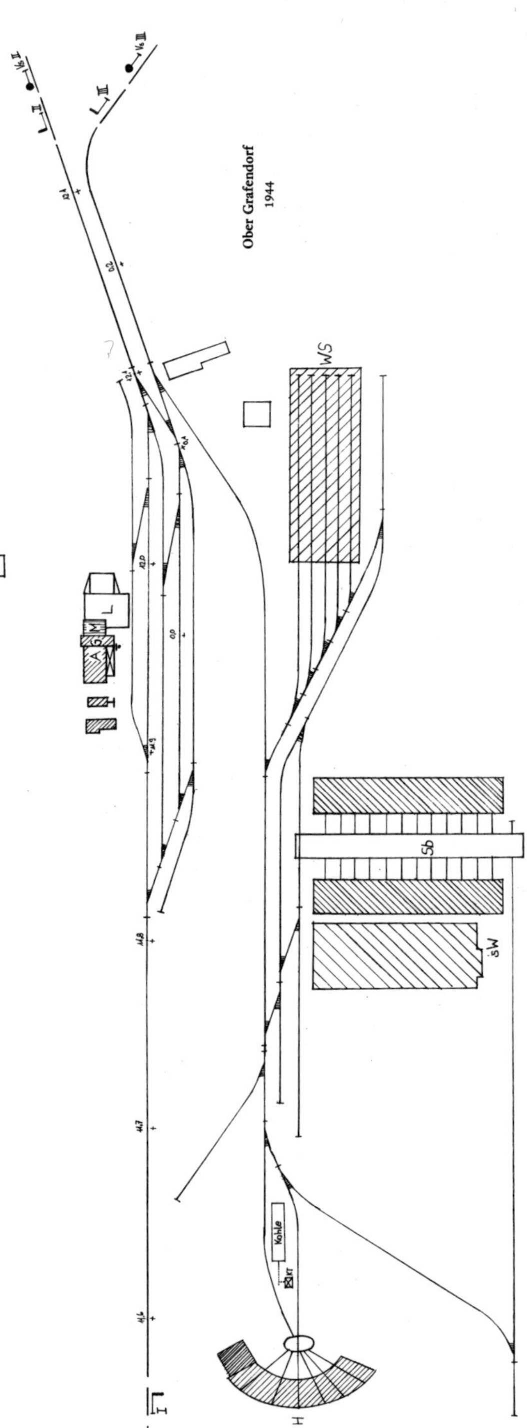

Ober Grafendorf
1944

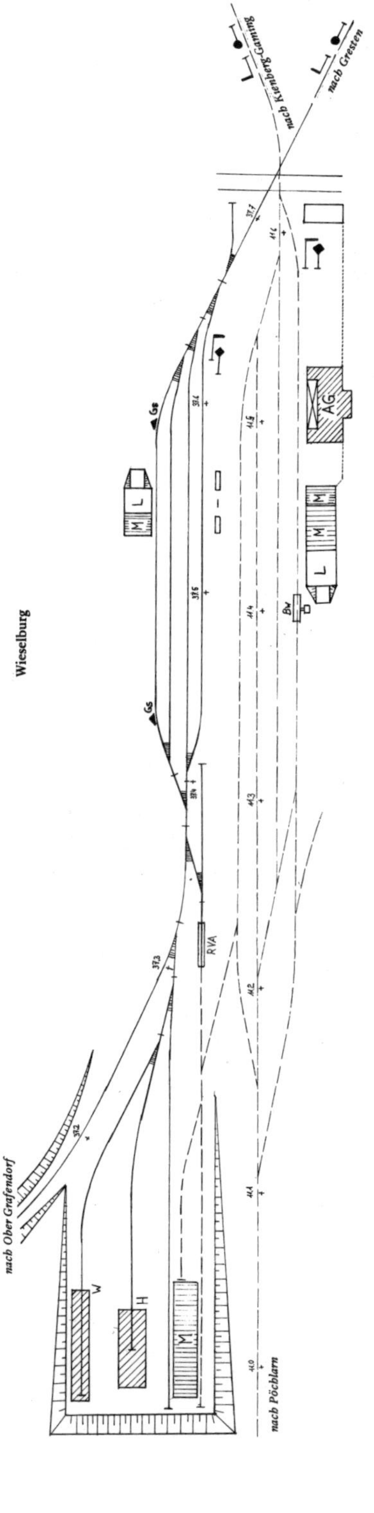

Wieselburg

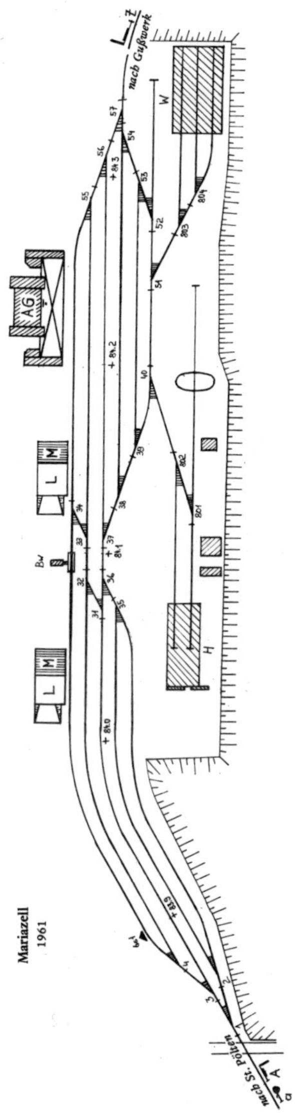

Mariazell
1961

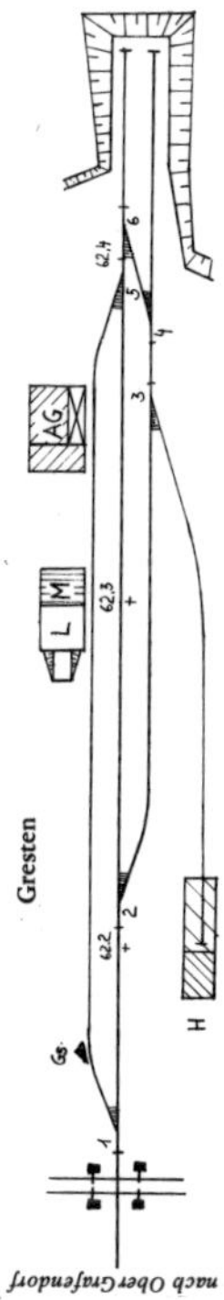

Gresten

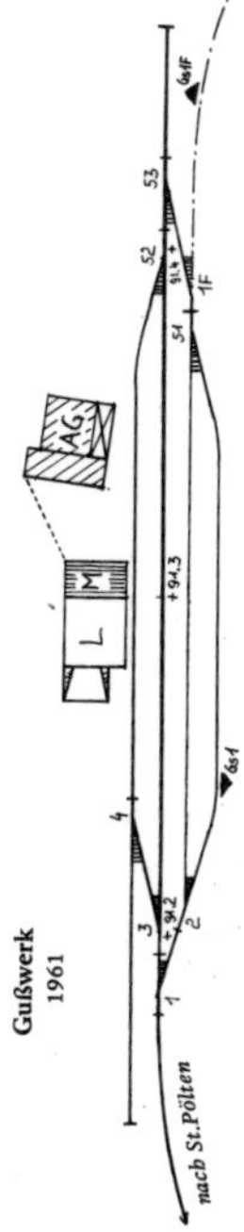

Gußwerk
1961

Niederösterreichisch-steierische Alpenbahn

(bis 13. 7. 1908 Lokalbahn St. Pölten – Kirchberg a. d. Pielach – Mank) verstaatlicht 1. 1. 1935

Konzession	Eröffnung	
11. 7. 1896, RGBl. 124	4. 7. 1898	St. Pölten – Kirchberg (Eröffnungszug schon am 2. 7. 1898)
	27. 7. 1898	Ober Grafendorf – Mank
1. 6. 1904, RGBl. 56	6. 8. 1905	Mank – Ruprechtshofen
15. 10. 1904, RGBl. 122	6. 8. 1905	Kirchberg – Laubenbachmühle
	17. 12. 1906	Laubenbachmühle – Mariazell (Güterverkehr)
	2. 5. 1907	Laubenbachmühle – Mariazell (Gesamtverkehr)
	15. 7. 1907	Mariazell – Gußwerk
	7. 10. 1911	elektrischer Betrieb St. Pölten – Gußwerk

S = 760 mm r = 80 m
Al. = 10 / 8,5 t V max = 50 km/h
6600 V 25 Hz
Betrieb: NÖLB, ab 1.1.1921 BBÖ

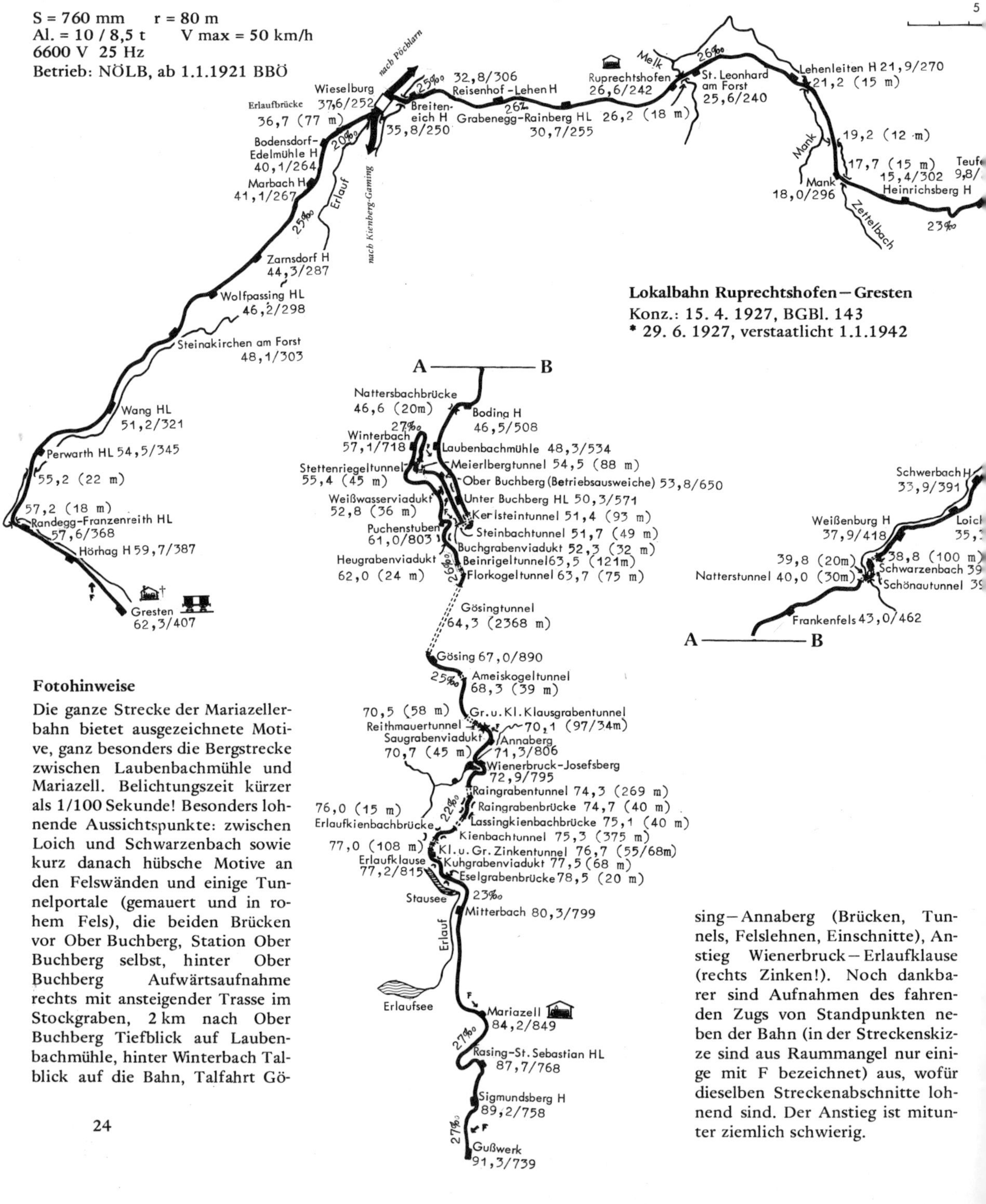

Lokalbahn Ruprechtshofen – Gresten

Konz.: 15. 4. 1927, BGBl. 143
* 29. 6. 1927, verstaatlicht 1.1.1942

Fotohinweise

Die ganze Strecke der Mariazellerbahn bietet ausgezeichnete Motive, ganz besonders die Bergstrecke zwischen Laubenbachmühle und Mariazell. Belichtungszeit kürzer als 1/100 Sekunde! Besonders lohnende Aussichtspunkte: zwischen Loich und Schwarzenbach sowie kurz danach hübsche Motive an den Felswänden und einige Tunnelportale (gemauert und in rohem Fels), die beiden Brücken vor Ober Buchberg, Station Ober Buchberg selbst, hinter Ober Buchberg Aufwärtsaufnahme rechts mit ansteigender Trasse im Stockgraben, 2 km nach Ober Buchberg Tiefblick auf Laubenbachmühle, hinter Winterbach Talblick auf die Bahn, Talfahrt Gösing – Annaberg (Brücken, Tunnels, Felslehnen, Einschnitte), Anstieg Wienerbruck – Erlaufklause (rechts Zinken!). Noch dankbarer sind Aufnahmen des fahrenden Zugs von Standpunkten neben der Bahn (in der Streckenskizze sind aus Raummangel nur einige mit F bezeichnet) aus, wofür dieselben Streckenabschnitte lohnend sind. Der Anstieg ist mitunter ziemlich schwierig.

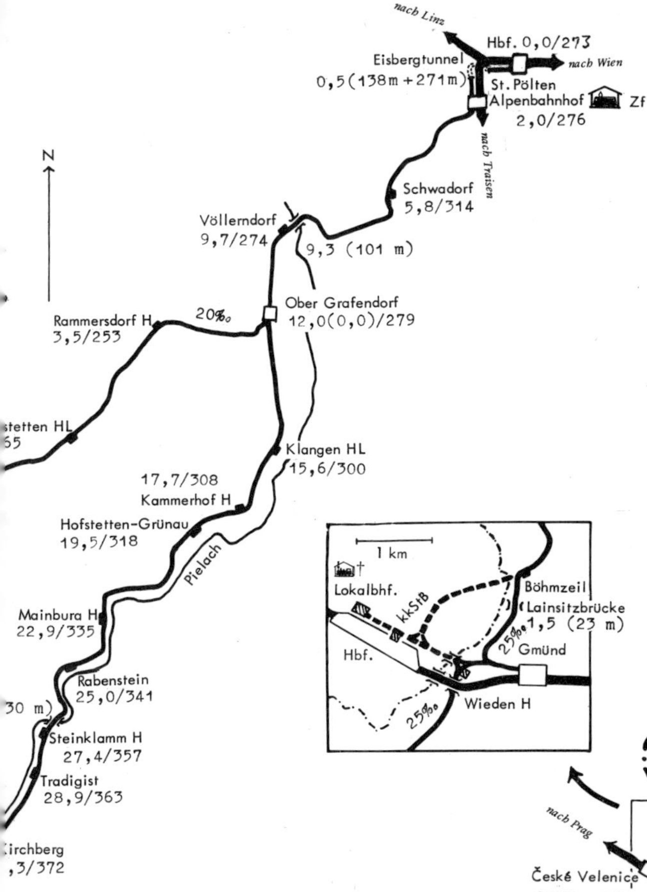

Haltestelle Weißenburg aufgelassen;
St. Pölten Alpenbahnhof hieß früher
St. Pölten Lokalbahnhof

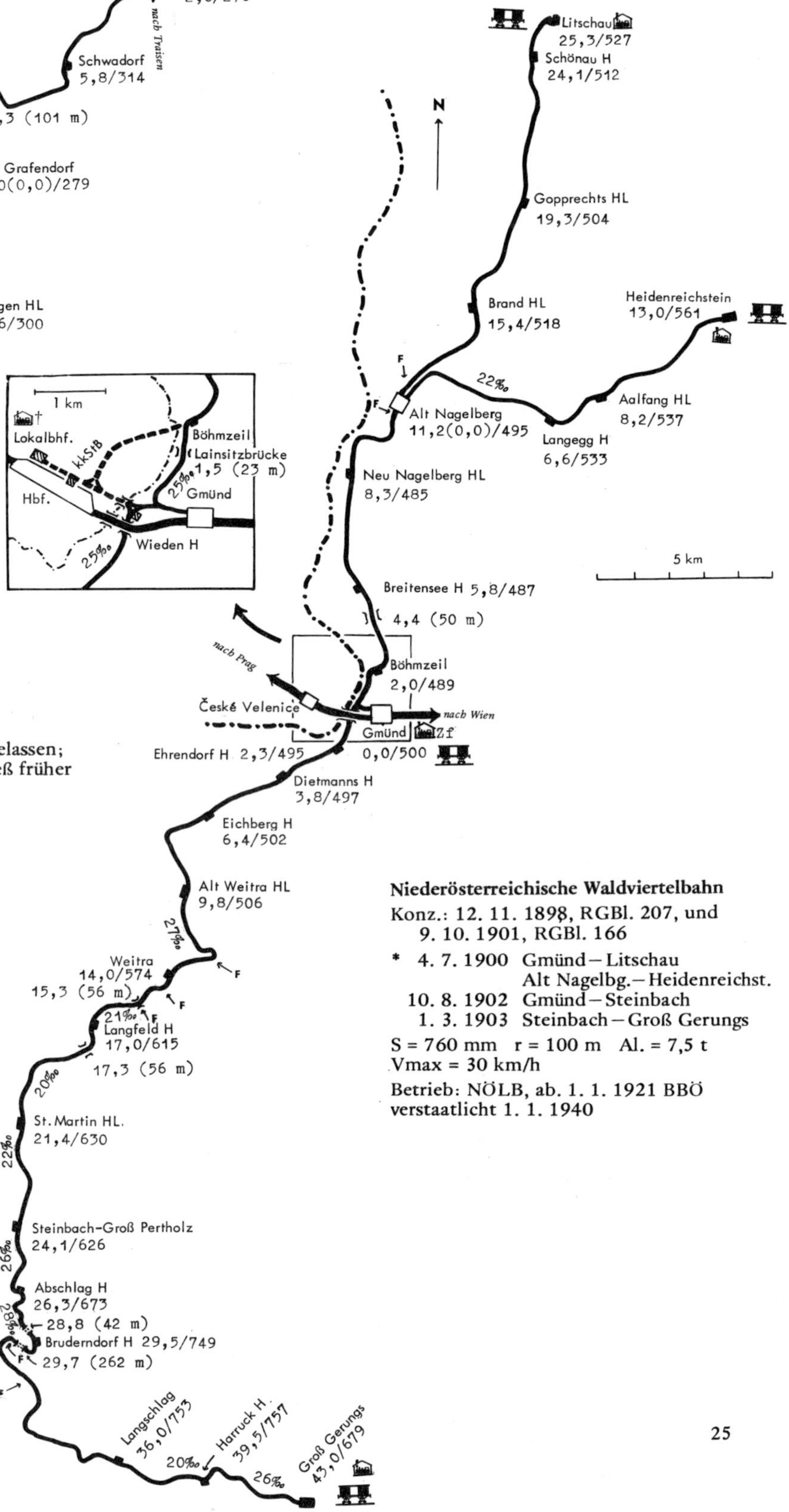

Niederösterreichische Waldviertelbahn

Konz.: 12. 11. 1898, RGBl. 207, und
9. 10. 1901, RGBl. 166

* 4. 7. 1900 Gmünd – Litschau
Alt Nagelbg. – Heidenreichst.
10. 8. 1902 Gmünd – Steinbach
1. 3. 1903 Steinbach – Groß Gerungs

S = 760 mm r = 100 m Al. = 7,5 t
Vmax = 30 km/h

Betrieb: NÖLB, ab. 1. 1. 1921 BBÖ
verstaatlicht 1. 1. 1940

Obzwar der westliche Flügel der niederösterreichisch-steirischen Alpenbahn bautechnisch keine Schwierigkeiten bot, verzögerte sich der Bau beträchtlich. Bis Ruprechtshofen war die Strecke immerhin 1905 fertig, aber die anschließende Lokalbahn Ruprechtshofen–Gresten, die zu Beginn des Ersten Weltkriegs wohl schon zu 70 % gebaut war, mußte bis 1927 auf die Eröffnung warten. Landschaftlich ist die Strecke nach Gresten wohl nicht so großartig wie die Mariazellerbahn, aber das ruhige landwirtschaftliche Gebiet im hügeligen Alpenvorland bietet dennoch ideale Erholung und bequeme Wanderwege. Auffallend sind die besonders netten Bahnhofsgebäude auf dieser Strecke.

Der Verkehr auf der Mariazellerbahn übertraf gleich am Anfang alle Erwartungen. Die Personenzüge waren von Wallfahrern und Touristen überfüllt, auch der Güterverkehr war für dieses holzreiche Gebiet sehr wichtig. Die Bahn erwies sich zehnmal so leistungsfähig wie die Trift, unter der die Qualität des Holzes überdies sehr gelitten hatte. Mit Rücksicht auf die vorauszusehende beträchtliche Frequenz haben ihre Erbauer statt der sonst üblichen Minimalradien von 80 m nur solche von 90 m angewandt, um leistungsfähigeres Rollmaterial verwenden zu können. Die Mariazellerbahn bediente sich schon sehr früh vierachsiger Personenwagen und starker Vierkuppler. Da selbst diese nicht ausreichten, hätten sie durch Fünfkuppler, für die bereits Pläne vorlagen, ersetzt werden sollen. Ja, man dachte sogar an doppelspurigen Ausbau, entschied sich dann aber für den leistungsfähigeren, billigeren und sauberen Elektrobetrieb, der eine ausreichende Zugsfrequenz gestattet.

Im Oktober 1907 hat der niederösterreichische Landtag die Projekte zur Errichtung eines Landes-Elektrizitätswerks und zur Elektrifizierung der Mariazellerbahn genehmigt, vier Jahre später begann der elektrische Betrieb, der sich bestens bewährt hat. Die Mariazellerbahn war die erste öffentliche Eisenbahn Österreichs mit elektrischen Lokomotiven. Auf der Zweiglinie nach Gresten haben Diesellokomotiven die Dampflokomotive ersetzt und damit hat ein interessantes Kuriosum aufgehört: die Wasserwagen, die Speisewasser für die Dampflokomotiven der Grestnerlinie von Laubenbachmühle, wo es weicher ist, nach Ober Grafendorf brachten.

Obwohl sich die Mariazellerbahn als erste Bahnlinie Österreichs elektrischer Lokomotiven bediente, war deren Konstruktion (Baujahr 1911–1914) hervorragend gelungen. Ihr Grundaufbau – ausschließlich angetriebene Achsen, die in zwei Drehgestellen gelagert sind – hat sich heute im Elektrolokomotivbau allgemein durchgesetzt. Auch war die Mariazellerbahnlokomotive eine der ersten Einheitsbauarten und hat auf der Tal- und der Bergstrecke sowie vor Personen-, Güter- und Eilzügen gleichermaßen gut entsprochen. Auch hierin zeigt sich ein wirtschaftlicher Vorteil der Eisenbahn gegenüber der Straße, nicht nur hinsichtlich der Langlebigkeit der Fahrzeuge (Mariazellerbahn: mehr als 60 Jahre!), sondern auch hinsichtlich ihrer universellen Verwendbarkeit. Auf der Lokalbahn befördert dieselbe Lokomotive je nach Bedarf Personen oder Güter, während auf der Straße für diese beiden Aufgaben ein separater Fahrpark bereitzuhalten ist.

Waldviertelbahn

Von der einstigen Blüte des Waldviertels (im Nordwesten Niederösterreichs), an die zahlreiche traurige Ruinen stolzer Burgen aus dem Mittelalter und reiche Stifte aus der Barockzeit erinnern, merkt man schon lange nichts mehr. Mit dem Aufkommen industrieller Wirtschaftsformen wurde es zu einem der notleidendsten Gebiete Österreichs. Außer Holzwirtschaft, Heimindustrie und bescheidenem Ackerbau entwickelte sich nur um Gmünd herum eine beachtliche Glasindustrie. Daher wandte Niederösterreich gleich nach dem Anlaufen der Lokalbahnaktion diesem Gebiet seine Aufmerksamkeit zu. Die Niederösterreichische Waldviertelbahn AG erhielt die Konzession für die von Gmünd ausgehenden Schmalspurbahnen, und der Bau war bald fertiggestellt. Sowohl nordwärts wie südwärts sollte die Bahn fortgesetzt werden. Die Anlage des Bahnhofs Litschau nahm eigens auf den Weiterbau nach Neubistritz (Nová Bystřice) Rücksicht, wo die Trasse an die Schmalspurstrecke nach Neuhaus (Jindřichův Hradec) anschließen sollte, die nach wie vor verkehrt. Die südliche Strecke hätte über Rappottenstein und Ottenschlag bis Krems führen sollen. Es stand auch – noch zu Beginn der fünfziger Jahre – eine Bahnverbindung mit dem Mühlviertel (Linie Linz–Freistadt) zur Diskussion.

Der Staatsvertrag von St. Germain, der die Nachfolge der zerfallenen Monarchie regelte, hat der Waldviertelbahn zahlreiche Probleme aufgetischt. Die Stadt Gmünd blieb bei Österreich, der Hauptbahnhof der Franz-Josefs-Bahn aber, vor dem die Schmalspurbahnen ihre Endstation hatten, lag nun jenseits der Grenze auf dem Gebiet der Tschechoslowakischen Republik. Am 1. August 1920 trat die neue Grenzziehung in Kraft und seit 1922 fahren die Züge beim neuerrichteten Bahnhof Gmünd auf österreichischem Gebiet ab. Aber immer noch fuhren die Züge etwa zwei Kilometer weit durch den tschechischen Teil der Stadt (Gmünd 3) – ohne jedoch dort zu halten – und kehrten erst wieder kurz vor Gmünd-Böhmzell auf österreichischen Boden zurück. Dieser Korridorverkehr, der erst am 15. März 1927 durch einen Staatsvertrag rechtlich fundiert worden war, bestand bis 1950, als auf Wunsch und Kosten der Tschechoslowakischen Republik eine neue Strecke ausschließlich auf österreichischem Gebiet gebaut wurde.

Wie es der Name der Bahn nicht anders erwarten läßt, ist – wie auf den meisten Schmalspurbahnen Österreichs – Holz neben Glaswaren das wichtigste Transportgut, das dank weitgehender Verwendung von Rollschemeln (bis 31. 7. 1964) und Rollwagen (seit 1943) in Normalspurwagen verladen wird. Da in der Regel leere Wagen bergwärts und beladene Wagen talwärts laufen, zeigt sich hier ein weiterer energiewirtschaftlicher Vorteil der Schiene vor der Straße, denn eine Lokomotive kann im Leerlauf fahren, ein Lastkraftwagen aber nicht.

Bezüglich der Waldviertelbahnen erscheinen die am grünen Tisch ausgeklügelten Stillegungsargumente besonders absurd angesichts zeitweiser Annahmesperren im Güterverkehr – wodurch Bahnkunden auf die Straße gedrängt werden – wegen Rollmaterialmangels und eines derart dürftigen Personenzugsfahrplans, nach dem einem Wiener eine Besorgung in Litschau ohne Übernachtung dort praktisch unmöglich ist: Wien ab 9.25, Litschau an 15.15 / Litschau ab 15.50, Wien an 22.00. Man ist also 12 Stunden unterwegs (durchschnittliche Reisegeschwindigkeit 32 km/h, Bahnstrecke Wien–Litschau 192 km) und es bleibt in Litschau nur eine halbe Stunde Zeit. Auf einer Betriebsrätekonferenz in Gmünd verlangten alle 180 Delegierten eine Sanierung der Waldviertelbahnen (AZ 14. 3. 1975), die allein zielführend ist. *Der Neue NÖ-Plan* der SPÖ Niederösterreichs von 1974 nährt die Hoffnung, daß die Lokalbahnen endlich aus ihrem Dornröschenschlaf erweckt werden. In diesem heißt es unter anderem: *Im Rahmen ihrer betrieblichen Möglichkeiten haben ... die ÖBB zu trachten, ein engmaschiges Verkehrsnetz zu gestalten. Dazu ist es notwendig, Restriktionsabsichten neu zu überdenken und bestehende Investitionsbeschränkungen für Nebenbahnen zu sistieren. Eine grundsätzliche Bestanddeklarierung erscheint zweckmäßig. Durch Fahrzeitverkürzung, Modernisierung der Fahrbetriebsmittel und Verbesserung der Anschlußgestaltung soll dabei der Schienenverkehr attraktiver gemacht werden.* Die 1972 in Groß Gerungs von der Landwirtschaftlichen Genossenschaft errichtete moderne Verladeanlage stellt einen beachtlichen Beitrag zur Aufwertung dieses Bahnhofs dar.

Die Waldviertelbahn ist nicht reich an Kunstbauten, dennoch ist die Fahrt mit ihr sehr reizvoll; sanfte Hügel und ausgedehnte, dunkelgrüne Tannenwälder mit zahlreichen Teichen und Mooren sind eine Augenweide und ein erstrangiges Erholungsgebiet gleicherweise, das auch kunsthistorisch (Gmünd, Weitra, Wasserschloß Heidenreichstein) bedeutsam ist. Der südliche Ast der Waldviertelbahn (Gmünd–Groß Gerungs) hat streckenweise fast Gebirgsbahn-

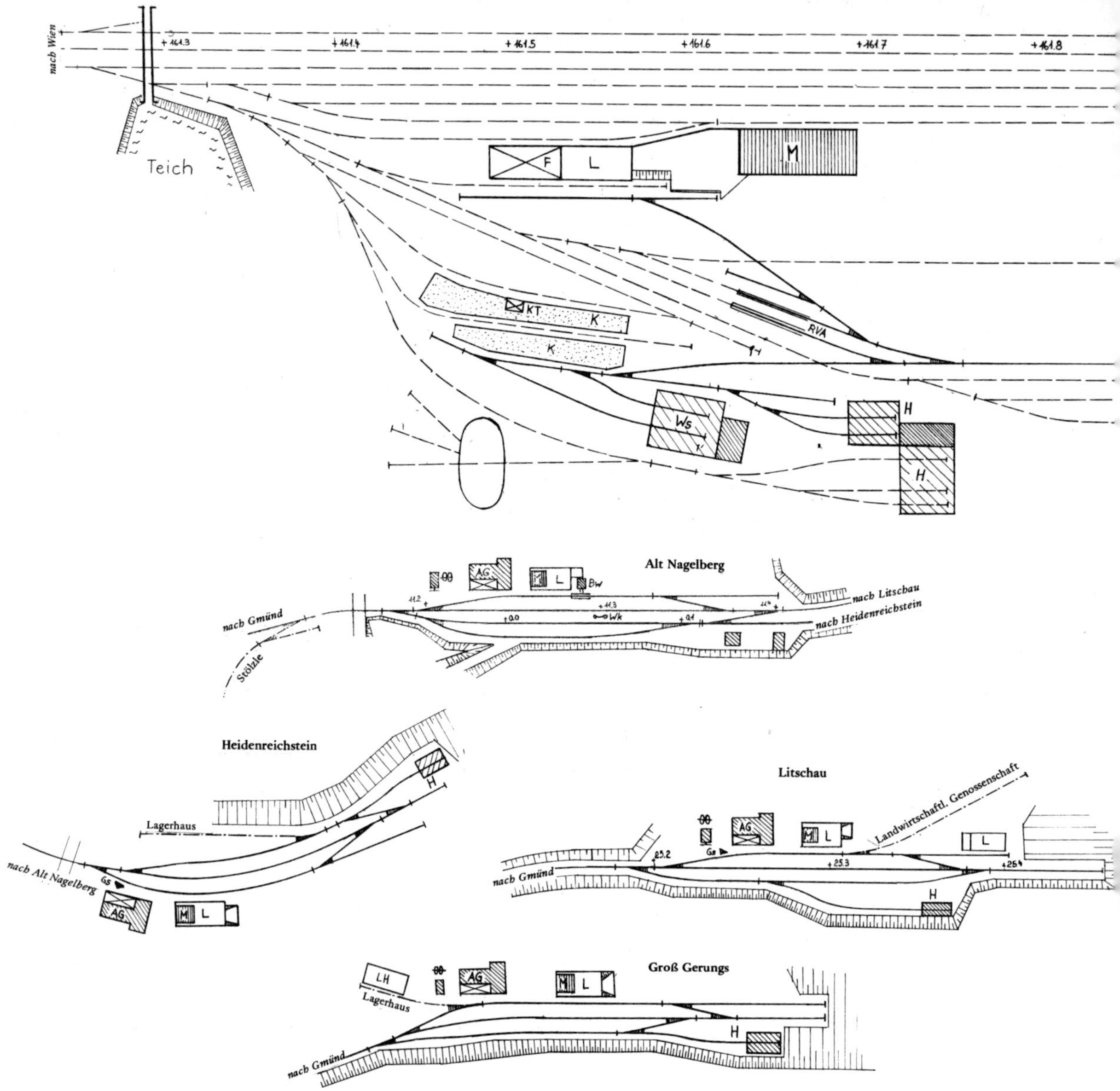

charakter und bietet eine eindrucksvolle Fahrt sowie beste Fotomotive. Täglich fahren dort zwei Güterzugspaare, meist mit Dampflokomotiven der Reihe Mh (jetzt 399), von der alle sechs Maschinen noch vorhanden und derzeit vollzählig in Gmünd stationiert sind. Obwohl schon in den vierziger Jahren Diesellokomotiven auf die Waldviertelbahn gekommen sind, hat sich daneben die Dampflokomotive dort bis heute behaupten können.

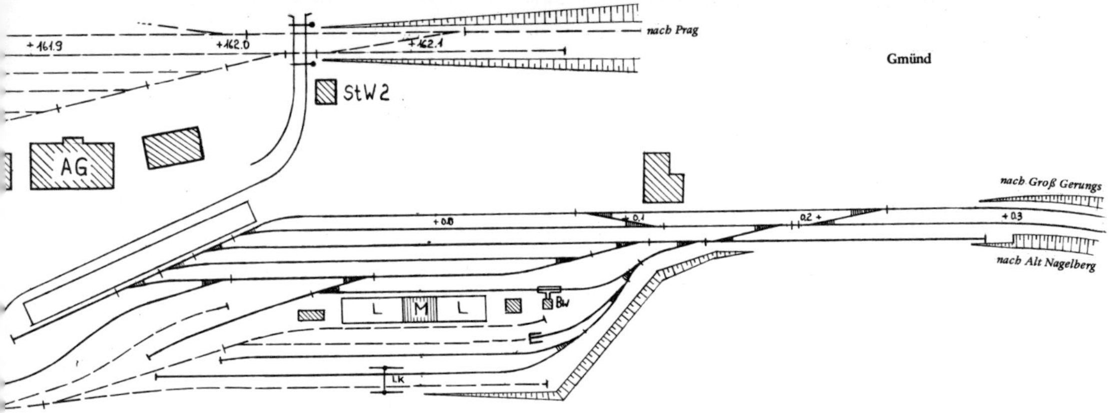

Ybbstalbahn

Die Ybbstalbahn ist – im Gegensatz zu den meisten schmalspurigen Alpenbahnen – keine Sackbahn; sie schließt an beiden Enden an normalspurige Linien an. Im Westen trifft sie in Waidhofen auf die Ennstallinie Amstetten–Selzthal–Bischofshofen, der östliche Endpunkt schließt an die normalspurige Lokalbahn nach Pöchlarn an. Güter müssen allerdings umgela-

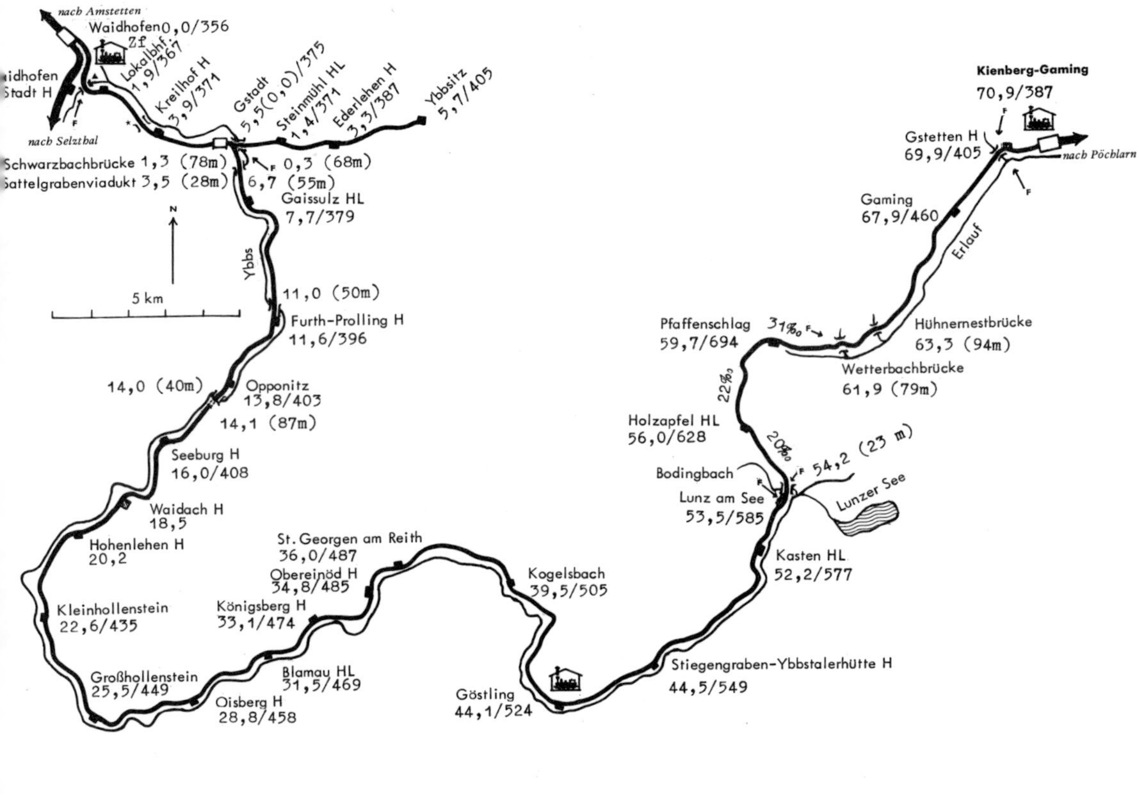

Ybbstalbahn

S = 760 mm r = 60 m Al. = 8 t Vmax = 40 (25) km/h
Konz.: 22. 10. 1894, RGBl. 219, und 20. 5. 1898, RGBl. 92

* 15. 7. 1896 Waidhofen – Großhollenstein
15, 5. 1898 Großhollenstein – Lunz
12. 11. 1898 Lunz – Kienberg-Gaming
9. 3. 1899 Gstadt – Ybbsitz

Betrieb: kkStB / BBÖ verstaatlicht 1. 1. 1930 Haltestelle Waidach aufgelassen

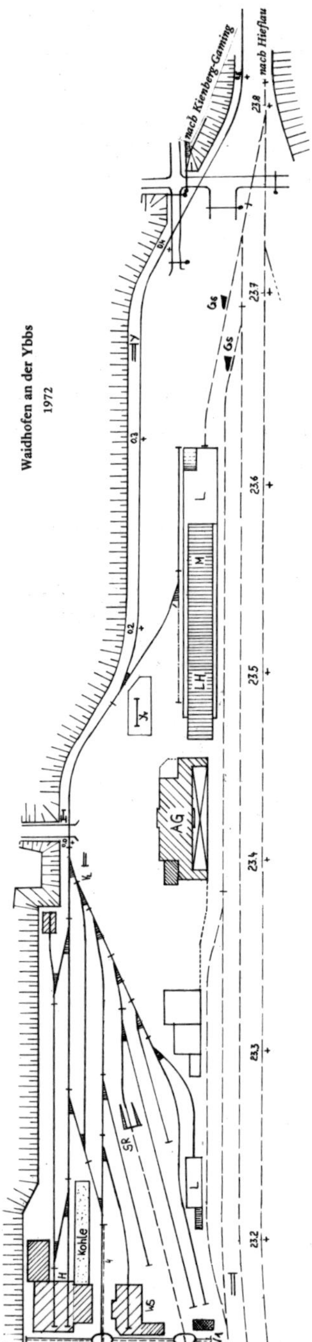

Waidhofen an der Ybbs
1972
nach Kienberg-Gaming
nach Hieflau
nach Amstetten

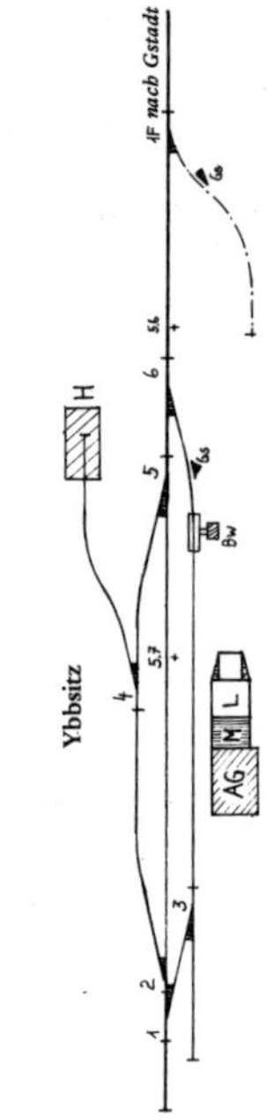

Ybbsitz
nach Gstadt

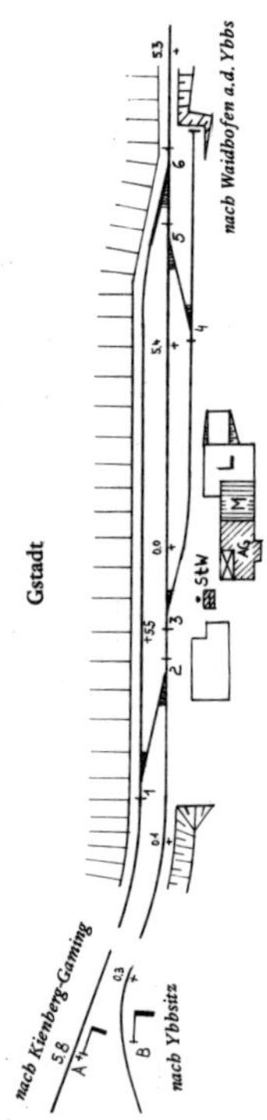

Gstadt
nach Waidhofen a.d. Ybbs
nach Kienberg-Gaming
nach Ybbsitz

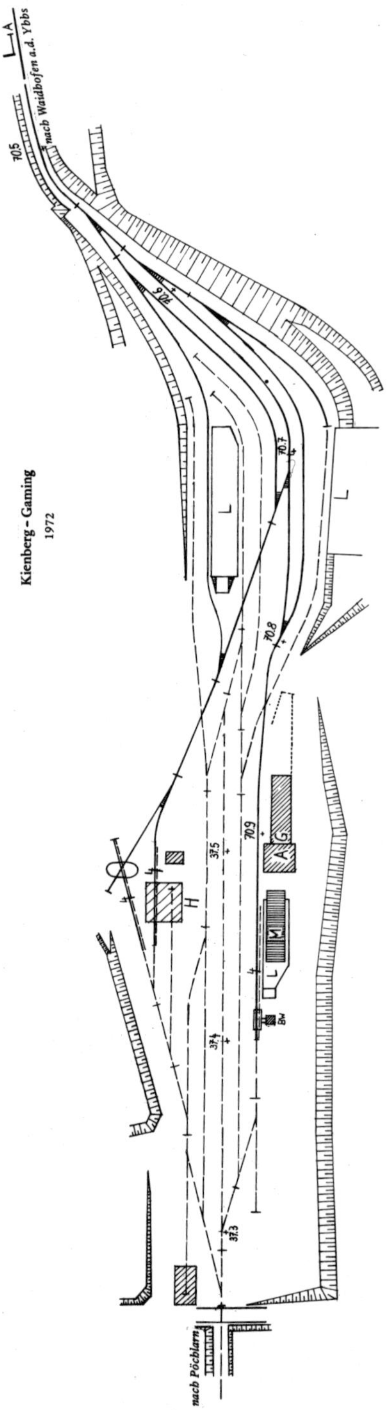

Kienberg - Gaming
1972
nach Waidhofen a.d. Ybbs
nach Pöchlarn

den werden, denn hier ist wegen des im Mittelabschnitt beschränkten Profils kein Rollschemelbetrieb[1] eingerichtet.

Die Fahrt auf dieser Schmalspurbahn ist landschaftlich und auch dank zahlreicher imposanter Kunstbauten ein Genuß für jeden Eisenbahnfreund. Im westlichen Teil folgt die Bahn dem smaragdgrünen Forellenwasser der Ybbs (zwischen Gstadt und Göstling im felsigen Tal besonders eindrucksvoll!) und ostwärts von Lunz überwindet sie mit Hilfe tiefer Felseinschnitte, enger Kurven und kühner Brücken die Wasserscheide zwischen dem Flußgebiet der Ybbs und dem der Erlauf. Die beiden in Trestlework-Bauweise errichteten Stahlbrücken zwischen Gaming und Pfaffenschlag sind besonders eindrucksvoll und photogen. Die eine über den Wetterbachgraben (auch Ahorn- oder Wäschergraben genannt, km 61,9) ist 78,8 m lang und 30 m hoch, die andere über den Hühnernestgraben (km 63,3) ist 94,07 m lang und 23 m hoch. Beide Brücken sind im Minimalradius der Ybbstalbahn (60 m) und in einer Neigung von 29,4 Promille angelegt.

In der Fremdenverkehrsstadt Lunz ist außer dem erholsamen Lunzer See (Motorbootverbot!) für den Eisenbahnfreund besonders die beschränkt-öffentliche Waldbahn nach Langau sehenswert. Ihre ungewöhnliche Spurweite von 700 mm geht auf Oberbau- und Wagenmaterial der ehemaligen k.u.k. Feldbahn zurück. Sie ist ein bedeutender Zubringer der Ybbstalbahn, deren wichtigstes Transportgut Holz ist. Erfreulicherweise floriert diese Waldbahn als letzte Österreichs heute noch und wird im Hinblick auf die Dieselölpreise erhalten bleiben, da sie billiger kommt als die sonst in so modischer Gigantomanie betriebene gleislose Holzförderung, die ganze Waldhänge zerschneidet, natürliche Wasserläufe mißachtet (Unwetterschäden!) und die einst so ruhigen Wälder mit Lärm, Staub und Gestank erfüllt. Sie wird der nachfolgenden Generation ein Beispiel geben, welch naturnahe und wirtschaftliche Transportwege die Waldbahnen darstellten, die in unfaßbarer Kurzsichtigkeit zerstört wurden.

In den fünfziger Jahren planten die Bundesbahnen vorübergehend, in der Normalspurstrecke Wieselburg – Kienberg-Gaming eine dritte Schiene zu verlegen, die das Überstellen von Schmalspurfahrzeugen zur Grestner- und Mariazellerbahn ermöglicht und damit diese Schmalspurstrecken zu einem Netz zusammengeschlossen hätte.

Obwohl die Bundesbahnen bereits in den dreißiger Jahren auf der Ybbstalbahn Diesellokomotiven in Betrieb genommen hatten, hielten sich daneben Dampflokomotiven dort bis in die sechziger Jahre, vor allem auf der Steilstrecke zwischen Pfaffenschlag und Kienberg-Gaming, von wo sie erst die starke 2095 zu verdrängen vermochte. Noch einmal konnte die Dampflokomotive im Ybbstal zeigen, welcher Leistungen sie fähig ist: einen Sonderzug von 22 Wagen (170 t, 50 Achsen) zum 75-Jahr-Jubiläum am 19. 5. 1973 zogen die Lokomotiven 298.207 und 399.03; beide waren von Gmünd ausgeliehen worden. In diesem Sonderzug fuhren, zwischen den einzelnen Haltepunkten unterschiedlich, 700 bis 1000 Fahrgäste! Da für diesen Sonderzug praktisch der gesamte Personenwagenpark der Ybbstalbahn herhalten mußte, halfen damals braune Mariazellerbahn-Vierachser in den Regelzügen aus. Die Feierlichkeiten zur 75-Jahr-Feier gingen auf die Initiative der sehr rührigen Eisenbahner dieser Strecke zurück, die auch eine Festschrift herausgebracht und im Herbst 1974 der Presse einen Buffetwagen vorgestellt haben, der den Touristenverkehr auf dieser Strecke beleben soll.

---

1 Es verkehrte nur vorübergehend in den beiden Endabschnitten Waidhofen – Opponitz und Kienberg-Gaming – Gaming je ein Rollwagen; beide baute die Grazer Waggonfabrik 1924 für die Wiener städtischen Elektrizitätswerke für deren Wasserkraftwerke in Gaming und Opponitz. Der Rollwagenverkehr nach Gaming ist etwa 1965 aufgelassen und der Rollwagen nach Opponitz überstellt worden, wo 1974 die Anschlußanlagen stillgelegt und beide Rollwagen zerschnitten worden sind.

Mödling–Hinterbrühl

Wenngleich sich auch Krauss im Zuge seiner Dampftramwayprojekte um eine Konzession in die Hinterbrühl bemühte, so mußte er diese Route doch der Südbahngesellschaft überlassen, die sich auf ihr seinerzeitiges Privilegium berufen konnte und 1882 den Bau einer elektrischen Bahn, der ersten Österreich-Ungarns, von Mödling in die Hinterbrühl begann. 1883/85 ging die 4,5 km lange Strecke etappenweise in Betrieb, wobei die Fahrleitung mit einem unten geschlitzten Rohr für jeden Pol den Strom zu- und abführte. Der Triebwagen war mit der Leitung mittels im Rohr gleitender Schiffchen verbunden. Ein Modell im Wiener Technischen-Museum (Eisenbahnmuseum) verdeutlicht diesen komplizierten Vorgang, der 1903 zugunsten des üblichen Bügelbetriebs aufgegeben wurde. Die Grazer Waggonfabrik lieferte neue, geräumigere Triebwagen, die alten wurden in Beiwagen umgebaut.

Wirtschaftskrise und Autobuskonkurrenz zwangen die BBÖ als Nachfolgerin der Südbahngesellschaft zur Einstellung des Betriebs und zur Demontage der Strecke. Am 31. März 1932 fuhr der letzte Zug. Die Stadtgemeinde Mödling baute den Bahnkörper zu einem Promenadeweg aus.

Mödling–Hinterbrühl
S = 1000 mm 500 V=
Konz. 23. 8. 1882, RGBl. 131
* 22. 10. 1883 Mödling–Klausen
6. 4. 1884 Klausen–Vorderbrühl
14. 7. 1885 Vorderbrühl–Hinterbrühl
Eigentum Südbahn / BBÖ
Betriebseinstellung: 1. 4. 1932

Payerbach–Hirschwang

Im Bereich der weltberühmten Semmeringbahn liegt eine kleine, elektrische Lokalbahn, die vom Bahnhof Payerbach-Reichenau nach Hirschwang führt. Ihre Entstehung verdankt diese Strecke der großen Papierfabrik in Hirschwang, die 1917 eine elektrische Schleppbahn zum Bahnhof Payerbach-Reichenau aus Oberbau- und Rollmaterial vom Bau des Karawankentunnels errichten ließ. Öffentlichen Personenverkehr besorgte sie – als Lokalbahn Payerbach–Hirschwang (LBPH) konzessioniert – von 1926/27 an, als Zubringer der Raxbahn, der ältesten Personen-Seilschwebebahn auf dem Gebiet der Republik Österreich, und für den Berufsverkehr gleichermaßen bedeutend. Dazu wurde sie an beiden Enden etwas verlängert.

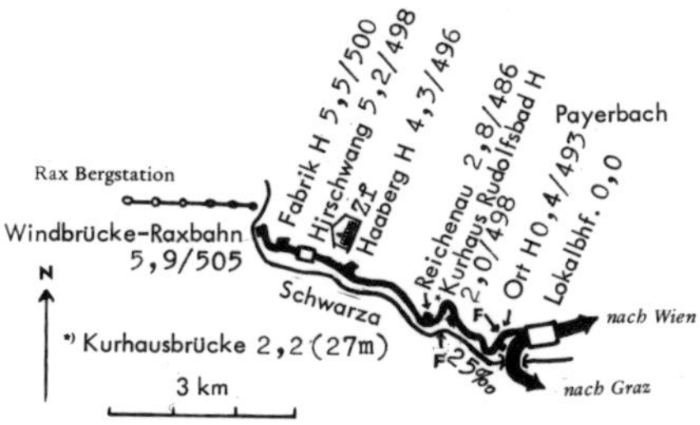

S = 760 mm r = 60 m Al. = 7,5 t 500 V=
Konz.: 17. 11. 1922, BGBl. 828, und 17. 8. 1927, BGBl. 261
* 2. 10. 1927 Payerbach-Reichenau – Payerbach Lokalbahn
1. 9. 1926 Payerbach Lokalbahn – Hirschwang
2. 10. 1927 Hirschwang – Windbrücke Raxbahn
Einstellung des Personen- und Reisegepäckverkehrs mit 1. 7. 1963; der Abschnitt Hirschwang – Windbrücke Raxbahn wurde aufgelassen.

Die in der ersten Auflage dieses Buches ausgesprochene Zuversicht, daß trotz Defizit die Bahngesellschaft nicht an die Einstellung des Personenverkehrs denkt, wurde leider durch eine Aktion der Aufsichtsbehörde, die die Bahnanlagen trotz jahrzehntelangen klaglosen Betriebs nicht für ausreichend sicher fand und Investitionen im Wert von 3 Millionen Schilling forderte, zunichte gemacht. Am 1. Juli 1963 stellte sie den Personenverkehr ein und ließ die Teilstrecke Hirschwang – Windbrücke-Raxbahn auf. Seither müssen sich die Fahrgäste in Autobusse pferchen lassen, die das Mitnehmen von Skiern, das in der Bahn kein Problem war, sehr erschweren. Da andererseits bei der Raxbahn wenig Parkplatz vorhanden ist, kann der Rückgang der Fahrgastfrequenz auf der Seilbahn nicht überraschen.

Der Güterverkehr dagegen dürfte sogar einen neuen Aufschwung erleben, weil die Wellpappenfabrik in Hirschwang ausgebaut werden soll.

In Anbetracht weitgestreckter Ausbaupläne (Rollwagenbetrieb oder Umbau auf Normalspur) darf der gegenwärtige Zustand des Fahrparks nicht überraschen, da man ja vor Investitionen grundsätzliche Entscheidungen abwartet. Die schweren Güterzüge werden heute mit einer starken Diesellokomotive befördert; nur wenn diese in Reparatur ist, helfen Elektrolokomotiven aus. Die Personenwagen kaufte die Zillertalbahn.

Kapfenberg – Au-Seewiesen

Wie Niederösterreich hat auch das Land Steiermark um die Jahrhundertwende das Lokalbahnwesen gefördert (Gesetz vom 11. Februar 1890), zum Teil sogar selber Bahnen gebaut. Der Steirische Landeseisenbahnfonds baute die Landesbahnen Cilli – Wöllen (normalspurig, 1891), Pöltschach – Gonobitz (schmalspurig, 1892), Windischfeistritz – Windischfeistritz Stadt (normalspurig, 1908), Preding-Wieselsdorf – Stainz (schmalspurig, 1892) und Kapfenberg – Au-Seewiesen (1893). Die ersten drei dieser Bahnen liegen heute in Jugoslawien, die beiden der Steiermark verbliebenen Bahnen dienen heute nur noch dem Güterverkehr.

Auch für die 1894 eröffnete Murtalbahn Unzmarkt – Mauterndorf wurde dem Steiermärkischen Landesausschuß die Konzession erteilt; später wurde jedoch eine Aktiengesellschaft gebildet, welche in alle Rechte des Landes Steiermark als Konzessionärin dieser Bahn eingetreten ist.

Den Betrieb der Steiermärkischen Landesbahnen (StmLB) besorgte zunächst die k.k. priv. Südbahn-Gesellschaft, ab 1. Juli 1922 jedoch die Direktion der Steiermärkischen Landesbahnen selbst. Am 1. August 1926 ging diese in dem neugeschaffenen Landeseisenbahnamt auf. Ab 1. März 1928 führte sie die Bezeichnung Steiermärkisches Landeseisenbahnamt, das auch den Betrieb anderer Lokalbahnen in der Steiermark – wie später noch näher beschrieben – übernommen hatte. Während des Zweiten Weltkrieges kamen – mit Erlaß des Reichsverkehrsministeriums vom 29. Jänner 1942 – nach Einverleibung der Südsteiermark am 1. Mai 1942 auch die Landesbahnen Windischfeistritz – Windischfeistritz Stadt und Pöltschach – Gonobitz – Retschach (Hohlenstein) vorübergehend wieder zu den Steiermärkischen Landesbahnen, damals Steiermärkische Gaueisenbahnen genannt, aber 1945 fielen diese beiden Strecken wieder an Jugoslawien (Črešnjevec – Slovenska Bistrica und Poljčane – Žreče).

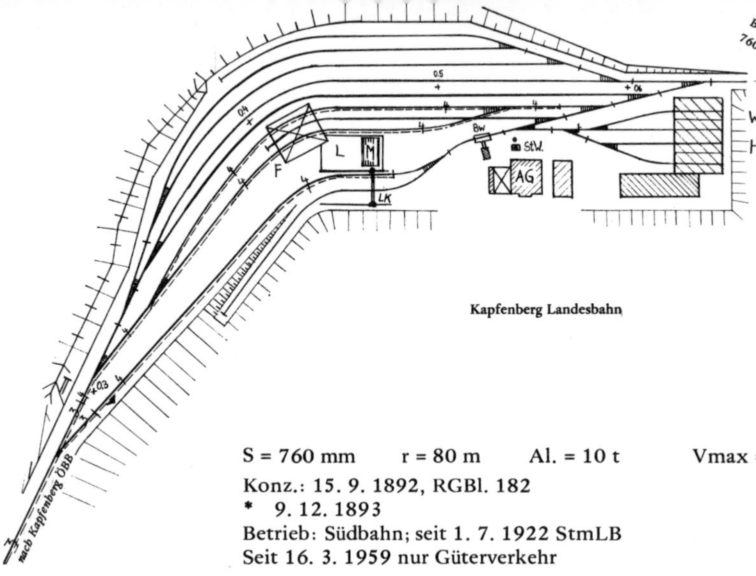

S = 760 mm r = 80 m Al. = 10 t Vmax = 25 km/h
Konz.: 15. 9. 1892, RGBl. 182
* 9. 12. 1893
Betrieb: Südbahn; seit 1. 7. 1922 StmLB
Seit 16. 3. 1959 nur Güterverkehr

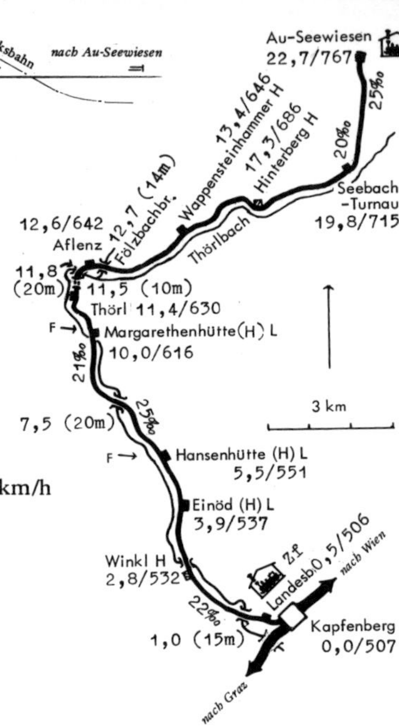

Die Strecke Kapfenberg–Au-Seewiesen liegt prachtvoll in der Landschaft, für den Personenverkehr aber ungünstig. Die größten Siedlungen, Aflenz und Seewiesen, liegen weit von den Bahnhöfen weg, mit dem Autobus – allerdings auch von den StmLB betrieben – günstiger erreichbar. Daher wurde der Personenverkehr am 15. März 1959 eingestellt. Der Güterverkehr – vor allem zum Eisenwerk Pengg in Thörl – ist nach wie vor bedeutend, und die Bahn wird voraussichtlich erhalten bleiben. Die Umladeanlagen im Bahnhof Kapfenberg Landesbahn erhielten erst 1961 einen leistungsfähigen, fahrbaren Portalkran.

Wie sehr die Aktivität eines Betriebsleiters die Leistung einer Lokomotive trotz Autokonkurrenz steigern kann, zeigt die Frequenz der Kapfenberger Strecke:

Jahr	Beförderte Güter t	hievon entfallen auf Eisen (roh)	Eisen- u. Metallw.	Holz
1964	81.676	48.254	17.608	8.532
1965	75.937	44.078	14.495	10.587
1966	69.189	39.255	13.675	7.858
1967	78.790	48.754	16.034	8.411
1968	98.263	47.836	11.540	30.639
1969	107.509	54.108	13.985	29.702
1970	110.724	62.998	20.149	17.568
1971	114.405	60.797	21.296	22.560
1972	120.078	63.279	24.660	20.896
1973	134.378	63.462	24.913	38.333
1974	143.751	60.805	27.312	42.761

Die Erhöhung der zulässigen Achslast von 6,5 auf 10 Tonnen wird diese Tendenz fortsetzen. Den Güterverkehr, seit einigen Jahren auch per Container, besorgen heute vor allem Diesellokomotiven, denn die Dampflokomotive Kh.111 dient nur als Reserve. Die Werkstätte Kapfenberg erhielt ein neues Gebäude und der Oberbau wird zügig verbessert (Form XXIVa und Xa/s).

Fallweise gibt es auf der Kapfenberger Strecke Personenverkehr in Sonderzügen. Ein ständiges Führen von Bummelzügen scheitert am Fehlen geeigneter Personenwagen und an der starken Belastung der Strecke mit planmäßigem Güterverkehr.

Mit Wirksamkeit vom 31. Dezember 1964 erlosch die Konzession für den Streckenteil Seebach-Turnau (km 20,140)–Au-Seewiesen (km 22,870) und er wurde abgetragen.

Ein Kuriosum dieser Bahn war der 1894 gebaute Einschaltwagen (Ge 507) – nach E. A. Ziffer (*Mittheilungen des Vereines für die Forderung des Local- und Straßenbahnwesens,* 1894, S. 138) entsprechend einer Anregung von Carl Wurmb als erster seiner Art gebaut –, ein auf Schmalspurachsen laufender Wagen mit Zug- und Stoßvorrichtung für Normal- und Schmalspur. Da der Südbahnhof Kapfenberg zu wenig Platz zum Anlegen der schmalspurigen Gleisanlagen bot, wurde für die Umladung ein separater Bahnhof angelegt. Die Südbahn stellte die für die Lokalbahn bestimmten Vollspurwagen auf einem Vierschienengleis bereit, von dem sie mittels des Einschaltwagens, der gleichzeitig für die Überstellung von Stück- und Eilgütern diente, eine Schmalspurlokomotive abholen konnte. Die Ausrüstung einer Schmalspurlokomotive mit zusätzlichem Normalspur-Kupplungsbügel machte später diesen Einschaltwagen entbehrlich.

S = 760 mm   r = 100 m   Al. = 12 t
Vmax = 15 km/h
Konz.: 14. 5. 1892, RGBl. 91
* 27. 11. 1892
Betrieb: Südbahn, seit 1. 7. 1922 StmLB
seit 1. 2. 1951 nur Güterverkehr

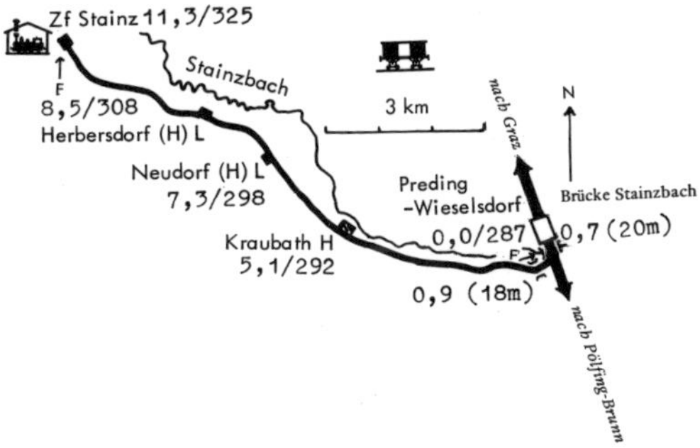

Preding-Wieselsdorf – Stainz

Diese außerhalb ihres Einzugsgebietes kaum bekannte Schmalspurlinie zeichnet sich durch ein Kuriosum aus: von den drei auf ihr stationierten Güterwagen ist einer normalspurig! Diese Bahn wickelt nämlich ihren Güterverkehr mit Rollböcken ab, wodurch ihre Güterzüge – die kleine Schmalspurlokomotive vor den hoch auf Rollschemeln aufgebockten Normalspurwagen – recht drollig wirken. Die reizenden kleinen Dampflokomotiven sind wohl nicht mehr in Betrieb, die noch niedrigeren Diesellokomotiven unterstreichen jedoch diesen Kontrast sogar.

Der Verkehr auf dieser kurzen Linie war nie bedeutend, die Siedlungen liegen – bis auf Stainz – weit abseits. Stainz ist jedoch von der Landeshauptstadt Graz aus auf der Straße auf kürzerem Weg erreichbar. Die Wirtschaftskrise von 1930, die Autokonkurrenz und die Stilllegung der Zündholzfabrik Solo in Stainz (1930) bewirkten die Einstellung des Gesamtverkehrs am 1. Februar 1932. Am 1. Februar 1933 lebte ein beschränkt-öffentlicher Verkehr, aber erst im Zweiten Weltkrieg (28. 8. 1941) der öffentliche Güterverkehr und 1945 der Personenverkehr wieder auf. Am 1. Februar 1951 stellte die Bahn den Personenverkehr ein, der Güterverkehr ist nach wie vor aufrecht. Im Jahre 1974 beförderte die Bahn viel russisches Holz, bis zu 20 Normalspurwagen (= 4 Schmalspurzüge) täglich, zum Teil auch sonntags. Derzeit setzt sich das Frachtaufkommen überwiegend aus Düngemitteln und landwirtschaftlichen Produkten zusammen.

Im Sommer 1971 lebte sogar ein beschränkt-öffentlicher Personenverkehr wieder auf, den der 'Stainzer Flascherlzug' besorgt. Er besteht aus der Dampflokomotive S 11 und den Wagen Bi 31, 32, 33 und 34 (alle vom Club 760) und verkehrt meist an Samstagen. Auskunft bei der Stainzer Gilde, Telefon (03463) 2343.

Diese Strecke der StmLB beginnt im Bahnhof Preding-Wieselsdorf der Graz-Köflacher-Bahn, die bereits 1871 eine Konzession für die Abzweigung nach Stainz bekommen, jedoch nicht ausgenützt hatte. Anfangs besorgte – wie damals auf der GKB – die Südbahn den Betrieb. Seit 1. Juli 1922 steht sie im Eigenbetrieb der StmLB.

Weiz – Birkfeld – Ratten

Auch diese Linie, Feistritztalbahn genannt, ist außerhalb der Steiermark wenig bekannt, doch ihre Länge ist beachtlich, ihre Geschichte abwechslungsreich und ihr Verkehrsgebiet reizvoll und erholsam. Sie ist die schmalspurige Fortsetzung der normalspurigen Lokalbahn Gleisdorf – Weiz (heute auch StmLB).

Die Lokalbahn-Aktiengesellschaft Weiz – Birkfeld, die 1910 die Konzession für diese Bahn erhalten hatte, sie bauen ließ und auch selber betreiben wollte, übertrug zunächst den Betrieb den k.k. Staatsbahnen, die auch den Betrieb der Normalspurbahn Gleisdorf – Weiz führten. Der Erste Weltkrieg war den Bemühungen um den Eigenbetrieb nicht förderlich und die Nachkriegszeit erst recht nicht. Dagegen waren die schon 1915 eingeleiteten Schritte zur Verlängerung der Bahnlinie bis nach Ratten (Braunkohlenbergwerk) bald – zumindest teilweise – erfolgreich. Noch während des Krieges begann die Militärverwaltung mit diesem Bau, 1920/21 wurde er als Industriebahn fertiggestellt und betriebsmäßig an die Lokalbahn AG Weiz – Birkfeld angegliedert. Am 1. Juli 1921 ging der Betrieb auf der ganzen Strecke auf das Steiermärkische Landeseisenbahnamt über. In den Konjunkturjahren der Ersten Republik stieg der Personenverkehr auf den Stammstrecken stark und so wurde die Schleppbahn nach Ratten zu einer öffentlichen Bahn ausgebaut und am 1. Juni 1930 eröffnet. Gleich darauf folgten die Krisenjahre und die Autokonkurrenz, und auch ein 1933 eingesetzter Triebwagen konnte die Lage nicht wesentlich bessern. Seit 1. Juli 1942 steht die Bahn im Besitz des Landes Steiermark. Eine zweite Blütezeit erlebte die Bahnlinie in den Jahren nach dem Zweiten Weltkrieg. Die Energieknappheit erhöhte den Wert der Braunkohlenlager in Ratten und die Lokalbahn bewältigte einen ansehnlichen Verkehr. Die Abkehr von der Kohlenheizung während der letzten Jahre führte im Juni 1960 zur Stillegung des Rattener Bergwerks und damit verlor die Bahn einen guten Kunden. Wohl muß nun Kohle nach Ratten hineingeführt werden und auch die Talkwerke in Oberfeistritz und Anger bedienen sich der Bahn, dennoch ist der Verkehr in den letzten Jahren zurückgegangen.

Der sehr dürftige Personenzugverkehr, den überdies der Autobus konkurrenzierte (1968 fuhren Zug und Autobus gleichzeitig um 10.40 Uhr von Ratten ab und der Zug hatte in Weiz keinen Anschluß), endete im Abschnitt Birkfeld – Ratten am 1. September 1969 und im Streckenteil Weiz – Birkfeld am 2. Juni 1973. Die ganze Strecke ist jedoch noch für beschränktöffentlichen Personenverkehr zugelassen und die ‘Bummelzüge’ sind im Kursbuch verzeichnet. Am 16. März 1975 führte sogar der mächtige Fünfkuppler Kh 101 einen Sonderzug für Eisenbahnfreunde, nachdem er vorübergehend in der Werkstätte Weiz gewesen war.

Trotz des Fehlens planmäßiger Personenzüge besteht auf der Feistritztalbahn noch eine Bahnpost, allerdings nur einseitig (Graz – Ratten); auf der Rückfahrt ist der Bahnpostwagen nur bis Birkfeld besetzt, von wo er leer bis Weiz läuft.

Am 24. August 1975 charterte einmal ein Schauspielerensemble den Dampfzug der Feistritztalbahn als Theaterzug und gab an drei Orten Vorstellungen, die bei Einheimischen und Urlaubern großen Zuspruch fanden. Hier finden wir ein weiteres Beispiel, wie mit einer Lokalbahn der von ihr durchzogene Landstrich belebt werden kann.

Mixnitz – St. Erhard

Diese kurze Lokalbahn, die an der Südbahnstation Mixnitz-Bärenschützklamm beginnt, war zunächst nur für den Güterverkehr der Magnesitwerke bei St. Erhard gedacht, ist aber noch während der Detailplanung für den Personenverkehr umgeplant worden. Diese Maßnahme hat sich bewährt: schon die erste Bilanz (1913/14) übertraf – trotz Kriegsbeginn – die Rentabilitätsberechnung vielfach, besonders im Personenverkehr. Der Wagenpark mußte vergrößert werden. Der Betrieb war von Beginn an elektrisch, den Strom lieferte zunächst das E-Werk Mixnitz.

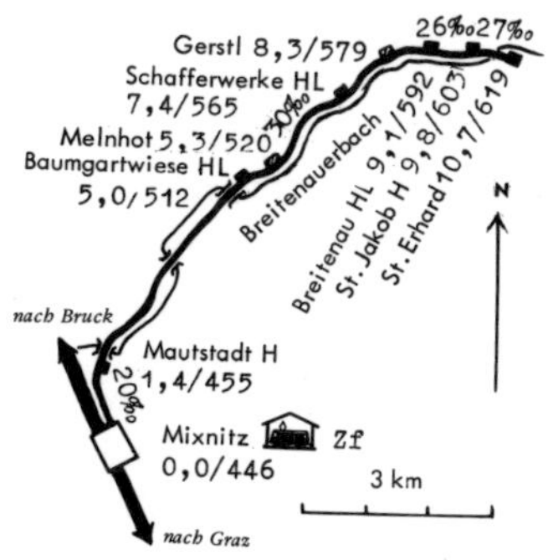

Mixnitz – St. Erhard

S = 760 mm r = 50 m Al. = 7,5 t

Vmax = 20 km/h 800 V =

Konz.: 19. 9. 1913, RGBl. 209 * 12. 9. 1913

Betrieb: Südbahn, seit 1. 1. 1927 StmLB

Ladestellen Melnhof und Gerstl aufgelassen

seit 1. 8. 1966 nur Güterverkehr

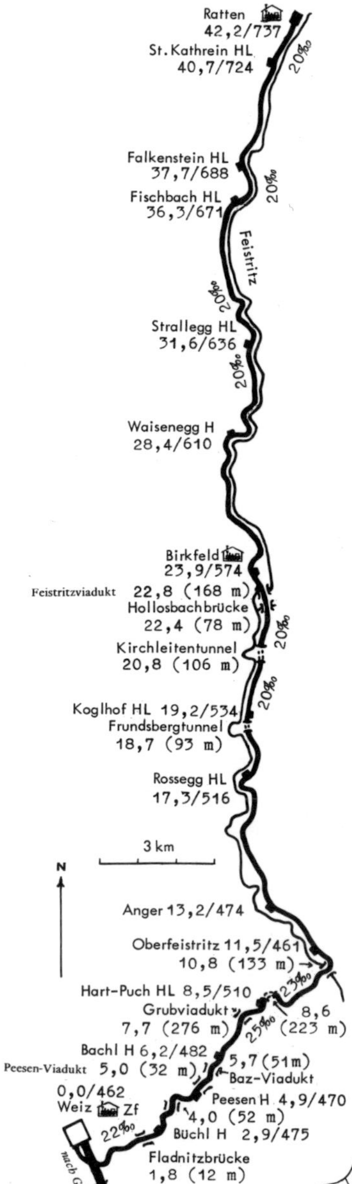

Weiz – Birkfeld – Ratten

S = 760 mm r = 60 m Al. = 6 t Vmax = 25 km/h

Konz: 15. 9. 1910, RGBl. 170, und 27. 3. 1923, BGBl. 192

* 15.12.1911 Weiz – Birkfeld

1. 6.1930 Birkfeld – Ratten (öffentlicher Verkehr)

Betrieb: kkStB, seit 1. 7. 1921 StmLB

Seit 1. 7. 1942 Eigentum des Landes Steiermark

Weiz
1912

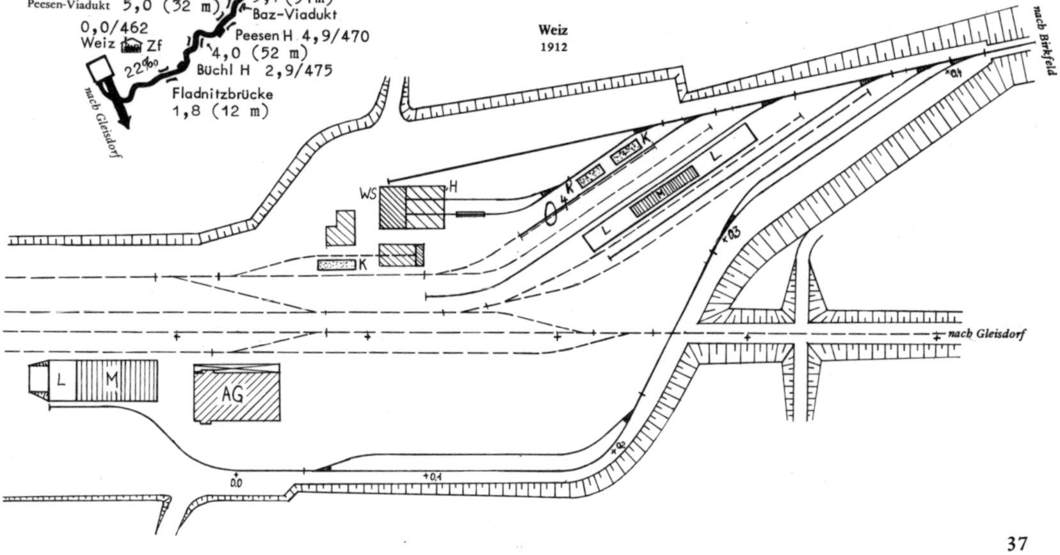

1915 hat die Lokalbahn ein eigenes Kraftwerk in Baumgartwiese errichtet, das später in den Besitz des E-Werkes, das nun wieder die Lokalbahn belieferte, übergegangen war. 1916 mußte die Kupfer-Fahrleitung dem Krieg geopfert und durch eine eiserne ersetzt werden.

Die Gefahr der Einstellung nach dem Krieg (1919) wehrten die Veitscher Magnesitwerke, zu denen auch das Werk bei St. Erhard gehört, durch Subventionen ab. Die Wirtschaftskrise und die Autokonkurrenz der dreißiger Jahre beeinträchtigten auch den Betrieb dieser Lokalbahn, aber im Zweiten Weltkrieg erlebte sie eine neue Blüte. Leider hat sie keine Erneuerung des Rollmaterials begleitet; erst seit 1957 beschleunigt eine für 760 mm imposante Elektrolokomotive von Brown-Boveri den ansehnlichen Güterverkehr. 1963 folgte ihr eine zweite gleichartige. Während der letzten Jahre hat die Lokalbahn auch ihren Güterwagenpark sowie die Umschlaganlagen in Mixnitz erweitert und modernisiert. Für den Verschub von Normalspurwagen im Bahnhof Mixnitz hat sie zwei Normalspur-Diesellokomotiven beschafft.

Im Sommer 1958 zerstörten Unwetter die Trasse beträchtlich und die Tagespresse aller Schattierungen wußte sofort zu berichten, daß ein Wiederaufbau der 'veralteten' Bahn nicht in Betracht komme. Tatsächlich ließ er gar nicht lang auf sich warten. Zunächst mußte eine Diesellokomotive (18. 9. – 10. 11. 1958 VL 01 aus Kapfenberg) aushelfen, aber schon am 10. November 1958 konnten wieder elektrische Lokomotiven fahren.

Obwohl diese Bahn durch ein landschaftlich sehr reizvolles Gebiet führt, stellte sie am 31. Juli 1966 den Personenverkehr ein. Dessen schlechte Frequenz war wohl den desolaten Wagen, der parallelen Autobuslinie und einem Mangel an Werbung zuzuschreiben. Gesellschaftsfahrten über Mixnitz (von dort in die imposante Bärenschützklamm) nach St. Erhard hätten bei der Grazer Bevölkerung sicher Anklang gefunden.

Infolge des Ausbaus des Werks in St. Erhard wurde 1970 der Bahnhof St. Erhard samt den Werkstätten aufgelassen. Die Bahn endet seither direkt im Magnesitwerk und erhielt eine neue Werkstätte und Fahrzeughalle im Bahnhof Mixnitz. Dadurch reduzierte sich mit 10. August 1970 die Länge der Bahn um rund 400 Meter.

Murtalbahn

Diese Linie von Unzmarkt nach Mauterndorf entlang dem Oberlauf der Mur ist die zweitlängste Schmalspurbahn Österreichs und erstreckt sich auf zwei Bundesländer. Der westliche Teil (Lungau) gehört zum Land Salzburg, der östliche zur Steiermark. Die Bahn durchzieht ein Urlaubsgebiet ersten Ranges (Niedere Tauern) mit so berühmten, sonnenscheinreichen Kurorten wie Murau (Erholungsheim Stolzalpe) und Tamsweg, das auch als Wintersportplatz beliebt ist. Die Trasse weist keine grandiosen Kunstbauten auf, dennoch ist die Fahrt – fast ständig entlang der Mur – genußreich, besonders im Engtal zwischen Madling und Tamsweg. Obzwar zunächst vom Steiermärkischen Landeseisenbahnamt technisch-administrativ betreut, bildete die Murtalbahn eine eigene Gesellschaft. Schon während des Baus war eine Verlängerung bis Unterweißburg geplant, die aber ebenso unterblieben ist, wie der im Zweiten Weltkrieg geplante Normalspurbau nach Radstadt.

Der normalspurige Ausbau hätte keine Schwierigkeiten bereitet, denn diese Bahnlinie war seinerzeit für Normalspur trassiert und fast durchwegs mit Normalspur-Unterbau – was man an den für eine Schmalspurbahn sehr breiten Dammkronen erkennt – errichtet worden. Aus Kostengründen entschied man sich schließlich aber doch für die Schmalspur und änderte im Engtal vor Tamsweg (km 58.0 bis 63.0) wegen geologischer Schwierigkeiten die Trasse. Nur dort hätte der normalspurige Ausbau eine größere Umgestaltung erfordert.

In einer weiteren Beziehung erwiesen sich die Planer dieser Bahn als vorausschauend. Als erste Bahngesellschaft Österreichs errichtete sie zwischen den Bahnhöfen eine telefonische Verbindung zu einer Zeit (1893), als sonst das Zugmeldeverfahren mittels Telegrafie und

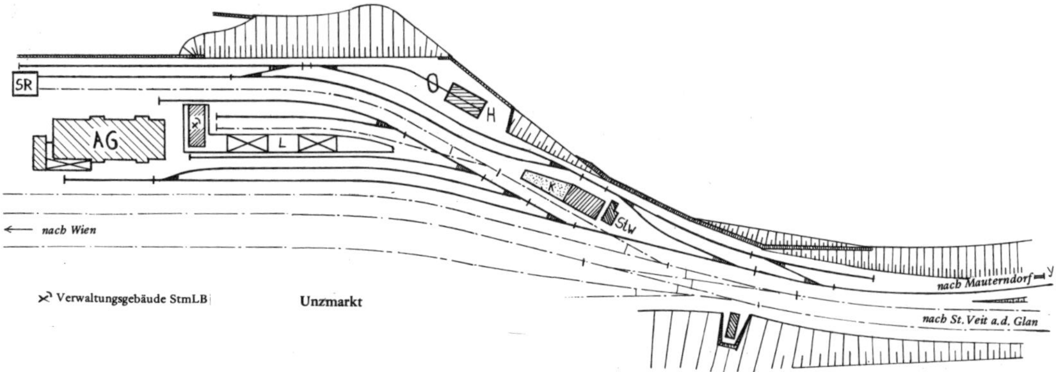

Unzmarkt

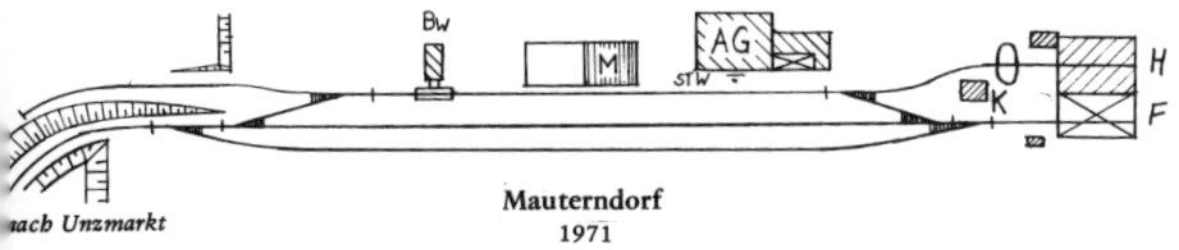

Mauterndorf
1971

Murtalbahn-Streckenkarte und Gleisplan Murau auf Seite 40/41

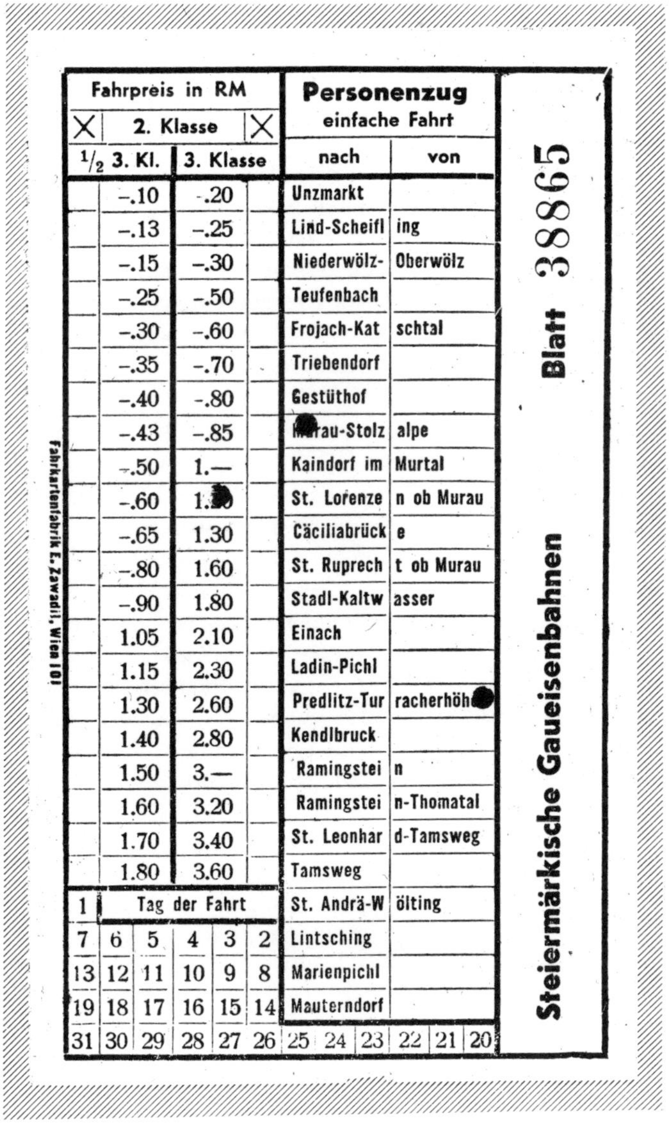

Fahrkartenfabrik E. Zawadil, Wien 101

Fahrpreis in RM		Personenzug einfache Fahrt	
⨯ 2. Klasse ⨯			
1/2 3. Kl.	3. Klasse	nach	von
-.10	-.20	Unzmarkt	
-.13	-.25	Lind-Scheifl	ing
-.15	-.30	Niederwölz-	Oberwölz
-.25	-.50	Teufenbach	
-.30	-.60	Frojach-Kat	schtal
-.35	-.70	Triebendorf	
-.40	-.80	Gestüthof	
-.43	-.85	[illegible]urau-Stolz	alpe
-.50	1.—	Kaindorf im	Murtal
-.60	1.[illegible]	St. Lorenze	n ob Murau
-.65	1.30	Cäciliabrück	e
-.80	1.60	St. Ruprech	t ob Murau
-.90	1.80	Stadl-Kaltw	asser
1.05	2.10	Einach	
1.15	2.30	Ladin-Pichl	
1.30	2.60	Predlitz-Tur	racherhöh
1.40	2.80	Kendlbruck	
1.50	3.—	Ramingstei	n
1.60	3.20	Ramingstei	n-Thomatal
1.70	3.40	St. Leonhar	d-Tamsweg
1.80	3.60	Tamsweg	

Tag der Fahrt												
1						St. Andrä-W	ölting					
7	6	5	4	3	2	Lintsching						
13	12	11	10	9	8	Marienpichl						
19	18	17	16	15	14	Mauterndorf						
31	30	29	28	27	26	25	24	23	22	21	20	

Blatt 38865

Steiermärkische Gaueisenbahnen

Murtalbahn-Fahrkarten
Oben: 23. 4. 1945
Links: 24. 4. 1945
Archiv J. G. Slezak

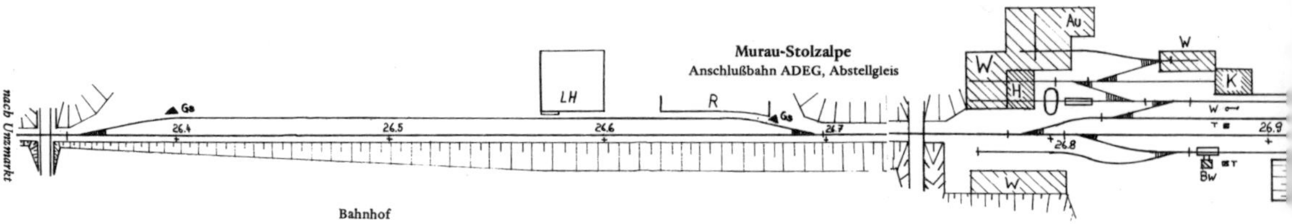

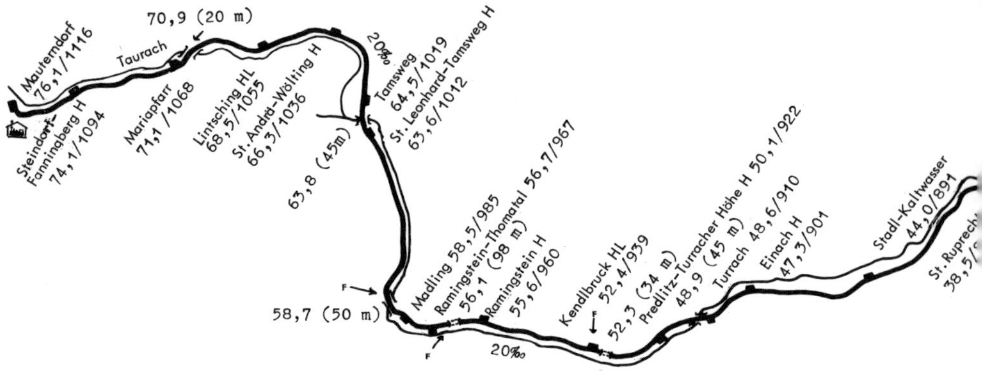

Glockenschlagwerken üblich war. Mit dieser Pioniertat der Murtalbahn begann die Verbreitung des Telefons bei der Eisenbahn.

Wie die meisten von den StmLB betriebenen Strecken erhielt 1933 auch die Murtalbahn Triebwagen, die wohl den Verkehr belebt, aber betriebstechnisch nicht befriedigt hatten. Der Geschäftsbericht 1935 klagt: *Die . . . Erwartung, daß die Indienststellung der Triebwagen zur Verringerung der finanziellen Schwierigkeiten unserer Lokalbahn beitragen werde, ist wohl nicht eingetreten. Es muß dagegen gesagt werden, daß hiedurch dieselben eher vergrößert wurden.* Die Triebwagen sind im Zweiten Weltkrieg aus dem Verkehr verschwunden. Die guten, alten Dampflokomotiven aus der Zeit um die Jahrhundertwende erfüllen dagegen neben modernen Diesellokomotiven noch immer ihren Dienst.

Als erste österreichische Bahn ließ die Murtalbahn Dampf-Sonderzüge, Bummelzüge genannt, verkehren (seit 1968 in Zusammenarbeit mit dem Club 760) und Eisenbahnfreunde auf einer richtigen Dampflokomotive als Lokomotivführer agieren (seit 1969). Beide Attraktionen haben in diesem Fremdenverkehrsgebiet großen Anklang gefunden – wie auch die beiden Barwagen in den Bummelzügen – und zusammen mit kommerziellen Aktivitäten (Spezialwagen für Zement- und Heizöltransport) die Murtalbahn mit neuem Leben erfüllt. Das Land Steiermark hat sich dabei als sehr bahnfreundlich und damit im Hinblick auf die steigende Bedeutung des Schienenverkehrs verantwortungsbewußt erwiesen. Vom Land Salzburg dagegen kann man das nicht sagen und so hat die Murtalbahn auf dem salzburgischen Streckenabschnitt Tamsweg–Mauterndorf am 31. März 1973 den planmäßigen Personenverkehr eingestellt. Derzeit betreibt die Murtalbahn an Sonntagen keinen planmäßigen Zugsverkehr; die Fahrgäste müssen mit *Autobussen* der Steiermärkischen Landesbahnen vorlieb nehmen.

Gurktalbahn
S = 760 mm r = 100 m A = 7 t Vmax = 35 km/h
Konz.: 20. 8. 1897, RGBl. 205 * 10. 10. 1898
Betrieb: kkStB / BBÖ
verstaatlicht 1. 1. 1932
Stillegung 15. 11. 1971

Murtalbahn

S = 760 mm r = 80 m A = 6,5 t Vmax = 30 km/h

Konz.: 7. 4. 1893, RGBl. 74 * 9. 10. 1894

Betrieb: kkStB; seit 1. 7. 1921 StmLB

Haltestellen Madling und Steindorf-F. aufgelassen

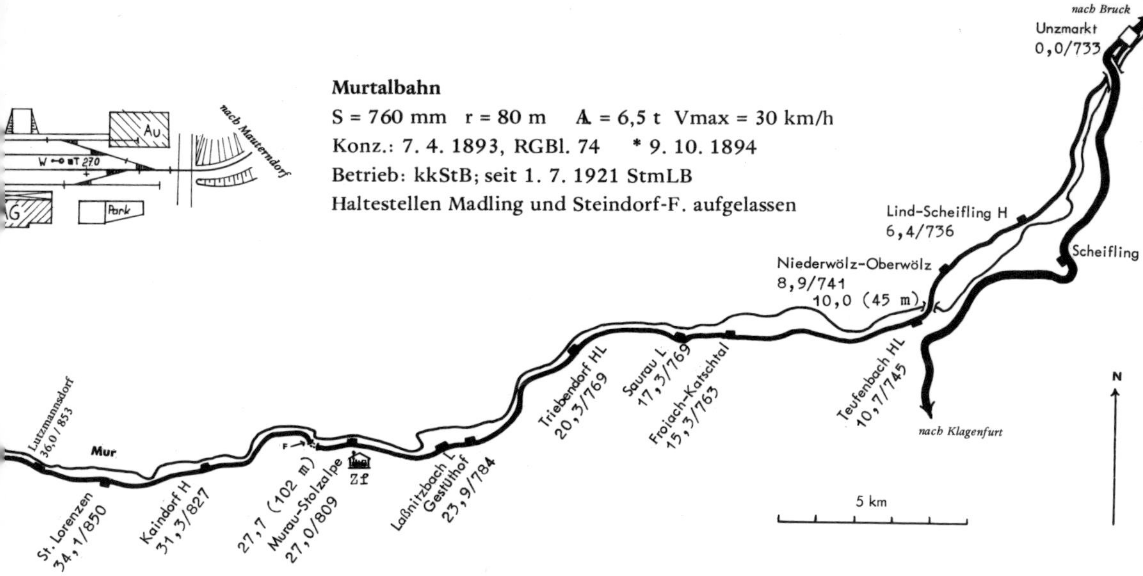

Gurktalbahn

Beide ÖBB-Schmalspurstrecken Kärntens, die Gurktalbahn und die Vellachtalbahn (Kühnsdorf–Eisenkappel), fielen beim Erscheinen der ersten Auflage dieses Buches keineswegs gegenüber den anderen ÖBB-Schmalspurbahnen in irgendeiner Beziehung durch Negatives auf, was auf eine baldige Stillegung hätte schließen lassen. Dennoch sind von den ÖBB-Schmalspurbahnen überraschend die beiden kärntnerischen (als einzige) stillgelegt worden.

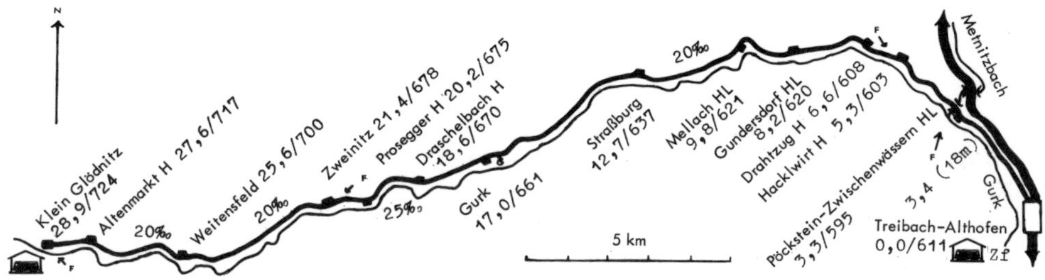

Treibach - Althofen
1970

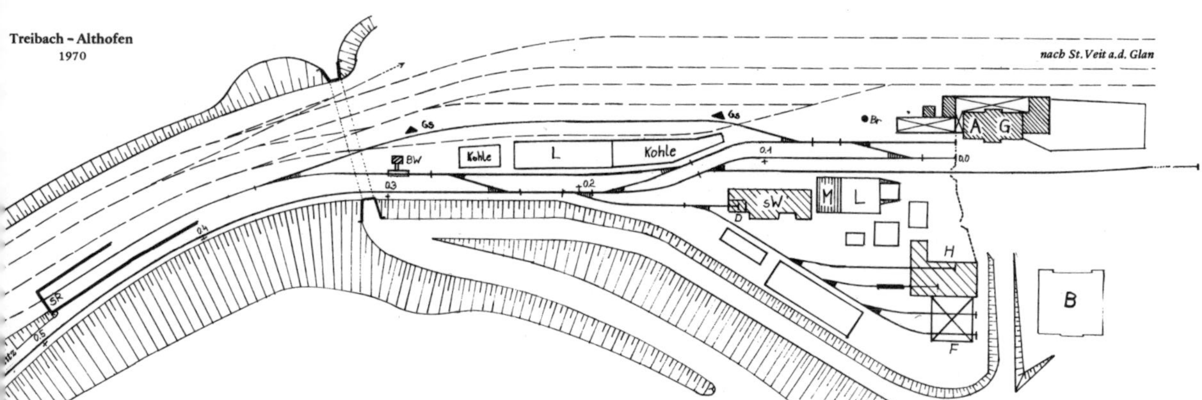

Klein Glödnitz
1970

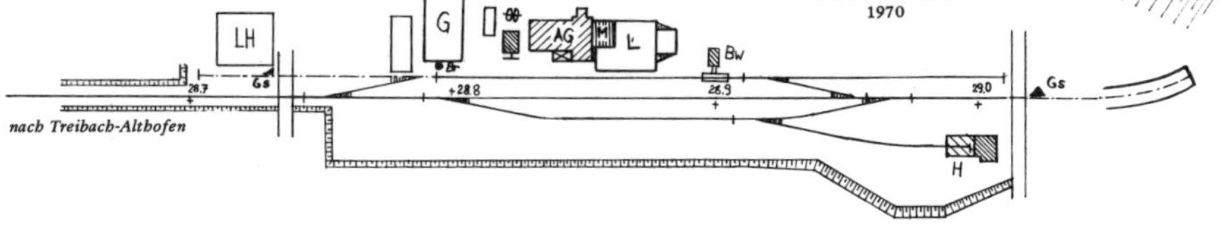

2. 9. 1967
Archiv P. Wegenstein

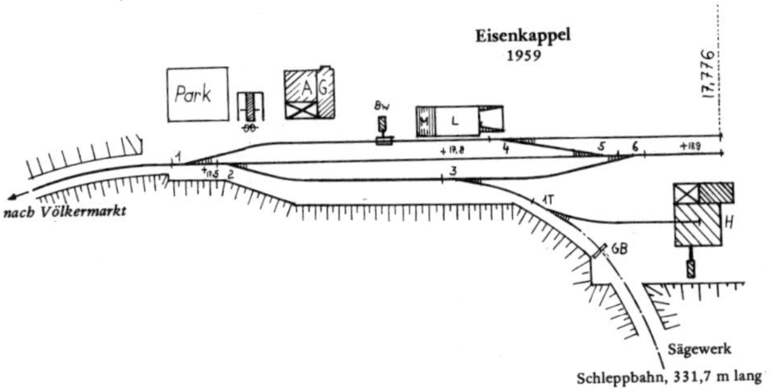

Die Gurktalbahn war anfangs eine selbständige Lokalbahn (Initialen GTB auf den Grenzsteinen), den Betrieb besorgten aber die kkStB und später die Bundesbahnen. Die Trasse wies keine Besonderheiten auf, die Fahrt von Treibach-Althofen nach Klein Glödnitz entlang dem Oberlauf der Gurk war dennoch ein kleines Erlebnis, obwohl dieses Gebiet weniger dem Fremdenverkehr erschlossen ist, abgesehen von Gurk mit dem berühmten, romanischen Dom (die hundertsäulige Krypta besonders sehenswert!). Das bedeutendste Frachtgut der Bahn war Holz, das jetzt auf mächtigen, meist überladenen Lastkraftwagen, die die Straßen arg zerstören und die schwächeren Verkehrsteilnehmer in hohem Maß gefährden, abtransportiert wird.

Zur Illustration der Umstände, die zur plötzlichen Stillegung führten, sei der amtliche Bericht zitiert: *Mittwoch, 5. Juni 1968, entgleiste um 10.30 Uhr in km 20.0 zwischen Klein Glödnitz und Gurk die Diesellokomotive 2091.02 und 3 Personenwagen des Zuges GT 65, wobei das Triebfahrzeug umstürzte. Ursache: Unterwaschung des Gleiskörpers auf ca. 5 m Länge durch starken Gewitterregen. Verkehr voraussichtlich mehrere Tage unterbrochen. Schienenersatzverkehr zwischen Treibach-Althofen und Klein Glödnitz eingerichtet.*
Die Unterbrechung infolge der fünf Meter langen Unterwaschung war allerdings nicht nur vorübergehend. Die ÖBB nahmen den Personenverkehr nicht wieder auf und besorgten Güterverkehr nur mehr bis Straßburg (Gorton Mühle), der am 15. November 1971 schließlich auch aufgegeben worden ist, womit der Betrieb der Gurktalbahn stillgelegt war. Erst nachher wurde bekannt, daß Teile der Trasse für Straßenerweiterungen benötigt werden; da hat es sich immer noch am einfachsten erwiesen, die Bahn einfach stillzulegen, wie bei der SKGLB.

Erstaunlicherweise entstand jedoch auf dem Streckenabschnitt zwischen Treibach-Althofen und Pöckstein-Zwischenwässern der Gurktalbahn die erste Museumsbahn Österreichs, die der 1969 gegründete Verein der Kärntner Eisenbahnfreunde nach drei Jahren entmutigender Rückschläge und geradezu übermenschlicher Beharrlichkeit zu Pfingsten 1974 in Verkehr nehmen konnte. In den Sommermonaten verkehren Dampfzüge zur allgemeinen Benützung jeden zweiten Sonntag (Fahrplan im Österreichischen Kursbuch, Sommer 1975, unterhalb Fahrplanbild 62 und 67). Auskünfte beim Verein der Kärntner Eisenbahnfreunde (VKEF), Postfach 321, A-9010 Klagenfurt. Beachtlich ist auch der große Fahrpark, den der VKEF erwerben konnte; die Liste im Fahrparkteil zeigt dessen Bestand an österreichischen Lokomotiven und Wagen. Vorerst ist nur ein kleiner Teil davon betriebsfähig.

04834
Völkermarkt-Kühnsdorf
Bleiburg Grenze
Eisenkappel
2. Kl. Perszg. 18 km
S 8.20 ½ 4.10
Völkermarkt-Kühnsdorf
Bleiburg Grenze
Eisenkappel
2. Kl. Perszg. 18 km
S 8.20 ½ 4.10
04834

S = 760 mm r = 60 m
Al. = 12 t Vmax = 25 km/h
Konz.: 17. 2. 1900, RGBl. 35
* 5.10. 1902
Betrieb: Südbahn/BBÖ
verstaatlicht 1. 1. 1931
stillgelegt 22. 5. 1971

Archiv P. Wegenstein

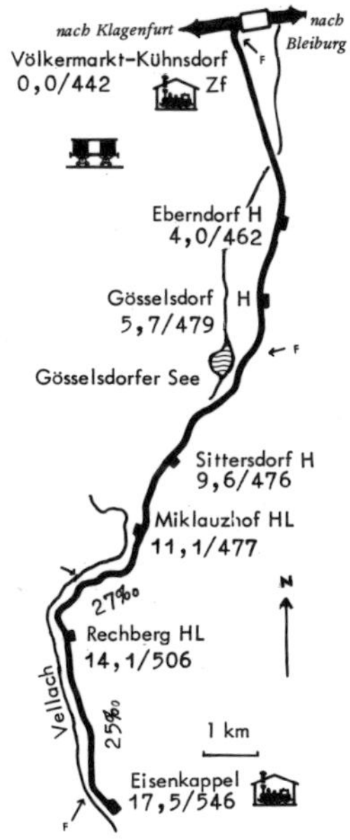

Kühnsdorf – Eisenkappel (Vellachtalbahn)

Auch diese Strecke gehörte zunächst einer selbständigen Lokalbahngesellschaft (Grenzsteine KE). Außerhalb ihres Einzugsbereichs war sie kaum bekannt, obwohl sie einen bedeutenden Güterverkehr (Zellulosefabrik Rechberg) und eine geradezu romantische Streckenführung hatte. Der Abschnitt entlang dem Gösselsdorfer See erinnerte an die Wolfgangseestrecke der SKGLB und der durch die Schlucht zwischen Miklauzhof und Rechberg konnte sich mit berühmten Bergstrecken messen. Durch Rollwagen war für einen rationellen Gütertransport bestens gesorgt.

Dennoch nahm auch diese Kärntner Schmalspurbahn ein unerwartetes Ende. Naturgemäß war die Strecke immer durch Unwetter gefährdet, aber 65 Jahre lang konnten selbst in schwersten Krisen und Kriegszeiten Schäden rasch behoben werden. Anders war es, als am 16. Jänner 1965 eine Lawine auf die Bahntrasse niederging. Man konnte es nicht mehr verantworten, die Fahrgäste solchen Gefahren auszusetzen, und stellte den Personenverkehr ein. Am 2. Mai 1966 legten die ÖBB den Streckenteil Rechberg – Eisenkappel zur Gänze still. Die Zellulosefabrik in Rechberg hatte aber immer noch ein beträchtliches Frachtaufkommen. Es fanden sich aber Wege, auch dieses von der Schiene wegzubringen, und so konnte die restliche Strecke am 22. Mai 1971 stillgelegt werden. Im Rahmen der eben zu jener Zeit angelaufenen Grenzlandförderung der Bundesregierung hätten sich bestimmt Mittel für eine Weiterführung des Bahnbetriebs auftreiben lassen, denn als Ausflugsbahn hätte sie diesem armen Landstrich zu einem regen Fremdenverkehr verholfen.

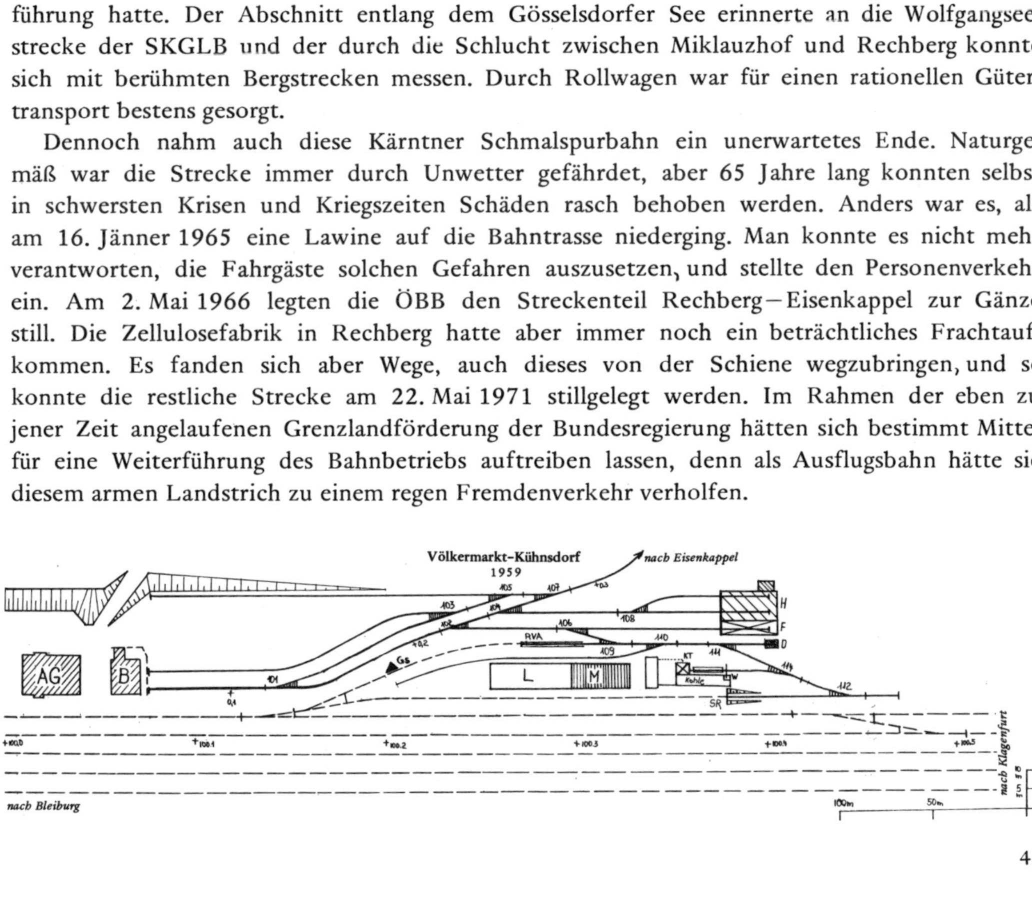

S = 600 mm r = 34 m Al. = 2 t
Vmax = 15 km/h
Konz.: 14. 9. 1965 * 16. 9. 1965

Höhenbahn Reißeck

Als 1947 die Nutzung der Wasserkräfte im Einzugsgebiet der unteren Möll in Kärnten einsetzte, konnten die natürlichen Seen in den eiszeitlichen Gletscherwannen in der Gipfelregion der Reißeckgruppe vorteilhaft zu Stauseen ausgebaut werden. Entlang der Druckrohrleitung hinab zum Krafthaus Kolbnitz, deren Fallhöhe von 1771 m den Weltrekord hält, erforderten die Bauarbeiten als leistungsfähige Transportmittel eine Standseilbahn zur Überwindung des Hangs und eine Schmalspurbahn im schwachgeneigten Stollen sowie auf dem Plateau. Da die Österreichische Draukraftwerke AG als Eigentümerin der Anlagen nach Vollendung des Kraftwerks die Bahnen für laufende Materialtransporte in Betrieb halten mußte, bemühte sie sich um ergänzende Personenbeförderung zur Erschließung dieses einzigartigen Wintersport- und Wandergebiets. Auf der Standseilbahn, der *Reißeckbahn,* die zuvor, wie heute noch die Kreuzeckbahn auf dem Gegenhang, nur für beschränkt öffentlichen Verkehr zugelassen war, wurde am 12. Mai 1962 der öffentliche Personenverkehr aufgenommen. Die Bahn steht ganzjährig von 7 Uhr früh bis zur Dämmerung in Betrieb, die Fahrzeit beträgt zwischen den vier Stationen dreimal 15, also 45 Minuten.

Die schmalspurige *Höhenbahn,* 1951/53 errichtet, diente seit 1. Juli 1953 dem Transport von Material und Arbeitern, nach Abschluß der Bauarbeiten (1961) vorwiegend der Personenbeförderung. Seit der Aufnahme des öffentlichen Verkehrs (16. September 1965) führt die Reißeck-Kreuzeck-Höhenbahnenges. m. b. H., Klagenfurt, den Betrieb. Die Trasse quert ab Schoberboden auf 640 m Länge den Steilhang, führt dann durch den Stollen und endet 460 m nach dem Tunnel, in dem sich eine Ausweiche befindet, im Sporthotel Reißeck. Der Fahrplan ist auf die Reißeckbahn abgestimmt, weil fast alle Fahrgäste, über 100.000 Personen jährlich, diese Relation benützen, wird aber bei schlechtem Wetter eingeschränkt. Die beiden zweiachsigen Diesellokomotiven, Jenbacher JW 20 (20 PS), 2344 mm lang mit 800 mm Achsstand und 3,8 t Gewicht, wurden 1960 (Nr. 2240) bzw. 1963 (Nr. 2406) erbaut, die beiden vierachsigen Personenwagen Nr. 1 und 2 von der Firma Schwechater Maschinenbau, Johann Wessely, 1956. Ursprünglich nur mit einer Plane abdeckbar, wurden die Wagen auf Verlangen der Aufsichtsbehörde mit Wellblechdach und Stirnwänden versehen, sind aber an den Seiten über den Laufbrettern offen. Jeder Wagen hat 36 Sitzplätze und bei 9,1 m Länge 6,8 m Drehzapfenabstand. Der Drehgestellradstand beträgt 600 mm, bzw. im bremsbaren Drehgestell 700 mm. 5 offene Zweiachsgüterwagen einfachster Bauart stehen seit 1953 in Verwendung, davon einer im Winter als Gepäckwagen (Skibeförderung). Die Lokomotive läuft stets in jener Richtung an der Zugsspitze, in der die größere Fahrgastzahl zu befördern ist, also vormittags ab Schoberboden, nachmittags ab Reißeck. Im Gegenlauf schiebt sie den Zug. In der Mittagszeit (Sommerfahrplan 12.45 – 13.45, Winterfahrplan 11.55 – 13.00 h) steht der Personenzug im Bahnhof Schoberboden, wo sich auch der Lokomotivschuppen befindet. Die Fahrzeit beträgt 17 Minuten. Im Österreichischen Kursbuch findet man die Höhenbahn unter Haupt- und Klein*seil*bahnen (Sommerfahrplan 1975, Seite 586, Fahrplannummer 551). Tatsächlich ist sie, wie gesagt, eine richtige Schienenbahn, die einzige öffentliche Bahn Österreichs mit 600 mm Spurweite, also eine Attraktion für alle Schmalspurfreunde.

Dem Werksverkehr zur Mooshütte dient eine etwa 4 km lange Fortsetzung der Schmalspurbahn, auf der zwei 6sitzige Draisinen, zwei Kipp- und ein Plateauwagen Werksangehörige und Material befördern. Ein rund 250 m langer Hilfsschrägaufzug, der mittels Elektrowinde 67 m Höhendifferenz überwindet, verbindet diese Werksbahn mit der Höhenbahn.

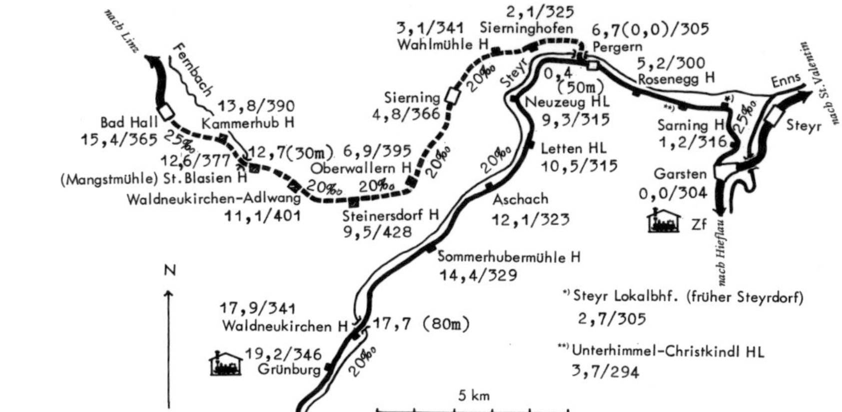
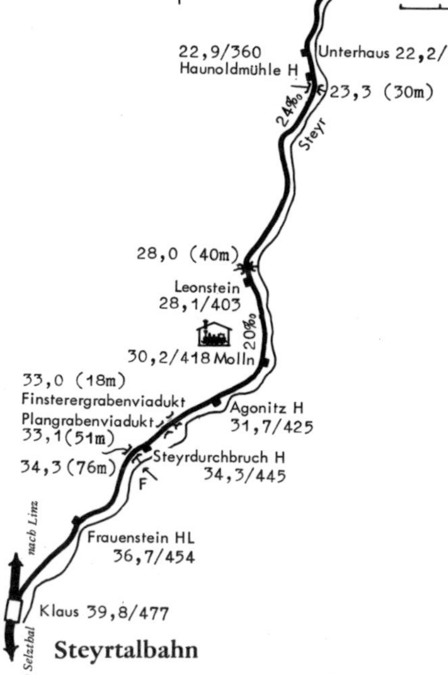

S = 760 mm r = 60 m Al. = 6,5 t Vmax = 35 km/h

Konz.: 18. 2. 1888, RGBl. 30, 21. 9. 1890, RGBl. 188, und 20. 12. 1905, RGBl. 205

* 20. 8. 1889 Garsten – Grünburg
19, 11. 1890 Grünburg – Agonitz
26. 10. 1909 Agonitz – Klaus
2. 12. 1891 Pergern – Bad Hall

zuerst Eigenbetrieb; seit 28. 2. 1931 BBÖ
verstaatlicht 1. 1. 1940

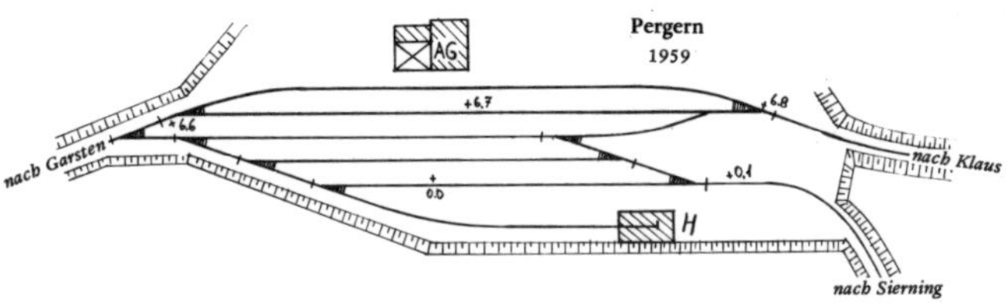

Steyrtalbahn

Die alte Eisenstadt Steyr in Oberösterreich ist wegen ihrer bedeutenden Industrie (Steyr-Werke) weit bekannt; sie ist Ausgangspunkt in das wunderschöne Steyrtal, das die älteste 760-mm-Spur-Bahn auf dem Gebiet der Republik Österreich durchzieht. Die Steyrtalbahn entstand als Aktiengesellschaft, die anfangs den Betrieb selber besorgt hat, abschnittsweise in zwanzig Jahren. Die Steyrtalbahn, die zwei Kilometer südlich von Steyr im Bahnhof Garsten beginnt, hatte ursprünglich an drei Vollspurbahnen Anschluß: in Garsten an die Linie St. Valentin – Klein Reifling, in Klaus an die Kremstalbahn, bzw. Pyhrnbahn (Linz – Selzthal, wichtige Verbindung nach Graz) und die Seitenlinie Pergern – Sierning – Bad Hall an die Flügelbahn Wels – Rohr – Bad Hall der Kremstalbahn. Die Strecke Sierning – Bad Hall wurde am 1. August 1933 stillgelegt und 1939 im Auftrag der DRB abgetragen.

1916 richtete die Steyrtalbahn auf Kosten der Militärverwaltung vorübergehend Rollschemelbetrieb im Streckenabschnitt Garsten – Steyrdorf (heute Steyr Lokalbahnhof) – Letten ein. Initiator war die Österreichische Waffenfabriks-Gesellschaft (Steyr-Werke), die den Automobiltransport zwischen ihren einzelnen Werken auf die Dauer als unhaltbar empfand (Schnee, Straßenvereisung; Mangel an Bereifung u. Personal). Da das Lichtraumprofil unzureichend war, hat die Generalinspektion den im militärischen Interesse gelegenen Rollschemelbetrieb nur vorübergehend und mit Einschränkungen zugelassen. Die Rollschemel kamen von den Strecken Neuhaus – Neubistritz und Neuhaus – Wobratein und gingen 1919 wieder dorthin zurück,

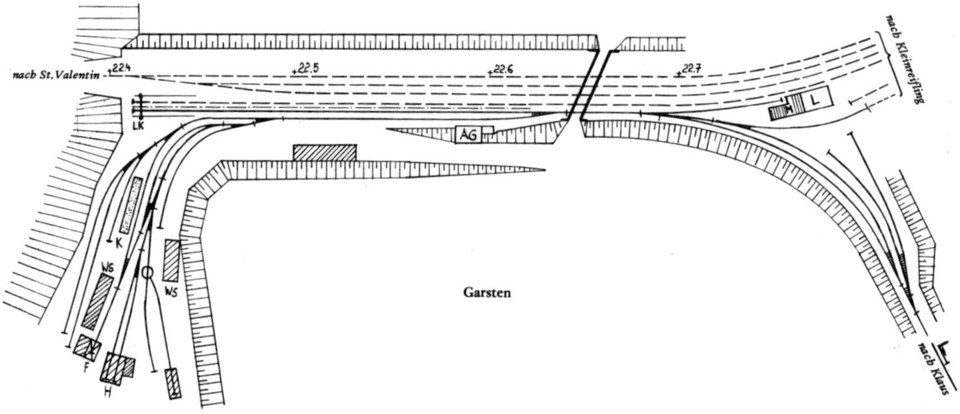

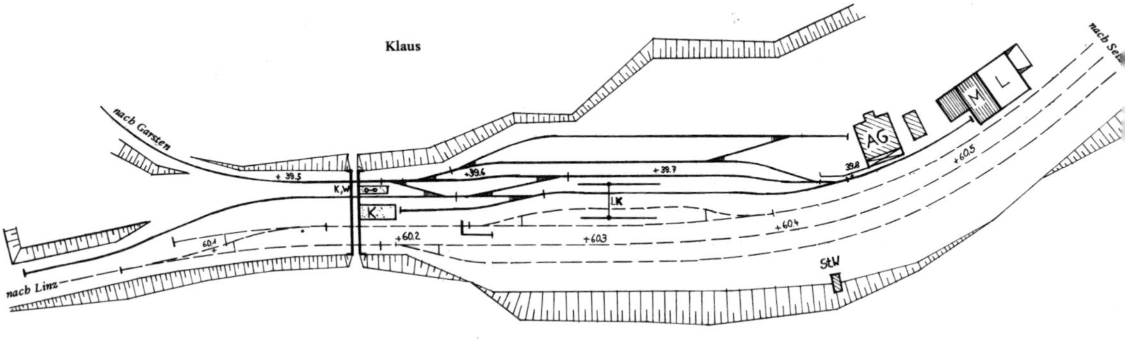

die Steyrtalbahn war an einer Aufrechterhaltung des Rollschemelbetriebs nicht interessiert. Zur Zeit der deutschen Besetzung traf die DRB Vorbereitungen für einen Rollschemelbetrieb auf der Steyrtalbahn, doch wurde er nicht verwirklicht.

Am 1. 1. 1967 stellten die ÖBB auf dem Streckenabschnitt Pergern–Sierning den Gesamtverkehr und am 26. 5. 1968 zwischen Molln und Klaus den Personenverkehr ein. Dennoch ist die Steyrtalbahn heute mehr als je zuvor ein Anziehungspunkt für Eisenbahnfreunde und Urlauber, fahren doch alle Züge mit Dampflokomotiven (1972 vorübergehend auch Amateurlokfahrten) und führt sie durch eine ruhige, abwechslungsreiche und nicht von Autobahnen zerstörte Landschaft. Auch der Plan, die Steyr bei Molln zu einem riesigen Stausee aufzustauen, scheint abgewehrt zu sein, nachdem im September 1973 sogar Landeshauptmann Dr. Wenzel dagegen aufgetreten ist. So kann dank des sehr rührigen Fremdenverkehrsverbandes Steyr die Steyrtalbahn immer mehr Sonderzüge führen, die die Gesamtstrecke Garsten–Molln–Klaus befahren und in denen auch ein Barwagen läuft, und es ist keineswegs übertrieben, wenn die oberösterreichische Handelskammer in ihren *Nachrichten* vom 31. Mai 1974 die Steyrtalbahn als einen *Nervenstrang des Fremdenverkehrs* bezeichnet. Mag sie auch betriebswirtschaftlich nicht befriedigen, so ist doch ihre 'Umwegrentabilität' nicht zu übersehen. Ein deutscher Verlag hat 1974 über diese Bahnlinie ein Buch[1] eines deutschen Autors herausgebracht, das sicher viele Leser anregen wird, diesen Landstrich zu besuchen.

1 W. Tausche: *Dampflokomotiven auf der Steyrtalbahn,* Stuttgart, 1974

Lambach—Gmunden und die historischen Pferdebahnen (Spurweite 1106 mm)

Die Pferdebahn Budweis—Linz—(Gmunden) führte anfangs den Namen *k.k. privilegierte erste (österreichische) Eisenbahn-Gesellschaft.* Am 1. Oktober 1857 ging sie in der Kaiserin-Elisabeth-Bahn (Westbahn) und am 1. Jänner 1882 schließlich in der kkStB auf.

Über die Pferdeeisenbahnen Linz—Budweis und Linz—Lambach—Gmunden liegen bereits zusammenfassende, historische Abhandlungen vor (siehe Literaturverzeichnis), sodaß wir uns hier auf eine Übersicht beschränken, die vor allem die Umstellung auf Dampfbetrieb berücksichtigt.

km		Eröffnung für Güter	Personen
0,0	Budweis	7. 9. 1827	1. 4. 1833
50,9	Trojern (bei Zartlesdorf)	10. 10. 1828	1. 4. 1833
53,1	Untersteindörfl	1. 4. 1829	1. 4. 1833
64,6	Kerschbaum	1. 6. 1830	1. 4. 1833
87,1	Lest	1. 8. 1832	1. 4. 1833
128,8/ 0,0	Linz	1. 11. 1834	1. 4. 1835
24,3	Maxlheid	1. 4. 1835	1. 4. 1835
29,1	Wels	1. 8. 1835	1. 8. 1835
43,9	Lambach	1. 5. 1836	1. 5. 1836
67,9	Gmunden-Rathausplatz		

Der Betrieb mit Pferden ist auf der letzten Teilstrecke der Linie Linz—Budweis am 15. Dezember 1872, nach Erbauung der Normalspurlinie, eingestellt worden.

km		Lokomotivbetrieb von	bis	Eröffnung der Normalspurlinie
0,0	Linz	1. 5. 1855	31. 8. 1859	1. 9. 1859
24,3	Maxlheid	1. 7. 1855	31. 8. 1859	1. 9. 1859
43,9	Lambach	1. 6. 1856	26. 8. 1903	30. 8. 1903
65,3	Engelhof	1. 9. 1856	26. 8. 1903	30. 8. 1903
66,9	Gmunden-Traundorf	15. 8. 1870*	26. 8. 1903	30. 8. 1903
(67,5)	Gmunden-Seebahnhof			

*) nur Güterverkehr, ab 24. 9. 1871 Gesamtverkehr

Noch bis 1965 bestand in Österreich eine Strecke mit der Spurweite von 1106 mm, die nach dem Vorbild der Linz—Budweiser-Pferdebahn erbaut wurde: die mit Privilegium vom 25. Jänner 1853 konzessionierte Werksbahn von Wolfsegg (Kohlgrub) nach Breitenschützing (11,6 km), am 8. Mai 1854 eröffnet. 1871 wurde Lokomotivbetrieb eingerichtet und durch Einlegen einer dritten Schiene in das Normalspurgleis zwischen Lambach und Breitenschützing (7,4 km) eine direkte Verbindung der Schmalspurbahnen Lambach—Gmunden und Breitenschützing—Wolfsegg hergestellt. Dadurch war es möglich, Kohle ohne Umladung von den Gruben nach Gmunden zu führen. Die dritte Schiene wurde 1879 entfernt, nachdem die 1877 eröffnete Salzkammergutlinie der Kronprinz-Rudolf-Bahn (Attnang-Puchheim—Stainach-Irdning) einen direkten Versand der Kohle vom Hausruckgebiet zu den Sudhäusern des Salzkammerguts (Thomasroith—Gmunden—Ebensee) ermöglichte. Auf der Wolfsegger Werkbahn lief im beschränkt-öffentlichen Personenverkehr bis zuletzt der Personenwagen A 3 (Baujahr 1854), der zusammen mit der Lokomotive ANNA im Museum von Bad Neydharting der Nachwelt erhalten bleiben soll. Im Wiener Eisenbahnmuseum stehen seit einem halben Jahrhundert historisch sehr wertvolle Pferdebahnwagen und die Lokomotive GMUNDEN. Die noch erkennbaren Überreste der Pferdebahn auf der Strecke Linz—Unter-Haid zeigt die ausgezeichnete Übersichtskarte in Pfeffers Arbeit (siehe Literaturverzeichnis).

Gmunden – Vorchdorf

S = 1000 mm r = 60 m Vmax = 30 km/h Al. = 8,5 t
800 V =

Konz.: 20. 4. 1911, RGBl. 82 * 20. 3. 1912

Betrieb: Gmundner Elektrizitäts AG,
seit 1. 1. 1926 Stern & Hafferl

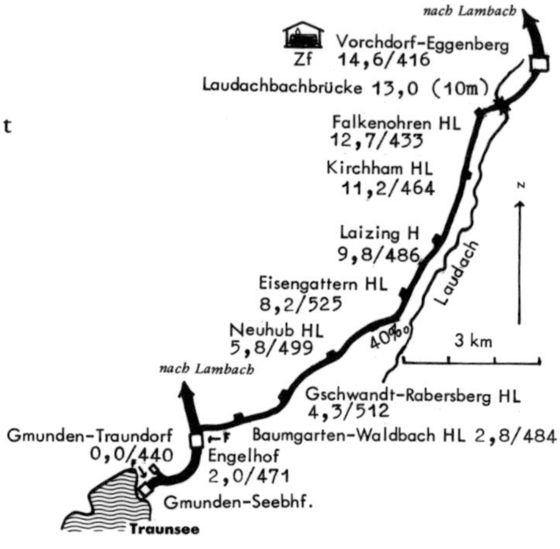

Gmunden – Vorchdorf

Wie einleitend erwähnt, war Gmunden, die bezaubernde Salz- und Fremdenverkehrsstadt am Traunsee, bereits das Ziel der südlichen Verlängerung der schmalspurigen Pferdebahn Budweis – Linz. Diese Schmalspurstrecke (Spur 1106 mm), die 1903 auf Vollspur umgebaut wurde und so heute noch besteht (Lambach – Steyrermühl – Gmunden Seebahnhof), hat – bis auf ein 1326 m langes dreischieniges Péage-Gleis (1912 – 1958 vierschienig) zwischen Engelhof und Gmunden-Traundorf – nichts zu tun mit der elektrischen Schmalspurbahn von Vorchdorf-Eggenberg nach Gmunden-Traundorf, einer schmalspurigen (1000 mm) Verlängerung der normalspurigen Lokalbahn Lambach – Vorchdorf-Eggenberg. Das geplante Verbindungsgleis Gmunden Stadt (Rathausplatz) – Gmunden Traundorf (politische Begehung am 24. April 1912) wurde nicht gebaut.

Obzwar nur kurz, bietet die Fahrt auf dieser Strecke nette Eindrücke. Üppige Äcker, grünende Wiesen und ruhige Laub- und Nadelwälder bedecken die sanften Hügel des Voralpenlands; hinter den malerischen Siedlungen mit ihren altertümlichen Kirchen und Herrensitzen, von ausgedehnten Obstgärten umgeben, schließen die schroffen Kalkfelsen des Salzkammergut- und Almtalgebirges die Landschaft mit ihrer idyllischen Ruhe ab.

Vöcklamarkt – Attersee

Eine ähnliche Lokalbahn führt von der Westbahnstation Vöcklamarkt über die Hochfläche des Attergaus – auf den Höhen reich bewaldet, in den Senken üppige Wiesen – nach Attersee, dem erholsamen Badeort am gleichnamigen See. Auch diese Strecke hat seit der Eröffnung elektrischen Betrieb. Obzwar nur kurz und ohne besondere Kunstbauten, ist auch die Fahrt auf dieser Strecke genußvoll. Die Frequenz ist erstaunlich gut (wochentags elf Zugspaare) und auch der Güterverkehr war lange Zeit beachtlich, geht nun aber zurück, da ein großes Holzwerk an der Bahn (St. Georgen) wegen des Autobahnbaus direkt an die Westbahnstrecke nach Vöcklamarkt übersiedelt ist.

Eine besondere Attraktion war der Trajektverkehr auf dem Attersee. Als während des Zweiten Weltkriegs der Straßenverkehr fast ganz zum Erliegen gekommen war, richtete 1941 das Sägewerk der Firma Franz Häupl in Attersee, das etwa 500 Meter südlich des Bahnhofs Attersee liegt, einen Trajektverkehr ein. Die leeren Güterwagen stellte der Bahnhof Attersee auf ein Fährgleis bereit, von wo sie eine Motorseilwinde auf das werkeigene Trajektschiff (mit Dieselmotor) zog, das sie zum Sägewerk brachte. Dort blieben sie auf dem Schiff und wurden auf diesem beladen. Dieses Trajektschiff hat übrigens am 30. Mai 1951 nach Stillegung der Straßenbahn Unterach – See deren Wagen auf dem Wasserweg nach Attersee gebracht, weil diese Straßenbahnstrecke keine Gleisverbindung mit dem übrigen Eisenbahnnetz hatte.

Vöcklamarkt – Attersee

S = 1000 mm r = 60 m Vmax = 30 km/h Al. = 7,5 t
800 V =

Konz.: 6. 4. 1912, RGBl. 72

* 14. 1. 1913 Vöcklamarkt – Attersee
1. 6. 1913 Attersee – Landungsplatz

Betrieb: Gmundner Elektrizitäts AG
seit 1. 1. 1926 Stern & Hafferl

Zwischen Palmsdorf und Attersee liegt mit 47 Promille die steilste Strecke der österreichischen Privatbahnen.

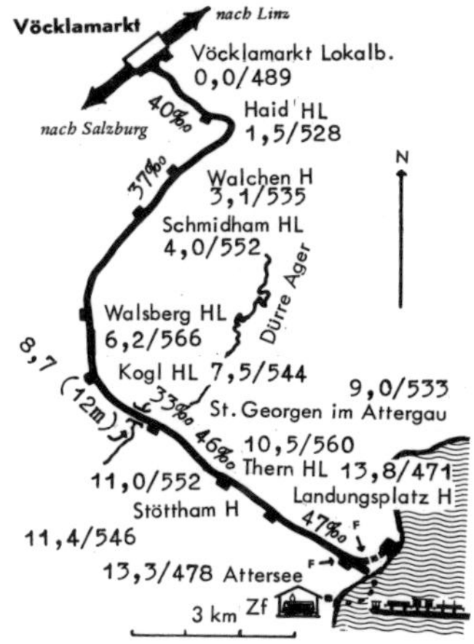

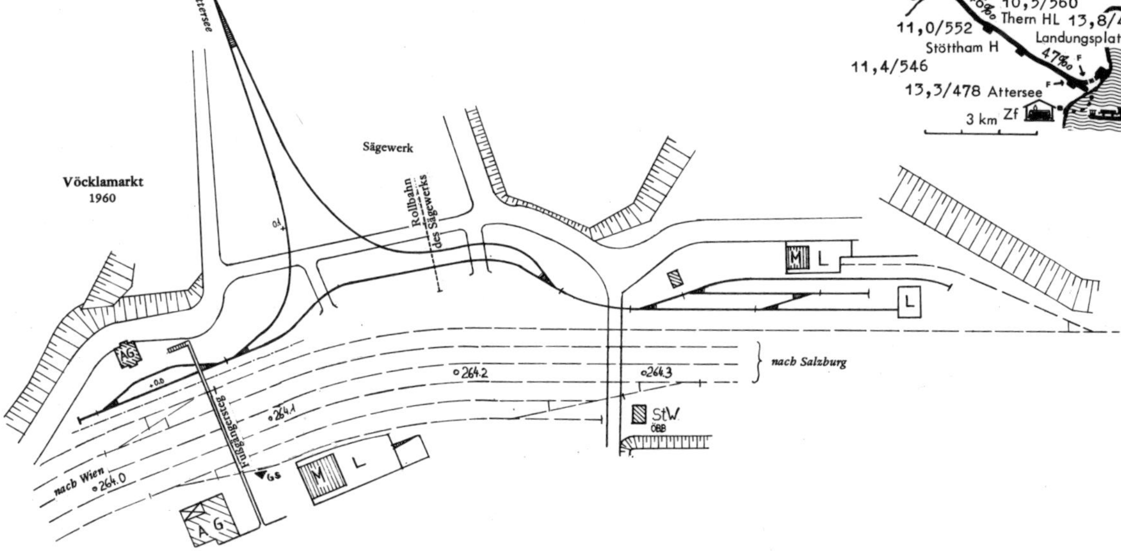

Dem Ausbau der Attersee-Bundesstraße fiel der 285 m lange Streckenabschnitt zwischen dem Bahnhof Attersee und der Station Attersee-Landungsplatz und das Mologleis im Attersee (stillgelegt am 25. September 1971) zum Opfer, das zum Umladen von Gütern zwischen Eisenbahn und Schiff sowie zur Überstellung von Eisenbahnwagen auf das Trajekt der Firma Häupl gedient hatte.

Seit dem Sommer 1975 können sich Eisenbahnfreunde auf der Atterseer Lokalbahn als Hobby-Triebwagenführer betätigen und es gibt auch Bummelzüge mit altem Rollmaterial (Triebwagen GV 23103, Baujahr 1921, mit den Personenwagen VA 26201, Baujahr 1912, und StH 20220, Baujahr 1907), das nun schon genau so eine Attraktion ist wie eine alte Dampflokomotive. Diese Fahrten finden jeweils Mittwoch im Juli und August statt, man kann aber auch an anderen Tagen den 'Bummelzug' mieten. Auskunft und Anmeldung im Bahnhof St. Georgen (Tel. 07667/223). Die Bummelzüge befahren die Strecke Attersee – St. Georgen, wo eine Jause vorgesehen ist. Die Hobby-Motorführer können sich auf dem Abschnitt St. Georgen – Vöcklamarkt betätigen.

11. 12. 1948

Archiv H. Pawlik

18. 7. 1956

Archiv Verlag Slezak

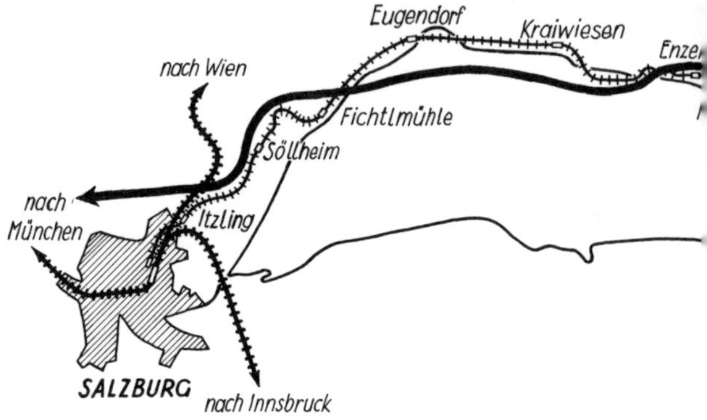

Salzkammergut-Lokalbahn

Diese Lokalbahn mit Fremdenverkehrszentren an beiden Endpunkten und einem Streckenverlauf durch eine reizvolle Landschaft mit zahlreichen Sommerfrischen war unbestritten die populärste Schmalspurbahn der Welt. Das beliebte Lied 'Zwischen Salzburg und Bad Ischl' von Heinz Musil und Albin Ronnert charakterisiert die Volkstümlichkeit dieser Bahn und selbst posthum wirkt sie noch für den Fremdenverkehr. Der Gastwirt Franz Zehetner hat vor seinem Gasthaus 'Zur Ischler Bahn' in Haiden, 4 km westlich von Bad Ischl, die SKGLB-Lokomotive 4 und drei[1] SKGLB-Wagen (503, 4101, 5302) aufgestellt; sie sind heute als touristischer Anziehungspunkt fast so wirksam wie der Wolfgangsee selbst. Die Initialen SKGLB kann man allerdings nicht einmal mehr als 'Sie kommt gar langsam und bedächtig' deuten, denn sie kommt leider nicht mehr.

So eindrucksvoll die Fahrt auf der SKGLB mit den wechselnden Szenerien – Hügelland, Berge, See – war, so schwierig gestaltete sich der Bau dieser Strecke. Sie durchzog ein Gebiet von landschaftlicher Schönheit – zwischen St. Lorenz und Strobl mit Gebirgsbahncharakter – und schloß an beiden Endpunkten an wichtige Bahnstrecken an. Westlicher Endpunkt war die Mozart-Stadt Salzburg an der Westbahnstrecke, östlicher Endpunkt war der Kurort Bad Ischl an der normalspurigen Salzkammergutlinie Attnang-Puchheim–Stainach-Irdning. Der Bau schritt von Westen und Osten gegeneinander fort und wurde etappenweise eröffnet. Die Strecke fing in Ischl zuerst nicht beim Hauptbahnhof an, sondern westlich des Ortes nahe dem Gaswerk (Ischl Lokalbahnhof). Zur Salzkammergut-Lokalbahn-AG gehörte zunächst auch die Zahnradbahn von St. Wolfgang auf den Schafberg (1. August 1893 eröffnet), die 1932 in den Besitz des Österreichischen Verkehrsbüros und 1939 in den der Deutschen Reichsbahn überging. Als meterspurige Bundesbahnstrecke ist sie heute noch mit den ursprünglichen Dampflokomotiven und zusätzlichen Dieseltriebwagen in Betrieb und erfreut sich als erstrangige Ausflugsbahn regen Zuspruchs.

Der Leidensweg der SKGLB in der Kriegs- und Zwischenkriegszeit gleicht dem einleitend geschilderten Schicksal aller Schmalspurbahnen, nur war die SKGLB überdies Anfang 1937 sechs Wochen lang wegen Geldschwierigkeiten eingestellt. Nach 1945 unterblieb die geplante Elektrifizierung, für die sogar schon Material vorhanden war. Obwohl seit 1939 die Aktien in

1 Der vierte Wagen (ursprünglich SKGLB 574) kam von der Zillertalbahn (dort Nr. 26).

S = 760 mm   r = 60 m   Vmax = 40 km/h
35 km/h (Mondsee)

Konz.: 13. 1. 1890, RGBl. 15, 29. 7. 1892, RGBl. 121, und 27. 5. 1909, RGBl. 84

* 5. 8. 1890	Ischl – Strobl	9,0 km
28. 7. 1891	Mondsee – Salzburg	31,6 km
20. 6. 1893	Strobl – St. Lorenz	22,5 km
3. 7. 1894	Ischl Lokalbhf. – Staatsbhf.	3,8 km
		66,9 km

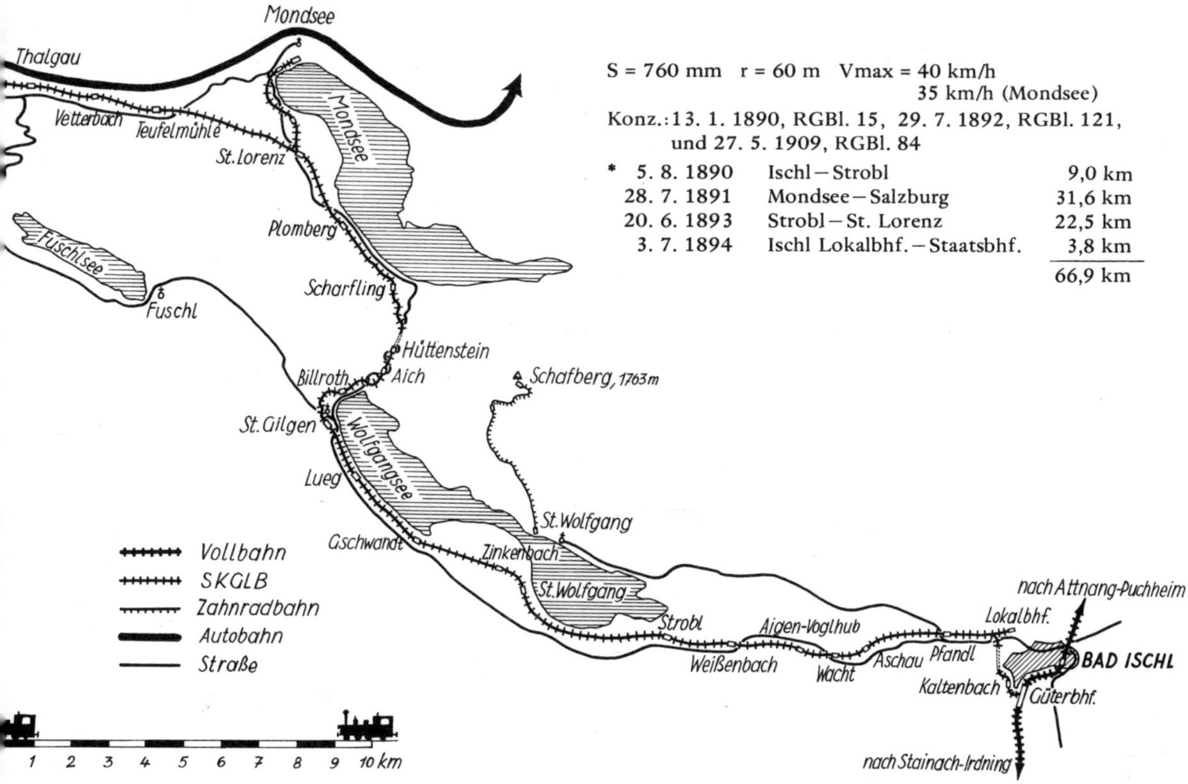

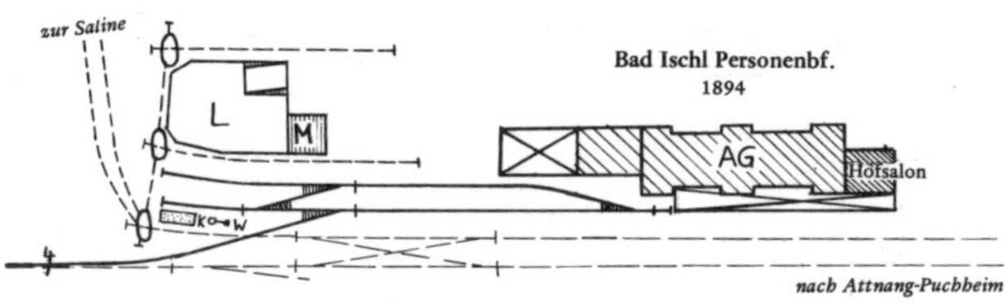

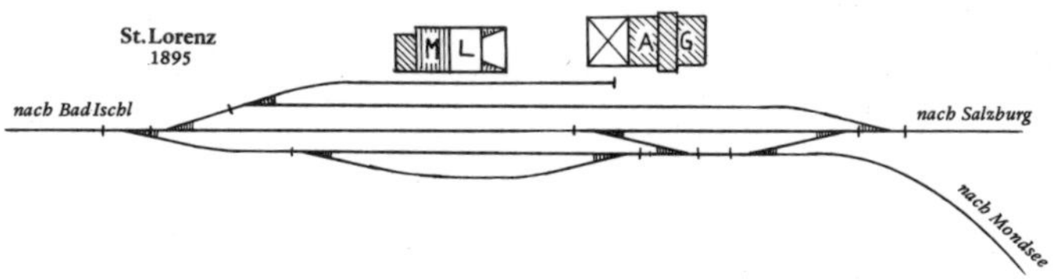

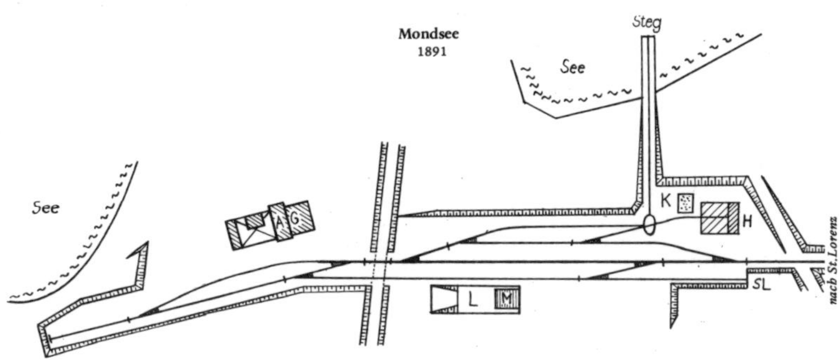

Tischlerhäusl

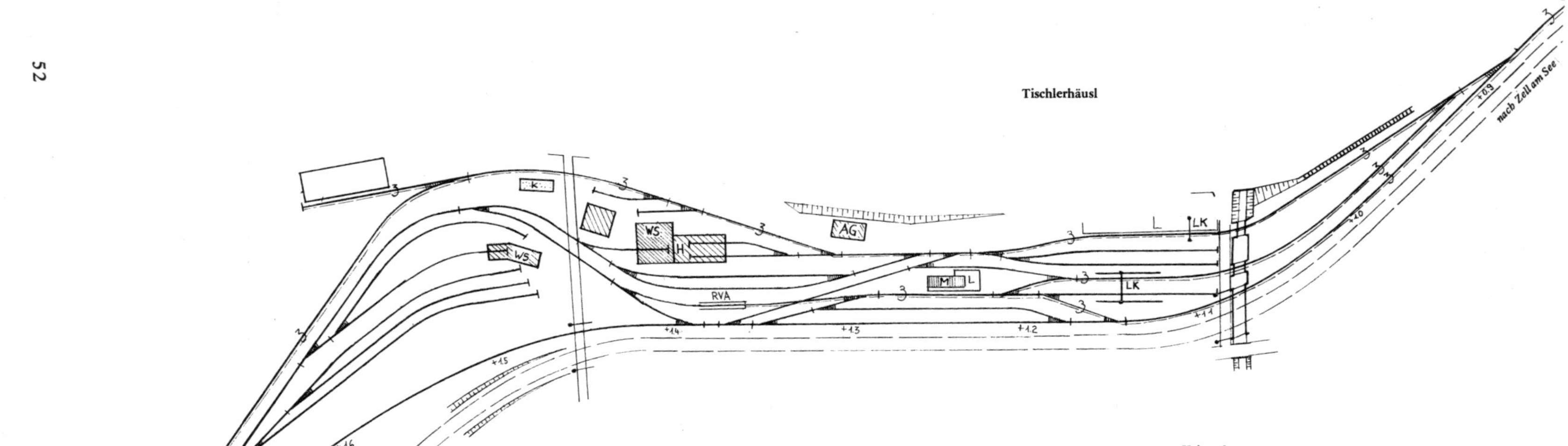

Pinzgauer Lokalbahn

S = 760 mm   r = 100 m
Al. = 12 t / 8,5 t (Mittersill – Krimml)
Rollwagenbetrieb Tischlerhäusl – Krimml
Konz.: 19. 5. 1896, RGBl. 102
* 2. 1. 1898
Betrieb: kkStB/BBÖ/ÖBB
verstaatlicht 1. 1. 1906

Krimml

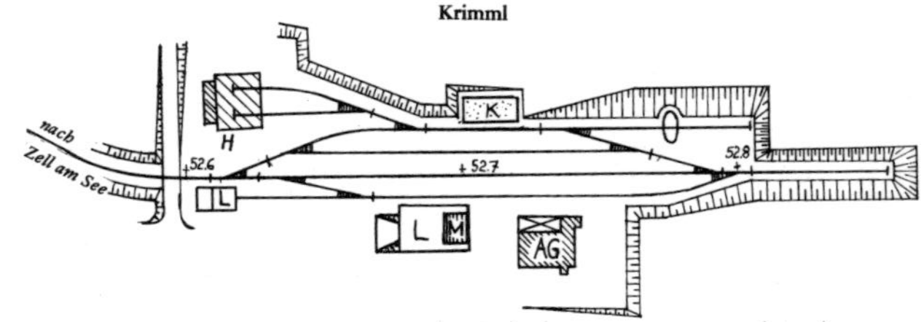

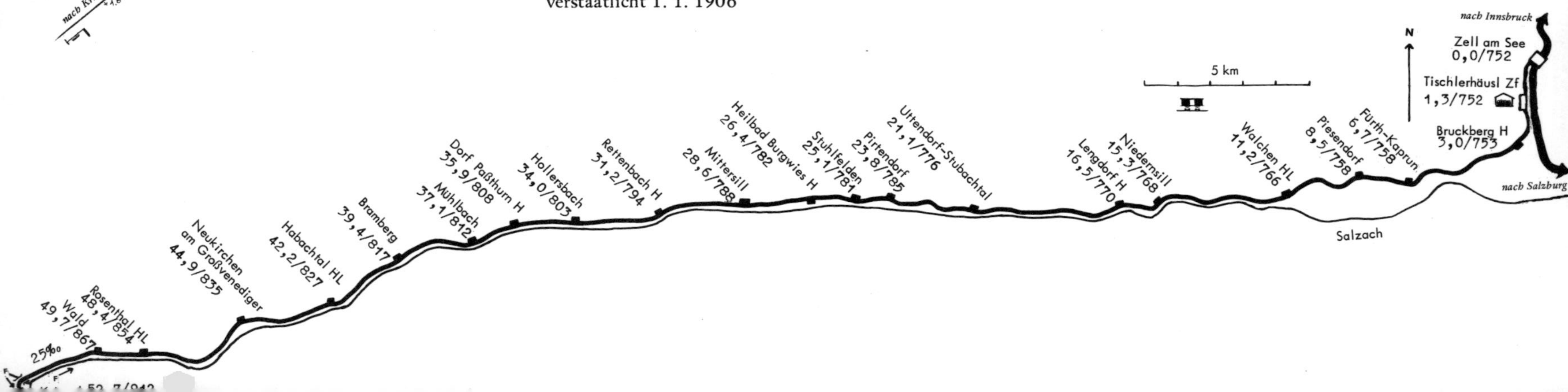

öffentlicher Hand waren (Salzburg und Oberösterreich), geschah nichts zur Sanierung, die die Anrainer unablässig gut begründet gefordert hatten. Nachdem schließlich selbst die lokalen Funktionäre umgefallen waren, stellte die SKGLB am 30. September 1957 den Personenverkehr und am 10. Oktober den Güterverkehr ein. Der Abbruch der Strecke ging so überstürzt vor sich, daß vier im Bahnhof St. Gilgen stehengebliebene Personenwagen unter erheblichen Mehrkosten mit Tiefladewagen auf der Straße abtransportiert werden mußten!

Die wirtschaftliche Bedeutung des Fremdenverkehrs ist für Österreich jetzt noch größer als vor zwanzig Jahren; die Devisen ausländischer Touristen verringern beträchtlich das enorme Handelsbilanzdefizit, das vor allem auf Auto- und Erdölimporte zurückzuführen ist. Es ist unfaßbar, daß kurzsichtige Landespolitiker solch eine Bahn, die heute ein Juwel in der einzigartigen Alpenlandschaft des Salzkammerguts sein könnte, zugrundegehen ließen. Das meinen nicht nur verbohrte Eisenbahnnarren. So beklagt zum Beispiel Robert Steinen im bekannten Reisemagazin *Merian* (Jg. XXV, Heft 11, November 1972, S. 66) *die bedauerliche, manche sagen: verbrecherische, zumindest aber kurzsichtige Einstellung der reizenden Salzkammergut-Lokalbahn.* Ernst Hagen[1] sagt es deutlicher (Kurier, 31. 8. 1975, S. 21): *Von Ischl nach Salzburg ist es nicht weit, aber wenn man kein Auto hat, ist man auf den Busverkehr angewiesen, und der ist sagenhaft schlecht. Das Verbrechen, die Salzkammergut-Lokalbahn eingestellt zu haben, büßen die Nachkommen bis ins nächste Jahrtausend. Heute sagen die Fachleute: 'Was wäre das für eine Attraktion!'* Die SKGLB lebt in der Erinnerung der Anrainer; auch heute noch, fast 20 Jahre nach der Stillegung, werden im Salzkammergut Ansichtskarten mit der 'Ischler Bahn' — die immer wieder neu aufgelegt werden — angeboten und gern gekauft. Es verwundert daher nicht, daß dieser idyllische Landesteil und seine Schmalspurbahn Stoff für Operettenhandlungen geliefert haben. Ralph Benatzky (Mährisch Budwitz 5. 6. 1884—17. 10. 1957 Zürich) stellte *Im Weißen Rössl* 1930 St. Wolfgang auf die Bühne und Rudi Gfaller (Wien 10. 11. 1882—12. 2. 1972 Ischl), der seit 1924 in Bad Ischl lebte, nahm für seine bekannteste Operette *Der feurige Elias* 1963 die eben eingestellte SKGLB als Sujet. Das ORF-Hörfunkstudio Oberösterreich nennt sein Freitag-Operettenkonzert (14 Uhr) *Zwischen Salzburg und Bad Ischl.*

Pinzgauer Lokalbahn

Ihre Lage in einem bevorzugten Fremdenverkehrsgebiet Österreichs sichert dieser Bahn, die von Zell am See durchs obere Salzachtal (Pinzgau) nach Krimml (einer der eindrucksvollsten Wasserfälle Europas!) führt, regen Touristenverkehr, der sich dank dem Wintersport einer doppelten Saison erfreut. Auch der Güterverkehr (Holz) ist beachtlich und dank der Rollwagen rationell abzuwickeln.

Solange nur geringer Personenverkehr zu bewältigen war und schwere Fracht (Holz) hauptsächlich talwärts ging, reichten die schwachen Lokomotiven der Reihen Z und U auf der Pinzgauer Lokalbahn aus. Als aber in den zwanziger Jahren zum Bau des Stubachwerks schweres Material auf Rollwagen nach Uttendorf zu transportieren war, bestellten die BBÖ die Reihe Uh und verwendeten bis zu deren Eintreffen auf der Pinzgauer Lokalbahn vorübergehend die starken Mh.

Die Bahn, als selbständiges Unternehmen entstanden, zeichnet sich durch keine besonderen Kunstbauten aus und verläuft ziemlich geradlinig. Dafür ist die Aussicht auf die mit ewigem Eis bedeckten Gipfel der Hohen Tauern und auf die kühne, 120 m hohe Staumauer im Kaprunertal um so imposanter. Auf der Fahrt von Zell nach Krimml links sitzen! Beachtenswert sind auch die verschlungenen mehrschienigen Gleisanlagen zwischen Zell und der Haltestelle Tischlerhäusl.

---

1 Ernst Hagen ist Seniorenbetreuer des österreichischen Fernsehens.

Zillertalbahn

In Jenbach treffen sich drei Spurweiten: 1435 mm auf der Hauptstrecke (Westbahn), 1000 mm auf der Zahnradbahn zum Achensee und 760 mm auf der Zillertalbahn, die südwärts nach Mayrhofen am Fuß der Zillertaler Alpen, deren Gipfel ewigen Schnee tragen, führt.

Pläne für eine Bahn ins Zillertal lagen bereits 1876 vor, und 1891 hat die Trassen- und Stationskommission das Projekt einer Normalspurlinie geprüft. Es blieb aber unausgeführt und erst 1896 stand wieder eine normal- und eine schmalspurige Version zur Diskussion. Das k.k. Eisenbahnministerium entschied, daß die Rentabilitätsberechnung nur für eine schmalspurige Linie spreche. Eine solche hat die Zillertalbahn-Aktiengesellschaft gebaut und im Laufe von drei Jahren abschnittweise eröffnet. Obwohl die Gesellschaft 1921/22 ein Elektrizitätswerk gekauft hatte, unterblieb leider die geplante Elektrifizierung. Sie wäre noch heute erstrebenswert hinsichtlich des beachtlichen Güterverkehrs. Seit 28. November 1956 heißt das Unternehmen Zillertaler Verkehrsbetriebe AG und betreibt auch Autobuslinien.

Wie die meisten österreichischen Schmalspurbahnen war die Zillertalbahn wiederholt von schweren Unwettern betroffen worden – eine bedauerliche Begleiterscheinung der von ihnen durchfahrenen romantischen Täler –, am ärgsten durch die Hochwässer vom 25. September 1927 und 23. August 1955, als der sonst so friedliche Ziller lange Streckenteile zerstörte.

Die Zillertalbahn ist für den Fremdenverkehr wichtig, bewältigt aber auch einen bedeutenden Berufs- und Güterverkehr. Sie hat bereits 1928 als erste Schmalspurbahn Österreichs einen Triebwagen mit Verbrennungsmotor, ein robustes Fahrzeug ausgesprochenen Eisenbahncharakters, in Betrieb genommen und pflegt bis heute diese Betriebsform. Sie führt aber auch diesel- oder dampflokomotivbespannte Züge (siehe *Österreichisches Kursbuch*, Fahrplanbild 31), letztere mit den alten achtfenstrigen Zweiachsern. Die Dampfzüge, in denen seit 1971 auch ein Büffet-Wagen (Nr. 28) läuft, sind eine beachtliche Attraktion geworden. Damit hat die Bahn die Anregung aus der ersten Auflage dieses Buches, die Dampflokomotiven neben der Dieseltraktion beizubehalten, aufgegriffen und sich finanziell und werblich einen großen Erfolg gesichert. Überdies fahren im Streckenabschnitt Mayrhofen–Zell am Ziller seit 6. 8. 1972 ebenfalls planmäßig (Juni bis September je dreimal freitags und samstags) Hobby-Dampfzüge mit einer Selbstfahrer-Lokomotive (Nr. 6, von den Böhler-Werken gekauft).

Im Hinblick auf die Geringschätzung, die Schmalspurbahnen vielfach entgegengebracht wird, verdient die Entwicklung des Güterverkehrs Beachtung:

1965	74.849 t
1966	96.369 t
1967	102.233 t
1968	152.866 t
1969	203.640 t
1970	184.723 t
1971	116.642 t
1972	81.391 t
1973	79.069 t

Neben dem schon seit jeher bedeutenden Güterverkehr des Magnesitwerks in Hippach bewältigte die Zillertalbahn von 1966 an auf rationellste Weise enorme Transporte für den Bau des Zemmkraftwerks (Staudamm 960.000 m^2, Jahreserzeugung mit 650 Millionen kWh größer als die von Kaprun) der Tauernkraftwerke, die von Mayrhofen aus ein 2,5 km langes Schleppgleis zum Kraftwerk errichteten. Beachtlich sind die Faktoren, welche die Tauernkraftwerke veranlaßt haben, sich nicht – wie heute üblich – des Autotransports zu bedienen. Wie der Direktor der Zillertalbahn, Dipl.Ing. Erich Heiß, in den *ZB-Informationen* Nr. 3 (April 1969) schreibt, fiel die Entscheidung zugunsten der Eisenbahn vor allem in Hinblick auf deren größere Zuverlässigkeit und mit Rücksicht auf den Fremdenverkehr, der durch schwere Lastkraftwagen argen Schaden erlitten hätte. Wichtig war aber auch die größere organisatorische Anpassungsfähigkeit: als die Zillertalbahn bereits fertige Transportprogramme und Kostenvoranschläge vorlegen konnte, vermochte die Straßenverwaltung noch nicht einmal anzugeben, wann die Zufahrtsstraßen entsprechend ausgebaut sein könnten. Das zeigt wieder einmal die Bedeutung einer entscheidungsbefugten örtlichen Lokalbahnverwaltung, die schon 1958 in der Broschüre *Von Salzburg nach Bad Ischl* als entscheidend herausgestrichen worden ist.

Technisch konnte die Zillertalbahn rasch ihre Anlagen für den Bedarf des Kraftwerksbaus adaptieren. Bereits am 1. Oktober 1961 nahm sie Rollwagen zum Transport normalspuriger Güterwaggons in Verwendung und konnte so die Zementsilowagen direkt an die Baustelle heranführen. Die Tauernkraftwerke ließen von den Simmering-Graz-Pauker-Werken einen für Schmalspurbahnen einzig dastehenden Wagen bauen, den zwölfachsigen Tiefladewagen Tyy 300 mit einer Tragfähigkeit von 70 Tonnen für den Transport schwerer Maschinen- und Ausrüstungsteile der Kraftwerke.

Dank zunehmender Bedeutung des Fremdenverkehrs und weiterer Bauprojekte ist derzeit die Zukunft der Zillertalbahn gesichert. Es ist aber unfaßbar, daß in diesen Jahren so erfolgreichen Wirtschaftens die Zillertalbahn dennoch zweimal kurz vor der Stillegung stand: Erstmals zu Beginn des Jahres 1965, als Verkehrsminister Probst am 17. Februar dem Parlament mitteilte, daß der private Hauptaktionär der Zillertalbahn deren Einstellung zur Sprache gebracht habe, als ihm vor einiger Zeit die Bundesstraßenverwaltung zehn Millionen Schilling für einen Teil der Bahntrasse anbot, die für den Ausbau der Bundesstraße hätte Verwendung finden sollen, und das zweite Mal, nachdem 1971 die Zementtransporte für den Kraftwerksbau zu Ende gingen und das Magnesitwerk in Hippach, der zweite Großkunde der Zillertalbahn, aufgelassen werden sollte. Es ist ein Musterbeispiel derzeitiger Verkehrspolitik, wie eine Bahngesellschaft, die volkswirtschaftlich wichtige Verkehrsaufgaben rationell, energiesparend und umweltfreundlich zu erfüllen vermag, leichtfertig dem Wechselspiel wirtschaftlicher Interessen geopfert wird. Zum Glück bleibt das Magnesitwerk vorerst noch in Betrieb und auch ein weiterer Kraftwerksbau ist vorgesehen, sodaß die Zukunft der Zillertalbahn gesichert erscheint, umso mehr, als endlich auch Bund und Land die Bedeutung der Bahn für den Fremdenverkehr durch Zuwendungen anerkennen. Den Wahnsinnsplan, durchs Zillertal eine Autobahn zu bauen, damit die deutschen Urlauber noch rascher durch Österreich nach Italien rasen können, konnten die Zillertaler Gemeinden abwehren, sodaß nun dem Zillertal eine gedeihliche Entwicklung bevorsteht. Das Beispiel lehrt aber, wie sehr um eine Lokalbahn gekämpft werden muß; wenn sie erst einmal stillgelegt ist, dann ist alles Jammern umsonst.

Auf einem weiteren Gebiet hat die Zillertalbahn gezeigt, wie modern eine Lokalbahn betrieben werden kann: seit 1971 bedient sie sich des drahtlosen Zugleitfunks. Die Zentrale in Jenbach steht mit allen Lokomotivführern in Funksprechverbindung und kann so den gesamten Betrieb flexibel und rationell leiten. Die Fahrdienstleiter in den Bahnhöfen wurden entbehrlich. Diese ist die einzige derartige Einrichtung in Österreich; sie ist für einen rationellen Lokalbahnbetrieb zukunftsweisend.

Zillertalbahn

S = 760 mm r = 100 m Al. = 12,5 t Vmax = 50 km/h

Konz.: 2. 12. 1899, RGBl. 237	* 20. 12. 1900	Jenbach – Fügen
	24. 2. 1901	Fügen – Kaltenbach
	26. 5. 1901	Kaltenbach – Erlach
	21. 7. 1901	Erlach – Zell
	31. 7. 1902	Zell – Mayrhofen

Streckenübersicht und Gleisplan Jenbach auf Seite 56/57

Jenbach
1972

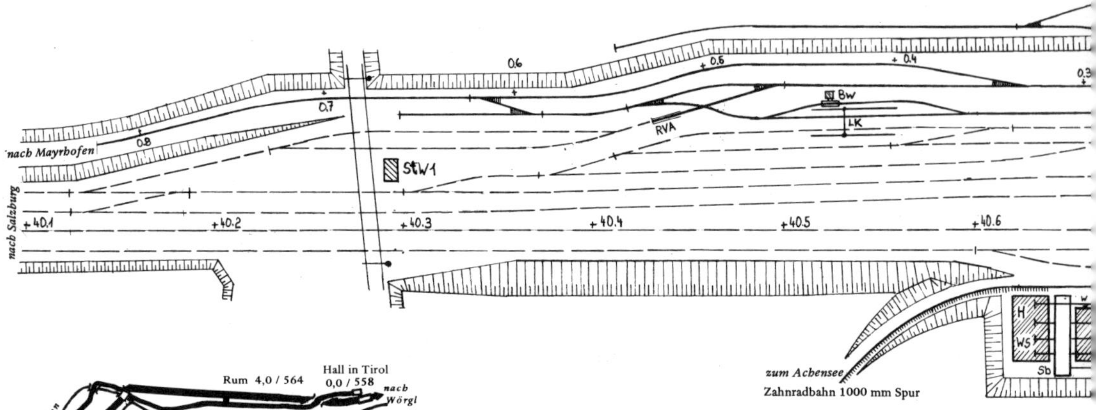

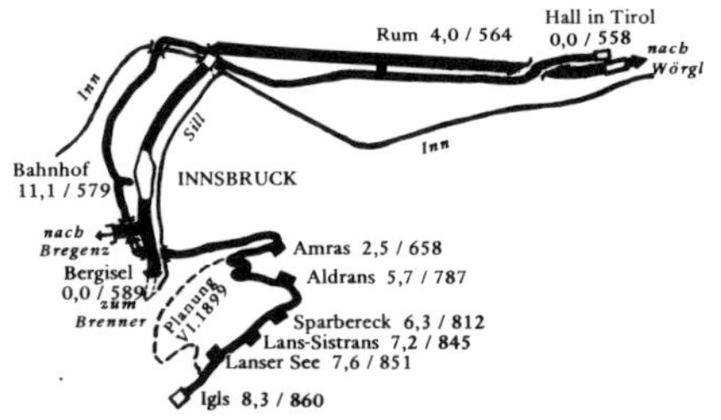

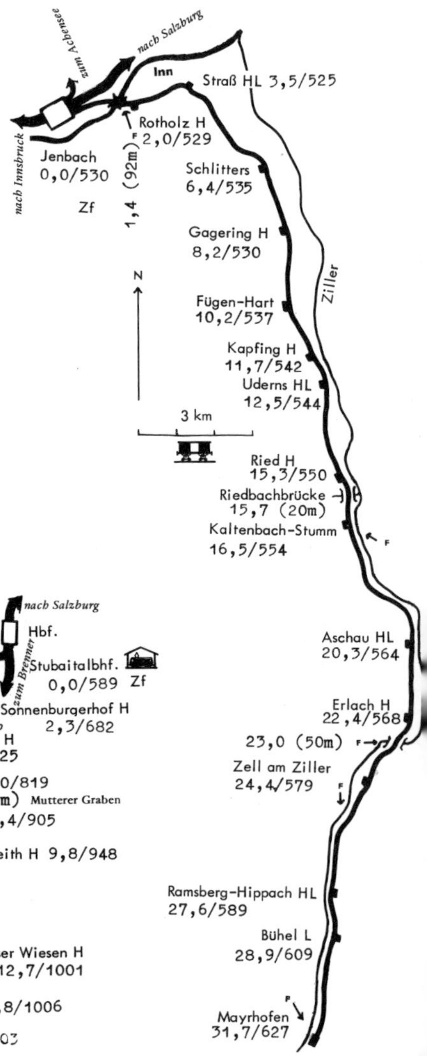

Innsbruck – Hall

S = 1000 mm

Konz.: 18. 9. 1889, RGBl. 171   * 1. 6. 1891 (Berg Isel – Hall)
17. 6. 1893 Actien-Gesellschaft Localbahn Innsbruck – Hall gegründet
7. 1. 1910 elektr. Betrieb Berg Isel – Hall
8. 6. 1974 letzter Betriebstag Innsbruck – Hall (Strecke Innsbruck-Hungerburgbahn – Hall abgetragen)

Innsbrucker Mittelgebirgsbahn (Innsbruck – Igls)

Konz.: 15. 1. 1900, RGBl. 18   S = 1000 mm

* 26. 6. 1900 Berg Isel – Igls

Betrieb: L.B.I.H.i.T. (deren Wagen fuhren auch nach Igls)

1. 1. 1927 in L.B.I.H.i.T. aufgegangen (Fusion)

28. 6. 1936 elektr. Betrieb aufgenommen (Linie 6)

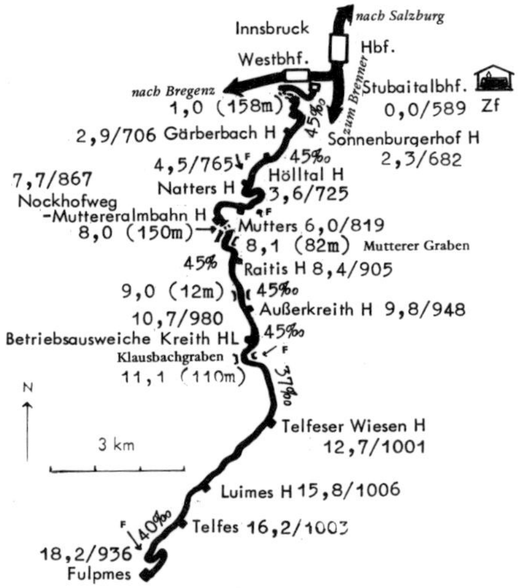

Stubaitalbahn

S = 1000 mm   r = 40 m   Al. = 6 t
3000 V   50 Hz

Konz.: 17. 8. 1903, RGBl. 171

* 1. 8. 1904

Betrieb: Lokalbahn Innsbruck – Hall
Innsbrucker Verkehrsbetriebe

Die Höchstneigung von 45 Promille kommt zwischen Innsbruck und Kreith immer wieder vor.

Haltestelle Telfeser Wiesen am 7. 1. 1974 aufgelassen

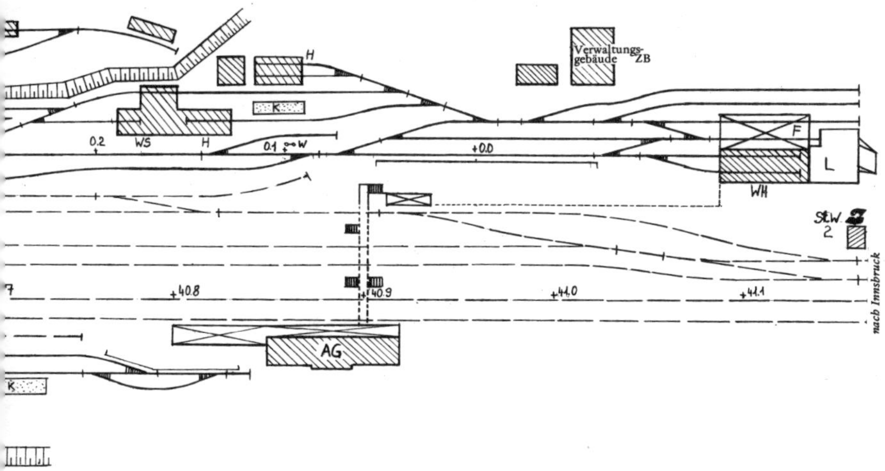

Lokalbahn Innsbruck – Hall in Tirol

Da die Westbahn den Verkehrsbedarf zwischen der Tiroler Landeshauptstadt und dem nahen Städtchen Hall in Tirol (heute: Solbad Hall) nur unzureichend befriedigte, errichtete ein Konsortium (Louis Hirsch, Anton Prantl, August Riedinger, Hermann Schwind) 1889/91 die 12,143 km lange Meterspurbahn Innsbruck (Bergisel) – Hall, deren Betrieb 1893 die neugegründete *Actien-Gesellschaft Lokalbahn Innsbruck – Hall i. T.* (L. B. I. H. i. T.) übernahm. Obwohl auf dieser Bahn Dampflokomotiven den Verkehr besorgten, geht auf die Gesellschaft gemäß vertraglicher Regelung von 1903 die Entstehung des elektrischen Straßenbahnnetzes von Innsbruck zurück. 1908/10 wurde auch die Lokalbahn selbst elektrifiziert (Linie 4). Dreißig Jahre lang genügten die Triebwagen der Anfangszeit. Erst im letzten Krieg und seither bedingte das Wachstum des städtischen Siedlungsraums die Beschaffung zeitgemäßer Triebfahrzeuge. 1950 benützten über 3 Millionen Fahrgäste diese Bahn. Dennoch fiel die Linie dem Autozeitalter zum Opfer. Nachdem am 8. Juni 1974 zwischen Innsbruck und Hall der letzte Zug verkehrt war, wurde die Strecke abgetragen.

Innsbrucker Mittelgebirgsbahn

Die *Actien-Gesellschaft Lokalbahn Innsbruck – Hall i. T.* führte auch den Betrieb auf der 1899/1900 erbauten *Innsbrucker Mittelgebirgsbahn* (IMB) von Bergisel nach Igls. Am 1. Jänner 1927 ging die Mittelgebirgsbahn in den Besitz der Lokalbahn über, welche die Strecke 1936 ebenfalls elektrifizierte (Linie 6).

Dieses ganze meterspurige Nahverkehrsnetz wurde nach Erwerbung durch die Stadtgemeinde am 8. März 1941 unter der Firma *Innsbrucker Verkehrsbetriebe AG* zusammengefaßt. Während in den Anfangsjahren, als die Bahn nach Igls vornehmlich die Sommerfrischen auf dem südlichen Innsbrucker Mittelgebirge bediente, der Betrieb von Dezember bis März ruhte, stellt heute der Wintersport einen wesentlichen Posten in der Einnahmenbilanz der Bahn dar. In den letzten Jahren war der Weiterbestand der Linie nach Igls mehrmals bedroht, nun dürfte er aber gesichert sein.

Stubaitalbahn

Innsbruck, die Landeshauptstadt Tirols mit internationalem Fremdenverkehr, hat um die Jahrhundertwende durch drei Lokalbahnen sein Hinterland erschlossen. Die Lokalbahnen nach Solbad Hall und nach Igls (Mittelgebirgsbahn), ursprünglich mit Dampf betrieben, gingen ins Netz der Innsbrucker Verkehrsbetriebe auf. Nur die Stubaitalbahn, von Anfang an elektrisch, hat ihren ursprünglichen Charakter als Lokalbahn erhalten.

Sie entstand dank der Initiative des Kaiserlichen Rates Dr. Anton Kofler, Sekretär der Innsbrucker Handelskammer, Schöpfer der Werkgenossenschaft der Stubaier Kleineisen-Industrie und Retter dieses uralten heimischen Gewerbes, das ohne leistungsfähiges Verkehrsmittel der Konkurrenz der Großbetriebe erlegen wäre. Dem Bauunternehmer Dr. Ing. Josef Riehl ist es zu danken, daß schließlich doch der Schienenweg gebaut wurde, der 18 Jahre lang umstritten war. Heute hat die Bahn den Gütertransport zum Großteil eingebüßt, weil sich die Genossenschaft auf den steuerbegünstigten Lastkraftwagen umgestellt hat und weil der Gleisanschluß zum Westbahnhof aufgelassen wurde. Der Personenverkehr ist dagegen nach wie vor beachtlich, wozu außer dem erstklassigen Ausflugsgebiet (Stubaier Alpen) mit zusätzlicher Wintersaison das Ausbreiten der Stadt Innsbruck beiträgt, das entlang der Bahn neue Siedlungsgebiete mit starkem Berufsverkehr entstehen ließ.

Die Stubaitalbahn war zunächst für Dampfbetrieb geplant; das 1903 fertiggestellte Sill-Kraftwerk der Stadt Innsbruck bot jedoch elektrische Energie günstig an und zu gleicher Zeit wollte die AEG-Union das neue Einphasen-Wechselstromsystem mit Winter-Eichberg-Motoren erproben. Diese beiden Möglichkeiten ließen die Stubaitalbahn als erste Einphasen-Wechselstrombahn mit Industriefrequenz (2500 V 42,5 Hz; seit 1926: 3000 V 50 Hz) entstehen, ein System, das 50 Jahre später in fast allen Ländern der Erde zum bevorzugten Traktionsverfahren für Neu-Elektrifizierungen heranreifte.

Gegen Ende des Ersten Weltkriegs bereitete die Erhaltung der Motoren große Schwierigkeiten. Ein Triebwagen nach dem andern fiel aus, und 1918 mußten vorübergehend Dampflokomotiven der Innsbrucker Mittelgebirgsbahn aushelfen.

Die Fahrt – weithin durch Wald führend – ist genußreich und interessant; die beiden Brükken bei Kreith und bei Mutters sind beachtlich und ein beliebtes Fotoobjekt. Die Triebwagen sind allerdings etwas desolat und wären bald zu modernisieren. Die Beiwagen erhielten dagegen in den sechziger Jahren neue Kästen moderner Form.

Bregenzerwaldbahn

Vorarlbergs Hauptstadt Bregenz, in der Drei-Länder-Ecke am Bodensee prachtvoll gelegen, hat im Bregenzerwald mit Gebirgsstöcken von 2000 m Höhe ein erstklassiges Ausflugs-, Erholungs- und Skigebiet, das auch landwirtschaftlich bedeutend ist. Der steile Abfall nach Westen erschwert aber die Verbindung mit Bregenz und damit zu anderen Märkten. Das Engtal der Bregenzer Ache läßt keinen Platz für eine Straße, nicht einmal einen durchgehenden Fußweg gibt es dort! Für diese Strecke erschien die Schmalspur bestens geeignet.

Die Fahrt mit der sogenannten Wälderbahn durch das Engtal zwischen Kennelbach und Egg bietet einen wildromantischen Eindruck (rechts sitzen!), Siedlungen fehlen fast ganz und man fährt wie durch ein unberührtes Gebiet. Bei der Haltestelle Langen-Buch zum Beispiel sieht man links und rechts überhaupt kein Gehöft, sondern nur das Wartehäuschen und einen an Drahtseilen hängenden Steg, der an Seilbrücken in den Tropen erinnert. Die Orte Langen und Buch liegen jeweils zwei Kilometer entfernt oberhalb des Tales. Die beiden Orte Doren und Sulzberg, die dem folgenden Bahnhof den Namen gegeben haben, liegen sogar vier und zehn Kilometer von der Bahn entfernt! In dieser Waldeinsamkeit bestand für das Braunkohlenbergwerk im Wirtatobel, das allerdings nur in Kriegszeiten in Tätigkeit war, eine Ladestelle zwischen Fluh und Langen-Buch, deren Reste noch erkennbar sind.

Trotz des unwegsamen Gebiets kamen die Bahnbauer mit nicht zu großen Kunstbauten aus, reduzierten allerdings die Kurvenradien bis zu 70 m. Elementargewalten bedrohen die Bahn im Engtal. Die bösen Folgen eines Felssturzes zeigt eine historische Aufnahme im Bildteil. Ein ähnlicher Unfall ereignete sich am 11. Jänner 1965 um 19.02 Uhr in km 22,45;

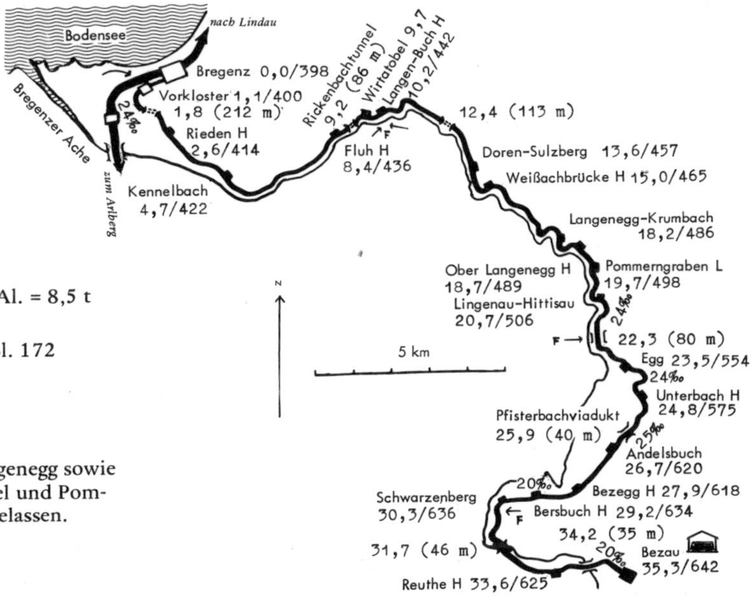

Bregenzerwaldbahn

S = 760 mm r = 70 m Al. = 8,5 t
Vmax = 60 km/h
Konz.: 11. 8. 1899, RGBl. 172
* 15. 9. 1902
Betrieb: kkStB/BBÖ
verstaatlicht 1. 1. 1932
Die Haltestelle Ober Langenegg sowie die Ladestellen Wirtatobel und Pommerngraben wurden aufgelassen.

Vorkloster

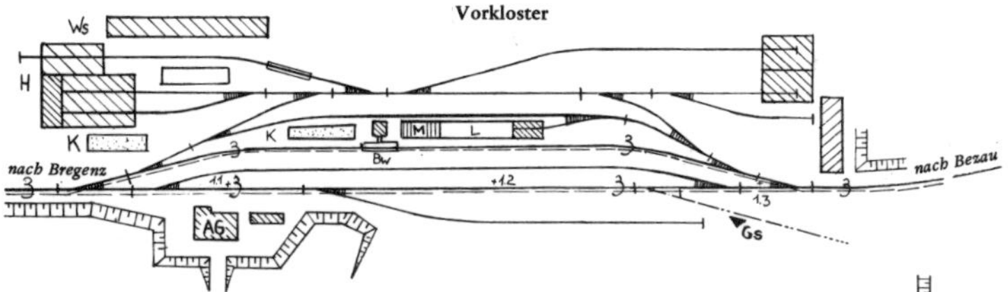

Bezau

1952

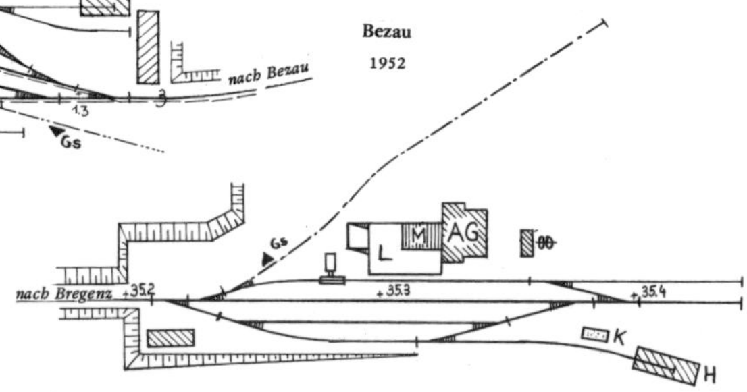

die Lokomotive 2095.05 stürzte vom Viadukt bei Egg 30 Meter tief ins Flußbett, die Wagengarnitur blieb im Gleis stehen, weil der Lokomotivführer noch schnell bremsen konnte und weil das Kuppeleisen gebrochen war. So gab es nur einen Verletzten, den Lokomotivführer. Felsstürze konnten durch Schutzbauten weitgehend gebannt werden, dennoch muß der Lokomotivführer ständig aufpassen. Doch auch die Strecke auf der Hochebene zwischen Egg und Bezau ist nicht gefahrlos; am 21. November 1926 hat ein Föhnsturm bei km 24,9 alle sieben Wagen eines Wälderbahnzugs umgeworfen!

Die Bregenzerwaldbahn ist jetzt vorzüglich ausgebaut, die Bahnhöfe wirken geradezu einladend. Die neuen Diesellokomotiven (ab 2095.04) haben keinen Dampfkessel mehr, daher erhielten die Wagen Webastoheizung, die dort im Winter 1961 in Funktion trat. Der Wagenpark ist ebenfalls bestens instandgehalten, in den planmäßigen Personenzügen laufen ausschließlich Vierachser. Von den alten Zweiachsern, deren Innenwände zum Teil mit Volkskunstmotiven bemalt waren, ist keiner mehr vorhanden. Sie wären für die historischen Dampfzüge wie geschaffen gewesen. Erstklassig ist auch der Zustand der Güterwagen, alle tragen tadellosen Lackanstrich und die Kastenstreben sind schwarz gestrichen, was den Wagen ein gefälliges Aussehen gibt.

Obwohl auf der Bregenzerwaldbahn schon seit Ende der fünfziger Jahre ausschließlich Diesellokomotiven verkehren – nur die als Betriebsreserve in Vorkloster stationierte 699.01 übernahm bis etwa 1964 auf Wunsch von Reisegruppen auch Sonderzüge –, nahm sie im Mai 1974 Dampfzugfahrten als Fremdenverkehrsattraktion auf. Dazu bestanden nämlich beste Voraussetzungen: ein dampftraktionsfördernder Verein (Eurovapor) in der benachbarten Schweiz, ein starker Fremdenverkehr und ein initiatives Bahnpersonal. Das zeigt wieder einmal, daß für einen attraktiven Betrieb nicht ausschlaggebend ist, ob die Bahn dem Staat oder Privaten (Zillertal) gehört. Es kommt nur auf die Menschen an, die den Verkehr abzuwickeln haben. Für die Dampfzüge mietete die Eurovapor von der Zillertalbahn die Lokomotive Nr. 4 (ehemals SKGLB 22, deutsche Heeresfeldbahntype). Die Dampfzüge vermochten gleich im ersten Betriebsjahr 12.000 Fahrgäste (pro Zug mehr als 400) anzuziehen und ihre Frequenz ist trotz 'Dampfzuschlag' nach wie vor ausgezeichnet. Das widerlegt die Schnellzugszuschlagtheorie: auf der Bregenzerwaldbahn zahlen die Fahrgäste gern mehr, damit sie langsamer befördert werden! Planmäßige 'Historische Dampfzüge' (mit Büffetwagen) verkehren vom Juni bis September (genaue Angaben im Kursbuch beim Fahrplanbild 43a) und auf Bestellung. Information durch den Verkehrsverein Bregenz, Postfach 187, A-6901 Bregenz.

zum Text auf Seite 61/62:
An der entgleisten Zillertalbahn-Lokomotive Nr. 3 (C1-Reihe Uv) erkennt man gut den Außenrahmen bei der Feuerbüchse und das Krauss-Gestell. *Foto Chesi (Kaltenbach, 10. 7. 1970)*

Fahrpark der Spurweite 760 mm

Die in diesem Buch enthaltenen Verzeichnisse und Typenskizzen geben ein ziemlich vollständiges Bild über Bestand, Aussehen und Baudaten der Fahrzeuge. Die folgenden Zeilen berichten ergänzend über Entstehung, Eigenart und Verbreitung der einzelnen Bauarten.

Der Abschnitt 'Verteilung der Fahrzeuge' soll nur eine allgemeine Übersicht über die Verwendung jener Triebfahrzeugtypen geben, die von den Bahnen, für die sie gebaut worden waren, weggekommen und über einen längeren Zeitraum oder dauernd auf anderen Strecken gelaufen sind.

Dampflokomotiven

Österreich entwickelte für seine Schmalspurstrecken einen charakteristischen und leistungsfähigen Dampflokomotivpark, der sich bewährt hat. Die Lokomotivtypen der Staatsbahn und der Privatbahnen stimmten weitgehend überein. Es waren also Einheitstypen mit weitgehender Austauschbarkeit einzelner Teile. Die ursprüngliche Reihenbezeichnung für österreichische Schmalspurlokomotiven ist charakteristisch und sehr einprägsam. Der Großbuchstabe weist auf das erste Einsatzgebiet hin (z. B. U = Unzmarkt, M = Mariazell, P = Parenzo, Y = Ybbstalbahn) und blieb für eine bestimmte Type auch auf anderen Strecken beibehalten. Steht der Großbuchstabe allein (U), so handelt es sich um eine Naßdampf-Zwillingstype; der Kleinbuchstabe v weist auf Verbundwirkung (Uv), h auf Heißdampf (Uh) hin.

Schon 1868 baute die Lokomotivfabrik Krauss & Co. in München eine Bt-Schmalspurlokomotive für 760 mm Spurweite (Fabriksnummer 38) und lieferte sie an die Baufirma Sager & Angermann. Bald darauf folgten weitere Bt-Lokomotiven dieser Spurweite für andere Baufirmen. Sieben derartige Maschinen kamen 1873/74 an die Bauunternehmung Hügel & Sager in Wien. Sie waren der Grundstock für das bosnische Schmalspurnetz.

Die österreichischen 760-mm-Schmalspurlokomotiven lassen eine geradlinige und folgerichtige Entwicklung erkennen, sowohl die Staatsbahnmaschinen als auch die der Privat- und Landesbahnen.

Schon in den siebziger und achtziger Jahren des vorigen Jahrhunderts entstand in Bosnien aus einem anfangs mehr feldbahnmäßig errichteten Betrieb rasch ein umfangreiches 760-mm-Netz für öffentlichen Verkehr, für das immer wieder verbesserte Lokomotivbauarten entwikkelt werden mußten. Als 1888/89 in den österreichischen Ländern als erste 760-mm-Strecke die Steyrtalbahn entstanden war, konnten die Konstrukteure der Firma Krauss bereits aus reicher Erfahrung schöpfen und zu einem Konzept kommen, das sich für mehrere Jahrzehnte als richtungsweisend bewährte.

So gab es in Österreich — sehr im Gegensatz zu den Nachbarländern — nie irgendwelche Gelenklokomotiven oder teure geteilte Triebwerke sowie — von einer späten Ausnahme abgesehen — auch keine Hohlachsen oder Zahnradkupplungen für die Endachsen und ähnliches, alles Dinge, die dem Gedanken der Einfachheit und des billigen Betriebs, wie er speziell für Schmalspurbahnen gefordert wird, widersprechen. Alle für österreichische Bahnen entwickelten Bauarten waren einfach und zweckmäßig und — abgesehen von einigen Bt, 1Bt, Ct und Dt — in der großen Mehrzahl Typen mit unterstützter Feuerbüchse, nämlich C1t, C2t, D1t und D2t.

Einer guten konstruktiven Durchbildung kam auch das von Anfang an reichliche Lichtraumprofil zugute, das in seinen Breitenabmessungen an jenes meterspuriger Überseebahnen herankommt. Es ermöglichte die Entwicklung zwangloser Bauformen, gute Kesselgestaltung, vernünftige Ausbildung der Vorratsbehälter und geräumige Führerhäuser.

All diesen Lokomotiven gemeinsam ist die bei den C1t-Lokomotiven der Steyrtalbahn erstmals ausgeführte Rahmenbauart. Dabei ist im Bereich der Kuppelradsätze ein konventioneller

Innenrahmen ausgebildet, der sodann vor dem Stehkessel in einen Außenrahmen übergeht bzw. diesen umgreift. Diese originelle Methode ermöglichte die Ausbildung einer breiten und tiefen Feuerbüchse mit zumeist fast quadratischer Rostfläche, ein großer Vorteil für einfache Bauformen und billige Erhaltung, aber auch für eine gute Dampfentwicklung und die Verfeuerung von weniger guten Brennstoffsorten.

Bemerkenswert für das Laufwerk der C1t ist die Zusammenfassung der letzten Kuppelachse mit der Schleppachse zu einem Krauss-Gestell, was einen kleinen festen Radstand, aber eine große geführte Länge und damit optimale Laufbedingungen bedeutet. Erst wesentlich spätere Konstruktionen (Reihen P und Uh), die anderen Entwurfsrichtlinien folgten, erhielten die baulich einfachere Adamsachse.

Die Anwendung der Verbundwirkung blieb auf Einzelfälle beschränkt und hat sich nicht allgemein durchgesetzt. Dies erscheint verständlich, da die Eigentümlichkeit des Schmalspurbetriebes deren Vorteile kaum nutzen konnte. Dies galt zunächst auch für die Heißdampflokomotiven, wobei die NÖLB mit einem Einzelstück Schrittmacher war, doch den Überhitzer nur sehr bescheiden bemessen ließ, um allfälligen Schwierigkeiten, z. B. mit den Kolbenschiebern oder der Zylinderschmierung, aus dem Weg zu gehen. Die Ausführung bewährte sich aber doch so gut, daß man sich zu einer breiteren Einführung mit den Mh-Lokomotiven entschloß. Die Staatsbahn folgte in dieser Hinsicht erst einige Jahre später.

Nach 1918 wurde in Österreich konstruktiv nur noch die C1t-Bauart weiter ausgereift mit dem Bau der Uh, deren Caprottisteuerung[1] eine feinfühlige und sparsame Dampfeinstellung versprach. Die letzten Exemplare erhielten aber Lentz-Steuerung, womit die eigenständige konstruktive Entwicklung für Schmalspur-Dampflokomotiven bereits 1931 abgeschlossen war.

Daß auch für Meterspur-Lokomotiven ähnliche Baugrundsätze mit Erfolg anzuwenden waren, beweisen die um die Jahrhundertwende konstruierten C1t-Lokomotiven für die Lokalbahn Innsbruck–Igls. Diese Bahn hatte geländebedingt mit Neigungen bis 43 Promille und Bogen bis 30 m Halbmesser ungünstigere Streckenverhältnisse als die 760-mm-Bahnen. Für eine Anhängelast von 30 t wurde eine Maschine entworfen mit gleichem Treibraddurchmesser (800 mm) und gleichem Kolbenhub (400 mm) wie die 760-mm-Reihen U, Uv, Yv und Z, jedoch mit einem einachsigen Stütztender und – im Hinblick auf möglichst ökonomische Bewältigung der langen Rampen – Verbunddampfmaschine.

1889 C1n2t Steyrtalbahntype = ÖBB 298.100

Die Steyrtalbahntype (Achsanordnung C1) wurde die Grundform der österreichischen Einheits-Schmalspur-Lokomotive, wie man heute sagen würde. Diese Maschinen erhielten eine auffallend lange 'amerikanische' Rauchkammer, wie sie damals vor allem in Ungarn vielfach in Gebrauch war und von der man sich eine gute Feueranfachung auch bei geringer Geschwindigkeit versprach. An die Steyrtalbahn kamen 1889 Nr. 1 bis 3 für Steyr–Grünburg, 1890 Nr. 4 für Grünburg–Agonitz, 1891 Nr. 5 für Pergern–Bad Hall und 1914 in etwas modifizierter Form Nr. 6 für Agonitz–Klaus. Die SKGLB beschaffte diese Bauart 1890/91 (Nr. 3–5) für Salzburg–Mondsee, 1892/94 mit kurzer Rauchkammer (Nr. 6–11) für Strobl–St. Lorenz (durchgehender Betrieb Salzburg–Ischl) und 1906 die Nr. 12. Auch die Lokalbahn Mori–Arco–Riva am Gardasee nahm 1890/92 vier derartige Maschinen mit etwas verändertem Aussehen (Nr. 1–4) in Betrieb.

---

1 Einige Schmalspurlokomotiven behielten diese bis zu ihrer Kassierung in unseren Tagen, während die Caprottisteuerung normalspuriger Lokomotiven (Reihe 629) bald durch die Lentz-Ventilsteuerung ersetzt worden war.

1890 Bn2 SKGLB 1–2, StmLB 1–4

1890 kaufte die SKGLB zwei kleine Zweikuppler für die Strecke Ischl–Strobl, verwendete sie jedoch nach Aufnahme des durchgehenden Verkehrs Ischl–Salzburg bloß auf der Seitenlinie St. Lorenz–Mondsee und im Verschubdienst. Vier Maschinen ähnlicher Bauart erhielten 1892 die StmLB für die Strecken Preding–Stainz (Nr. 1–2) und Pöltschach–Gonobitz (Nr. 3–4).

1893 Cn2t-Reihe Z

Die drei Dreikuppler Nr. 5–7 der StmLB für Kapfenberg–Au-Seewiesen waren aus der Grundtype der C1-Lokomotive entwickelt worden. Der Innenrahmen hörte vor dem Stehkessel auf und wurde durch einen beim Gleitbahnträger beginnenden Außenrahmen mit 1300 mm lichtem Plattenabstand ersetzt. So konnte der Rost bei einer Länge von nur 700 mm 1000 mm breit ausgebildet werden. Dadurch verringerte sich der Überhang wesentlich. Da der Außenrahmen nur niedrig war, war auch der Aschkasten sehr gut zugänglich. 1898 kaufte vier Lokomotiven dieser Bauart (Z 1–4: Z = Zell am See) die Pinzgauer Lokalbahn. Die Steiermärkischen Landesbahnen versahen 1943 die Z 6 mit einem Heißdampfkessel.

Z

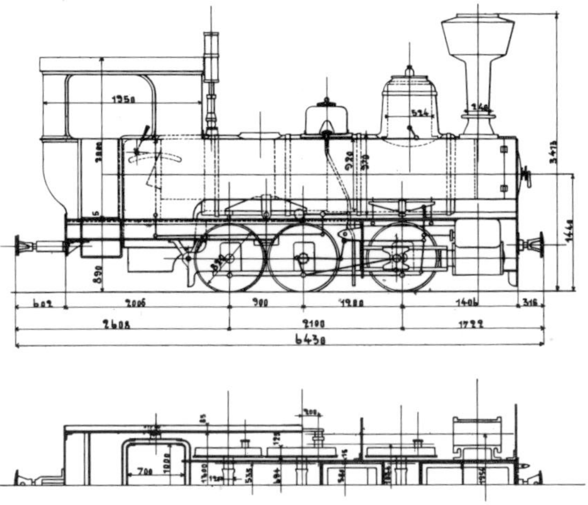

1894 C1n2t-Reihe U = ÖBB 298

Die 1894 für die Murtalbahn gelieferten C1-Lokomotiven (StmLB Nr. 8–11, später U 8–U 11) entsprechen im Aussehen der ein Jahr vorher beschafften C-Type, haben jedoch wie die Steyrtalbahntype eine Schleppachse. Da die Murtalbahn (U = Unzmarkt) mit dieser Bauart sehr zufrieden war, stellten die kkStB 1897–1913 weitere 39 (U 1–7 und 12–43) in Dienst. Die U 44, erst 1922 gebaut, hatten noch die ÖStB bestellt, sie wurde jedoch nach dem Wechsel in der Betriebsführung der Murtalbahn an die StmLB geliefert. Die vorzügliche Reihe U haben folgende Privatbahnen – StmLB später mit Kohlenkasten hinter dem Führerhaus, da der Kohlenvorrat neben dem Stehkessel unzulänglich war – gekauft: 1896 StmLB (Nr. 12 für Kapfenberg–Au-Seewiesen), 1898 Königshof–Beraun–Koneprus (3655, 3656), 1898/1900 NÖLB (U 1–8), 1900 Friedländer Bezirksbahnen (Nr. 11–13, Spurweite 750 mm), 1900 Zillertalbahn (Nr. 1–2 Jenbach–Zell am Ziller). Die StmLB rüsteten drei Maschinen mit Heißdampfkesseln und eine mit einem Giesl-Ejektor[1] aus.

1 Näheres über die Geschichte und die Wirkungsweise bietet die Broschüre *Der Giesl-Ejektor – Verjüngungskur für Dampflokomotiven* von J. O. Slezak, Wien, 1967.

Obwohl die Reihe U schon vor mehr als 80 Jahren konstruiert wurde, ist sie – weil außerordentlich gut konzipiert – noch heute in Betrieb. Der Umzeichnungsplan der DRB von 1938 hatte ihr Ordnungsnummern über 7000 zugewiesen, was sie als ausmusterungsreif abstempelte. Tatsächlich hat sie dieses Todesurteil fast um ein halbes Jahrhundert überlebt, wogegen andere – auch normalspurige – Lokomotivtypen, welchen die DRB ein langes Leben vorausgesagt hatte, längst zur Gänze verschrottet sind. Das zeigt wieder einmal, wie sehr im Verkehrswesen allen Prognosen, und seien sie noch so wissenschaftlich drapiert, mit Vorsicht zu begegnen ist.

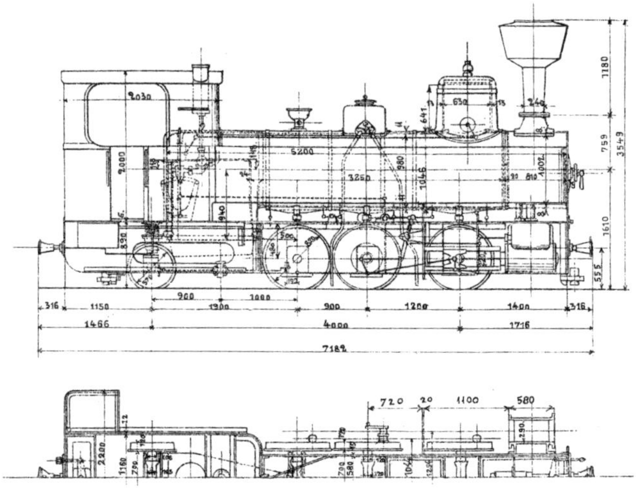

U 1 – 3

Von ähnlicher Bauart ist die 1945 auf der Strecke Zell am See–Krimml verbliebene 750-mm-Lokomotive Nr. 200 (ÖBB 998.01), die Krauss-München 1920 gebaut und an die Kreis Kreuznacher Kleinbahn (Nr. 1) geliefert hat. Während des Zweiten Weltkrieges stand sie im Besitz der deutschen Heeresfeldbahn, nach Kriegsende übergaben die amerikanischen Besatzungstruppen sie den ÖBB.

1896 C2n2vt-Reihe Yv = ÖBB 598

Für ihre erste Teilstrecke Waidhofen–Großhollenstein hat die Ybbstalbahn 1896 drei kräftige C2-Tenderlokomotiven nach Plänen von Karl Gölsdorf erhalten. Im Gegensatz zu den sonst vorbildlichen Gölsdorf-Bauarten haftete der Yv ein Mangel an. Das hintere Drehgestell mit Außenrahmen entgleiste mehrmals bei Fahrt mit dem Führerhaus voran. Nach den Plänen von Johann Rihosek mußten sich die Yv einen Umbau gefallen lassen: sie bekamen

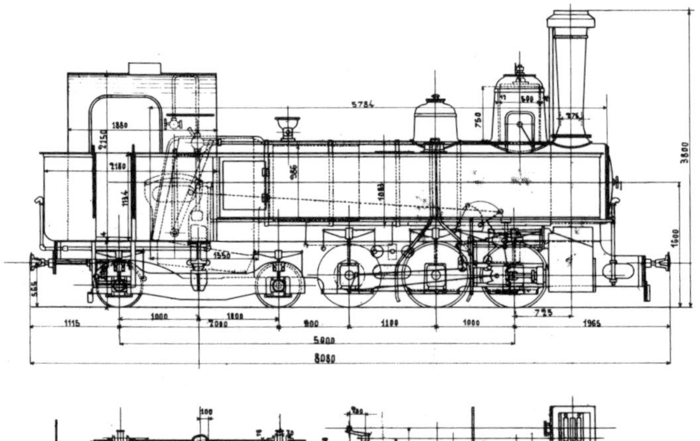

Yv Ursprungsausführung
(Außenrahmen-Drehgestell)

T

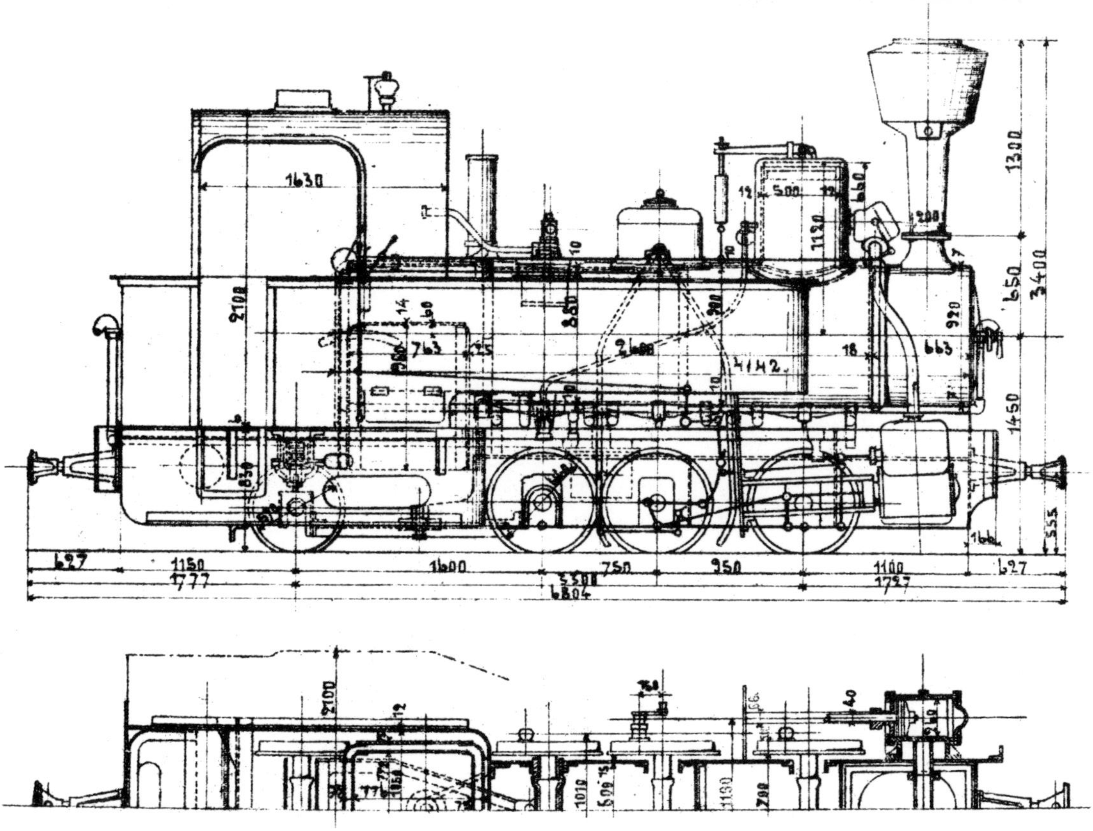

1898 Drehgestelle mit Innenrahmen und verbesserter Lagerung (mittlere, seitlich verschiebbare Kugelpfanne statt festem Drehzapfen und seitlichen Auflagen) und die bis dahin spurkranzlose Treibachse erhielt einen Spurkranz. Sie gehört zum angestammten Fahrpark der Ybbstalbahn und war als stärkste Lokomotive auf den Steilrampen sehr geschätzt. Ein Nachbau unterblieb jedoch; 1898 kamen für die nun voll ausgebaute Strecke drei Maschinen der Reihe U (U 4–U 6) auf die Ybbstalbahn.

1898 C1n2t-Reihe T = ÖBB 198

Die Gurktalbahn bekam 1898 wesentlich kleinere und leichtere Lokomotiven (T 1–T 3, T = Treibach) geliefert. Für die Strecke Kühnsdorf–Eisenkappel hat die kkStB ebenfalls zwei Maschinen (T 4 und T 5) derselben Bauart bestellt, die 1902 geliefert wurden.

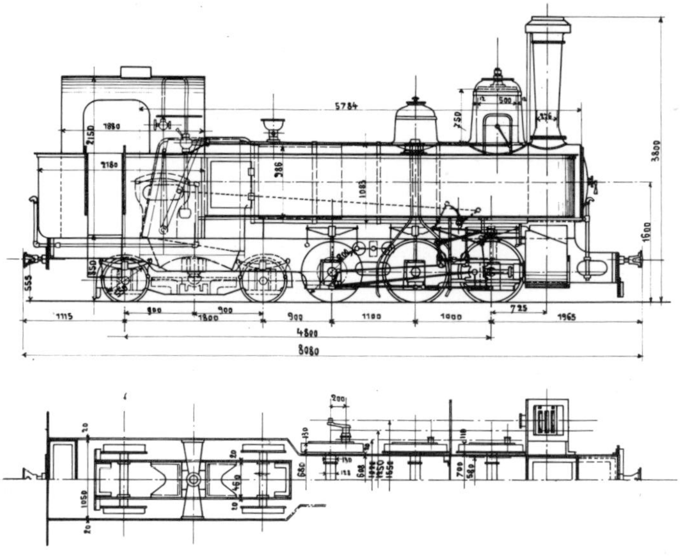

Umbauform (Innenrahmen-Drehgestell)

Uv

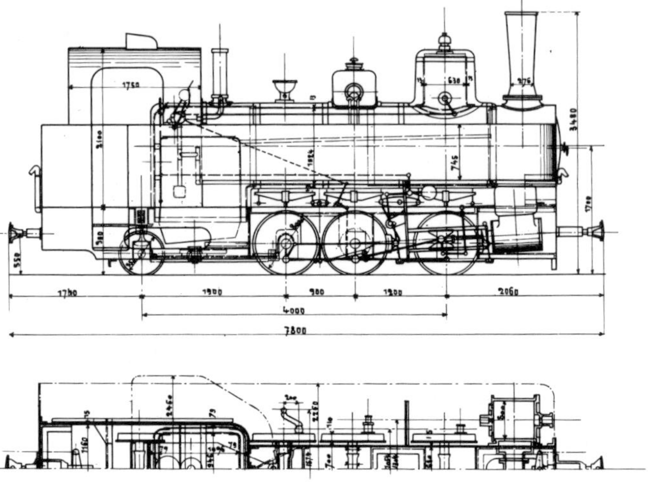

1902 C1n2vt-Reihe Uv = ÖBB 298.200

Diese für die NÖLB 1902 als stärkere Verbund-Variante der Reihe U gebauten Maschinen (NÖLB Uv 1–2) verkehrten auf der Strecke Gmünd–Groß Gerungs. Die Zillertalbahn hat 1902 eine Lokomotive (Nr. 3) dieser Bauart gekauft. Für die 1904 eröffnete Strecke Przeworsk–Dynów beschafften die kkStB Uv 1 bis 3. 1905 erwarben die NÖLB für die Verlängerungsstrecke Mank–Ruprechtshofen ihre Uv 3 und schließlich folgte 1910 die kkStB-Lokomotive Uv 4 für Przeworsk–Dynów.

1904 Cn2t-NÖLB-Reihe P

Diese kleine, schwache Lokomotive war nur kurze Zeit im Bestand der NÖLB.

1905 C1h2t-NÖLB-Reihe Uh = BBÖ Bh = ÖBB 398

Die NÖLB, die schon 1902 erstmals die Reihe U mit Verbundwirkung bauen ließen, beschafften für die 1905 eröffnete Verlängerungsstrecke Kirchberg an der Pielach–Laubenbachmühle eine Lokomotive der Reihe U als Heißdampfausführung. Sie ist die erste Heißdampflokomotive der österreichisch-ungarischen Monarchie überhaupt.

1905 1Bn2vt-ZB Nr. 4

Die 1905 für die Zillertalbahn gelieferte kleine 1B-Tenderlokomotive, im Aussehen der Reihe Gv (Lambach–Gmunden, Spurweite 1106 mm) ähnlich, blieb ein Einzelstück. Sie hatte ursprünglich Fülltrichter (Ein-Mann-Bedienung).

1906 D2h2t-Reihe Mh = ÖBB 399

Die NÖLB benötigten für die 1906 eröffnete Gebirgsstrecke von Laubenbachmühle nach Mariazell leistungsfähige Lokomotiven. Nachdem Krauss-München ab 1903 kräftige D1-Güterzugslokomotiven mit zweiachsigem Schlepptender nach Bosnien geliefert hatte, entschieden sich die NÖLB für eine ähnliche Bauart, einen Vierkuppler mit zweiachsigem Stütztender.

Die Feuerbüchse hing wie bei allen vorher behandelten Lokomotiven hinter der letzten Kuppelachse über und wurde von einem Außenrahmen umfaßt, der aber erst zwischen der dritten und vierten Achse begann. Von den vier gekuppelten Achsen waren die erste und die dritte (spurkranzlose Treibachse) fest im Rahmen gelagert, die zweite besaß 30 mm, die vierte 25 mm seitliches Spiel. Diese letzte Achse konnte sich jedoch nur gleichzeitig mit dem Querhaupt für den Tenderrahmen verschieben. Der Stütztender besaß ein zweiachsiges Drehgestell. Die Lokomotive hatte also keinen festen Achsstand (Gesamtachsstand 8100 mm). Die wesentlichen Vorteile der neueren Stütztender-Lokomotive gegenüber den alten (normal-

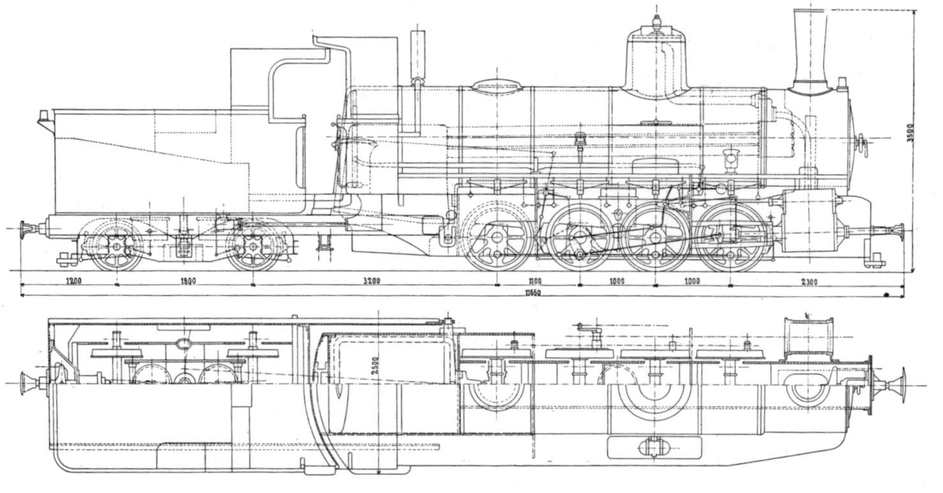

Mh

spurigen) Bauarten aus den fünfziger und sechziger Jahren des vorigen Jahrhunderts bestand in der Verlegung des Drehpunktes vor den Stehkessel und in dem besonderen Drehgestell. Erst der Stütztender an sich beseitigte die Nachteile der D 2 Tenderlokomotive. Die Laufeigenschaften und die Leistung der Lokomotiven befriedigten sehr. Die Maschinen beförderten 120 t auf 23 Promille mit 30 km/h, während die C 1 Lokomotiven (Reihe U) dort unter gleichen Verhältnissen nur 60 t schleppen konnten.

1907 D2n2vt-Reihe Mv = ÖBB 299

Die 1907 für die Mariazellerbahn nach den Zeichnungen der Mh gebauten Naßdampf-Verbundlokomotiven (Mv 1–2) entsprachen weniger gut. Diese Type wurde nicht weitergebaut und die NÖLB gingen 1908 wieder auf die Heißdampf-Zwillingsausführung über.

1907 Cn2t-NÖLB-Reihe R

Diese kleine, schwache Lokomotive, 1907 von Wiener Neustadt hergestellt, war nur kurze Zeit im Bestand der NÖLB.

1908 Dn2vt-Reihe Cv

Für die in der Bukowina gelegenen Lokalbahnen wurden leichte Vierkuppler geliefert: 1908 Cv 1 und 2 für Czudin–Koszczuja und 1912 Cv 3 und 4 für Brodina–Sipitul–Seletin. Um die zweite und dritte Achse verschiebbar machen zu können, hatte man die vierte Achse als Treibachse gewählt. Eine Lokomotive gleicher Bauart, erst 1923 gebaut, kam 1925 zur SKGLB (Nr. 20) und leistete dort im Güterzugsdienst bis zur Betriebseinstellung treue Dienste.

1911 D1h2t-Reihe P = ÖBB 199

Der Bedarf an stärkeren Lokomotiven für die Strecke Triest–Parenzo führte zur Entstehung der Reihe P. Der Reihe Z entsprechend, hat auch diese Type den Rahmen in einen vorderen, innenliegenden und einen hinteren, außenliegenden unterteilt. 1911 wurden P 1 bis 3 nach Triest geliefert.

Wie bei den D-Tenderlokomotiven Reihe Cv hatte man die vierte Achse zur Treibachse gemacht und den beiden Mittelachsen Seitenspiel gegeben. Hierdurch war einmal infolge des großen festen Achsstandes von der ersten bis zur vierten Achse eine gute Führung, dann aber auch eine in beiden Fahrtrichtungen gute Bogenläufigkeit erreicht. Der Nachteil der langen Treibstange war demgegenüber unbedeutend. Bei dieser Achsanordnung ergab sich als weiterer Vorteil, daß statt des teueren Krauss-Gestelles eine Adamsachse verwendet werden konnte. Der feste Achsstand von 3000 mm erlaubte noch, daß Krümmungen mit 70 m Halbmesser durchfahren werden konnten. Die Mittelachsen waren um 25 mm seitlich verschiebbar.

P

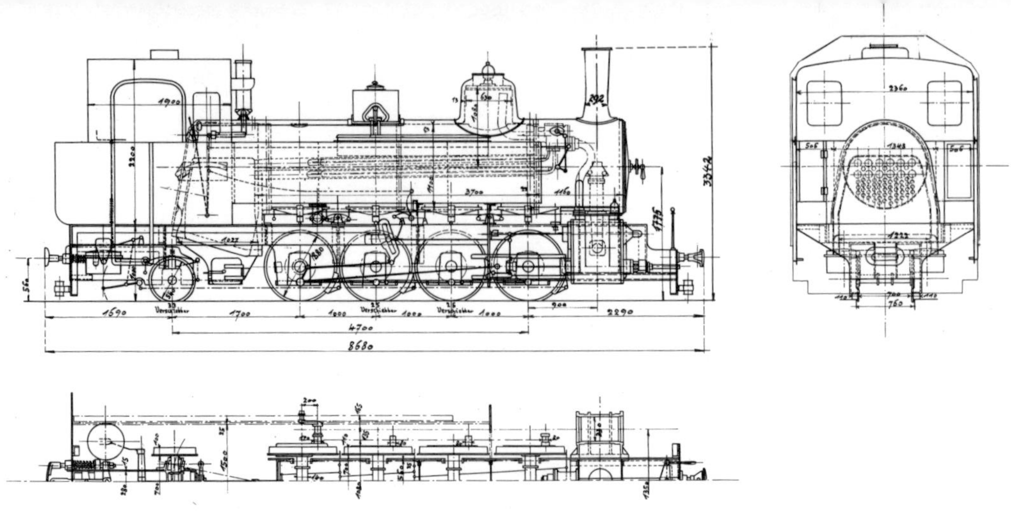

Damit die Kuppelstangen sicher in ihrer Längsebene geführt wurden, erhielten ihre Enden bügelförmige Ansätze, welche die Schmiergefäße der benachbarten Stange umfaßten. Diese kräftige Bauart bestellten die BBÖ auch für die Lokalbahn Ruprechtshofen–Gresten; die drei 1926 gelieferten Lokomotiven erhielten die freigewordenen Nummern P 1 bis 3. Die Italienischen Staatsbahnen haben 1923 sechs weitere P nachbauen lassen; P 4 und P 7 blieben für 760 mm, die anderen wurden auf 950 mm umgebaut (Serie R.402). Die P 7 erhielt das Museo della Scienza e della Tecnica in Mailand.

1924 Eh2t-Reihe Kh = ÖBB 499

Die Lokalbahn Kühnsdorf–Eisenkappel, die nach dem Ersten Weltkrieg nur mehr eine kleine Lokomotive der Reihe T (T 4 serbische Kriegsbeute) im Besitz hatte, brauchte eine neue, starke Maschine, da auf dieser Strecke – erstmalig bei den BBÖ – Rollwagen (davor nur Rollböcke) für den schweren Holzverkehr mit Normalspurwagen eingeführt wurden. Diese neue E-Heißdampf-Tenderlokomotive erhielt eine eigenartige Triebwerksanordnung, teils nach Gölsdorf, teils nach Klien-Lindner. Die erste bis vierte Achse befindet sich in einem Innenrahmen, während die fünfte in einem Außenrahmen gelagert ist. Die Kh 1 wurde 1924 geliefert, eine Maschine gleicher Bauart (Kh 101) beschaffte 1926 die Murtalbahn. 1930 wurde von dieser Type eine dritte (Kh 111) für die Strecke Birkfeld–Ratten geliefert, die mit Caprotti-Ventilsteuerung ausgestattet ist. Krauss-Linz hatte schon 1893 für 760 mm Spurweite einen Fünfkuppler Bauart Klose mit einachsigem Stütztender nach Bosnien geliefert, er blieb jedoch ein Einzelstück.

(1928) Eh2t-Bauart Maffei

Diese beiden Fünfkuppler, 1920 von J. A. Maffei, München, erbaut und an die Holzverkohlungsindustrie Konstanz geliefert, blieben nach Erprobung in Schweinfurt hinterstellt und kamen 1928 an die SKGLB (Nr. 21) und zu den StmLB (Nr. 502 für die Strecke Birkfeld–Ratten).

1928 C1h2t-Reihe Uh = ÖBB 498

Als Ersatz für die aus dem Kriegsgebiet nicht zurückgekehrten Lokomotiven und auch für die für Rollwagenbetrieb zu schwachen Maschinen der Reihe Z wurde abermals aus der bewährten Reihe U eine neue, stärkere Heißdampfvariante (Uh) entwickelt. Der teure, gekröpfte Rahmen wurde durch einen mit glatten Rahmenplatten ersetzt und der im Durchmesser erheblich vergrößerte Kessel wesentlich höher gelegt (Mitte 2010 mm gegenüber 1690 mm bei der Reihe U). 1928/30 kamen sechs Stück mit Caprotti-Ventilsteuerung nach Waidhofen (Uh 01

Uh 01 – 06

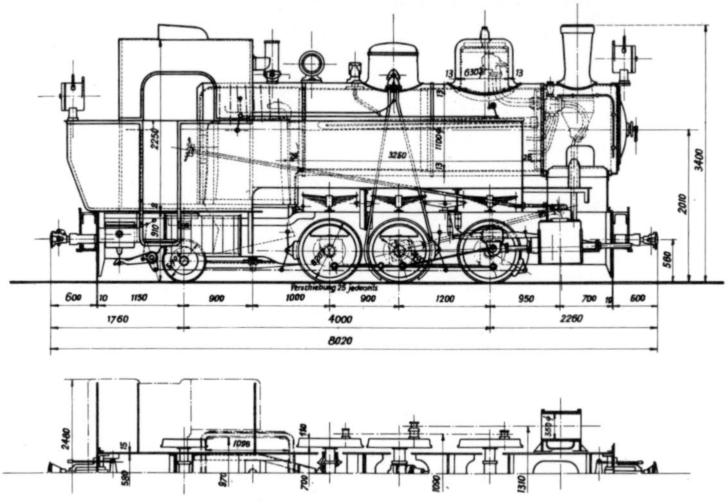

als Ersatz für U 4), nach Bregenz (Uh 02 und 03 als Ersatz für U 26 und U 36) und nach Zell am See (Uh 04, 05 und 06). Schließlich ist 1930 eine Maschine dieser Bauart für die Zillertalbahn (Nr. 5) geliefert worden. 1931 fertigte Floridsdorf – da Krauss-Linz stillgelegt worden war – noch zwei gleichartige Maschinen mit Lentz-Ventilsteuerung an, die in Zell am See (Uh 101) und Obergrafendorf (Uh 102) stationiert wurden.

Deutsche Heeresfeldbahntypen

Nach dem Zweiten Weltkrieg sind einige neue deutsche Heeresfeldbahntypen (Spurweite 750 mm) auf unseren Schmalspurbahnen verblieben. Die ÖBB reihte davon folgende Typen ins neue Nummernschema ein: 698 (Bn2t), 798 (Cn2, auch StmLB HF 11 805, 810, 811 und SKGLB 32, 33), 798.100 (Cn2), 898 (Cn2t), 699 (Dh2, auch SKGLB 19, später StmLB 699.01) und 699.100 (Dh2t). Eine En2 kam 1945 zur SKGLB (Nr. 22), 1958 zur Zillertalbahn (Nr. 4) und führt jetzt die Dampfzüge der Bregenzerwaldbahn. Zwei weitere Fremdlinge – kleine Dreikuppler, die Orenstein & Koppel, Berlin-Babelsberg, 1941 für Mandschukuo gebaut hatte – kaufte 1943 die SKGLB (Nr. 30 und 31) für die Strecke St. Lorenz–Mondsee.

Dampftriebwagen

1903 lieferte die Firma Komarek den NÖLB drei kleine, zweiachsige Dampftriebwagen (Nr. 1–3) mit 22 Sitzplätzen für die Waldviertelbahn und den kkStB den Dampftriebwagen BCM 51 mit 16 Sitzplätzen für die Lokalbahn Triest–Parenzo. 1906 ging dieser in den Bestand der Pinzgauer Lokalbahn über und bekam später die Bezeichnung 1.001/s. 1904 nahm die Lokalbahn St. Pölten–Kirchberg an der Pielach–Mank auch drei kleine Komarek-Triebwagen (Nr.10–12) mit je 26 Sitzplätzen in Betrieb. 1906 baute Komarek fünf große fünfachsige Triebwagen; zwei kamen nach Gmünd (Nr. 40, 41) und drei nach St. Pölten. Diese (1B)2-Dampftriebwagen hatten 44 Sitzplätze, waren im Gegensatz zu den zweiachsigen nicht mit Verbund-, sondern mit Zwillingsdampfmaschinen ausgestattet und glichen in ihrem Aussehen einer kleinen 1Bt-Lokomotive mit aufgestütztem Personenwagen. Die NÖLB-Dampftriebwagen verkehrten auf allen Strecken der Waldviertel- und der niederösterreichisch-steirischen Alpenbahn. 1907 gab es sogar durchgehende Motorwagenzüge von St. Pölten bis Gußwerk und – wie schon in den Vorjahren – von St. Pölten nach Ruprechtshofen. Doch ab 1908 wurden die Komarekwagen auf der Mariazellerbahn zum größten Teil nur noch für Arbeits- und Materialzüge (Elektrifizierung) verwendet und ab 1911 fast ganz außer Verkehr gesetzt. Zu dieser Zeit hörte auch der großzügige Einsatz auf den Strecken im Waldviertel auf und es verkehrten nur noch vereinzelt die fünfachsigen Wagen (1912 z. B. nur 111 Züge im ganzen Jahr).

Seitenansicht

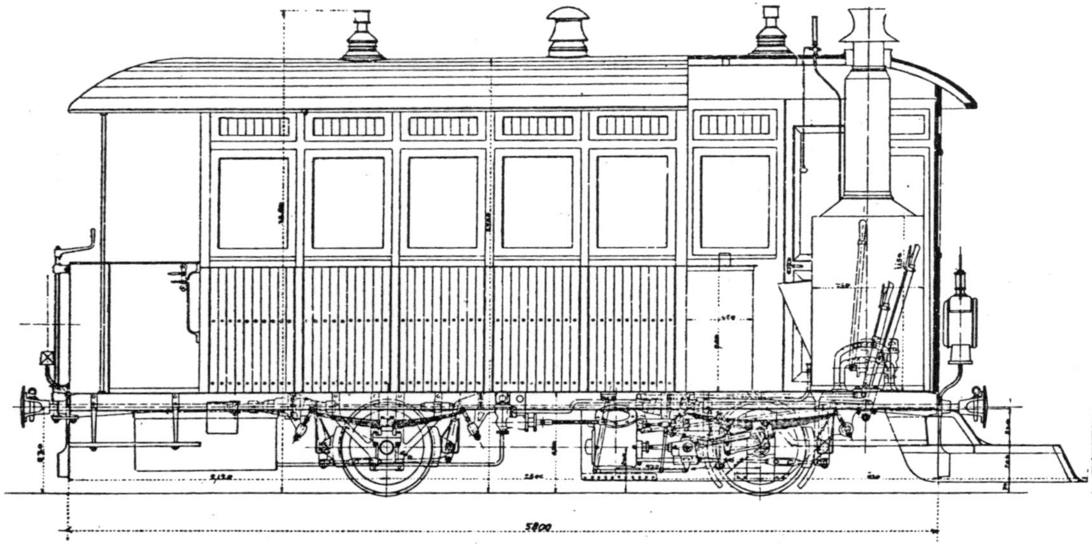

Querschnitt | Vorderansicht

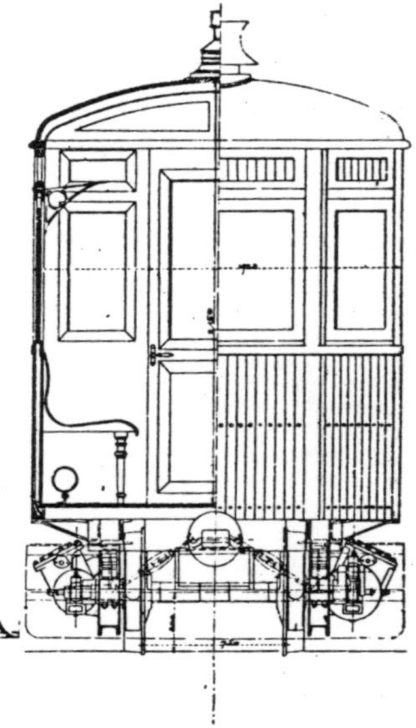

Grundriß

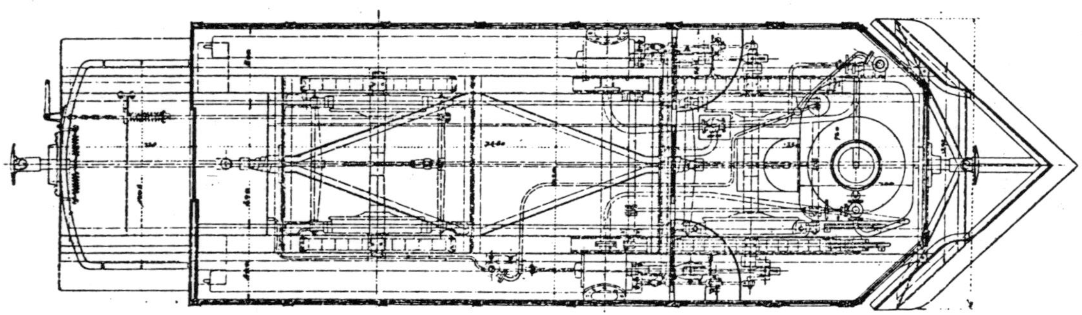

Geliefert für die

Lokalbahn

St. Pölten—Kirchberg—

Mank.

Maßstab 1: 50

Durchm. des Hochdruck-Zylinders	140 mm	Arbeitsdruck des Kessels	25 Atm.
Durchm. des Niederdruck-Zylinders	200 mm	Heizfläche des Kessels (total) . .	14 m²
Gemeinsamer Hub	250 mm	Rostfläche des Kessels	0.35 m²
Fahrgeschwindigkeit per Stunde .	35 km	Radstand	2500 mm
Leergewicht	6000 kg	Ganze Wagenlänge	6750 mm
Dienstgewicht	8500 kg	Sitzplätze	14
Maximaler Achsdruck	5 t	Stehplätze	10

Auf den Seiten 61 bis 70 sind zeitgenössische Originalzeichnungen (kkStB, NÖLB) im Maßstab 1 : 100 wiedergegeben; bloß die Reihe T und der Komarek-Triebwagen sind im Maßstab 1 : 50, denn eine stärkere Verkleinerung hätte den Wert dieser sehr detailreichen Zeichnungen beeinträchtigt.

Elektrolokomotiven

Die Mariazellerbahn erhielt 1910 als erste österreichische Eisenbahnstrecke Elektrolokomotiven. Sie dienten dem Personen- und Güterverkehr gleicherweise und sind daher zugleich die ersten Einheits-Elektrolokomotiven. Diese Konstruktion (zuerst NÖLB Serie E, jetzt Reihe 1099) von Siemens-Schuckert und Krauss-Linz hat sich vorzüglich bewährt, obwohl für sie keine Vorbilder bestanden. Die laufachslose Lokomotive hat zwei Drehgestelle mit je drei Achsen (C'C'), wie sie – allerdings mit Einzelachsantrieb – auf Vollspurbahnen für moderne Lokomotiven charakteristisch sind. Zwei Transformatoren setzen die Fahrdrahtspannung von 6600 Volt auf die Motorspannung von 220 Volt herab. Die zwei Motoren haben je 300 PS. Von 1959 an wurden diese Lokomotiven umgebaut und erhielten statt der alten, braunen Kasten neue, die sehr photogen rot/creme gestrichen sind. Statt der zwei Bügel (einer davon Rauhreifbügel) ist nur mehr ein Scherenbügel neuer Bauart angeordnet. Die Lokomotive wird nun mit Druckluft gebremst, für den Zug ist nach wie vor Saugluftbremse vorgesehen.

1913 lieferte die AEG der Lokalbahn Mixnitz–St. Erhard zwei kleine Bo-Elektrolokomotiven (Nr. 1–2) mit einer Leistung von 150 PS.

Wegen des starken Güterverkehres im Zusammenhang mit dem Ausbau der Veitscher Magnesitwerke in Breitenau mußte 1957 eine weitere Elektrolokomotive für die Lokalbahn Mixnitz–St. Erhard beschafft werden. Die Österreichischen Brown-Boveri-Werke in Zusammenarbeit mit dem Werk Zeltweg der ÖAMG lieferten die vierachsige Elektrolokomotive E 3, welche wegen der geringen Leistung der Stromversorgung nur für 200 PS dimensioniert werden konnte. Um die kleinen Lokomotiven E 1 und E 2 aus dem Regelverkehr abziehen zu können, wurde 1963 eine zweite BoBo-Elektrolokomotive (E 4) beschafft.

Außenseiter sind jene Bo-Lokomotiven, die Siemens-Schuckert 1903 für den Bau des Karawankentunnels geliefert hatte. Diese wohl kleinsten Maschinen (LüP = 4,22 m!), die auf der Lokalbahn Payerbach–Hirschwang verkehren, bieten auf einer öffentlichen Bahn (schon seit 1919 auf der Materialbahn in Betrieb) ein ungewöhnliches Bild. Auch der letzte Umbau, der diese Fahrzeuge etwas lokomotivähnlicher machte, ändert kaum etwas daran, daß diese Maschinen mit nur 48 PS Leistung ein Kuriosum bleiben. Jahrzehntelang haben diese Maschinen den Güterverkehr rationellst bewerkstelligt; nun bereitet aber die Instandhaltung bereits Schwierigkeiten und sie helfen nur fallweise aus.

Elektrische Triebwagen

In Elektrotriebwagen für 760 mm Spurweite bereitete zunächst die Unterbringung der Motoren Schwierigkeiten. Erst 1926 hat die Grazer Waggonfabrik zwei Triebwagen für den Personenverkehr der Lokalbahn Payerbach–Hirschwang gebaut. Ihre Drehgestelle sind noch in der Form der Stubaitalbahn-Triebwagen, die Kasten jedoch der Zeit entsprechend geräumig und mit großen Fenstern ausgeführt. In ihnen verursacht das Unterbringen der Skier kein Problem, jetzt im Autobus dagegen schon.

Die Lokalbahn Mixnitz–St. Erhard hat im Jahre 1954 von der aufgelassenen Straßenbahn Ybbs–Kemmelbach die beiden Personentriebwagen gekauft, die dort allerdings nur im Verschub (Bahnhof Mixnitz) verwendet wurden. Einen dieser beiden markanten Triebwagen hat der Verein der Kärntner Eisenbahnfreunde vor der Verschrottung gerettet.

Lokomotiven mit Verbrennungsmotoren

1927 Bo-Type von Warchalowski (von 1930 an BBÖ 2021/s = ÖBB 2090)

Da der Bau des dringend benötigten Triebwagens längere Zeit in Anspruch nahm, vermietete Warchalowski der Zillertalbahn ab August 1927 eine kleine, zweiachsige Gebus-Lokomotive mit benzinelektrischem Antrieb (120 PS). Sie besorgte bis zur Lieferung des Triebwagens Personenzugdienst und Verschub. 1930 kauften sie die Bundesbahnen und sie kam auf die Ybbstalbahn, wo sie noch heute ist.

1930 BoBo-Reihe 2070/s = ÖBB 2093

Auch eine größere, 1927 gebaute, aber erst 1930 von der Grazer Waggonfabrik gelieferte vierachsige dieselelektrische Lokomotive (200 PS) kam auf die Ybbstalbahn, wo sie mehr als 30 Jahre lang blieb. Erst im Sommer 1961 wurde sie auf die Strecke Obergrafendorf—Gresten überstellt. Derzeit rangiert sie im Alpenbahnhof St. Pölten.

1934 Bo-Reihe 2040/s = ÖBB 2190

1934 lieferte die Simmeringer Waggonfabrik für die Lokalbahn Ruprechtshofen—Gresten zwei kleine dieselelektrische Lokomotiven, die in ihrer Größe der 2021.01 entsprechen, jedoch 145 PS leisten. 1936 beschaffte die BBÖ eine dritte und stationierte sie ebenfalls in Obergrafendorf. Derzeit sind alle drei in Gmünd stationiert.

1936 1Bo1-Reihe 2041/s = ÖBB 2091

Die sieben 1936 gebauten vierachsigen 210-PS-Maschinen hatten den gleichen Dieselmotor wie die normalspurigen Triebwagen VT 42. 2041.01 bis 04 kamen nach Zell am See, 2041.05 bis 07 nach Bregenz. 1940 folgten weitere fünf; drei kamen nach Treibach (2041.09, 10, 12) und zwei nach Gmünd (2041.08, 11). Infolge von Treibstoffmangel standen während des Krieges aber nur die beiden Gmünder Maschinen in Betrieb.

1947 Bo (LBPH)

Die mangelhafte Stromversorgung der Nachkriegszeit zwang die elektrische Lokalbahn Payerbach—Hirschwang, 1947 eine Diesellokomotive anzuschaffen. Sie entschied sich für eine bei einer Wiener Firma vorrätige werksneue, zweiachsige Lokomotive von Jung, Baujahr 1941. Diese 52-PS-Maschine mit einer Spurweite von 600 mm wurde auf 760 mm umgebaut und besorgt Verschub- und Güterzugdienst.

(1950) C KML 3 = ÖBB-Reihe 2092

Vier Diesellokomotiven der deutschen Heeresfeldbahn, die auf der Steyrtalbahn abgestellt waren und von den amerikanischen Besatzungsbehörden den ÖBB übergeben wurden, kamen von 1950 an in Betrieb. Diese Maschinen bekamen die ÖBB-Nummer 2092.01 und 02 (125 PS, erbaut 1944 von Gmeinder) sowie 2092.101 und 102 (120 PS, erbaut 1943 von Windhoff AG). 2092.101 und 102 erhielten 1960/62 an Stelle des Trilok-Getriebes ein Voith-Getriebe und die Nummern 2092.03 und 04. Lokomotiven der Bauart 2092.100 kamen auch zur Zillertalbahn (D 6), zu den Steiermärkischen Landesbahnen (VL 2, 3, 4) und zur Lokalbahn Payerbach—Hirschwang (D 1).

(1951) D SKGLB

Ebenfalls aus Beständen der deutschen Heeresfeldbahn stammt eine vierachsige 200-PS-Diesellokomotive. 1942 von Deutz gebaut und von Mai 1951 an auf der SKGLB im Güterzugdienst verwendet. 1958 hat sie die StmLB gekauft; sie fährt derzeit auf der Strecke Kapfenberg—Au-Seewiesen.

1958 B'B'-Reihe 2095

Im Zuge ihres Verdieselungsprogrammes hat die ÖBB auch für die Schmalspurstrecken eine starke Diesellokomotive entwickelt. Erst die 600-PS-Diesellokomotive 2095 der SGP konnte die Dampftraktion ersetzen; sie ist sehr leistungsfähig und – vor allem die geräumigere Bauart ohne Heizkessel ab 2095.04 – vom Personal uneingeschränkt geschätzt. Sie kann, einmännig bedient, die Wirtschaftlichkeit der Schmalspurbahnen erhöhen. Die 2095 ist mit einem wassergekühlten SGP-12-Zylinder-Viertaktmotor und mit einem hydraulischen Voith-Turbogetriebe ausgerüstet. Gelenkwellenantriebe übertragen die Motorkraft auf die Achsen, die mittels Treibstangen gekuppelt sind. Die Lokomotive wird mit Druckluft gebremst, der Zug mit Saugluft. Die 2095 kann planmäßig mit 60 km/h fahren und hat auf einer Versuchsfahrt sogar 72 km/h erreicht.

Um 1961 entwickelten die SGP-Werke eine leichtere Diesellokomotive (Reihe 2094, 28 t, 350 PS) mit Mittelführerstand. Der Bau unterblieb, weil eine niedrigere Leistungsstufe doch nicht erforderlich ist und der Vorteil eines einheitlichen Lokomotivparks überwiegt.

Der allgemein-technischen Entwicklung entsprechend, bemühten sich auch die Steiermärkischen Landesbahnen anfangs der sechziger Jahre, den planmäßigen Verkehr von Dampf- auf Diesellokomotiven umzustellen. Sie wollten eine leichte Lokomotive (maximal 7,6 t Achslast) mit Mittelführerstand und elektrischer Kraftübertragung. Da die ÖBB-Reihe 2095 nach einem anderen Konzept entwickelt worden war, mußte ein eigener Prototyp konstruiert werden. Federführend waren die Österreichischen Brown-Boveri-Werke, Wien, welche für den mechanischen Teil die Maschinenfabrik Zeltweg der Österreichisch-Alpine Montan-Gesellschaft (ÖAMG) und für den motorischen Teil MAN-Augsburg heranzog. Der Dieselmotor hat 360 PS UIC-Dauerleistung und ist direkt mit einem Generator gekuppelt. Je Achse ist ein Tatzlagermotor angeordnet. Für die Beheizung des Zuges ist ein Clayton-Dampfkessel eingebaut. Nachdem die erste Lok VL 11, 1965 geliefert, das gestellte Programm erfüllte, folgte eine Nachbestellung mit VL 12 (1966) und VL 13 bis VL 16 (1967). Der Dieselmotor der VL 16 ist mit Ladeluftkühlung ausgestattet und leistet 420 PS. Nach Inbetriebnahme dieser sechs Lokomotiven konnten die Steiermärkischen Landesbahnen den gesamten planmäßigen Verkehr ihrer Schmalspurstrecken mit Diesellokomotiven abwickeln.

(1967) BoBo ZB D8–9

Schon Anfang der sechziger Jahre beabsichtigte die Zillertalbahn, den Betrieb mittels moderner Dieseltriebfahrzeuge zu rationalisieren. Die Errichtung der Zemmkraftwerke machte für den zu erwartenden überaus starken Güterverkehr die Indienststellung von kräftigen Diesellokomotiven notwendig. Aufgrund des billigsten Anbotes lieferte Orenstein & Koppel zwei vierachsige Lokomotiven mit Jenbacher Dieselmotoren (540 PS). Erstmalig wurde vom Hersteller eine Starrahmenausführung mit je zwei paarweise seitlich gegeneinander verschiebbaren Getrieberadsätzen ausgeführt. Die beiden zur Lokomotivmitte liegenden Radsätze treibt der Motor über das Flüssigkeitsgetriebe mittels Gelenkwellen; sie sind über anschließende Gelenkwellen mit den äußeren Getrieberadsätzen gekuppelt. Die Radsätze sind verschleißfrei angelenkt und durch Gummischeibenfedern auskragend abgefedert. Dank dieser Bauweise blieben die Anschaffungskosten im Vergleich zu einer Drehgestell-Lokomotive gleicher Leistung bedeutend niedriger.

(1969) Bo ZB D10–11

Im Jahre 1969 kaufte die Zillertalbahn von der aufgelassenen Rhein–Sieg Eisenbahn die zweiachsigen Lokomotiven V 11 bis V 13, baute diese 1959 und 1960 von Orenstein & Koppel gelieferten dieselhydraulischen Maschinen (140 PS) von 785 auf 760 mm Spurweite um und nahm die V 12 und V 13 als D 10 und D 11 für Verschubzwecke in Betrieb. 1973 verkaufte sie die V 11 an die Steiermärkischen Landesbahnen (Umbau in Murau in VL 6 vorgesehen).

(1971) B'B' StmLB VL 21

Der Anfang der siebziger Jahre stark angestiegene Güterverkehr auf der Strecke Kapfenberg—Seebach-Turnau erforderte außer der VL 01 und VL 11 dringend eine weitere Diesellokomotive. Da keine von einer anderen Lokalbahnstrecke abgezogen werden konnte, nützten die Steiermärkischen Landesbahnen 1971 die Gelegenheit, die 560-PS-Diesellokomotive der DB 251.901 (V 51 901) zu kaufen. Diese Type hatte Gmeinder für die Schmalspurstrekken der DB entwickelt und gebaut (zwei Lokomotiven für 1000 mm, 3 Lokomotiven für 750 mm Spurweite). Je zwei nebeneinanderliegende MWM-Dieselmotoren mit nachgeschalteten TWIN-DISC-Wandlern arbeiten auf ein gemeinsames Wende- und Verteilergetriebe und treiben über Gelenkwellen die vier Achsen an. Die Maschine wurde von 750 auf 760 mm umgespurt.

(1974) StmLB VL 5

Für den einfachen, leichten Verschubdienst in Unzmarkt kauften die Steiermärkischen Landesbahnen eine zweiachsige Orenstein & Koppel-Grubenlokomotive von der ÖAMG-Erzberg. Nach umfangreichem Umbau, vor allem Vergrößerung des Führerhauses und Einbau eines Dieselmotors Steyr 380 (80 PS), kam die Maschine 1974 als VL 5 in Betrieb.

Triebwagen mit Verbrennungsmotoren

1928 lieferte Warchalowski einen vierachsigen Gebus-Personentriebwagen an die Zillertalbahn. Die benzinelektrische Maschinenanlage befriedigte jedoch nicht; sie wurde 1938 ausgebaut und der Triebwagen diente als Personenwagen, 1952/53 wurde dieser wieder zu einem Triebwagen, jedoch mit dieselhydraulischem Antrieb, umgebaut.

Ebenfalls 1928 ließ die SKGLB den ehemaligen vierachsigen Hofsalonwagen in einen Gebus-Personentriebwagen für die Nebenstrecke St. Lorenz—Mondsee umbauen. Der dieselelektrische Antrieb wurde jedoch schon ein Jahr später in einen benzinelektrischen Antrieb umgeändert. 1949 wurde die Maschinenanlage wieder umgebaut.

Im Juli und August 1933 bereicherten neun große, vierachsige Austro-Daimler-Triebwagen zweierlei Bauformen den Fahrpark unserer Schmalspurbahnen. Von der einen Type kamen sechs zu den StmLB auf die Strecken Unzmarkt—Mauterndorf (VT/s 01, 03, 06), Kapfenberg—Au-Seewiesen (VT/s 02, 05) und Weiz—Ratten (VT/s 04). Von der anderen Type kamen drei (TBCa 452, 454, 456) auf die SKGLB. Während Benzintriebwagen der StmLB bis zum Zweiten Weltkrieg mehr oder weniger im Verkehr standen, hat die SKGLB ihre schon nach kurzer Zeit aus dem Verkehr gezogen. Sie kamen 1939 ebenfalls zu den StmLB, die aber nur einen, und zwar bloß als Triebwagen-*Anhänger* (Ca 78), auf der Murtalbahn verwendeten, von 1945 an als Ca 2 auf der Strecke Preding—Stainz als Personenwagen. Heute steht davon keiner mehr im Verkehr.

Die Zillertalbahn nahm anfang 1970 den dreiteiligen dieselelektrischen Triebwagenzug VT 1 in Betrieb, bestehend aus:

1 vierachsigen Steuerwagen mit einem Motordrehgestell an der Führerstandseite (St 1)
1 vierachsigen Diesel-Generatorwagen (ohne Fahrmotor) mit zwei Führerständen (GW)
1 vierachsigen Steuerwagen mit einem Motordrehgestell an der Führerstandseite (St 2)

Er kann wahlweise als Drei- oder Zweiwagenzug in der Gruppierung St 1 + GW + St 2 oder St 1 + GW oder GW + St 2 verkehren. Die Steuerwagen lieferte die Düsseldorfer Waggonfabrik im Jahre 1954 als elektrischen Triebwagen ET 195 01 und ET 195 02 an die Deutsche Bundesbahn geliefert. Sie verkehrten auf der Strecke Ravensburg—Baienfurt (Spurweite

1000 mm, 750 V Gleichstrom) bis zu deren Auflassung im Jahre 1959. 1961 kauften sie die Rotterdamsche Tramweg Maatschappij (RTM) und verwendete sie nach Umbau auf 1067 mm Spurweite von 1963 an als 17.01 und 17.02 mit dem dazugebauten Dieselgeneratorwagen M 17.00. Diesen Triebwagenzug kaufte 1967 die Zillertalbahn und baute ihn auf 760 mm Spurweite um. Die Leistung des Deutz-Dieselmotors beträgt 210 PS, die eines Fahrmotors (Type GBW 199/21a) im Steuerwagen 90 kW. Zwei Straßenbahn-Laufdrehgestelle eines Kölner Versuchsgelenkzuges aus dem Jahre 1960, von 1435 auf 760 mm umgespurt, baute die Zillertalbahn im Frühjahr 1972 in den Generatorwagen ein, was die Laufeigenschaften des Maschinenwagens bedeutend verbesserte.

Der Mitautor dieses Buches Hans Sternhart sah auf dem Titelbild der Zeitschrift *Die Kleinbahn* (Nr. 29 vom 1. Juni 1967) den vierachsigen Dieseltriebwagen T 2 der Kreisbahn Osterode (Harz) – Kreiensen (Initialen KOK) abgebildet und wies den Direktor der Zillertalbahn darauf hin, daß dieses im guten Zustand befindliche Fahrzeug preisgünstig zu kaufen sei. Nach Stilllegung der KOK übernahm die Zillertalbahn tatsächlich diesen dieselmechanischen Triebwagen, 1954 von Talbot geliefert, und setzte ihn im Juni 1968 als VT 2 in Betrieb. Die Spurweite von 760 mm wurde durch Aufziehen einer neuen Bereifung auf 760 mm geändert. Das Fahrzeug hat eine Leistung von 290 PS (2 x 145 PS).

Verteilung der Triebfahrzeuge

Die Triebfahrzeuge verkehrten zunächst lange Zeit auf jenen Strecken, für die sie erbaut worden waren. In den Verzeichnissen der kkStB, der StmLB und der NÖLB ist bei jedem Fahrzeug die Eigentumsbahn angegeben. Abgesehen von den Lokomotivabgaben im Ersten Weltkrieg, brachten erst die zwanziger Jahre größere Umstellungen. Obergrafendorf hatte einen Überbestand und gab alle U ab: U 51 nach Künsdorf, U 52 nach Waidhofen an der Ybbs, später beide nach Zell am See. U 53 und 54 (U 54 im Jahre 1922 StmLB), Mh 1 und später auch Mh 3, Mv 1 und 2 kamen nach Gmünd. Bemerkenswert ist die Vermietung der Mv 2 nach Weiz – Birkfeld (26. 8. 1922 – 30. 11. 1923) und der U 52 nach Mixnitz – St. Erhard (3. 3. 1926 – 23. 4. 1926). Die NÖLB Uv 3 kam schon 1912 von Obergrafendorf nach Gmünd. Von Gmünd übersiedelte die U 55 nach Kühnsdorf, die U 56 vorübergehend nach Zell am See (1922/23). Die Uv 7 überstellte man nach Bregenz, stationierte sie dann in Waidhofen und ab 1936 in Zell am See. Die Uh 1 (BBÖ Bh 1) von Obergrafendorf lief 1923/24 vorübergehend bei der SKGLB und kam 1931 nach Waidhofen an der Ybbs.

1939 wurden die BBÖ-Schmalspurlokomotiven in das Nummernschema der DRB eingereiht. Zum Bereich der RBD Wien gehörte auch die von der CSD übernommene Strecke Neubistritz – Neuhaus. Da aber die Werkstättenanlagen außerhalb des Verkehrsgebietes der DRB blieben, mußte das Bw Gmünd alle Erhaltungsarbeiten durchführen, was den Austausch von Fahrzeugen erklärt.

Nach Kriegsende blieben die 99 801 (1950 zurück zur ÖBB) und 99 7816 in der Tschechoslowakei. 1941 wurde auch die Strecke Pöltschach – Hohlenstein (Gonobitz – Hohlenstein am 20. 6. 1921 eröffnet) der RBD Wien unterstellt, jedoch am 1. 5. 1942 der StmLB übergeben. Von den für diese Strecke übergebenen JDŽ-Lokomotiven der Reihe U (JDŽ 188-001 und 004) und der MÁV-Reihe 490 (JDŽ 81-001 und 004) wurden nur drei der StmLB übergeben, wogegen die 81-001 (später DR 99 831) nach Obergrafendorf kam. 1943 mußten Gmünd die Lokomotive 99 1001 (P 1) und 99 1301 (ex ČSD U.48.001) und die StmLB die Lokomotive Nr. 1 und 7911 an die Forstverwaltung Lemberg vermieten; sie kamen nicht zurück. Die DRB-Lokomotiven 99 643 und 99 647 (zuerst RBD Linz, dann 15. 7. 1944 bis 27. 8. 1944 in Kühnsdorf) waren von 1944 bis 1948 in Gmünd.

In der Zeit der Deutschen Reichsbahn kamen einige Typen in neue Einsatzbereiche: Reihe P nach Gmünd (99 1001) und Waidhofen (99 1003), Reihe U auf die Steyrtalbahn (98 7818, 7819, 7843), Reihe Uv nach Neubistritz (99 801) und Reihe 2040 nach Gmünd.

1944/45 kamen auch deutsche Heeresfeldbahnlokomotiven nach St. Pölten, auf die Pinzgauer Lokalbahn, auf die Steyrtal- und Bregenzerwaldbahn und blieben in Österreich. Über diese Dampf- und Diesellokomotiven, die später teilweise in Betrieb genommen wurden, gibt das Fahrzeugverzeichnis Aufschluß.

Die Nachkriegsjahre ergaben viele Umstellungen: Reihe P ab 1948 vollzählig in Gmünd und ab 1959 auf der Gurktalbahn, Reihe T 1946 auf der Steyrtalbahn, Reihe U ab 1945 auf der Gurktalbahn, Uv ab 1947 auf der Ybbstalbahn, Uh ab 1948 in Gmünd und Yv von 1946 bis 1948 auf der Steyrtalbahn. Die Steyrtalbahnlokomotive 99 7833 war vom 23. 9. 1949 bis 24. 5. 1954 auf der Pinzgauer Lokalbahn (auch 298.105 war vom 27. 1. 1955 bis 12. 3. 1955 dort) und kam mit neuer Nummer 298.104 am 21. 4. 1961 auf die Gurktalbahn. Von den Diesellokomotiven kam die Reihe 2041 von 1947 an auf die Ybbstalbahn und die Reihe 2070 ab 20. 7. 1961 auf die Strecke Obergrafendorf – Gresten.

Die Heeresfeldbahnlokomotiven standen folgenden Heizhäusern zur Verfügung: Reihe 698 von 1944 an St. Pölten (kam von Belgrad), Reihe 798 von 1946 an Zell am See und Garsten, 798.101 ab 1948 Bregenz, ab 1955 Waidhofen und ab 1956 Obergrafendorf, Reihe 898 ab 1944 St. Pölten (ex Belgrad), Reihe 699 ab 1946 Bregenz und Zell am See, Reihe 699.100 (Umbau in Tenderlokomotive) seit 1951 Kühnsdorf (699.102 war vom 13. 1. 1959 bis 1. 3. 1959 in Treibach).

Nach Hochwasserschäden half die Diesellokomotive 2091.12 vom 31. 8. 1958 bis 13. 10. 1958 auf der Strecke Mixnitz – St. Erhard vor Bauzügen aus.

Nach Indienststellung der 2095.04 bis 10 zwischen April 1961 und Jänner 1962 sowie der 2095.11 bis 15 zwischen August 1962 und September 1962 (2095.11 – 15 hatten die ÖBB zunächst von den SGP-Werken nur gemietet, erst seit 29. 1. 1963 ÖBB-Eigentum) wurden die Diesellokomotiven der Reihe 2095 endgültig folgenden Zugförderungsstellen zugeteilt:

Zell am See	Bregenz	Waidhofen an der Ybbs	Gmünd	Obergrafendorf
2095.01	2095.04	2095.08	2095.12	2095.13
2095.02	2095.05	2095.09		2095.14
2095.03	2095.06	2095.10		2095.15
2095.11	2095.07			

Bregenz (Regelverkehr seit 1951 nur mit Diesellok der Reihe 2091, Verschub 2092) hat 1962 die Lokomotiven der Reihe 2091 abgegeben und besorgte den Zugdienst ausschließlich mit der Reihe 2095. Dampflokomotiven der Reihe U (298) waren bis 1950, der Reihe Uh (498) bis 1949 in Bregenz stationiert. Betriebsfähige Dampfreserve: 798.101 bis 1955, 699.01 bis 1963.

Zell am See gab die letzten Dampflokomotiven der Reihe U und Uh (298.05, 498.08) 1963 an Garsten ab. Nach Obergrafendorf kamen die Lokomotiven 699.03 (abgestellt seit 25.4.1962) am 1. 9. 1964 und 998.01 am 7. 4. 1966. Seit 1966 sind nur noch Diesellokomotiven (2091, 2092 und 2095) in Zell am See beheimatet.

Nachdem Obergrafendorf die Dampflokomotiven (399.02, 04, 05 und 06 15. 9. 1960, 4. 12. 1959, 1. 9. 1961 und 24. 5. 1961) nach Gmünd abgegeben hatte, fahren seit 1961 planmäßig nur noch Diesellokomotiven auf der Strecke Obergrafendorf – Weiselburg an der Erlauf – Gresten. Nachdem 299.02 im Jahre 1962 nach Gmünd kam, blieb in Obergrafendorf nur 299.01 als betriebsfähige Dampflokomotive (ab 20. 1. 1965 betriebsuntauglich abgestellt). Von den in St. Pölten Alpenbahnhof eingesetzten Verschublokomotiven kam die 698.01 im

Jahre 1963 nach Waidhofen an der Ybbs, die 898.01 war vom 1. 12. 1965 an in Obergrafendorf betriebsuntauglich abgestellt. Den Verschubdienst in St. Pölten Alpenbahnhof besorgen nun die Diesellokomotiven 2092.03 und 2093.01.

Die 2095er von Waidhofen an der Ybbs befahren die Strecke Waidhofen an der Ybbs – Lunz am See – Kienberg-Gaming. Das Schicksal der Waidhofener Dampflokomotiven sei in einer Tabelle dargestellt:

298.205	betriebsuntauglich abgestellt am 1. 9. 1962
298.206	betriebsuntauglich abgestellt am 21. 12. 1961
298.207	1963 nach Gmünd
598.01	betriebsuntauglich abgestellt am 3. 2. 1962, seit 1. 5. 1963 Stadtgemeinde Waidhofen (Denkmal)
598.02	1962 nach Gmünd
598.03	1962 nach Gmünd
398.01	1963 nach Obergrafendorf, 1964 nach Gmünd
498.07	1966 nach Garsten
698.01	am 1. 7. 1966 betriebsuntauglich in Obergrafendorf abgestellt

Seit 1966 hat Waidhofen an der Ybbs nur Diesellokomotiven (Reihe 2090, 2091 und 2095).

Die Lokomotiven von Völkermarkt-Kühnsdorf kamen nach Stillegung der Vellachtalbahn an folgende Heizhäuser:

199.02	abgestellt seit 1. 2. 1969;	24. 5. 1971 nach Obergrafendorf
199.03	abgestellt seit 1. 10. 1968;	2. 6. 1971 nach Obergrafendorf
399.01	(Zugang 12. 12. 1969 von Gmünd);	1. 7. 1971 nach Gmünd
699.101	abgestellt seit 1. 10. 1968;	12. 5. 1971 nach Obergrafendorf
699.102	abgestellt seit 7. 5. 1964;	29. 6. 1971 nach Obergrafendorf
699.103		1. 12. 1971 nach Gmünd (noch im Dezember 1971 weiter nach Garsten)

Personen- und Gepäckwagen

Trotz verschiedener Eigentumsverhältnisse waren die zweiachsigen österreichischen Schmalspurwagen für 760 mm Spurweite erstaunlich einheitlich konstruiert. In der Regel waren die Wagenkästen (bis 1921) achtfenstrig, die Steyrtalbahn hatte zehnfenstrige. Die ersten Wagen hatten schmale Wagenkästen (2,1 Meter breit; Steyrtalbahn mit Längsbänken, SKGLB, Stainz und Gonobitz mit Querbänken in der Anordnung 2 + 1), erst 1893 kam die breite Bauart (2,4 Meter mit 2 + 2 Sitzen) auf. Der Kasten der Ursprungsbauart von Wagen 3. Klasse ist bei gleicher Untergestellänge kürzer als jener der Polsterklasse. AC- und BC-Wagen haben daher ungleiche Fensterteilung. Solche achtfenstrige Wagen laufen heute noch in Dampfzügen der Zillertalbahn. Sie kommen – mitunter sind sogar die Kastenstirnwände verglast – der Schaulust der Touristen sehr entgegen, und da sich die Fenster ganz öffnen lassen, ist selbst im Hochsommer das Fahren angenehm. Neubauten mit solch extremen Vorzügen würden wir als hochleistungsgelüftete Allrundsichtwagen preisen. Die dünnen Streben zwischen den Fenstern sind jedoch für den robusten Bahnbetrieb zu schwach, daher erhielten die meisten Wagen bei Generalreparaturen vierfenstrige Kästen mit breiteren Stegen, ähnlich den Neubauten der zwanziger Jahre.

Zunächst entsprach die Anordnung der Lager, der Blatttragfedern und der Achshalter der üblichen Bauart von Normalspurwagen, die Federn sind von außen sichtbar. Diese Anordnung (in der ersten Auflage dieses Buches als L2 bezeichnet) hat sich bis heute erhalten, daneben aber hatten Lieferungen der Jahre 1893 bis 1926 eine speziell für Lokalbahnfahrzeuge entwickelte Bauform; die Achshalter liegen außerhalb der Tragfedern, die daher von außen kaum sichtbar sind. Diese Anordnung ist in der ersten Auflage dieses Buches mit L1 gekennzeichnet.

Sämtliche Schmalspurfahrzeuge Österreichs haben zentrale Zug- und Stoßvorrichtung, teils ohne durchgehende Zugstange. Infolge unterschiedlicher Pufferformen differieren die Längen über Puffer geringfügig, woraus sich Abweichungen der Zeichnungen gegenüber dem heutigen Zustand erklären. Umbauten haben mitunter das heutige Aussehen der Fahrzeuge gegenüber der Zeichnung etwas verändert, was wegen der großen Typenzahl nicht in allen Fällen wiedergegeben ist. Nur wesentliche Umbauten sind mit Zeichnungen belegt, soweit Unterlagen erreichbar waren.

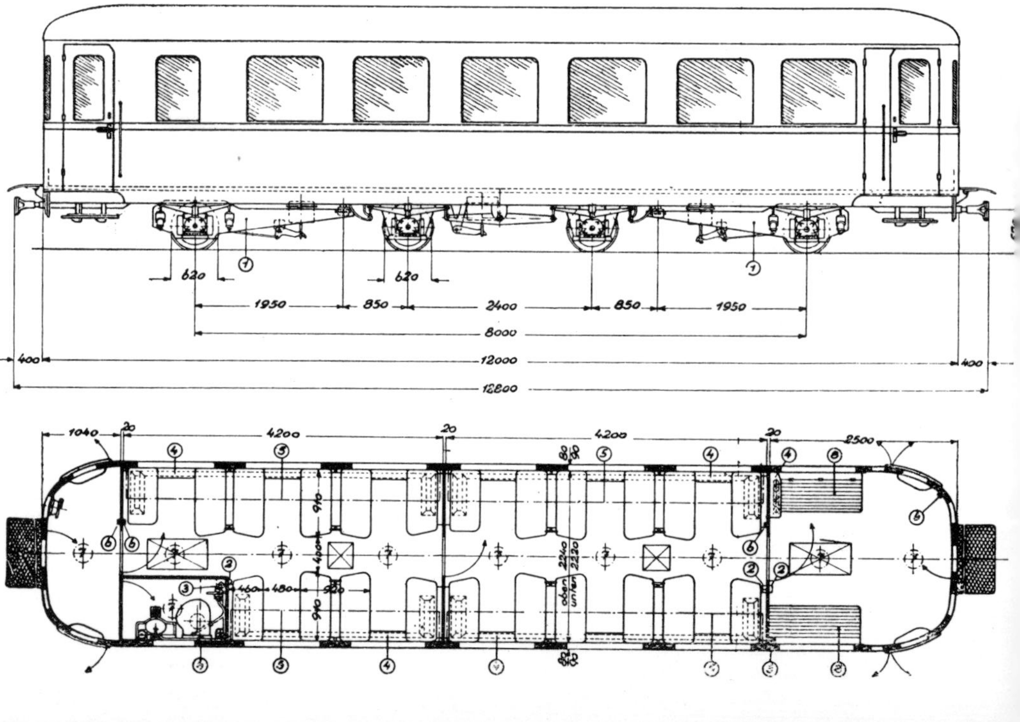

Die österreichischen Schmalspur-Vierachser haben amerikanische Drehgestelle (Diamond) oder Rahmendrehgestelle. Man erkennt den Einfluß der bosnischen Bauart mit großem Drehzapfenabstand, der – entsprechend der Laufgeometrie – einen ruhigen Wagenlauf zur Folge hat; bei den Normalspur-Vierachsern greift man erst jetzt, im Hinblick auf die Mittelpufferkupplung, diese zweckmäßige Konstruktion auf. Später wurden sie manchmal geändert, die Skizzen zeigen die Ursprungsbauart. Bereits 1894 baute Graz je einen vierachsigen Salonwagen für die SKGLB und die Murtalbahn. Auf der Mariazellerbahn kamen 1908 zwei neue und 1910 der umgebaute Murtalbahn-Salonwagen, zu gleicher Zeit ersetzten vierachsige Personenzugwagen auf der Mariazellerbahn die Zweiachser in großer Zahl (1908–1912: 70 Personen- und 13 Dienstwagen). 1928 kaufte auch die SKGLB Vierachser, die jetzt – mit Polstersitzen versehen – in den Zügen der Murtalbahn augenfällig den überlegenen Komfort der Schiene gegenüber dem engen Autobus dokumentieren. Sie waren die ersten Schmalspurwagen mit Stahlkasten. Seit 1929 laufen zwei ähnliche Wagen auf der Zillertalbahn. 1932 erhielt auch die Pinzgauer Lokalbahn einen solchen Wagen. 1937 beschafften die BBÖ sechs Vierachser mit Deichselgestellen. In Anlehnung an die Laufwerkskonstruktion der schmalspurigen Diesellokomotive Reihe 2041/s (jetzt 2091) waren die beiden mittleren Achsen fest gelagert, die beiden äußeren als Deichselgestelle (Bauart Bissel) radial einstellbar. Die Laufruhe dieser Deichselgestellwagen befriedigte allerdings nicht und sie neigten sogar zu Entgleisungen. Daher erhielten sie später Drehgestelle (sogenannte Krimmler Bauart), fast gleich jenen zwölf von der Deutschen Reichsbahn im Jahre 1940 beschafften Wagen. Die Wiegenfeder bildet hier eine in Längsrichtung liegende Blattfeder, während jedes Achslagergehäuse durch Schraubenfedern abgefedert ist. Seit 1940 wickelten sie den gesamten Personenverkehr auf der Pinzgauer Lokalbahn ab. Die Wagen erhielten Aborte mit Waschgelegenheit, sind also bezüglich Komfort Autobussen weit überlegen.

Im Vergleich zu normalspurigen haben die schmalspurigen Wagen der ÖBB und der Privatbahnen im Zweiten Weltkrieg nur geringe Schäden davongetragen. Da die Untergestelle selbst der ältesten Wagen noch in erstaunlich gutem Zustand waren, hat die Hauptwerkstätte St. Pölten von 1954 an auf alten zwei- oder vierachsigen Untergestellen geschweißte Stahlkästen in

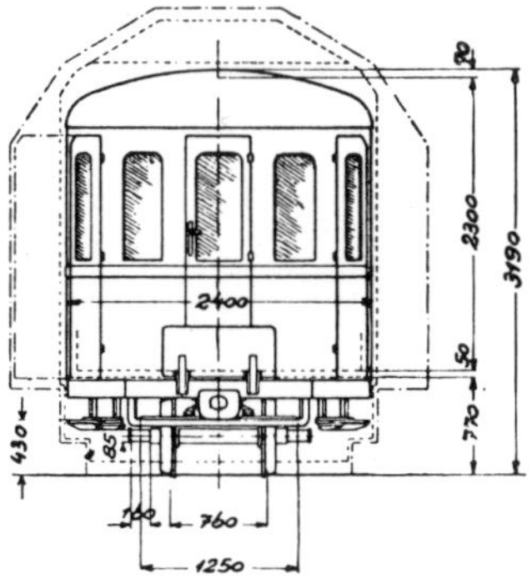

BBÖ-Vierachser mit Deichselgestellen (Bauart Bissel), Baujahr 1937

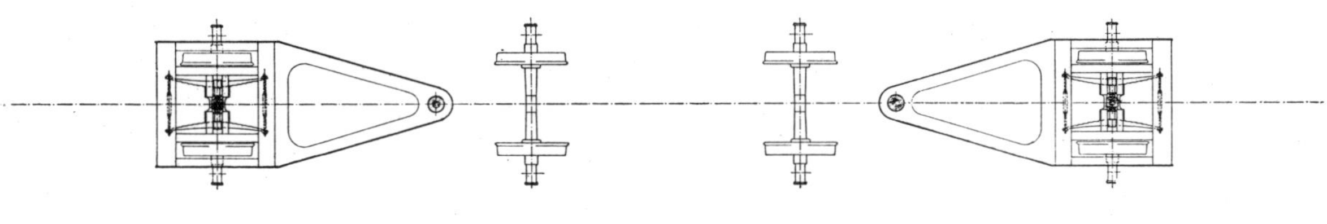

Spantenbauweise gleich jenen normalspuriger Wagen errichtet. Dabei bilden Spantenelemente, das sind Winkeleisenrahmen 40 x 40 x 6 mm, bestehend aus den zwei senkrechten Seitenwandsäulen, einer unteren Verbindung und einem Dachbogen in Tonnenform, das Kastengerippe. Insgesamt haben bis 1960 die Bundesbahnen einundvierzig Zweiachser derart modernisiert, und zwar teils mit, teils ohne WC. Anfänglich erhielten die Wagen noch Holzlattenbänke und Fallfenster, später Polsterung und Übersetzfenster (Halbfenster), die leider ein genußvolles Hinausschauen, das auf Ausflugsstrecken besonders beliebt ist, verhindern, dafür allerdings geringere Instandhaltungskosten verursachen. Die Innenausstattung wurde, so weit wie möglich, den Normalspurwagen angepaßt, Gepäckwagen in Spantenbauweise erhielten einen Vorbau im Dienstabteil des Zugführers zwecks leichterer Signalbeobachtung. Drei Gepäckwagen sind mit einem Postabteil ausgestattet. Die Mariazellerbahn erhielt drei Stückgutwagen in Spantenbauweise. Die drei dreiachsigen ÖBB-Dienstwagen kaufte die Postverwaltung und ließ sie von den SGP-Werken zu Postwagen (Spantenbauweise) umbauen.

Die Modernisierung der Mariazellerbahn-Vierachser vollzog sich in zwei Gruppen und zwar wurden zunächst (1954—1957) auf brauchbare Untergestelle neue Stahlkästen in Spantenbauweise (ebenfalls Winkeleisenrahmenelemente 40 x 40 x 6) aufgesetzt. Später (1960—1967) wurden die Untergestelle durch Einschweißen der entsprechenden Trägerstücke in Wagenmitte um 1 m verlängert. Bei gleichbleibender Sitzplatzanzahl ergab sich dadurch in der 2. Klasse eine Abteillänge von 1500 mm (gegenüber früher 1360 mm), in der 1. Klasse beträgt sie sogar 1990 mm. Die äußere Kastenbreite betrug nunmehr 2500 mm (Umbau 1954 nur 2400 mm). Die Drehgestelle blieben — abgesehen von Versuchsausführungen — unverändert in zwei Hauptbauarten beibehalten, die wiegenlose Bauart NÖLB 1908, und die verbesserte Bauart NÖLB 1912 mit Flacheisenrahmen und Wiege, die sich über Pendel auf querliegende Doppelblattfedern abstützt. 96 Vierachser (davon 16 mit Gepäckabteil) sind in der angegebenen Weise modernisiert worden, 6 Untergestelle stammen jedoch von Güterwagen. Die alten Drehgestelle sollen nach und nach durch moderne Bauarten ersetzt werden, um den Reisekomfort zu heben. Die ÖBB fanden mit diesen Umbauwagen das Auslangen und bauten seit 1945 keine neuen schmalspurigen Personenwagen.

1935 bauten die StmLB einen vierachsigen Güterwagen zu einem Triebwagenanhänger, 1942 und 1954 zwei weitere zu Personenwagen um. 1956 hat die Zillertalbahn drei vierachsige Güterwagen zu Aussichtswagen ungewohnter Form umbauen lassen. Eine Attraktion waren die 1932 als Aussichtswagen umgestalteten dreiachsigen Hochbordwagen für die Mariazellerbahn.

Auf den meisten österreichischen Schmalspurbahnen gab es anfangs neben der 3. Klasse nur 1. Klasse (daher die AC-Wagen), die 1916 in 2. Klasse geändert wurde. 1956 verschwand — entsprechend den internationalen Vereinbarungen — auch auf der Schmalspur die 3. Klasse und es gibt meist nur noch eine Wagenklasse (2.), vereinzelt (Zillertal- und Mariazellerbahn) auch noch 1. Klasse. In den ÖBB-Listen nach dem Nummernplan von 1953 ist das neue Gattungszeichen (C = B, B = A) nur für jene Wagen angegeben, die nach 1955 (um)gebaut worden sind.

Fast alle österreichischen Schmalspurbahnen haben Saugluftbremse (Ausnahme: elektrische Meterspurbahnen Innsbrucks mit Druckluft), einfachwirkend (nur noch Güterwagen, früher auch Personenwagen), automatisch oder umschaltbar. Sie entspricht bestens dem Betrieb auf langen Gefällsstrecken, weil sie gut zu regeln und unerschöpfbar ist. Die Steyrtalbahn verwendete anfangs eine Friktionsbremse: den ganzen Zug entlang lief ein Zugseil, das von der Lokomotive aus mechanisch die Bremsen aller Wagen betätigte.

Fortsetzung auf Seite 225

Bild auf Seite 81:

Österreichs Schmalspurbahnen winden sich raumsparend, umweltfreundlich und harmonisch durch faszinierende Landstriche: Saugrabenviadukt der Mariazellerbahn. *Foto J. Kuss (1923)*

Mariazellerbahn

Oben: Der Pielachtalbahnhof in Sankt Pölten etwa 1899. *Archiv H. Sternhart*

Mitte: Eine schwere Berglokomotive Reihe Mh vor dem Reitmauertunnel, etwa 1910. *Archiv H. Sternhart*

Unten: Zwei Komarek-Dampftriebwagen der Pielachtalbahn, Baujahr 1904, in der Abfahrtsstelle vor dem Hauptbahnhof St. Pölten. *Archiv Österr. Eisenbahnmuseum*

Dieses Bild aus der Zeit um 1908 veranschaulicht die Leistungsfähigkeit einer Schmalspurbahn: ein Zug mit zwölf (oder mehr) Wagen brachte Wallfahrer nach Mariazell. *Archiv Verlag Slezak*

Auch im Güterverkehr leisteten die Schmalspurbahnen von Anfang an Beachtliches, Lokomotive 3 (Reihe U), dahinter der Wagen Jk 1019 und einer der großen, vierachsigen Kastenwagen.
Foto N. Kuss / Archiv Österreichisches Eisenbahnmuseum

Mariazellerbahn

Die schweren Berglokomotiven Reihe Mh und Mv kauften die NÖLB für die Bergstrecke Laubenbachmühle–Mariazell; oberes Bild: zwei Maschinen der Reihe Mh. Das mittlere Bild zeigt eine Mv und das untere eine Mh vor dem Hauptbahnhof St. Pölten.
Archiv Dipl.-Ing. E. Ribosek und Dr. H. Pötschner (2)

Lokomotive 50 (später Mh 1), Baujahr 1906, die leistungsfähige, robuste D2-Type; man erkennt deutlich (übergreifendes Führerhausdach) den mit der Lokomotive gelenkig verbundenen Stütztender. *Archiv Zell/Griebl*

Lokomotive 22 (später Uv 3), die Verbund-Variante der leichteren, aber auch bewährten C1-Bauart. *Archiv Dr. H. Pötschner*

Personenzug mit einer Lokomotive der Reihe Mh bei Wienerbruck.

Foto S. Frank / Archiv Dr. H. Pötschner

Komarek-Dampftriebwagen, damals Motorwagen genannt, Nr. 12, Baujahr 1904. In der linken Ecke des Wagenkastens erkennt man die anfangs übliche Bezeichnung PIELACHTHALBAHN. Der angehängte Personenwagen C 14 trägt die Initialen St. P. K. M. (= St. Pölten–Kirchberg–Mank).

Archiv Dipl.-Ing. E. Ribosek

Komarek-Dampftriebwagen Nr. 1, Baujahr 1903. *Archiv H. Sternhart*

Lokomotive E 2 in der Station Laubenbachmühle, zur Zeit des elektrischen Probebetriebs 1911. *Archiv Österreichisches Eisenbahnmuseum*

Mariazellerbahn: elektrische Lokomotive E 2 auf Probefahrt, 1911, im Bahnhof Laubenbachmühle.
Archiv Österreichisches Eisenbahnmuseum

Güterzug auf dem Kuhgrabenviadukt zwischen Erlaufklause (man erkennt das Einfahrtssignal dieses Bahnhofs) und Mitterbach, im Hintergrund der Ötscher (1892 m hoch).
Foto J. Kuss (1913) / Archiv H. Pawlik

Lokomotive E 2 mit einem Personenzug nach St. Pölten im Bahnhof Wienerbruck, um 1911.
Archiv Verlag Slezak

Lokomotive E 11 mit einem abfahrbereiten Sonderzug vor dem Hauptbahnhof St. Pölten, um 1935.
Bildarchiv der Österreichischen Nationalbibliothek

898.01, ehemals deutsche Heeresfeldbahn 20 751, in St. Pölten Alpenbahnhof.
Foto J. Kössner (28. 3. 1959)

698.01, ehemals deutsche Heeresfeldbahn 16 752, in St. Pölten Alpenbahnhof.
Foto Schmidt/Jocham (1953)

Mariazellerbahn

In den dreißiger Jahren liefen solche Aussichtswagen. *Archiv H. Sternhart*

Mariazellerbahn-Lokomotiven alter und neuer Form in Doppeltraktion – auch die Wagen zeigen das Aussehen zweier Bauperioden – im Bahnhof Mariazell. *Foto H. Pawlik (September 1961)*

Solchen Komfort bot der Salonwagen Aa 1 (= BBÖ Sa 5), Baujahr 1908. Lägen keine Fotografien vor, hielte man so etwas heute für ein Märchen. Einen derartigen Panorama-Ausblick bietet heute kein Autobus und keine Luxuslimousine. *Foto Grazer Waggonfabrik / Archiv Österr. Eisenbahnmuseum*

Mariazellerbahn

Zweiachsiger Wagen BBÖ B 77
Baujahr 1908, in St. Pölten Alpen
bahnhof, links der Wagen BB
C 414, rechts ein Gepäckwage
der Grestner Lokalbahn.
Foto E. Konrad (1938

Vierachsiger Wagen BBÖ Cah 71
Baujahr 1908, noch mit B.
Österreich beschriftet; der Wage
rechts trägt bereits die Aufschri
Deutsche Reichsbahn.
Foto E. Konrad (193

Vierachsiger Wagen BBÖ BCa 28
Baujahr 1912.
Foto E. Konrad (193

weiachsiger Personenwagen i 256 (Nummer nach NÖLB-chema), 1924 bereits durch die BÖ in Dienst gestellt. Die Aufchrift rechts unten lautet: Heiatsbahnhof St. Pölten.
Archiv Österr. Eisenbahnmuseum

ierachsiger Umbauwagen Cah 12. *Foto E. Konrad (1938)*

ierachsiger Umbauwagen Bah 21. *Foto E. Konrad (1938)*

Vierachsiger Wagen ÖBB AB4ipho 2100, Stahlkasten in Spantenbauweise auf einem alten Untergestell, Umbau 1960.

Archiv Dipl.-Ing. E. Ribosek

Vierachsiger Spantenwagen B4ipho 3140 in St. Pölten Alpenbahnhof.

Foto H. Sternhart (1970)

Zweiachsiger Spantenwagen Biho 3852, Umbau 1954.

Archiv Dipl.-Ing. E. Ribosek

Vierachsiger Güterwagen der Pielachtalbahn (Initialen St. P. K. M.) Ga 603, Baujahr 1905.
Foto Simmeringer Waggonfabrik / Archiv Österr. Eisenbahnmuseum

Parteiwagen Jk 0943, von der Firma Carl Krautwurst in den Fahrpark der NÖLB (Heimatbahnhof Ober Grafendorf) eingestellt.
Archiv Österr. Eisenbahnmuseum

Dreiachsiger Aussichtswagen 2, 1932 aus einem Güterwagen hervorgegangen.
Foto E. Konrad (1938)

Dreiachsiger Güterwage
Ol 72603 mit der seinerzeit fü
die Mariazellerbahn charakteristi
schen Bremserhütte, heute durc
Plattform ersetzt, in Mank.
Foto H. Herrmann (25. 4. 1958

Hochbordwagen OOm 76800
DRB-Bauart von 1942, in Obe
Grafendorf.
Foto J. Slezak (15. 6. 1974

Vierachsiger gedeckter Wage
GGm 16809, DRB-Bauart vo
1942.
Foto H. Sternhart (1970

Ober Grafendorf – Ruprechtshofen – Gresten

NÖLB-Lokomotive 8 (später U 4), dahinter der Wagen BCi 3 (Initialen St. P. K. M.) im Bahnhof Mank, dem anfänglichen Endpunkt dieser Flügelbahn, etwa 1900. *Archiv Verlag Slezak*

Die kkStB-Reihe P (für Triest – Parenzo, Baujahr 1911), das Vorbild für die BBÖ-Reihe P der Grestner Lokalbahn (siehe nächste Seite). *Werkfoto / Archiv H. Sternhart*

Ober Grafendorf – Ruprechtshofen – Gresten

Die BBÖ-Reihe P, 1926 für die Grestner Lokalbahn gebaut; die obere Tafel trägt die Aufschrift 'Lokalbahn Ruprechtshofen – Gresten'. *Foto Zell/Griebl*

Heißdampflokomotive Uh 05 mit der deutschen Nummer 99 825 (RBD Wien, Bw St. Pölten Alpenbahnhof) und dem gegossenen Adler; das S kennzeichnet Spurkranzschmierung. *Foto C. Bellingrodt / Archiv Mr. A. Luft*

BBÖ-Diesellokomotive 2040.01 für die Lokalbahn Ruprechtshofen–Gresten, Baujahr 1934, mit den Wagen C 484, 504 und 311.

Diesellokomotive 2040.02 zur Zeit der Indienststellung.
Fotos Waggonfabrik Simmering (1934) / Archiv Österreichisches Eisenbahnmuseum und Griebl

Waldviertelbahn
NÖLB-Lokomotive 3 (Baujahr 1900, Aufschrift: Niederösterreichische Waldviertelbahn), die spätere U 7.

NÖLB-Lokomotive 23 (Baujahr 1905) für die Mariazellerbahn, die erste Heißdampflokomotive Österreichs; später NÖLB Uh 1, bzw. BBÖ Bh 1.

Archiv Österreichisches Eisenbahnmuseum

NÖLB-Lokomotive 21, die Verbund-Variante Reihe Uv, Baujahr 1902, noch mit der Tafel 'Niederösterreichische Waldviertelbahn'. *Werkfoto Krauss-Linz / Archiv Österr. Eisenbahnmuseum*

Die Schwestertype der Staatsbahnen, Reihe Uv, die allerdings für die galizische Strecke Przeworsk–Dydów (nach 1918 Polen) bestimmt war und nie auf dem Gebiet des heutigen Österreichs verkehrte. *Werkfoto Krauss-Linz / Archiv Österreichisches Eisenbahnmuseum*

Waldviertelbahn

NÖLB-Lokomotive 3, später NÖLB U 7, Baujahr 1900, in Groß Gerungs. *Archiv Dr. H. Pötschner*

Vierachsiger Komarek-Triebwagen, Baujahr 1906, mit zwei Güterwagen auf der Lainsitz-Brücke. *Archiv H. Sternhart*

Vierachsiger Komarek-Triebwagen der NÖLB No. 41, Baujahr 1906; man erkennt rechts den Zylinder und das Triebwerk der Dampfmaschine. *Archiv Österreichisches Eisenbahnmuseum*

Vierachsiger Komarek-Triebwagen in Groß Gerungs. Diese Wagen verfügten auch über ein Gepäckabteil und einen Abort, welch beide man in modernen Autobussen oft vermißt.

Archiv Dr. H. Pötschner

Waldviertelbahn

DRB 99 1301, die ehemalige ČSD-Lokomotive U 48.001, in Gmünd, 1911 von der Lokomotivfabrik Winterthur gebaut. *Foto C. Bellingrodt / Archiv Mr. A. Luft*

Ein sächsischer Fünfkuppler der Reihe VI K, Baujahr 1918, später DRB 99 643, in Gmünd, schon mit sowjetischem Beutezeichen (CCCP T). *Foto Zell/Griebl*

Waldviertelbahn

Die Mariazellerbahn-Typen Mh und Mv auf der Waldviertelbahn: oben Mh 3 in Weitra (Juli 1937), unten Mv 1 (als 99 1101) in Gmünd (Oktober 1948). *Fotos Ing. Horejsch und Zell/Griebl*

Waldviertelbahn
Die deutsche Heeresfeldbahnlokomotive 2822 (= ÖBB 699.02) im Bahnhof Weitra.
Foto Mr. A. Luft (August 1957)

Dieselbe Lokomotive, mit dem Tender 9699.03, bestens gepflegt beim Heizhaus Gmünd.
Foto Schmidt/Jocham

Die Deutsche Reichsbahn überstellte auch den jugoslawischen Vierkuppler 81-001, 1912 in Budapest gebaut (MAV 490.015), im Jahre 1941 nach Gmünd. Rechts vor dem Heizhaus erkennt man die 99 7816 (ehemals U 32). *Foto Ing. F. Kollmann (1942)*

Mit Rollwagen bietet die Schmalspur vollwertigen Bahnanschluß: der vierachsige DB-Rungenwagen Rs 390 6 642 auf den beiden Rollwagen WW 89675 und 89673 von Groß Gerungs mit Schnittholz (29 Tonnen, Gesamtgewicht 53 Tonnen) nach Buchs unterwegs. *Foto J. Slezak (1. 7. 1972)*

Ybbstalbahn

Die Lokomotiven U 32 und Yv 1 (noch mit Außenrahmen-Drehgestell), dahinter der Ci 13 und ein Niederbordwagen, auf der Trestleworkbrücke über den Hühnernestgraben.

Foto G. Schmidt (1898) / Archiv Österreichisches Eisenbahnmuseum

Yv 3 mit einem Personenzug in Opponitz um 1910. *Archiv F. Domesle*

Yv 2, die charakteristische Ybbstalbahn-Type, im Ursprungszustand (mit Außenrahmen-Drehgestell) von 1896. Auf dem Rauchfang erkennt man den Schalldämpfer, wie ihn Gölsdorf auch auf den Reihen 30 und 6 installierte. *Archiv Zell/Griebl*

Die erste Maschine der Reihe Uh, Baujahr 1928 (mit Caprotti-Steuerung), erhielt die Ybbstalbahn. *Archiv Österreichisches Eisenbahnmuseum*

Ybbstalbahn

Die NÖLB-Heißdampflokomotive, im BBÖ-Bestand als Bh 1 bezeichnet, im Bahnhof Waidhofen an der Ybbs. Unter der Lokomotivnummer erkennt man die Tafel mit der Aufschrift 'Patent Wilh. Schmidt', wie sie auf den ersten Heißdampflokomotiven angebracht worden ist.
Foto F. Florentin (1935)

Ybbstalbahn-Gepäckwagen DF 102 mit Postabteil und Abort, Baujahr 1896.
Archiv Österr. Eisenbahnmuseum

Ybbstalbahn-Wagen BCi 2, Baujahr 1896.
Archiv Österr. Eisenbahnmuseum

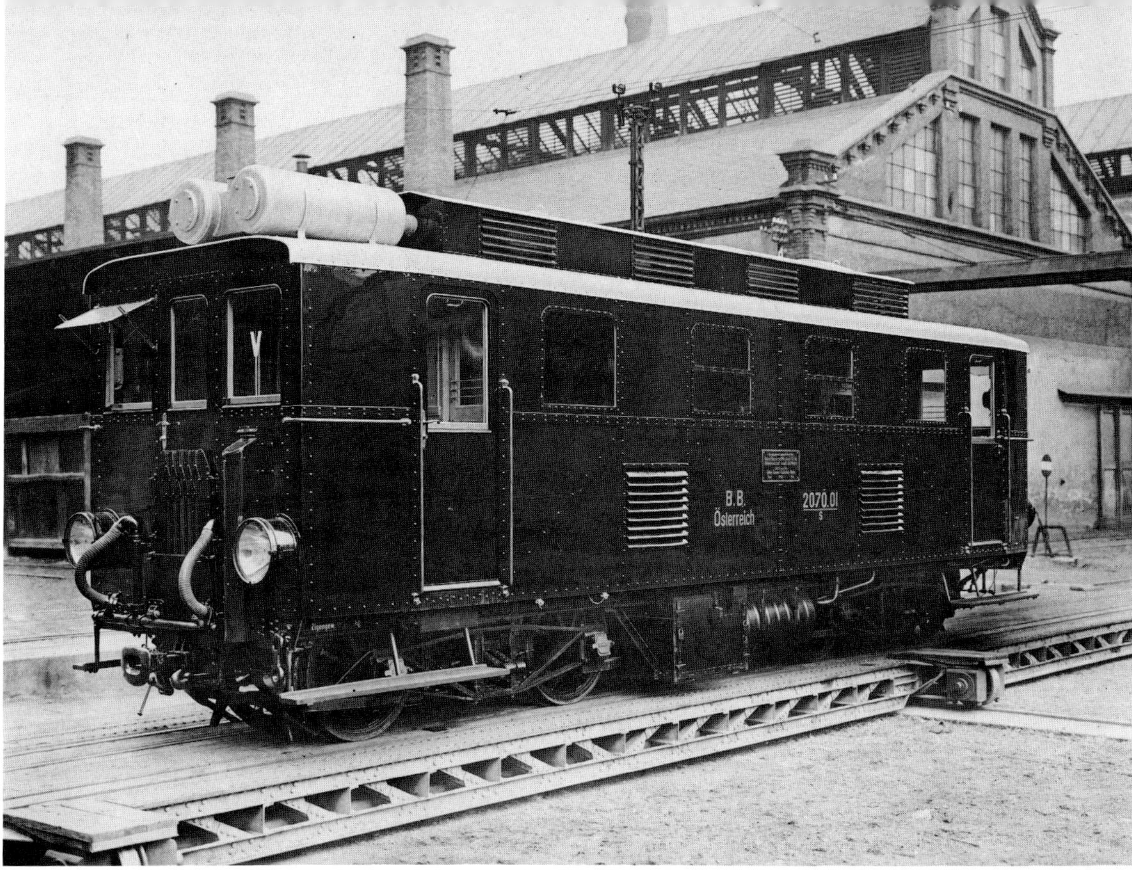

Diesellokomotive 2070.01, 1927 gebaut, 1930 an die Bundesbahnen geliefert, auf dem Gelände der Grazer Waggonfabrik.
Archiv Österr. Eisenbahnmuseum

Ybbstalbahn-Wagen G 103, Baujahr 1896.
Archiv Österr. Eisenbahnmuseum

Ybbstalbahn-Wagen G 156, Baujahr 1900.
Archiv Österr. Eisenbahnmuseum

Ybbstalbahn

Lokomotive Yv 2, mit DRB-Nr. 99 902, im Bahnhof Kienberg-Gaming, rechts der Wagen C 500 LiÖ (Li = Reichsbahndirektion Linz, Ö = Österreich); in den Waggonbezeichnungen der Deutschen Reichsbahn hielt sich den ganzen Krieg über das Ö für Österreich, obwohl dieser Name damals verpönt war und zunächst mit Ostmark und später mit Donau- und Alpengaue umschrieben werden mußte.

Foto Dr. P. Slezak (29. 10. 1942)

Ybbstalbahn-Wagen K 116 und Jhn 126, beide Baujahr 1896.

Archiv Österr. Eisenbahnmuseum

Verbund-Lokomotive 298.205 in Lunz. *Foto J. Slezak (11. 8. 1959)*

Die erste Schmalspur-Diesellokomotive Österreichs, 1927 gebaut (Zillertalbahn), seit 1930 bei den Bundesbahnen (zuerst 2021.01, dann V 12901, jetzt 2090.01). *Foto Zell/Griebl (ca. 1948)*

Die NÖLB-Heißdampflokomotive (Uh 1 = Bh 1 = 99 811) mit ihrer letzten Nummer 398.01 im Bahnhof Pfaffenschlag. *Foto J. Slezak (10. 8. 1959)*

Der Sonderzug (22 Wagen!) zum 75-Jahr-Jubiläum der Ybbstalbahn mit den Lokomotiven 298.207 und 399.03. An der Brücke erkennt man die Automobile jener Eisenbahnfreunde, die die Eisenbahn nur vom Anschauen kennen. *Foto P. Schmied (19. 5. 1973)*

Mödling—Hinterbrühl

Die Südbahn-Lokomotive Nr. 1, Spurweite 1000 mm, Baujahr 1884.
Werkfoto / Archiv Verlag Slezak

Elektrischer Triebwagen Nr. 5, Baujahr 1883, noch mit den ursprünglichen Stromabnehmern (Kontaktschiffchen in geschlitzten Rohren), um 1900 in der Endstation beim Südbahnhof Mödling; im Hintergrund ein Südbahn-Normalspurzug.
Archiv H. Sternhart

Mödling — Hinterbrühl

Triebwagen Nr. 22, Baujahr 1903, in der Endstation Mödling. *Foto Dipl.-Ing. W. Saliger (1930)*

Beiwagen Nr. 7, Baujahr 1883, mit einer auf Eisenbahnwagen selten anzutreffenden Dachgalerie für Gepäck. *Foto Dipl.-Ing. W. Saliger (1930)*

Payerbach Hirschwang

Die Elektrolokomotiven der Lokalbahn Payerbach – Hirschwang, Baujahr 1903, dienten ursprünglich beim Bau des Karawankentunnels (1901 bis 1906).
Archiv Verlag Slezak

Zwei der Elektrolokomotiven im Güterverkehr, als die Strecke Payerbach – Hirschwang bloß eine Werksbahn der Papierfabrik war. *Archiv Dr. H. Pötschner*

Payerbach – Hirschwang

Ein Güterzug bringt Fracht von der Papierfabrik Hirschwang zur Südbahnstation Payerbach-Reichenau, ein Foto etwa von 1923. *Archiv Dr. H. Pötschner*

Fundierung eines Pfeilers der Kurhausbrücke in km 2,3 der Lokalbahn im Oktober 1923.

Eine der Elektrolokomotiven vom Karawankentunnel, noch mit dem Siemens-Scherenbügel (Rolle statt Schleifstück).
Archiv Dr. H. Pötschner

Diesellokomotive D 1, die derzeit den Güterverkehr besorgt, in Hirschwang.
Foto J. Slezak (15. 6. 1974)

Elektrolokomotive III mit einem Güterzug.
Foto P. Schmied (18. 5. 1963)

Payerbach – Hirschwang

Elektrischer Triebwagenzug der Lokalbahn zur Zeit der Aufnahme des Personenverkehrs (1926). Beachtenswert ist der geräumige hohe Wagenkasten (viele Fahrgäste mit Skiern!) mit großen Fenstern, der einen bedeutend höheren Komfort bot als der Autobus nach der Bahnstillegung.

Archiv Verlag Slezak

Triebwagen in der Endstation Windbrücke-Raxbahn. *Foto Schmidt/Jocham (6. 6. 1954)*

Die Lokomotiven I und III mit einem Güterzug in Hirschwang.
Foto J. Slezak (5. 8. 1961)

Die gedeckten Wagen (auf dem Bild: Wagen 316) haben an Stelle der Seitenwände Plachen und erleichtern so die Ladearbeit mit Gabelstaplern.
Foto H. Sternhart (29. 4. 1970)

Auf dem Triebwagen 2 ist hier nicht zu übersehen, daß über Österreich das Hakenkreuzregime hereingebrochen war.
Foto K. Meindl (1940)

Kapfenberg—Au-Seewiesen
StmLB-Lokomotive 7 (Reihe Z), noch mit dem Namen HOCHSCHWAB versehen, mit den Personenwagen C 207 und AC 32 sowie einem Gepäckwagen mit Postabteil; alle Fahrzeuge stammen aus dem Jahr 1893. Rechts am Bildrand der 'Einschaltwagen' (Normalspurräder auf Schmalspurachsen, aber Zug- und Stoßvorrichtung für Normal- und Schmalspur), Baujahr 1894. Das Foto dürfte bald danach entstanden sein. *Archiv H. Sternhart*

StmLB-Lokomotive 12 (Reihe U) noch mit Namenstafel GRAZ und dem steiermärkischen Wappen, Baujahr 1896. *Archiv H. Griebl*

Lokomotive 6 (Reihe Z) bei der Station Hansenhütte. *Foto Mr. A. Luft (13. 7. 1958)*

StmLB-Lokomotive U 44 mit einer Steifkupplung für Normalspurwagen in Kapfenberg.
Foto Schmidt/Jocham

Kapfenberg – Au-Seewiesen
StmLB-Lokomotive 6 (Reihe Z) im Kapfenberger Lokalbahnhof. *Foto Schmidt/Jocham*

Die starke StmLB-Fünfkuppler 502, 1920 von Maffei gebaut, besorgte auf der Kapfenberger Lokalbahn den schweren Güterverkehr. *Foto Zell/Griebl*

Austro-Daimler-Triebwagenzug, Baujahr 1933, im Bahnhof Au-Seewiesen. *Archiv H. Sternhart*

1942 kam diese jugoslawische Lokomotive (JDŽ 81-004, ursprünglich MAV 490.019, 1912 in Budapest gebaut) auch zu den Steiermärkischen Landesbahnen. Das Bild zeigt sie mit der StmLB-Nr. 0 40 in Kapfenberg kurz vor der Rückgabe an Jugoslawien (1948). *Foto F. Krauss*

Kapfenberg—Au-Seewiesen

Die StmLB-Lokomotive U 44 auf dem Vierschienengleis (jetzt Dreischienengleis) im Kapfenberger Südbahnhof. *Foto J. Slezak (5. 8. 1961)*

Ebenfalls die Lokomotive U 44 mit einem Güterzug bei Thörl. Man erkennt die für diese Strecke typische Fracht: Drahtrollen aus dem Eisenwerk Pengg. *Foto J. Slezak (5. 8. 1961)*

Seit 1971 steht der Kapfenberger Lokalbahn die ehemalige DB-Lokomotive 251 901-5 (V51 901), mit VL 21 bezeichnet, zur Verfügung. Die Steifkupplung ermöglicht die Überstellung normalspuriger Wagen.
Foto H. Sternhart (10. 4. 1974)

Der vierachsige Rungenwagen Jk 6104, Baujahr 1908, leistet dem Eisenwerk Pengg noch immer wertvolle Dienste. *Foto H. Sternhart (1974)*

Preding-Wieselsdorf – Stainz

Lokomotive 2 mit einem Rollbock-Zug in Stainz. *Foto Mr. A. Luft (3. 9. 1956)*

Ein besonderer Transport: die Schmalspurlokomotive S 11 auf einem normalspurigen Wagen verladen und dieser wieder auf Rollböcken aufgeschemelt. Die Zuglokomotive VL 2 bringt sie nach Stainz. *Foto Mr. A. Luft (27. 4. 1967)*

Die Schmalspurbahn Preding-Wieselsdorf–Stainz richtete 1892 als erste Bahnlinie Österreichs Rollbockverkehr ein. Sie besitzt auch einen Normalspurwagen (PW-St Gw 533; oben: aufgeschemelt auf den Rollböcken 18 und 21). *Foto J. Slezak (1. 4. 1961)*

Rollböcke auf dem abgesenkten Aufschemelgleis des Bahnhofs Preding-Wieselsdorf. *Foto J. Slezak (7. 8. 1954)*

Rollbock mit fixierter Normalspurachse, allerdings im Bahnhof Wieselburg.
Foto Dipl.-Ing. E. Wenzelburger (1956)

Preding-Wieselsdorf—Stainz
StmLB-Lokomotive S 11 mit dem 'Flascherlzug' vor Kraubath. *Foto P. Wegenstein (10. 6. 1973)*

Schwanberg—Kalkgrub
Als erste 760-mm-Bahn Österreichs besorgte eine Industriebahn, die Kohlenbahn Schwanberg—Kalkgrub (von 1921 an), Rollwagenverkehr. Man erkennt auf dem Verladegleis (Haraldschacht) einen aufgeschemelten GKB-Kohlenwagen.

Aufgleisen der aufgeschemelten Wagen in Schwanberg.
Rollwagenzug bei der Sulmbrücke, links das Pumpenhaus.
alle drei Fotos: Kohlenwerks GmbH / Archiv B. Paeuer

Weiz – Birkfeld – Ratten
StmLB-Lokomotive U 7 vor dem Tunnel bei Hart.
Foto Schmidt/Jocham (28. 8. 1954)

Die ehemalige deutsche Heeresfeldbahnlokomotive 11 811 mit einem ungewöhnlich geformten Kobelrauchfang in Weiz. *Foto Mr. A. Luft (24. 7. 1953)*

Die Lokomotiven VL 15 und S 7 mit dem Zug WR 58 auf dem Viadukt bei Hart-Puch. *Foto P. Wegenstein (19. 4. 1968)*

Weiz – Birkfeld – Ratten

Die Lokomotive U 29 (JDŽ 188-004) übergab die Deutsche Reichsbahn 1942 den Steiermärkischen Landesbahnen. *Foto F. Kraus (1948)*

Dieselbe Lokomotive um 1904 als kkStB U 29 im Bahnhof Sinj der Strecke Spalato (Split) – Sinj. Der Wasserreiniger und die gemeinsame Verschalung für Dom und Sandkasten auf dem oberen Bild sind spätere Zubauten. *Archiv H. Pawlik*

Die Lokomotive 699.01 (nicht identisch mit ÖBB 699.01!), eine deutsche Heeresfeldbahnlokomotive, Baujahr 1944, erwarben die StmLB 1955 von der SKGLB (dort Nr. 19). Das Bild zeigt sie in Birkfeld.
Foto P. Schmied (3. 9. 1963)

StmLB U 38 mit Giesl-Ejektor im Bahnhof Weiz. *Foto Fröhlich/Griebl (12. 7. 1957)*

Weiz – Birkfeld – Ratten

Diesellokomotive VL 15 mit dem Zug WR 56 in Koglhof.
Foto P. Wegenstein (31. 5. 1968)

F 332, Baujahr 1892, ursprünglich auf der Stainzer Linie, in Weiz. *Foto P. Schmied*

Ci 14, 1911 für die Strecke Weiz – Birkfeld gebaut, in Birkfeld.
Foto Mr. A. Luft (28. 7. 1956)

Gw 85, 1917 in Mailand gebaut, seit 1925 auf der Weizer Linie.
Foto F. Domesle (15. 6. 1969)

OOw 754, ein Wagen der deut-schen Heeresfeldbahn mit 'Bahn-wagen'-Drehgestellen, in Weiz.
Foto J. Slezak (6. 8. 1961)

:a 703, die gleiche Bauart mit lattenrahmen-Drehgestellen.
Foto H. Sternhart (1971)

Mixnitz – St. Erhard
Lokomotive BREITENAU (E 1, Baujahr 1913). *Archiv H. Sternhart*

Lokomotive HOCHLANTSCH (E 2, Baujahr 1913). *Archiv Verlag Slezak*

Lokomotive E 2 mit Magnesitwagen.
Foto K. Pfeiffer (November 1958)

B 10, Baujahr 1914, in St. Erhard.
Foto P. Schmied (28. 7. 1967)

Gemischter Zug mit Lokomotive E 2 im Bahnhof St. Erhard.
Foto Mr. A. Luft (15. 5. 1960)

Mixnitz – St. Erhard

Personenwagen B 2 nach Umbau (größerer Achsstand).
Foto P. Schmied (28. 7. 1967)

Magnesitwagen GGp 2, Umbau 1961.
Foto H. Sternhart

Kesselwagen ZS 5 in Mixnitz.
Foto J. Slezak (5. 8. 1961)

Ybbser Straßenbahnwagen im Verschubdienst (als T 2) des Bahnhofs Mixnitz.
Foto J. Slezak (5. 8. 1961)

Die vierachsige Lokomotive E 4, Baujahr 1963, mit einem Magnesitzug bei der Ladestelle Schafferwerke.
Foto P. Schmied (4. 12. 1965)

Murtalbahn

Murtalbahnzug unter der Murbrücke der Normalspurlinie westlich Unzmarkt, um 1900.

Archiv Verlag Slezak

Im Bahnhof Tamsweg um 1913. *Foto Hegenbart / Archiv Dr. H. Pötschner*

Lokomotive U 8 mit Namensschild TEUFENBACH um 1914 in Tamsweg.
Foto Hegenbart / Archiv Dr. H. Pötschner

Lokomotive U 9 auf der Drehscheibe in Mauterndorf. *Foto Mr. A. Luft (17. 2. 1958)*

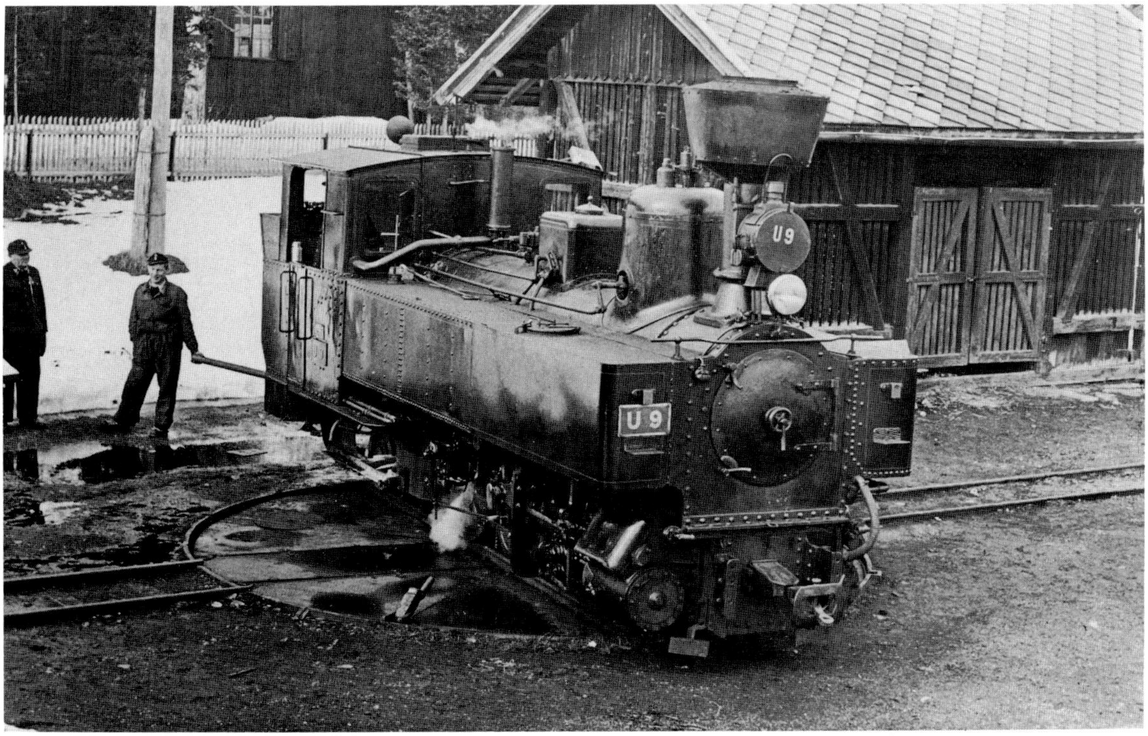

Murtalbahn
Personenzug in Tamsweg. *Foto Hegenbart / Archiv Dr. H. Pötschner*

Lokomotive U 11 MAUTERNDORF um 1917 in Tamsweg. *Foto Hegenbart / Archiv Dr. H. Pötschner*

Urlaubskarten mit Bahnhofsszenen waren bis in die dreißiger Jahre auch in kleinen Ferienorten, die auf 'ihre' Lokalbahn richtiggehend stolz waren, üblich und wurden gern gekauft. Dieses Bild entstand kurz vor der Jahrhundertwende. *Archiv Verlag Slezak*

Auch eine historische Ansichtskarte aus der Zeit kurz vor der Jahrhundertwende: Bahnhof Tamsweg; im Zug ist auch der Salonwagen zu erkennen. *Foto M. Helff / Archiv Verlag Slezak*

Murtalbahn

Personenzug mit dem Salonwagen 2001 bei Stadl. *Foto M. Helff (ca. 1898) / Archiv Verlag Slezak*

Endstation Mauterndorf, bereits im Bundesland Salzburg (Lungau) gelegen. *Foto I. Lettmayer / Archiv Verlag Slezak*

U 42 in Tamsweg. Rechts erkennt man als Vorläufer unseres Dienstes 'Auto im Reisezug' eine verladene Kutsche. *Foto Hegenbart / Archiv Dr. H. Pötschner*

Die Lokomotive MURAU (U 9) in Tamsweg, im Hintergrund markiert ein Schneeschaufler den 'Gipfel' eines mächtigen Schneehaufens. *Foto Hegenbart (1914) / Archiv Dr. H. Pötschner*

Murtalbahn

Die Lokomotive MURAU (U 9) im Werksgelände der Lokomotivfabrik Krauss-Linz, noch mit Naßdampf-Kessel. *Werkfoto Krauss-Linz (24. 5. 1909) / Archiv Österreichisches Eisenbahnmuseum*

Dieselbe Lokomotive in Tamsweg ein halbes Jahrhundert später, mit Heißdampf-Kessel und Kohlenkasten. *Foto J. Slezak (27. 7. 1961)*

Soldatentransport auf der Murtalbahn im Ersten Weltkrieg. Auf dem oberen Bild erkennt man die Wagennummern C 215 und C 209, auf dem unteren (Wagen G 514) überdies kriegslüsterne Parolen wie *Jeder Schuss ein Russ*. Der Wagen BC 35 trägt die zwar harmlose Aufschrift *KAFEE BRANDL*, sie zeigt aber, daß jene, die gegen andere Völker hetzen, oft nicht einmal ihrer Muttersprache mächtig sind. *Archiv Dr. H. Pötschner*

Murtalbahn

Lokomotive U 11 in Murau. *Foto Zell/Griebl*

Anhänger Ca 78 (ehemaliger SKGLB-Triebwagen) und Daimler-Triebwagen VT 03 um 1939. *Archiv Dipl.-Ing. G. Mayr*

Der Fünfkuppler Kh 101 (Baujahr 1926, mit Kolbenschiebern) – man erkennt den Außenrahmen bei der fünften Kuppelachse – in Mauterndorf. *Foto J. Slezak (26. 7. 1961)*

Kh 111 (Baujahr 1930, mit Caprottisteuerung), die zweite Kh der Steiermärkischen Landesbahnen, für die Strecke Weiz – Birkfeld – Ratten. *Foto Zell/Griebl*

Murtalbahn
Der Barwagen BR 41 für Dampf-Bummelzüge.
Foto H. Sternhart (1971)

Moderner Großgüterwagen GGm 452 mit breiten Türen für Ladearbeiten mit Staplern.
Foto P. Schmied (19. 7. 1969)

Kesselwagen ZZm 682 und 681, Neubaten von Knotz.
Foto Dipl.-Ing. G. Mayr

Gurktalbahn

C1-Lokomotive T 3 im Ursprungszustand (1898); man sieht gut, wie der Innenrahmen (bei den gekuppelten Achsen) in den Außenrahmen bei der Schleppachse übergeht.

Werkfoto / Archiv Österreichisches Eisenbahnmuseum

Ihre Schwestermaschine T 2 in der Reichsbahnzeit (RBD Villach, Bw Treibach).

Foto C. Bellingrodt (ca. 1940) / Archiv Verlag Slezak

Gurktalbahn

Der romanische Dom zu Gurk, rechts ein gemischter Zug mit der Lokomotive 199.03.
Foto J. Slezak (22. 7. 1961)

Die ehemalige Steyrtalbahn-Lokomotive 298.104 mit vergrößerten Wasserkästen auf der Gurktalbahn (in Treibach-Althofen). *Foto J. Slezak (24. 7. 1961)*

Die als Museumsbahn wiedererstandene *Gurkthalbahn:* Lokomotive ANNY (Nr. 8, von Böhler) mit den Waggons 6803, 3697, 3601, 3691 und 3618. *Foto W. Fritthum (27. 7. 1975)*

Typische Fracht für unsere Schmalspurbahnen: Holz; Niederbordwagen N 41506 (dreiachsig, Tragfähigkeit 10,5 Tonnen) und Nw 40210 (zweiachsig, Tragfähigkeit 8,4 Tonnen) in Klein Glödnitz. *Foto J. Slezak (22. 7. 1961)*

Kühnsdorf – Eisenkappel
Auch diese Kärntner Schmalspurbahn mußte sich anfangs mit der schwachen Lokomotivtype T begnügen: T 4, Baujahr 1902. *Archiv Österreichisches Eisenbahnmuseum*

Auch Industrie-Atmosphäre gab es auf den Kärntner Schmalspurbahnen: 199.03 und 699.103 im Zellulosewerk Rechberg. *Foto F. Fritz (30. 7. 1968)*

Die Kh der Bundesbahnen während der Reichsbahnzeit: RBD Villach, Bw Kühnsdorf.
Foto C. Bellingrodt (ca. 1940) / Archiv Mr. A. Luft

Dieselbe Lokomotive mit Giesl-Ejektor in Kühnsdorf mit ÖBB-Nummer 499.01.
Foto J. Slezak (31. 3. 1961)

Kühnsdorf – Eisenkappel

Die ehemalige Heeresbahnlokomotive 2817 nach dem Umbau zur Tenderlokomotive 699.101.
Foto Mr. A. Luft (7. 9. 1959)

Auch eine umgebaute Heeresbahnlokomotive (ÖBB 2092.01) mit Rollwagen WW 89422 im Bahnhof Völkermarkt-Kühnsdorf.
Foto J. Slezak (31. 3. 1961)

499.01 kurz vor Eisenkappel, am Zugsende ein Schmalspur-Güterwagen.
Foto Dipl.-Ing. F. Wengersky (31. 3. 1961)

699.101 mit dem gemischten Zug VR 63 unterhalb Eisenkappel; die Größenverhältnisse zwischen den Schmalspur- und dem aufgeschemelten Normalspurwagen sind beachtlich.
Foto Mr. A. Luft (7. 9. 1959)

Höhenbahn Reißeck

Die Endstation der Höhenbahn Reißeck (Spurweite 600 mm) befindet sich im Sporthotel Reißeck, davor ein Zug mit der Lokomotive 1. Rechts sieht man die Staumauer. Das untere Bild zeigt die beiden Lokomotiven (links Nr. 2, rechts Nr. 1 mit den zwei Personenwagen).

Fotos ÖDK-Werkfoto / Raab (1970) und H. Sternhart (1968)

Steyrtalbahn

Lokomotive 5 LETTEN im Ursprungszustand (kleine Wasserkästen, Kohlenbunker nur zwischen Wasserkasten und Führerhaus, Friktionsbremse); diese Type, 1888 konstruiert, war die erste der so bewährten C1-Bauart mit Krauss-Gestell. *Archiv H. Sternhart*

Gepäckwagen D 32 (mit den Initialen St.B. = Steyrtalbahn) und Personenwagen BC 4. *Archiv H. Sternhart*

Steyrtalbahn

Im Bahnhof Klaus in den dreißiger Jahren: Lokomotive 1 (gebaut 1888, kassiert 1937) und Wagen BC 274, an dem man bei den Rädern Teile der Friktionsbremse erkennt. *Archiv L. Cipek*

Steyrtalbahn-Lokomotive 6, in der Reichsbahnzeit mit 99 7835 bezeichnet, noch mit der Leine der Friktionsbremse.

Foto C. Bellingrodt (1940) / Archiv Dipl.-Ing. E. Ribosek

Die Ybbstalbahn-Lokomotive Yv 1 (99 901) in Garsten. *Foto Zell/Griebl (ca. 1948)*

Die deutsche Heeresfeldbahnlokomotive HF 11 816 (später 798.03) ebenfalls in Garsten.
Foto Zell/Griebl (ca. 1948)

Steyrtalbahn

Der Barwagen 3614, in Art der Speisewagen der Internationalen Schlafwagengesellschaft dunkelblau gestrichen und mit Goldbuchstaben beschriftet.

Foto F. Domesle (5. 2. 1972)

Die landschaftliche Szenerie an der Steyrtalbahn ist überaus reizvoll: 298.25 auf der Fahrt entlang dem Stausee nahe der Station Steyrdurchbruch.

Foto P. Wegenstein (24. 3. 1968)

Lambach – Gmunden

Auf dieser ehemaligen Pferdebahn mit der ungewöhnlichen Spurweite von 1106 mm verkehrten ungewöhnliche Lokomotiven. Die 2B-Lokomotive 2 WELS (oben), 1854 gebaut, ist im Aufbau ähnlich der 1C1-Lokomotive 13 MAXLHAID (unten), 1855 gebaut. Rechts der vierachsige Hochbordwagen Ja 266.

Archiv Dipl.-Ing. E. Rihosek und Österr. Eisenbahnmuseum

Lambach – Gmunden

Lokomotive G 2, Baujahr 1883. Die Tafel oberhalb der Lokomotivnummer trägt die Aufschrift 'K.k. Direktion für Staats-Eisenbahnbetrieb in Wien', wie (1882–1884) die Vorläufer-Organisation der kkStB hieß. *Archiv Pawlik*

Lokomotive G 1, ebenfalls Baujahr 1883, kurz vor Umstellung der Bahn auf Normalspur (1903). *Archiv Österreichisches Eisenbahnmuseum*

Verbund-Lokomotive Gv 1, Baujahr 1895, 1903 auf Normalspur (189.01) umgebaut.
Archiv Österreichisches Eisenbahnmuseum

Personenwagen B 9, B 7 und C 15 kurz vor Umstellung der Bahnlinie auf Normalspur (1903).
Archiv Österreichisches Eisenbahnmuseum

Lambach – Gmunden

Den Rollbockverkehr nahm diese Bahn bereits 1893 auf, das Foto stammt aus dem Jahre 1903.

Kohlenwagen K 330 und Kastenwagen G150 mit einfachen Kettenkupplungen und Handbremsen in der letzten Betriebszeit (1903).
Alle Fotos Archiv Österr. Eisenbm.

Gmunden – Vorchdorf

Triebwagen 1 mit Lyrabügel (1912). *Archiv Stern & Hafferl*

Beiwagen 1a. *Werkfoto AEG (1912)*

Gmunden – Vorchdorf

Bahnhof Vorchdorf: Jn 4 und Jn 3.
Bildarchiv der Österr. Nationalbibliothek

Triebwagen 23 103 auf dem dreischienigen Streckenabschnitt oberhalb Gmunden (24 Promille). *Foto H. Sternhart (1961)*

Vöcklamarkt—Attersee

Triebwagen 20 108 (ehemals Rheinische Bahngesellschaft, Düsseldorf) in Vorchdorf.
Foto P. Schmied (18. 7. 1967)

20 221 (ehemals EB 196.02 der DB, Strecke Ravensburg—Baienfurt) in Vorchdorf.
Foto P. Schmied (31. 3. 1970)

Vöcklamarkt–Attersee
Im Bahnhof Vorchdorf: 23 102 + 23 202 + 23 201. *Foto P. Schmied (23. 8. 1966)*

Triebwagen 23 101 in Vorchdorf. *Foto Zell/Griebl*

Vöcklamarkt – Attersee

Attersee Landungsplatz im Jahre 1913: Triebwagen 2 mit den Beiwagen 1 und 2 (alle Wagen noch mit Signalscheiben auf dem Dach). *Archiv Stern & Hafferl*

Der Güter-Motorwagen bei St. Georgen im Attergau. *Archiv Stern & Hafferl*

Vöcklamarkt – Attersee
Linke Seite: Triebwagen 26 103 (Foto Schmidt / Jocham, 2. 7. 1956) und 20 101 (ex POHEV, später 20 104; Foto Zell / Griebl)

Rechte Seite: Triebwagen 26 105 (ehemals Rheinische Bahngesellschaft Nr. 109) in Walsberg (Foto H. Sternhart, 8. 6. 1974), Hochbordwagen 26 405 (Umbau aus einem Personen-Triebwagen der Albtalbahn; Foto P. Schmied, 13. 8. 1967) und Kastenwagen 20 304 (gekauft von der Waldbahn Ruhpolding – Reit im Winkel, Plattform von Stern & Hafferl umgebaut; Foto P. Schmied, 13. 8. 1967).

Bildtexte auf Seite 176

Vöcklamarkt – Attersee

Der ehemalige Wagen Nr. 9 der Waldbahn Ruhpolding – Reit im Winkel als Personenwagen 26 203.
Foto Mr. A. Luft (10. 9. 1961)

Das Trajektschiff überstellt Güterwagen. *Foto R. Altmann*

Die SKGLB-Lokomotive 20 entsprach der kkStB-Reihe Cv, Baujahr 1908. Das Bild zeigt die Cv 1, JANOSZ, die zusammen mit der Cv 2 für die Bukowinaer Lokalbahnen bestimmt war und dort auch blieb. *Archiv Österreichisches Eisenbahnmuseum*

SKGLB-Lokomotive 4 in St. Lorenz beim Wassernehmen, daneben der Triebwagen TCa 672. *Foto Dipl.-Ing. H. Nave (1. 9. 1954)*

Salzkammergut-Lokalbahn
Lokomotive 3 (Kessel bereits mit kurzer Rauchkammer) in Itzling.
Foto Mr. A. Luft (30. 7. 1957)

C 559, ein Wagen der altösterreichischen Einheitsbauart.
Foto E. Konrad (1939)

Postwagen F 952 im Bahnhof Bad Ischl.
Foto Mr. A. Luft (29. 8. 1956)

Salzkammergut-Lokalbahn
SKGLB-Zug zwischen Pfandl und Weissenbach um 1900. *Archiv Österreichisches Eisenbahnmuseum*

Lokomotive 7 mit 3.-Klasse-Wagen No. 23 in St. Gilgen (ca. 1895).
Archiv Deutsche Gesellschaft für Eisenbahngeschichte

ST. GILGEN.

Salzkammergut-Lokalbahn

Oben: Die Lokomotive 8, aufgenommen um 1910, die im Ersten Weltkrieg nach Bosnien kam und dort blieb *(Archiv Dr. H. Pötschner). Links oben:* Lokomotive 9 mit Personenzug im Bahnhof Bad Ischl *(Foto Dipl.-Ing. R. Desbalmes, ca. 1935). Links unten:* Austro-Daimler-Triebwagen der SKGLB *(Foto F. Gastberger, 15. 7. 1933 / Archiv K. Meindl). Unten:* Triebwagen TBCa 454 in Bad Ischl *(Foto Dipl.-Ing. R. Desbalmes, ca. 1934).*

Salzkammergut-Lokalbahn

Lokomotive 2 in St. Lorenz, vor dem Zug nach Mondsee. *Foto F. Kraus (1948)*

'Bahnknotenpunkt' St. Lorenz: Lokomotive 22 mit einem Zug nach Bad Ischl, Triebwagen TCa 672 (St. Lorenz – Mondsee). *Foto H. Herrmann (30. 8. 1957)*

Güterzug bei St. Gilgen: Lokomotive 20, Gepäckwagen D 755 und Güterwagen Gwd 1303 und Gwa 1111. *Foto Mr. A. Luft (30. 9. 1957)*

Personenzug 6520 mit Lokomotive 10 bei Enzersberg. *Foto Mr. A. Luft (29. 7. 1957)*

Salzkammergut-Lokalbahn

Lokomotive 22 mit Zug 6524 in Aich. *Foto Mr. A. Luft (28. 7. 1957)*

Lokomotive 4 (lange Rauchkammer!). *Foto Ing. K. Kreibich*

Die ehemalige SKGLB-Lokomotive 5, die im Ersten Weltkrieg nach Bosnien kam, als Werkslokomotive in Novi Travnik. *Foto Mr. A. Luft (9. 9. 1967)*

SKGLB-Lokomotive 12 (angebauter Kohlenbunker) bei Lueg am Wolfgangsee; im Zug (6517) zwei der Vierachser von 1928. *Foto Mr. A. Luft (28. 7. 1957)*

Salzkammergut-Lokalbahn
Triebwagen TCa 672 (1928 aus dem Salonwagen S 51 entstanden) in St. Lorenz.
Foto E. Schörner (ca. 1943)
Lokomotive 7 im Salzburger Lokalbahnhof. *Foto Dr. O. Seidelmann (September 1957)*

Lokomotive 30, 1940 von Orenstein & Koppel gebaut, in Itzling. *Foto Schmidt/Jocham (1956)*

Putzfrauen schieben den Gepäckwagen D 765 auf die Schiebebühne der Werkstätte Itzling. Links die Lokomotive 22. *Foto J. Slezak (18. 7. 1956)*

Salzkammergut-Lokalbahn
Lokomotive 20 auf der Traunbrücke südlich Bad Ischl. *Foto H. Navé (30. 9. 1954)*
Der Maffei-Fünfkuppler der SKGLB, Baujahr 1920, in Itzling. *Foto Zell/Griebl (ca. 1937)*

Abfahrbereiter Zug im Salzburger Lokalbahnhof.
Foto Ing. K. Kreibich (ca. 1955)

Die traurigen Überreste der SKGLB in Itzling. *Foto O. Bamer (25. 5. 1958)*

Pinzgauer Lokalbahn

Lokomotive ZELL AM SEE, später Z 2, Baujahr 1898, im Ursprungszustand.
Archiv Österreichisches Eisenbahnmuseum

Lokomotive KRIMML (Z 3) im Bahnhof Zell am See. *Foto Khoss (ca. 1920) / Archiv Zell/Griebl*

Komarek-Dampftriebwagen, Baujahr 1903, für die Lokalbahn Triest–Parenzo, den die kkStB 1906 auf die Pinzgauer Lokalbahn überstellten. *Archiv Zell/Griebl*

Uh 04 in Krimml. *Foto J. Stögermayr (27. 7. 1929)*

Pinzgauer Lokalbahn

Die Lokomotive 1" der Kreis Kreuznacher Kleinbahnen, 1920 von Krauss-München gebaut, kam als Heeresfeldbahnlokomotive während des Zweiten Weltkriegs auf die Pinzgauer Lokalbahn: im Bahnhof Zell am See (mit der Aufschrift US-ZONE ÖSTERREICH, 11 200) zur Abfahrt bereit.

Foto K. Meindl (ca. 1948)

Dieselbe Lokomotive mit der ÖBB-Nummer 998.01 nahe der Station Rosenthal. Der Wagen 3060 ist der erste der Lieferung von 1940 (von Anfang an mit Drehgestellen). *Foto H. Nave (1962)*

2095.02 in Krimml mit den typischen Vierachsern der Lieferungen von 1937 und 1940.
Foto J. Slezak (7. 7. 1961)

Wagen CDa 751: 1937 versuchten die BBÖ bei dieser Bauart ein Laufwerk wie bei der Diesellokomotive 2041: die beiden mittleren Achsen sind fest gelagert, die beiden äußeren in Bisselgestellen radial einstellbar. *Foto H. Maey (1940) / Archiv Dipl.-Ing. E. Ribosek*

Pinzgauer Lokalbahn
Die ehemalige Heeresfeldbahn-Diesellokomotive 2092.01, Baujahr 1944, in umgebauter Form.
Foto F. Domesle (7. 7. 1971)

Die Firma Plasser & Theurer entwickelte von ihrer bewährten Gleisstopfmaschine Plassermatic auch eine Variante für Schmalspurbahnen. Hier arbeitet sie auf der Strecke Zell am See – Krimml.
Foto Plasser & Theurer (20. 7. 1969)

Übergang vom Vier- zum Dreischienengleis in Zell am See.
Foto H. Fröhlich (3. 5. 1956)

Zillartalbahn

Aus der Anfangszeit: oben ein gemischter Zug (Lokomotive 2 ZILLERTHAL, dahinter die Güterwagen G 61 und G 67), unten eine Bahnsteigszene (23. 9. 1904) aus Mayrhofen.

Foto F. Gratl (oben) / Archiv Österreichisches Eisenbahnmuseum und Zillertalbahn

Zillertalbahn
Zug 26 bei Schlitters: Lokomotive 1, Gwk 101 und P 50. *Foto W. Tausche (April 1964)*

Personenzug in Rotholz mit Lokomotive 2; der letzte Wagen ist der BC 6.
Foto F. Gratl (um 1905) / Archiv Österreichisches Eisenbahnmuseum

Lokomotive 4 GERLOS, Baujahr 1905, im Ursprungszustand (Füllofenfeuerung für Ein-Mann-Betrieb).
Werkfoto / Archiv Verlag Slezak

Dieselbe Lokomotive im Bahnhof Jenbach um 1947. *Foto Zell/Griebl*

Zillertalbahn
Auf Rollwagen sind Großtransporte kein Problem: Zementwagen bei Straß.
Foto Dipl.-Ing. O. Janusz (24. 3. 1968)

Rechte Seite: Die Verbund-Lokomotive Nr. 3 (oben), sowie der Triebwagen VT 3 (mit Ganzstahl-Vierachsern, Baujahr 1929) nach dem Umbau 1953 und in der Ursprungsform (unten).
Foto Zell/Griebl, Verlag Slezak und Österreichisches Eisenbahnmuseum

Dieser lange Zug der Zillertalbahn veranschaulicht deren dreifache Aufgabe: nach der Lokomotive Nr. 5 drei Aussichtswagen für Feriengäste, gefolgt von Personenwagen des Alltagsverkehrs und am Schluß Spezialwaggons für den Magnesittransport. *Foto Fröhlich/Griebl (24. 8. 1960)*

3

Z.B.
2

Zillertalbahn

Heißdampflokomotive 5, Baujahr 1930 (Reihe Uh), mit Caprotti-Steuerung.
Archiv Österreichisches Eisenbahnmuseum

Sechsachsiger Rollwagen WW 303, gekauft von der Hümmlinger Kreisbahn (Werlte – Lathen).
Foto H. Sternhart (1967)

Die Heeresfeldbahnlokomotive 4" (ehemals SKGLB 22) ohne Schlepptender (oben) und mit Schlepptender (unten) in Fügen-Hart.
Fotos O. Bamer (September 1958) und Fröblich/Griebl (27. 8. 1960)

B4ip 30, einer der Ganzstahlwagen von 1929, in Jenbach.
Foto Mr. A. Luft (1958)

Zillertalbahn
Der dreiteilige Triebwagenzug VT1 ehemals DB ET 195 01/02, bzw. Rotterdamsche Tramweg Maatschappij: zwischen den beiden Steuerwagen der Generatorwagen.
Foto F. Troger (1970)

Diesellokomotive D6, 1943 für die Heeresfeldbahn gebaut, seit 1956 bei ZB, 1971 an StmLB verkauft. *Foto H. Sternhart*

Rechte Seite:
Diesellokomotive D 10 *(Foto H. Sternhart),* Motor-Fahrrad *(Juli 1910, Archiv ZB),* Selbstfahrer-Lokomotive 6 (ehemals Böhler, *Foto F. Troger, 1972)* und vierachsige Steifrahmenlokomotive D 9 von Orenstein & Koppel *(Foto H. Sternhart).*

Diesellokomotive D7, Baujahr 1940; 1961 von der Lammingtaler Schleppbahn gekauft.
Foto K. Kraus (1964)

D 10
D10

ZILLERTALBAHN

Zillertalbahn

Achtfenstriger Wagen Bi 20, Baujahr 1914, mit Lattenverschalung.
Foto F. Kraus (1964)

Achtfenstriger Wagen ABi 3 – die Zillertalbahn hat die 1. Klasse beibehalten – aus dem Jahre 1901, mit der späteren Blechverschalung.
Foto F. Kraus (1964)

1B-Lokomotive 4 und 1C-Lokomotive 2 zwischen Jenbach und Rotholz.
Foto Fröhlich/Griebl (30. 5. 1956)

Innsbruck — Hall

Zug der Lokalbahn in der Falkstraße um 1900. *Archiv W. Kreutz*

Endstation in Hall um 1900. *Archiv Dr. H. Pötschner*

Innsbruck – Hall
Lokomotive Nr. 2, 1890 gebaut.
Archiv Österreichisches Eisenbahnmuseum
Lokalbahnzug in der Maria-Theresien-Straße, etwa 1902.
Foto F. Gratl / Archiv Verlag Selzak

Mittelgebirgsbahn
C1-Lokomotive mit Stütztender System Engerth, 1900 unter Gölsdorfs Mitwirken gebaut.
Archiv Österreichisches Eisenbahnmuseum

Lokomotive 1 mit einem Personenzug in der Endstation Igls.
Foto Müller / Archiv H. Sternhart

Mittelgebirgsbahn
Endstation Igls; typisch die 'Rußvorhänge' dieser Lokalbahn. *Archiv H. Sternhart*
Reger Ausflugsverkehr in der Endstation Igls. *Archiv Dr. H. Pötschner*

Innsbrucker Verkehrsbetriebe
Hall: Elektrischer Triebwagen (noch mit zwei Lyrabügeln) der Lokalbahn Innsbruck – Hall; links ihr erster Autobus (Gräf & Stift A11). *Foto K. Meindl (ca. 1935)*

Der Haller Triebwagen 3 auf der Mittelgebirgsbahn. *Foto Mr. A. Luft (2. 9. 1958)*

Stubaitalbahn

Eröffnungszug im Bahnhof Fulpmes am 1. August 1904. *Archiv Anselm/Kreutz*

Aus der Anfangszeit: der Güterverkehr war damals für die Kleineisenindustrie im Stubaital lebensrettend. *Archiv Anselm/Kreutz*

Triebwagen 4, dahinter Beiwagen 13, bei Reisachhof, 1904. *AEG-Werkfoto*

Triebwagen 2 mit Beiwagen 11 und drei Güterwagen bei Telfes, ca. 1935. *Archiv Verlag Slezak*

Stubaitalbahn
1918 im Bahnhof Fulpmes: Dampflokomotive 3 der Mittelgebirgsbahn hilft aus.
Archiv Anselm/Kreutz

Bei Mutters. *Foto Mr. A. Luft (September 1958)*

Stubaitalwagen mit modernem Kastenaufbau.
Foto H. Sternhart

Güterwagen 25 im Stubaitalbahnhof. *Foto J. Slezak (10. 7. 1961)*

Postwagen 36 der Stubaitalbahn; der Briefeinwurf ist in der Stirnwand.
Foto J. Slezak (10. 7. 1961)

Bregenzerwaldbahn

Lokomotive U 6 in Bregenz: der Gepäckwagen DF 103 ist einer von den beiden, die zusammen mit 4 Personenwagen im Jahre 1903 von der Lambach–Gmundner Bahn zur Bregenzerwaldbahn (umgespurt von 1106 auf 760 mm) kamen; man bemerkt den großen Zwischenraum zwischen Achslager und Rad. *Foto E. Schörner (1935)*

Festzug '25 Jahre Waldbahn' (U 27 und U 24) auf dem Vierschienengleis im Bahnhof Bregenz-Vorkloster. *Archiv N. Toldo*

Lokomotive U 25 im Ursprungszustand. *Archiv Österreichisches Eisenbahnmuseum*

U 27 in Bregenz, rechts ein Normalspurzug. *Foto A. Tauser (ca. 1938)*

Bregenzerwaldbahn
Bh 1 auf dem Egger Viadukt. *Archiv N. Toldo*

Der Egger Viadukt heute: Zug mit der Diesellokomotive 2095.04. *Foto J. Slezak (20. 7. 1961)*

U 36 in Bregenz (etwa 1910). *Archiv Zell/Griebl und N. Toldo*

Bregenzerwaldbahn
Lokomotive Uh 02. *Archiv N. Toldo*

Entgleisung infolge Felssturzes zwischen Egg und Lingenau am 15. 4. 1912. *Archiv N. Toldo*

Ein Felssturz im Engtal der Bregenzer Ache bei Langen-Buch ließ am 21. 12. 1921 die Lokomotive U 24 entgleisen. *Foto Felder / Archiv N. Toldo*

Bregenzerwaldbahn

Am 21. November 1926 warf ein Föhnsturm im km 24,9 (bei Unterbach) einen ganzen Zug um, nur die Lokomotive blieb auf den Schienen stehen. *Archiv Verlag Slezak*

Dampf-Sonderzug mit der Zillertalbahn-Lokomotive 4" (jetzt Eurovapor) und dem vierachsigen Barwagen in der Station Lingenau – Hittisau.
Foto P. Wegenstein (13. 10. 1974)

Vierachsiger Personenwagen 715, ehemals deutsche Heeresfeldbahn, in Bregenz-Vorkloster.
Foto Schmidt/Jocham

Hochbordwagen OO 75852, Baujahr 1943, in Doren-Sulzberg.
Foto J. Slezak (20. 7. 1961)

Zwei ehemalige Steyrtalbahnwagen laufen heute – praktisch im Originalzustand – in Sonderzügen auf der Werksbahn der Internationalen Rheinregulierung, Bauleitung Bregenz: ÖBB 4770 (Graz 1891, ehemals Salonwagen) und ÖBB 4794 (Graz 1889, ehemals 4764). *Foto W. Kreutz (Juni 1975)*

Die 1,5 km lange Kleinbahn der Gemeinde Neusiedl am See hat den Bahnhof der Nuesiedlerseebahn mit dem Strand verbunden und stand jeweils nur von Mai bis September in Betrieb. Sie galt aber nicht als Lokal-, sondern als Straßenbahn. Spurweite 600 mm, eröffnet am 28. 7. 1928, stillgelegt im Herbst 1939. Der Fahrpark bestand aus einer Benzinlokomotive, 10 Personen-, zwei Kipp- und einem Arbeitswagen. *Foto F. Mörtl / Archiv Verlag Slezak*

Archiv Zillertalbahn

Fortsetzung von Seite 80:

Güterwagen

Auch die ersten 760 mm-Güterwagen sind einheitlich konstruiert. Der Kasten gedeckter Wagen erstreckt sich über die gesamte Länge (ohne Plattformen), oder ist um eine bzw. doppelte Plattformlänge (etwa 50 cm, bzw. 1 m) verkürzt. Ähnlich sind die offenen Wagen dieser Periode konstruiert. Geschlossene Bremserhütten hat es damals noch nicht gegeben.

Die zweite Bauperiode ist auch hinsichtlich der Güterwagen durch einheitliche Kastenlänge charakterisiert. Bremsplattformen wurden darangesetzt. Das Laufwerk ist höher. Später beschafften die Schmalspurbahnen dreiachsige Wagen mit höherer Tragfähigkeit (10 t) und ließen in Zweiachsern eine Mittelachse einbauen.

Bereits 1893 lief in Österreich ein vierachsiger Schmalspur-Güterwagen (Kapfenberg–Au), dem 1898 zwei und 1910 noch einer folgten. Die NÖLB (1898–1904) und die Lokalbahn Kühnsdorf–Eisenkappel (1902) haben insgesamt 17 gedeckte Vierachser in Betrieb genommen. Offene Vierachser liefen erstmals (1904) auf der Strecke Kühnsdorf–Eisenkappel (3), 1908 auf den NÖLB (10), den StmLB (5), der Bregenzerwald- (2) und der Zillertalbahn (3).

Die Grazer Waggonfabrik, die den größten Teil der österreichischen Schmalspurwagen baute, vollbrachte im Ersten Weltkrieg eine beachtenswerte Leistung: 1916 bis 1918 hat sie 250 gedeckte (711 201 bis 711 450) und 210 offene Güterwagen (761 001 bis 761 210) an die k.u.k. Heeresbahn geliefert. In Österreich blieben allerdings nur acht offene Wagen (761 160 bis 164 und 168 bis 170), die 1917 auf die Pinzgauer Lokalbahn kamen.

Die DRB hat 1942/43 von 125 neuen Vierachsern (45 gedeckte, 80 offene) mit 20 Tonnen Ladegewicht der Mariazellerbahn 40, der Pinzgauer Lokalbahn 45, der Steyrtalbahn 25 und der Ybbstalbahn 15 zugeteilt. Diese Type baute die DRB ursprünglich für das sächsische Schmalspurnetz (750 mm), daher sind die Wagen entsprechend dem dortigen Lichtraumprofil schmäler als sie für österreichische Strecken sein könnten. 1944 kamen noch 13 neue dreiachsige O-Wagen mit 15 Tonnen Ladegewicht auf die Pinzgauer Lokal- und die Ybbstalbahn. Diese Erneuerung des Güterwagenparks erübrigte Neubauten der ÖBB.

Pinzgauer Lokalbahn Jyyt 500 = ÖBB WW 89600

Dagegen beschafften die schmalspurigen Privatbahnen einige beachtenswerte Wagentypen. Die StmLB nahmen auf der Murtalbahn zehn moderne Vierachser (sechs Kastenwagen mit breiten Türen und vier Hochbordwagen) sowie zwei- und dreiachsige Zementwagen und vierachsige Kesselwagen und auf der Linie Kapfenberg–Seebach-Thurnau zwei vierachsige Rungenwagen (Länge über Puffer 13.3 m) in Betrieb. Zeitgemäße Bauform haben auch die Umbauwagen (gedeckte Wagen sowie Hochbord- und Plattformwagen). Die Lokalbahn Mixnitz–St. Erhard erhielt moderne Magnesitwagen. Eine technische Spitzenleistung stellt der zwölfachsige Tiefladewagen auf der Zillertalbahn dar, den die Simmering-Graz-Pauker-Werke 1967 für die Tauernkraftwerke AG gebaut hatten. Mit Rücksicht auf die zulässige Achslast kann der Wagen bei 25 t Eigenmasse 70 t Lademasse aufnehmen. Er besitzt an jedem Ende drei zweiachsige Drehgestelle, die durch eine kleine und eine große Zwischenbrücke verbunden sind. Die automatische Vakuumbremse Bauart Hardy wirkt nur auf das äußere und das mittlere Drehgestell. Die Drehgestelle der Diamond-Bauart ruhen auf fest verschraubten Rollenachslagern und können Gleisbogen von 100 m Halbmesser durchfahren. Die Tiefladebrücke besteht aus vier nebeneinanderliegenden geschweißten I-Trägern. Sie sind, wie die übrigen tragenden Teile des Wagens, aus Stahl 37 hergestellt. Bei der Fahrt des beladenen Wagens durch einen überhöhten Gleisbogen ist es mittels der in den Kopfstücken der Tiefladebrücke eingebauten, von Hand zu betätigenden Stützspindeln möglich, die Schwerpunktlage der Brücke so zu korrigieren, daß die Tragfedern in den Drehgestellen gleichmäßig belastet bleiben. Auf diese Weise kann auch eine exzentrische Schwerpunktlage der Last ausgeglichen werden. Die beiden Stützspindeln eines Brückenendes werden über ein gemeinsames Getriebe angetrieben, wobei sich die Spindeln gegenläufig bewegen, so daß sich eine Spindel senkt, wenn sich die andere hebt. Darüber hinaus gestatten im Drehgestellrahmen angeordnete Stützspindeln das Ausschalten der Federung des Wagens.

Rollfahrzeuge

Neben den üblichen Güterwagentypen finden wir auf Schmalspurbahnen Rollfahrzeuge (Rollschemel) zweierlei Bauart (Rollböcke und Rollwagen) zum Transport von Normalspurwagen.

Rollböcke sind kleine Drehschemel, die je eine Achse des Normalspurwagens tragen und mittels abklappbarer Gabeln fixieren. Die Zugkraft überträgt eine starre Zugstange, bzw. der Normalspurwagen. In der Aufbockanlage liegt das Schmalspurgleis zwischen dem Normalspurgleis etwas abgesenkt. Im Vollspurgleis ist ein geneigtes Stück eingeschaltet, an dem sich die Vollspurachsen auf die Rollböcke aufsetzen. Rollböcke haben zwei Nachteile: sie sind nicht durchgehend gebremst (daher Geschwindigkeitsbeschränkung) und reichen in das Profil der Normalspurwagen, so daß deren Bremsgestänge vor dem Aufbocken zum Teil abmontiert werden muß. Daher gingen in der Regel ungebremste Normalspurwagen auf Schmalspurstrekken über. Mit Zunahme der Zahl der gebremsten Wagen wurde dieser Zustand unerträglich. Es wurden deshalb bei allen Rollböcken die Gabeln nahe an die Vollspurräder herangerückt, das Festzurren unterblieb. Auf Roll*böcken* können bloß zweiachsige Wagen befördert werden, Roll*wagen* sind dagegen richtige Vier- oder Sechsachser, auf denen ein Gleis für das Normalspurfahrzeug liegt. Gefedert und durchgehend gebremst, gestatten Rollwagen (in der Schweiz Rollschemel genannt) Höchstgeschwindigkeiten bis 50 km/h. Im Spurwechselbahnhof laufen die Normalspurwagen über eine erhöhte Rampe stirnseitig auf die Rollwagen. Bei der Fahrt sind die Rollwagen untereinander und mit den anschließenden Schmalspurwagen durch Steifkupplungen verbunden, die aus einem Rohr bestehen, das zugleich als Vakuumleitung dient. Diese rationelle Transportart, die ein Umladen erübrigt, hat in letzter Zeit sehr zugenommen: in den Jahren 1950 bis 1968 stellten die ÖBB weitere 51 und die Zillertalbahn 7 Rollwagen in Dienst. Rollwagen ermöglichen, paarweise gruppiert, sogar die Übernahme vier- oder sechsachsiger Normalspurwagen (bis zu 80 Tonnen Gesamtgewicht) und sind damit Straßenrollern überlegen.

In Österreich verkehrten die ersten Rollböcke 1892 auf der Strecke Preding-Wieselsdorf–Stainz (zugleich auch Pöltschach–Gonobitz), 1893 folgte die Lambach–Gmundner Bahn (1106 mm Spurweite), 1900 die Waldviertelbahn (dort seit 1943 auch, seit 1964 ausschließlich Rollwagen) und 1909 die Mariazellerbahn. St. Pölten–Loich und Obergrafendorf–Gresten sind heute die einzigen Bundesbahnstrecken mit Roll*bock*betrieb; dort läßt die geringe Fahrdrahthöhe mit gedeckten Güterwagen beladene Rollwagen nicht zu.

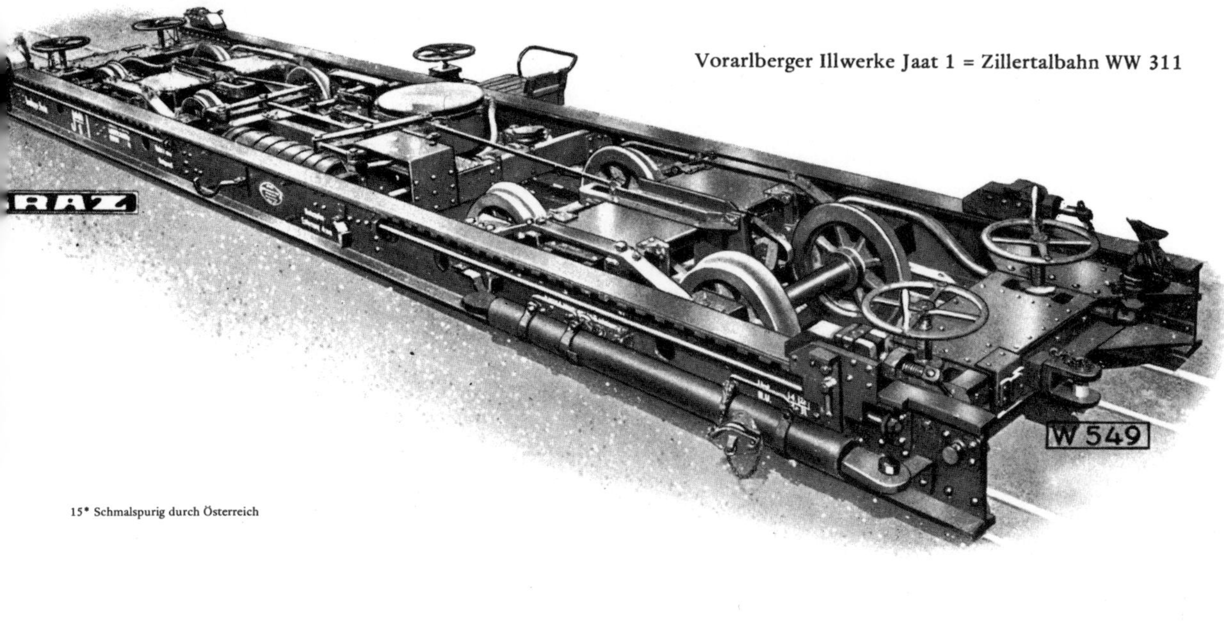

Vorarlberger Illwerke Jaat 1 = Zillertalbahn WW 311

Den ersten Rollwagen Österreichs nahm 1914 Stern & Hafferl auf Meterspur in Gmunden vom Bahnhof der normalspurigen Salzkammergutlinie zur Werkstätte der Gmundener Straßenbahn in Betrieb; er diente dem Überstellen normalspuriger elektrischer Triebfahrzeuge von Eferding. Die ersten Rollwagen für 760 mm liefen 1921 auf der Werksbahn Schwanberg–Kalkgrub der Kohlenwerk-Gesellschaft m. b. H. Von 1924 an bediente sich die Lokalbahn Kühnsdorf–Eisenkappel des Rollwagenbetriebs, der 1926 die Pinzgauer Lokalbahn und 1928 die beschränkt-öffentliche Bahn Tschagguns–Parthenen (Vorarlberger Illwerke) folgten. 1961 nahm auch die Zillertalbahn Rollwagen in Betrieb.

Im Spurwechselbahnhof Kapfenberg Landesbahn bestand ein ungewöhnlicher Behelf. Auf dem Vierschienengleis zwischen dem Süd- und dem Landesbahnhof zog eine Schmalspurlokomotive die Normalspurwagen mittels des schmalspurigen Einschaltwagens Nr. 507 (1893 gebaut), der 1000-mm-Räder und doppelte Zug- und Stoßvorrichtung in Schmal- und Normalspurform hatte. Eine Steifkupplung an der Lokomotive ersetzte später diesen Wagen.

Numerierung der Schmalspurfahrzeuge

Fast alle Schmalspurbahnen waren zunächst Privatbahnen; nur die Betriebsführung oblag meist größeren Bahnverwaltungen (kkStB/BBÖ, NÖLB, StmLB). Bahnanlagen und Fahrzeuge waren nicht Eigentum der betriebsführenden Verwaltung.

Die Triebfahrzeuge jener Schmalspurbahnen, deren Betrieb die kkStB/BBÖ bzw. NÖLB führten, waren – von wenigen Ausnahmen abgesehen – in deren Nummernschema (NÖLB erst ab 1906) aufgenommen. Die StmLB haben fast allen Triebfahrzeugen, die sie alt gekauft oder von den Lokalbahnen übernommen haben, die früheren Nummern belassen. 1939 hat die DRB und 1953 die ÖBB die Triebfahrzeuge umnumeriert.

Ursprünglich hatten alle Bahnen (auch im Betrieb der kkStB oder der NÖLB) die Wagen mit 1 beginnend fortlaufend numeriert. Nur die kkStB wählte Unterteilungen. Personenwagen begannen mit 1, Dienstwagen mit 101 und Güterwagen mit 201. Es gab also z. B. einen Personenwagen Nr. 1 auf der Bregenzerwald-, Ybbstal-, Gurktalbahn usw. 1928 haben die BBÖ alle ihr unterstehenden Schmalspurwagen in ein neues Nummernschema eingereiht, in dem jede Nummer nur einmal vorkommt. Kurz danach haben auch die Murtalbahn, die SKGLB und die Zillertalbahn neue Nummernschemata eingeführt. In der DRB-Zeit verwalteten die Reichsbahndirektionen (RBD) den Lokalbahn-Fahrpark weitgehend selbst. So kommt es auch, daß die Schmalspurwagen der RBD Augsburg (Bregenzerwaldbahn) und der RBD Wien ihre BBÖ-Nummern behielten, während die Direktionen Linz und Villach die Wagen umnumerierten. 1953 haben die ÖBB für die Personen- und Dienstwagen, 1954 für die Güterwagen das neue Nummernschema eingeführt.

In den Listen ist jeweils angegeben, für welche Strecken die Wagen geliefert wurden; heute befinden sie sich zum Teil auf anderen.

Fahrzeuge Spurweite 1000 mm

Die 1883–1885 eröffnete 4,5 km lange Linie Mödling–Hinterbrühl war nicht nur die erste öffnetliche elektrische Bahn Österreichs, sondern auch die erste Strecke mit einer Spurweite von 1000 mm. Sie besaß insgesamt 8 Trieb- und 7 Beiwagen. Zu- und Ableitung des Gleichstromes (500 V) besorgte eine doppelpolige Fahrleitung, die Schienen führten keinen Strom. In jedem Schlitzrohr der Fahrleitung glitt ein Stromabnehmer. 1884 erbaute Floridsdorf eine Bn2t-Dampflokomotive als Reserve. Nachdem sich die elektrischen Einrichtungen bald als betriebssicher erwiesen, wurde die Dampflokomotive von 1887 an vermietet und 1896 an eine Waldbahn in Slawonien (Korenicani) verkauft. 1903 wurde die Bahn modernisiert; zehn neue Straßenbahntriebwagen mit Schleifbügel übernahmen den Betrieb, und die alten Triebwagen wurden zu Beiwagen umgestaltet. Am 1. 4. 1932 wurde diese historische Bahnlinie stillgelegt.

Die am 1. 6. 1891 eröffnete Lokalbahn Innsbruck—Hall in Tirol (12,2 km) verwendete zunächst sechs Bt-Lokomotiven, denen 1900 zwei einer verstärkten Bauart folgten. Die kleinen, vierfenstrigen Personenwagen (12 Sitzplätze + 4 Plattformsitze) verkehrten bis zur Stilllegung (1974), teilweise jedoch mit geänderter Fensterteilung (2 Fenster), zusammen mit den am 7. 1. 1910 in Betrieb genommenen großen vierachsigen, elektrischen Triebwagen.

Noch vor der Elektrifizierung der Haller Strecke hat die Lokalbahn Innsbruck—Hall in Tirol am 15. 7. 1905 die erste Straßenbahnlinie in Innsbruck eröffnet, der weitere folgten. Am 8. 3. 1941 änderte sie ihren Firmennamen auf Innsbrucker Verkehrsbetriebe A.G.

Auf der am 26. 6. 1900 eröffneten Innsbrucker Mittelgebirgsbahn (Innsbruck—Igls 8,5 km) liefen drei kräftige C1n2vt-Dampflokomotiven mit Personenwagen der gleichen vierfenstrigen Bauart wie Innsbruck—Hall; diese Wagen stehen heute noch auf der Linie 6 zusammen mit den ab 28. 6. 1936 eingesetzten vierachsigen, elektrischen Triebwagen der Lokalbahn Innsbruck—Hall in Tirol in Betrieb.

Die 1904 eröffnete Stubaitalbahn beschaffte große, vierachsige Triebwagen, die in fast unveränderter Form heute noch in Betrieb sind, und gleichartige zweiachsige Anhänger. Die 1953 von der Schweiz (rechtsufrige Thunerseebahn) für die Linie Innsbruck—Hall in Tirol gekauften zweiachsigen Beiwagen 161 und 162 durften nicht auf der Haller Strecke verkehren und fuhren auf der Stubaitalbahn.

1908 beschafften auch die kkStB für die elektrische Lokalbahn Trient—Male vierachsige Triebwagen von ähnlicher Bauart wie Innsbruck—Hall, jedoch mit Gepäckabteil in der Wagenmitte. 1910 folgten zwei vierachsige Gütertriebwagen. Als Anhänger dienten zweiachsige Personenwagen in der Art der Triebwagen, jedoch mit vier großen und einem kleinen Fenster.

Die zwei zweiachsigen Triebwagen der elektrischen Lokalbahn Gmunden—Vorchdorf (1912 geliefert) hatten nicht nur auf den Plattformen, sondern auch in der Wagenmitte eine Tür. Zwei ähnliche Triebwagen der Lokalbahn Vöcklamarkt—Attersee (1913) hatten keinen Mitteleinstieg. In demselben Jahr erhielt die Lokalbahn (Straßenbahn) Ebelsberg—St. Florian (900 mm Spurweite) drei Triebwagen dieser Type. Die Anhänger, die 1912 für die drei genannten Lokalbahnen angefertigt wurden, gleichen sich vollkommen (4 Fenster, 32 Sitzplätze, offene Plattformen). Die Vorchdorfer Triebwagen sind heute alle umgebaut. Die drei 1919 in Deutschland (Albtalbahn?) gekauften Personenwagen wurden bald in offene Güterwagen, der Gütertriebwagen der Lokalbahn Vöcklamarkt—Attersee wurde 1930 als Personentriebwagen (26.103) umgebaut. Im Zweiten Weltkrieg war die notwendige Erneuerung des Fahrparks unmöglich und deshalb ergänzten einige gebrauchte Fahrzeuge den Bestand; zwei davon sind besonders erwähnenswert: der Personenwagen 26.203, 1893 von van der Zypen & Charlier (Fabriksnummer 45763) in (Köln-)Deutz erbaut und 1940 von der Waldbahn Ruhpolding—Reit im Winkel gekauft, und der Triebwagen 20.104, 1914 für die POHEV (= Pozsony Orszaghatarszeli Helyerdekü Villamos Vasut, Preßburg) erbaut und 1941 von Preßburg gekauft (ein zweiter kam zur Gmundner Straßenbahn), der von Normalspur auf 1000 mm umgebaut wurde.

Im Jahre 1962 kaufte die Firma Stern & Hafferl von der Rheinischen Bahngesellschaft AG fünf vierachsige Triebwagen, die auf den Überlandstraßenbahnen von Düsseldorf nach Banrath und Solingen-Ohlings verkehrten und nach Umstellung dieser Linien auf Autobusbetrieb abgegeben werden konnten. Von der Werkstätte Vorchdorf wurden die Triebwagen 109, 110, 112, 119 instandgesetzt und als 26 105, 23 104, 20 108, 26 106 dem Betrieb übergeben; der Triebwagen 118 dient als Ersatzteilspender. Ebenfalls 1962 kaufte Stern & Hafferl von der Deutschen Bundesbahn den vierachsigen Triebwagenanhänger EB 196 02 (Rabensburg–Baienfurt) und nahm diesen 1937 von Esslingen erbauten Wagen als 20 221 auf der Strecke Vorchdorf–Gmunden in Betrieb. 1975 kaufte Stern & Hafferl von den Vereinigten Bern-Worb Bahnen die vierachsigen Personenwagen B 7 bis 10 und 14 bis 15. Es ist beabsichtigt, fünf Wagen auf der Strecke Vorchdorf–Gmunden (B 14–15 als 20 227–20 228 seit 8. 9. 1975 in Betrieb) einzusetzen, ein Wagen soll auf die Strecke Vöcklamarkt–Attersee kommen.

Bemerkungen zu den Fahrzeugskizzen (Maßstab 1:200)

Allgemeines

Die Skizzen der Fahrzeuge zeigen grundsätzlich – soweit feststellbar – jenen Zustand, in dem sie von den Bahnverwaltungen angeschafft bzw. übernommen wurden. Dasselbe gilt für die Bauartbezeichnungen und Fahrzeugnummern. Änderungen der Bauartbezeichnung sind durch Unterstreichung gekennzeichnet, z. B. <u>Bih</u> = ehemals Cih (vor Änderung des Klassensystems).

Änderungen der Bauart sind erkenntlich:

a) durch geänderte Gattungszeichen (bei gleichbleibender Nummer), z. B. Mixnitz–St. Erhard Jkh 108–115 / KKp 108–115.
b) durch den Zusatz (UB) bzw. (2. UB) usw. nach der Fahrzeugnummer (bei gleichbleibendem Gattungszeichen und gleichbleibender Nummer). Dabei werden alle Arten von Umbauten oder sonstigen Änderungen berücksichtigt, die das äußere Aussehen des Fahrzeuges merklich verändern. Geringfügige Änderungen (z. B. geänderte LüP infolge Austausches der Puffer, andersartige Lüftungsklappen, unterschiedliche Anordnung der Rungen usw.) wie sie bei nahezu allen Bahnverwaltungen vorkommen, können, um nicht ins Uferlose zu geraten, hier nicht berücksichtigt werden.

Änderungen des Nummernschemas einer Bahnverwaltung sind durch hochgestellte römische Ziffern gekennzeichnet z. B.

ZB Nummernschema der Zillertalbahn bis 1933.
ZB^{II} Nummernschema der Zillertalbahn seit 1933.

Änderungen der Fahrzeugnummer (bei gleichbleibendem Nummernschema) sind ebenfalls durch hochgestellte römische Ziffern bezeichnet, z. B.

203 Erstbesetzung der Nummer 203
203^{II} Zweitbesetzung
203^{III} Drittbesetzung.

Anmerkung: Die an den Fahrzeugskizzen rechts unten angebrachten Zahlen sind verlagsinterner Natur (Zählnummern) und für den Leser ohne Bedeutung.

Die Skizzen selbst sollen einen möglichst anschaulichen Eindruck vom Aussehen der Fahrzeuge vermitteln. Sie sind möglichst gewissenhaft nach öfters nur ungenauen Unterlagen (z. T. nur Photographien, Handskizzen u. ä.) gezeichnet und können daher keinen Anspruch auf technische Exaktheit erheben; ebensowenig sind sie als Grundlage für den Bau von Modellen gedacht. Diesbezügliche Leserwünsche konnten wegen des ungeheuren Umfanges der Arbeit leider nicht berücksichtigt werden.

Bezeichnung der einzelnen Bahnen

a) Staatliche bzw. durch den Staat betriebene Bahnen (Lokalbahnen):

kkStB k.k. Staatsbahnen im allgemeinen (bei Fahrzeugen, die nicht nach einem der Lokalbahnschemen bezeichnet wurden).

BBÖ Bundesbahn 1918–1939 (ebenfalls bei Fahrzeugen, die keinem Lokalbahnschema zugehören, bzw. die die BBÖ für Lokalbahnen, die damals noch selbständig waren, angeschafft haben. In letzterem Falle steht BBÖ und die Kurzbezeichnung der betreffenden Bahn.)
Anmerkung: DRB-Nummern sind bei den Zeichnungen nicht berücksichtigt, aus den Fahrzeuglisten aber ersichtlich.

Ohne nähere Bezeichnung = Bundesbahn nach dem 2. Weltkrieg (ÖBB).

Bei kkStB und BBÖ gelten für die einzelnen Bahnen die nachfolgenden Kurzbezeichnungen (bei kkStB steht nur die Kurzbezeichnung!):

BWB Bregenzerwaldbahn
BukLB Bukowinaer Lokalbahn
GB Gurktalbahn

Gr Lokalbahn Wieselburg—Gresten
K-E Kühnsdorf—Eisenkappel (Sonderfall: SBDV = Südbahn!)
Mz Mariazellerbahn, von BBÖ für Strecken der ehemaligen NÖLB angeschafft.
Pr-Dy Przeworsk—Dynow
Pzg Pinzgauer Lokalbahn
YB Ybbstalbahn.

b) Privatbahnen, die später verstaatlicht wurden:
NÖLB Niederösterreichische Landesbahnen. Eine Unterscheidung der Einsatzgebiete der einzelnen Fahrzeuge ist nur aus den Listen ersichtlich.
Steyr Steyrtalbahn.

c) Privatbahnen:
AGStB Stubaitalbahn
Att L.B. Vöcklamarkt—Attersee
HB Höhenbahn Reißeck der Draukraftwerke A.G.
IMB Innsbrucker Mittelgebirgsbahn
LBIHiT Lokalbahn Innsbruck—Hall in Tirol
LBPH Lokalbahn Payerbach—Hirschwang
Mödl Mödling—Hinterbrühl
M-StE siehe StmLB
Mtb siehe StmLB
SKGLB Salzkammergutlokalbahn
St&H Eisenbahnen der Firma Stern & Hafferl, Fahrzeuge zur freien Verwendung
StmLB Steiermärkische Landesbahnen; hier sind alle im ursprünglichen Nummernschema enthaltenen Fahrzeuge angeführt, also auch die der bis 1928 in dieses Schema eingegliederten Murtalbahn. Nach Einführung eines eigenen Schemas für die Murtalbahn bzw. für die von Anfang an gesondert numerierten Fahrzeuge anderer zum Komplex StmLB gehörender Bahnen gilt:
M-StE Lokalbahn Mixnitz—St. Erhard
Mtb Murtalbahn
W-B Weiz—Birkfeld (—Ratten)
An den Fahrzeugen der Mtb war bzw. ist Mtb, StmLB oder StLB angeschrieben, an denen der W-B entweder StmLB oder StLB. Die Fahrzeugnummer entspricht aber trotzdem dem Schema der betreffenden Bahn.
Vo Lokalbahn Vorchdorf—Gmunden
W-B siehe StmLB
ZB Zillertalbahn

Sonstiges
ø Durchmesser der Treibräder (bei Triebfahrzeugen) bzw. Raddurchmesser (bei Waggons)
1. . . 20 Nur einzelne Fahrzeuge der Nummerngruppe 1—20 entsprechen der Zeichnung, bzw. die Nummerngruppe ist nicht komplett besetzt.
3020 ungefähre Längenangabe
(3020) wahrscheinliche, aber nicht sichere Längenangabe

Wohnwagen 97700 vom Schmalspur-Bauzug (Heimatbahnhof Lunz) der Streckenleitung Amstetten.
Foto H. Sternbart (30. 10. 1973)

Hauptabmessungen der Triebfahrzeuge

Dampflokomotiven

	Reihe	Bauart	Tr mm	Zy mm	Hub mm	Hfl m2	Rfl m2	Wasser m3	Kohle m3▲	Dgw t	Vmax km/h
kkStB	**Cv**	D n2vt	640	270/410	340	26,9	0,71	2,0	1,6	17,0	25
kkStB	**P**	D1 h2 t	880	330	400	46,4	1,25	3,0	2,0	36,1	35
kkStB	**T**	C1 n2 t	640	260	300	26,9	0,60	1,6	1,2	17,0	25
kkStB	**U**	C1 n2 t	800	290	400	46,3	1,00	3,2	1,7	24,2	35
kkStB	**Uv**	C1 n2vt	800	320/500	400	57,8	1,03	3,1	1,7	27,6	35
kkStB	**Yv**	C2 n2 t	800	310/450	400	61,4	1,03	3,0	1,0	26,5	40
kkStB	**Z**	C 2 t	800	290	400	38,3	0,77	2,5	1,1	19,4	35
Steyrtalbahn	**1–5**	C1 n2 t	800	290	400	40,15	0,80	2,6	0,9	22,0	40
Steyrtalbahn	**6**	C1 n2 t	800	290	400	40,15	0,80	2,9	1,0	22,0	40
SKGLB	**1–2**	B n2 t	760	225	350	23,4	0,43	1,10	0,5 t	11,6	25
SKGLB	**3–5**	C1 n2 t	800	290	400	43,6	0,80	2,75	1,3 t	23,1	35
SKGLB	**6–12**	C1 n2 t	800	290	400	50,3	0,80	2,8	1,3 t	23,1	35
SKGLB	**30–31**	C n2 t				24,43	0,765	2,0	0,8 t	15,6	
StmLB	**1–4**	B n2 t	760	225	350	21,6	0,51	1,15	0,7	12,0	25
StmLB	**502**	E h2 t	700	340	350	44,3*	1,20	3,0	1,35 t	26,5	25
StmLB	**7911**	B n2 t	600	210	300	18,4	0,40	0,9	0,7	11,0	
StmLB	**0 40**	D n2 t	750	325	350	48,14	1,04	2,0	0,8 t	22,0	35
NÖLB	**Mh**	D2 h2 t	900	410	450	78,85	1,59	5,0	1,92 t	45,08	40
NÖLB	**Mv**	D2 n2vt	900	370/550	450	95,04	1,59	5,0	1,92 t	45,08	40
NÖLB	**P**	C n2 t	580	210	300	16,95	0,46	1,2	1,0	11,0	20
NÖLB	**R**	C n2 t	610	225	300	19,9	0,40	1,05	1,06	11,7	25
NÖLB	**Uh**	C1 h2 t	800	340	400	44,6	1,03	3,00	1,36 t	27,6	35
ZB	**4**	1B n2vt	800	200/300	380	24,0	0,51	1,5	0,9	12,3°	35
BBÖ	**Kh**	E h2 t	800	400	400	50,36	1,21	3,5	1,32 t	33,3	25
BBÖ	**Uh 1–6**	C1 h2 t	800	350	400	44,0	1,06	3,0	1,32 t	28,1	40
BBÖ	**Uh 100**	C1 h2 t	800	350	400	44,0	1,06	3,0	1,32 t	28,1	40
NÖLB	**1–3**	A1	600	130/200	200	7,0	0,24	0,35	0,2	8,0	35
NÖLB	**10–12**	A1	600	140/200	250	6,3	0,33	0,70	0,8	11,7	35
NÖLB	**40–44**	(1B)2	790	240	350	29,0	0,72	2,0	0,9	30,5	
kkStB	**1.001**	A1	600	140/200	200	6,3	0,23	0,85	0,23	8,5	35

* Überhitzer-Heizfläche 22,5 m2
° Leergewicht
▲ oder t, je nach den offiziellen Angaben

	Reihe	Bauart	Tr mm	Zy mm	Hub mm	Hfl m2	Rfl m2	Wasser m3	Kohle m3	Dgw t	Vmax km/h
Innsbr.–Hall	**1–6**	B n2 t	750	180	300	12,8	0,29			7,8	
(1000 mm)	**7–8**	B n2 t	750	225	300	18,3	0,35			10,6	
Innsbr.–Igls (1000 mm)	**1–3**	C1 n2vt	800	320 500	400	46,3	1,0	2,6	1,4	26,8	
Mödling–Hinterbrühl (1000 mm)	**1**	B n2 t	700	225	300	16,8	0,45			10,2	

Heeresfeldbahn (750/760 mm)

Reihe	Bauart	Tr mm	Zy mm	Hub mm	Hfl m2	Rfl m2	Wasser m3	Kohle m3	Dgw t	Vmax km/h
HF 16 698	B n2 t	770	310	430	40,0	0,8	1,4	0,6 t	17,9	25
HF 11 798	C n2	700	300	350	30,2	0,73	1,6▲	0,6 ▼	16,2	30
HF 20 898	C n2 t	770	340	430	45,0	1,0	2,8	1,5 t	25,0	30
699	D h2	630	330	310	38,6*	1,0	0,6▲	0,46▼	22,0	25
699.100	D h2 t	630	330	310	38,6*	1,0	3,2	1,5	23,3	35
SKGLB 22(ZB4)	E n2	690	370	350	59,8	1,12	2,4▲	0,9 ▼	36,0	30

* Überhitzer-Heizfläche 12,9 m2
▲ Tender 6,0
▼ Tender 2,5

Elektrolokomotiven

	Reihe	Bauart	Tr mm	Leistung PS	V max km/h	Dgw t
NÖLB (ÖBB)	**E(1099)**	C'C' W2k	800	600	40	49,4

Diesellokomotiven

ÖBB	**2021**	Bo (Be)	800	120	40	12,0
ÖBB	**2040**	Bo (De)	800	145	45	12,0
ÖBB	**2041**	1Bo1(De)	800	210	50	22,8
ÖBB	**2070**	BoBo	850	200	35	34,0
ÖBB	**2092**	C	700	125	20	16,5
ÖBB	**2092.100**	C	700	120	20	16,5
ÖBB	**2095**	B' B'	900	600	60	30,0

Schmalspurfahrzeuge der kkStB / BBÖ / ÖBB (Spurweite 760 mm)

Dampflokomotiven

erbaut für	Nr.		Baudaten		Späterer Verbleib	Anmerkungen
NÖLB Uh 1	**Bh**	1	KrLi	5330/1905	BBÖ DRB 99 811 ÖBB 398.01	† 1973
Bukowinaer Lokalbahnen	**Cv**	1	KrLi	5790/1908	1918 Werkst. Stryj KV	JANOSZ
Bukowinaer Lokalbahnen	**Cv**	2	KrLi	5791/1908	1918 Werkst. Stryj KV	GRIGORCEA
Neue Bukowinaer LB	**Cv**	3	KrLi	6521/1912	PKP D8-811 DR 99 2561	
Neue Bukowinaer LB	**Cv**	4	KrLi	6522/1912	PKP D8-812 DR 99 2562	
Kühnsdorf – Eisenkappel	**Kh**	1	KrLi	1262/1924	BBÖ DRB 99 1201 ÖBB 499.01	† 1973
NÖLB	**Mh**	1	KrLi	5431/1906	BBÖ DRB 99 1111 ÖBB 399.01	
NÖLB	**Mh**	2	KrLi	5432/1906	BBÖ DRB 99 1112 ÖBB 399.02	
NÖLB	**Mh**	3	KrLi	5433/1906	BBÖ DRB 99 1113 ÖBB 399.03	
NÖLB	**Mh**	4	KrLi	5434/1906	BBÖ DRB 99 1114 ÖBB 399.04	
NÖLB	**Mh**	5	KrLi	5924/1908	BBÖ DRB 99 1115 ÖBB 399.05	
NÖLB	**Mh**	6	KrLi	5925/1908	BBÖ DRB 99 1116 ÖBB 399.06	
NÖLB	**Mv**	1	KrLi	5435/1907	BBÖ DRB 99 1101 ÖBB 299.01	† 1973
NÖLB	**Mv**	2	KrLi	5436/1907	BBÖ DRB 99 1102 ÖBB 299.02	† 1964
Triest – Parenzo	**P**	1	KrLi	6494/1911	FS } 1938 nach Sizilien, dort UN in R402.001 – 003	
Triest – Parenzo	**P**	2	KrLi	6495/1911	FS }	
Triest – Parenzo	**P**	3	KrLi	6496/1911	FS }	
Ruprechtshofen – Gresten	**P**	1	KrLi	1466/1926	BBÖ DRB 99 1001 1943 Forstverw. Lemberg	
Ruprechtshofen – Gresten	**P**	2	KrLi	1467/1926	BBÖ DRB 99 1002 ÖBB 199.02	† 1973
Ruprechtshofen – Gresten	**P**	3	KrLi	1468/1926	BBÖ DRB 99 1003 ÖBB 199.03	† 1973
Gurktalbahn	**T**	1	KrLi	3819/1898	BBÖ DRB 99 7801 ÖBB 198.01	† 1960
Gurktalbahn	**T**	2	KrLi	3820/1898	BBÖ DRB 99 7802 ÖBB 198.02	† 1959
Gurktalbahn	**T**	3	KrLi	3821/1898	BBÖ DRB 99 7803 ÖBB 198.03	† 1960
Kühnsdorf – Eisenkappel	**T**	4	KrLi	4774/1902	1918 SHS-Beute = JDŽ 187-001	
Kühnsdorf – Eisenkappel	**T**	5	KrLi	4775/1902	BBÖ umnumeriert in T 4	† 1932

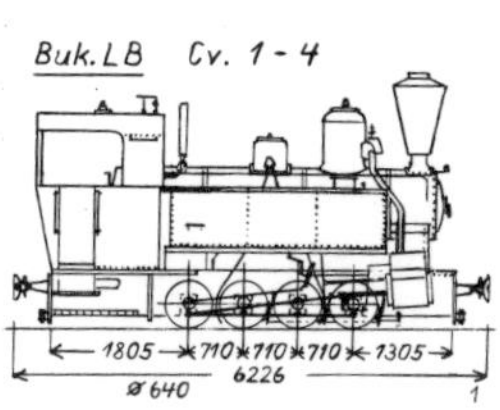

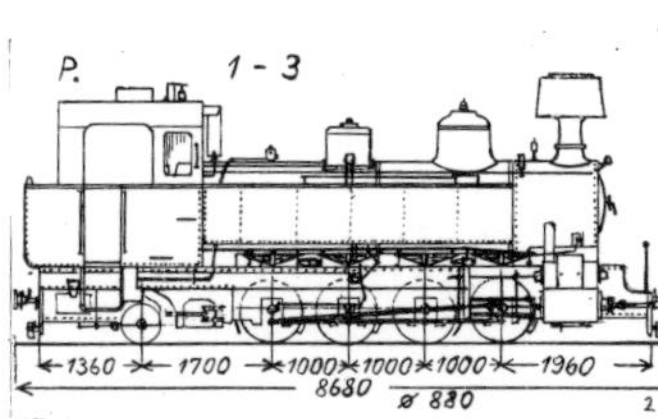

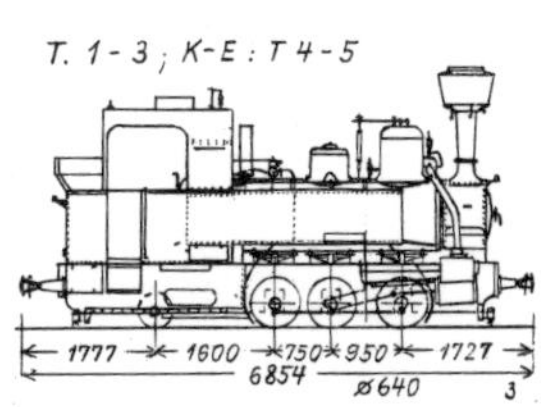

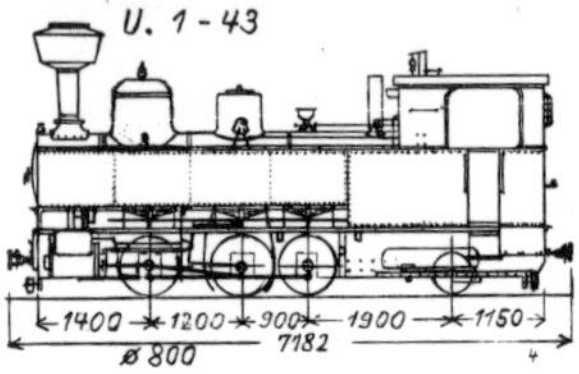

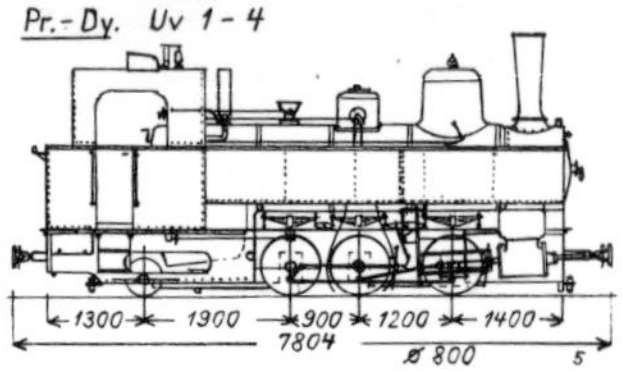

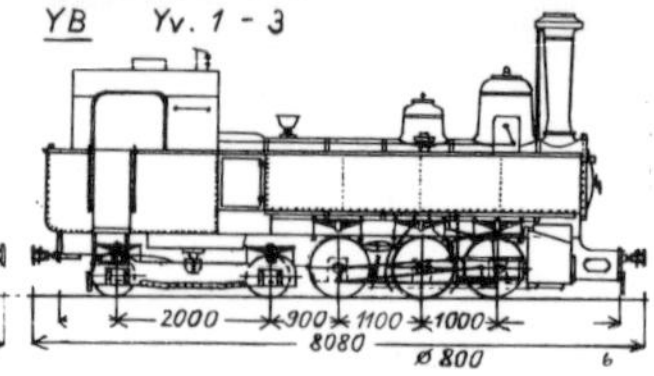

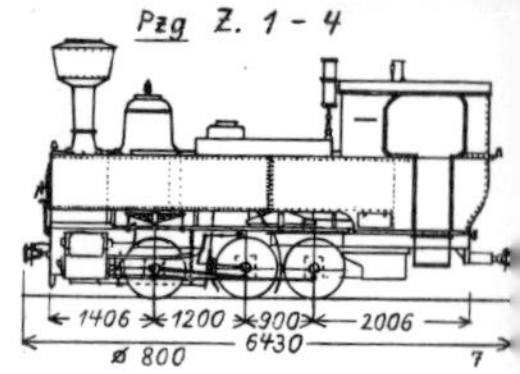

Neuhaus – Neubistritz		U	1	KrLi	3638/1897	ČSD U37.001 – 1938: MÁV 395.101	
Neuhaus – Neubistritz		U	2	KrLi	3639/1897	1918 Steinbeisbahn = SHS Waldbahn Teslić Nr. 8	
Neuhaus – Neubistritz		U	3	KrLi	3640/1897	1918 Steinbeisbahn = SHS	
Ybbstalbahn		U	4	KrLi	3803/1898	1918 Triest – Parenzo = FS	
Ybbstalbahn		U	5	KrLi	3804/1898	BBÖ DRB 99 7811 ÖBB 298.05	
Ybbstalbahn		U	6	KrLi	3805/1898	BBÖ DRB 99 7812 ÖBB 298.06	
Murtalbahn		U	7	KrLi	4138/1899	1921 StmLB	
Murtalbahn	8	U	8	KrLi	3062/1894	1921 StmLB	TEUFENBACH
Murtalbahn	9	U	9	KrLi	3063/1894	1921 StmLB	MURAU
Murtalbahn	10	U	10	KrLi	3064/1894	1921 StmLB	TAMSWEG
Murtalbahn	11	U	11	KrLi	3065/1894	1921 StmLB	MAUTERNDF.
Bärn – Hof		U	12	KrLi	3814/1898	ČSD U37.002 DRB 99 7841	
Bärn – Hof		U	13	KrLi	3815/1898	ČSD U37.003 DRB 99 7842	
Röwersdorf – Hotzenplotz		U	14	KrLi	3816/1898	ČSD U37.004 DRB 99 7843	
Röwersdorf – Hotzenplotz		U	15	KrLi	3817/1898	ČSD U37.010	
Röwersdorf – Hotzenplotz		U	16	KrLi	3818/1898	ČSD U37.011	
Lupków – Cisna		U	17	KrLi	3653/1897	1918 KV (Rußland)	
Lupków – Cisna		U	18	KrLi	3654/1897	PKP 3003 DRB 99 2541	
Lupków – Cisna		U	19	KrLi	4063/1899	1918 KV (Rußland)	
Triest – Parenzo		U	20	KrLi	4402/1901	FS	
Triest – Parenzo		U	21	KrLi	4675/1901	} 22. 6. 1917 Unfall bei Buje, abgebrochen	
Triest – Parenzo		U	22	KrLi	4676/1902	}	
Triest – Parenzo		U	23	KrLi	4677/1902	FS	
Bregenzerwaldbahn		U	24	KrLi	4678/1902	BBÖ DRB 99 7813 ÖBB 298.24	
Bregenzerwaldbahn		U	25	StEG	2998/1902	BBÖ DRB 99 7814 ÖBB 298.25	
Bregenzerwaldbahn		U	26	StEG	3010/1902	1918 KV (Rußland)	
Bregenzerwaldbahn		U	27	StEG	3062/1903	BBÖ DRB 99 7815 ÖBB 298.27	
Spalato – Sinj		U	28	StEG	3063/1903	JDŽ 188-002	
Spalato – Sinj		U	29	StEG	3064/1903	JDŽ 188-004 1942 StmLB U 29	
Spalato – Sinj		U	30	KrLi	4973/1903	JDŽ 188-001 1942 StmLB U 30	
kkStB		U	31	KrLi	4972/1903	1918 Triest – Parenzo = FS	
kkStB		U	32	KrLi	5048/1903	BBÖ DRB 99 7816 1945 CSD	
Neuhaus – Wobratain		U	33	BMF	174/1906	1918 Triest – Parenzo = FS	
Neuhaus – Wobratain		U	34	BMF	175/1906	ČSD U37.005 MÁV 395.102	
kkStB		U	35	KrLi	5694/1907	JDŽ 188-003	
Bregenzerwaldbahn		U	36	KrLi	5799/1907	1918 Steinbeisbahn = SHS	
Triest – Parenzo		U	37	WrN	4867/1908	1911 Weiz – Birkfeld 1918 Steinbeisbahn = SHS	
Triest – Parenzo		U	38	WrN	4868/1908	1911 Weiz – Birkfeld 1922 StmLB	
Triest – Parenzo		U	39	WrN	4869/1908	FS	
Triest – Parenzo		U	40	WrN	4870/1908	1911 Weiz – Birkfeld 1918 Steinbeisbahn = SHS	
Neuhaus – Wobratain		U	41	BMF	285/1908	ČSD U37.006 MÁV 395.104	
Unzmarkt – Mauterndorf		U	42	KrLi	5740/1909	1918 Triest – Parenzo = FS	
Unzmarkt – Mauterndorf		U	43	KrLi	6824/1913	1921 StmLB	
NÖLB	U 1	U	51	KrLi	3709/1898	BBÖ DRB 99 7817 ÖBB 298.51	
NÖLB	U 2	U	52	KrLi	3710/1898	BBÖ DRB 99 7818 ÖBB 298.52	
NÖLB	U 3	U	53	KrLi	3711/1898	BBÖ DRB 99 7819 ÖBB 298.53	
NÖLB	U 4	U	54	KrLi	3870/1898	BBÖ DRB 99 7820 ÖBB 298.54	
NÖLB	U 5	U	55	KrLi	4182/1899	BBÖ DRB 99 7821 ÖBB 298.55	
NÖLB	U 6	U	56	Flor	1354/1900	BBÖ DRB 99 7822 ÖBB 298.56	
BBÖ		Uh	1	KrLi	1478/1928	BBÖ DRB 99 821 ÖBB 498.01	
BBÖ		Uh	2	KrLi	1479/1928	BBÖ DRB 99 822 ÖBB 498.02	
BBÖ		Uh	3	KrLi	1511/1929	BBÖ DRB 99 823 ÖBB 498.03	
BBÖ		Uh	4	KrLi	1512/1929	BBÖ DRB 99 824 ÖBB 498.04	
BBÖ		Uh	5	KrLi	1513/1929	BBÖ DRB 99 825 ÖBB 498.05	
BBÖ		Uh	6	KrLi	1520/1930	BBÖ DRB 99 826 ÖBB 498.06	
BBÖ		Uh	101	Flor	3037/1931	BBÖ DRB 99 827 ÖBB 498.07	
BBÖ		Uh	102	Flor	3038/1931	BBÖ DRB 99 828 ÖBB 498.08	

Die NÖLB gingen 1922, rückwirkend mit 1. 1. 1921, in die BBÖ auf. Ihre Lokomotiven wurden aber erst 1925 in den BBÖ-Fahrpark eingereiht, die Steyrtalbahnlokomotiven erst 1931 (aber nicht umnumeriert).

BBÖ Kh. 1

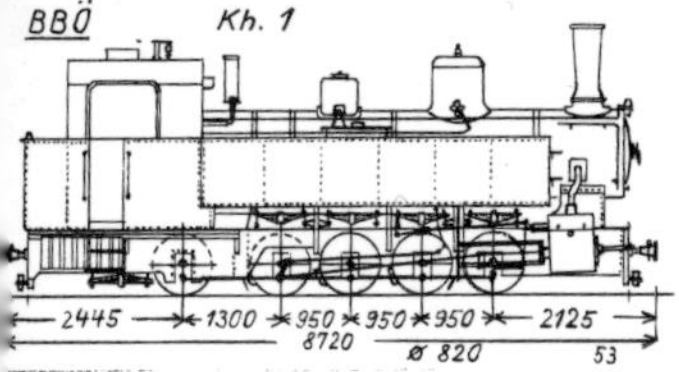

BBÖ P. 1 – 3

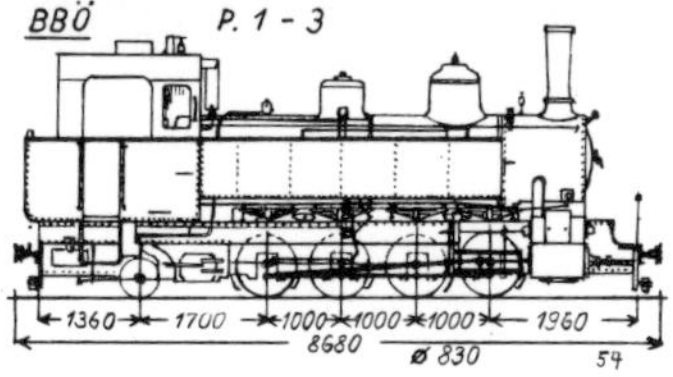

BBÖ Uh. 01 – 06

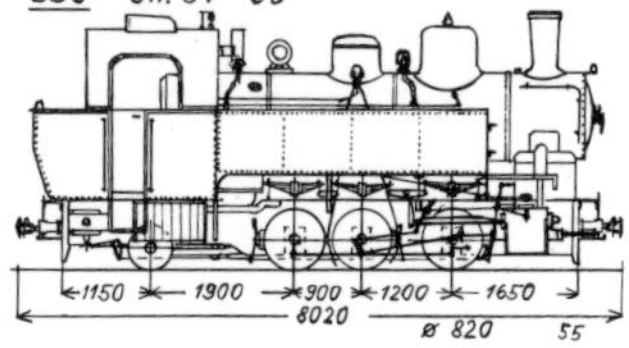

BBÖ Uh. 101 – 102

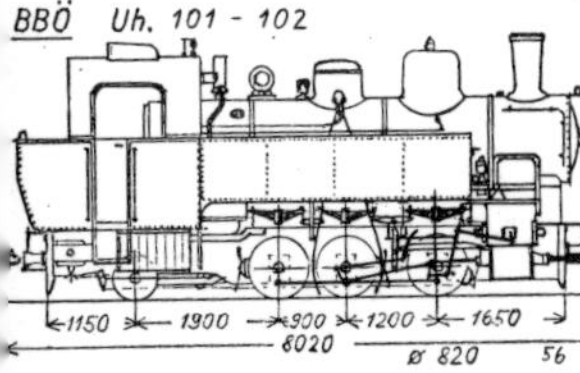

BBÖ 2021.01

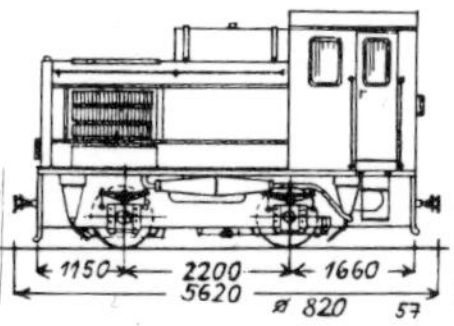

BBÖ 2040.01 – 03

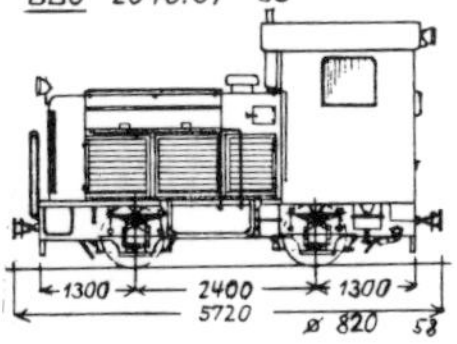

BBÖ 2041.01 – 07

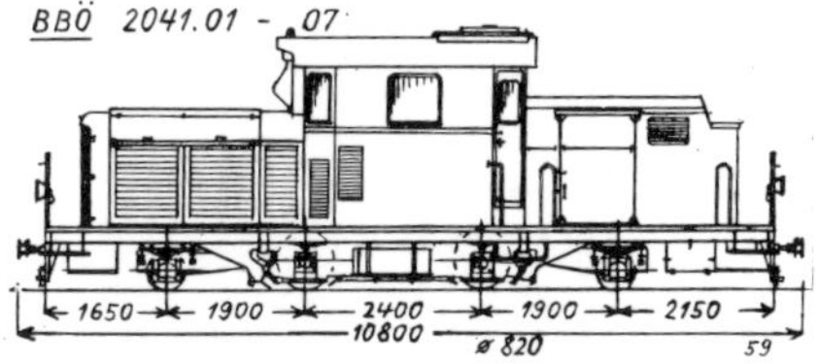

Przeworsk – Dynów		**Uv**	**1**	KrLi	5169/1904	CFR				
Przeworsk – Dynów		**Uv**	**2**	KrLi	5170/1904	PKP				
Przeworsk – Dynów		**Uv**	**3**	KrLi	5171/1904	1918 KV				
Przeworsk – Dynów		**Uv**	**4**	KrLi	6267/1910	1918 KV				
NÖLB	Uv 1	**Uv**	**5**	KrLi	4785/1902	BBÖ	DRB	99 801	ÖBB	298.205
NÖLB	Uv 2	**Uv**	**6**	KrLi	4786/1902	BBÖ	DRB	99 802	ÖBB	298.206
NÖLB	Uv 3	**Uv**	**7**	KrLi	5329/1905	BBÖ	DRB	99 803	ÖBB	298.207
Ybbstalbahn		**Yv**	**1**	KrLi	3356/1896	BBÖ	DRB	99 901	ÖBB	598.01
Ybbstalbahn		**Yv**	**2**	KrLi	3357/1896	BBÖ	DRB	99 902	ÖBB	598.02
Ybbstalbahn		**Yv**	**3**	KrLi	3358/1896	BBÖ	DRB	99 903	ÖBB	598.03
Pinzgauer Lokalbahn		**Z**	**1**	KrLi	3512/1898	BBÖ	† 1939		SIGMUND GRAF THUN	
Pinzgauer Lokalbahn		**Z**	**2**	KrLi	3513/1898	BBÖ	† 1932		ZELL AM SEE	
Pinzgauer Lokalbahn		**Z**	**3**	KrLi	3514/1898	BBÖ	† 1929		KRIMML	
Pinzgauer Lokalbahn		**Z**	**4**	KrLi	3515/1898	BBÖ	† 1939		MITTERSILL	
Steyrtalbahn			**1**	KrLi	1993/1888	BBÖ	† 1937			
Steyrtalbahn			**2**	KrLi	1994/1888	BBÖ	DRB	99 7831	ÖBB	298.102
Steyrtalbahn			**3**	KrLi	1995/1888	BBÖ	DRB	99 7832	ÖBB	298.103
Steyrtalbahn			**4**	KrLi	2256/1890	BBÖ	DRB	99 7833	ÖBB	298.104
Steyrtalbahn			**5**	KrLi	2501/1891	BBÖ	DRB	99 7834	ÖBB	298.105
Steyrtalbahn			**6**	KrLi	6925/1914	BBÖ	DRB	99 7835	ÖBB	298.106

Elektrolokomotiven

NÖLB	**E 1–9**	KrLi/ÖSSW	1911	BBÖ	DRB	E99 01–09	ÖBB 1099.01–09
NÖLB	**E 10–14**	KrLi/ÖSSW	1912	BBÖ	DRB	E99 10–14	ÖBB 1099.10–14
NÖLB	**E 15–16**	KrLi/ÖSSW	1914	BBÖ	DRB	E99 15–16	ÖBB 1099.15–16

Lokomotiven mit Verbrennungsmotoren

BBÖ	**2021.01**	StEG/BBC/ELIN	4600/1930	BBÖ	DRB	V12 901	ÖBB 2090.01	
Ruprechtshofen – Gresten	**2040.01**	Simm/ÖSSW	65328/1934	BBÖ	DRB	V15 901	ÖBB 2190.01	
Ruprechtshofen – Gresten	**2040.02**	Simm/ÖSSW	65329/1934	BBÖ	DRB	V15 902	ÖBB 2190.02	
BBÖ	**2040.03**	Simm/ÖSSW	65644/1936	BBÖ	DRB	V15 903	ÖBB 2190.03	*)
BBÖ	**2041.01**	Simm/ÖSSW	65655/1936	BBÖ	DRB	137 332	ÖBB 2091.01	
BBÖ	**2041.02**	Simm/ÖSSW	65656/1936	BBÖ	DRB	137 333	ÖBB 2091.02	
BBÖ	**2041.03**	Simm/ÖSSW	65689/1936	BBÖ	DRB	137 334	ÖBB 2091.03	
BBÖ	**2041.04**	Simm/ÖSSW	65690/1936	BBÖ	DRB	137 335	ÖBB 2091.04	
BBÖ	**2041.05**	Simm/ÖSSW	65691/1936	BBÖ	DRB	137 336	ÖBB 2091.05	
BBÖ	**2041.06**	Simm/ÖSSW	65692/1936	BBÖ	DRB	137 337	ÖBB 2091.06	
BBÖ	**2041.07**	Simm/ÖSSW	65693/1936	BBÖ	DRB	137 338	ÖBB 2091.07	
DRB	**2041.08**	Simm/ÖSSW	66763/1940		DRB	137 339	ÖBB 2091.08	
DRB	**2041.09**	Simm/ÖSSW	66764/1940		DRB	137 340	ÖBB 2091.09	
DRB	**2041.10**	Simm/ÖSSW	66765/1940		DRB	137 341	ÖBB 2091.10	
DRB	**2041.11**	Simm/ÖSSW	66766/1940		DRB	137 342	ÖBB 2091.11	
DRB	**2041.12**	Simm/ÖSSW	66767/1940		DRB	137 343	ÖBB 2091.12	
BBÖ	**2070.01**	Graz/ÖSSW	/1930	BBÖ	DRB	V20 901	ÖBB 2093.01	

*) 1. 2. 1970 HW St. Pölten Werklok 053/s

BBÖ 2070.01

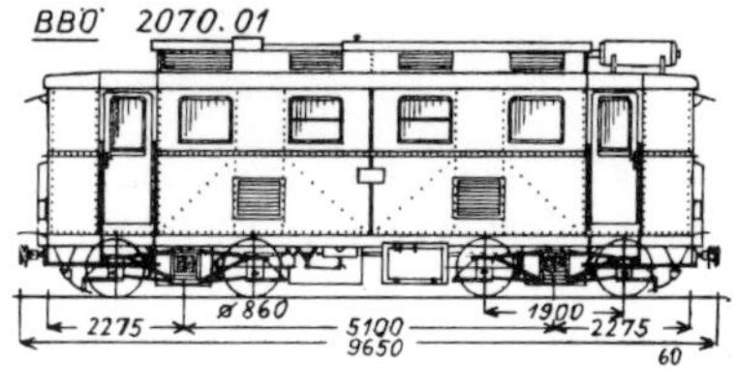

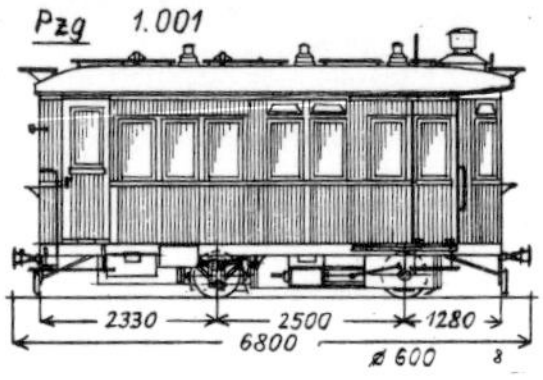

Dampftriebwagen

Triest – Parenzo	**BCM 51**	Komarek 1903	1906 Pinzgauer Lokalbahn	1.001	+ 1929
NÖLB-Dampftriebwagen	**Nr. 41**	ab 1922 in BBÖ-Bestand			+ 1926

Elektrotriebwagen

Trient – Malé	**41.001 – 10**	Graz/AEG	1908	FS
Trient – Malé	**41.011 – 12**	Graz/AEG	1910	FS
Trient – Malé	**42.001 – 2**	Graz/AEG	1910	FS

RBD Wien – 1938 von ČSD

U37.004	99 7843	KrLi	3816/1898	kkStB U.14	Bw Gmünd, vom 14. 7. 1944 an Bw Garsten
U48.001	99 1301	SLM	2207/1911	UB 1939 im RAW Linz von D in 1D1; Bw Gmünd, von 1942 an in Ober Grafendorf, ab 8. 3. 1943 an Forstverwaltung Lemberg verliehen	

RBD Wien – 1941 von JDŽ

D n2 t	Bp	2861/1912	MÁV 490.015	JDŽ 81-001	DRB 99 831 **)	
	Bp	3106/1912	MÁV 490.019	JDŽ 81-004	(DRB 99 832*)	StmLB O 40
C1n2 t	StEG	3064/1903	kkStB U.29	JDŽ 188-004	(DRB 99 7824*)	StmLB U.29
	KrLi	4973/1903	kkStB U.30	JDŽ 188-001	(DRB 99 7823*)	StmLB U.30

*) Im DRB-Umzeichnungsplan für JDŽ-Lokomotiven vom 18. 1. 1943 enthalten, jedoch schon am 1. 5. 1942 an die Steiermärkischen Gaueisenbahnen abgegeben.

**)ab 15. 5. 1942 Bw Gmünd; ab 25. 5. 1944 Bw St. Pölten AB, Lokbahnhof Ober Grafendorf; am 16. 4. 1945 in Ober Grafendorf gesprengt (deutscher Rückzug); am 28. 6. 1947 an JDŽ

Lokbestand 760 mm 1939 – 1943 RBD Augsburg (Au), Linz (Li), Villach (Vi) und Wien (Wn)

Bw-Zugehörigkeit:

Augsburg: Bregenz
Villach: Kühnsdorf, Treibach
Linz: Garsten, Waidhofen, Zell am See
Wien: Gmünd (Neu Bistritz), St. Pölten AB (Ober Grafendorf)

Au	Li	Vi	Wn	Summe		
–	–	–	3	3	99 801 – 803	BBÖ Uv. 5 – 7
–	1	–	–	1	99 811	BBÖ Bh. 1
3	4	–	1	8	99 821 – 828	BBÖ Uh. 01 – 06, 101 – 102
–	–	–	1	1	99 831	JDŽ 81-001
–	3	–	–	3	99 901 – 903	BBÖ Yv. 1 – 3
–	1	–	2	3	99 1001 – 1003	BBÖ P. 1 – 3
–	–	–	2	2	99 1101 – 1102	BBÖ Mv. 1 – 2
–	–	–	6	6	99 1111 – 1116	BBÖ Mh. 1 – 6
–	–	1	–	1	99 1201	BBÖ Kh. 1
–	–	–	1	1	99 1301	ČSD U48.001
–	–	3	–	3	99 7801 – 7803	BBÖ T. 1 – 3
2	5	2	3	12	99 7811 – 7822	BBÖ U.5, 6, 24, 25, 27, 32, 51 – 56
–	5	–	–	5	99 7831 – 7835	BBÖ 2 – 6 (Steyrtalbahn)
–	–	–	1	1	99 7843	ČSD U37.004 (kkStB U.14)
5	19	6	20	50		

99 822	RBD Augsburg
99 823	RBD Augsburg
99 824	RBD Augsburg
99 825	RBD Wien
99 1001	RBD Linz
99 7812	RBD Augsburg
99 7813	RBD Augsburg
99 7815	RBD Wien
99 7816	RBD Wien
99 7819	RBD Wien → I
99 7820	RBD Villach
99 7821	RBD Villach
99 7822	RBD Wien

1944	Zugang	Abgang	
RBD Wien	99 643	99 7819	
	99 647	99 7843	
RBD Linz	99 7819	–	Bw Garsten, 9. 9. 1944 von Bw Gmünd
	99 7843	–	Bw Garsten, 14. 7. 1944 von Bw Gmünd

99 1001 Bw Gmünd; seit 25. 2. 1943 an Forstverwaltung Lemberg verliehen

99 1301 Bw St. Pölten Alpenbahnhof, Lokbahnhof Ober Grafendorf; seit 8. 3. 1943 an Forstverwaltung Lemberg verliehen

99 801 Mai 1945 Strecke Neubistritz – Neuhaus, ČSD; am 28. 12. 1950 von ČSD an ÖBB

99 7816 Mai 1945 Strecke Neubistritz – Neuhaus ČSD; U 38.001

Heeresfeldbahn-Dampflokomotiven (ursprünglich 750 mm Spurweite)

698.01	He	25701/1941	ex HF 16 752
798.01	Jung	10119/1944	ex HF 11 809
798.02	Jung	10116/1944	ex HF 11 815
798.03	Jung	10125/1944	ex HF 11 816
798.101	He	25982/1941	ex 25982 (HF)
898.01	He	25702/1941	ex HF 20 751
998.01	KrMa	7651/1920	ex Nr. 200 (HF) ursprünglich Kreis Kreuznacher Kleinbahnen 1

699.01	Fr-B	2818/1944	ex Nr. 2818 (HF)
699.02	Fr-B	2822/1944	ex Nr. 2822 (HF)
699.03	Fr-B	2856/1944	ex Nr. 2856 (HF)
699.101	Fr-B	2817/1944	ex Nr. 2817 (HF Umbau)
699.102	Fr-B	2819/1944	ex Nr. 2819 (HF Umbau)
699.103	Fr-B	2821/1944	ex Nr. 2821 (HF Umbau)
699.104	Fr-B	2857/1944	ex Nr. 2857 (HF Umbau)

Heeresfeldbahn-Diesellokomotiven (ursprünglich 750 mm Spurweite)

2092.01	Gm&C	4197/1944	ex HF M 13 954
2092.02	Gm&C	4199/1944	ex HF M 13 955
2092.03	Wdhf	756/1943	1962 UB aus 2092.101
2092.04	Wdhf	759/1943	1960 UB aus 2092.102
2092.101	Wdhf	756/1943	ex HF M 13 985
2092.102	Wdhf	759/1943	ex HF M 13 988

Neue Diesellokomotiven

2095.01	Simm	77664/1958
2095.02	Flor	18127/1960
2095.03	Flor	18128/1960
2095.04	Flor	18129/1961
2095.05	Flor	18130/1961
2095.06	Flor	18150/1961
2095.07	Flor	18151/1961
2095.08	Flor	18152/1961
2095.09	Flor	18153/1961
2095.10	Flor	18154/1961
2095.11	Flor	18155/1962
2095.12	Flor	18156/1962
2095.13	Flor	18157/1962
2095.14	Flor	18158/1962
2095.15	Flor	18159/1962

ÖBB-Schema 1953, mit Kassierungsjahr bzw. Stationierung am 1. 1. 1975

Über anderweitigen Verbleib gibt die Liste auf Seite 239 Auskunft.

ÖBB	früher	
198.01	T 1	+ 1960
198.02	T 2	+ 1959
198.03	T 3	+ 1960
298.05	U 5	+ 1973
298.06	U 6	+ 1973
298.14	U 14	+ 1970
298.24	U 24	+ 1971
298.25	U 25	Garsten
298.27	U 27	+ 1973
298.51	U 51	Garsten
298.52	U 52	Garsten
298.53	U 53	Garsten
298.54	U 54	+ 1972
298.55	U 55	+ 1973
298.56	U 56	Garsten
298.102	2	+ 1973
298.103	3	+ 1963
298.104	4 Steyrtal	+ 1972
298.105	5	+ 1965
298.106	6	+ 1972
298.205	Uv 5	+ 1973
298.206	Uv 6	+ 1973
298.207	Uv 7	Gmünd
398.01	Bh 1	+ 1973
498.01	Uh 01	+ 1960
498.02	Uh 02	+ 1960
498.03	Uh 03	+ 1973
498.04	Uh 04	+ 1973
498.05	Uh 05	† 1960
498.06	Uh 06	+ 1973
498.07	Uh 101	+ 1973
498.08	Uh 102	+ 1973
598.01	Yv 1	+ 1973
598.02	Yv 2	+ 1973
598.03	Yv 3	+ 1973

ÖBB	früher	
698.01	16 752	+ 1969
798.01	11 809	+ 1956
798.02	11 815	+ 1956
798.03	11 816	+ 1956
798.101	25 982	† 1972
898.01	20 751	+ 1971
998.01	(11) 200	+ 1973
199.02	P 2	+ 1973
199.03	P 3	+ 1973
299.01	Mv 1	+ 1973
299.02	Mv 2	+ 1964
399.01	Mh 1	Gmünd
399.02	Mh 2	Gmünd
399.03	Mh 3	Gmünd
399.04	Mh 4	Gmünd
399.05	Mh 5	Gmünd
399.06	Mh 6	Gmünd
499.01	Kh 1	+ 1973
699.01	2818	+ 1972
699.02	2822	+ 1973
699.03	2856	+ 1971
699.101	2817	+ 1972
699.102	2819	+ 1973
699.103	2821	Garsten
699.104	2857	+ 1969

1099.01−16 E1−16
alle in St.Pölten AB

ÖBB	früher	
2090.01	2021.01	Waidh.
2190.01	2040.01	Gmünd
2190.02	2040.02	Gmünd
2190.03	2040.03	St,P.AB
2091.01	2041.01	St.P.AB
2091.02	2041.02	Gmünd
2091.03	2041.03	Zell
2091.04	2041.04	St.P.AB
2091.05	2041.05	St.P.AB
2091.06	2041.06	+ 1973
2091.07	2041.07	Waidh.
2091.08	2041.08	Waidh.
2091.09	2041.09	Gmünd
2091.10	2041.10	Gmünd
2091.11	2041.11	Waidh.
2091.12	2041.12	Waidh.
2092.01	M13 954	Bregenz
2092.02	M13 955	Zell
2092.03	2092.101	St.P.AB
2092.04	2092.102	Gmünd
2092.101	M13 985	*siehe*
2092.102	M13 988	*oben*
2093.01	2070.01	St.P.AB
2095.01		Zell
2095.02		Zell
2095.03		Zell
2095.04		Bregenz
2095.05		Bregenz
2095.06		Bregenz
2095.07		Bregenz
2095.08		Waidh.
2095.09		Waidh.
2095.10		Waidh.
2095.11		Zell
2095.12		Gmünd
2095.13		St.P.AB
2095.14		St.P.AB
2095.15		St.P.AB

198.01 - 03

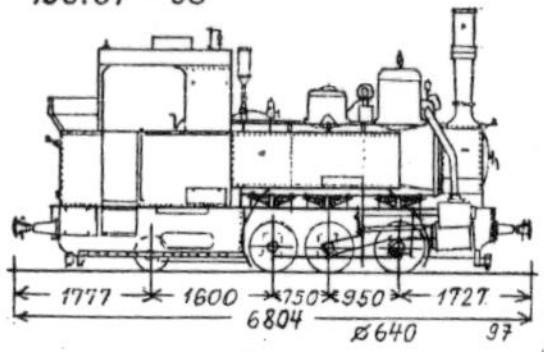

298.05....27, 51 - 56

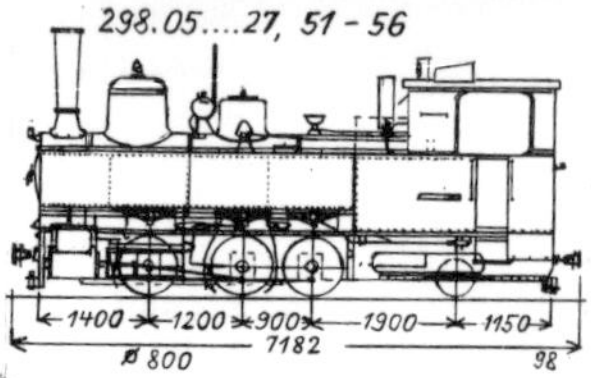

298.102 - 105

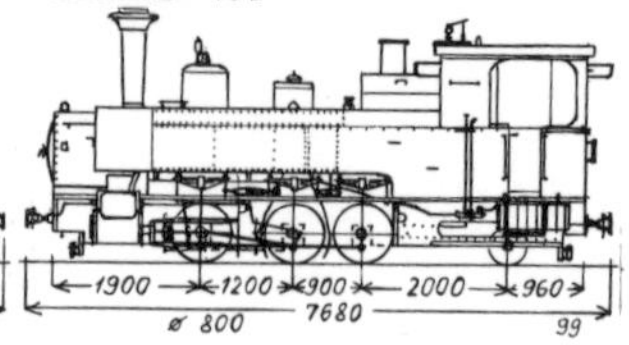

298.106

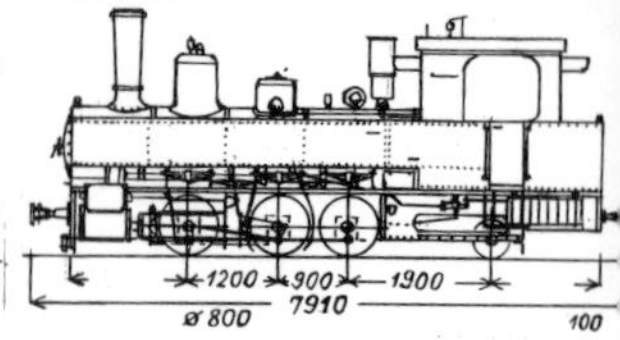

298.205 - 207

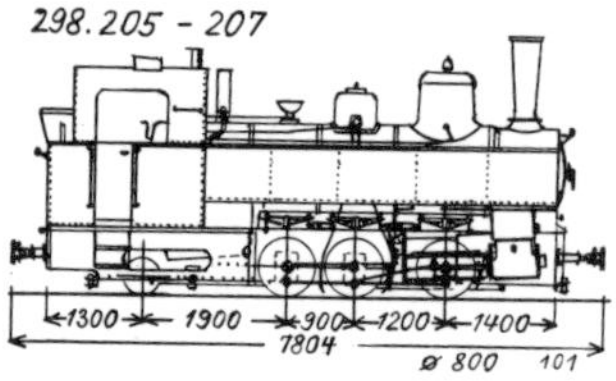

398.01

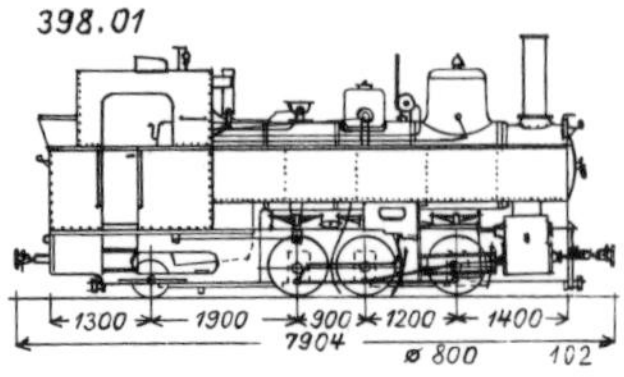

498.01 - 03, 05 - 06

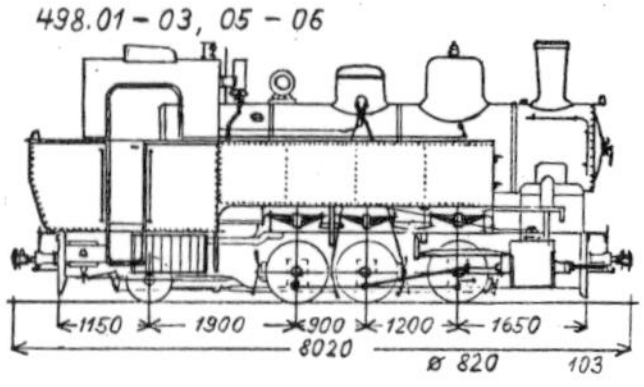

498.04 (UB) ; 498.07 - 08

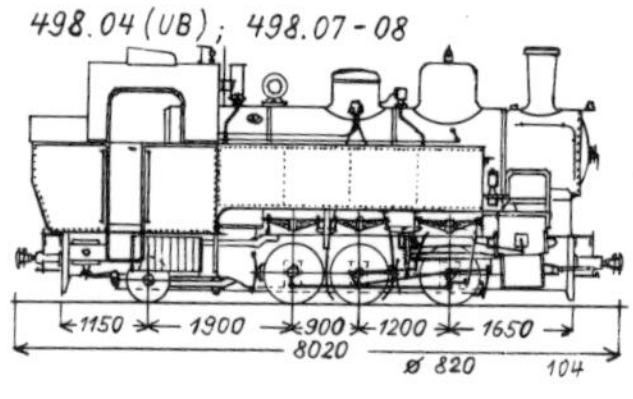

598.01 - 03

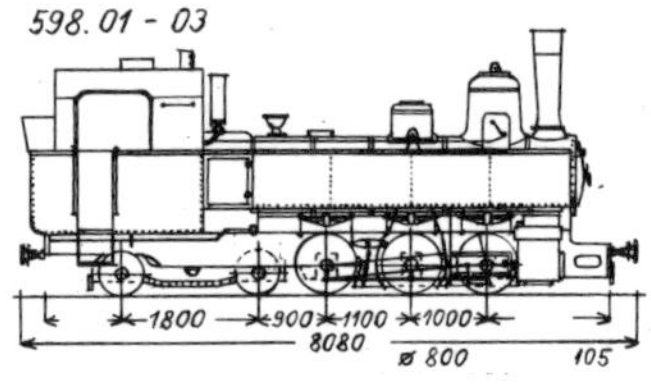

698.01

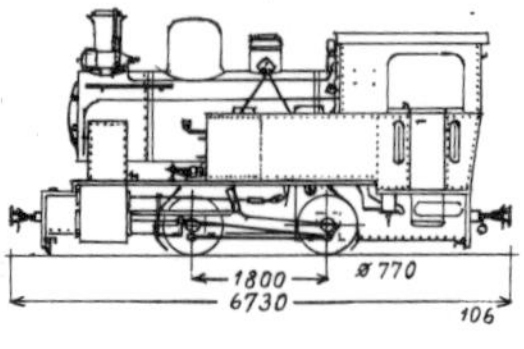

798.01 - 03

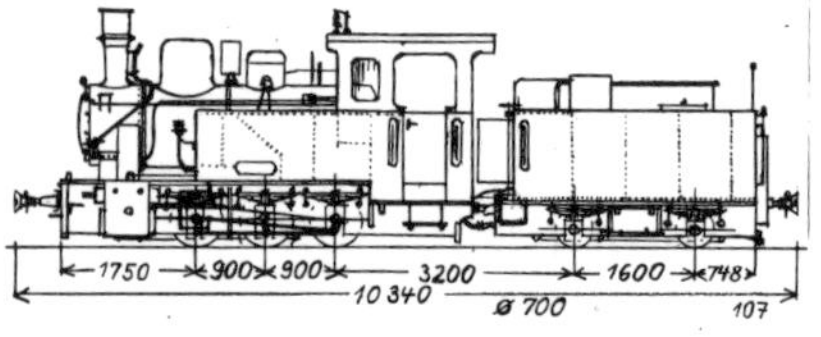

798.101

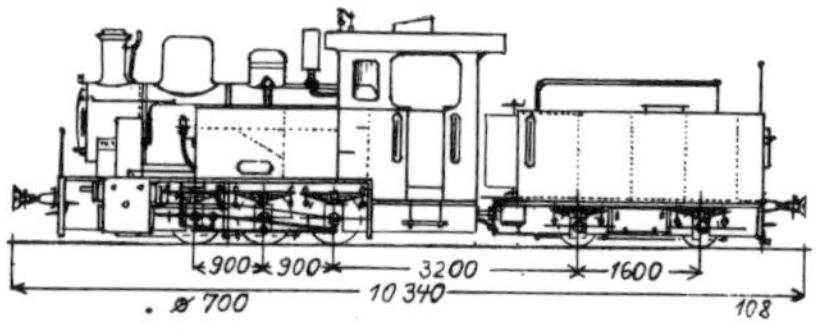

898.01

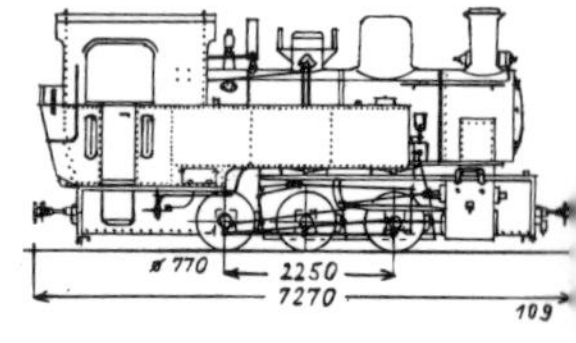

998.01

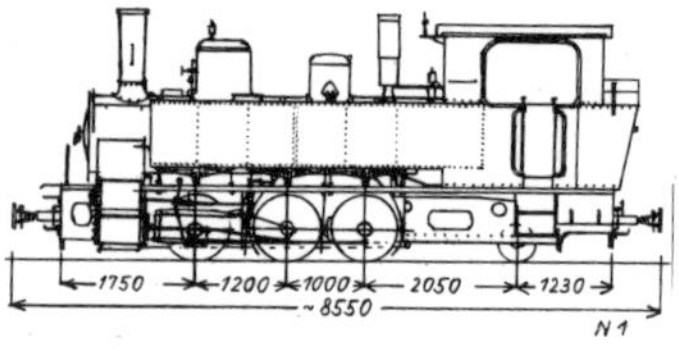

199.02 - 03

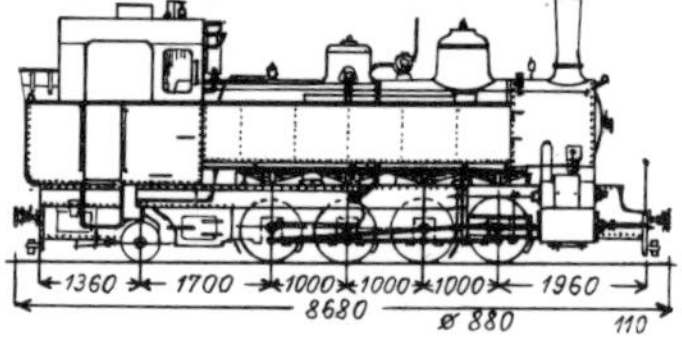

299.01 - 02

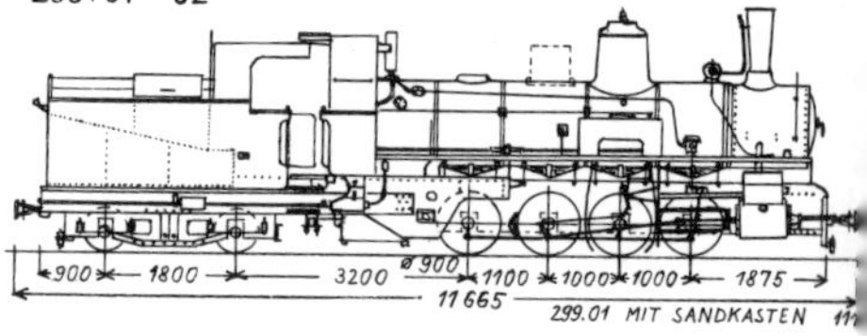

299.01 MIT SANDKASTEN

399.01 - 06

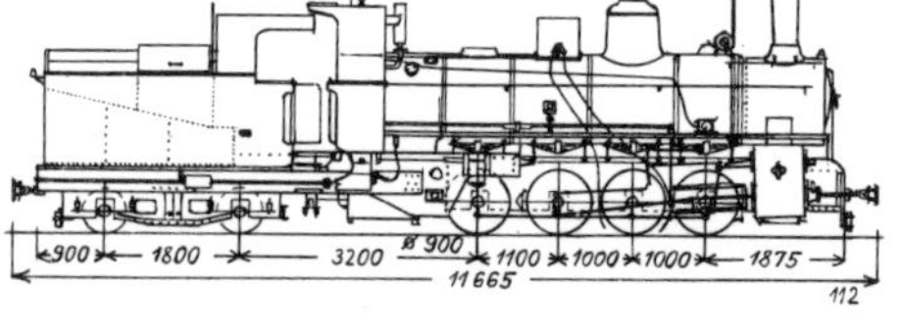

499.01

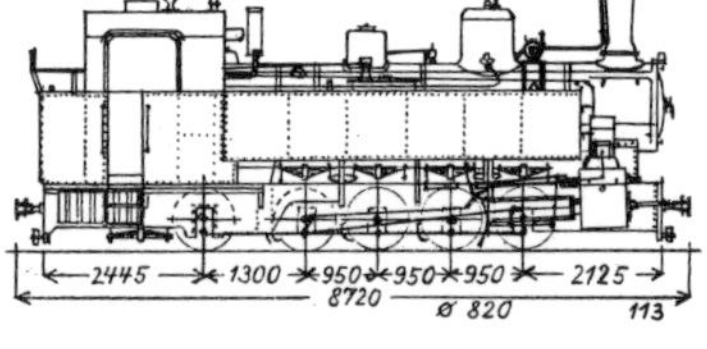

499.01 (UB)

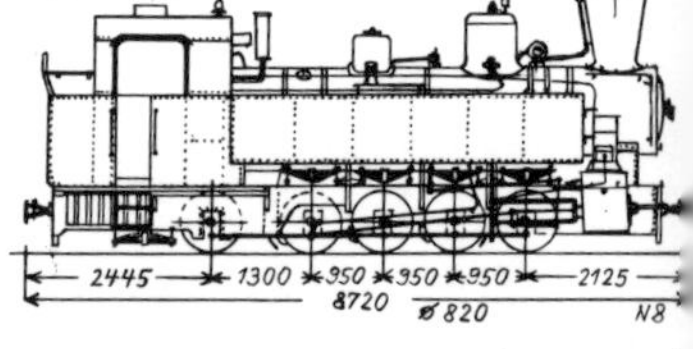

699.01 - 04

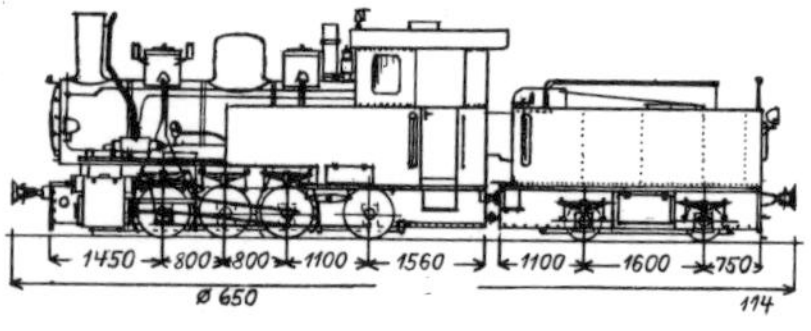

699.101 - 104 (ERST SCHORNSTEIN WIE 699.01 - 04)

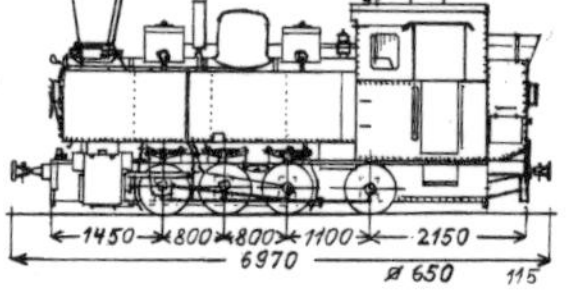

99 643, 647

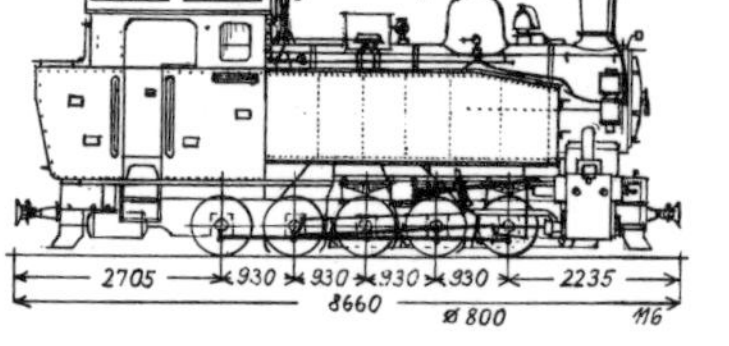

Aus dem ÖBB-Bestand ausgeschiedene, aber erhaltengebliebene Schmalspurlokomotiven

298.05	Denkmal Hauptwerkstätte Knittelfeld
298.14	Eurovapor für Dampfbetrieb Waldenburgerbahn (Schweiz)
298.24	Denkmal in Bregenz
298.54	Denkmal in Kirchberg an der Pielach
298.55	Denkmal in Mittersill
298.102	VKEF Treibach
298.104	Denkmal in Steyr (Taborschule)
298.205	Denkmal in Ruprechtshofen
298.206	Denkmal in Langschlag mit Nr. 21 (Niederöst. Waldviertelbahn)
398.01	Club 760 Murau (soll als Bh. 1 in Betrieb kommen)
498.03	Denkmal in Bezau
498.04	Denkmal in St. Veit an der Glan
498.06	Denkmal Autobahnrasthaus St. Pölten
498.07	Denkmal in Obergrafendorf
498.08	VKEF, Treibach mit Nr. Uh. 102
598.01	Denkmal in Waidhofen an der Ybbs mit Nr. Yv. 1
598.02	Club 598 Waidhofen an der Ybbs
598.03	Club 598 Waidhofen an der Ybbs
698.01	Denkmal Haag in Niederösterreich, Bahnhof
898.01	Denkmal Felixdorf (soll VKEF kommen)
998.01	VKEF Treibach
199.02	VKEF Treibach
499.01	VKEF Treibach
699.01	Club 760 Murau
699.101	VIKE, Spittal an der Drau

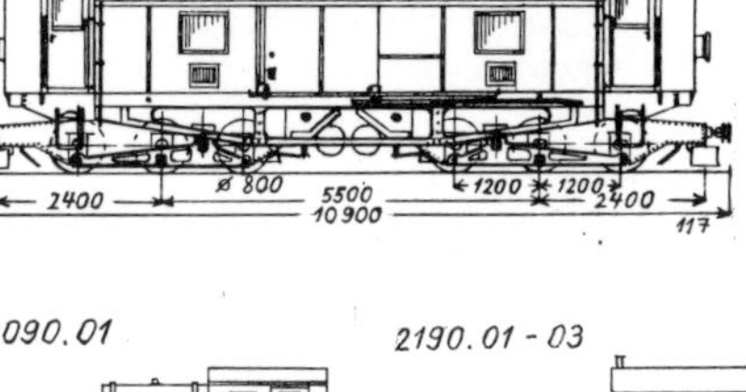

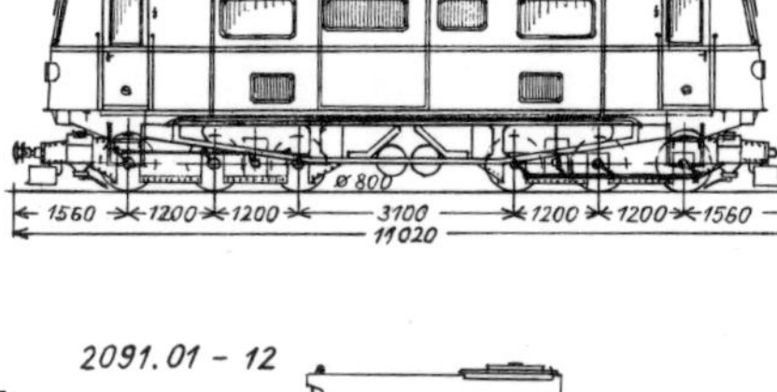

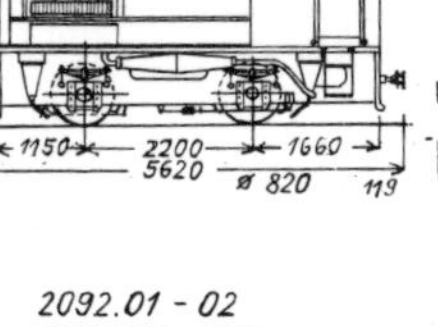

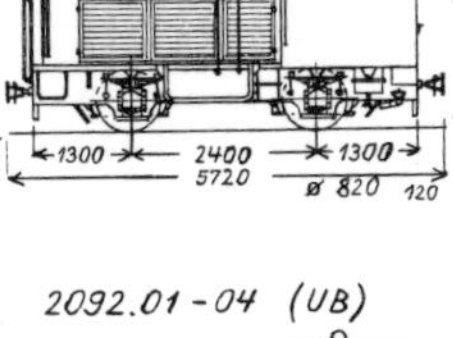

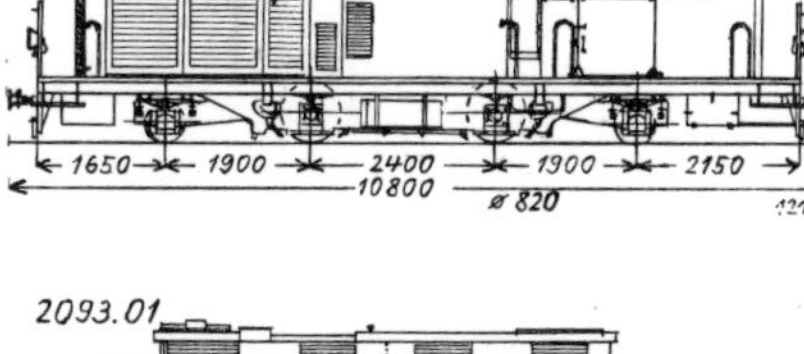

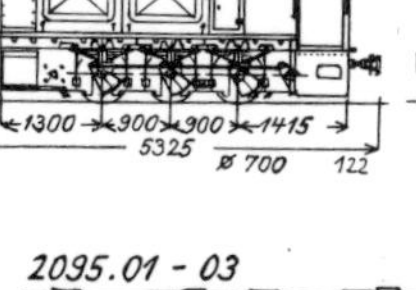

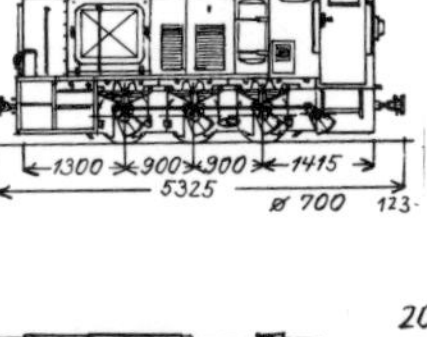

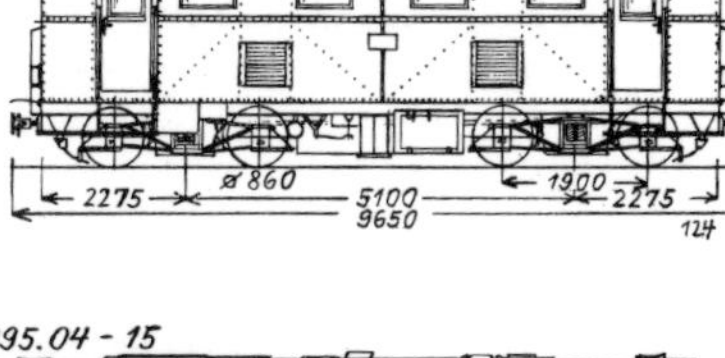

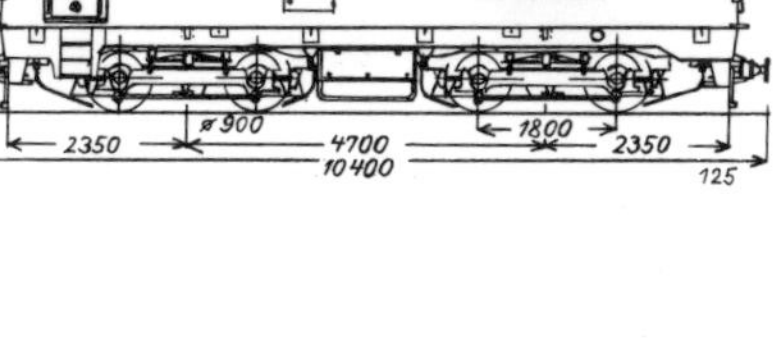

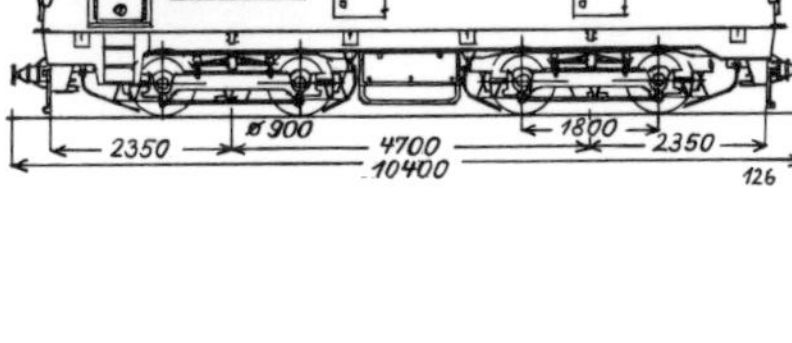

Pzg BCi 1 - 4

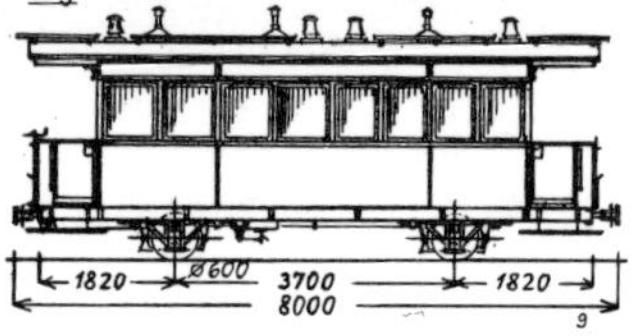

Pzg Ci 10 - 17 (15 - 17: OHNE BREMSE)

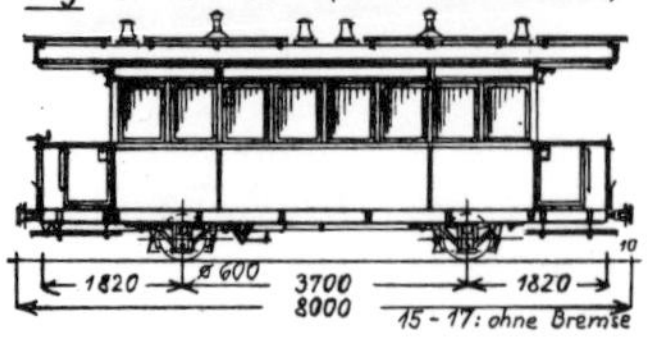

YB ACi 1 - 2

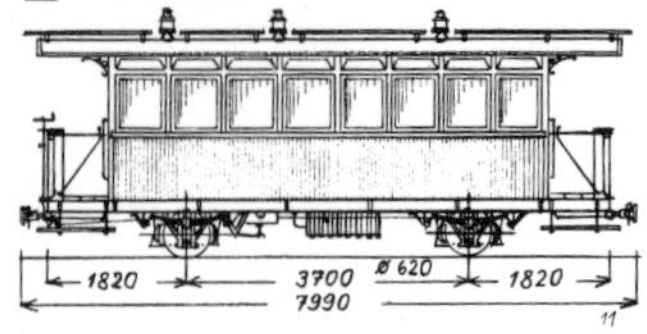

Personen-, Gepäck- und Güterwagen

Bregenzerwaldbahn

Gattung	Nummer	Baujahr	Br.	Ax	Sitzpl. Ladegw.	Eigengw.	BBÖ-Nr.	Anmerkung
BCi	1 – 2	1902	m	2	12/15	5080	200 – 201	
BCi	3	1897	m	2	12/15	5150	–	ex Neuhaus – Neub.
BCi	4 – 6	1903	m	2	12/15	5200	202 – 204	
BCi	7	1898	m	2	9/16	5880	–	*)
Ci	11 – 14	1902	m	2	32	5010	330 – 333	
Ci	15	1897	m	2	32	4940	334	ex Ci 6 Neuh. – Neub.
Ci	16	1903	m	2	32	5020	335	
Ci	17 – 19	1898	m	2	32	5460	–	*)
Ci	20 – 23	1909	m	2	32	5100	336 – 339	
Ci	340 – 341	1928/30	m	2	28	5200	340 – 341	mit BBÖ-Nr. geliefert
DF	101 – 102	1902	m	2	3,1	5770	895 – 896	
DF	103	1898	m	2	2,7	6030	897	*)
DF	104	1898	m	2	5,5	6380	898	*)
G	201 – 205	1902	m	2	6,0	4500	1040 – 1043	
G	206 – 210	1902	o	2	6,0	3820	1044 – 1047	
Jhn	211 – 215	1902	m	2	6,0	3700	2640 – 2644	*)
Jhn	216 – 226	1902	m	2	6,0	4000		*)
Jhn	227 – 235	1902	o	2	6,0	3530	2654 – 2662	
Jhn	236 – 240	1902	o	2	6,0	3300	2663 – 2667	*)
G	241 – 246	1903	m	2	6,0	4540	1048 – 1053	
G	247 – 248	1908	m	2	6,0	4800	1054 – 1055	
G	249 – 250	1908	o	2	6,0	3950	1056	
G	251 – 252	1908	m	2	6,0	4100	1057 – 1058	
Jhn	253 – 256	1908	m	3	10,0	5060	7310 – 7313	*)
Jhn	257 – 258	1908	o	3	10,0	4240	7314	*)
Jka	259 – 260	1908	m	4	15,0	9400	6430	
Gwl	1330 – 1331	1928	m	2	8,0	5650	1059 – 1060	
Owr	3060 – 3063	1928	m	2	8,0	4900	3063 – 3063	mit BBÖ-Nr. geliefert
Omra	6432	1928	m	4	15,0	9740	6432	mit BBÖ-Nr. geliefert
X	$\frac{1}{3}$ $\frac{2}{3}$ $\frac{3}{3}$ $\frac{4}{3}$	1889	m	2	6,0	4100	(ÖBB 90300 – 90302)	

*) 7: ex ABi21 Lambach – Gmunden, UB 1903 von Spurweite 1106 mm
17 – 19: ex Ci22 – 24 Lambach – Gmunden, UB 1903 von Spurweite 1106 mm
103: ex Fk56 Lambach – Gmunden, UB 1903 von Spurweite 1106 mm
104: ex D57 Lambach – Gmunden, UB 1907 von Spurweite 1106 mm
211 – 215: UB 1903 in K, Eigengewicht 4300, UB 1909 in Jhn
216 – 226: BBÖ-Nr. 2645 – 2649, 8340 – 8341, 2650 – 2653; 226 laut Verzeichnis ohne Bremse, tatsächlich mit Bremse
236 – 240: UB 1903 in K, Eigengewicht 3530, UB 1909 in Jhn
253 – 256: UB in K, Eigengewicht 5400
257 – 258: UB in K, Eigengewicht 4900
Die vier Arbeitswagen Nr. 1 – 4 wurden 1889 von Weitzer in Graz erbaut, Achslageraufschrift St. B. (Steyrtalbahn)

Kriegsverluste 1918:

BCi	3	Fleimstalbahn
G	201	Steinbeisbahn
G	208	Steinbeisbahn
G	250	Steinbeisbahn
K	257	Hrubieszow
Jka	259	Fleimstalbahn

YB Ci 3 - 6

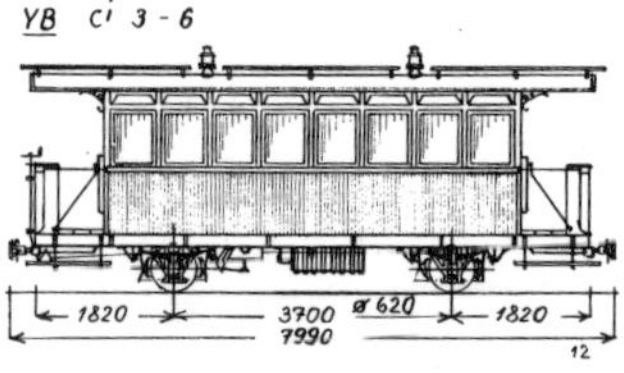

BWB BCi 1-2, 4-6; GB BCi 1-2; K-E BCi 1-2; YB BCi 7-11

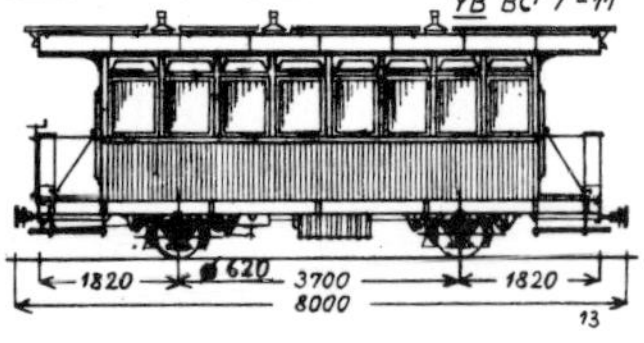

BWB Ci 11-14, 16, 20-23; GB Ci 3-4; K-E Ci 3-4; Pzg Ci 18-19; YB Ci 12-15

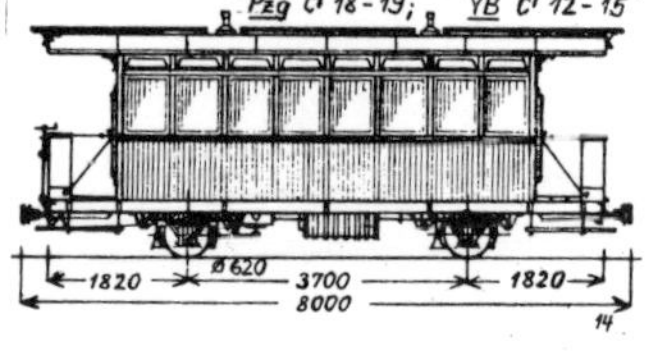

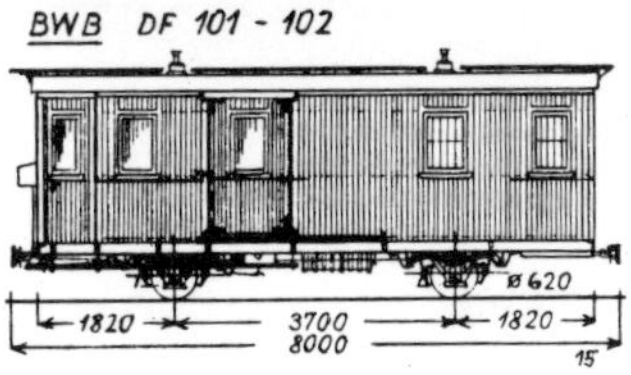

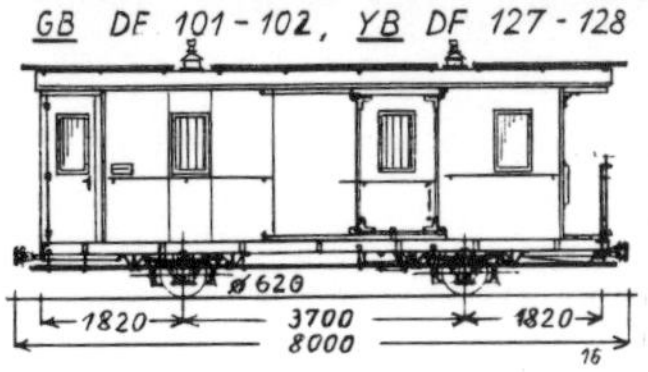

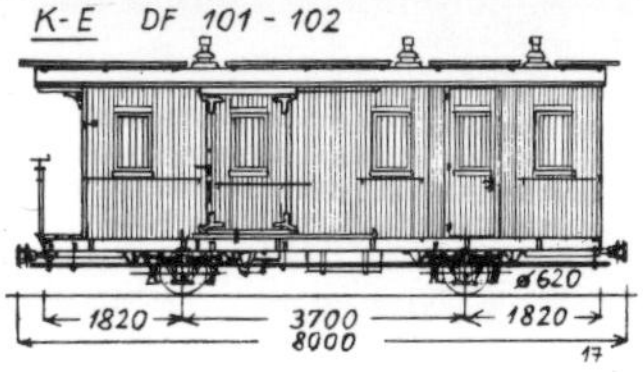

Gurktalbahn

Gattung	Nummer	Baujahr	Br.	Ax	Sitzpl. Ladegw.	Eigengw.	BBÖ-Nr.	Anmerkung
BCi	1 – 2	1898	m	2	12/15	5020	320 – 321	UB in Ci
Ci	3 – 4	1898	m	2	32	4870	322 – 323	
Ci	5 – 6	1925	m	2	32	5700	324 – 325	
DF	101 – 102	1898	m	2	3,1	5160	890 – 891	
G	201 – 203	1898	m	2	6,0	4430	1020 – 1022	
G	204 – 205	1898	o	2	6,0	3820	1023 – 1024	
Jhn	206 – 219	1898	m	2	6,0	3900	8310 – 8323	
Jhn	220 – 233	1898	o	2	6,0	3500	8700–10, 4150, 8711, 4151	*)
Gma	1870	1928	m	4	15,0	10460	1870	mit BBÖ-Nr. geliefert
Pmra	2410 – 2411	1928	m	4	15,0	8770	2410 – 2411	mit BBÖ-Nr. geliefert

*) 220–233: ca. 1900 Einbau einer 3. Achse; Ladegewicht 10,0 t, Eigengewicht 3900 kg; 231, 233 UB in Jky (Hochbordwagen)

Kühnsdorf – Eisenkappel

Den Fahrpark beschafften die kkStB auf Kosten der Konzessionäre.

Gattung	Nummer	Baujahr	Br.	Ax	Sitzpl. Ladegw.	Eigengw.	BBÖ-Nr.	Anmerkung
BCi	1 – 2	1902	m	2	12/15	5210	300 – 301	UB in Ci
Ci	3 – 4	1902	m	2	32	5020	302 – 303	
DF	101 – 102	1902	m	2	3,5	5500	880 – 881	
G	201 – 202	1902	m	2	6,0	4420	1000 – 1001	
Ga	203 – 205	1902	m	4	15,0	9400	1850 – 1852	
Jk	206 – 209	1902	m	3	10,0	4580	4100 – 4103	
Jk	210 – 212	1902	o	3	10,0	4000	4104 – 4106	
Jkh	213 – 215	1902	m	3	10,0	4800	4900 – 4902	
Jkh	216 – 218	1902	o	3	10,0	4320	4903 – 4905	
Jka	219 – 221	1904	m	4	15,0	9280	6400 – 6402	
Jat	301 – 304	1924	m	4	25,0	8750	9800 – 9803	

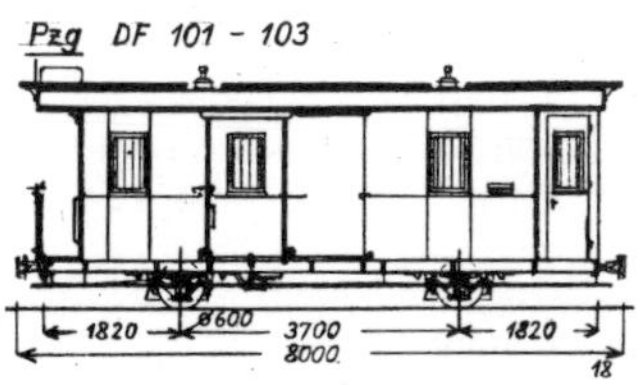

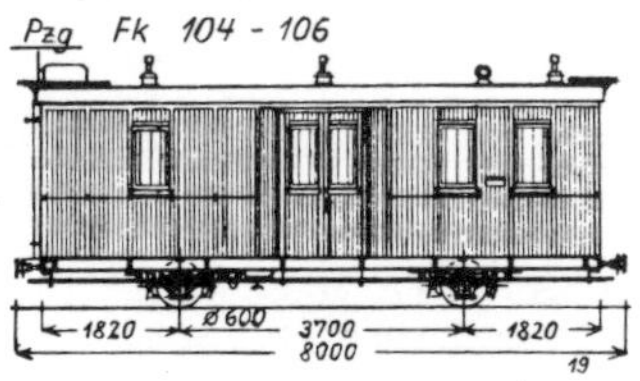

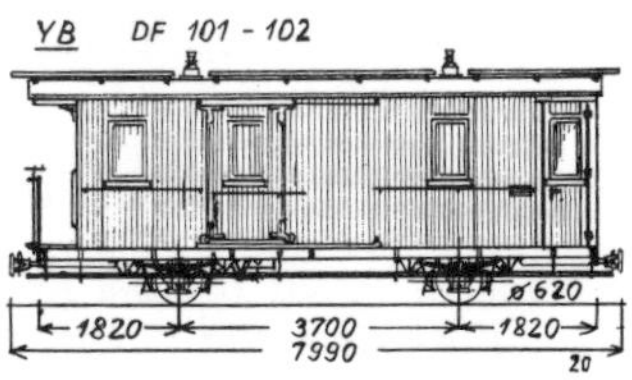

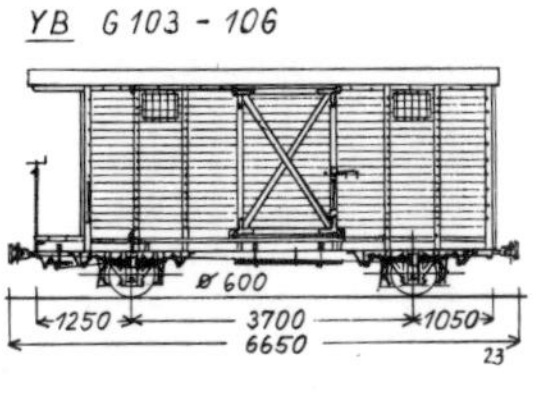

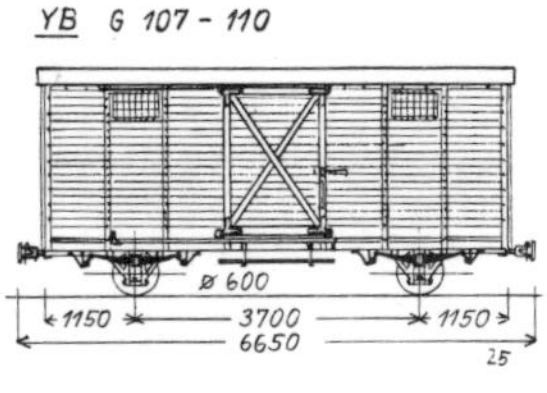

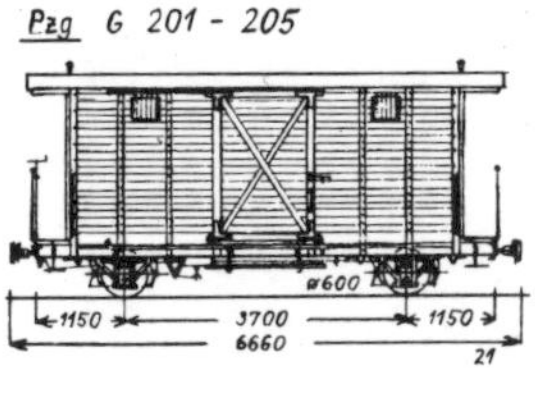

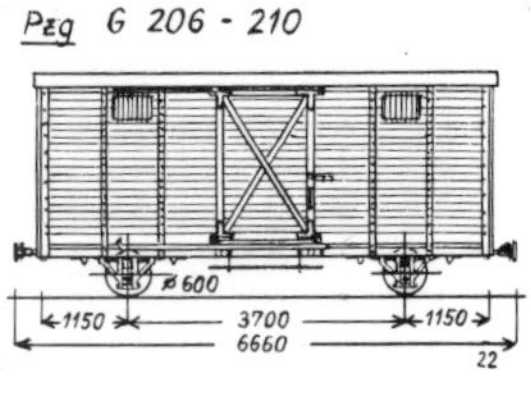

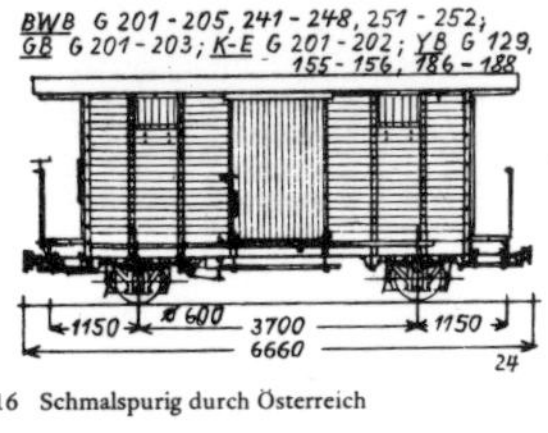

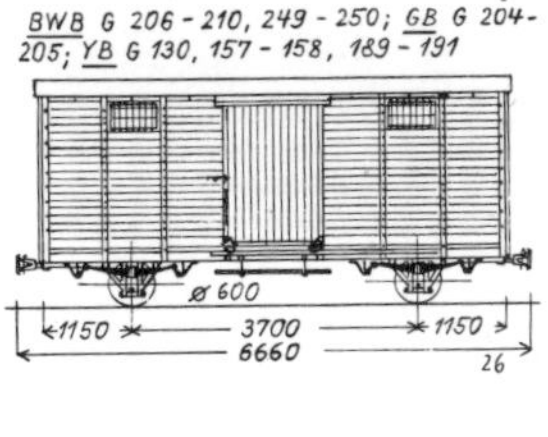

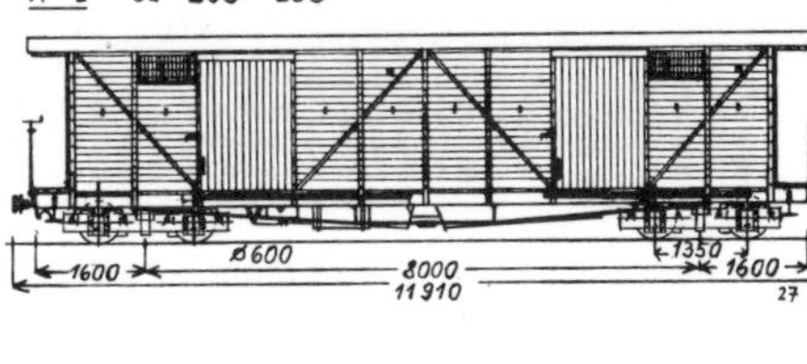

Pinzgauer Lokalbahn

Gattung	Nummer	Baujahr	Br.	Ax	Sitzpl. Ladegw.	Eigengw.	BBÖ-Nr.	Anmerkung
BCi	1 – 4	1898	m	2	12/15	5180	255 – 258	
BCi	5	1924	m	2	12/15	5800	259	
Ci	10 – 14	1898	m	2	32	4950	470 – 474	
Ci	15 – 17	1898	o	2	32	4550	475 – 477	
Ci	18 – 19	1909	m	2	32	5100	478 – 479	
Ci	20 – 22	1924	m	2	32	5600	480 – 482	
DF	101 – 103	1898	m	2	3,1	5110	810 – 812	*)
Fk	104 – 106	1908	m	2	3,1	5050	980 – 982	
G	201 – 205	1898	m	2	6,0	4000	–	
G	206 – 210	1898	o	2	6,0	3600	1190 – 1193	
K	211 – 212	1898	m	2	6,0	3540	–	
K	213 – 215	1898	o	2	6,0	3130	7070 – 7072	
Jhn	216 – 220	1898	m	2	6,0	3380	8420	
Jhn	221 – 234	1898	o	2	6,0	3000	8421 – 8431	
Jhn	235 – 238	1898	o	2	6,0	3580	8432 – 8433	*)
Jhn	239 – 243	1907	m	3	10,0	4790	8880 – 8882	
Jhn	244 – 248	1907	o	3	10,0	4260	8883 – 8886	
Jk	249 – 250	1898	o	2	6,0	3810	3200 – 3201	*)
Jk	251 – 260	1922	m	2	8,0	4400	3202 – 3211	
Jk	261 – 270	1922	o	2	8,0	4340	3212 – 3221	
G	271 – 274	1922	m	2	8,0	4980	1194 – 1197	
G	275 – 277	1924	m	2	8,0	4980	1198 – 1200	
Gy	278 – 283	1926	m	3	15,0	6020	1820 – 1825	
Ga	284 – 287	1926	m	4	15,0	10460	1930 – 1933	
Jk	300 – 302	1924	m	2	8,0	4355	3222 – 3224	
Jk	303 – 305	1924	o	2	8,0	4400	3225 – 3227	
Jkey	306 – 325	1926	m	3	15,0	5200	5930 – 5949	
T	400 – 409	1924	o	2	13,5	1350	9500 – 9509	
Jyyt	500 – 504	1926	m	6	30,0	8100	9980 – 9984	
Jke	761-160 ff.	1917	m	3	10,0	6055	5780 – 5787	*)
Ca	720	1932	m	4	52	14700	720	mit BBÖ-Nr. geliefert
Ca	745	1937	m	4	50	12000	745	*)
CDa	750 – 754	1937	m	4	42	13000	750 – 754	*)

*) 101–103: UB 1908 in D; Eigengewicht 4810
235–236: 1907 von Bärn (Andersdorf)–Hof ex 213–214
237–238: 1907 von Röwersdorf–Hotzenplotz ex 215–216
249–250: 1912 von Bärn (Andersdorf)–Hof ex 209–210
745: mit Nummer Cavt 1 geliefert; vierachsiger Wagen mit radial einstellbaren Achsen (Deichsel-Gestelle)
750–754: mit BBÖ-Nummern geliefert; vierachsige Wagen mit radial einstellbaren Achsen (Deichsel-Gestelle); 752 UB Herbst 1938 im RAW St. Pölten (Drehgestelle von LHB); 750, 751, 753, 754 UB erst von ÖBB
761-160 bis 761-164 und 761-168 bis 761-170: Diese Wagen der k.u.k. Heeresfeldbahn waren schon bei Kriegsende 1918 (Stand vom 3. November 1918) auf der Pinzgauer Lokalbahn.

Kriegsverluste 1918:

G	201	Grödenbahn
G	202	Fleimstalbahn
G	203	Grödenbahn
G	204	Grödenbahn
G	205	Steinbeisbahn
G	206	Steinbeisbahn
K	211	Fleimstalbahn
K	212	Fleimstalbahn
Jhn	216	Triest–Parenzo
Jhn	217	Fleimstalbahn
Jhn	218	Fleimstalbahn
Jhn	220	Grödenbahn
Jhn	221	Triest–Parenzo
Jhn	228	Triest–Parenzo
Jhn	233	Arco–Sarche
Jhn	236	Triest–Parenzo
Jhn	237	Triest–Parenzo
Jhn	239	Arco–Sarche
Jhn	241	Arco–Sarche
Jhn	246	Arco–Sarche

Ruprechtshofen – Gresten

Gattung	Nummer	Baujahr	Br.	Ax	Sitzpl. Ladegw.	Eigengw.	BBÖ-Nr.	Anmerkung
	1 – 2	UB 1932	m	3	30	7100	Aussichtsw. f. d. Mariazellerbahn UB aus 6223 – 6224 (ex 403 – 404)	
Ci	30 – 33	1927	m	2	32	5700	310 – 313	
Ci	314	1929	m	2	28	5700	314	mit BBÖ-Nr. geliefert
DF	50 – 51	1927	m	2	3,1	5700	885 – 886	
DF	887	1929	m	2	3,1	5700	887	mit BBÖ-Nr. geliefert
Ga	100 – 103	1927	m	4	15,0	10510	1860 – 1863	
Jh	200 – 205	1927	o	2	10,0	2540	8510 – 8515	
Jby	250 – 253	1927	m	3	15,0	6800	2310 – 2313	
Kly	400 – 405	1927	m	3	15,0	7200	6220 – 6225	6223 – 24 UB in Aussichtswagen
T	900 – 911	1927	o	2	13,5	1380	9350 – 9361	

Ybbstalbahn

Gattung	Nummer	Baujahr	Br.	Ax	Sitzpl. Ladegw.	Eigengw.	BBÖ-Nr.	Anmerkung
ACi	1 – 2	1896	m	2	12/15	5100	210 – 211	später BCi
Ci	3 – 6	1896	m	2	32	4900	350 – 353	
BCi	7 – 11	1898	m	2	12/15	5100	212–15, 354	11: UB v. BCi in Ci
Ci	12 – 15	1898	m	2	32	4900	355 – 358	
Ci	359 – 360	1928	m	2	28	5200	359 – 360	
DF	101 – 102	1896	m	2	3,1	5200	905 – 906	
G	103 – 106	1896	m	2	6,0	4320	1213 – 1214	
G	107 – 110	1896	o	2	6,0	3750	1215 – 1218	
K	111 – 114	1896	m	2	6,0	3910	7073 – 7076	
K	115 – 118	1896	o	2	6,0	2680	2050 – 2053	
Jn	119 – 122	1896	m	2	6,0	3200	2540 – 2543	
Jn	123 – 126	1896	m	2	6,0	3630	2544 – 2547	
DF	127 – 128	1898	m	2	3,1	5200	907 – 908	
G	129	1898	m	2	6,0	4490	1219	
G	130	1898	o	2	6,0	3890	1220	
Jhn	131 – 136	1898	m	2	6,0	4010	8190–94, 2054	
Jhn	137 – 141	1898	o	2	6,0	3510	8195 – 8199	
Jhn	142 – 143	1898	o	3	10,0	4020	8648 – 8649	*)
Jhn	144	1898	o	2	6,0	3510	8200	
Jk	145 – 149	1898	m	2	6,0	3860	3230, 3231, 2056, 3232, 2057	
Jk	150 – 154	1898	o	2	6,0	3280	3233 – 3237	
G	155 – 156	1900	m	2	6,0	4490	909, 1221	*)
G	157 – 158	1900	o	2	6,0	3890	1222 – 1223	
Jhn	159 – 162	1900	m	2	6,0	4050	8201 – 8202	
Jhn	163	1900	o	2	6,0	3600	8203	
Jhn	164 – 168	1900	m	2	6,0	3950	8204 – 8206	
Jhn	169 – 173	1900	o	2	6,0	3520	8207, 2055, 8208, 8209	
Jk	174 – 179	1903	m	3	10,0	4570	4358 – 4363	
Jkh	180 – 185	1903	o	3	10,0	4260	4364 – 4369	
G	186 – 188	1903	m	2	6,0	4560	1224 – 1226	
G	189 – 191	1903	o	2	6,0	3980	1227 – 1228	
G	192 – 197	1920	m	2	8,0	5360	1229 – 1234	
Jk	198 – 221	1920	m	2	8,0	4000	3238, 2058, 3239 – 60	
Jk	222 – 241	1920	o	2	8,0	3500	2059 – 60, 3261, 2061 – 62, 3262 – 72, 2063, 3273 – 75	

*) 142 – 143: geliefert mit 2 Achsen; ca. 1900 Einbau einer 3. Achse
155: UB in DF; Ladegewicht 3,1 t, Eigengewicht 5700 kg

Kriegsverluste 1918:

G 103	Steinbeisbahn	
G 105	Steinbeisbahn	
Jh 161	Triest – Parenzo	
Jh 162	Triest – Parenzo	
Jh 164	Triest – Parenzo	
Jh 165	Triest – Parenzo	
Jh 170	Triest – Parenzo	
G 189	Steinbeisbahn	

Pzg K 211 - 212

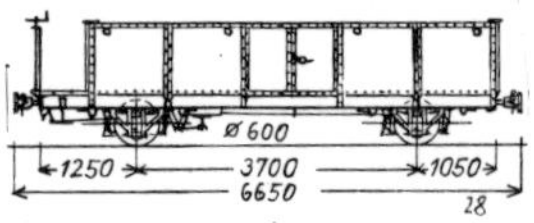

Pzg K 213 - 215

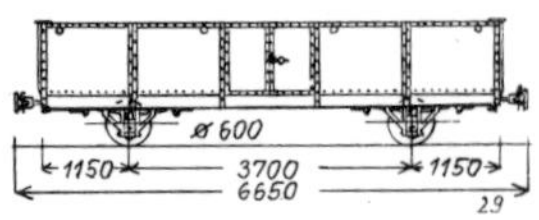

Pzg Jk 249 - 250;
YB Jk 150 - 154

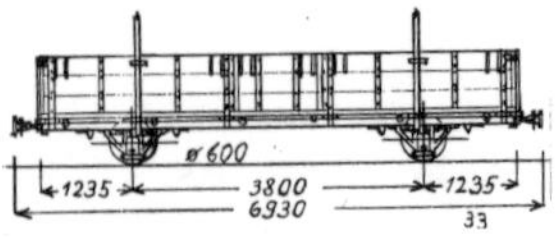

YB K 111 - 114

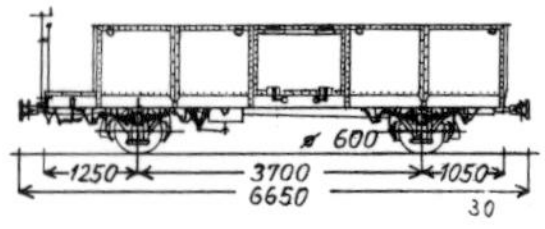

YB K 115 - 118

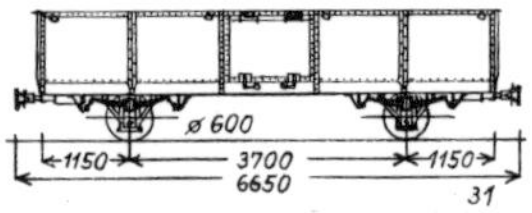

YB Jk 145 - 149

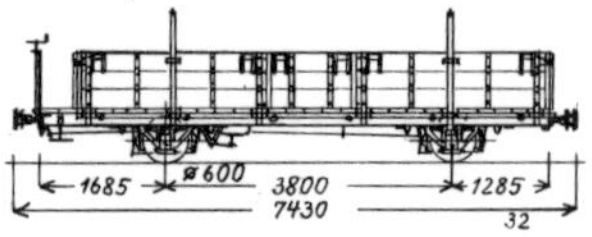

YB Jk^{y} 174 - 179

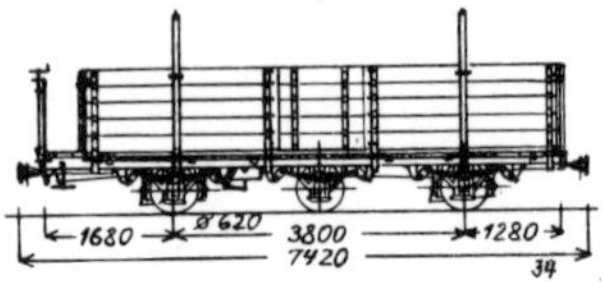

YB Jk^{y} 180 - 185

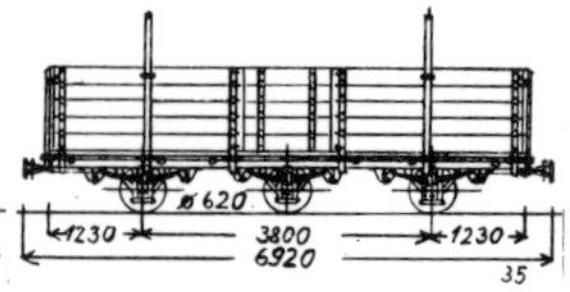

K-E Jk^{y} 206 - 209

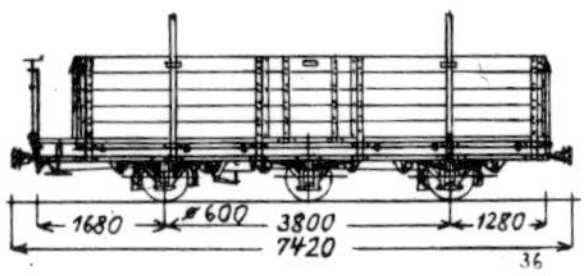

K-E Jk^{y} 210 - 212

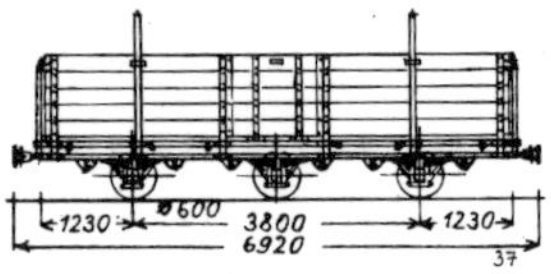

K-E Jk^{hy} 213 - 215

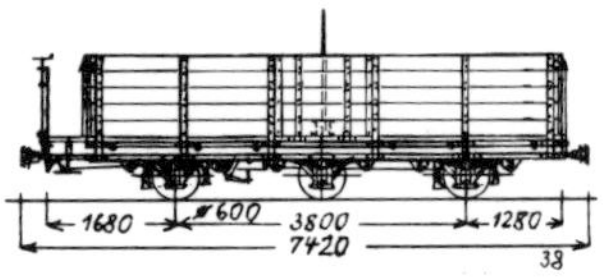

K-E Jk^{hy} 216 - 218

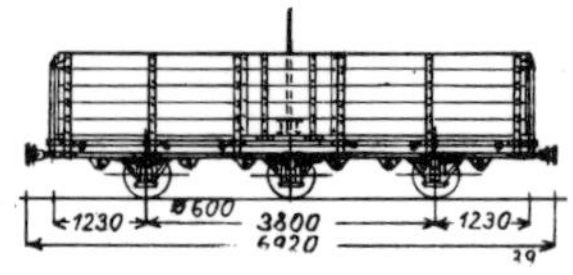

GB Jk^{y} 231, 233

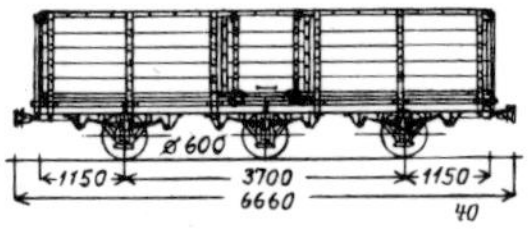

BWB K^{y} 253 - 256

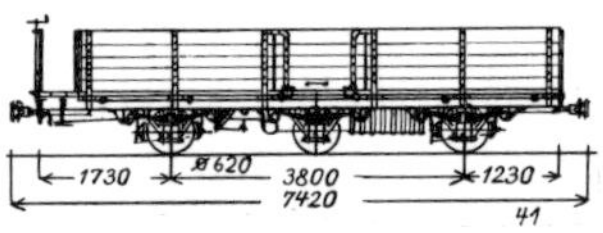

BWB K^{y} 257 - 258

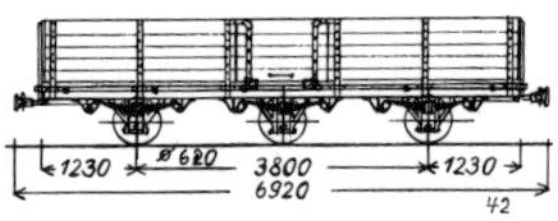

BWB Jk^{a} 259 - 260

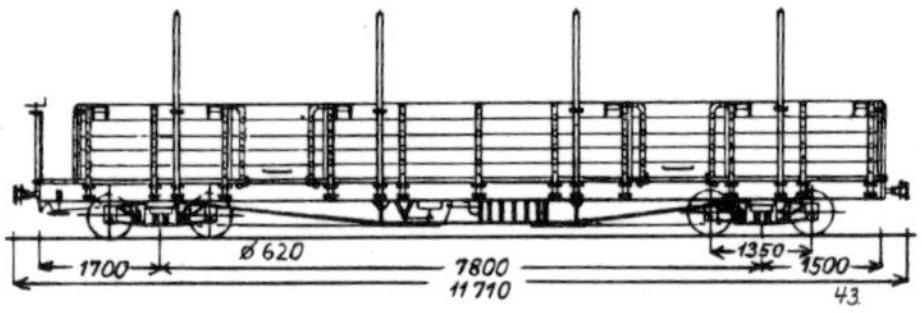

K-E Jk^{a} 219 - 221

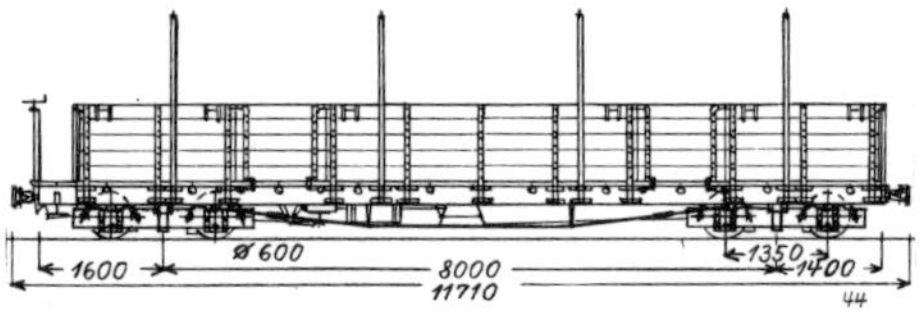

Pzg Jh^{n} 216 - 220

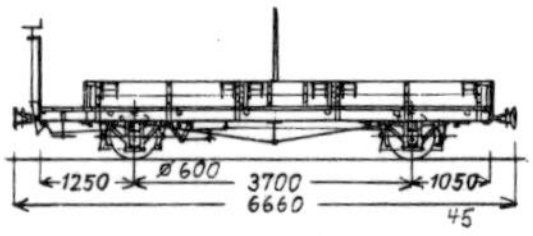

Pzg Jh^{n} 221 - 234

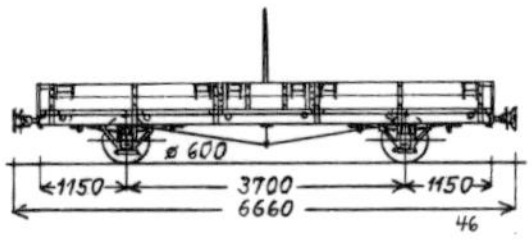

BWB Jh^{n} 211 - 225; GB Jh^{n} 206 - 219; YB Jh 119 - 126, Jh^{n} 131 - 136, 159 - 162, 164 - 168

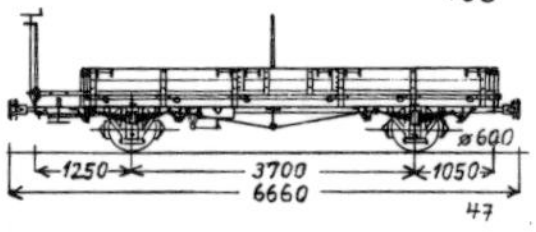

BWB Jh^{n} 226 - 240; Pzg Jh^{n} 235 - 238; YB Jh^{n} 137 - 141, 144, 163, 169 - 173

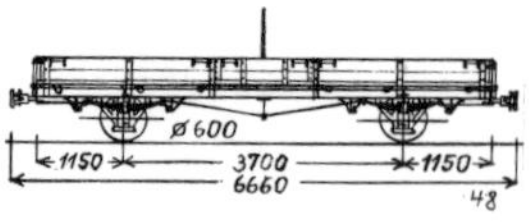

GB Jh^{n} 220 - 233; YB Jh^{n} 142 - 143

BWB Jh^{n} 253 - 256; Pzg Jh^{n} 239 - 243

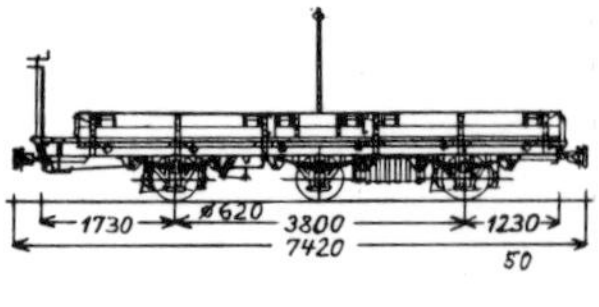

BWB Jh^{n} 257 - 258; Pzg Jh^{n} 244 - 248

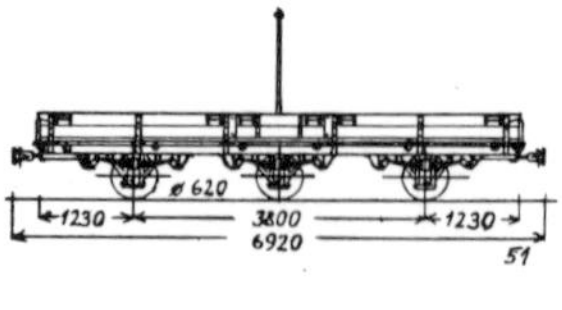

K-E Ja^{t} 301 - 304

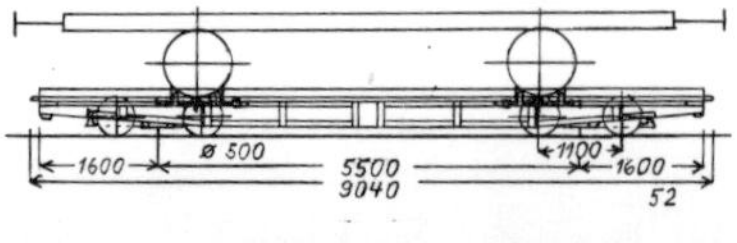

BBÖ-Nummernschema 1928

Gattung	BBÖ-Nummer	g e b a u t Jahr	von	für	DRB-Nr.	ÖBB-Nummer	Anmerkung
S	1	1898	Gr	Mz	–	–	1931 UB in C408
Aussichtsw.	1 – 2	UB 1932	StP	R-G	–	64618 – 64619	*)
Sa	3	1910	Gr	Mz	–	3095	*)
S	4	1891	Gr	St	Li	4770	
Sa	5	1908	Gr	Mz	–	3295	
Sa	10	1908	Gr	NÖ	–	–	1938 UB in BCa 284
B	70 – 77	1908	Gr	NÖ	–	–	
Ba	120 – 121	1908	Gr	Mz	–	3200, 3201	
Ba	122 – 123	1912	Sm	Mz	–	3000, 3001	
Ba	124	1908	Gr	Mz	–	3202	
Ba	125 – 128	1912	Sm	Mz	–	3002 – 3005	
BC	200 – 204	1902/03	Gr	BWB	–	3651 – 3655	
BC	210 – 215	1896, 98	Gr	YB	Li	3600, 4601, 3607 – 3610	
BC	225 – 228	1900/02	Gr	WB	–	–	UB in C 376 – 379
BC	235	1898	Gr	Mz	–	3400	
BC	236 – 241	1906	Gr	Mz	–	–	*)
BC	242 – 243	1898	Gr	Mz	–	3401	242: UB in C409
BC	255 – 258	1898	Gr	Pzg	Li	4711, 3612 – 3614	
BC	259	1924	Sm	Pzg	Li	3722	
BC	260 – 262	1924	Sm	*NÖ*	–	3721	261 – 262: UB in C 510 – 511
BC	270 – 277	1889/91	Gr	St	Li	97002, 98800, 98810, 97005, 98013	*)
BCa	280 – 283	1912	Sm	Mz	–	3006 – 3009	
BCa	284	UB 1938	–	–	–	3296	UB aus Sa 10
C	300 – 303	1902	Gr	K-E	Vi	3640 – 3643	
C	310 – 313	1927	Gr	R-G	–	3733 – 3736	
C	314	1929	Gr	R-G	–	3740	
C	320 – 323	1898	Gr	GB	Vi	3615 – 3618	
C	324 – 325	1925	Gr	GB	Vi	3619 – 3620	
C	330 – 335	1897/03	Gr	BWB	–	3644 – 3647, 3606, 4656	
C	336 – 339	1909	Gr	BWB	–	4699 – 4701, 3702	
C	340 – 341	1928, 30	Gr	BWB	–	3737, 3741	
C	350 – 358	1896, 98	Gr	YB	Li	3602 – 3605, 3621 – 3625	
C	359 – 360	1928	Gr	YB	Li	3738 – 3739	
C	370 – 375	1900/02	Gr	WB	–	6490, 3637, 3648 – 49, 3638	*)
C	376 – 379	UB	–	–	–	3639, 3650, 97003	*)
C	385 – 387	1898	Gr	Mz	*Vi*	3636, 3402, 3662	
C	388 – 405	1906	Sm	Mz	*Vi*	3657 – 61, 3403, 3663 – 68	*)
C	406 – 407	1898	Gr	Mz	–	3627, 6491	
C	408	UB 1931	–	–	–	3628	UB aus S 1
C	409 – 414	UB	–	–	–	3674 – 3677, 4678	*)
C	470 – 477	1898	Gr	Pzg	Li	3629 – 3636	
C	478 – 479	1909	Gr	Pzg	Li	3703 – 3704	
C	480 – 482	1924	Sm	Pzg	Li	3723 – 3725	
C	483 – 502	1907	Sm	NÖ	*Vi*	*)	*)
C	503 – 509	1924	Gr	*NÖ*	*Li*	3726 – 3732	
C	510 – 511	UB	–	–	–	3720	*)
C	570 – 584	1889/91	Gr	St	Li	*)	*)
C	585	UB 1932	–	–	Li	4764	UB aus 271
Ca	630 – 663	1912	Sm	Mz	–	3010 – 3043	
Ca	700 – 719	1908	Sm	NÖ	–	3203 – 19, 97200, 3220 – 21	
Ca	720	1932	Sm	BBÖ	Li	3045	
Ca	745	1937	Sm	BBÖ	Li	3050	*)
CDa	750 – 754	1937	Sm	BBÖ	Li	3080, 3081, 3087, 3082, 3083	
CF	795	1892	Gr	St	Li	6496	

Fußnoten auf Seite 246

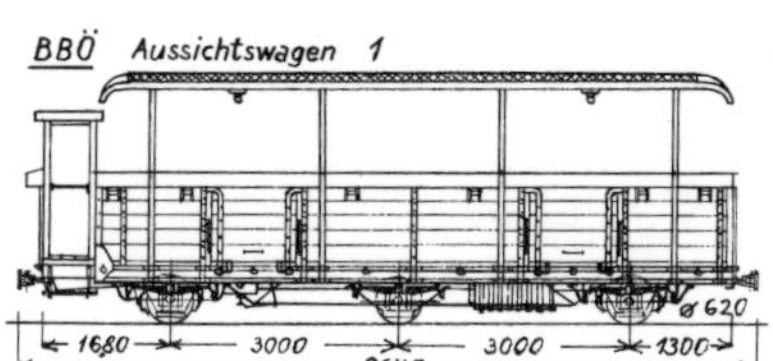

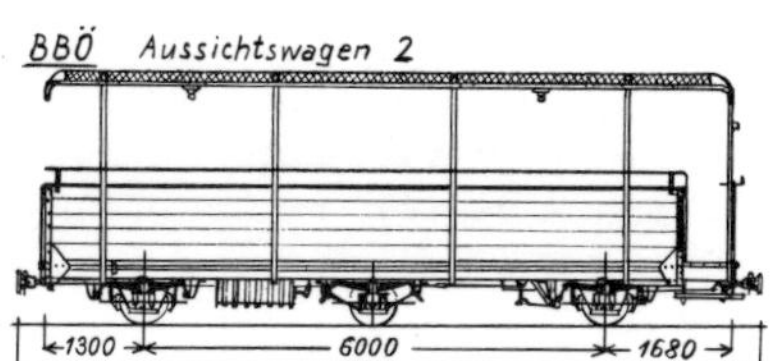

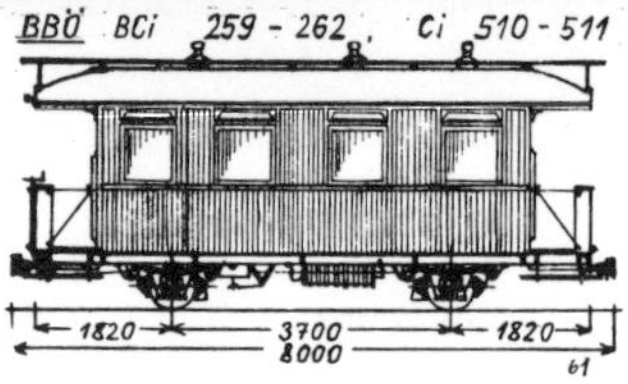

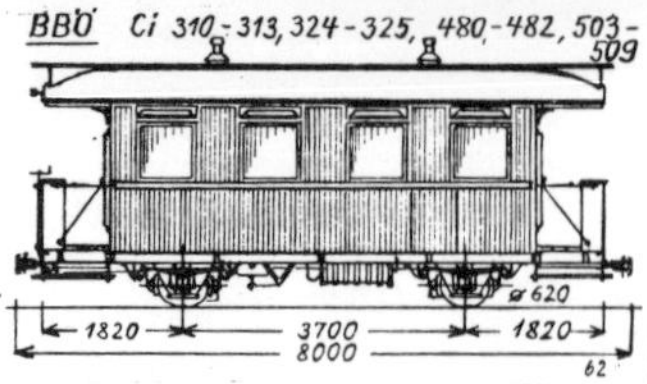

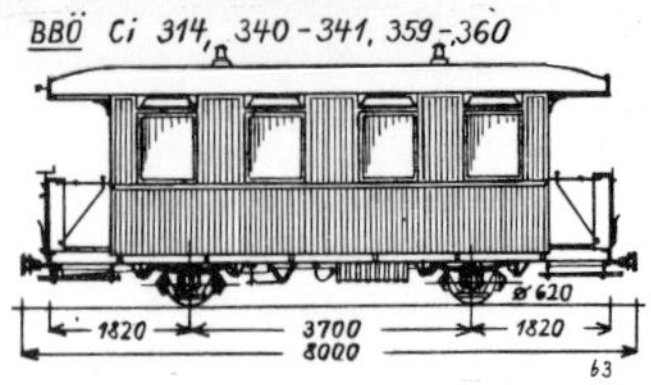

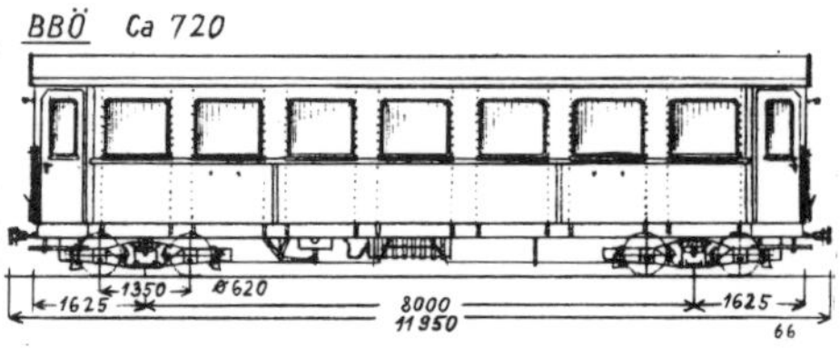

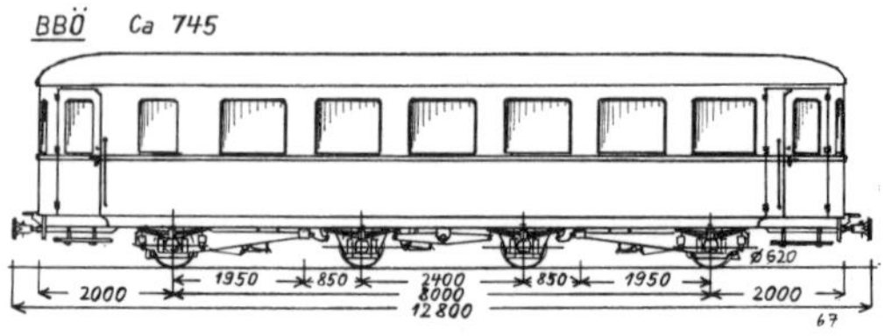

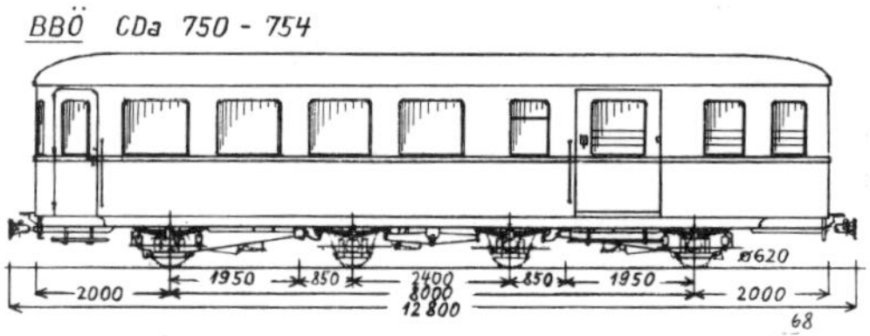

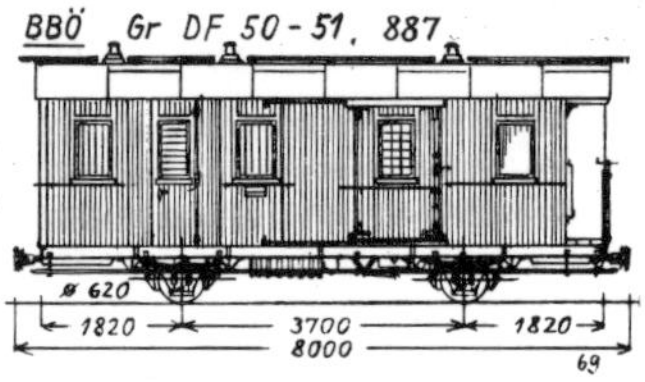

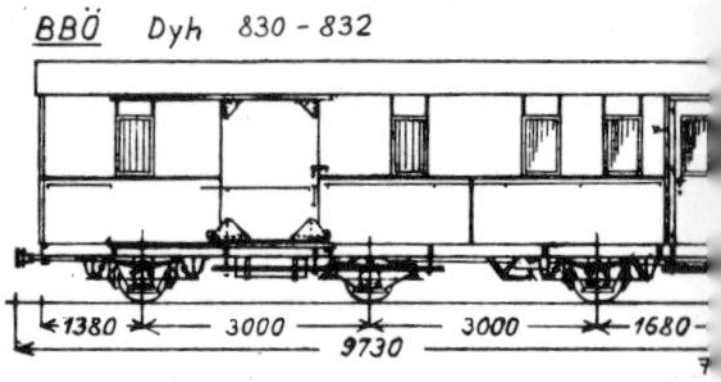

D	810 – 812	1898	Gr	Pzg	Li	6400 – 6402	
D	813	UB	–	–	Li	6498	UB aus Fk 982
D	820 – 823	1889/91	Gr	St	Li	6460 – 6463	
Da	830	1906	Gr	Mz	–	–	UN in Da 840
Dy	830 – 832	1932	Gr	BBÖ	–	6300 – 6302	
Da	840	UN 1933	–	–	–	6200	UN aus Da 830
Da	850 – 855	1908	Sm	NÖ	–	6210 – 6215	
DF	880 – 881	1902	Gr	K-E	Vi	6809 – 6810	
DF	885 – 886	1927	Gr	R-G	–	6420 – 6421	
DF	887	1929	Gr	R-G	–	6422	
DF	890 – 891	1898	Gr	GB	Vi	6802 – 6803	
DF	895 – 898	1898/02	Gr	BWB	–	6407 – 6408	*)
DF	905 – 909	1896, 98	Gr	YB	Li	6800, 6801, 6403, 6804, 6805	
DF	915 – 918	1900/04	Gr	WB	–	6806–6808, 6811	
DF	925 – 927	1898	Gr	Mz	–	6404 – 6406	
DFa	944 – 945	1906	Sm/Gr	Mz	–	6280 – 6281	
DFa	946 – 949	1912	Sm	Mz	–	6290 – 6293	
F	970 – 971	1892	Gr	St	Li	8460 – 8461	
Fk	980 – 982	1908	Gr	Pzg	–	8400 – 8401	

*) 1–2: Aussichtswagen UB 1932 aus Omlr 6223, 6224; 1943 Rückumbau in 6223, 6224

3: Sollte laut U-Plan 1928 Nr. 6 bekommen. Wurde jedoch nicht umgezeichnet und auch nicht in den BBÖ-Stand aufgenommen. Von der RBD Wien 1939 in den Bestand genommen. Blieb weiterhin NÖLB Nr. 3 bis zur UN im Jahre 1953.

236: UB in C410

237: ab 1945 ČSD (Neubistritz)

238–241: UB in C411–414

270–277: 271 UB in 585, 272 (1941†), 274 (1953 nach Reichraming verkauft)

370–375: 375 ab 1945 ČSD (Neubistritz)

376–379: UB aus BC225–228; 376 ab 1945 ČSD (Neubistritz)

388–405: 395 kam 1941 nach Polen

409–414: UB aus 242, 236, 238–241; 409 nicht UN (nach 1945 ausgeschieden)

483–502: 499, 500 kamen 1944 nach Tischnowitz; ÖBB-Nummern: 3679, 3680, 6499, 3681–3683, 6812, 3790, 3684, 3791, 3792, 3685, 4793, 3686, 3687, 3688–3690

510–511: UB aus BC261, 262; 511 nicht UN (nach 1945 ausgeschieden)

570–584: 572 und 578 nicht UN (1953 nach Reichraming verkauft); 582 und 583 (1941†) ÖBB-Nummern: 4760, 4761, 97007, 98814, 4762, 4763, 98815, 4766, 97004, 4767, 4768

745: geliefert als Cavt1; UB 1938 in Ca745

895–898: DF 897 am 3. 12. 1948 + dafür UB 485 in 897" = ÖBB 6499
DF 898 am 2. 04. 1946 + dafür UB 489 in 898" = ÖBB 6812

980–982: Fk 982 UB in D813

Gattung	BBÖ-Nummer	gebaut Jahr	von	für	DRB-Nr.	ÖBB-Nummer	Anmerkung
Gw	1000 – 1001	1902	Gr	K-E	Vi	10000 – 10001	
Gw	1020 – 1022	1898	Gr	GB	Vi	10200 – 10202	
Gw	1023 – 1024	1898	Gr	GB	Vi	10236 – 10237	
Gw	1040 – 1043	1902	Gr	BWB	–	97009, 10002 – 10004	
Gw	1044 – 1047	1902	Gr	BWB	–	10042 – 10045	
Gw	1048 – 1053	1903	Gr	BWB	–	10005 – 10010	
Gw	1054 – 1055	1908	Gr	BWB	–	10011 – 10012	
Gw	1056	1908	Gr	BWB	–	10047	
Gw	1057 – 1058	1909	Gr	BWB	–	10013 – 10014	
Gw	1059 – 1060	1928	Gr	BWB	–	10260 – 10261	geliefert als 1330 – 1331
Gw	1120 – 1129	1900/02	Gr	W	–	11015 – 11023, 6493	
Gw	1130 – 1136	1900/02	Gr	W	*Li*	*)	
Gw	1150 – 1151	1898	Gr	Mz	–	10040 – 10041	
Gw	1155	1889	Gr	St	Li	–	*)
Gw	1156 – 1158	1889	Gr	St	Li	10050	*)
Gw	1159 – 1168	1889/91	Gr	St	Li	*)	*)
Gw	1169 – 1186	1909/15	Gr	St	Li	10060 – 10074	*)
Gw	1190 – 1193	1896	Gr	Pzg	Li	10030, 10033, 10035, 10034	
Gw	1194 – 1200	1922/24	Sm	Pzg	Li	*)	*)
Gw	1201 – 1210	1924	Sm	*NÖ*	*Li*	10212 – 10218, 97008, 10219, 10220	
Gw	1211 – 1212	1924	Sm	*NÖ*	–	6494, 6492	
Gw	1213 – 1223	1896, 98	Gr	YB	Li	*)	*)
Gw	1224 – 1226	1903	Gr	YB	Li	10204 – 10206	
Gw	1227 – 1228	1903	Gr	YB	Li	10239 – 10240	
Gw	1229 – 1234	1920	Sm	YB	Li	10250 – 10255	
G	1520 – 1529	1912	Sm	Mz	–	11651 – 11660	
G	1540 – 1541	1908	Sm	NÖ	–	97001, 11650	
Gm	1820 – 1825	1926	Sm	Pzg	–	14560 – 14566	
Gma	1850 – 1852	1902	Gr	K-E	Vi	15800 – 15802	
Gma	1860 – 1863	1926/27	Sm	R-G	–	15820, 15822, 15823, 15821	
Gma	1870	1928	Sm	GB	Vi	15824	
Ga	1930 – 1933	1926	Sm	Pzg	–	15812 – 15815	
Ga	1934 – 1936	1906	Gr	NÖ	–	15810, 15811, 97000	

*) 1130 – 1136: ÖBB-Nummern 10036, 10031, 10037 – 10039, 10032, 10046
1155 – 1186: 1155, 1156, 1158, 1160, 1161, 1163, 1167, 1171, 1174, 1176 kamen 1942/43 nach dem Osten
1159 – 1168: ÖBB-Nummern 10080 – 10083, 98900, 10085
1194 – 1200: 1199 nicht umnumeriert; ÖBB-Nummern 10207 – 10209, 6495, 10210, 10211
1201 – 1210: ÖBB-Nummern 10212 – 10218, 97008, 10219, 10220
1213 – 1223: 1219 und 1221 nicht umnumeriert; ÖBB-Nummern 10225, 10226, 10230 – 10235, 10238

BBÖ: Pzg G 271 - 274

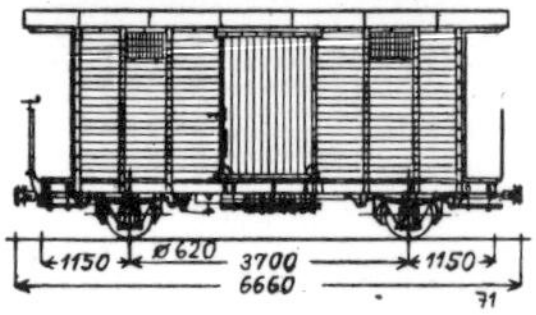

BBÖ Mz G 711 - 712 (UB!)

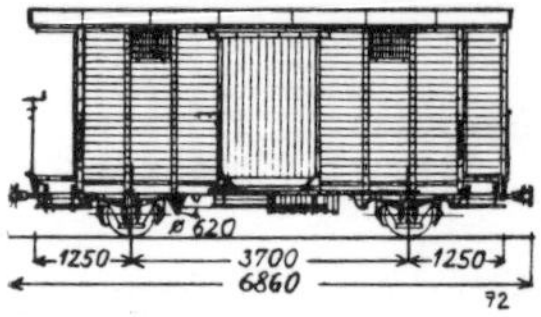

BBÖ: Pzg G 275 - 277,
Mz G 708 - 717, 738 - 739

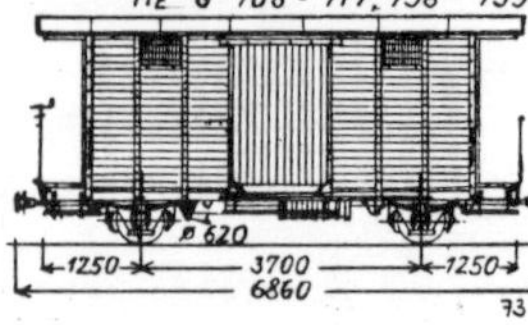

BBÖ: YB G 300 Ⓟ

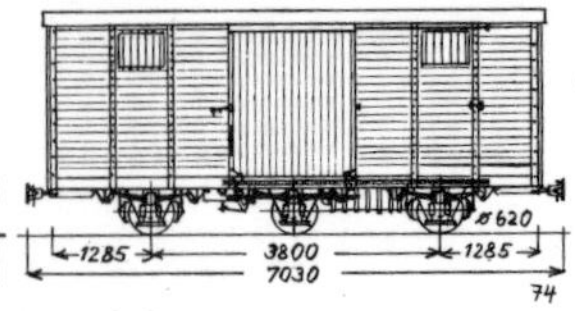

BBÖ: YB G 192 - 197

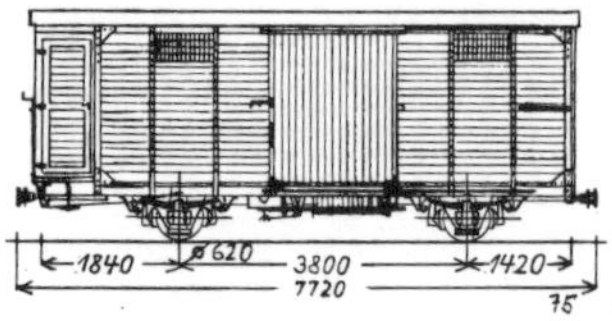

BBÖ: Gw 1059 - 1060

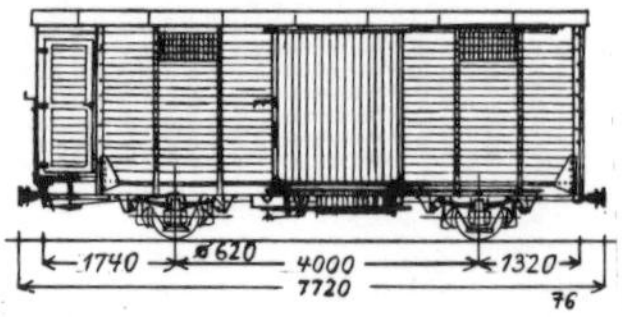

BBÖ Pzg Gy 278 - 283

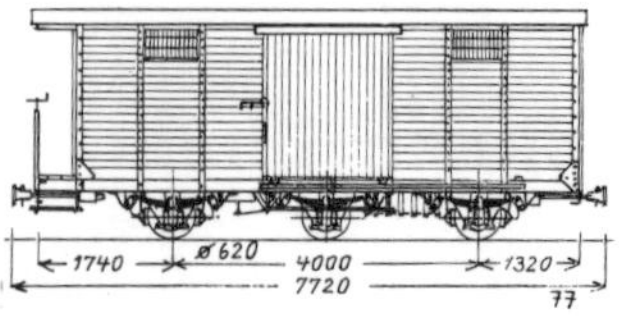

BBÖ: Pzg Ga 284 - 287

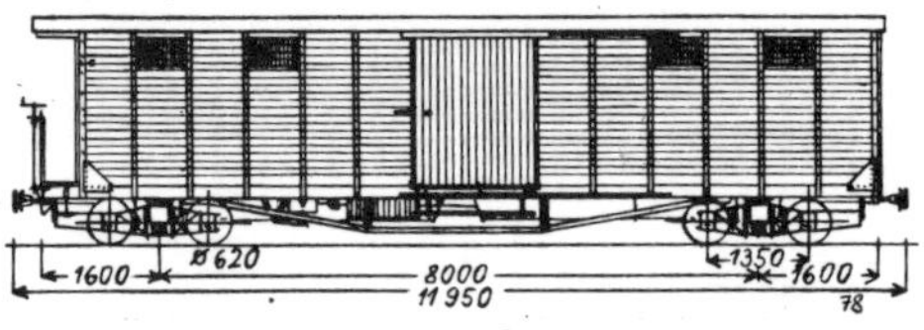

BBÖ: Gr Ga 100 - 103, Gma 1870

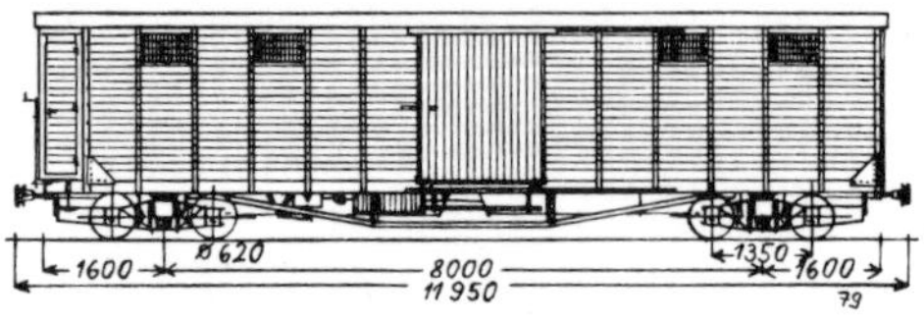

BBÖ: Mz Jk 906 - 907;
YB Jk 198 - 221

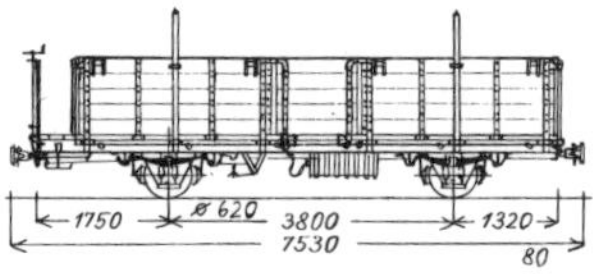

BBÖ YB Jk 222 - 241

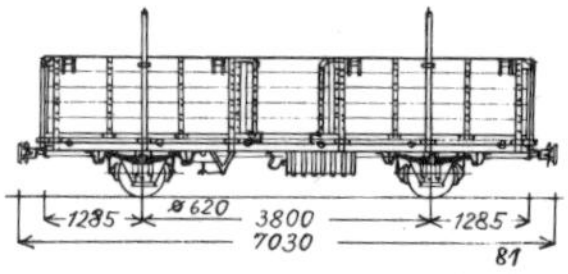

BBÖ: Mz Jk 926 - 941

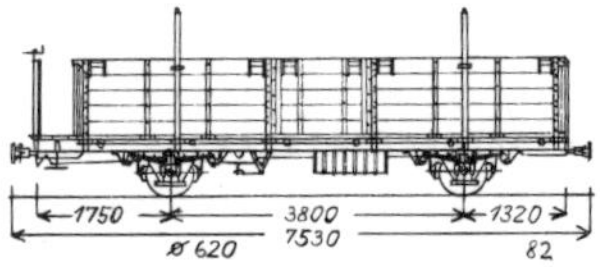

BBÖ: Mz Jk 950 - 957

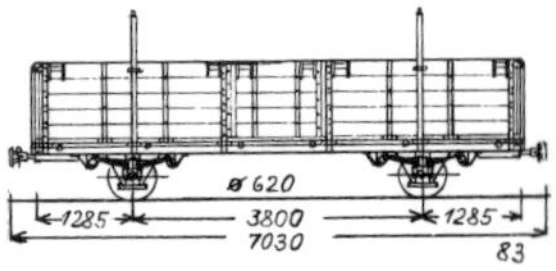

BBÖ: Pzg Jk 251 - 260, 300 - 302;
Mz Jk 904 - 905

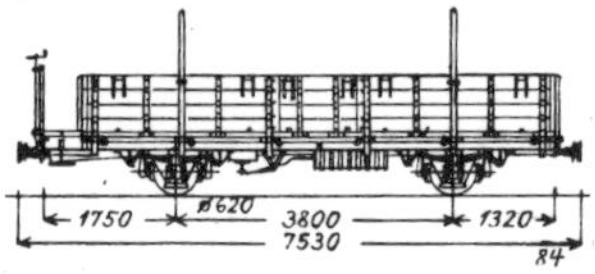

BBÖ: Pzg Jk 261 - 270, 303 - 305;
Mz Jk 996 - 997

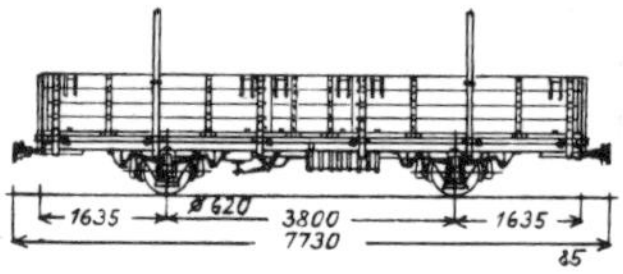

BBÖ Owr 3060 - 3063

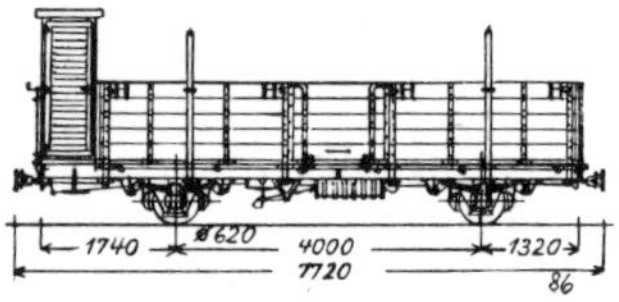

BBÖ: Pzg Jk^ey 306 - 325

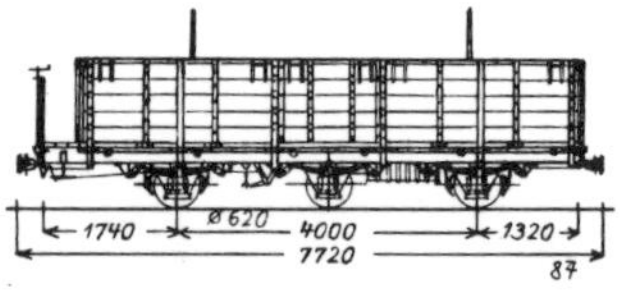

BBÖ Omb, Sbm 5930 - 5946
(UB ex Pzg Jk^ey 306-325)

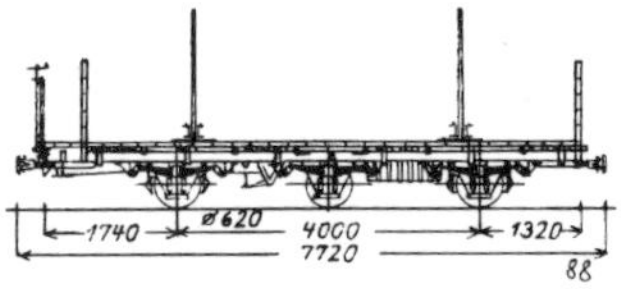

BBÖ: Gr Kly 400 - 405

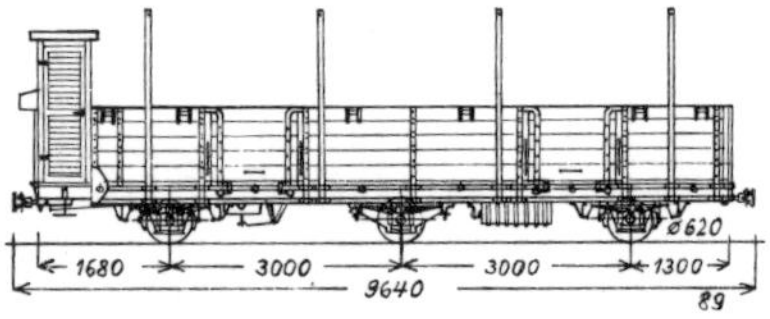

BBÖ: Gr Jby 250 - 253

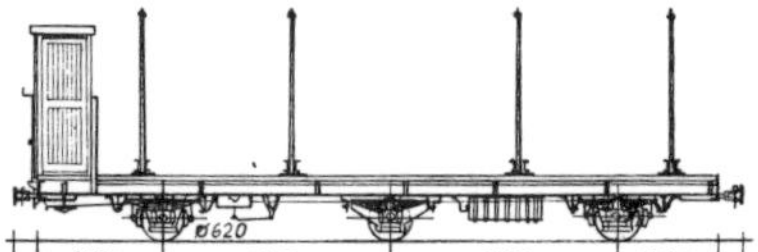

BBÖ Omra 6432

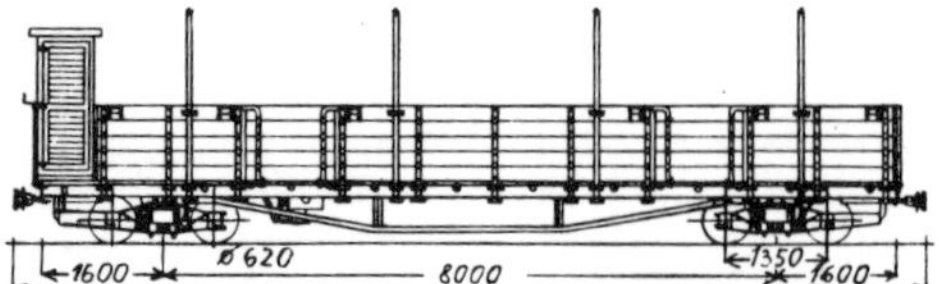

BBÖ Pmra 2410 - 2411

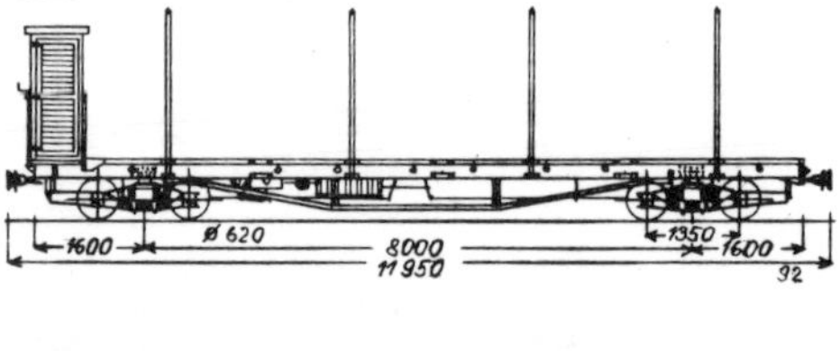

Gattung	BBÖ-Nummer	g e b a u t Jahr	von	für	DRB-Nr.	ÖBB-Nummer	Anmerkung
Pw	2050 – 2053	1896	Gr	YB	Li	30210 – 30213	
Pw	2054	1898	Gr	YB	Li	30200	
Pw	2055	1898	Gr	YB	Li	20230	
Pw	2056 – 2057	1898	Gr	YB	Li	30250 – 30251	
Pw	2058	1920	Sm	YB	Li	30260	
Pw	2059 – 2063	1920	Sm	YB	Li	30270 – 30274	
Pmlb	2310 – 2313	1927	Sm	R-G	–	34680 – 34683	
Pmra	2410 – 2411	1928	Sm	GB	Vi	35800 – 35801	
Nw	2540 – 2547	1896	Gr	YB	Li	40200 – 40207	
Nw	2560 – 2567	1889	Gr	St	Li	20050	*)
Nw	2568	1907	Gr	St	Li	40050	
Nwr	2640 – 2653	1902	Gr	BWB	–	30000 – 30012	*)
Nwr	2654 – 2667	1902	Gr	BWB	–	30030 – 30043	
Owr	3060 – 3063	1928	Gr	BWB	–	60290 – 60293	
Owr	3140 – 3145	1900/01	Gr	W	*Li*	60070 – 60075	
Owr	3146 – 3151	1900/01	Gr	W	*Li*	60076 – 60081	
Owr	3170 – 3172	1898	Gr	Mz	–	96200	
Owr	3200 – 3201	1898	Gr	Pzg	Li	60060 – 60061	
Owr	3202 – 3211	1922	Sm	Pzg	Li	60270 – 60279	
Owr	3212 – 3221	1922	Sm	Pzg	Li	60300 – 60309	
Owr	3222 – 3224	1924	Gr	Pzg	Li	60280 – 60282	
Owr	3225 – 3227	1924	Gr	Pzg	Li	60310 – 60312	
Owr	3228 – 3229	1924	Gr	*NÖ*	–	60283 – 60284	
Owr	3230 – 3232	1898	Gr	YB	Li	60200 – 60203	
Owr	3233 – 3237	1898	Gr	YB	Li	60210 – 60214	
Owr	3238 – 3260	1920	Sm	YB	Li	60220 – 60242	
Owr	3261 – 3275	1920	Sm	YB	Li	60250 – 60264	
Owr	3280 – 3321	1889/91	Gr	St	Li	60010 – 60030	*)
Owr	3322 – 3327	1897	Gr	St	Li	60031 – 60035	*)
Owr	3328 – 3334	1908/12	Gr	St	Li	60000 – 60005	*)
Owr	3335 – 3344	1912/13	Gr	St	Li	60036 – 60043	*)
Owr	3345 – 3350	1913/14	Gr	St	Li	60006, 60044 – 60046	*)
Owr	3351 – 3358	1914/15	Gr	St	Li	60047 – 60054	*)
Owr	3359 – 3362	1915	Gr	St	–	60055 – 60057	*)
Owlr	3870 – 3871	1924	Gr	*NÖ*	–	60313 – 60314	
Or	4100 – 4103	1902	Gr	K-E	Vi	61530 – 61533	
Or	4104 – 4106	1902	Gr	K-E	Vi	61595 – 61597	
Or	4150 – 4151	1898	Gr	GB	Vi	61030 – 61031	
Or	4230 – 4232	1900	Gr	W	–	61507 – 61509	
Or	4233 – 4237	1901	Gr	W	–	61600 – 61604	
Or	4238 – 4240	1900	Gr	W	*Li*	61510 – 61512	
Or	4241 – 4245	1901	Gr	W	–	61605 – 61609	
Or	4260 – 4266	1905	Sm	Mz	–	61554 – 61559	
Or	4267 – 4274	1899	Gr	Mz	–	61500 – 61506	4268 nicht umnumeriert
Or	4275	1905	Gr	Mz	–	61560	
Or	4330 – 4345	1920	Sm	*NÖ*	*Li*	*)	*)
Or	4346 – 4353	1920	Sm	*NÖ*	*Li*	61061 – 61067	4337 nicht umnumeriert
Or	4354 – 4355	1906	Sm	NÖ	–	61561 – 61562	
Or	4356 – 4357	1906	Sm	NÖ	–	61563 – 61564	
Or	4358 – 4363	1903	Gr	YB	Li	61540 – 61545	
Or	4364 – 4369	1903	Gr	YB	Li	61534 – 61539	
Or	4370 – 4390	UB 1936	–	–	–	61565 – 61585	UB aus 9150–9170
Ob	4460 – 4462	1898	Gr	Mz	–	31650 – 31651, 90400	*)
Ob	4480 – 4481	1920	Sm	*NÖ*	–	31450 – 31451	
Ors	4900 – 4902	1902	Gr	K-E	Vi	61590 – 61592	
Ors	4903 – 4905	1902	Gr	K-E	Vi	61550 – 61552	
Ors	4980 – 4983	1898	Gr	Mz	–	–	*)

*) 2560–2567: 2562, 2567, 2560, 2561 UB in Sw 8400–8403; 2563, 2564, 2566 kamen 1942/43 nach dem Osten; 2565 = ÖBB-Nr. 20050

2640–2653: 2645 nicht umnumeriert († 1952.11.05)

3280–3362: *3280* 3281 3282 3283 *3284* *3285* *3286* 3288 *3289* *3290* *3293* *3294* *3295* *3296* *3298* 3299 *3300* *3304* *3307* 3310 *3313* 3327 *3332* *3338* 3344 *3345* *3350* *3360* nicht umnumeriert; *kursive Nummern* = 1942/43 nach dem Osten abgegeben

4330–4345: 4330–4333 UB in Ballastwagen 9200–9203; ÖBB-Nummern 61050–61052, 96201, 61053–61060

4460–4462: aus 4980, 4981, 4983 umnumeriert

4980–4983: 4982 ausgeschieden; UB in 4460–4462

Gattung	BBÖ-Nummer	gebaut Jahr	von	für	DRB-Nr.	ÖBB-Nummer	Anmerkung
Olr	5470 – 5484	1908	Gr	Mz	–	–	*)
Olr	5485	1912	Sm	Mz	–	–	UB in 6314
Olr	5500 – 5509	1907	Gr	NÖ	–	–	UB in 7480–7489
Ol	5780 – 5787	1917	Gr	HF	Li	71600 – 71607	*)
Omb	5930 – 5949	1926	Sm/Gr	Pzg	*Li*	34600 – 34619	
Omlr	6220 – 6225	1927	Gr	R-G	–	64615 – 64620	*)
Omlr	6300 – 6313	1912	Sm	Mz	–	64601 – 64613	
Omlr	6314	UN 1932	–	–	–	64614	UN aus 5485
Omra	6400 – 6402	1904	Gr	K-E	Vi	65810 – 65812	
Omra	6430	1908	Sm	BWB	–	65820	
Omra	6432	1928	Sm	BBÖ	–	65800	
Kw	7060 – 7062	1911	Gr	St	Li	40051 – 40053	
Kw	7070 – 7072	1896	Gr	Pzg	Li	60095, 91002, 91001	
Kw	7073 – 7076	1896	Gr	YB	Li	70200 – 70202, 91000	
K	7310 – 7313	1908	Gr	BWB	–	71520 – 71523	
K	7314	1908	Gr	BWB	–	71524	
Kl	7460 – 7473	1908	–	–	–	72610 – 72623	UB aus 5470–5477, 5479–5484
Kl	7480 – 7489	1907	–	–	–	72600 – 72609	UB aus 5500–5509
Sw	8190 – 8194	1898	Gr	YB	Li	20200 – 20204	
Sw	8195 – 8200	1898	Gr	YB	Li	20231 – 20236	
Sw	8201 – 8202	1900	Gr	YB	Li	20208 – 20209	
Sw	8203	1900	Gr	YB	Li	20237	
Sw	8204 – 8206	1900	Gr	YB	Li	20210 – 20212	
Sw	8207 – 8209	1900	Gr	YB	Li	20239 – 20240	
Swn	8310 – 8323	1898	Gr	GB	Vi	*)	
Swn	8340	1902	Gr	BWB	–	20001	
Swn	8341	1902	Gr	BWB	–	20002	
Sw	8400 – 8403	UB 1938	–	–	–	20051 – 20052	*)
Swnr	8420	1896	Gr	Pzg	Li	20000	*)
Swnr	8421 – 8432	1896	Gr	Pzg	Li	*)	*)
Swnr	8433	1898	Gr	–	Li	40026	*)
S	8510 – 8515	1927	Sm	R-G	–	21049 – 21054	
S	8560 – 8563	1903	Gr	W	–	21009 – 21011, 92300a	
S	8564 – 8573	1903	Gr	W	–	21000 – 21008	8573 nicht umnumeriert
S	8574 – 8577	1903	Gr	W	–	92300b, 21012 – 21014	
S	8590 – 8601	1907	RK	Mz	–	21015 – 21026	
S	8620 – 8623	1922	Sm	*NÖ*	–	21046 – 21048	8623 nicht umnumeriert
S	8624 – 8647	1907	RK	NÖ	*Vi*	21027 – 21045	*)
S	8648 – 8649	1898	Gr	YB	Li	21500 – 21501	
Sn	8700 – 8711	1898	Gr	GB	Vi	*)	*)
Snr	8880 – 8882	1907	Gr	Pzg	–	31550 – 31552	
Snr	8883 – 8885	1907	Gr	Pzg	–	31560 – 31562	
Snr	8886	1907	Gr	Pzg	Li	30550	
Kz	9150 – 9170	1907/08	Sm	NÖ	–	–	UB in 4370–4390
Ball.	9200 – 9203	UB 1936	–	–	–	98000 – 98003	UB aus 4330–4333
T	9350 – 9361	1927	Sm	R-G	–	88212 – 88222	9355 nicht umnumeriert
T	9410 – 9431	1900/02	Gr	W	–	88002 – 88017	*)
T	9432 – 9439	1935	Sm	BBÖ	–	88312 – 88316	*)
T	9450 – 9473	1909	Gr	Mz	–	88018 – 88040	9473 nicht umnumeriert
T	9500 – 9509	1927	Sm	Pzg	–	88223, 88225 – 88227	*)
T	9510 – 9523	1924	Sm	*NÖ*	–	88105, 88106, 88200 – 88211	
T	9524 – 9535	1931	Sm	BBÖ	–	88300 – 88311	
Ta	9800 – 9803	1924	KL	K-E	Vi	89410 – 89413	
Tyy	9980 – 9984	1926	Gr	Pzg	Li	89600 – 89604	

*) 5470–5484: 5478 ausgeschieden; UB in 7460–7473
5780–5787: ex k.u.k. Heeresfeldbahn 761-160 – 761-164, 761-168 – 761-170
6220–6225: 6223 und 6224 als Aussichtswagen 1 und 2 von 1932 bis 1942 auf der Mariazellerbahn im Personenverkehr
8310–8323: ÖBB-Nummern 20205, 40208–40214, 30300, 40215, 20207, 40216–40217
8400–8403: UB aus 2562, 2567, 2560, 2561; 8401, 8403 nicht umnumeriert
8420–8433: ÖBB-Nummern 30050–30052, 40020–40023, 30053–30054, 40024–40025, 20010, 40026
8624–8647: 8624, 8626, 8633, 8635, 8646 nicht umnumeriert
8700–8711: ÖBB-Nummern 21502, 41500–41504, 31600, 41505, 31601, 21503, 41506, 21504
9410–9431: 9412, 9415, 9417, 9421, 9426, 9428 nicht umnumeriert
9432–9439: 9433, 9434, 9438 nicht umnumeriert
9500–9509: 9502, 9503, 9506, 9508, 9509 nicht umnumeriert

BBÖ: YB J 199 (UB)

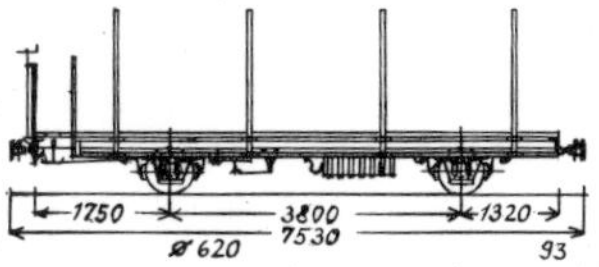

BBÖ: YB J 222 - 223, 225 - 226, 238 (UB)

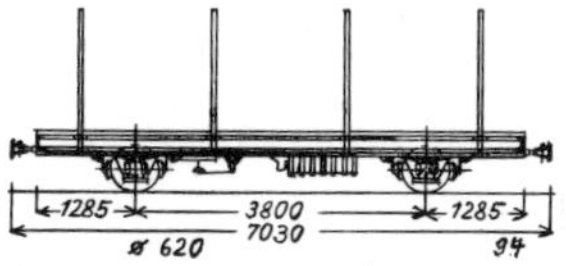

BBÖ: Mz Jh 11056 - 11057

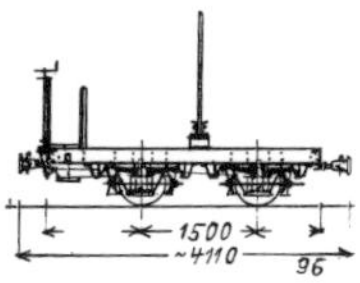

BBÖ: Gr Jh 200 - 205; Mz Jh 11054 - 11055

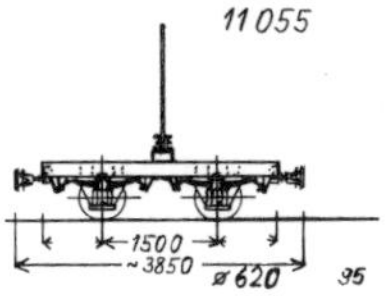

Wagenbestand 1939–1945 und 1945–1953/54 (DRB / ÖStB)

Am 1. 1. 1939 gingen die BBÖ-Schmalspurwagen in den Bestand der Reichsbahndirektionen (RBD) Wien, Linz, Villach und Augsburg über. Die Gattungsbezeichnung wurde nach den Vorschriften der DRB wie folgt geändert:

neu DRB	alt BBÖ	Anmerkung
Personen-, Gepäck- und Postwagen		
Pw	D	z. B. DF nun PwPost
Post	F	–
4	a	z. B. Cah nun C4i
3	y	z. B. Dyh nun Pw3
Güterwagen		
GG	Ga	vierachsige gedeckte Güterwagen
H	O	Hochbordwagen mit Schemeln
OO	Oa	vierachsige Hochbordwagen
R	N	Niederbordwagen
S	P	Plattformwagen

Als Nebenzeichen wurde nur w (Ladegewicht weniger als 15 t) verwendet.

Die Reichsbahndirektionen Linz und Villach numerierten die Wagen neu, die Reichsbahndirektionen Wien und Augsburg beließen BBÖ-Nummern.
Die Österreichischen Bundesbahnen (ÖBB) haben mit dem Umnumerierungsverzeichnis vom Juni 1953 (Personen-, Gepäck- und Postwagen) sowie vom September 1954 (Güterwagen) die einheitliche Numerierung der Schmalspurwagen wiederhergestellt.

RBD Wien

Die RBD Wien hat die Wagen der Schmalspurbahnen nicht umnumeriert und behielt weiterhin das BBÖ-Nummernschema bei.

Die Wagen, die mit den Strecken

Neuhaus–Neubistritz (Oktober 1938–Mai 1945) und
Pöltschach–Gonobitz–Hohlenstein (April 1941–April 1942)

von den ČSD bzw. JDŽ übernommen wurden, werden hier nicht detailliert aufgeführt; die folgenden Angaben zeigen den Bestand an Personen- und Dienstwagen am 2. Oktober 1941:

Heimatbahnhof	Zahl	Gattung	Wagennummern
Neubistritz	5	Ci	241, 317, 318, 319, 355
	3	PwPost	644, 645, 651
Gonobitz	7	Ci	3290, 3291, 3292, 3293, 3314, 3320, 3325
	2	PwPost	6290, 6291

Die von den ČSD übernommenen Wagen bekamen nicht jene Nummern, die im U-Plan für ČSD-Wagen vorgesehen waren, sondern behielten ihre Nummern weiterhin. Später wurde die Umnumerierung der Gepäckwagen 644, 645, 651 in 800 bis 802 angeordnet. Am 1. Mai 1942 übernahmen die Steiermärkischen Gaueisenbahnen zusammen mit der Strecke Pöltschach–Gonobitz auch deren Fahrzeuge.

Aus einer Neulieferung kamen von der Waggon- & Maschinenfabrik AG vorm. Busch, Bautzen:

1941	die 12 Rollböcke	9540 – 9551	(ÖBB 88317 – 88328)
1942	die 10 ged. Güterwagen	2000 – 2009	(ÖBB 16800 – 16809)
	die 20 off. Güterwagen	6500 – 6519	(ÖBB 76800 – 76819)

Alle Neubauwagen der RBD Wien wurden in St. Pölten Alpenbahnhof stationiert.
Die Personenwagen 490, 492, 493 und 495 wurden 1943/44 in CPw umgestaltet.
Die Personenwagen 379 und 717 wurden in Bahndienstwagen umgebaut.
Abgegeben wurden: 395 nach Polen (1941), 499 und 500 nach Tischnowitz (1944).

Die mit der Strecke Neuhaus–Neubistritz (Oktober 1938 bis Mai 1945 RBD Wien) übernommenen ČSD-Schmalspurwagen kamen zur Ausbesserung nach Gmünd und dafür kamen BBÖ-Wagen auf die Neuhauser Strecke. Nach Kriegsende 1945 blieben BBÖ-Wagen (Personenwagen 237, 375 und 376) in der Tschechoslowakei und ČSD-Wagen in Österreich. Da ein Austausch unterblieb, reihten die ÖBB folgende in Gmünd stationierte ČSD-Wagen in ihr neues Nummernschema ein:

DRB-Nr.	ČSD-Nr.	kkStB Neuh.– Neub.	vorgesehene DRB-Nr.	ÖBB-Nr.	Anmerkung
Ci 241	BCi 241	BC 1	202 702	3780	
Ci 317	Ci 317	C 4	211 266	3781	
Ci 319	BCi 242	BC 2	202 703	3782	
Pw 800	DF 644	DF 101	211 860	6497	
Gw 2029	Z 2029	(G 201)		10203	von Bärn–Hof
Ow 4002	V 4002	Jk 211		60090	
Ow 4003	V 4003	Jkh 213		60091	
Ow 4050	V 4050	Jkh 214		60092	
Nw 9085	O 9085	Jhn 221		40045	
Nw 9086	O 9086	Jhn 225		40046	
Nw 9088	O 9088	Jhn 227		40048	
Nw 9155	O 9155	Jhn 222		40047	
H 9501	Ot 9501	Jh 229		21055	
H 9503	Ot 9503	Jh 231		21056	
H 9550	Ot 9550	Jh 232		21057	
H 9552	Ot 9552	Jh 234		21058	
T 813	– 813	– 306		88000	Rollböcke
T 822	– 822	– 315		88100	Rollböcke
T 824	– 824	– 317		88101	Rollböcke
T 828	– 828	– 321		88102	Rollböcke
T 903	– 903	ČSD-Neubau		88103	Rollböcke
T 904	– 904	ČSD-Neubau		88104	Rollböcke
T 912	– 912	ČSD-Neubau		88001	Rollböcke

1943 wurde auf den Waldviertelbahnen der Rollwagenbetrieb aufgenommen. In den Jahren 1943/44 bekam die RBD Wien von der RBD Dresden 15 vierachsige und 9 sechsachsige Rollwagen mit der Spurweite von 750 mm.
In Gmünd wurden stationiert:

229, 311, 428, 457, 467, 475, 489, 493, 518, 528, 534, 547, 559, 602, 659
(ÖBB 89420–89427, 89430–89433, 89440, 89428–89429)

2613, 2653, 2672, 2749, 2752, 2763, 2768, 2790, 2795
(ÖBB 89630–89632, 89625, 89624, 89623, 89622, 89621, 89620)

Diese Rollwagen, die nur 410 mm (ÖBB-Rollwagen 500 mm) hoch und daher nicht freizügig verwendbar waren, wurden 1951/52 in der Werkstätte St. Pölten umgebaut (500 mm hoch, Verlängerung der Brücken der Vierachser von 5500 auf 8200 mm).
Im Sommer 1944 wurden auch die kräftigen Fünfkuppler 99 643 und 99 647 (sächsische VI K, Bauart Eh2t, Spurweite 750 mm) dem Bw Gmünd zugeteilt, die ebenfalls von der RBD Dresden zur RBD Wien gekommen waren. Die Lokomotive 99 647 kam nicht direkt vom sächsischen Schmalspurnetz zu den Waldviertelbahnen, sondern war zuvor kurzfristig bei der RBD Villach (Kühnsdorf 15. 7.–27. 8. 1944) und der RBD Linz. Am 23. 12. 1948 hat die sowjetische Besatzungsmacht diese beiden Lokomotiven als 'deutsches Eigentum' aus Österreich weggebracht.

RBD Linz

Die Schmalspurwagen (760 mm) der RBD Linz wurden nach dem *Umzeichnungs-Verzeichnis des Schmalspurwagenparkes der Lokalbahnen im Bereiche der Reichsbahndirektion Linz* vom März 1940 umnumeriert. Das Schema entsprach jenem der kkStB/BBÖ bis 1928, jedoch mit der Verbesserung, daß für jede Wagengattung eine Nummerngruppe vorgesehen war. Der Nachteil, daß gleiche Nummern bei allen drei Schmalspurbahnen (Pzg = Pinzgauer Lokalbahn, St = Steyrtalbahn, YB = Ybbstalbahn) vorkamen, haftete auch diesem an. Kam ein Wagen zu einer anderen Schmalspurbahn desselben Direktionsbezirks, so mußte er in der Regel umnumeriert werden.

Nummernschema der RBD Linz:

S	1 ff.	Gw	5000 ff.	
BC	300 ff.	Sw	10000 ff.	(Plattformwagen)
C	500 ff.	Rw	10300 ff.	(Niederbordwagen)
C4	800 ff.	Ow	10500 ff.	(Hochbordwagen)
CPost	1000 ff.	Hw	10900 ff.	(Hochbordw. mit Schemel)
CPw4	1100 ff.	Hw	11000 ff.	(Schemelwagen)
Pw	1500 ff.	Rf	21300 ff.	(Rollwagen 4achsig)
PwPost	1900 ff.	Rf	21400 ff.	(Rollwagen 6achsig)
Post	2000 ff.	–	70000 ff.	(Dienstgutwagen)
		–	70010 ff.	(Gerätewagen)

Die von der Waggon- & Maschinenfabrik AG vorm. Busch, Bautzen, gelieferten großen vierachsigen Güterwagen (ÖBB GGm 16810–16844, OOm 76820–76870 und SSm 36800–36808) wurden jedoch fortlaufend numeriert und wie folgt aufgeteilt:

Zugang 1943 (35 Wagen)		**Zugang 1942 (60 Wagen)**	
15 GGw	6000 – 6014 Pzg	30 OOw	12000 – 12029 Pzg
10 GGw	6015 – 6024 St	15 OOw	12030 – 12044 YB
10 GGw	6025 – 6034 YB	15 OOw	12045 – 12059 St

Dagegen wurden die von derselben Baufirma im Herbst 1944 gelieferten dreiachsigen Güterwagen (ÖBB Hm 24560–24569 und Om 64550–64552) nach dem RBD-Linz-Nummernschema eingeordnet; es ist ein Zufall, daß die nächste freie Nummer bei der Pzg 11015 und bei der YB 11022 war und es daher den Anschein hat, als wären die Wagen fortlaufend numeriert. Von diesen 13 Wagen erhielt sieben die Pinzgauer Lokalbahn (11015–11021) und sechs die Ybbstalbahn (11022–11027).

Auf der Pinzgauer Lokalbahn verbleib nach Kriegsende auch der vierachsige, fabriksneue Rollwagen Rf4 231 (Baujahr 1944, Spurweite 750 mm). Dieser Rollwagen, der nur 410 mm (ÖBB-Rollwagen 500 mm) hoch war, wurde 1952 in der Werkstätte St. Pölten umgebaut (500 mm hoch, Verlängerung der Brücke auf 8200 mm) und als WW 89434 in den ÖBB-Bestand aufgenommen.

Steyrtalbahn

DRB-Gattung	**DRB-Nummer**	**BBÖ-Gattung**	**BBÖ-Nummer**
S	1	S	4
BC	300 – 306	BC	270, 272 – 277
C	500 – 515	C	570 – 585
CPost	1000	CF	795
Pw	1500 – 1503	D	820 – 823
Post	2000 – 2001	F	970 – 971
Gw	5000 – 5031	Gw	1155 – 1186
Rw	10300 – 10304	Nw	2563 – 2566, 2568
Ow	10500 – 10582	Owr	3280 – 3362
Hw	11000 – 11003	Jhn	8400 – 8403
Dienstgüterwagen	70000 – 70002	Kw	7060 – 7062

	ex
300"	...... Pzg (256)
301"	...... Pzg (257)
302"	...... Pzg (258)
307	306 YB (255)
308	302 YB (212)
309	305 YB (215)
500"	500 Pzg (470)
503"	503 Pzg (473)
504"	504 Pzg (474)
507"	500 YB (350)
512"	501 Pzg (471)
513"	502 Pzg (472)
516	502 YB (352)
517	506 Pzg (476)
518	508 Pzg (478)
519	509 Pzg (479)
520	510 Pzg (480)
521	511 Pzg (481)
522	505 YB (355)
523	504 Pzg (574)
524	507 Pzg (577)
525	0211 270
526	0211 272
527	0211 274
528	0211 275

	ex
5032	5008 Pzg (1194)
5033	5009 Pzg (1195)
5034	5000 YB (1213)
5035	5014 YB (1227)
5036	5015 YB (1228)
5037	5010 Pzg (1196)
5038	5011 Pzg (1197)
5039	5014 Pzg (1200)
5040	5015 Pzg (1206)
5041	5012 Pzg (1198)
5042	5016 YB (1229)
5043	5017 YB (1230)
5044	5018 YB (1231)
5045	5019 YB (1232)
5046	5010 YB (1223)

	ex
10583	10505 Pzg (3202)
10584	10506 Pzg (3203)
10585	10507 Pzg (3204)
10586	10508 Pzg (3205)
10587	10509 Pzg (3206)
10588	10510 Pzg (3207)
10589	10513 Pzg (3210)
10590	10514 Pzg (3211)
10591	10515 Pzg (3212)
10592	10516 Pzg (3213)
10593	10500 YB (3230)
10594	10501 YB (3231)
10595	10502 YB (3232)
10596	10503 YB (3233)
10597	10504 YB (3234)
10598	10530 Pzg (4336)
10599	10531 Pzg (4340)
10600	10532 Pzg (4344)
10601	10534 Pzg (4346)
10602	10535 Pzg (4348)
10603	10537 Pzg (4351)
10604	10539 Pzg (4353)
10605	10558 YB (7073)
10606	10559 YB (7074)
10607	10560 YB (7075)
11004	11003 YB (8193)
11005	11010 YB (8200)
11006	11000 Pzg (8420)
11007	11001 Pzg (8421)
11008	11002 Pzg (8422)
11009	11003 Pzg (8423)
11010	11008 Pzg (8428)
11011	11009 Pzg (8429)
11012	11012 Pzg (8432)

Der vierachsige Partei-Güterwagen Jka 360 wurde nun als GGw 20000 (UB in gedeckten Güterwagen) bezeichnet.

Im Jahre 1942 wurden folgende alte Personenwagen außer Stand gebracht:

301 (272), 512 (582) und 513 (583) wurden kassiert;
302 (273) und 500 (570) kamen zur Ybbstalbahn;
504 (574) und 507 (577) kamen zur Pinzgauer Lokalbahn

Im Jahre 1942 wurden zu Gerätewagen umgebaut:

300 (270) in 70011 – kam zur Ybbstalbahn
305 (276) in 70010 – blieb bei Steyrtalbahn
503 (573) in 70012 – kam zur Pinzgauer Lokalbahn

Nachdem die Wagen 504 und 507 von der Pinzgauer Lokalbahn zurückgekommen waren, zeigte sich erneut, wie ungünstig die Numerierung der Schmalspurwagen der RBD Linz war, da diese beiden Nummern in der Zwischenzeit mit anderen Wagen besetzt wurden und man nun den 'Heimkehrern' die Nummern 523 und 524 geben mußte.

Im Frühjahr 1944 sind vier Personenwagen von der Strecke Röwersdorf–Hotzenplotz gekommen; diese ehemalige kkStB-Schmalspurbahn war 1918 an die ČSD und 1938 mit dem Sudetenland an die DRB übergegangen.

Steyrtalbahn DRB-Nr.	RBD Oppeln Röwersdorf–Hotzenplotz	ČSD Třemešná ve Sl.–Osoblaha	kkStB Röwersdorf–Hotzenplotz	Baujahr	Sitzplätze
C 525	C 211 270	Ci 325	C 7	1898	32
C 526	C 211 272	Ci 326	C 8	1898	32
C 527	C 211 274	Ci 356	BC 3	1898	27
C 528	C 211 275	Ci 357	BC 4	1898	27

Aus einer Neulieferung erhielt die Steyrtalbahn 25 große vierachsige Güterwagen (GGw 6015 bis 6024 und OOw 12045 bis 12059) zugeteilt.

Zur Deckung des Bedarfs an Fahrzeugen für Schmalspurbahnen in den Ostgebieten mußten über Anordnung des Reichsverkehrsministeriums im Sommer 1942 die verfügbaren Reichsbahn- und Privatbahn-Schmalspurfahrzeuge gemeldet werden. Die in der Zusammenstellung des Telegrammbriefes 34 Bla 156 vom 17. September 1942 von der RBD Linz gemeldeten 20 O-Wagen, 10 G-Wagen und 5 H-Wagen wurden Ende 1942 / Anfang 1943 abgegeben (vom RAW Linz nach dem Osten) und weitere 6 O-Wagen wurden im Frühjahr 1944 vom Bestand abgesetzt.

Abgang 1942/43:

5000	5002	5003	5005	5006	5008	5012	5016	5019	5021
10300	10301	10303	10500	10504	10505	10506	10509	10510	10513
10514	10515	10516	10518	10520	10524	10527	10533	10552	10558
10565	10570	10580	11001	11003					

Abgang 1944:

10510	10502	10503	10508	10519	10530

Ybbstalbahn

DRB-Gattung	DRB-Nummer	BBÖ-Gattung	BBÖ-Nummer
BC	300 – 305	BC	210 – 215
BC	306 – 307	BC	255, 259
C	500 – 510	C	350 – 360
C	511 – 512	C	506, 507
PwPost	1900 – 1904	DF	905 – 909
Gw	5000 – 5021	Gw	1213 – 1234
Sw	10000 – 10013	Pw	2050 – 2063
Rw	10300 – 10307	Nw	2540 – 2547
Ow	10500 – 10545	Owr	3230 – 3275
Ow	10546 – 10557	Or	4358 – 4369
Ow	10558 – 10561	Kw	7073 – 7076
Hw	11000 – 11019	Sw	8190 – 8209
Hw	11020 – 11021	S	8648 – 8649

308	ex 302 S	(273)
500	ex 507 P	(477)
502	ex 505 P	(475)
513	ex 500 S	(570)

Zugang der vierachsigen Personenwagen C4i 802 und CPw4i 1100 von der Pinzgauer Lokalbahn.
Umbau der PwPost 1902–1903 in Pw 1500–1501.
Zugang der vierachsigen Güterwagen GGw 6025–6034 und OOw 12030–12044 aus einer Neulieferung.

Zugang der dreiachsigen Güterwagen HH 11022–11027 im Herbst 1944 aus Neulieferung.
Abgabe von Gw, Ow und Hw an die Steyrtalbahn.

Pinzgauer Lokalbahn

Auf der Pinzgauer Lokalbahn (Zell am See–Mittersill–Krimml) waren nach Kriegsende etwa 80 brauchbare Wagen der Spurweite 750 mm vorhanden. Die Personen- und Gepäckwagen sowie die gedeckten Güterwagen wurden bald provisorisch in den Bestand der Pinzgauer Lokalbahn aufgenommen und mit Nummern (Personenwagen nur buchmäßig) versehen, die an die bestehenden Wagengattungen anschlossen.

B4i	(304)	701	ÖBB C4i 4000
B4i	(305)	715	ÖBB C4i 4011
C4i	(817)	703	ÖBB C4i 4001
C4i	(818)	717	ÖBB C4i 4012
C4i	(819)	724	ÖBB C4i 4013
Pw	1504	027	ÖBB Pw4 6270
Pw	1505	—	ÖBB Ger. 97006
Gw	5006	028	ÖBB —
Gw	5007	029	ÖBB —
GGw	6015	–	1946 an SKGLB
GGw	6016	–	1946 an SKGLB
GGw	6017	–	1946 an SKGLB
GGw	6018	–	1946 an SKGLB

Im Dezember 1946 kamen folgende Heeresfeldbahnwagen an die Salzkammergutlokalbahn:

4 vierachsige gedeckte Güterwagen
10 vierachsige offene Güterwagen
7 zweiachsige Muldenkipper
1 vierachsiger Kesselwagen

Elf der vierachsigen offenen Güterwagen liefen auf der Strecke Zell am See–Krimml, zehn wurden 1949 an die Steiermärkischen Landesbahnen verkauft.
Der vierachsige Güterwagen Ga 11002 der MÁV, der von 1947 an als GGw 6015!! auf der Pinzgauer Lokalbahn (zugerollt Jänner 1945) verkehrte, wurde am 18. 9. 1951 an die MAV zurückgegeben.
Noch vor der DRB-Umnumerierung wurden nach dem BBÖ-Schema die sechsachsigen Rollwagen 9985–9986 (geliefert 1939 von Simmering) und die vierachsigen Rollwagen 9850–9851 (1921 und 1924 von Graz erbaut für die Schleppbahn Schwanberg–Kalkgrub der Kohlenwerks GmbH) in den Bestand aufgenommen.
Nach Zugang (1940) der neuen C4i 807–816 und der CPw4i 1105–1106 Personenverkehr ausschließlich mit vierachsigen Wagen; die zweiachsigen Personenwagen kamen zur Steyrtalbahn und Ybbstalbahn, nur 512 blieb bei der Pinzgauer Lokalbahn.
Die vierachsigen Personenwagen 637, 652, 701, 702 und 717 kamen 1940 nach St. Pölten (Mariazellerbahn) zurück. Da die Wagen 701, 702 und 717 noch vor der Umnumerierung abgegeben wurden, hat man die Wagen 720 und 745 als 802 und 803 bezeichnet (Nrn. 804–806 blieben frei).

An vierachsigen Güterwagen Zugang von 15 GGw (6000–6014) und 30 OOw (12000–12029) aus einer Neulieferung und 3 GGw (1933–1935, die nicht umnumeriert wurden) von der RBD Wien (5002, 5003, 5004, 5006, 5007 nach St. Pölten), nur Gw 5005 blieb bei der Pinzgauer Lokalbahn.

Zugang der dreiachsigen Güterwagen HH 11015–11021 aus einer Neulieferung Herbst 1944.
Abgang von 17 Ow und 4 Hw zur Steyrtalbahn.

DRB-Gattung	DRB-Nummer	BBÖ-Gattung	BBÖ-Nummer
C	500 – 512	C	470 – 482
C4	800 – 801	Cah	637, 652
C4	(802 – 804)	Ca	701, 702, 717
C4	(805) 802	Ca	720
C4	(806) 803	Ca	745
C4	807 – 816	–	Neulieferung 1940
CPw4	1100 – 1104	CDa	750 – 754
CPw4	1105 – 1106	–	Neulieferung 1940
Pw	1500 – 1503	D	810 – 813
Post.	2000 – 2001	Fk	980 – 981
Gw	5000 – 5001	Gw	1044, 1053
Gw	5002 – 5003	Gw	1131, 1135
Gw	5004 – 5015	Gw	1190 – 1200, 1206
Ow	10500 – 10502	Owr	3143, 3147, 3149
Ow	10503 – 10528	Owr	3200–3221, 3224–3227
Ow	10529	Or	4240
Ow	10530 – 10539	Or	4336, 4340, 4344, 4345, 4346, 4348, 4350–4353
Ow	10540 – 10547	Ol	5780 – 5787
Ow	10548 – 10550	Kw	7070 – 7072
Hw	10900 – 10902	Omb	5947 – 5949
Hw	11000 – 11013	Swnr	8420 – 8433
Hw	11014	Snr	8886
Rf4	21300 – 21301	Ta	9850 – 9851
Rf6	21400 – 21404	Tyy	9980 – 9984
Rf6	21405 – 21406	Tyy	9985 – 9986
–	70000 – 70002	X	2/3, 3/3, 4/3

RBD Villach

Das neue Nummernschema der RBD Villach war jenem der RBD Linz ähnlich, hatte jedoch den Vorteil, daß die Wagengattungen in Treibach und in Kühnsdorf nicht mit gleichen Nummern begannen, sondern gruppenweise unterteilt waren.

Heimatbahnhof	**Gattung**	**DRB-Nummer**	**BBÖ-Nummer**
Treibach	Ci	500 – 505	320 – 325
Treibach	Ci	506 – 510	387, 393, 401, 484, 491
Kühnsdorf	Ci	520 – 523	300 – 303
Treibach	PwPost	1900 – 1901	890 – 891
Kühnsdorf	PwPost	1910 – 1911	880 – 881
Treibach	Gw	5000 – 5004	1020 – 1024
Kühnsdorf	Gw	5020 – 5021	1000 – 1001
Kühnsdorf	GGw	5400	1870
Treibach	GGw	5420 – 5422	1850 – 1852
Treibach	Sw	10100 – 10101	2410 – 2411
Treibach	Ow	10500 – 10501	4150 – 4151
Kühnsdorf	Ow	10520 – 10526	4100 – 4106
Treibach	Hw	11000 – 11025	8310 – 8323, 8700 – 8711
Treibach	Hw	11030 – 11031	8632, 8634
Kühnsdorf	Hw	11050 – 11055	4900 – 4905
Kühnsdorf	HHw	11500 – 11502	6400 – 6402
Kühnsdorf	Rf	21300 – 21303	9800 – 9803

RBD Ausgsburg

Die Wagen der Bregenzerwaldbahn behielten die BBÖ-Nummern. Der Wagen 1040 war von 1939 an Bahndienstwagen.
Im Winterhalbjahr 1944/45 kamen die Wagen 483 und 485 bis 489 von Ober Grafendorf nach Bregenz. Von den Heeresfeldbahnwagen sind 7 vierachsige (1 Personenwagen sowie 2 gedeckte und 4 offene Güterwagen) in Betrieb gekommen. Die Güterwagen bekamen Nummern, die an die bestehenden Wagengattungen (BBO-Nummernschema) anschlossen. Die gedeckten Güterwagen wurden als 1061–1062, die offenen Güterwagen als 6434, 6436, 6438 und 6440 bezeichnet. Da nur zwei offene vierachsige Güterwagen (6430 und 6432) vorhanden waren – den 6431 gab es nicht, da der hiefür vorgesehene Bregenzer Jka 259 nach 1918 aus Italien nicht zurückkam – dürfte man der irrigen Ansicht gewesen sein, vierachsige offene Güterwagen dürften nur gerade Nummern bekommen.

Personenwagen	714	ÖBB	C4i	4010
Gedeckte Güterwagen	1061	ÖBB	GG	15851
	1062	ÖBB	GG	15850
Offene Güterwagen	6434	ÖBB	OO	75850
	6436	ÖBB	OO	75851
	6438	ÖBB	OO	75852
	6440	ÖBB	OO	98801

Von 1945 an unterstand die Bregenzerwaldbahn wieder der Bundesbahndirektion Innsbruck. In der Werkstätte Feldkirch wurden die zwei Gepäckwagen der Lambach–Gmundner Bahn abgebrochen und dafür zwei Personenwagen zu Gepäckwagen umgebaut.

Jahr	**kassiert**	**Umbau**
1946	Gepäckwagen 898'	Personenwagen 489 zu Gepäckwagen 898"
1948	Gepäckwagen 897'	Personenwagen 485 zu Gepäckwagen 897"

ÖBB
(seit 1953)

B4ipho 2001 → A4ipho 1001

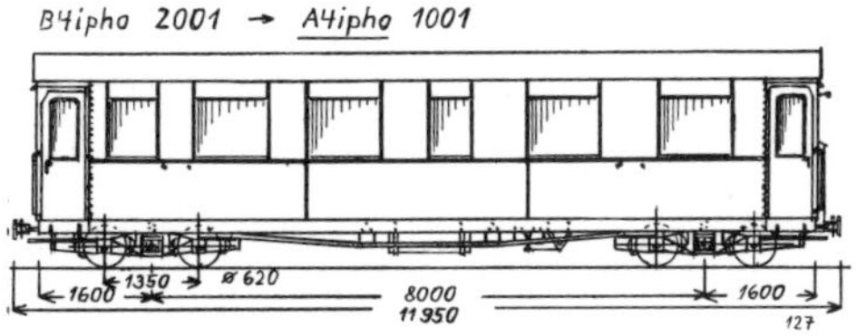

B4ipho 2005 → A4ipho 1005

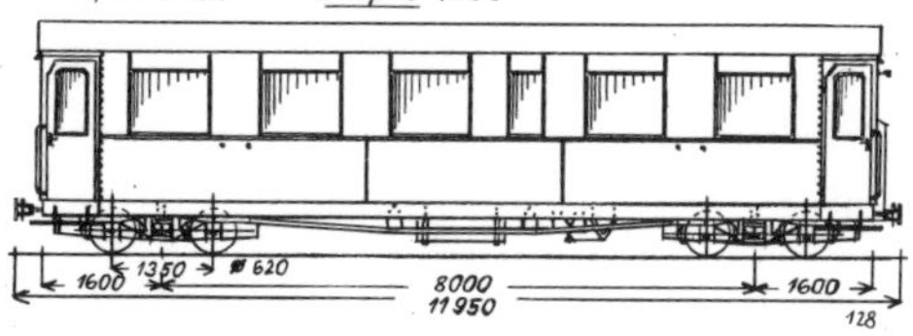

AB4ipho 2006 - 2007

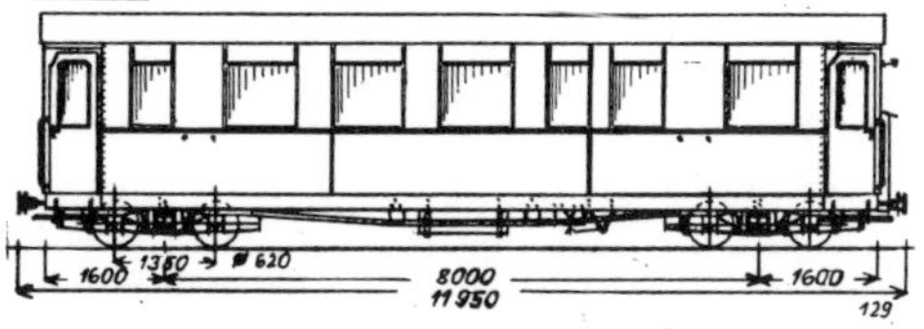

AB4ipho 2100 - 2105

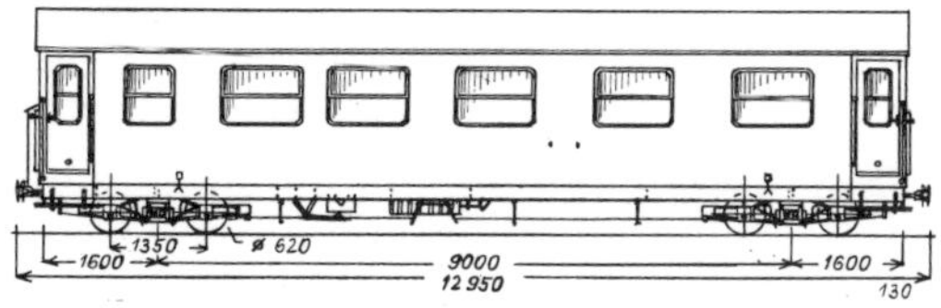

B4ih 2201 → A4ih 1201

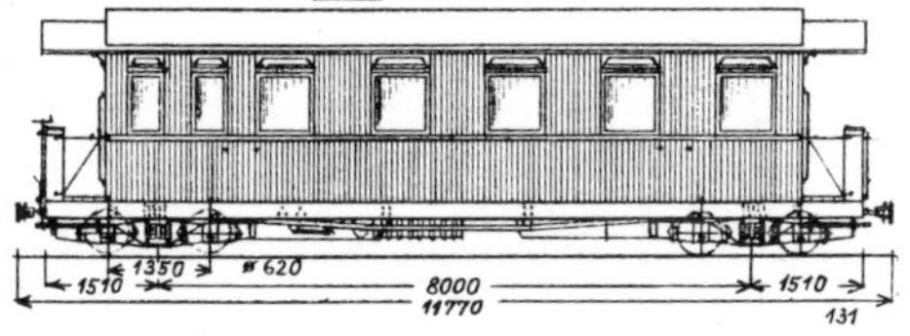

B4ih 2296 → A4iho 1296

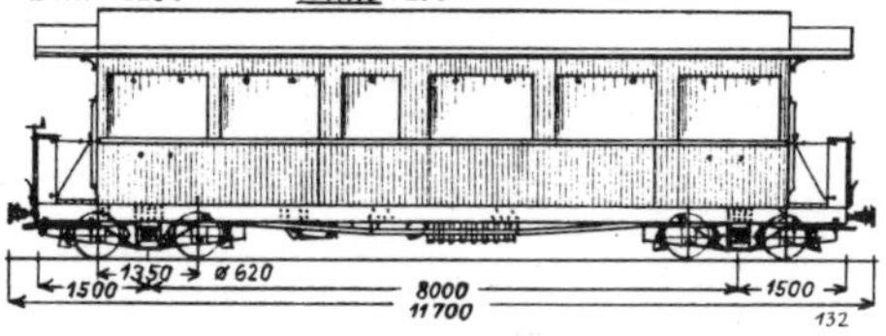

C4iph 3000

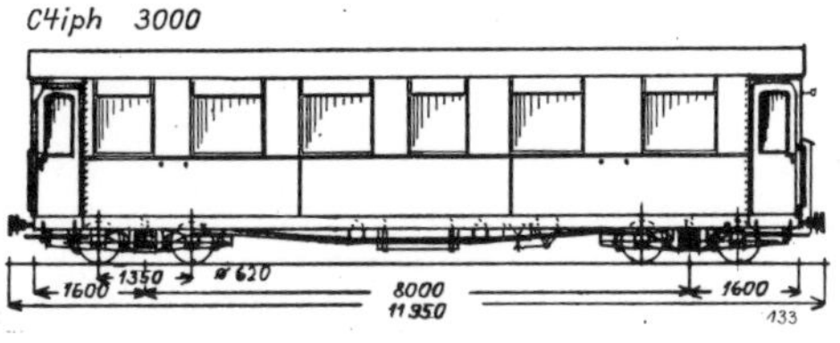

C4iph 3001

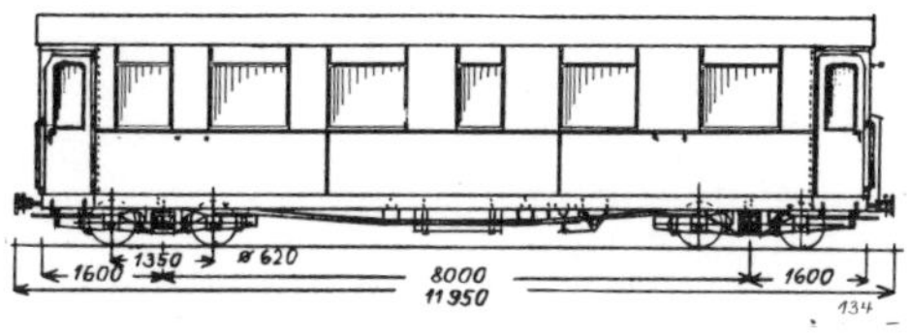

C4iph 3002 - 3005

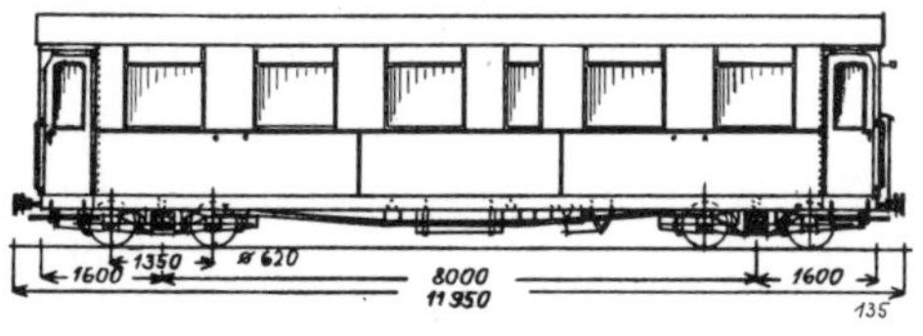

C4iph 3006 - 3009

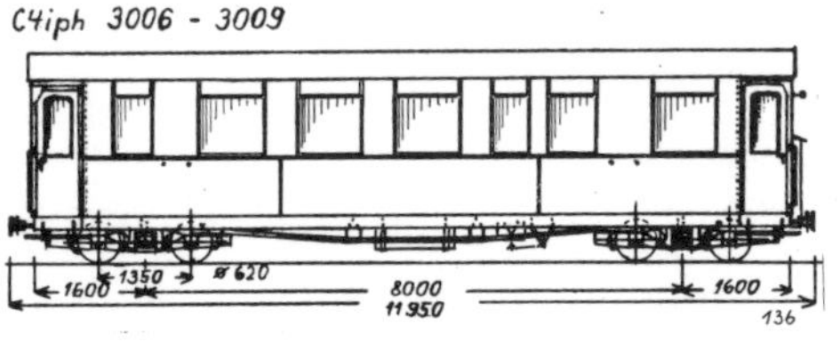

C4iph 3010 - 3043

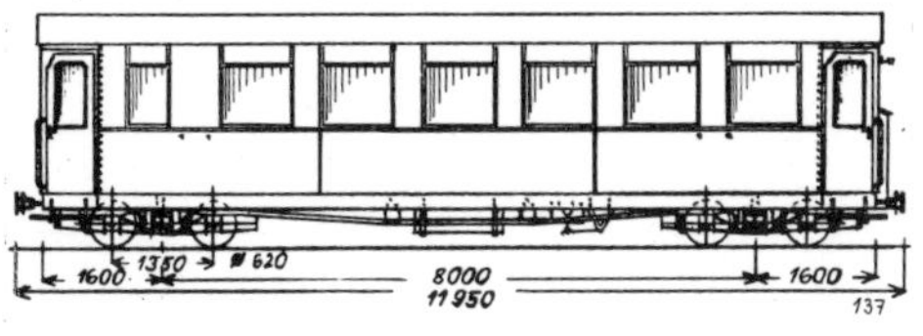

C4ip 3045

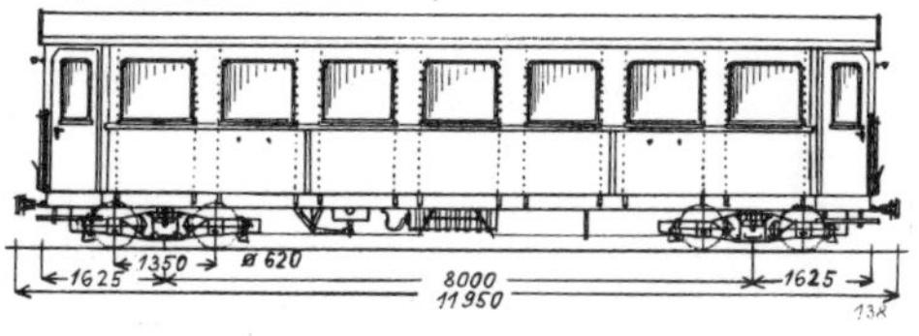

C4ip 3050

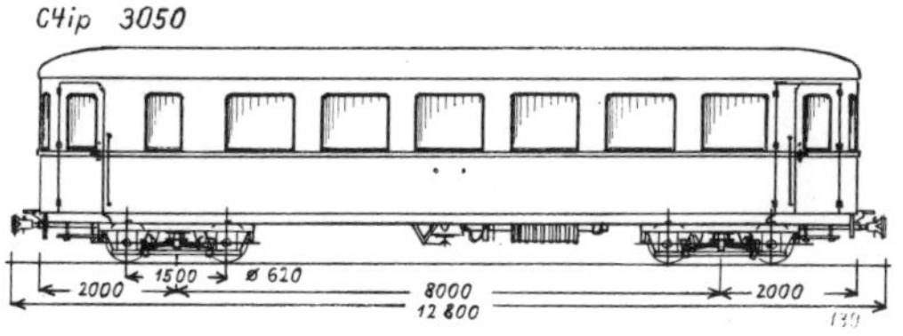

C4ip 3060 - 3069

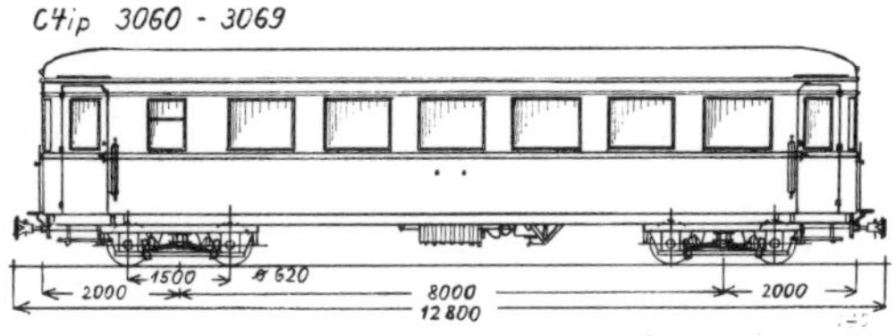

CPw4ip 3080 - 3083, 3087 → BD4ip 4260 - 4264

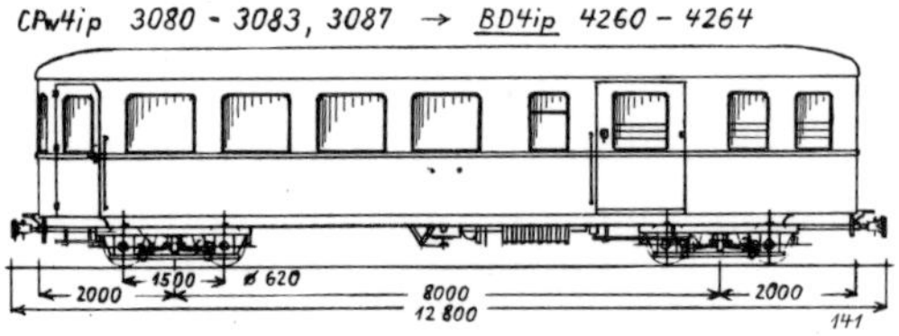

141

CPw4ip 3085 - 3086 → BD4ip 4265 - 4266

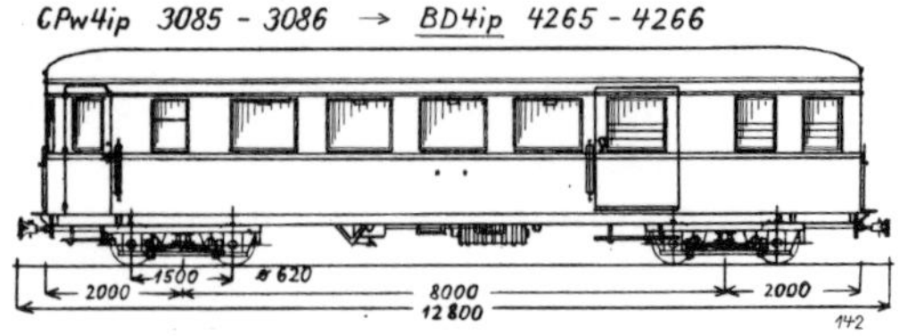

142

C4ip 3095

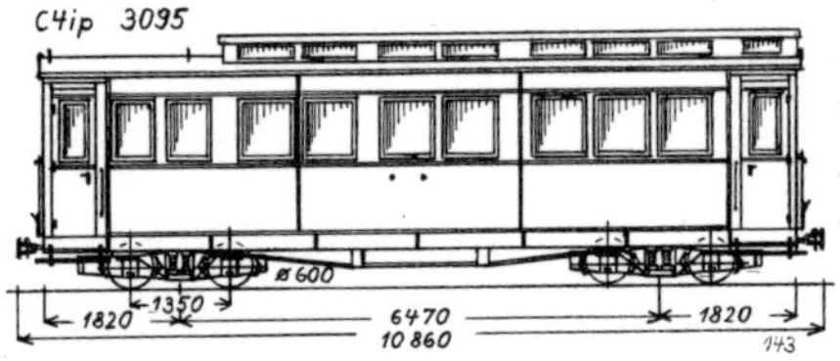

143

B4ipho 3100 - 3114 (z.T. WEBASTO - HEIZUNG)

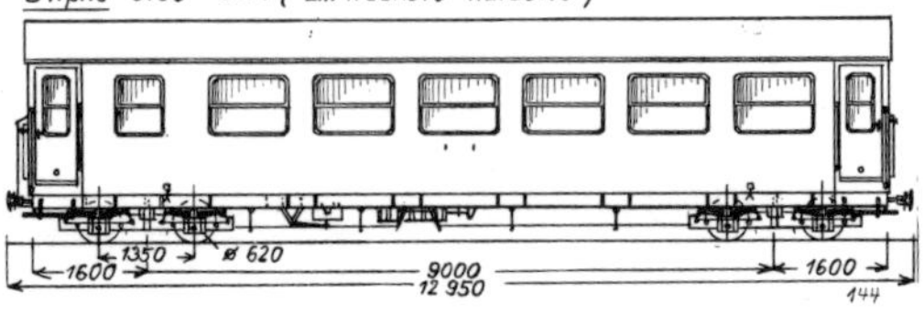

144

B4ipho 3120 - 3121, 3140 - 3168

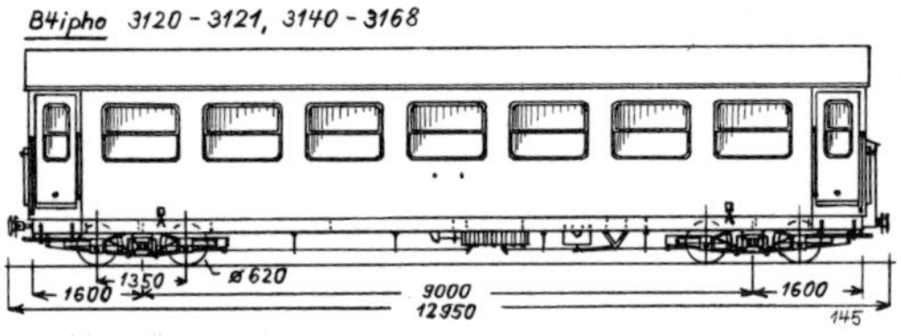

145

B4ipho 3180 - 3183

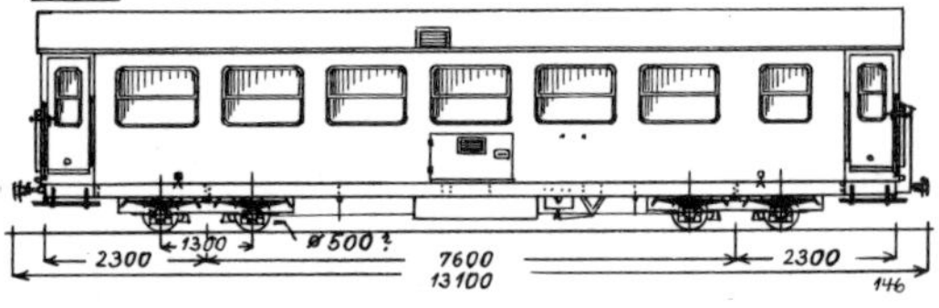

146

C4iho 3200 - 3201

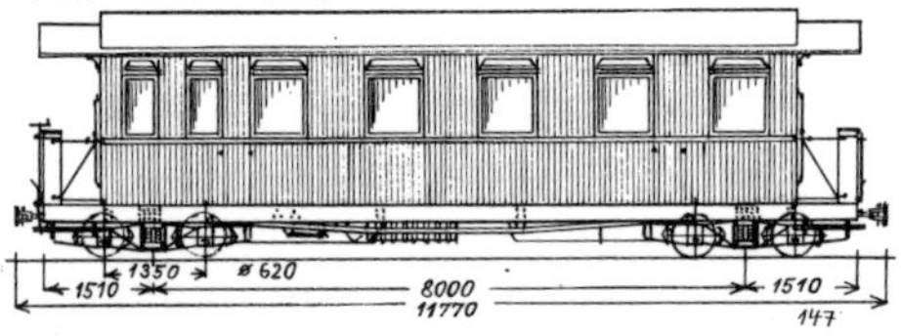

147

C4iho 3202

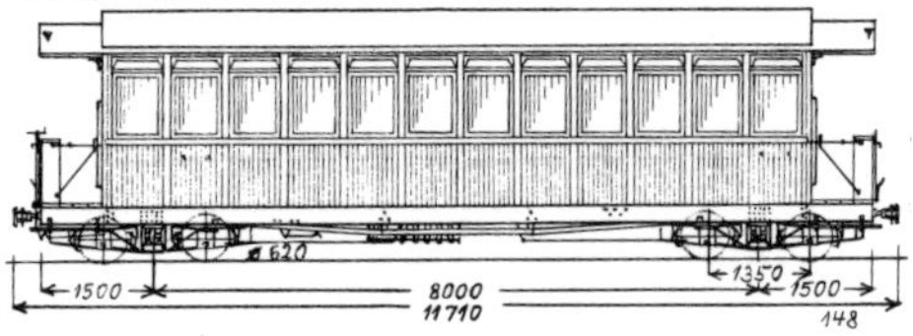

148

C4iho 3203 - 3221

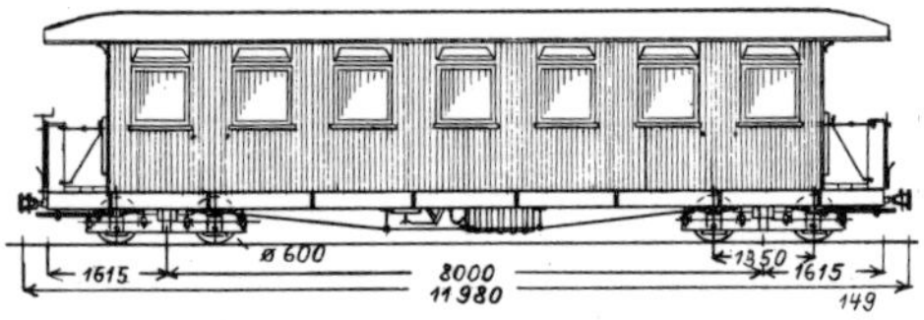

149

C4iho 3203 - 3221

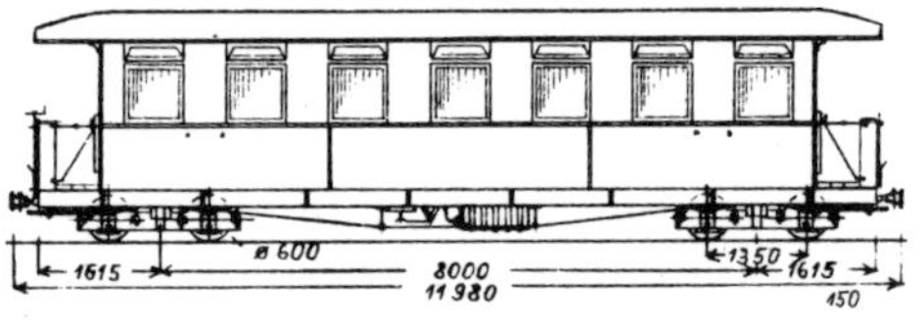

150

C4iph 3240 - 41, 3243 - 46, 3252 - 53, 3256 - 60

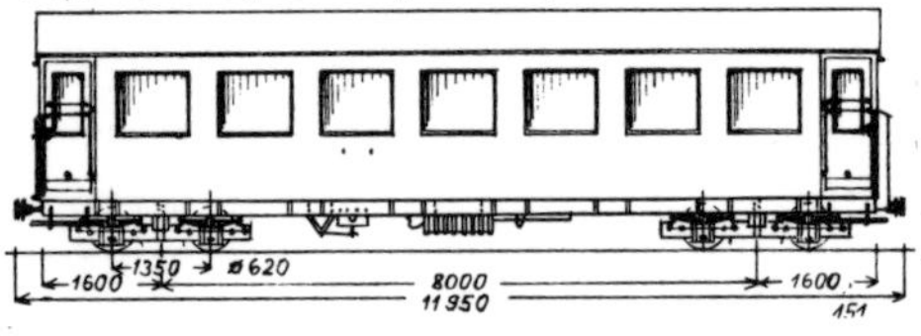

151

C4iph 3242, 3248 - 51, 3255, 3254, 3247 → B4ipho 3200 - 06, 3220

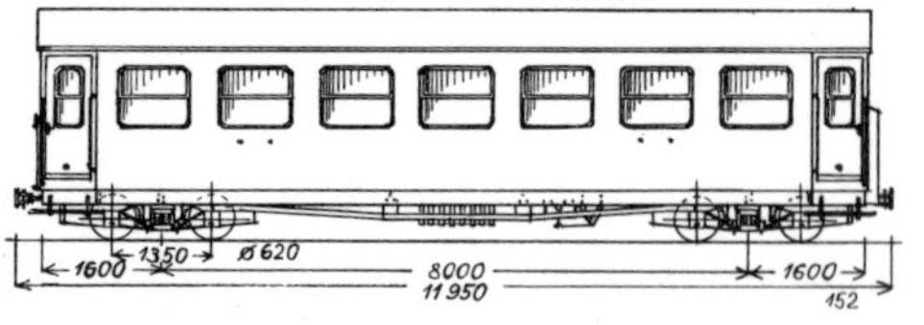

152

C4ip 3280 - 3281 (SPÄTER → GETEILTE FENSTER)

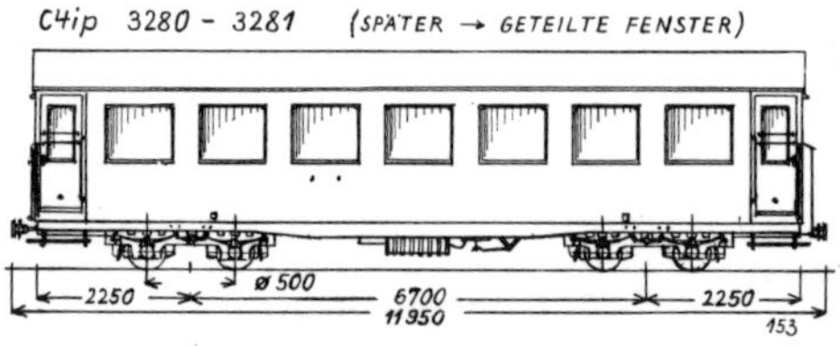

153

CPw4iph 3290 → BD4ipho 4240 (ERST UNGETEILTE FENSTER)

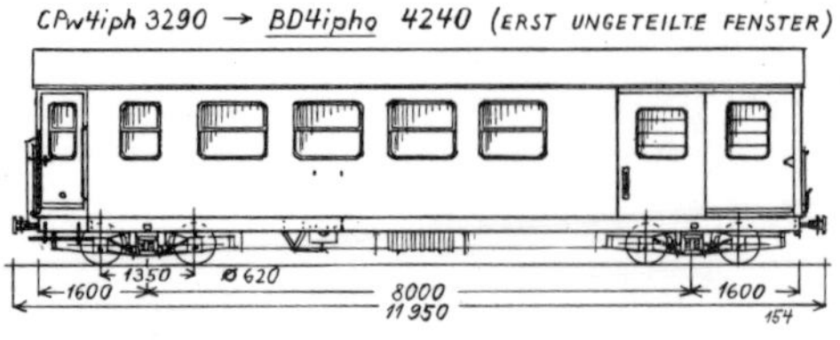

154

CPw4iph 3291 - 3292 → BD4ipho 4220 - 4221

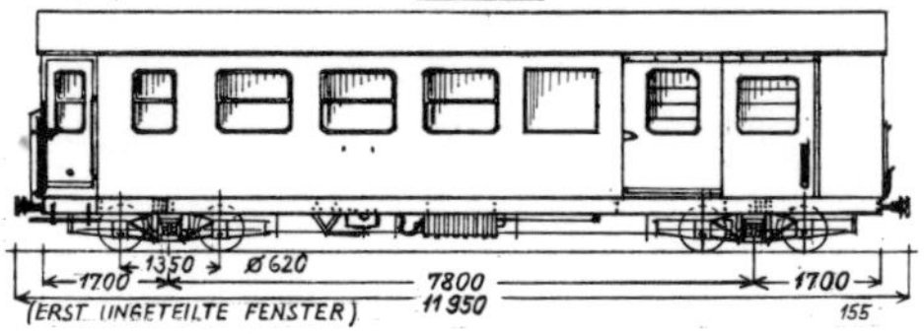

CPw4iph 3293 - 3294 → BD4ipho 4200 - 4201

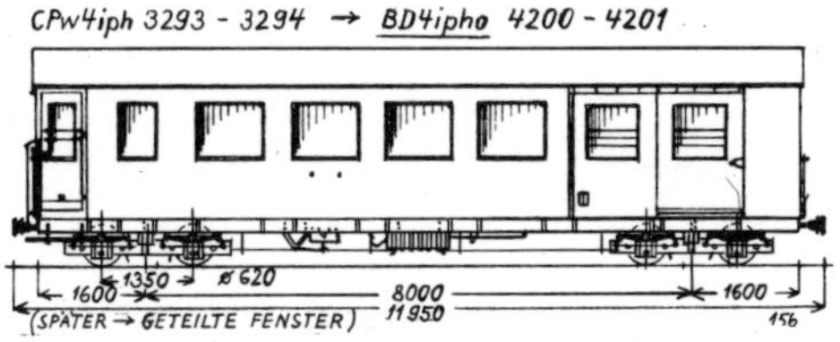

ÖBB

Gattung	ÖBB-Nummer	g e b a u t Jahr	von	für	DRB-Nr.	BBÖ-Nummer (ÖBB-Nummer vor UB)	Anmerkung
A4iph	1001	UN 1956	–	–	–	(ex 2001)	
A4iph	1005	UN 1956	–	–	–	(ex 2005)	
A4iho	1201	UN 1956	–	–	–	(ex 2201)	
A4iho	1296	UN 1956	–	–	–	(ex 2296)	
B4ih	2001	UB 1954	–	–	–	(ex 3001)	
B4ih	2005	UB 1954	–	–	–	(ex 3005)	
AB4iph	2006 – 2007	UB 1959	–	–	–	(ex 3006 – 3007)	
AB4ipho	2100 – 2105	UB 1960/61	StP	–	–	*)	*)
B4ih	2201	UB 1957	–	–	–	(ex 3201)	
B4ih	2296	UB 1954	–	–	–	(ex 3296)	
C4ipho	3000	1912	Sm	Mz	–	122	
C4ipho	3001	1912	Sm	Mz	–	123	
C4ipho	3002 – 3005	1912	Sm	Mz	–	125 – 128	
C4ipho	3006 – 3009	1912	Sm	Mz	–	280 – 283	
C4ipho	3010 – 3043	1912	Sm	Mz	–	630 – 663	
C4ip	3045	1932	Sm	BBÖ	Li	720	
C4ip	3050	1937	Sm	BBÖ	Li	745	
C4ip	3060 – 3069	1940	Sm	DRB	Li	–	
CPw4i	3080 – 3083	1937	Sm	BBÖ	Li	750, 751, 753, 754	*)
CPw4i	3085 – 3086	1940	Sm	DRB	Li	–	
CPw4i	3087	1937	Sm	BBÖ	Li	752	
C4ip	3095	1910	Gr	Mz	–	3	
B4ipho	3100 – 3114	UB 1961/64	StP	–	–	*)	*)
B4ipho	3120 – 3121	UB 1963/64	StP	–	–	(ex 1201, 3296)	
B4ipho	3140 – 3168	UB 1961/67	StP	–	–	*)	*)
B4ip	3180 – 3183	UB 1963	StP	–	–	(ex 4010 – 4013)	
C4ih	3200 – 3201	1908	Gr	Mz	–	120 – 121	
C4ih	3202	1908	Gr	Mz	–	124	
C4ih	3203 – 3221	1908	Sm	Mz	–	700–716, 718, 719	
B4ipho	3200II – 3206II	UN 1963	–	–	–	*)	*)
B4iph	3220	UN 1963	–	–	–	(ex 3247)	
C4iph	3240 – 3260	UB 1954/57	StP	–	–	*)	*)
B4ip	3280 – 3281	UB 1956/57	StP	–	–	(ex 4000 – 4001)	
CPw4iph	3290	UB 1954	StP	–	–	(ex 3004)	
CPw4iph	3291 – 3292	UB 1954	StP	–	–	(ex 3295, 3202)	
CPw4iph	3293 – 3294	UB 1955	StP	–	–	(ex 3203, 3214)	
C4ih	3295	1908	Gr	Mz	–	5	
C4ipho	3296	1908	Gr	Mz	–	*)	*)
CPw4iph	3299	UB 1954	StP	–	–	(ex 3095)	
B4ipho	3305, 3313, 3316	UN 1963	–	–	–	(ex 3205, 3213, 3216)	

*) 2100–2105: UB aus 3026, 3020, 1001, 3039, 3031, 3033
3080–3083: Bisselgestelle, später UB mit Drehgestellen
3100–3114: UB aus 3204 3207 3211 3220 65811 3208 15800 65810 65812 3221 3210 3218 3316 3305 3313
3140–3168: UB aus 3016 2007 3008 1005 2006 3028 3043 3025 3029 3023 3035 3022 3021 3012 3017 3013 3024 3000 3042 3014 3038 3040 3018 3037 3032 3015 3034 6291 6292
3200II–3206II: UN aus 3242 3248 3249 3250 3251 3255 3254
3240–3260: UB aus 3036 6290 6280 3002 3003 3011 3030 3200 3217 3219 3212 3215 6293 3010 3206 3209 3019 3041 Drehgestell 3009 3027; 3258 aufgebaut auf Tauschrehgestellen
3296: Sah 10; 1938 UB in 284; 1953 UN in 3296; 1954 UN in 2296; 1956 UN in 1296; 1961 UN in 3296; 1964 UB in 3121

C4iho 3295

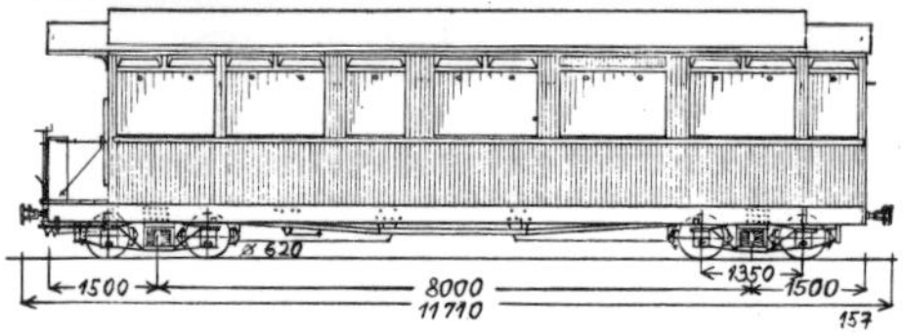

C4iho 3296

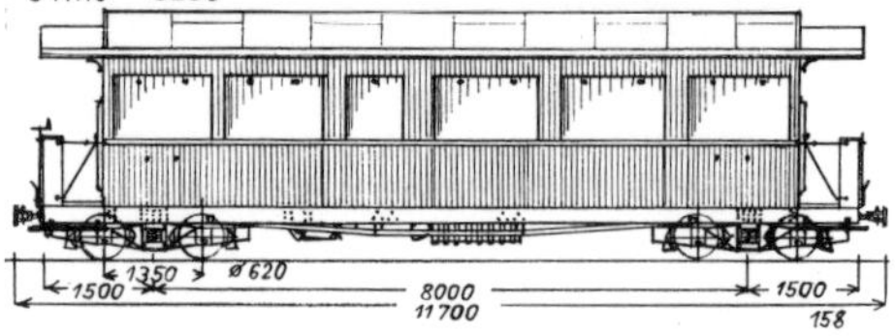

CPw4iph 3299 → BD4iph 4230 (SPÄTER → GETEILTE FENSTER)

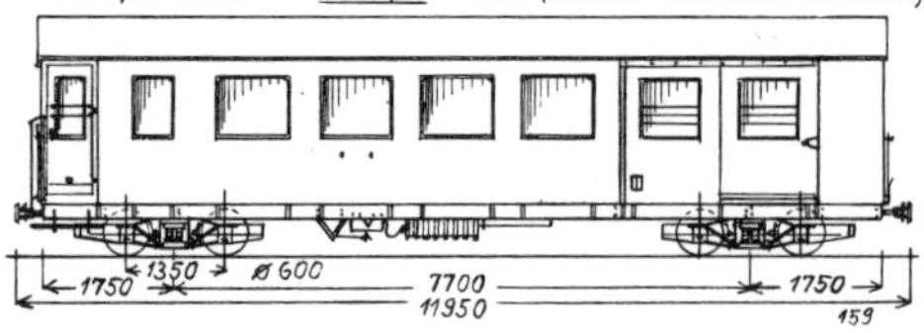

C4 4000 - 4001

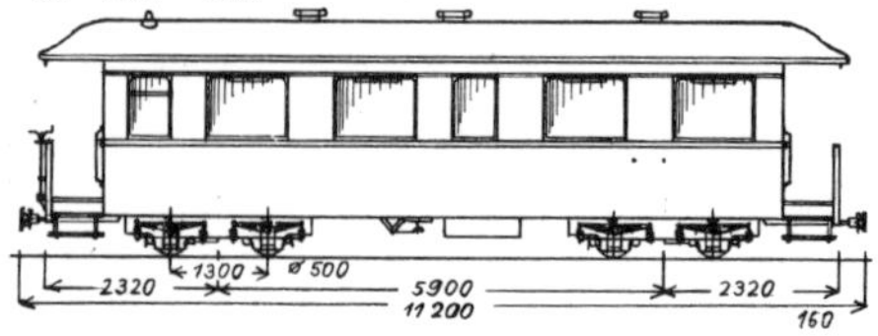

C4i 4010 - 4011

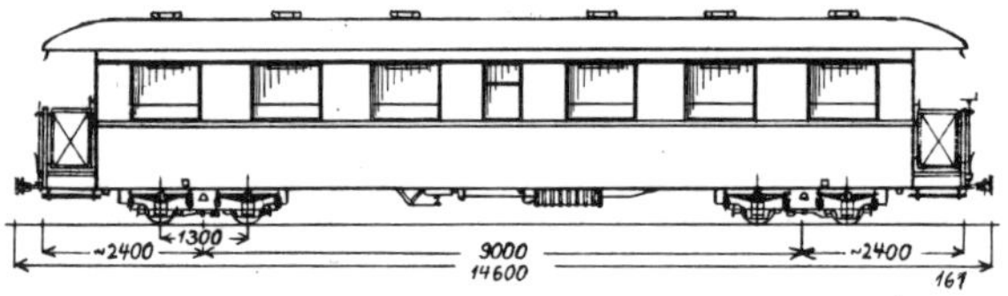

C4i 4012 - 4013

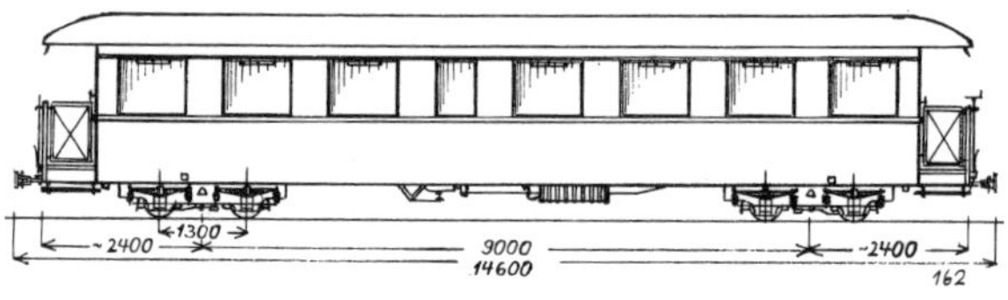

BD4ipho 4100 - 4101

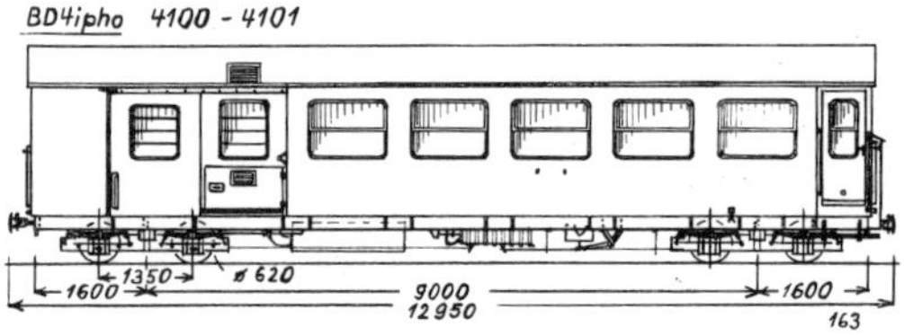

BD4ipho 4102 - 4109

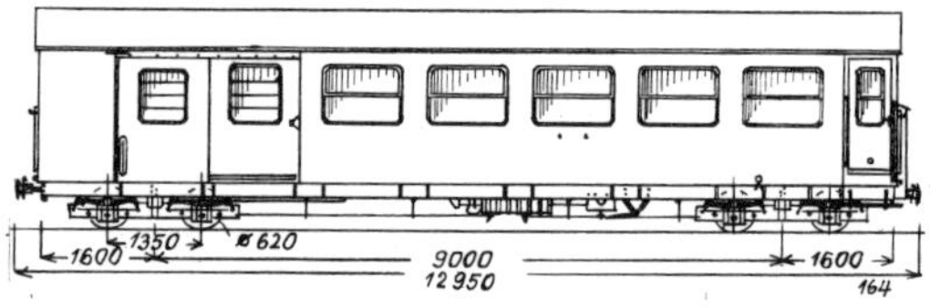

Ciph 3400 - 3402 (3401 OHNE BREMSE)

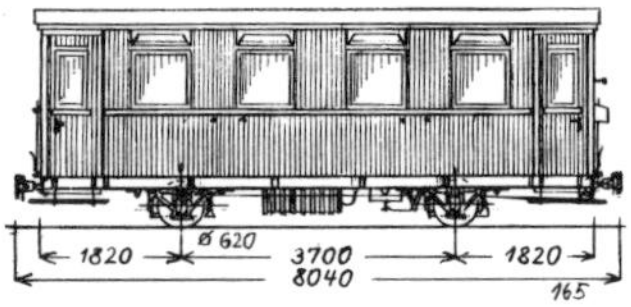

Ciph 3403

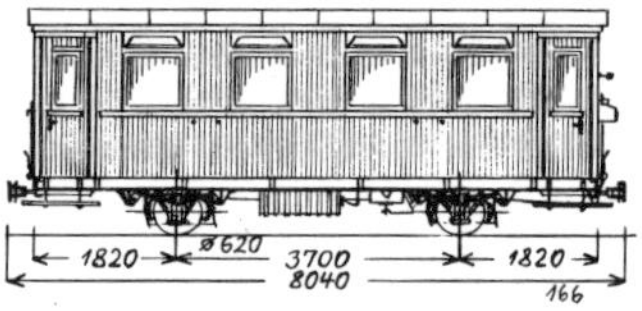

Ci 3600

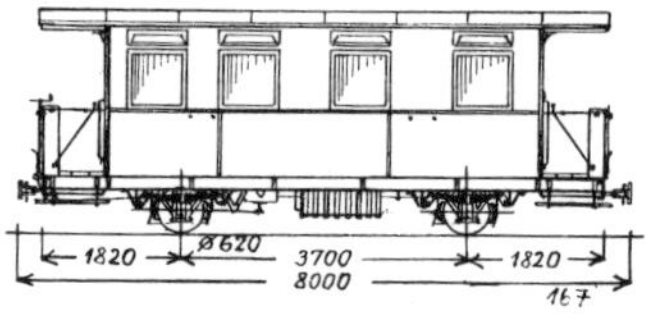

Ci 3612 - 3614

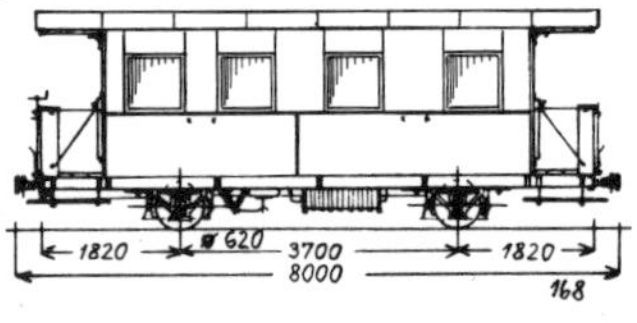

Ci 3630, 3632, 3633, 3635

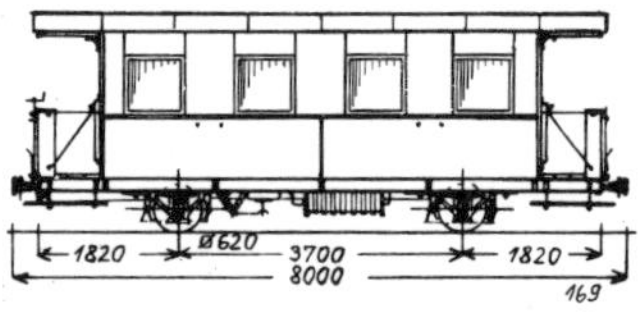

Ci 3601 3702

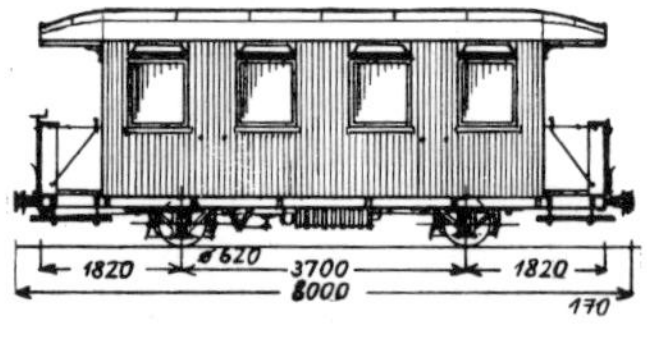

Ci 3601 3702

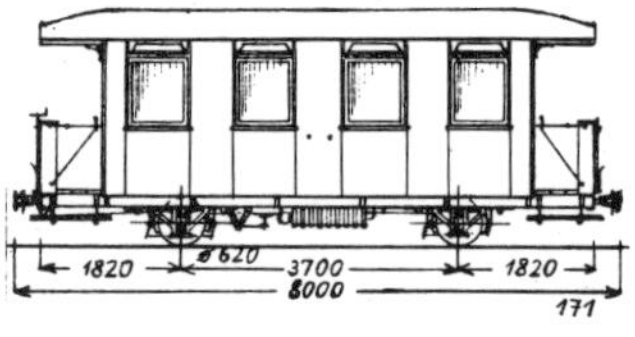

Ci 3601 3702

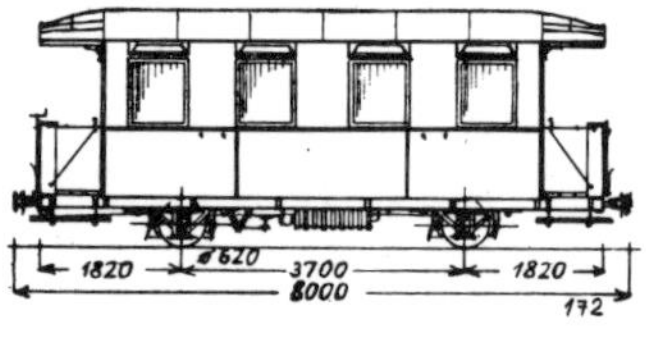

Ci 3601 3702

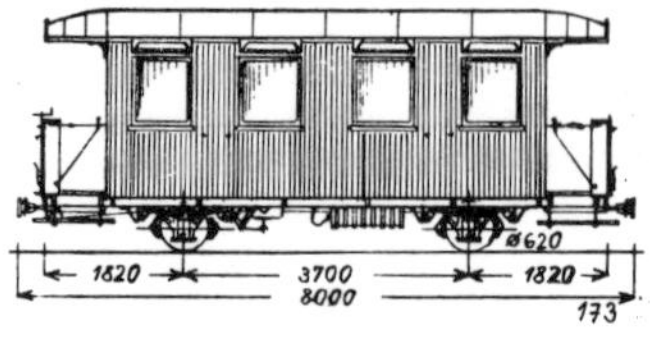

Ci 3601 ... 3702, 3705 - 3706, 3781, 3790 - 3792

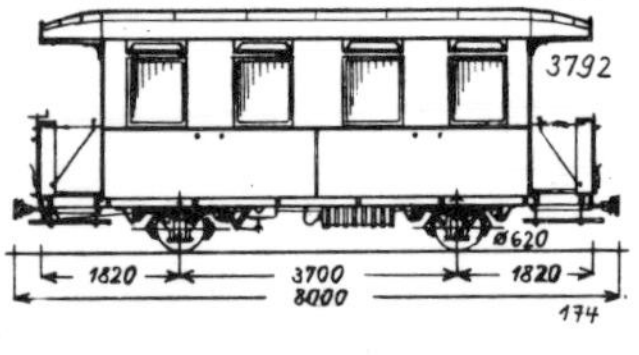

Ci 3703 - 3704 (UB)

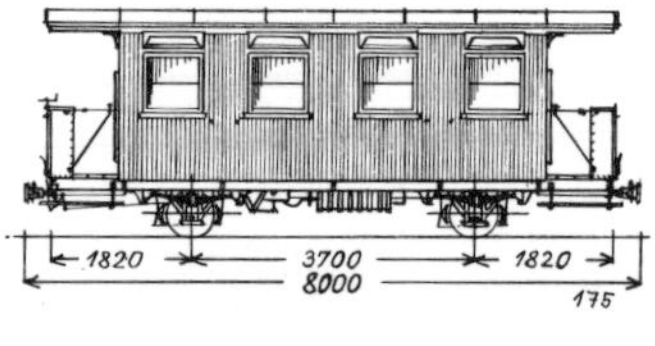

Ci 3662, 3688

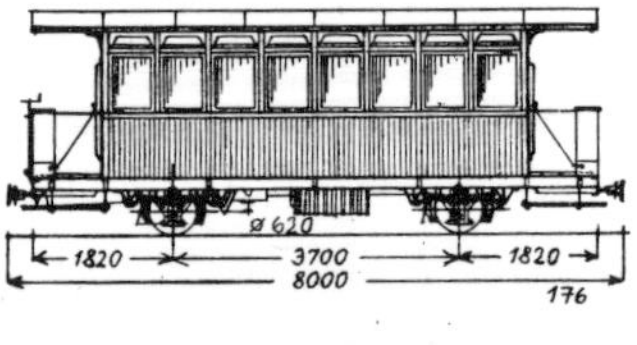

Ci 3720 - 3722

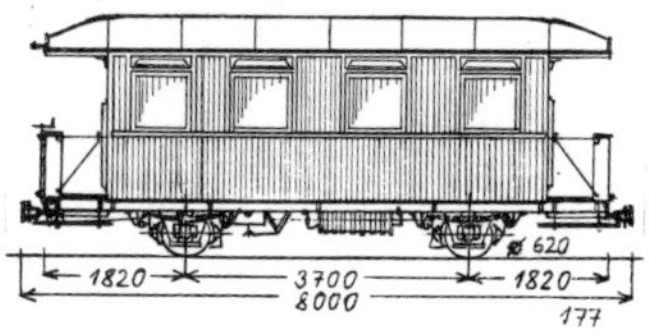

Ci 3619 - 3620, 3723 - 3736

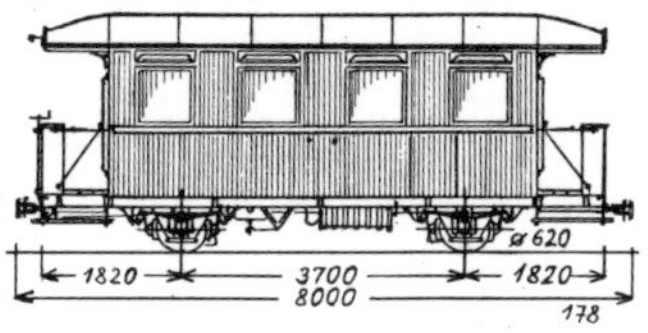

Ci 3737 - 3741

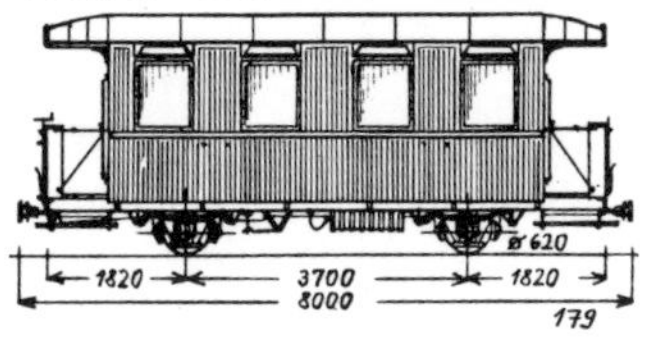

Gattung	ÖBB-Nummer	g e b a u t Jahr	von	für	DRB-Nr.	BBÖ-Nummer (ÖBB-Nummer vor UB)	Anmerkung
Cipho	3400 – 3402	1898	Gr	Mz	–	235, 243, 386	
Cipho	3403	1906	Sm	Mz	Vi	393	
Ci	3600 ∸ 3618	1896/98	Gr	.	Li, Vi	*)	*)
Ci	3619 – 3620	1925	Gr	.	Vi	*)	*)
Ci	3621 ∸ 3655	1898/1902	Gr	.	Li, Vi	*)	*)
Ci	3657 ∸ 3673	1906	Sm	.	Vi	*)	*)
Ci	3674 – 3677	1906	Gr	.	–	*)	*)
Ci	3679 ∸ 3690	1907	Sm	.	Vi	*)	*)
Ci	3691 ∸ 3704	1908/09	Gr	.	Li	*)	*)
Ci	3705 – 3706	UN 1954, 1963	–	–	–	(ex 3791, 3792)	
Ci	3720 – 3721	1924	Sm	.	–	*)	*)
Ci	3722	1924	Gr	.	Li	*)	*)
Ci	3723 – 3736	1924/27	Gr	–	Li	*)	*)
Ci	3737 – 3741	1928/30	Gr	–	Li	*)	*)
Ci	3780, 3782	1897	Gr	–	–	*)	*)
Ci	3781	1897	Gr	–	–	*)	*)
CPwi	3790 – 3792	1907	Sm	–	–	490, 492, 493	
Bi	3850 – 3890	UB 1954/60	StP	–	–	*)	*)

*) 3600 ∸ 3704: 210 *211* *350* 351 352 353 334 212 213
214 215 *255* 256 257 258 320 321 322 323 324
325 354 *355* 356 357 358 385 406 408 *470* 471
472 473 474 475 476 *477* 371 374 377 300 301
302 303 330 331 332 333 372 373 378 200 201
202 *203* 204 *335* 388 389 390 391 392 387 394
396 397 398 399 400 401 402 403 404 405 410
411 412 413 *414* 483 484 486 487 488 491 494
496 497 498 501 502 70 71 72 73 74 75
76 77 *336* *337* *338* 339 478 479

Wagen mit den Nummern 3611 3622 3631 3636 3654 3656 3678 3699 3700 und 3701 hat es nicht gegeben, da die hiefür vorgesehenen Wagen 4611 ∸ 4701 nicht mehr in der herkömmlichen Art, sondern in Spantenbauweise aufgebaut und als 3850 ∸ 3874 bezeichnet wurden.

Die Wagen 3619 – 3620 sind Bauart 3720 – 3741. Die UN von 3619 in 3742 war vorgesehen, der Wagen wurde jedoch mit Nr. 3619 am 25. Oktober 1966 in der HW St. Pölten außer Stand gebracht (UB 1968 in 6503).

Die Wagen 3662 und 3688 (8 Fenster je Seitenwand) sind Bauart 4601 ∸ 4701.

3720 – 3741: BBÖ-Nummern 510 260 259 480 481 482 503
504 505 506 507 508 509 310 311 312 313 340
359 360 314 341

3780 – 3782:

ÖBB	DRB	DRB lt. U-Plan	ČSD	Neuhaus – Neubistritz
3780	241	202702	241	BCi 1
3781	317	211266	317	Ci 4
3782	319	202703	242	BCi 2

3850 – 3890: UB aus 4631 4784 4786 4783 4785 4678 3684 3686
3704 4636 3730 4611 4700 4622 4656 4701 3664 3642
4654 3637 3617 3615 3620 3657 4699 3689 3662 3732 3670
3658 3740 3676 3782 3688 3728 3648 3649 4793 3780 3790
3605

Ci 3619 - 3620, 3720 - 3741 (UB, Fenster entsprechend Ursprungsbauart)

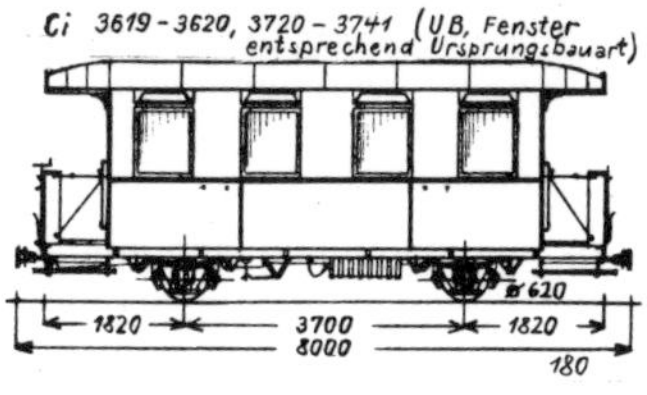

Ci 3725

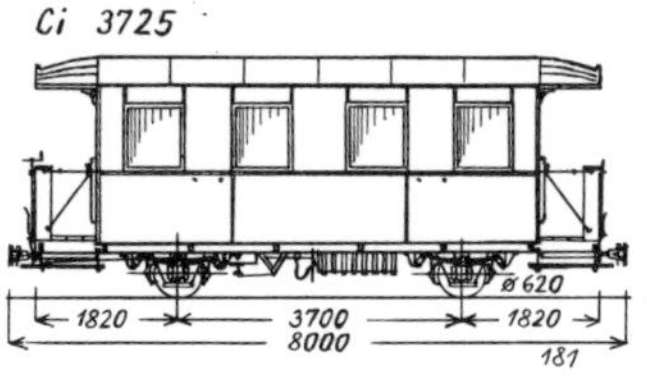

Ci 3780, 3782 (3781 s. 3705 - 3706!)

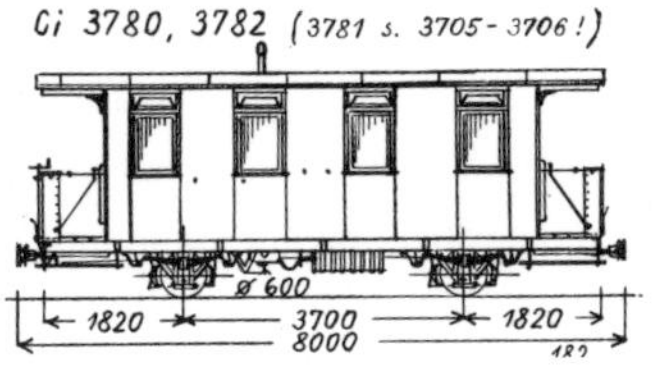

Ci(ho) 3850, 3859, 3861, 3869, 3876; mit geteilten Fenstern: 3885, 3886

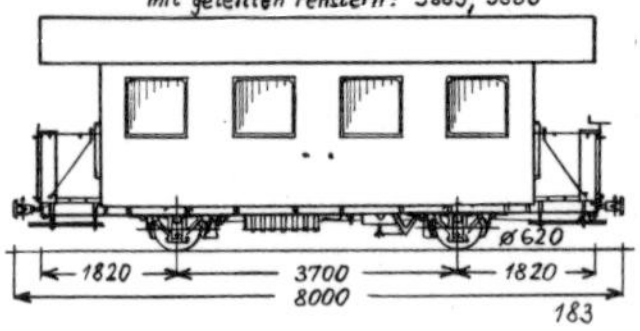

Ci(ho) 3850.... 3876

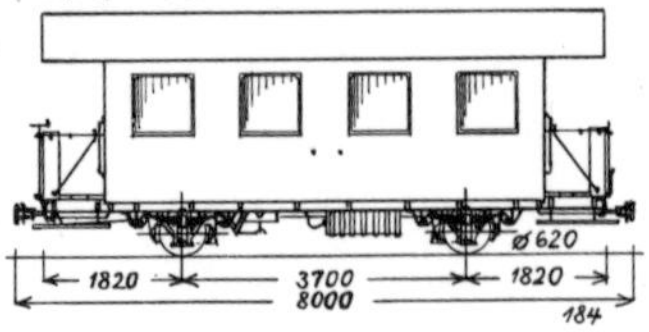

Bi 3877... 3890

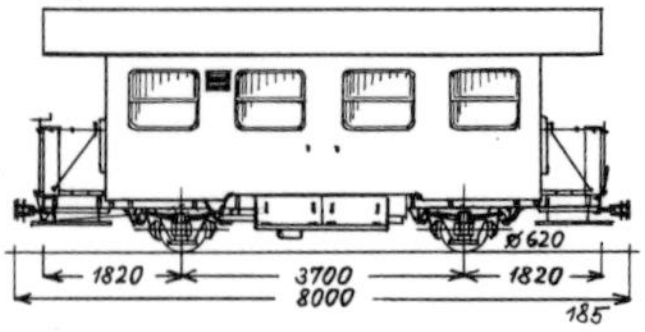

Ci 4601

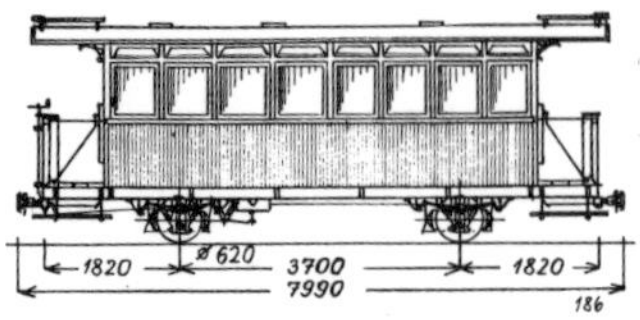

Ci 4602

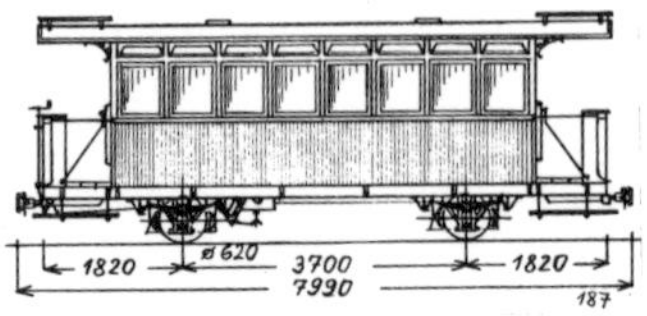

Ci 4611

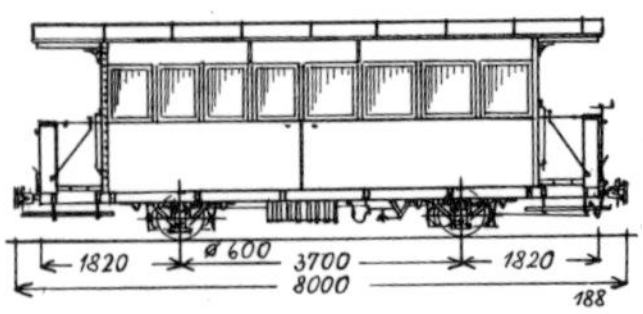

Ci 4629, 4631, 4636

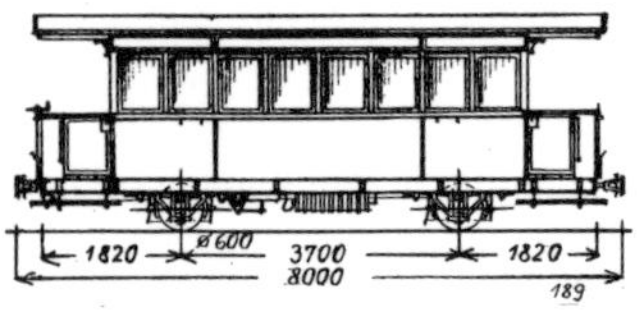

Ci 4622, 4656, 4699 - 4701

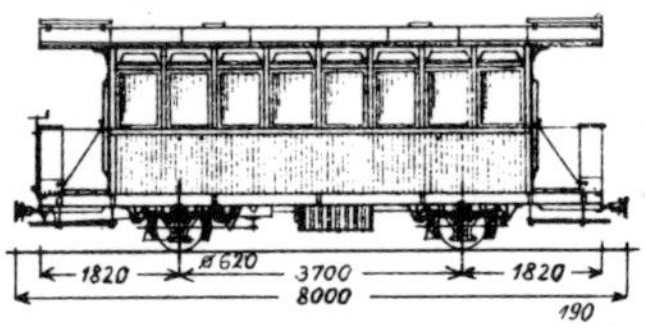

Ci 4678, 4785, 4786

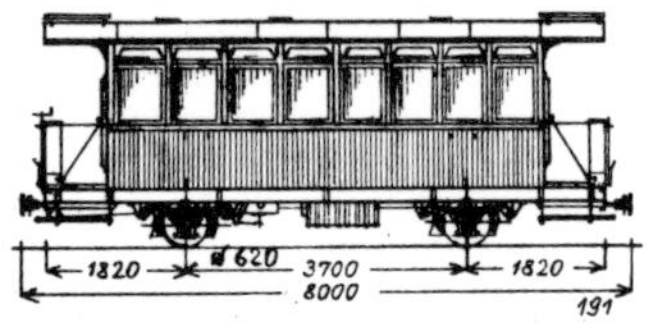

Ci 4760 - 4770

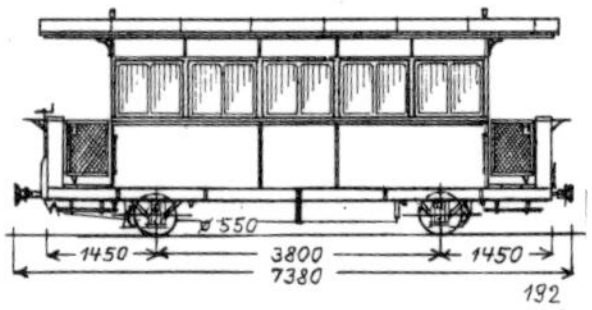

Ci 4783, 4784, CPwi → Ci 4793

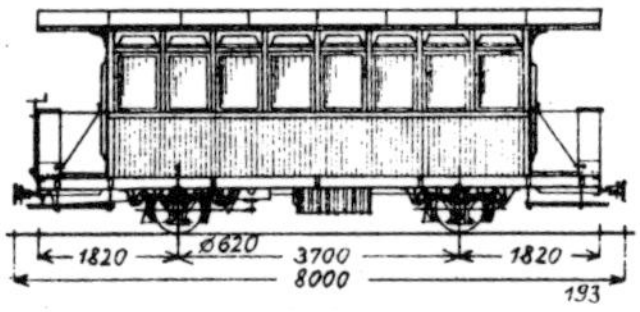

CPw 4794

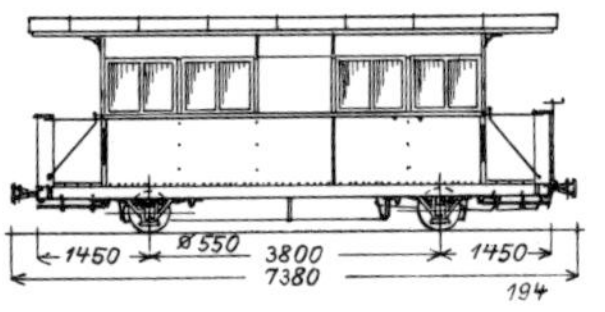

Pw4h 6200, PFw4h 6281

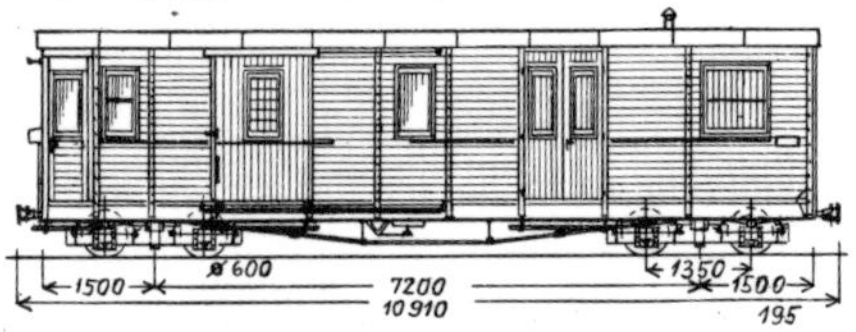

Pw4h 6210 - 6215

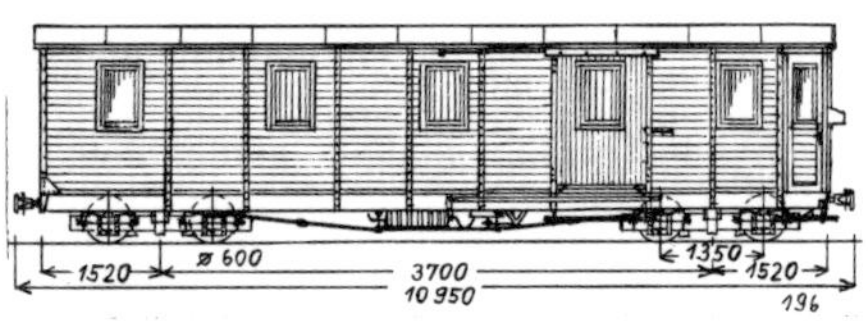

Pw4o 6270

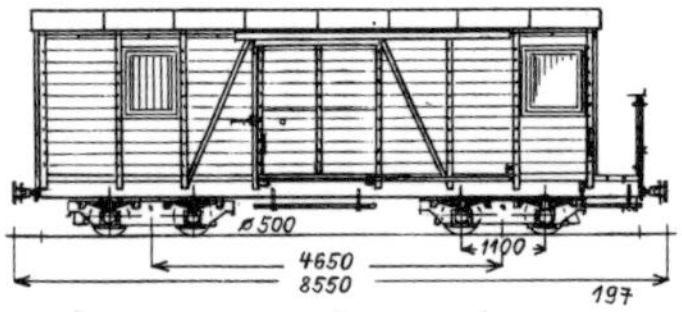

PFw4h 6280 (6281 s. Pw4h 6200!)

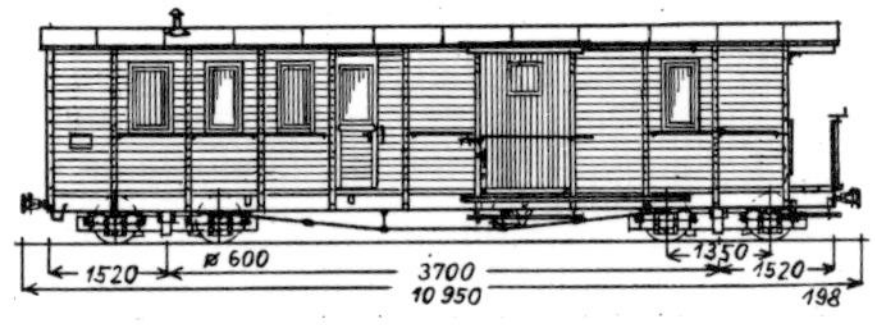

PFw4ho 6290.... 6293

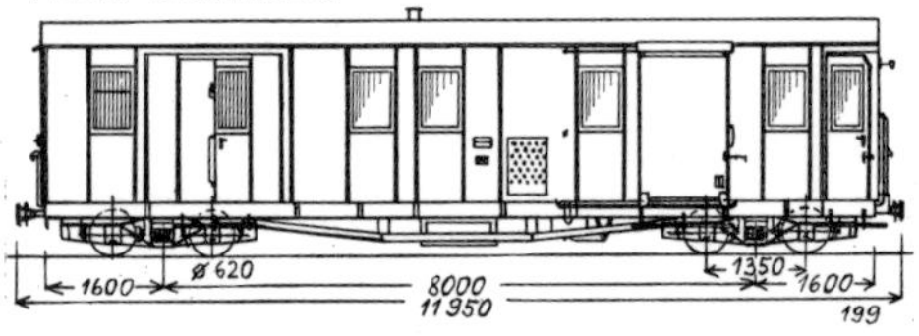

PFw4ho 6290.... 6293

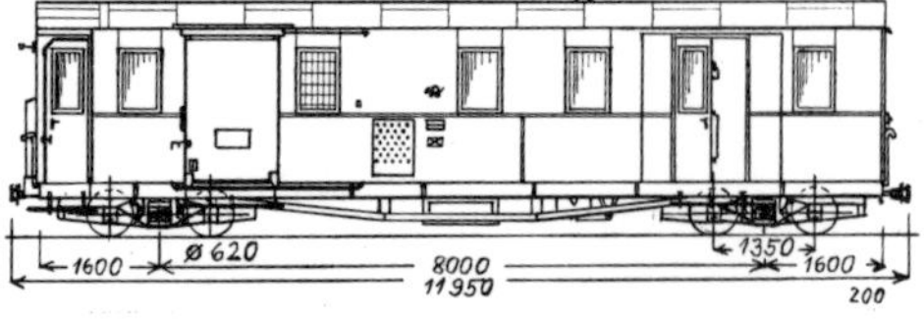

Pw3h 6300 - 6302

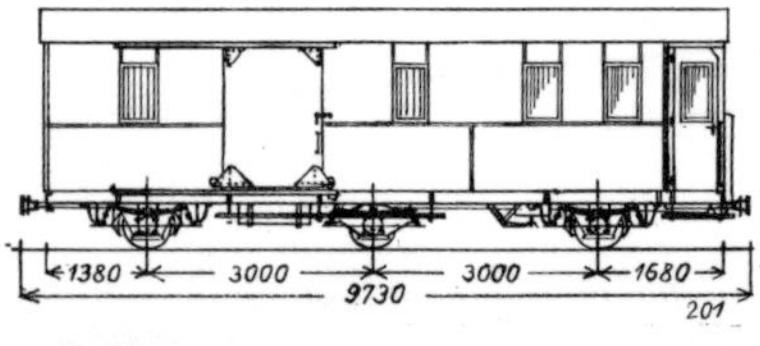

Pw 6400 - 6402

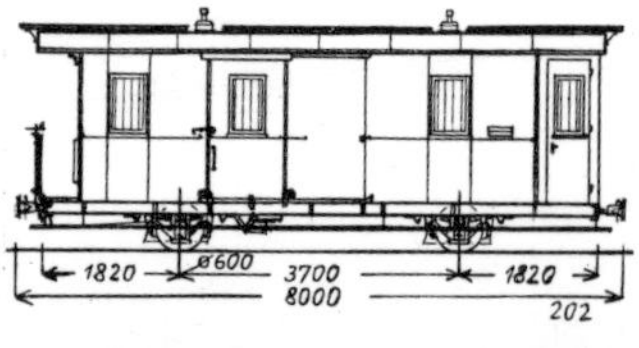

Pw 6400.... 6402 (UB)

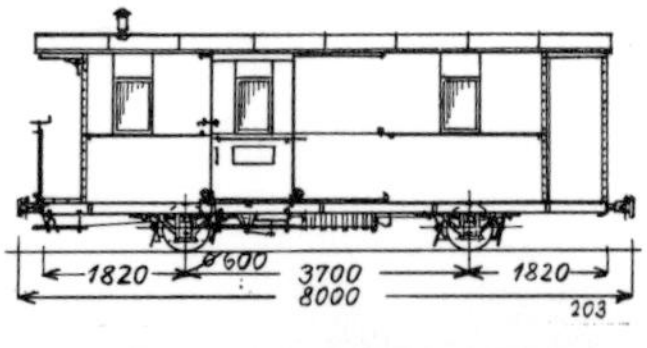

Gattung	ÖBB-Nummer	gebaut Jahr	von	für	DRB-Nr.	BBÖ-Nummer (ÖBB-Nummer vor UB)	Anmerkung
C4i	4000 – 4001	1940	LHB	DRB	HF	*)	*)
C4i	4010 – 4011	1943	LHB	DRB	HF	*)	*)
C4ip	4012 – 4013	1943	LHB	DRB	HF	*)	*)
BD4ip	4100 – 4101	UB 1963	StP	–	–	*)	*)
BD4ipho	4102 – 4109	UB 1963/67	StP	–	–	*)	*)
BD4ipho	4200 – 4201	UN 1963	–	–	–	(ex 3293 – 3294)	
BD4ipho	4220 – 4221	UN 1963	–	–	–	(ex 3291 – 3292)	
BD4ipho	4230	UN 1963	–	–	–	(ex 3299)	
BD4ipho	4240	UN 1963	–	–	–	(ex 3290)	
BD4ip	4260 – 4264	UN 1963	–	–	–	(ex 3080–3083, 3087)	
BD4ip	4265 – 4266	UN 1963	–	–	–	(ex 3085 – 3086)	
Ci	4601 ∸ 4701	1896/1909	Gr	.	*Li*	*)	*)
Ci	4760 – 4770	1889/91	Gr	St	Li	*)	*)
Ci	4783 – 4786	1898	Gr	–	Li	*)	*)
CPwi	4793	1907	Sm	Mz	–	495	
BPwi	4794	UN 1957	–	–	–	(ex 4764)	
Pw4h	6200	1906	Gr	Mz	–	840	
Pw4ho	6210 – 6215	1908	Sm	Mz	–	850 – 855	
Pw4	6270	1943	LHB	DRB	HF	*)	*)
PFw4h	6280	1906	Sm	Mz	–	944	
PFw4h	6281	1906	Gr	Mz	–	945	
PFw4h	6290 – 6293	1912	Sm	Mz	–	946 – 949	
Pw3h	6300 – 6302	1932	Gr	Mz	–	830 – 832	
Pw	6400 – 6402	1898	Gr	Pzg	Li	810 – 812	
Pw	6403	1898	Gr	YB	Li	907	
Pwh	6404 – 6406	1898	Gr	Mz	–	925 – 927	
Pw	6407 – 6408	1902	Gr	BWB	–	895 – 896	
Pw	6409	UB 1954	–	–	–	(ex 6806)	
Pw	6410 – 6411	UB 1959	–	–	–	(ex 6809, 6810)	
Pw	6420 – 6422	1927/29	Gr	R-G	–	885 – 887	
Pw	6460 – 6463	1889/91	Gr	St	–	820 – 823	
D	6485	UN 1965	–	–	–	(ex 3613)	
Pw	6489	UB 1957	–	–	–	(ex 10206)	
Pw	6490 – 6491	1898/1900	Gr	–	–	370, 407	
Pw	6492	1924	Sm	–	–	1212	
Pw	6493	1903	Gr	–	–	1129	
Pw	6494	1924	Sm	–	–	1211	
Pw	6495	1922	Sm	–	–	1197	
Pw	6496	1892	Gr	St	Li	795	
Pw	6497	1897	Gr	–	–	*)	*)
Pw	6498	1908	Gr	–		813	
Pw	6499	UB 1949	Fk	–		*)	*)

*) 4000–4001: Heeresfeldbahnwagen ex Nr. 701, 703

4010–4013: Heeresfeldbahnwagen ex Nr. 714, 715, 717, 724

4100–4109: UB aus 15801 15802 6212 6215 6213 6214 6200 6211 6210 6281

4601 ∸ 4701: Im UN-Verzeichnis 1953 sind für die noch nicht umgebauten zweiachsigen Personenwagen (8 Fenster je Seitenwand) die Nummern 4601 4602 4611 4622 4629 4631 4636 4654 4656 4678 4699 4700 und 4701 vorgesehen. Die BBÖ-Nummern (kursiv) dieser Wagen sind unter Anmerkungen 3600 ∸ 3704 enthalten. Nach Umbau des Wagenkastens (4 Fenster je Seitenwand) wurden umnumeriert: 4601 in 3601, 4602 in 3602, 4629 in 3629. Die im UN-Verzeichnis (Juni 1953) enthaltene Nummer 4602 dürfte es nicht gegeben haben, da der am 27. Juli 1953 fertiggestellte UB-Wagen die Nummer 3602 bekam.

4760–4770: BBÖ-Nummern 570 571 575 576 585 275 579 581 584 277 4

4783–4786:

ÖBB	DRB Steyrt.	DRB RBD Oppeln	ČSD	Röwersdorf – Hotzenplotz
4783	525	211270	325	C 7
4784	526	211272	326	C 8
4785	527	211274	356	BC 3
4786	528	211275	357	BC 4

4770 (Graz 1891, ehem. Salonwagen) und 4794 (Graz 1889, ehem. 4764) am 17. 9. 1959 verkauft an Rheinregulierung, Bauleitung Bregenz

6270: UB aus gedeckten Güterwagen Heeresfeldbahn (ex Nr. 1504 Pinzgauer Lokalbahn)

6497: ex DRB Nr. 800 (lt. DRB-U-Plan 211860 vorgesehen); ex ČSD 644; ex DF 101 Neuhaus–Neubistritz

6499: UB Personenwagen 485 in 897^II; ab November 1949 in Betrieb (DF 897' am 3. Dezember 1948 in Werkstätte Feldkirch †)

Pw 6403

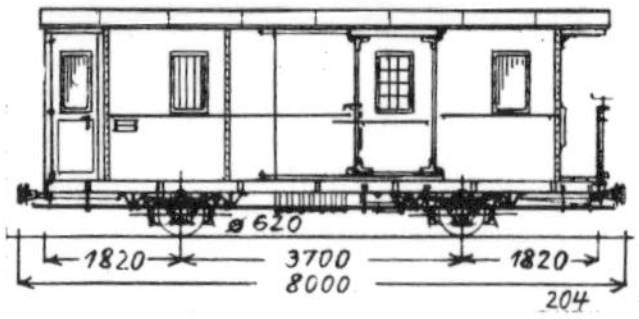

204

Pw 6404 - 6406

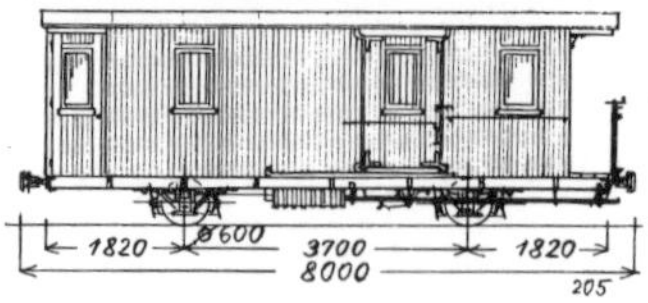

205

Pw 6406 (UB)

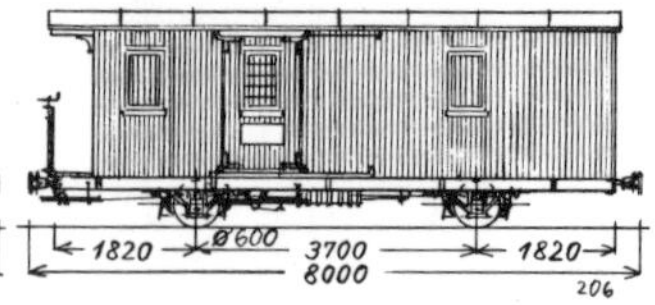

206

Pw 6407 - 6408

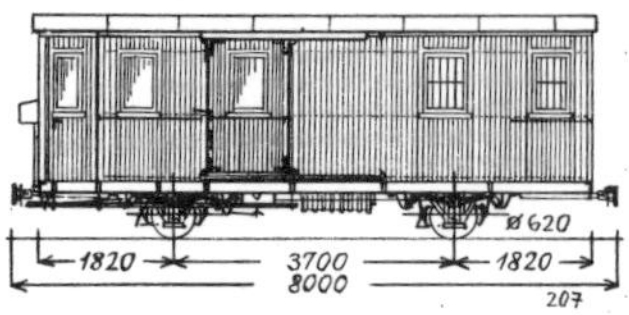

207

Pw 6409

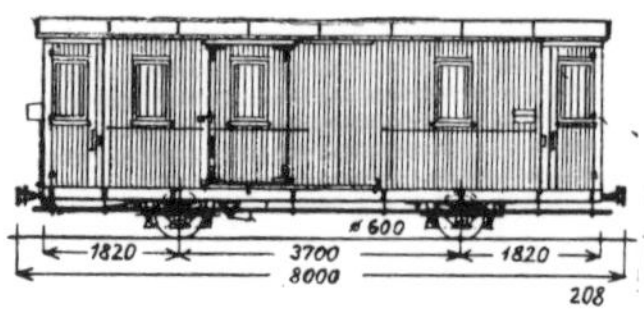

208

Pw 6410

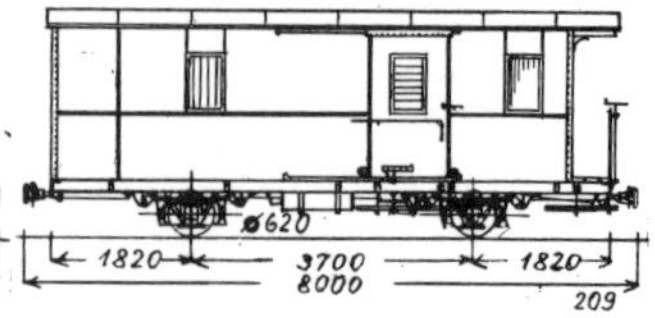

209

Pw 6411

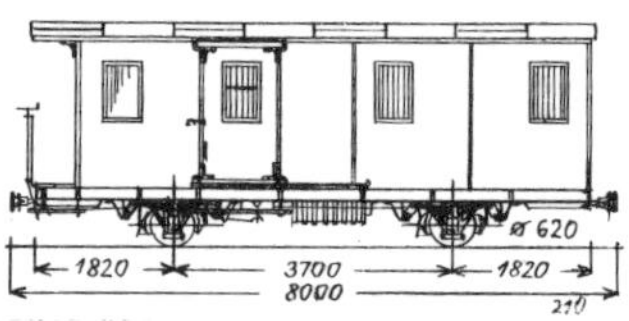

210

Pw 6420 - 6422

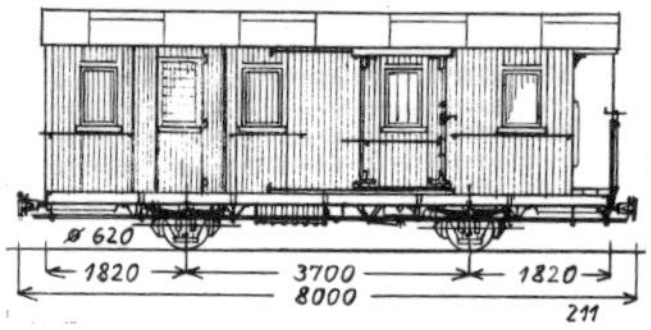

211

Pw 6420 (UB)

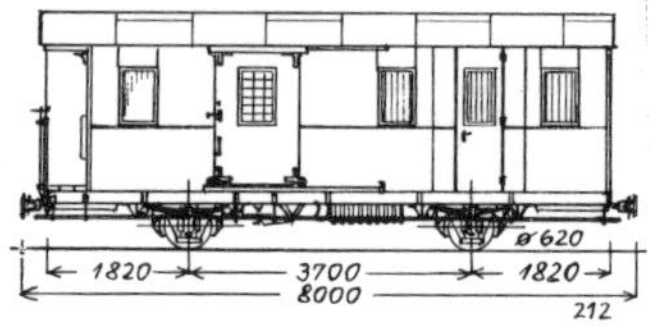

212

Pwh 6421 (UB)

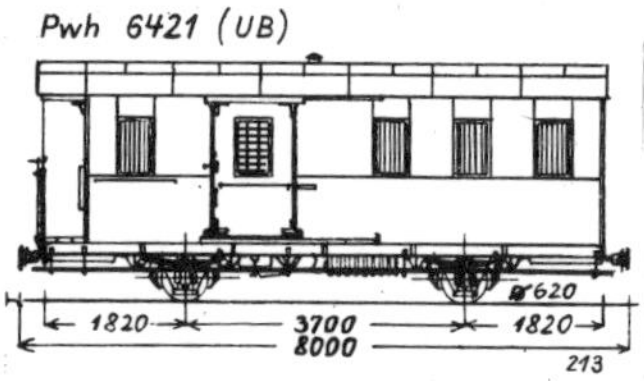

213

Pw 6461 - 6462

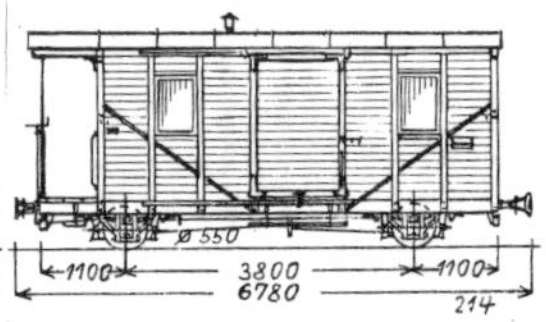

214

D 6460, 6463 (UB)

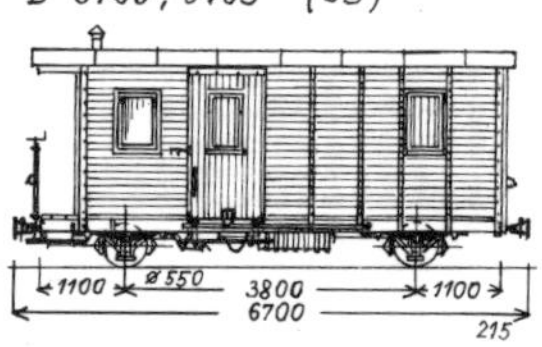

215

D 6485

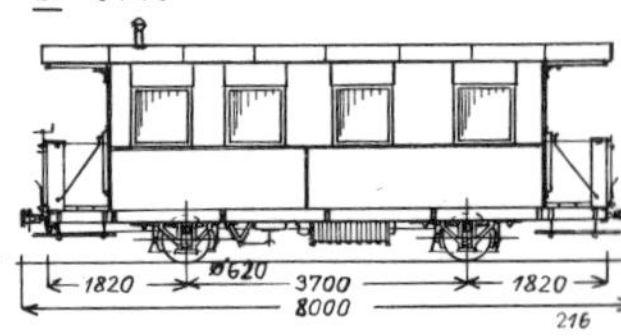

216

Pw 6489

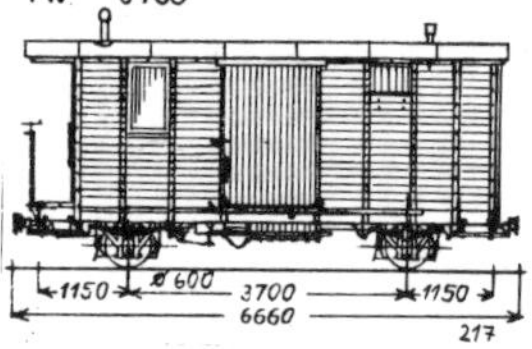

217

Pw 6490 - 6491

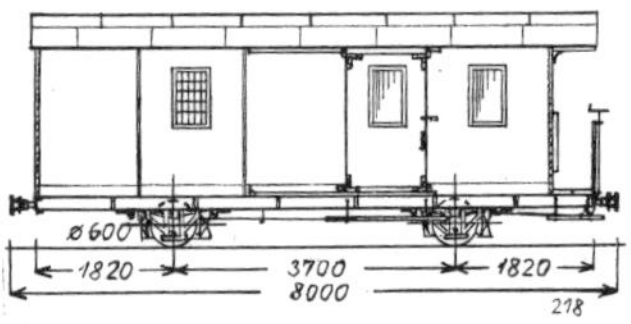

218

Pw 6492, 6494

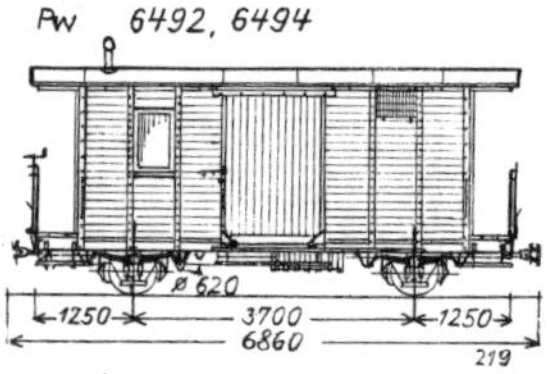

219

Pw 6493

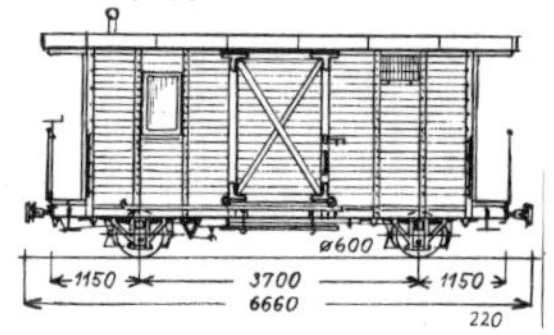

220

Pw 6495

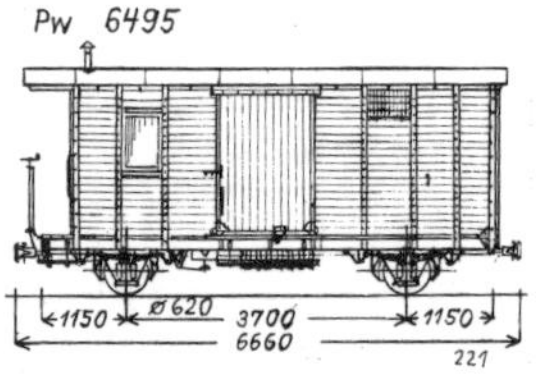

221

Pw 6496

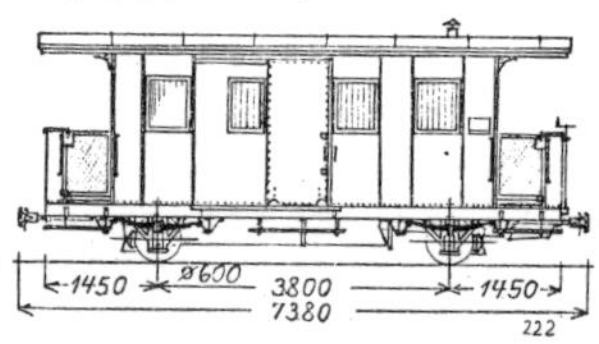

222

Pw 6497

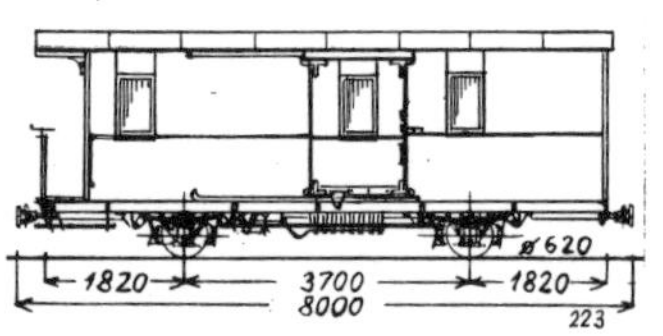

223

Pw 6498

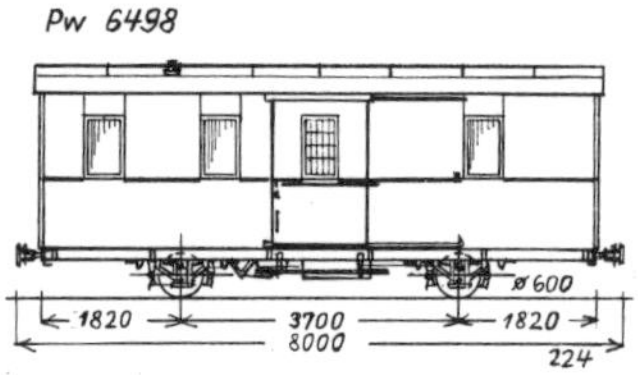

224

Pw 6499

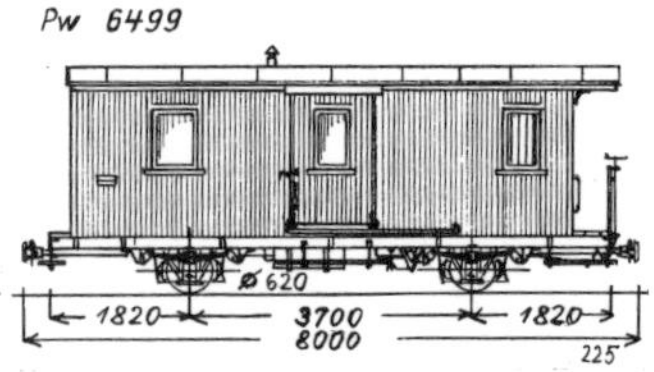

225

Di 6500 - 6507

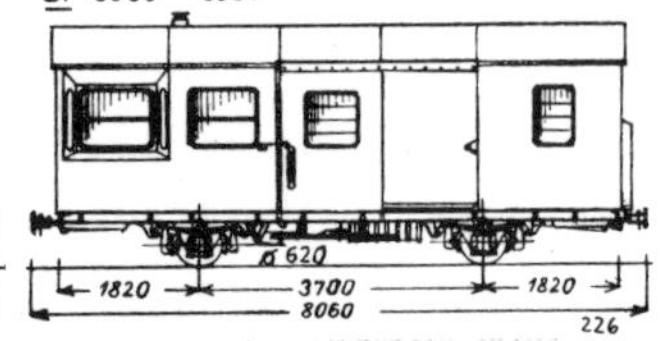

226

Di 6550

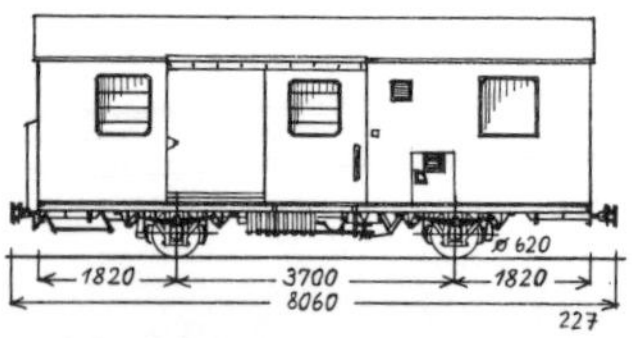

227

PFw 6800

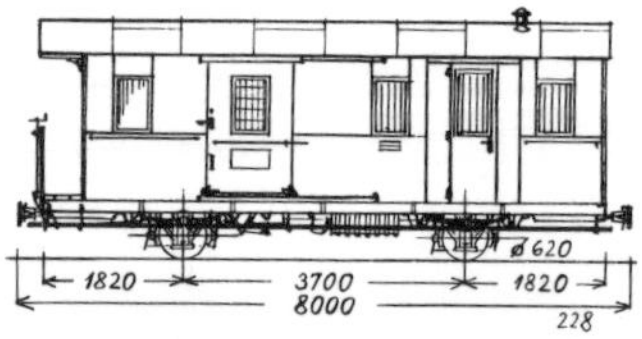

228

PFw 6801 - 6804

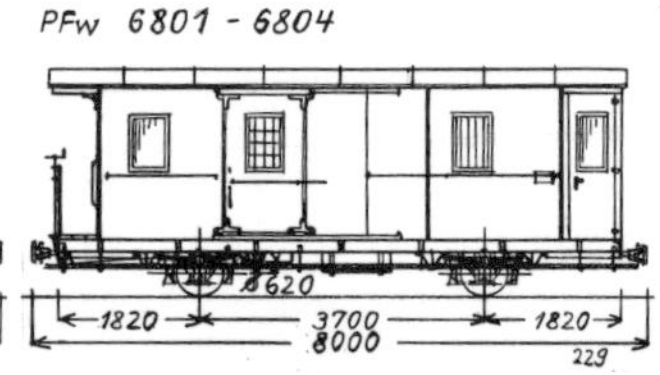

229

PFw 6805

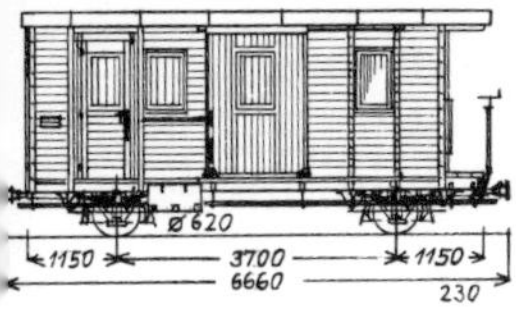

PFw 6806 - 6808, 6811

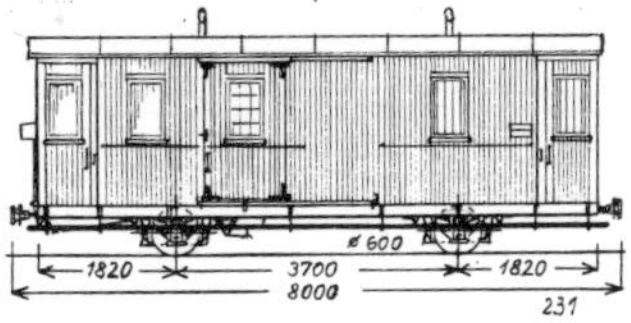

PFw 6809 - 6810

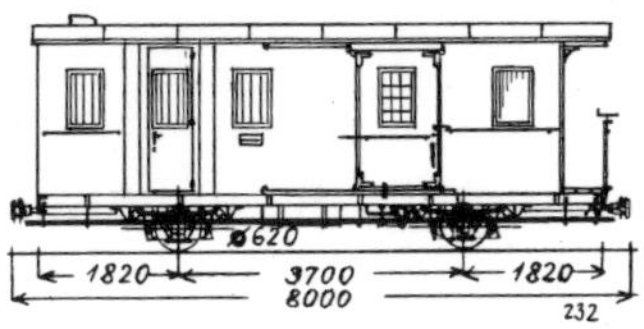

PFw 6812

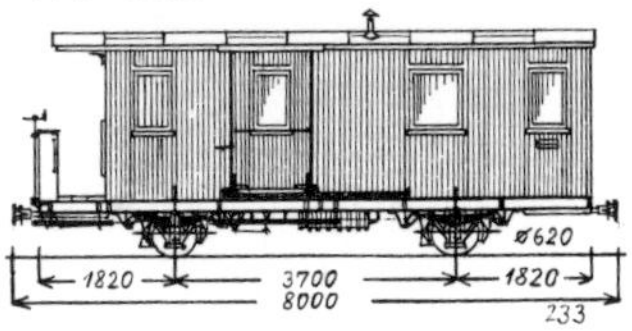

Gattung	ÖBB-Nummer	gebaut Jahr	von	für	DRB-Nr.	BBÖ-Nummer (ÖBB-Nummer vor UB)	Anmerkung
Di	6500 – 6507	UB 1968/69	StP	–	–	*)	*)
Di	6550	UB 1971	StP	–	–	(ex 6903)	
PFw	6800	1896	Gr	YB	Li	905	
PFw	6801 – 6804	1896/98	Gr	.	Li, Vi	906, 890, 891, 908	
PFw	6805	1898	Gr	YB	Li	909	
PFw	6806 – 6808	1900	Gr	WB	–	915 – 917	
PFw	6809 – 6810	1902	Gr	K-E	Vi	880 – 881	
PFw	6811	1904	Gr	WB	–	918	
PFw	6812	UB 1946	Fk	–	–	*)	*)
PFw	6813	UB 1961	–	–	–	(ex 6403)	
DFi	6850 – 6852	UB 1969	StP	–	–	(ex 3737, 3741, 3739)	
Dgi	6900 – 6903	UB 1966	StP	–	–	(ex 3720, 3624, 3640, 3683)	
F	8400 – 8401	1908	Gr	Pzg	Li	980, 981	
F	8460 – 8461	1892	Gr	St	Li	970, 971	
F3ho	8500 – 8502	UB 1966	Sm	–	–	(ex 6300 – 6302)	

*) 6500–6507: UB aus 3727 3725 3736 3619 3731 3721 3723 10212
6812: UB Personenwagen 489 in 898^{II}; ab 1. Oktober 1946 in Betrieb (DF 898^{I} am 2. April 1946 in Werkstätte Feldkirch +)

DF 6813

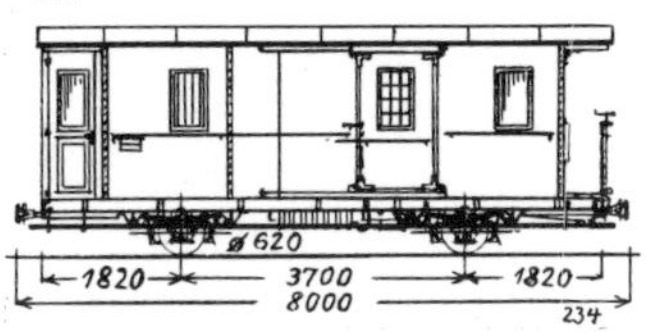

DFi 6850 - 6852

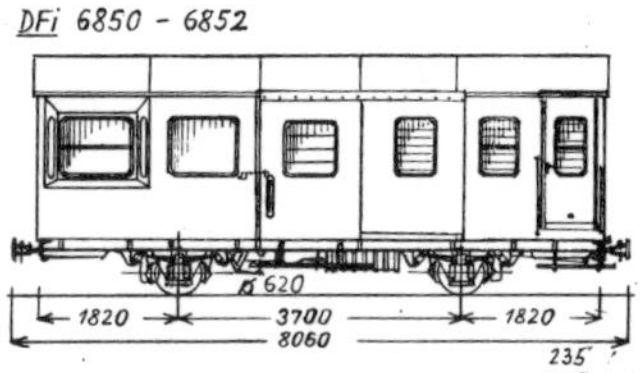

Dgi 6900 - 6903

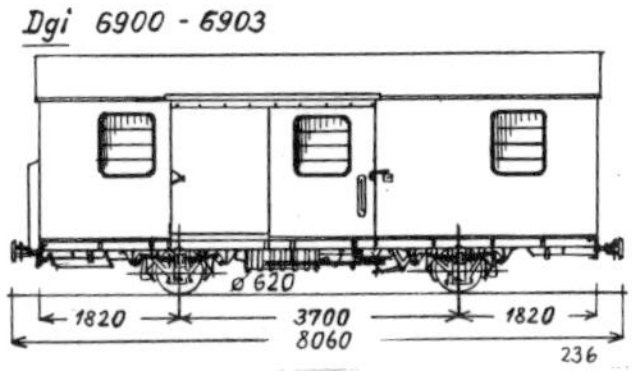

8400 - 8401

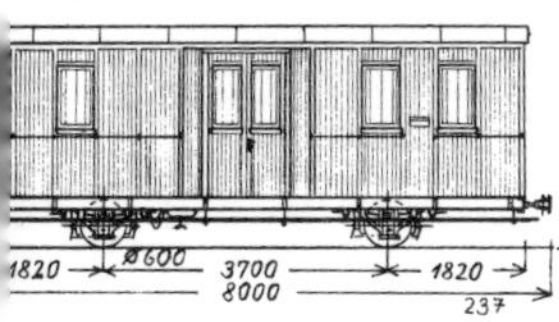

F 8460 - 8461

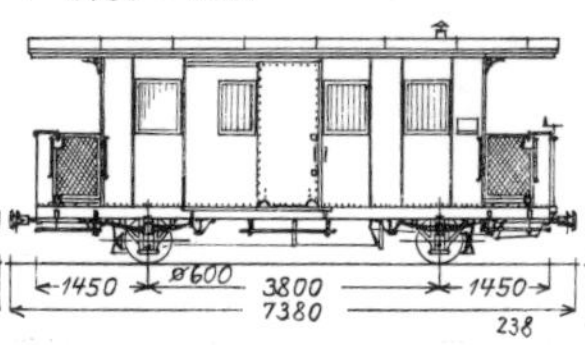

F 8460 - 8461 (UB)

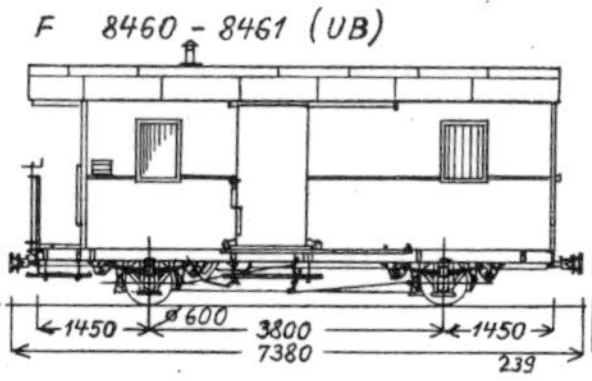

F3ho 8500 - 8502

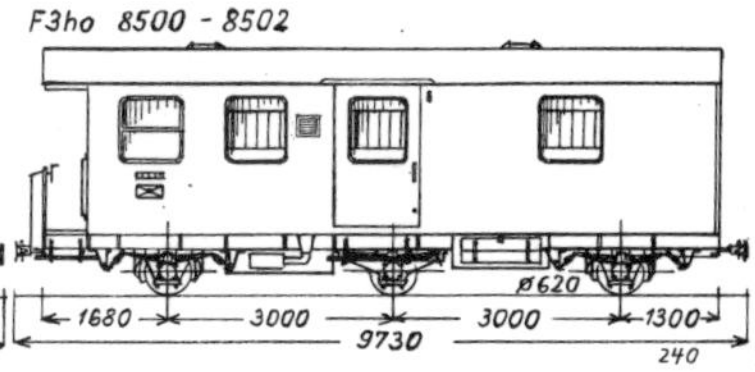

Gwd 10000 - 10014

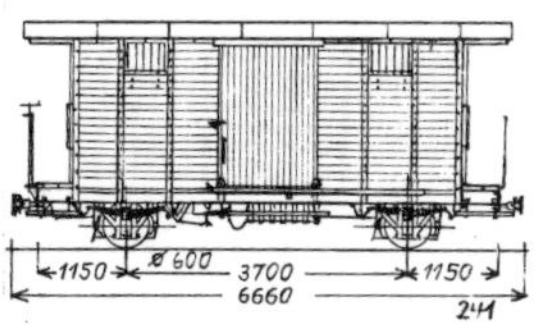

Gwd 10015 10023

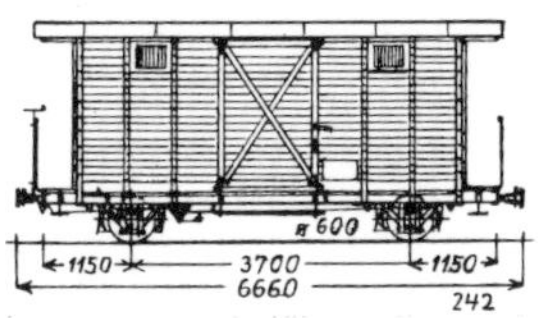

Gwd 10015 10023

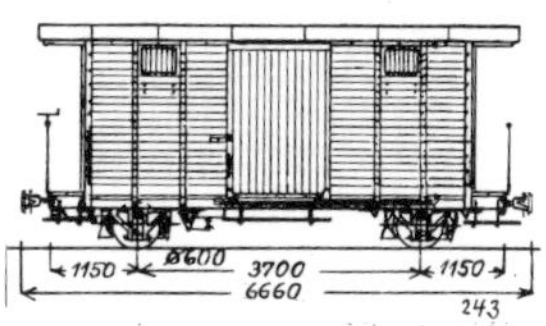

Gw 10030 .... 10041, 10046

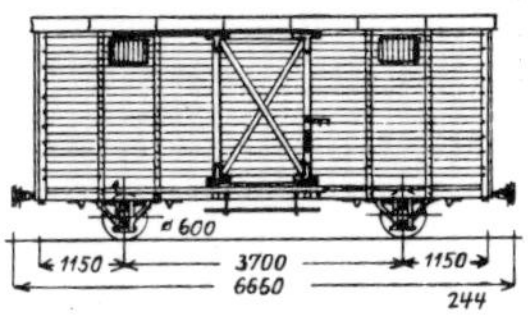

Gw 10030 10041

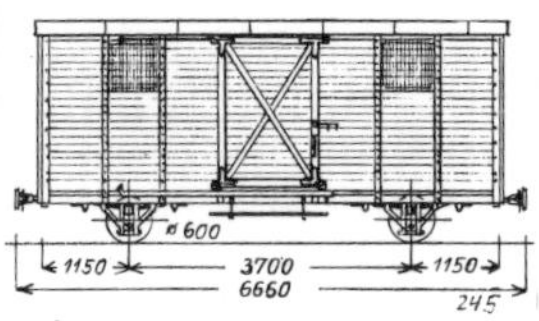

Gw 10030 10041

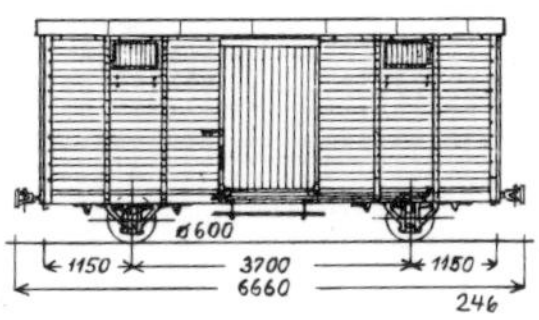

Gw 10042 - 10045, 10047

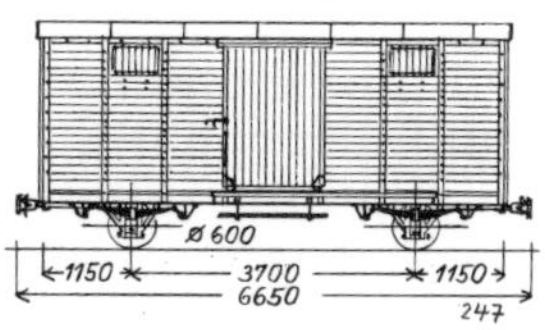

Gw 10050

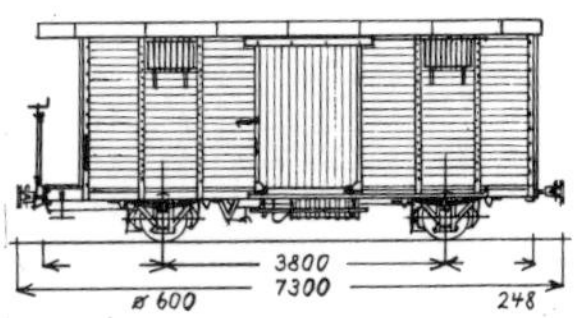

Gw 10060 - 10068, 10070 - 10074

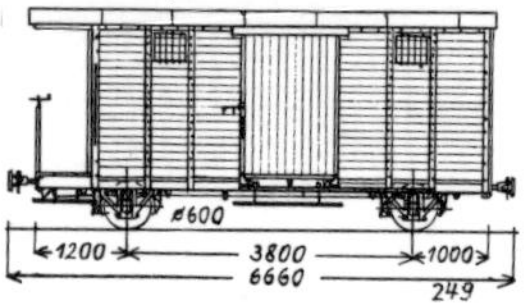

Gw 10069

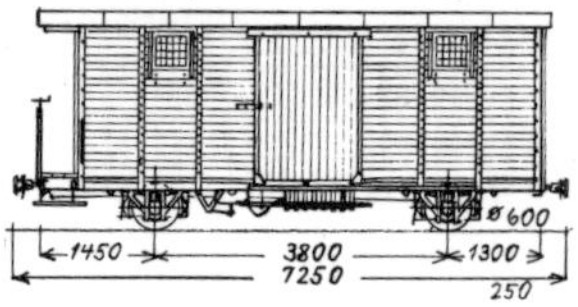

Gw 10080 - 10082

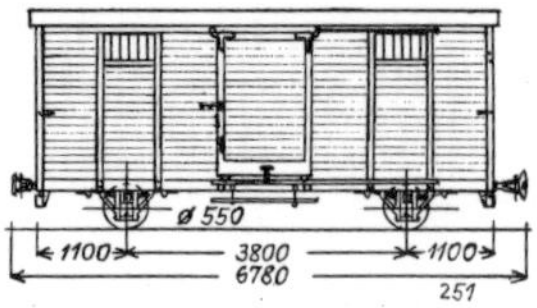

Gw 10083, 10085

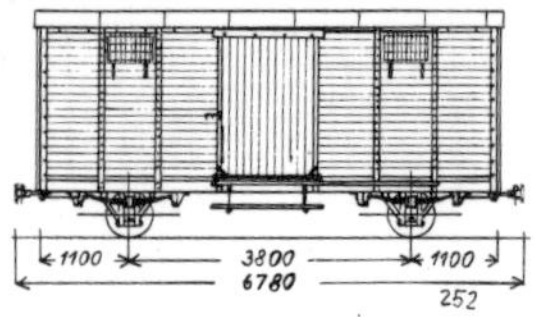

Gwd 10200 - 10203

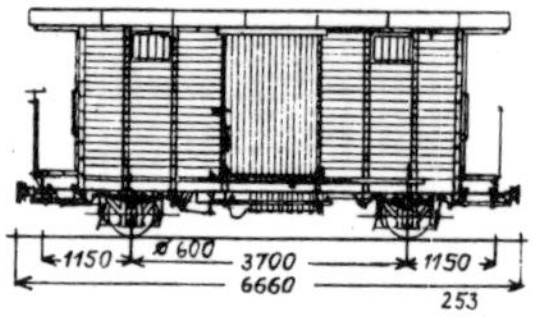

Gwd 10204 - 10206

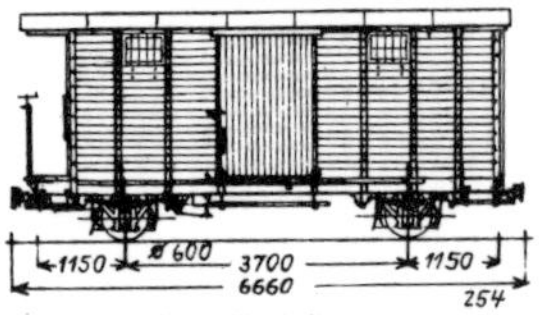

Gwd 10207 - 10209

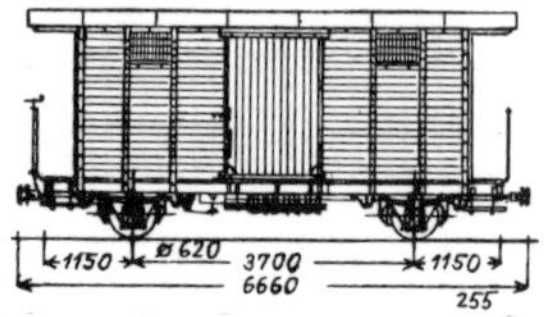

Gwd 10210 - 10220 (10216 s. StmLB-WB!)

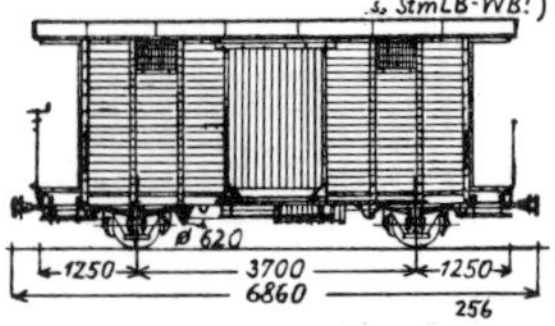

Gwd 10225 - 10226

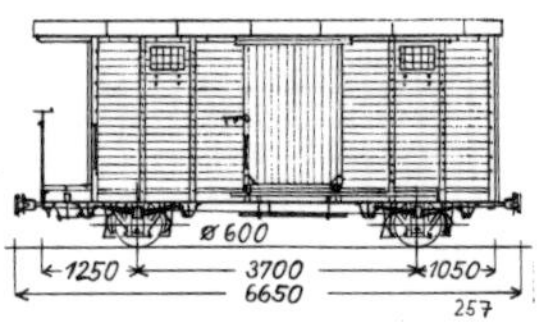

Gwd 10230 - 10240

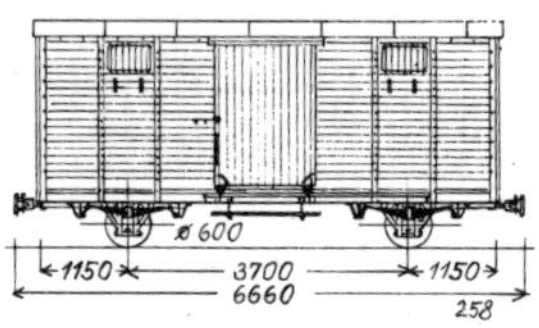

Gw 10250 - 10255

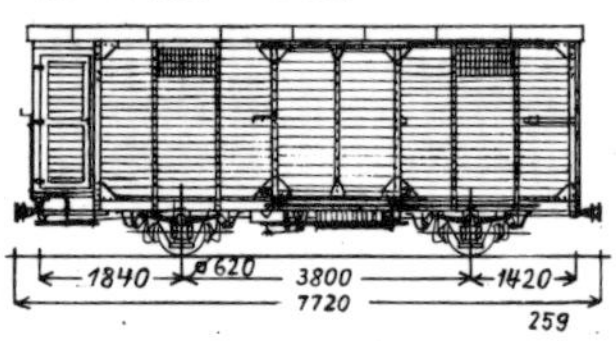

Gw 10260 - 10261

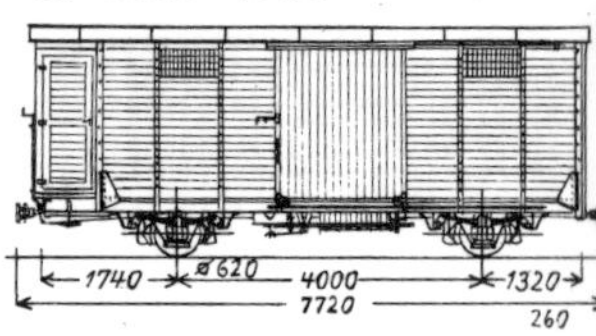

G 11650

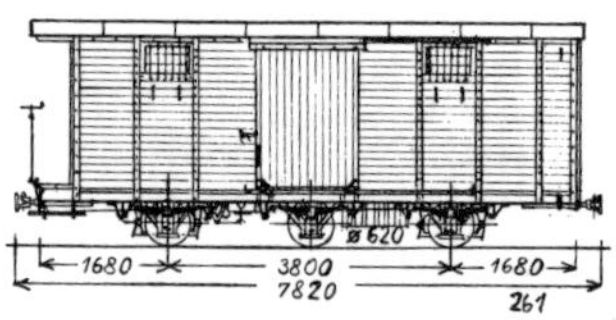

G 11651 - 11660 (11657 s. StmLB-WB!)

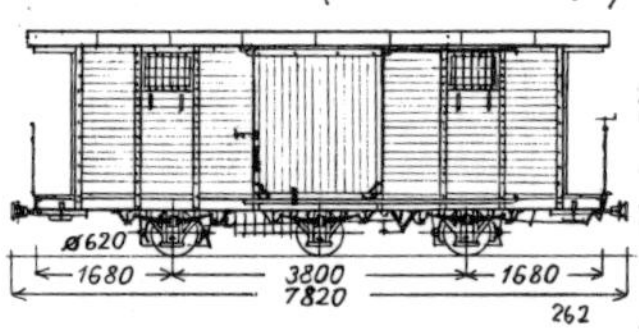

Gm 14560 - 14565

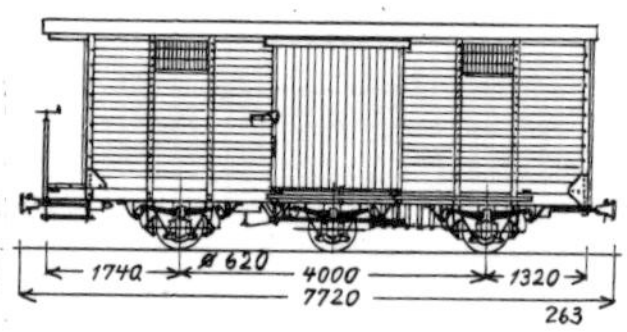

GGd 15800 - 15802

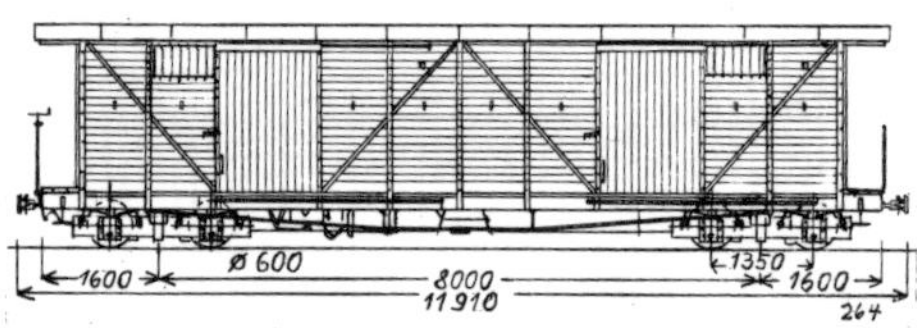

GG 15810 - 15811

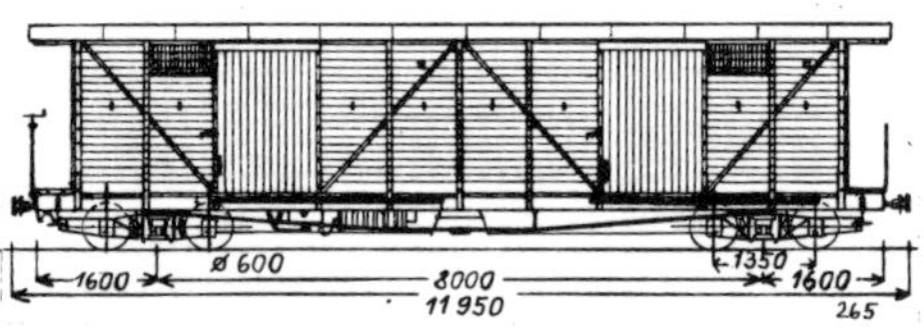

GG 15812 - 15815

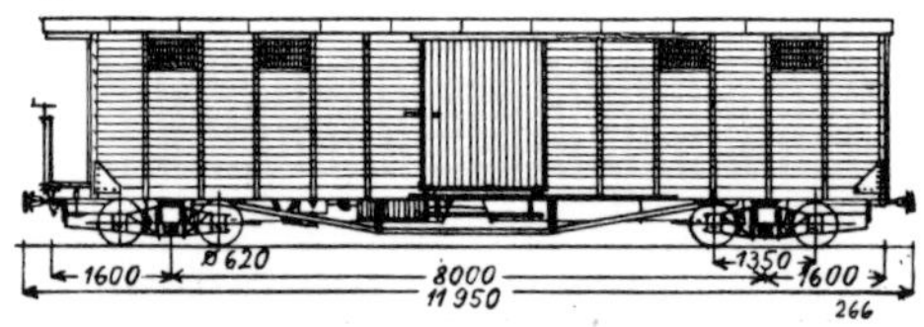

GGd 15820 - 15824

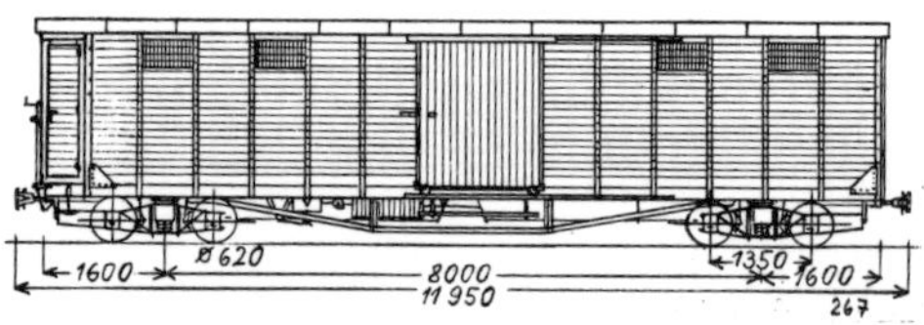

GG 15830

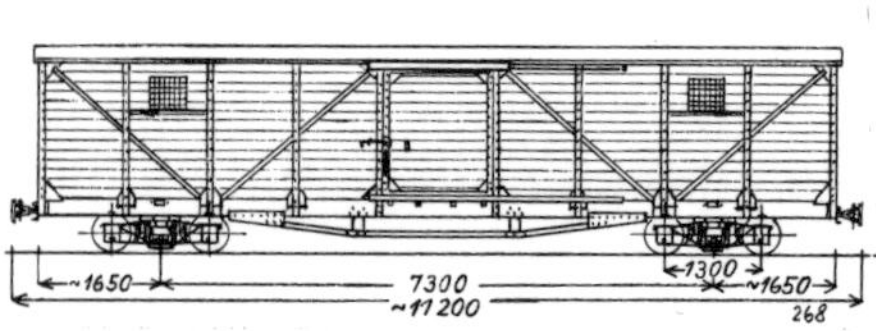

GG 15850 - 15851

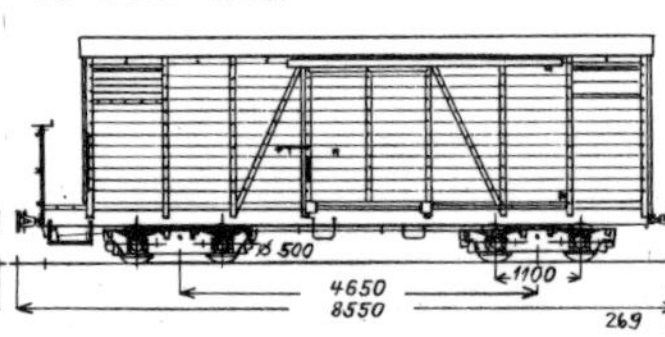

GGm 16800 - 16844

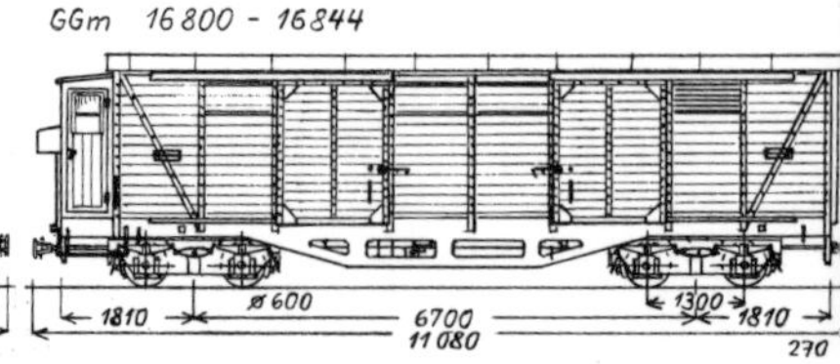

Hw 20000

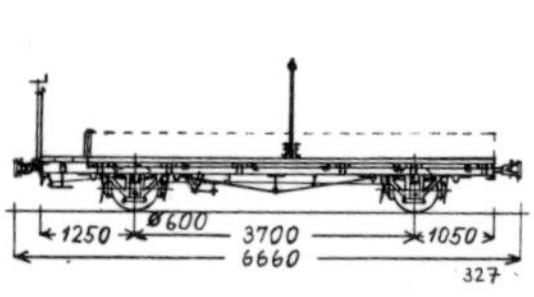

Hw 20001

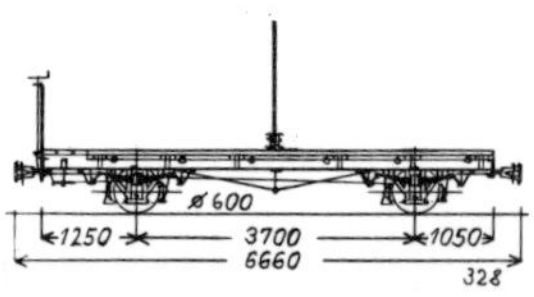

Hw 20002, 20010

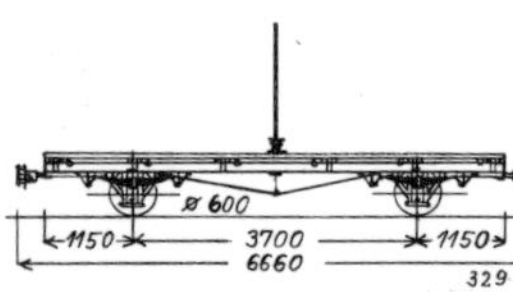

Hw 20050 - 20052

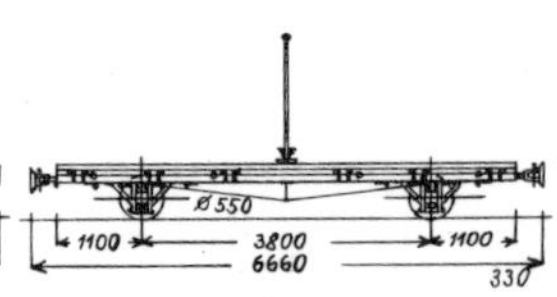

Gattung	ÖBB-Nummer	g e b a Jahr	u von	t für	DRB-Nr.	BBÖ-Nummer (ÖBB-Nr. vor UB)	Anmerkung
Gwd	10000 – 10001	1902	Gr	K-E	Vi	1000 – 1001	
Gw	10002 – 10014	1902/09	Gr	BWB	–	*)	*)
Gwd	10015 – 10023	1900/02	Gr	WB	–	1120 – 1128	
Gw	10030 – 10031	1900/02	Gr	WB	Li	1131, 1135	
Gw	10032 – 10035	1896	Gr	Pzg	Li	1190, 1191, 1193, 1192	
Gw	10036 – 10041	1898	Gr	WB,Mz	–	*)	*)
Gw	10042 – 10045	1902	Gr	BWB	–	1044 – 1047	
Gw	10046	1902	Gr	WB	–	1136	
Gw	10047	1908	Gr	BWB	–	1056	
Gw	10050	1889	Gr	St	Li	1157	
Gw	10060 – 10068	1909/14	Gr	St	Li	*)	*)
Gw	10069	1914	Gr	St	Li	1181	
Gw	10070 – 10074	1914/15	Gr	St	Li	1182 – 1186	
Gw	10080 – 10082	1889/90	Gr	St	Li	1159, 1162, 1164	
Gw	10083, 10085	1890/91	Gr	St	Li	1165, 1168	
Gwd	10200 – 10202	1898	Gr	GB	Vi	1020 – 1022	
Gwd	10203	1898	Gr	–	–	–	*)
Gwd	10204 – 10206	1903	Gr	YB	Li	1224 – 1226	
Gw	10207 – 10211	1922/24	Sm	Pzg	Li	1194 – 1196, 1198, 1200	
Gw	10212 – 10220	1924	Sm	*NÖ*	*Li*	1201 – 1207, 1209, 1210	
Gw	10225 – 10226	1896	Gr	YB	Li	1213 – 1214	
Gwd	10230 – 10235	1896, 1898	Gr	YB	Li	1215 – 1218, 1220, 1222	
Gwd	10236 – 10237	1898	Gr	GB	Vi	1023 – 1024	
Gwd	10238 – 10240	1900/03	Gr	YB	Li	1223, 1227, 1228	
Gw	10250 – 10255	1920	Sm	YB	Li	1229 – 1234	
Gw	10260 – 10261	1928	Gr	BWB	–	1059 – 1060	
G	11650	1908	Sm	NÖ	–	1541	
G	11651 – 11660	1912	Sm	Mz	–	1520 – 1529	
Gm	14560 – 14565	1926	Sm	Pzg	–	1820 – 1825	
GG	15800 – 15802	1902	Gr	K-E	Vi	1850 – 1852	
GG	15810 – 15811	1906	Gr	NÖ	–	1934 – 1935	
GGd	15812 – 15815	1926	Sm	Pzg	–	1930 – 1933	
GGd	15820 – 15823	1927	Sm	R-G	–	1860, 1863, 1861, 1862	
GGd	15824	1928	Sm	GB	Vi	1870	
GG	15830	1942	Bp	–	–	1940	*)
GG	15850 – 15851	1944	LHB	–	–	1062, 1061	*)
GGm	16800 – 16844	1942/43	LHB	–	–	–	*)
Hw	20000	1896	Gr	Pzg	Li	8420	
Hw	20001	1902	Gr	BWB	–	8340	
Hw	20002	1902	Gr	BWB	–	8341	
Hw	20010	1896	Gr	Pzg	Li	8432	*)
Hw	20050 – 20052	1889	Gr	St	Li	2565, 8400, 8402	
Hw	20200 – 20204	1898	Gr	YB	Li	8190 – 8194	
Hw	20205 – 20207	1898	Gr	GB	Vi	8310, 8319, 8321	
Hw	20208 – 20212	1900	Gr	YB	Li	8201 – 8202, 8204 – 8206	
Hw	20230	1898	Gr	YB	Li	2055	
Hw	20231 – 20240	1898/1900	Gr	YB	Li	*)	*)
H	21000 – 21008	1903	RuK	WB	–	8564 – 8572	
H	21009 – 21011	1903	Gr	WB	–	8560 – 8562	
H	21012 – 21014	1903	Gr	WB	–	8575 – 8577	
H	21015 – 21026	1907	O&K	Mz	–	8590 – 8601	
H	21027 – 21045	1907	O&K	NÖ	*Vi*	*)	*)
H	21046 – 21047	1922	Sm	Pzg	–	8620 – 8621	*)

*) 10002 – 10014: BBÖ-Nummern 1041 – 1043, 1048 – 1055, 1057 – 1058
10036 – 10041: BBÖ-Nummern 1130, 1132 – 1134, 1150 – 1151
10060 – 10068: BBÖ-Nummern 1169 – 1170, 1172 – 1173, 1175, 1177 – 1180
10203: ex DRB 2029, ex ČSD 2029, ex G 201 Bärn (Andersdorf) – Hof
15830: ex Nr. 1940 (UN in St. Pölten nach BBÖ-Nummernschema); ex MAV Nr. 11062
11850 – 11851: ex 1062, 1061 (UN durch Bregenzerwaldbahn nach BBÖ-Nummernschema) Heeresfeldbahn
16800 – 16844: ex Nr. 2000 – 2009 RBD Wien und Nr. 6000 – 6034 RBD Linz
20010: geliefert für Bärn (Andersdorf) – Hof; ab 1907 Pinzgauer Lokalbahn
20231 – 20240: BBÖ-Nummern 8195 – 8200, 8203, 8207 – 8209
21027 – 21045: BBÖ-Nummern 8625, 8627 – 8632, 8634, 8636 – 8645, 8647
21046 – 21047: 1961 UN in 21059 – 21060

Hw 20200 - 20212

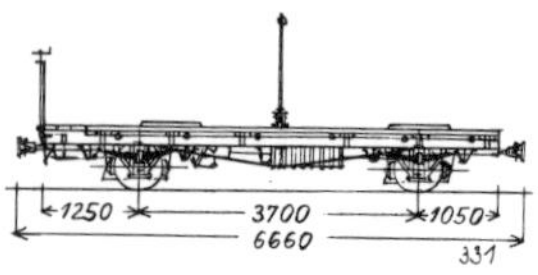

Hw 20230 20240

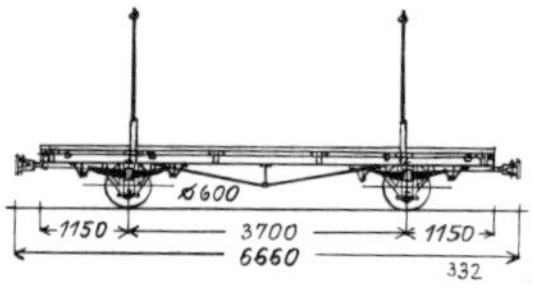

Hw 20230 20240

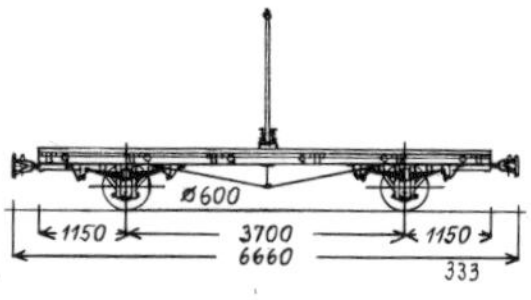

H 21000 - 21008,
21015 - 21045

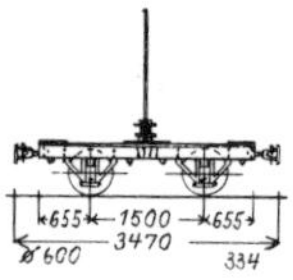

H 21009 - 21011

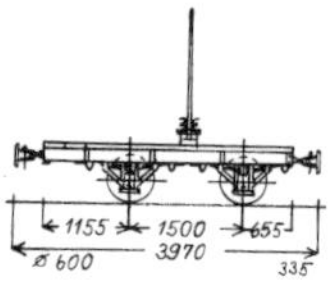

H 21012 - 21014,
21046^II - 21047^II

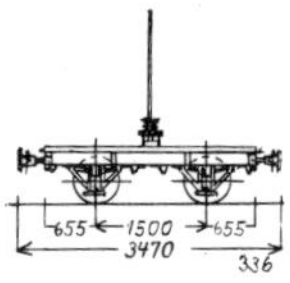

H 21046^I - 21047^I → 21059 - 21060
21049 - 21054, 21062
(UN ex 21049)

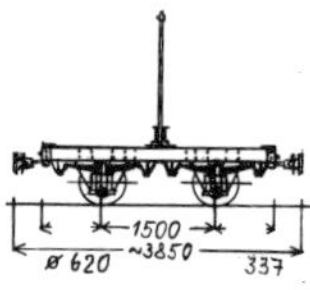

H 21048 → 21061

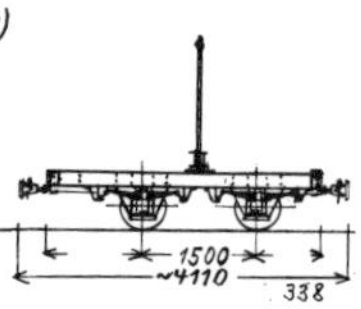

H 21057 - 21058

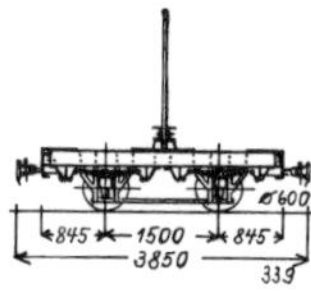

H 21055 - 21056

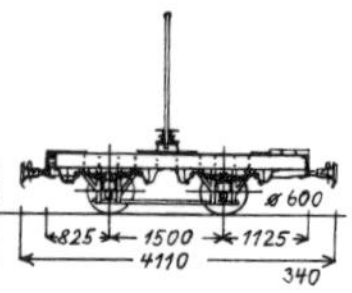

H 21500 - 21501

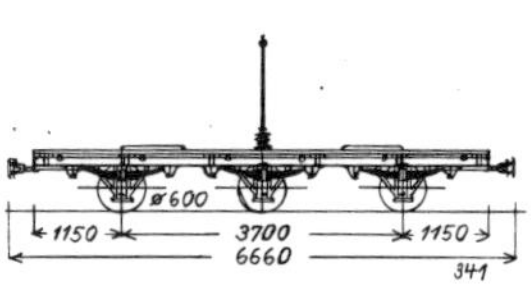

H 21502 - 21504

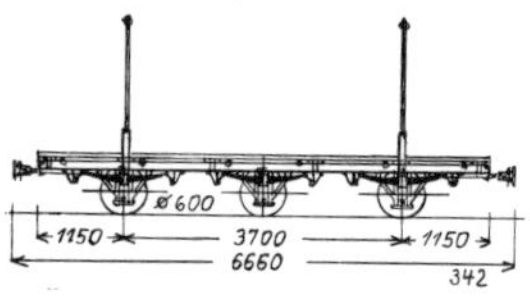

Hm 24560 - 24569

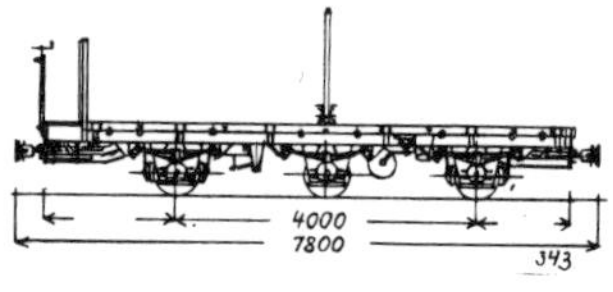

Sw 30000 - 30012

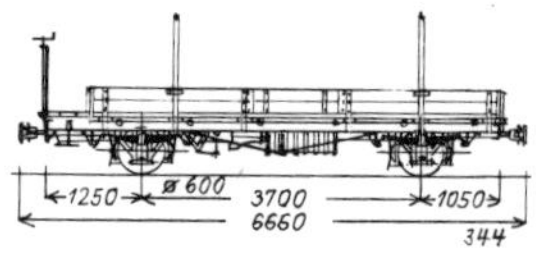

Sw 30030 - 30043

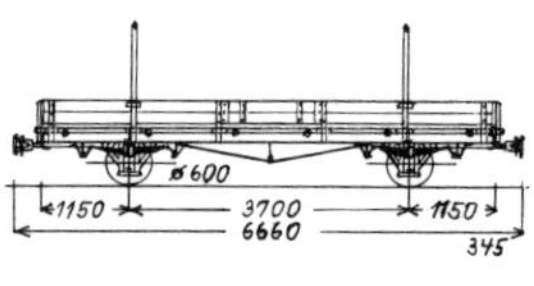

Sw 30050 - 30054

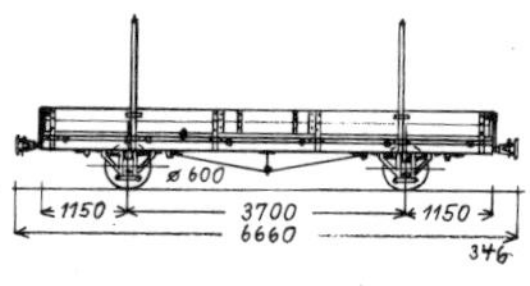

Sw 30060

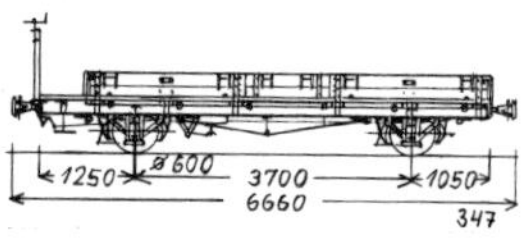

Sw 30200

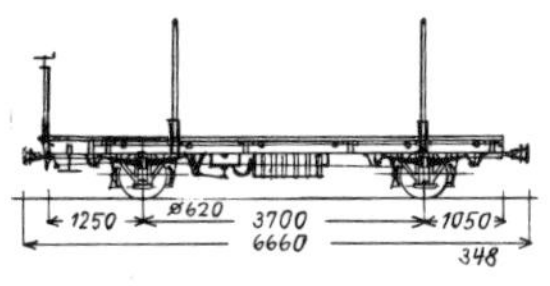

Sw 30210 - 30213

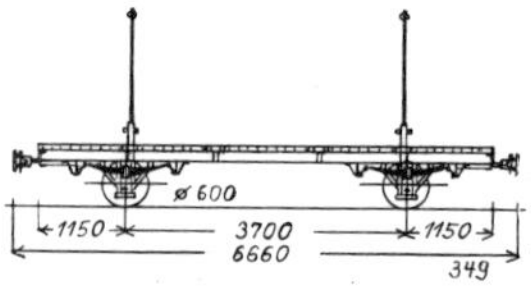

Sw 30250

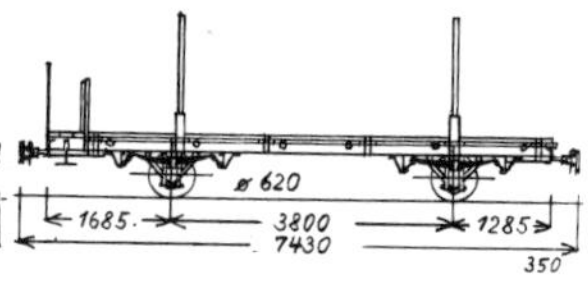

Sw 30251

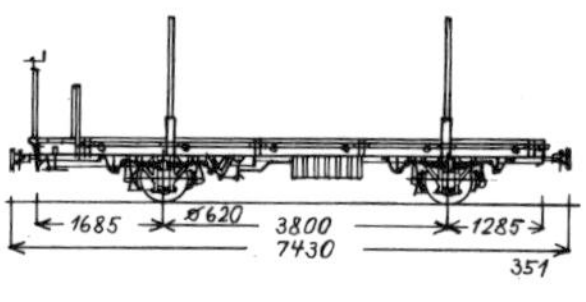

Sw 30260

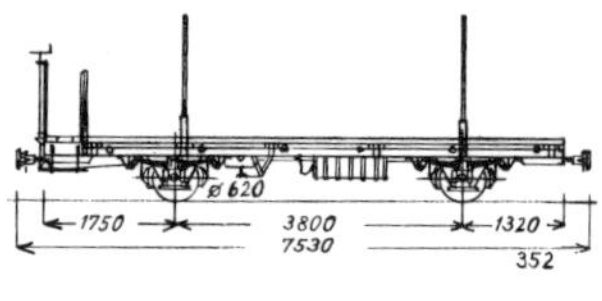

Sw 30270 - 30274

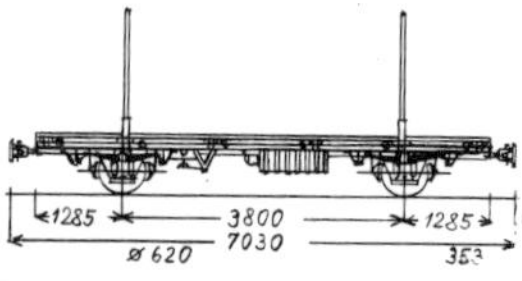

Jw 30300

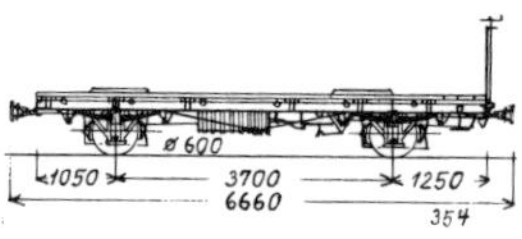

Jbw 30550

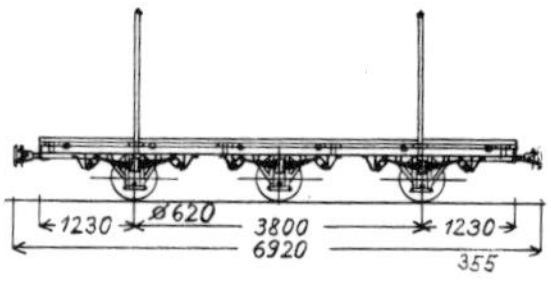

Jb 31450 - 31451

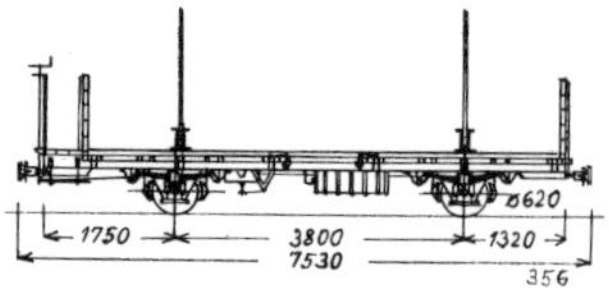

S 31550 - 31552

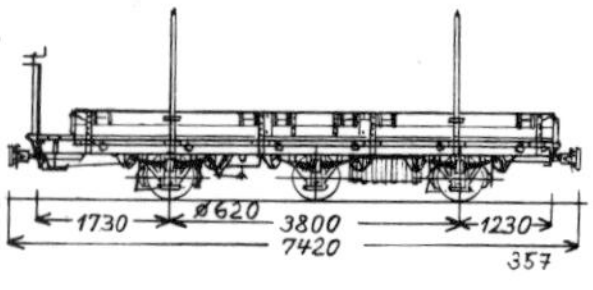

S 31560 - 31562

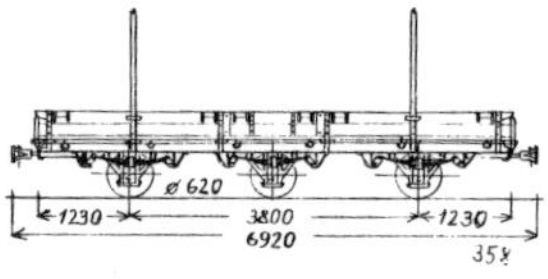

J 31600 - 31601

Jb 31650 - 31651

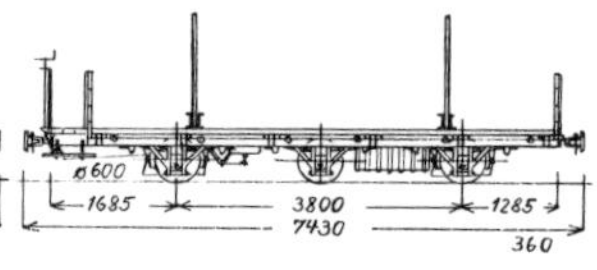

Jbm 34600 - 34619

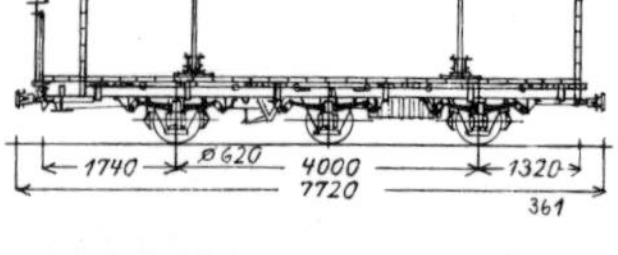

Jblm 34680 - 34683

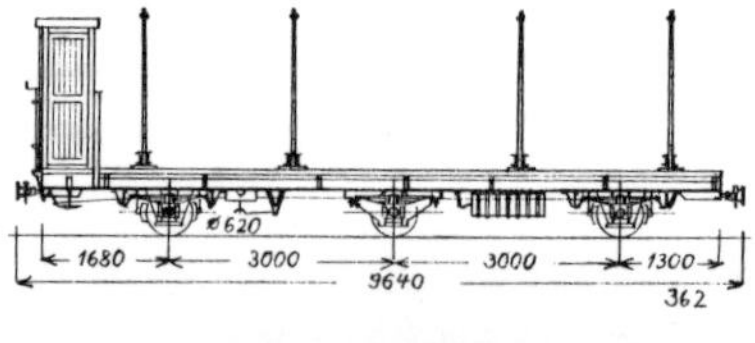

SS 35800 - 35801

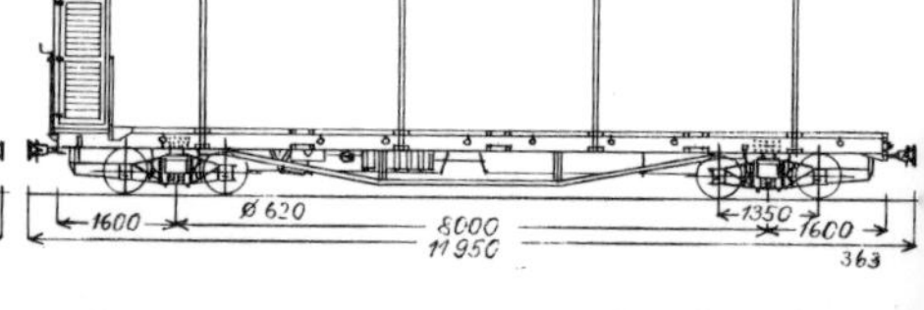

Gattung	ÖBB-Nummer	g e b a u t Jahr	von	für	DRB-Nr.	BBÖ-Nummer (ÖBB-Nr. vor UB)	Anmerkung
H	21046" – 21047"	1903	Gr	WB	–	(92300a, 92300b)	*)
H	21048	1922	Sm	Pzg	–	8622	*)
H	21049 – 21054	1927	Sm	R-G	–	8510 – 8515	*)
H	21055 – 21056	1910	Gr	–	–	–	*)
H	21057 – 21058	1910	Gr	–	–	–	*)
H	21059 – 21060	1922	Sm	Pzg	–	(21046 – 21047)	*)
H	21061	1922	Sm	Pzg	–	(21048)	*)
H	21062	1927	Sm	R-G	–	(21049)	*)
H	21500 – 21501	1898	Gr	YB	Li	8648 – 8649	
H	21502 – 21504	1898	Gr	GB	Vi	8700, 8709, 8711	
Hm	24560 – 24569	1944	LHB	–	Li	–	*)
Sw	30000 – 30012	1902	Gr	BWB	–	2640 – 2644, 2646 – 2653	
Sw	30030 – 30043	1902	Gr	BWB	–	2654 – 2667	
Sw	30050 – 30054	1896	Gr	Pzg	Li	8421 – 8423, 8428 – 8429	
Sw	30060	1896	Gr	–	–	(20000)	
Sw	30200	1898	Gr	YB	Li	2054	
Sw	30210 – 30213	1896	Gr	YB	Li	2050 – 2053	
Sw	30250 – 30251	1896	Gr	YB	Li	2056 – 2057	
Sw	30260	1920	Sm	YB	Li	2058	
Sw	30270 – 30274	1920	Sm	YB	Li	2059 – 2063	
Jw	30300	1898	Gr	GB	Vi	8318	
Jbw	30550	1907	Gr	Pzg	Li	8886	
Jb	31450 – 31451	1920	Sm	*NÖ*	–	4480 – 4481	
S	31550 – 31552	1907	Gr	Pzg	–	8880 – 8882	
S	31560 – 31562	1907	Gr	Pzg	–	8883 – 8885	
J	31600 – 31601	1898	Gr	GB	Vi	8706, 8708	
Jb	31650 – 31651	1898	Gr	Mz	–	4460 – 4461	
Jbm	34600 – 34619	1926	Sm	P	*Li*	5930 – 5949	
Jblm	34680 – 34683	1928	Sm	R-G	–	2310 – 2313	
SS	35800 – 35801	1928	Sm	GB	Vi	2410 – 2411	
SSm	36800 – 36812	UB 1953/54	StP	–	–	*)	*)
SSm	36813 – 36827	UB 1969/73	StP	–	–	*)	*)
Nw	40020 – 40025	1896	Gr	Pzg	Li	8424 – 8427, 8430, 8431	
Nw	40026	1898	Gr	–	Li	8433	*)
Nw	40045 – 40048	1897	Gr	–	–	–	*)
Nw	40050	1907	Gr	St	Li	2568	
Nw	40051 – 40053	1911	Gr	St	Li	7060 – 7062	
Nw	40200 – 40207	1896	Gr	YB	Li	2540 – 2547	
Nw	40208 – 40217	1898	Gr	GB	Vi	8311 – 8317, 8320, 8322, 8323	
N	41500 – 41506	1898	Gr	GB	Vi	8701 – 8705, 8707, 8710	

*) 21046" – 21047": Die seit 1961 und 1963 in Betrieb stehenden Wagen 21046" (ex BBÖ 8563) und 21047" (ex BBÖ 8574) waren vorübergehend Drehgestelle im vierachsigen Wasserwagen (Kesselwagen) 92300.

21048: 1961 UN in 21061

21049 – 21054: 21049 UN 1961 in 21062

21055 – 21058:

ÖBB	DRB	ČSD	Neuhaus – Neubistritz
21055	9501	9501	Jh 229
21056	9503	9503	Jh 231
21057	9550	9550	Jh 232
21058	9552	9552	Jh 234

21059 – 21062: UN 1961 aus 21046 – 21049

24560 – 24569: ex Nr. 11015, 11017 – 11018, 11021 – 11027 RBD Linz

36800 – 36827: UB aus 12015 ÷ 12057 RBD Linz
76836 ÷ 76867 ÖBB-Nummern

12015	12016	12017	12018	12023	12024	12029	12050	12057	76864
76867	76841	76842	76858	76853	76851	76854	76857	76859	76862
76843	76850	76856	76852	76849	76836	76839	76848		

40026: geliefert für Röwersdorf – Hotzenplotz; ab 1907 Pinzgauer Lokalbahn

40045 – 40048:

ÖBB	DRB	ČSD	Neuhaus – Neubistritz
40045	9085	9085	Jhn 221
40046	9086	9086	Jhn 225
40047	9155	9155	Jhn 222
40048	9088	9088	Jhn 227

SSm 36 800 - 36 811 (z.T. MIT OFFENEM BREMSERSTAND; SEITENWÄNDE SPÄTER ENTFERNT !)

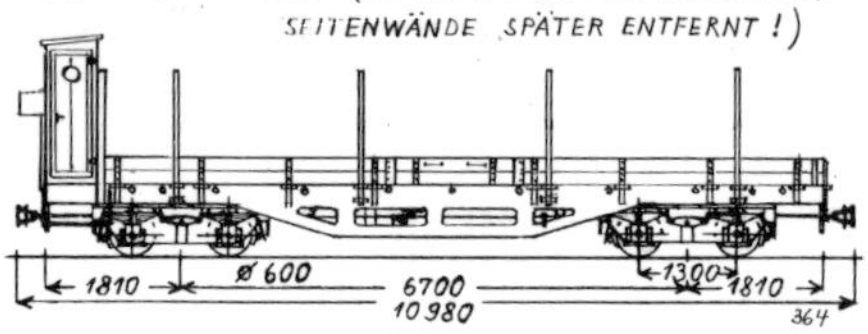

SSm 36 812

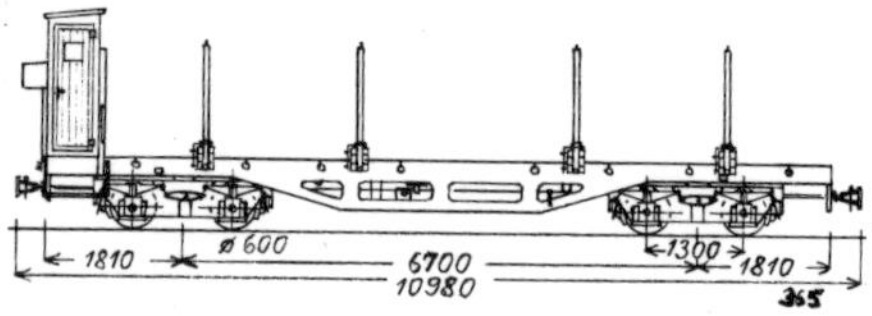

SSm 36 813 - 36 827 (VERBREITERUNG DER LADEFLÄCHE VON 17.5 AUF 21,8 m²)

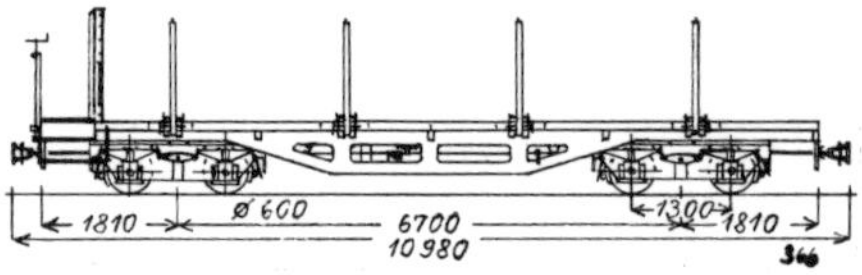

Nw 40020 - 40025

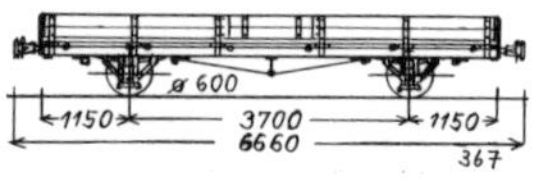

Nw 40 026, 40 045 - 40 048

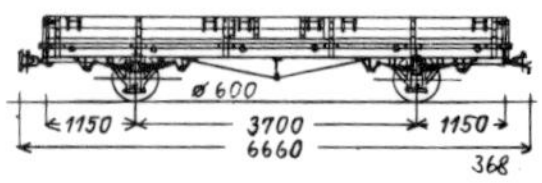

Nw 40050 - 40 053

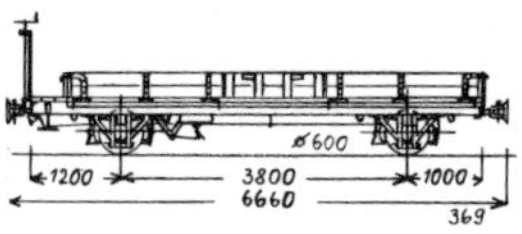

Nw 40 200 - 40 217

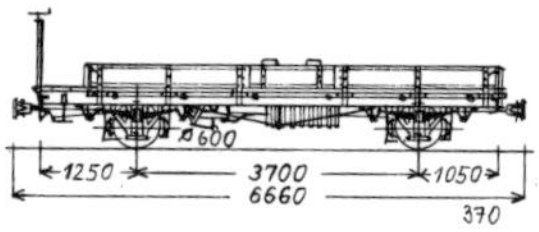

N 41 500 - 41 506

Ow 60000 - 60 006

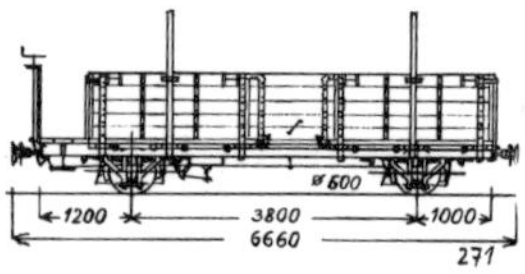

Ow 60 010 - 60 020

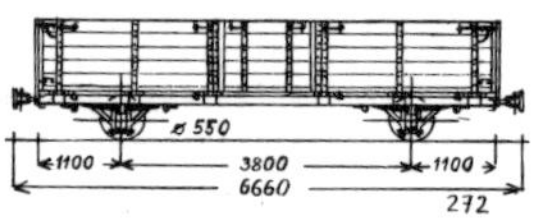

Ow 60021 60030

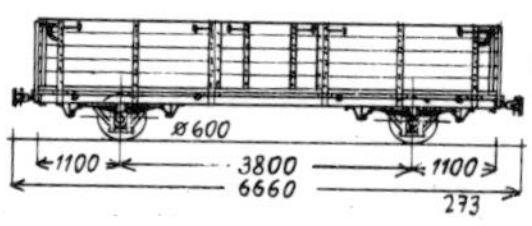

Ow 60 021 .... 60 030

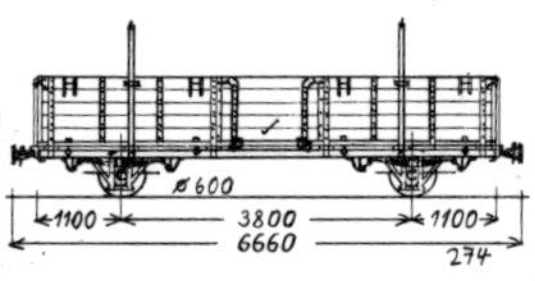

Ow 60 031 .... 60 035

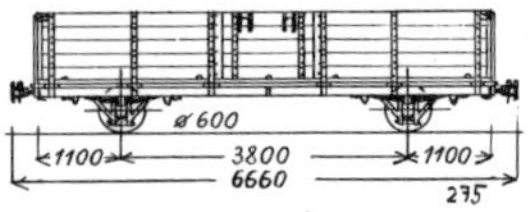

Ow 60 031 .... 60 035

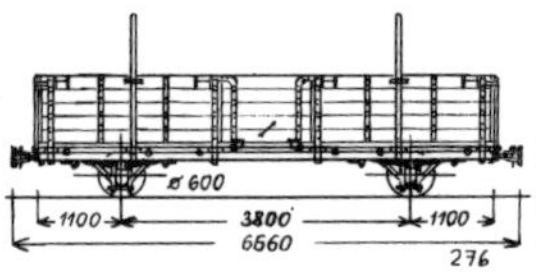

Ow 60 036 - 60 043, 60 050 - 60 054

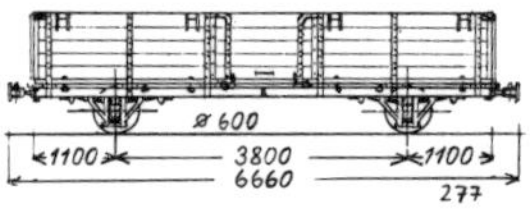

Ow 60 044 - 60 046, 60 055 - 60 057

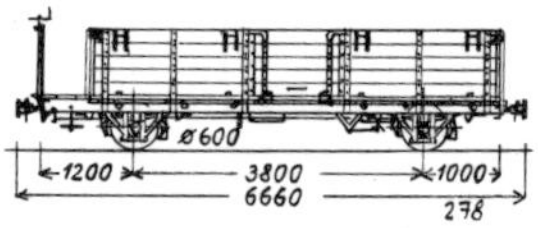

Ow 60 047 - 60 049

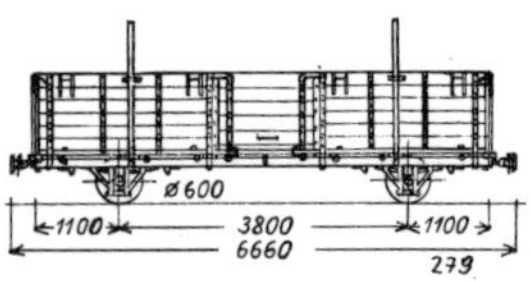

Ow 60 060 - 60 061

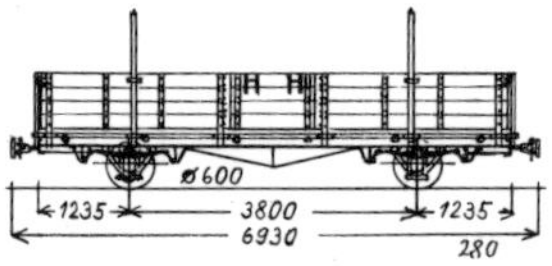

Ow 60 070 - 075 (z.T. offener Bremserstand)

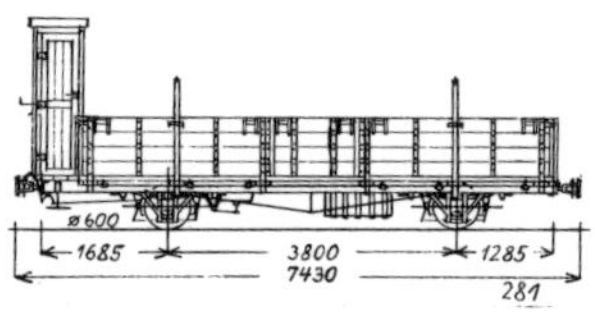

Ow 60 076 - 60 081

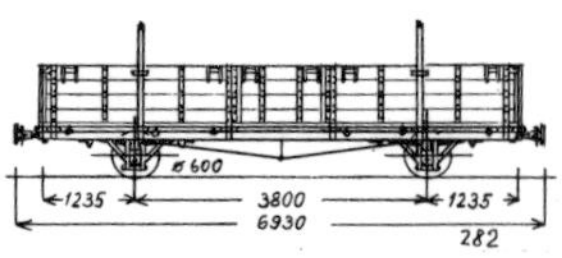

Ow 60 090 - 60 091

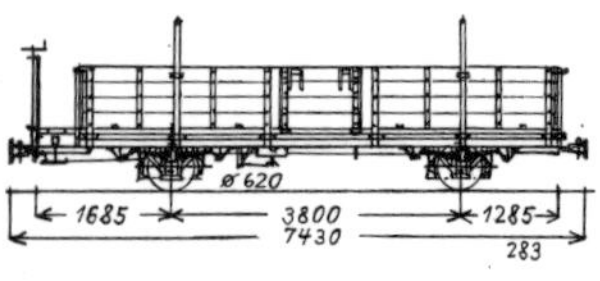

Ow 60 092

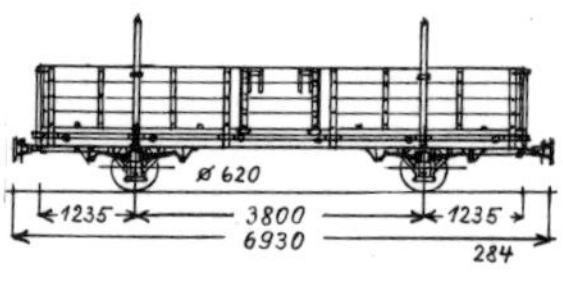

Ow 60 095

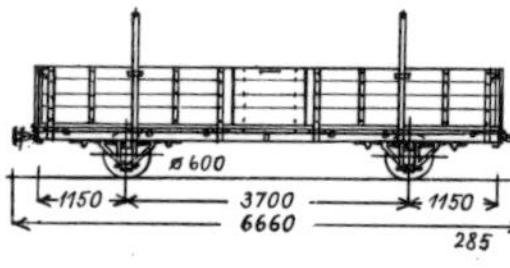

Ow 60 200 - 60 202

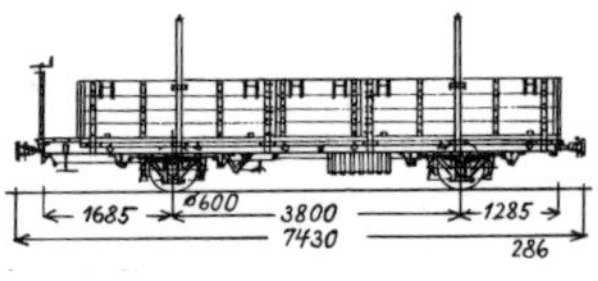

Ow 60 210 - 60 214

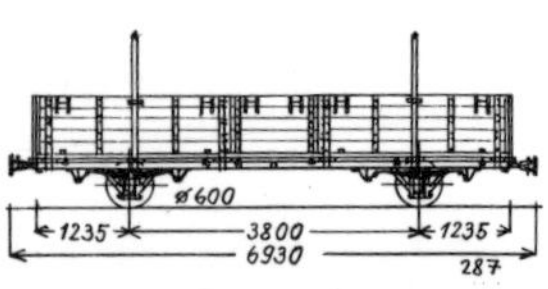

Ow* 60 220 - 60 242

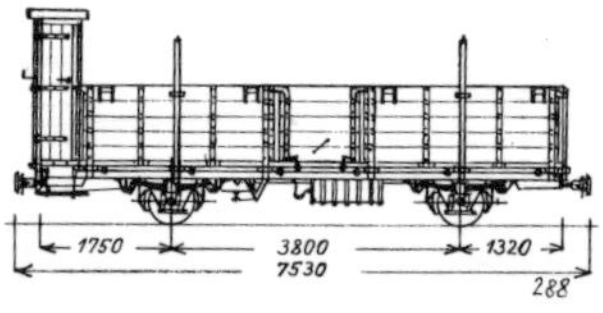

Ow 60 250 - 60 264

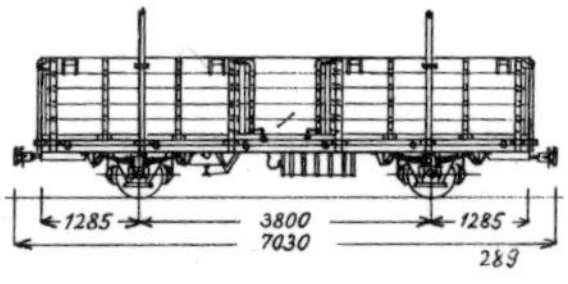

Ow 60 270 - 60 284 (60 280 - 60 284 BREMSERHAUS)

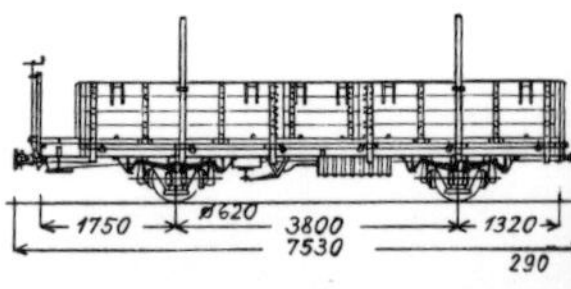

Gattung	ÖBB-Nummer	gebaut Jahr	von	für	DRB-Nr.	BBÖ-Nummer (ÖBB-Nr. vor UB)	Anmerkung
Ow	60000 – 60006	1908/13	Gr	St	Li	3328–3331, 3333, 3334, 3346	
Ow	60010 – 60020	1889/90	Gr	St	Li	*)	*)
Ow	60021 – 60030	1891	Gr	St	Li	3311, 3312, 3314–3320	
Ow	60031 – 60035	1897	Gr	St	Li	3322 – 3326	
Ow	60036 – 60043	1912	Gr	St	Li	3335–3337, 3339–3343	
Ow	60044 – 60046	1914	Gr	St	Li	3347 – 3349	
Ow	60047 – 60049	1914	Gr	St	Li	3351 – 3353	
Ow	60050 – 60054	1915	Gr	St	Li	3354 – 3358	
Ow	60055 – 60057	1915	Gr	St	Li	3359, 3361, 3362	
Ow	60060 – 60061	1898	Gr	Pzg	Li	3200 – 3201	*)
Ow	60070 – 60075	1900/01	Gr	WB	*Li*	3140 – 3145	
Ow	60076 – 60081	1900/01	Gr	WB	*Li*	3146 – 3151	
Ow	60090 – 60091	1897	Gr	–	–	–	*)
Ow	60092	1897	Gr	–	–	–	*)
Ow	60095	1896	Gr	Pzg	Li	7070	
Ow	60200 – 60202	1898	Gr	YB	Li	3230 – 3232	
Ow	60210 – 60214	1898	Gr	YB	Li	3233 – 3237	
Ow	60220 – 60242	1920	Sm	YB	Li	3238 – 3260	
Ow	60250 – 60264	1920	Sm	YB	Li	3261 – 3275	
Ow	60270 – 60279	1922	Sm	Pzg	Li	3202 – 3211	
Ow	60280 – 60282	1924	Sm	Pzg	Li	3222 – 3224	
Ow	60283 – 60284	1924	Sm	*NÖ*	–	3228 – 3229	
Ow	60290 – 60293	1928	Gr	BWB	–	3060 – 3063	
Olw	60300 – 60309	1922	Sm	Pzg	Li	3212 – 3221	
Olw	60310 – 60312	1924	Gr	Pzg	Li	3225 – 3227	
Olw	60313 – 60314	1924	Gr	*NÖ*	–	3870 – 3871	
O	61030 – 61031	1898	Gr	GB	Vi	4150 – 4151	
O	61050 – 61060	1920	Sm	*NÖ*	*Li*	4334–4336, 4338–4345	
O	61061 – 61067	1920	Sm	*NÖ*	–	4346, 4348–4353	
O	61500 – 61506	1898	Gr	Mz	–	4267, 4269–4274	
O	61507 – 61509	1900	Gr	WB	*Li*	4230 – 4232	
O	61510 – 61512	1900	Gr	WB	–	4238 – 4240	
Od	61530 – 61533	1902	Gr	K-E	Vi	4100 – 4103	
O	61534 – 61539	1903	Gr	YB	Li	4364 – 4369	
O	61540 – 61545	1903	Gr	YB	Li	4358 – 4363	
O	61550 – 61552	1902	Gr	K-E	Vi	4903 – 4905	
O	61553 – 61559	1905	Gr	Mz	–	4260 – 4266	
O	61560	1905	Sm	Mz	–	4275	
O	61561 – 61562	1906	Sm	NÖ	–	4354 – 4355	
O	61563 – 61564	1906	Sm	NÖ	–	4356 – 4357	
O	61565 – 61585	1908	Sm	NÖ	–	4370 – 4390	
O	61590 – 61592	1902	Gr	K-E	Vi	4900 – 4902	
O	61595 – 61597	1902	Gr	K-E	Vi	4104 – 4106	
O	61600 – 61604	1901	Gr	WB	–	4233 – 4237	
O	61605 – 61609	1901	Gr	WB	–	4241 – 4245	
Om	64550 – 64552	1944	LHB	–	–	–	*)
Om	64553 – 64556	1944	LHB	–	–	–	*)
Olm	64600 – 64614	1912	Sm	Mz	–	6300 – 6314	
Olm	64615 – 64620	1927	Gr	R-G	–	6220 – 6225	
OO	65800	1928	Sm	BWB	–	6432	
OO	65810 – 65812	1904	Gr	K-E	Vi	6400 – 6402	
OO	65820	1908	Sm	BWB	–	6430	
Ow	70200	1896	Gr	YB	Li	7073	
Ow	70201 – 70202	1896	Gr	YB	Li	7074 – 7075	
Ow	70203	1896	Gr	YB	Li	(91001)	*)

*) 60010–60020: BBÖ-Nummern 3287 3291 3292 3297 3301–3303 3305–3306 3308–3309
60060–60061: geliefert für Bärn (Andersdorf)–Hof; ab 1912 Pinzgauer Lokalbahn
60090–60092:

ÖBB	DRB	ČSD	Neuhaus–Neubistritz
60090	4002	4002	Jk 211
60091	4003	4003	Jkh 213
60092	4050	4050	Jkh 214

64550–64552: ex 11016, 11019, 11020 RBD Linz
64553–64556: UB 1955 aus 24566–24569
70203: UB 1957 aus Schlackenwagen 91001 (ex BBÖ 7072)

Ow 60 290 - 60 293

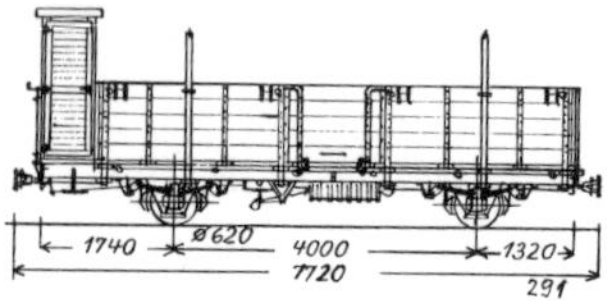

Olw 60 300 - 60 314

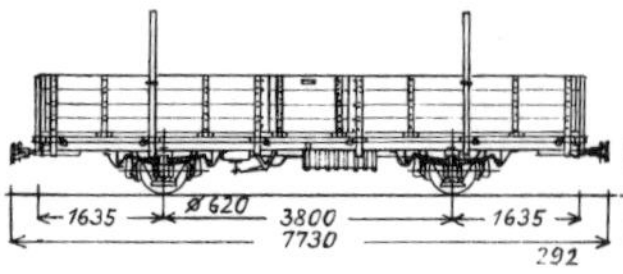

O 61 050 - 61 059
(z.T. → BREMSERHÜTTE)

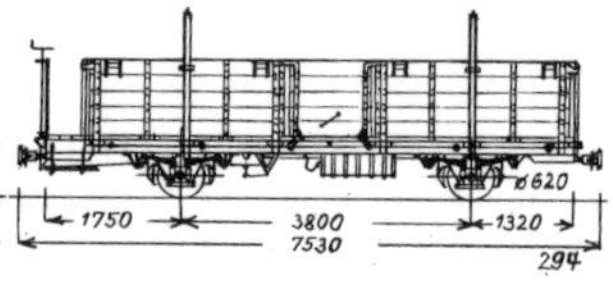

O 61 030 - 61 031

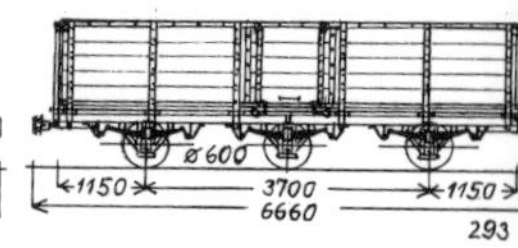

O 61 060

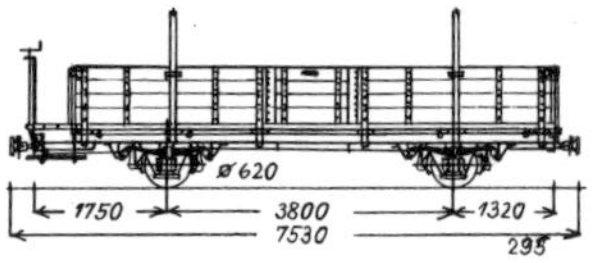

O 61 061 - 61 063, 61 065, 61 067

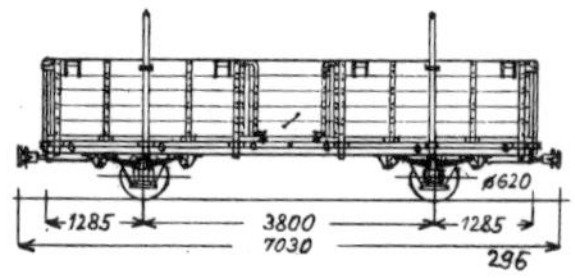

O 61 064, 61 066

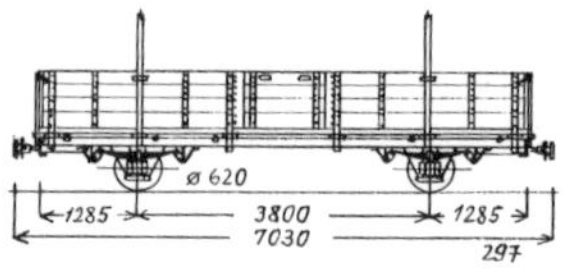

O 61 500 - 61 506, 61 510 - 61 512

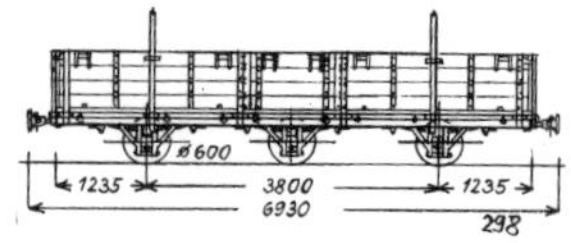

O 61 507 - 61 509

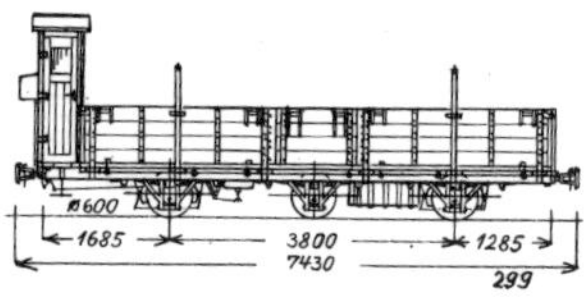

O(d) 61 530 - 61 533, 61 590 - 61 592

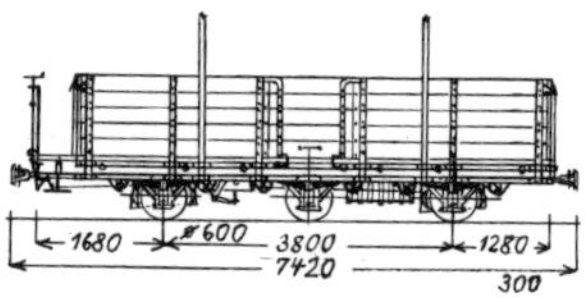

O 61 534 - 61 539

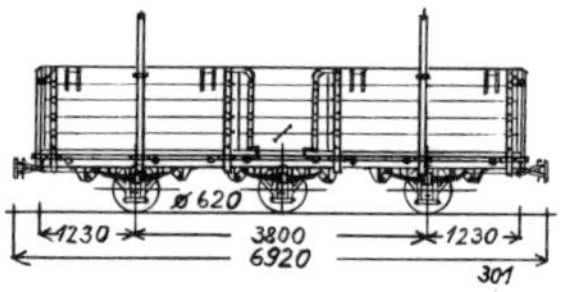

O 61 540 - 61 545

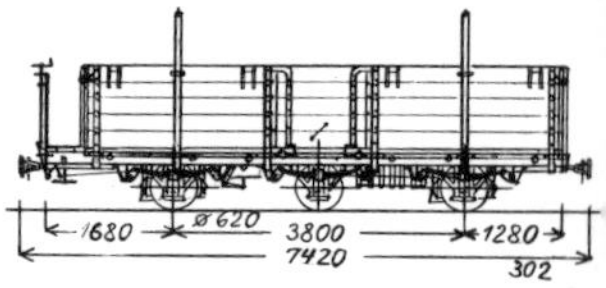

O(d) 61 550 - 61 552, 61 595 - 61 597

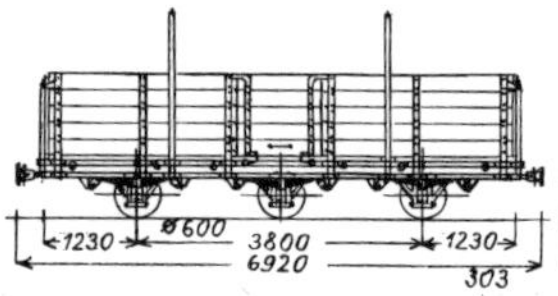

O 61 553 - 61 559, 61 561 - 61 562, 61 565 - 61 585

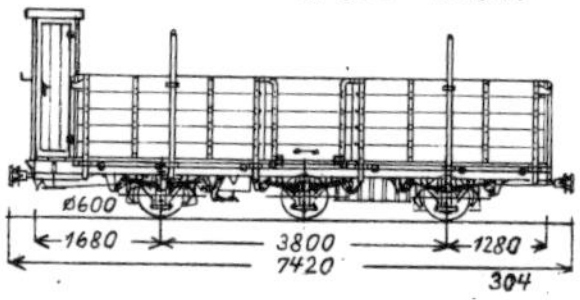

O 61 560, 61 563 - 61 564

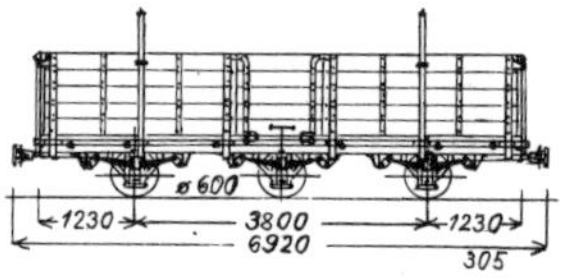

O 61 600 - 61 604

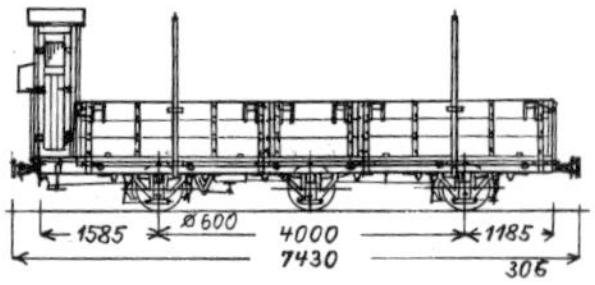

O 61 605 - 61 609

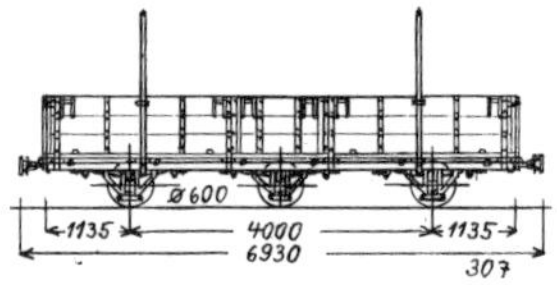

Om 64 550 - 64 556

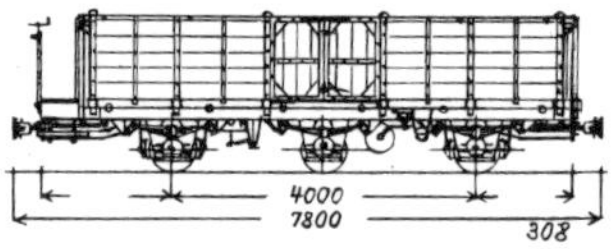

Olm 64 600 - 614

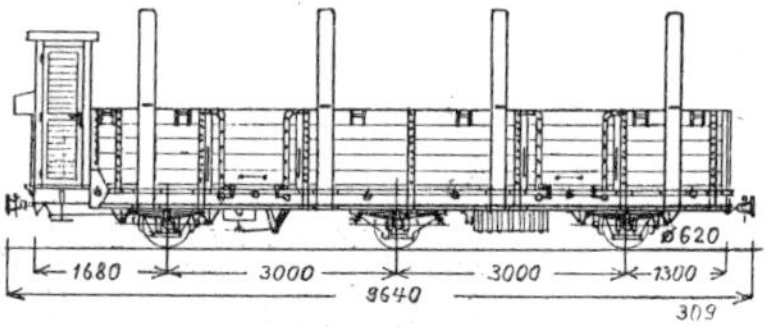

Olm 64 615 - 64 620

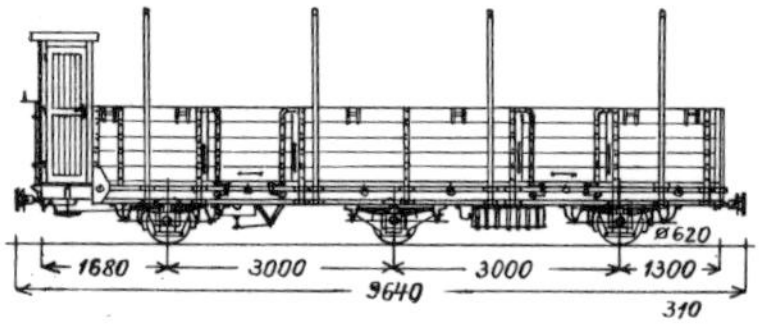

OO 65 800

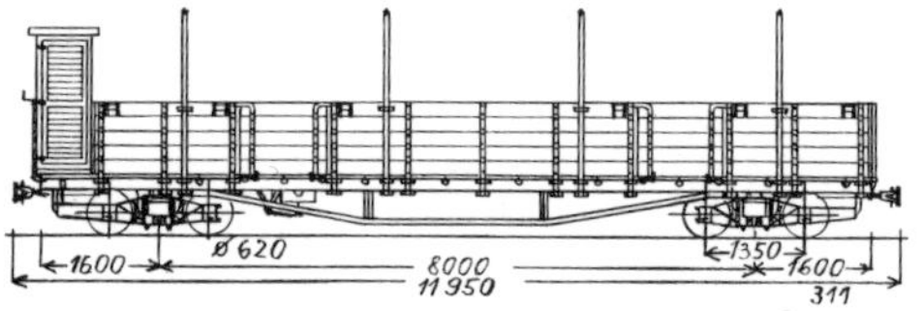

OOd 65 810 - 65 812

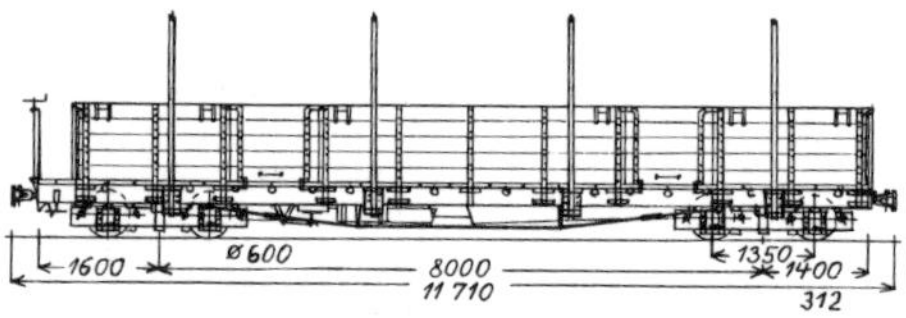

OO 65 820

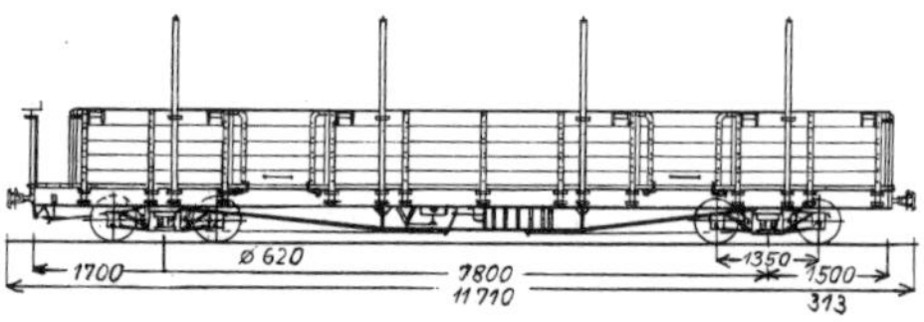

Ow 70 200

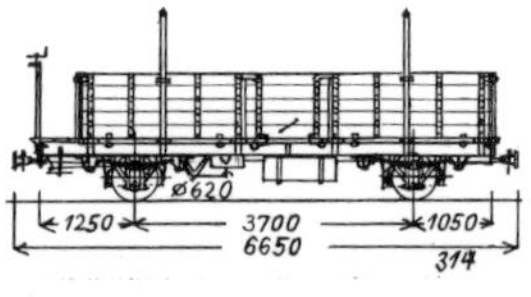

Ow 70 201 - 70 202

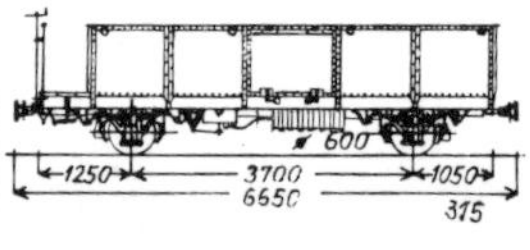

Ow 70 203

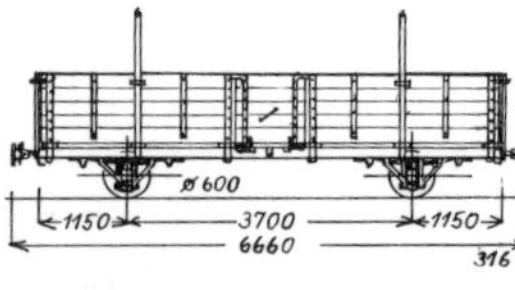

O 71 520 - 71 523

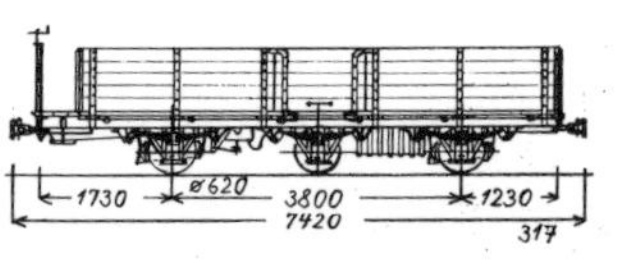

Gattung	ÖBB-Nummer	gebaut Jahr	von	für	DRB-Nr.	BBÖ-Nummer (ÖBB-Nr. vor Umbau)	Anmerkung
O	71520 – 71523	1908	Gr	BWB	–	7310 – 7313	
O	71524	1908	Gr	BWB	–	7314	
Ol	71600 – 71607	1917	Gr	HF	Li	5780 – 5787	
Ol	72600 – 72609	1907	Gr	NÖ	–	7480 – 7489	
Ol	72610 – 72623	1908	Gr	Mz	–	7460 – 7473	
OO	75850 – 75852	1943	LHB	–	–	6434, 6436, 6438	*)
OOm	76800 – 76870	1942/43	LHB	–	–	–	*)
W	88000 – 88001	1898, 1922	Gr	–	–	–	*)
W	88002 – 88017	1900/02	Gr	WB	–	*)	*)
W	88018 – 88040	1909	Gr	Mz	–	9450 – 9472	
W	88100 – 88104	1908, 1922	.	–	–	–	*)
W	88105 – 88106	1926	Sm	NÖ	–	9510 – 9511	
W	88107 – 88108	1924	Sm	–	–	–	*)
W	88200 – 88211	1926	Sm	NÖ	–	9512 – 9523	
W	88212 – 88222	1927	Sm	R-G	–	9350 – 9354, 9356 – 9361	
W	88223 – 88227	1924	Sm	Pzg	–	9500, 9501, 9504, 9505, 9507	
W	88300 – 88311	1931	Sm	–	–	9524 – 9535	
W	88312 – 88316	1935	Sm	–	–	9432 – 9439	
W	88317 – 88328	1941	LHB	–	–	9540 – 9551	*)
WW	89400 – 89401	1921, 1924	Gr	.	Li	9850 – 9851	*)
WW	89410 – 89413	1924	KLi	K-E	Vi	9800 – 9803	
WW	89420 – 89434	UB 1951/52	StP	–	–	–	*)
WW	89440	1929	LHB	–	–	–	*)
WW	89450 – 89460	1950	Rax	–	–	–	
WW	89600 – 89604	1926	Gr	Pzg	Li	9980 – 9984	
WW	89610 – 89611	1939	Sm	–	Li	9985 – 9986	*)
WW	89620 – 89625	1913/20	Gör	–	–	–	*)
WW	89630 – 89632	1923	Dre	–	–	–	*)
WW	89650 – 89659	1955	Rax	–	–	–	
WW	89670 – 89684	1963/64	Rax	–	–	–	
WW	89685 – 89699	1964	Rax	–	–	–	

*) 75850–75852: ex 6434, 6436, 6438 (UN durch Bregenzerwaldbahn nach BBÖ-Nummernschema) Heeresfeldbahnwagen

76800–76870: ex 6500–6519 RBD Wien und ex 12000–12014, 12019–12022, 12025–12028, 12030–12049, 12051–12056, 12058–12059 RBD Linz
Die im UN-Verzeichnis 1954 enthaltenen Nummern 76841, 76842, 76864, 76867 hat es nicht gegeben, da 1954 die Wagen 12052, 12055 12027 und 12028 in 36809–36812 UB wurden.

88000–88001:

ÖBB	DRB	ČSD	Neuhaus–Neubistritz
88000	813	813	306
88001	912	912	912

88002–88017: BBÖ-Nummern 9410–9411, 9413–9414, 9416, 9418–9420, 9422–9425, 9427, 9429–9431

88100–88104:

ÖBB	DRB	ČSD	Neuhaus–Neubistritz
88100	822	822	315
88101	824	824	317
88102	828	828	321
88103	903	903	903
88104	904	904	904

88107–88108: Im UN-Verzeichnis 1954 sind als alte Wagennummern die Fabriksnummern 60.419 und 60.425 (Simmering) angegeben. Es dürften die BBÖ-Rollböcke 9502 und 9508 sein.

88317–88328: von der RBD Wien nach dem BBÖ-Schema als 9540–9551 bezeichnet.

89400–89401: beide in Graz gebaut (1921, Fabriksnummer 30619, und 1924, Fabriksnummer 31915) für die Kohlenwerks GmbH Kalkgrub (760-mm-Schleppbahn zum GKB-Bahnhof Schwanberg); später BBÖ 9850 und 9851, bei der DRB als 21300 und 21301 (Pinzgauer Lokalbahn) bezeichnet.

89420–89434: ex DRB 229 311 428 457 467 475 489 493 602 659 518 528 534 547 (diese vom sächsischen Netz, RDB Dresden; 1923 von Hildebrand, Dresden, und 1928 von Busch, Bautzen, gebaut) sowie 231 (ex Heeresfeldbahn, Baujahr 1944).

89440: ex DRB 559 (sächsisches Netz – RBD Dresden)

89610–89611: von der RBD Linz vorerst nach dem BBÖ-Schema mit 9985–9986 bezeichnet

89620–89625: ex DRB 2795, 2790, 2768, 2763, 2752, 2749 (sächsisches Netz – RBD Dresden)

89630–89632: ex DRB 2613, 2653, 2672 (sächsisches Netz – RBD Dresden)

O 71 524

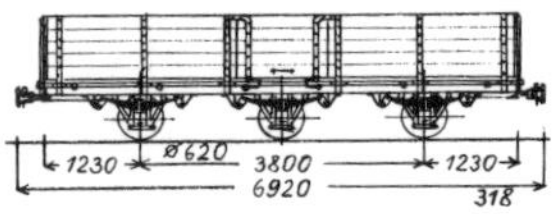

318

Ol (w) 71 600 - 71 607

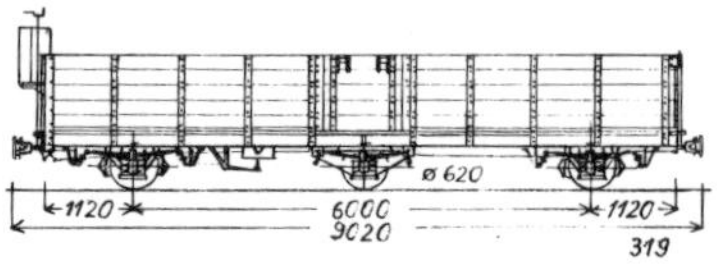

319

Ol (w) 71 600, 71 601, 71 603, 71 604, 71 607 (UB)

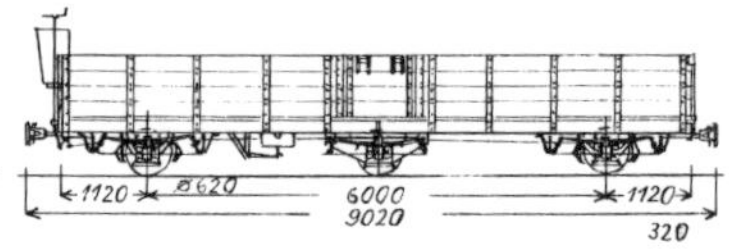

320

Ol (w) 71 606 (UB)

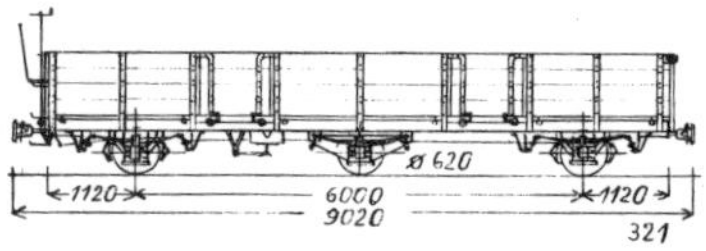

321

Ol 72 600 - 72 623

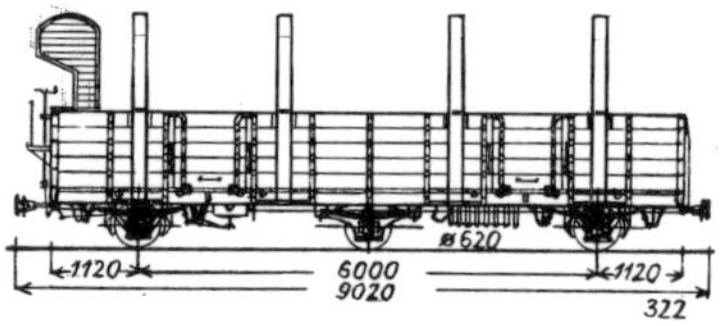

322

Ol 72 600 - 72 623 (UB)

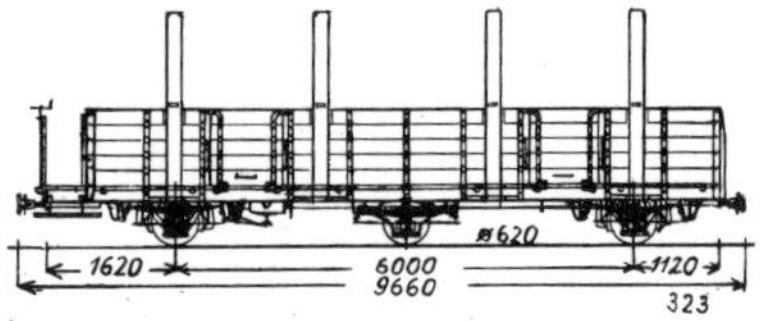

323

OO 75 850 - 75 852

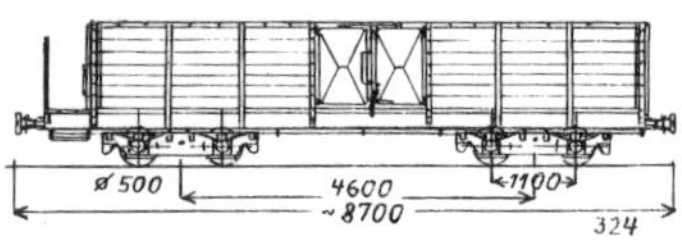

324

OOm 76 800 - 76 870

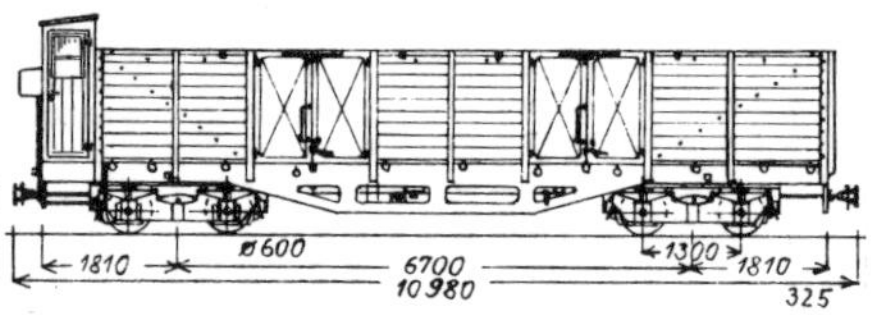

325

OOm 76 855 (UB)

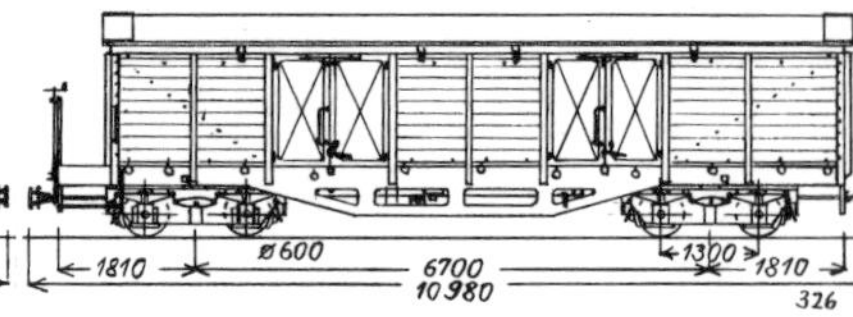

326

WW 89 410 - 89 413

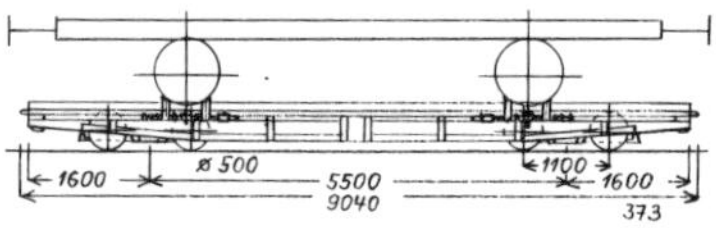

373

WW 89 450 - 89 460

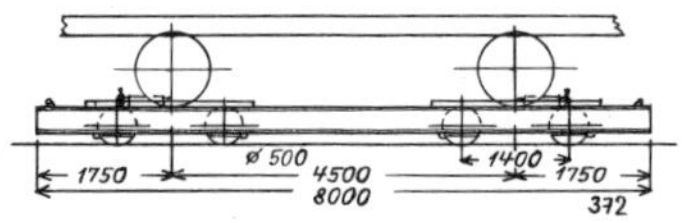

372

Bahndienstwagen

Bahn-dienst-wagen	Wagennummer vor dem UB ÖBB	DRB	BBÖ	Baujahr	Ax	
90190	3734	–	311	UB 1966	2	Dienstwagen
90300	–	70000 Pzg	2/3	1889	2	Dienstgutwagen
90301	–	70001 Pzg	3/3	1889	2	Dienstgutwagen
90302	–	70002 Pzg	4/3	1889	2	Dienstgutwagen
90400	–	–	4462	UB 1953	3	Dienstgutwagen
90401	96201	–	4337	UB 1966	2	Baustoffwagen
91000	–	10561 YB	7076	UB 1953	2	Schlackenwagen
91001	–	10550 Pzg	7072	UB 1953	2	Schlackenwagen
91002	–	10549 Pzg	7071	UB 1953	2	Schlackenwagen
91003	–	10324	–	.	2	Schlackenwagen
91004	90400	–	4462	UB 1963	2	Schlackenwagen
91800	76806	6506	–	UB 1973	4	Schotterwagen
91801	76807	6507	–	UB 1973	4	Schotterwagen
91802	76814	6514	–	UB 1973	4	Schotterwagen
91803	76821	12001 Pzg	–	UB 1973	4	Schotterwagen
92300a	–	–	8563	UB 1953	4	Wasserwagen
92300b	–	–	8574			
92301	9799 01	–	–	1944	4	Wasserwagen
92302	9699 01	–	–	1944	2	Wasserwagen
96200	–	–	3170	UB 1939	2	Turmwagen
96201	–	–	4337	UB 1953	2	Turmwagen
97000	–	–	1936	UB 1940	4	Gerätewagen
97001	–	–	1540	UB 1940	3	Gerätewagen
97002	–	70011 St	270	UB 1942	2	Gerätewagen
97003	–	–	379	UB 1953	2	Gerätewagen
97004	–	510 St	580	UB 1953	2	Gerätewagen
97005	–	70010 St	276	UB 1942	2	Gerätewagen
97006	–	1505	–	UB 1953	4	Gerätewagen
97007	–	70012 St	573	UB 1942	2	Gerätewagen
97008	–	–	1208	UB 1953	2	Gerätewagen
97009	–	–	1040	UB 1939	2	Gerätewagen

Bahn-dienst-wagen	Wagennummer vor dem UB ÖBB	DRB	BBÖ	Baujahr	Ax	
97010	6462	1502 St	822	UB 1966	2	Gerätewagen
97011	10022	–	1127	UB 1970	2	Gerätewagen
97012	6420	–	885	UB 1970	2	Gerätewagen
97200	–	–	717	UB 1940	4	Mannschaftswagen
97201	3722	–	259	UB 1971	2	Mannschaftswagen
97300	4761	501 St	571	UB 1953	2	Werkstättenwagen
97301	4762	505 St	575	UB 1953	2	Werkstättenwagen
97302	10215	–	1204	UB 1956	2	Werkstättenwagen
97303	6496	1000 St	795	UB 1961	2	Werkstättenwagen
97304	3666	–	398	UB 1966	2	Werkstättenwagen
97305	6811	–	918	UB 1966	2	Werkstättenwagen
97306	6812	–	898	UB 1966	2	Werkstättenwagen
97501	3679	–	483	UB 1966	2	Werkzeugwagen
97700	4763	506 St	576	UB 1954	2	Wohnwagen
97701	3606	–	334	UB 1966	2	Wohnwagen
97702	3681	–	486	UB 1966	2	Wohnwagen
97703	3651	–	200	UB 1966	2	Wohnwagen
97704	3643	–	303	UB 1966	2	Wohnwagen
98000	–	9200	4330	UB 1936	2	Hilfsbremswagen
98001	–	9201	4331	UB 1936	2	Hilfsbremswagen
98002	–	9202	4332	UB 1936	2	Hilfsbremswagen
98003	–	9203	4333	UB 1936	2	Hilfsbremswagen
98010	61050	–	4334	UB 1956	2	Hilfsbremswagen
98011	61051	–	4335	UB 1956	2	Hilfsbremswagen
98012	61052	10598 St	4336	UB 1956	2	Hilfsbremswagen
98013	61056	–	4341	UB 1956	2	Hilfsbremswagen
98014	61053	–	4338	UB 1959	2	Hilfsbremswagen
98050	24563	11021 Pzg	–	UB 1971	3	Hilfsbremswagen
98051	24562	11018 Pzg	–	UB 1971	3	Hilfsbremswagen
98052	64551	11019 Pzg	–	UB 1972	3	Hilfsbremswagen
98053	64552	11020 Pzg	–	UB 1972	3	Hilfsbremswagen
98500	–	–	–	UB 1955	4	Schneeräumer
98501	–	–	–	UB 1955	4	Schneeräumer
98502	–	–	–	UB 1955	4	Schneeräumer
98503	–	–	–	UB 1955	4	Schneeräumer
98504	–	–	–	UB 1958	4	Schneeräumer
98505	–	–	–	UB 1958	4	Schneeräumer
98506	–	–	–	UB 1959	4	Schneeräumer
98550	299.02	–	–	UB 1965	2	Schneepflug
98620	3726	–	503	UB 1966	2	Schneeschleuder
98700	–	706011 Vi	–	(UB 1940)	2	Schneepflug
98701	–	702100 Pzg	–	(UB 1940)	2	Schneepflug
98702	–	2723	–	UB 1953	4	Schneepflug
98800	–	308 YB	273	UB 1953	2	Unkrautvertilgungsw.
98801	–	6440	–	UB 1953	4	Unkrautvertilgungsw.
98810	4765	304 St	275	UB 1957	2	Unkrautvertilgungsw.
98811	4767	511 St	581	UB 1957	2	Unkrautvertilgungsw.
98812	4768	514 St	584	UB 1957	2	Unkrautvertilgungsw.
98813	4769	306 St	277	UB 1957	2	Unkrautvertilgungsw.
98814	–	523 St	574	UB 1957	2	Unkrautvertilgungsw.
98815	–	524 St	577	UB 1957	2	Unkrautvertilgungsw.
98900	–	5011 St	1166	UB 1953	2	Feuerlöschwagen
0010	10043	–	1045	UN 1966	2	Bahnhofswagen
0011	10034	5007 Pzg	1193	UN 1970	2	Bahnhofswagen
0040	60011	10511 St	3291	UN 1967	2	Bahnhofswagen
0041	60013	10517 St	3297	UN 1967	2	Bahnhofswagen
0042	60014	10521 St	3301	UN 1967	2	Bahnhofswagen
0043	60015	10522 St	3302	UN 1967	2	Bahnhofswagen
0044	60016	10523 St	3303	UN 1967	2	Bahnhofswagen
0045	60021	10531 St	3311	UN 1967	2	Bahnhofswagen
0046	60022	10532 St	3312	UN 1967	2	Bahnhofswagen
0047	60035	10546 St	3326	UN 1967	2	Bahnhofswagen
0048	60036	10555 St	3335	UN 1967	2	Bahnhofswagen
0049	60051	10575 St	3355	UN 1967	2	Bahnhofswagen

Neue Typen – Zugang nach 1938

Wagennummer	Ax	Sitzpl.	Eigengw.	Anmerkung
2100 – 2105	4	16/20	13500	
3060 – 3069	4	52	12400	
3085 – 3086	4	36	13000	
3100 – 3114	4	52	12800	3103–3107 nur 50 Sitzplätze
3120 – 3121	4	52	13500	
3140 – 3166	4	52	13500	
3167 – 3168	4	50	12500	
3180 – 3183	4	50	12800	
3200 – 3206	4	52	13500	
3220	4	52	13400	
3240 – 3260	4	52	13500	jetzt nur 50 Sitzplätze
3280 – 3281	4	52	12500	jetzt nur 50 Sitzplätze
3290 – 3294	4	28	14100	3291–3292 = 36 Sitzplätze
3296	4	26	12500	
3299	4	36	13500	
3780, 3782	2	26	5000	
3781	2	32	5000	
3850 – 3890	2	s.Anm.	6500	28 oder 32 Sitzplätze
4000 – 4001	4	28	11000	
4010 – 4011	4	35	13500	
4012 – 4013	4	53	12800	4012 = 54 Sitzplätze
4100 – 4109	4	28	12800	
4200 – 4201	4	28	12500	
4220 – 4221	4	28	13500	
4230	4	26	13500	
4240	4	26	13500	
4260 – 4266	4	36	12800	
4783 – 4784	2	32	6000	
4785 – 4786	2	27	6000	
		Ladegw.		
6270	4	6,0	6500	
6300 – 6302	3	5,0	8600	
6497	2	3,0	5200	
6500 – 6507	2	3,0	6500	
6550	2	8,0	5500	
6850 – 6852	2	3,0	6800	
6900 – 6903	2	8,0	5400	Stückgutwagen
8500 – 8502	3	4,0	8700	
10203 –	2	8,0	4400	
15830	4	15,0	8010	
15850 – 15851	4	15,0	6400	
16800 – 16844	4	20,0	10700	
21055 – 21056	2	10,0	2500	
21057 – 21058	2	10,0	2200	
24560 – 24569	3	15,0	7100	
36800 – 36812	4	20,0	9300	
36813 – 36827	4	20,0	10000	
40045 – 40048	2	6,0	3000	
60090 – 60091	2	6,0	3600	
60092	2	6,0	3200	
64550 – 64556	3	15,0	7500	
75850 – 75852	4	15,0	5800	
76800 – 76870	4	20,0	10500	

Rollwagen

Wagennummer	Ax	Ladegw.	Eigengw.	Länge	Drehzapfenabstand Achsstand
89400 – 89401	4	30,0	7000	8004	4,5/1,4
89410 – 89413	4	32,0	8300	8700	5,5/1,1
89420 – 89434	4	32,0	6300	8200	4,5/1,0
89440	4	32,0	6720	8040	5,3/1,0
89450 – 89460	4	40,0	6900	8000	4,5/1,4
89600 – 89604	6	32,0	8500	7500	4,5/1,4
89610 – 89611	6	52,0	7200	7500	4,5/1,4
89620 – 89625	6	32,0	7700	7800	4,8/1,4
89630 – 89632	6	32,0	7600	7800	4,8/1,4
89650 – 89659	6	40,0	7500	8000	4,5/1,4
89670 – 89684	6	40,0	7500	8000	4,5/1,4
89685 – 89699	6	40,0	7800	8500	4,5/1,4

Von 1966 an Rollwagen um 2 x 250 mm = 500 mm verlängert (ÖBB-Zeichnung 66 05 13 W6/S/13);

Dampflokomotiven

Mz	50	**Mh 1**	KrLi	5431/1906	1922 BBÖ
Mz	51	**Mh 2**	KrLi	5432/1906	1922 BBÖ
Mz	52	**Mh 3**	KrLi	5433/1906	1922 BBÖ
Mz	53	**Mh 4**	KrLi	5434/1906	1922 BBÖ
F		**Mh 5**	KrLi	5924/1908	1922 BBÖ
F		**Mh 6**	KrLi	5925/1908	1922 BBÖ
Mz	54	**Mv 1**	KrLi	5435/1907	1922 BBÖ
Mz	55	**Mv 2**	KrLi	5436/1907	1922 BBÖ
Mz		**P 1**	KrLi	5185/1904	1913 verkauft
Mz		**R 1**	WrNst	4717/1907	1913 verkauft
Mz	5	**U 1**	KrLi	3709/1898	1922 BBÖ U.51
Mz	6	**U 2**	KrLi	3710/1898	1922 BBÖ U.52
Mz	7	**U 3**	KrLi	3711/1898	1922 BBÖ U.53
Mz	8	**U 4**	KrLi	3870/1898	1922 BBÖ U.54
VB	1	**U 5**	KrLi	4182/1899	1922 BBÖ U.55
VB	2	**U 6**	Flor	1354/1900	1922 BBÖ U.56
VB	3	**U 7**	Flor	1355/1900	1918 FS
VB	4	**U 8**	Flor	1356/1900	1918 FS
Mz	23	**Uh 1**	KrLi	5330/1905	1922 BBÖ Bh.1
VB	20	Uv 1	KrLi	4785/1902	1922 BBÖ Uv.5
VB	21	Uv 2	KrLi	4786/1902	1922 BBÖ Uv.6
Mz	22	Uv 3	KrLi	5329/1905	1922 BBÖ Uv.7

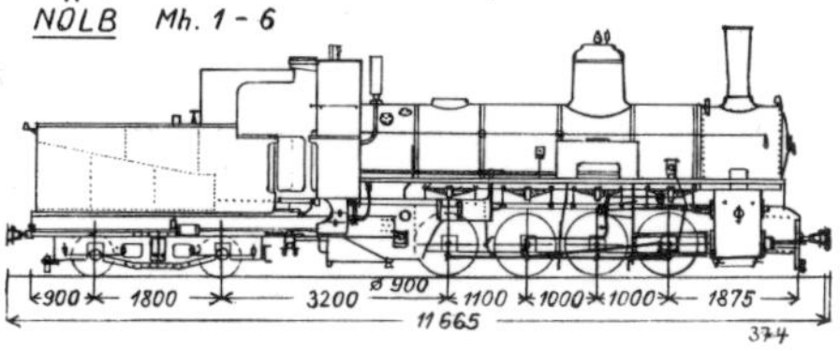

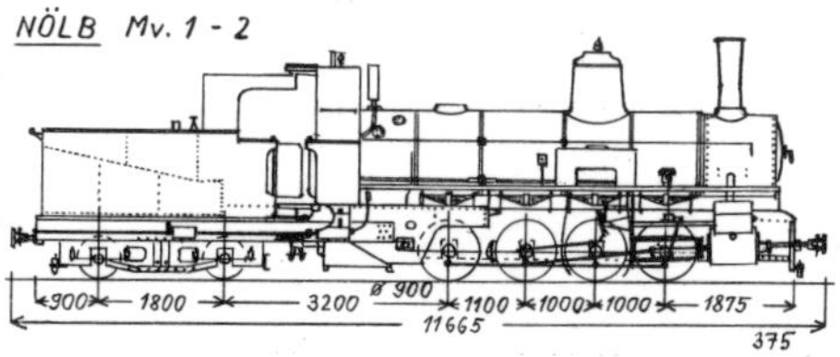

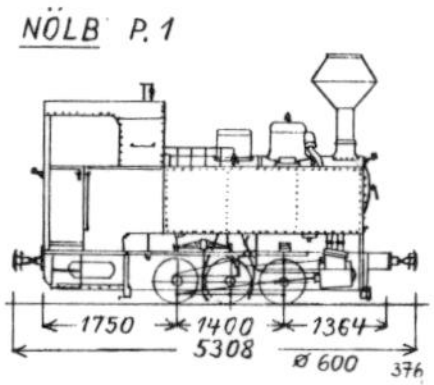

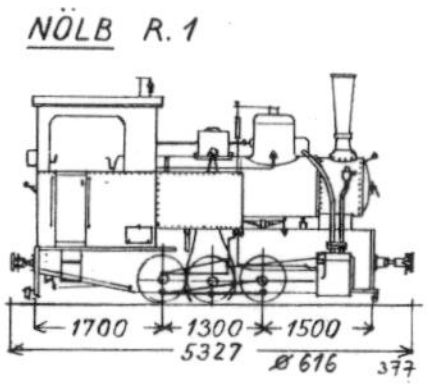

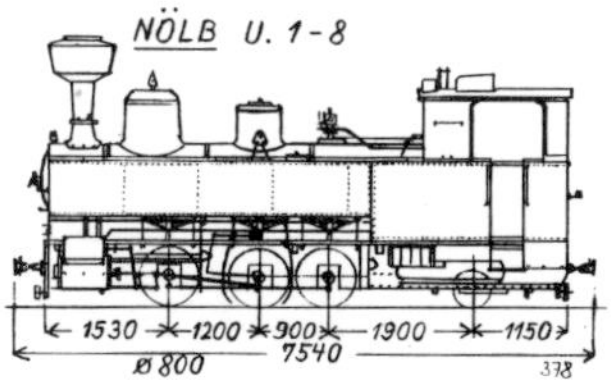

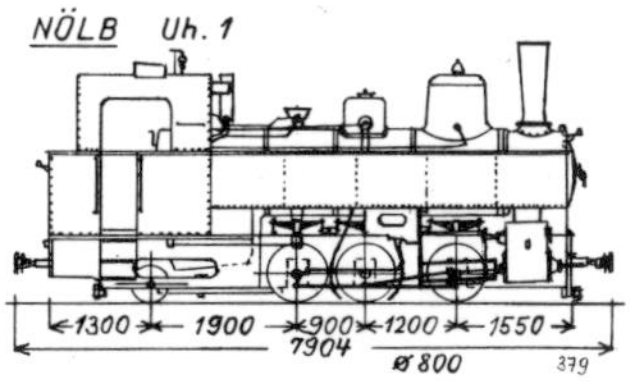

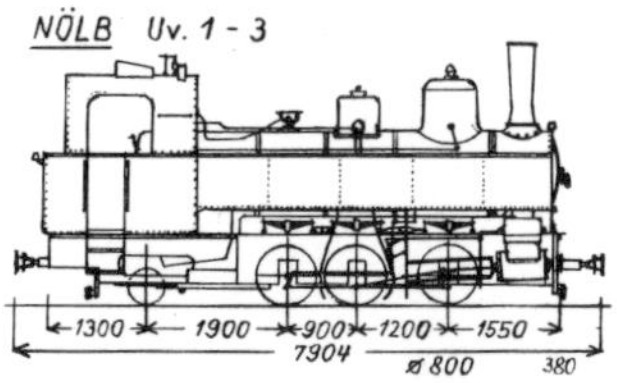

Dampftriebwagen.

A1 n2v (22 Sitzpl.)	WB	1	Komarek	1 /1903	+ 1908
	WB	2	Komarek	2 /1903	+ 1911
	WB	3	Komarek	335*/1903	+ 1911
A1 n2v (26 Sitzpl.)	Mz	10	Komarek	330*/1904	1918 verkauft
	Mz	11	Komarek	331*/1904	1911 verkauft
	Mz	12	Komarek	332*/1904	1911 verkauft
B)2 n2 (44 Sitze)	WB	40	Komarek	26 /1906	1921 verkauft an Feistritztaler Industrie AG **)
	WB	41	Komarek	29 /1906	1922 BBÖ
	Mz	42	Komarek	30 /1906	1916 verkauft an Dampfstraßenbahn Oderberg
	Mz	43	Komarek	32 /1906	1916 verkauft an Dampfstraßenbahn Oderberg
	Mz	44	Komarek	31 /1906	1916 verkauft an Dampfatraßenbahn Oderberg

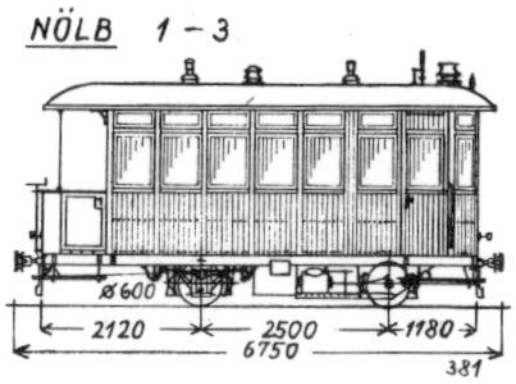

*) Kesselnummer; die Fabriksnummer ist nicht bekannt.
**) Schleppbahn Birkfeld – Ratten

Elektrische Lokomotiven

F	E 1 – 9	KrLi/ÖSSW 1911	1922 BBÖ
F	E 10 – 14	KrLi/ÖSSW 1912	1922 BBÖ
Mz	E 15 – 16	KrLi/ÖSSW 1914	1922 BBÖ

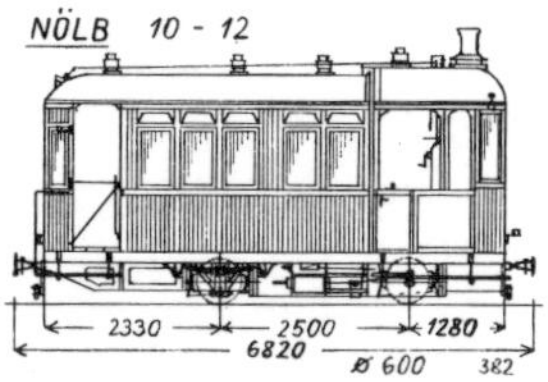

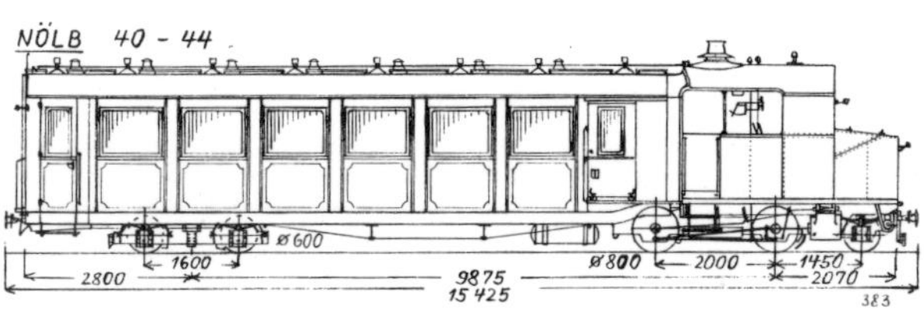

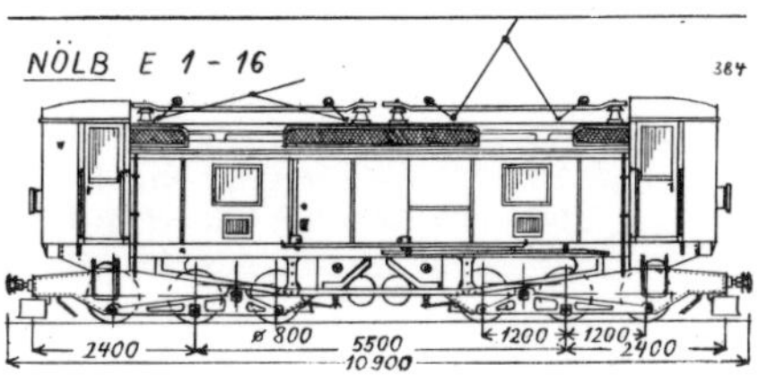

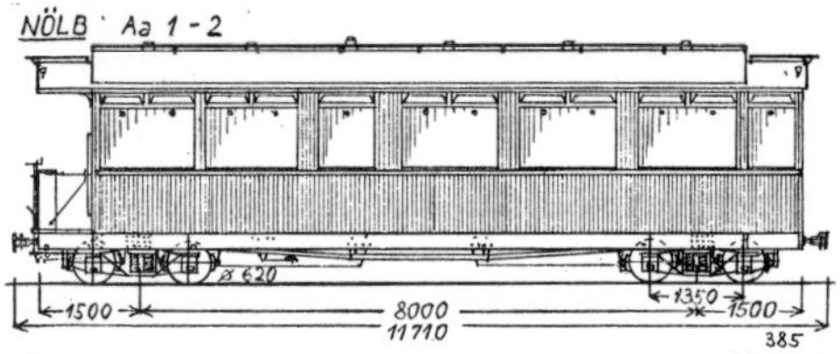

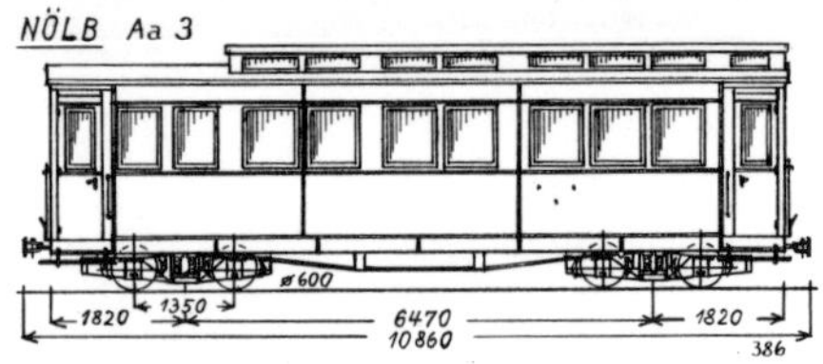

NÖLB Personen- und Güterwagen — Nummernschema ab 1905

Die Wagen der Lokalbahn St. Pölten—Kirchberg an der Pielach—Mank (St.P.K.M.) und der Niederösterreichischen Waldviertelbahn (N.W.V.B.) hatten bis 1905 andere Nummern.

Gebaut für	Gattung	Wagennummer	Baujahr	Br.	Ax	Sitzpl. Ladegw.	Eigengw.	BBÖ-Nr. ab 1928	Anmerkung
Mz	Aa	1	1908	m	4	22	12300	5	
LF	Aa	2	1908	m	4	22	12300	10	
Mz	Aa	3	1894	m	4	13	11000	3	*)
Mz	Salon	4	1898	m	2	8	5900	1	*)
Mz	Bi	26	1898	o	2	16	4500	—	*)
Mz	ABa	26 — 27	1908	m	4	8/21	11500	120 — 121	*)
Mz	ABa	28	1912	m	4	8/14	14100	122	
Mz	ABa	29	1912	m	4	8/14	14100	123	
LF	Bi	50 — 58	1908	m	2	21	5500	70 — 77	
Mz	Ba	76	1908	m	4	33	11500	124	
Mz	Ba	77 — 80	1912	m	4	28	14000	125 — 128	
Mz	BCi	100 — 101	1898	m	2	12/15	5020	235	*)
Mz	BCi	102 — 107	1906	m	2	12/15	5430	236 — 241	
BBÖ	BCi	108 — 109	1924	m	2	12/15	5800	260 — 261	
WB	BCi	110 — 111	1900	m	2	12/15	5070	225 — 226	*)
WB	BCi	112	1902	m	2	12/15	4990	227	*)
BBÖ	BCi	113	1924	m	2	12/15	5800	262	
Mz	BCa	125 — 128	1912	m	4	9/32	13300	280 — 283	
Mz	BCi	150 — 151	1898	o	2	12/15	4680	242 — 243	*)
WB	BCi	160	1900	o	2	12/15	4700	228	*)
Mz	Ci	200 — 205	1898	m	2	32	4780	385 — 387	*)
Mz	Ci	206 — 229	1906	m	2	32	5090	388 — 405	*)
LF	Ci	230 — 249	1907	m	2	32	4730	483 — 502	
WB	Ci	250 — 253	1900/02	m	2	32	4790	370 — 373	*)
BBÖ	Ci	254 — 260	1924	m	2	32	5600	503 — 509	
Mz	Ci	300 — 302	1898	o	2	32	4430	406 — 407	*)
WB	Ci	320 — 321	1900	o	2	32	4350	374 — 375	*)
LF	Ca	400 — 419	1908	m	4	52	10700	700 — 719	
Mz	Ca	420 — 453	1912	m	4	52	13500	630 — 663	
Mz	DF	500 — 502	1898	m	2	3,1	5030	925 — 927	*)
WB	DF	520 — 523	1900/04	m	2	3,1	5200	915 — 918	*)
Mz	DFa	526	1906	m	4	6,3	10860	944	
Mz	DFa	527 — 528	1906/07	m	4	6,0	11200	945, 830' (840)	
LF	DFa	529 — 534	1908	m	4	6,3	11200	850 — 855	
Mz	Da	535 — 538	1912	m	4	6,3	12450	946 — 949	

*) 3: Zugang 1910; gekauft von Murtalbahn ex 2001; UB der Drehgestelle
4: UB 1911 aus ABi 26
26: geliefert mit Nr. 1; 18 Sitzplätze ab 1904; ab 1907 mit Bremse; ab 1908 ABi; UB 1911 in Salonwagen Nr. 4
26—27: UB 1910 aus Ba (ex Nr. 77' — 78' ?)
100—101: geliefert mit Nr. 2—3; Wagen 101 von BBÖ ausgeschieden
110—111: geliefert mit Nr. 6—7
112: mit anderer Nummer geliefert (Nr. 8 ?)
150—151: geliefert mit Nr. 4—5
160: geliefert mit Nr. 56
200—205: geliefert mit Nr. 6—11
206—229: Wagen 220 Abgang im Jahre 1908
250—253: geliefert mit Nr. 21—24
300—302: geliefert mit Nr. 12—14; Wagen 300 Abgang im Jahre 1908
320—321: geliefert mit Nr. 71—72
500—502: geliefert mit Nr. 101—103
520—523: geliefert mit Nr. 101—104

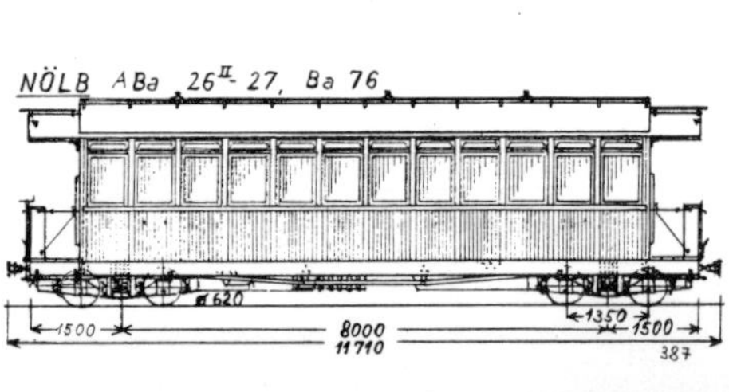

NÖLB ABa 28

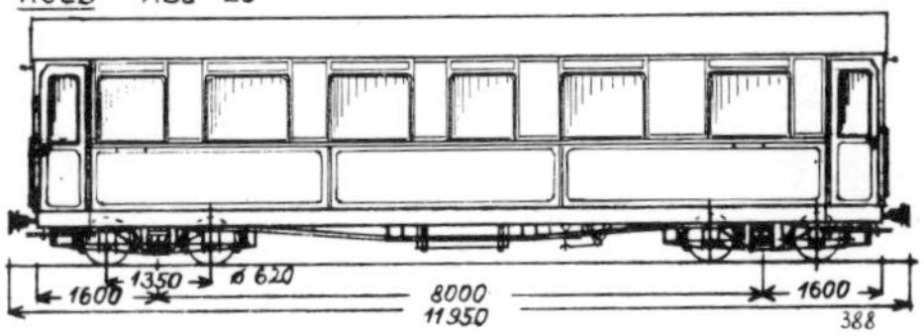

388

NÖLB ABa 29

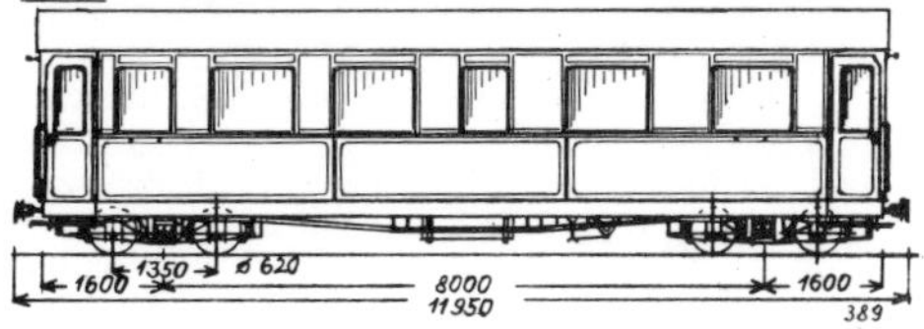

389

NÖLB Ba 77 - 80

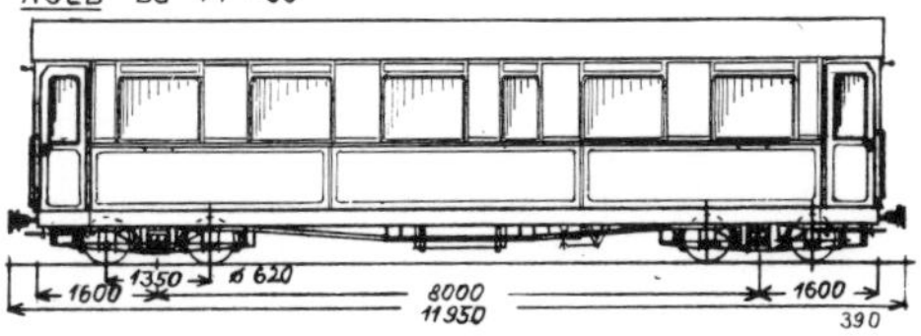

390

NÖLB BCa 125 - 128

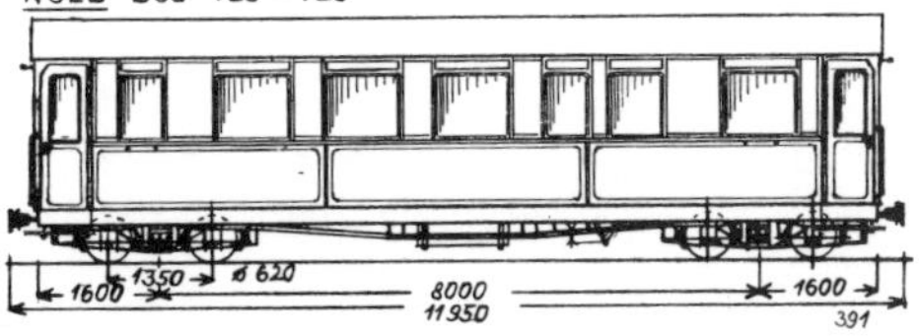

391

NÖLB Ca 400 - 419 (GEGENSEITE 14 FENSTER)

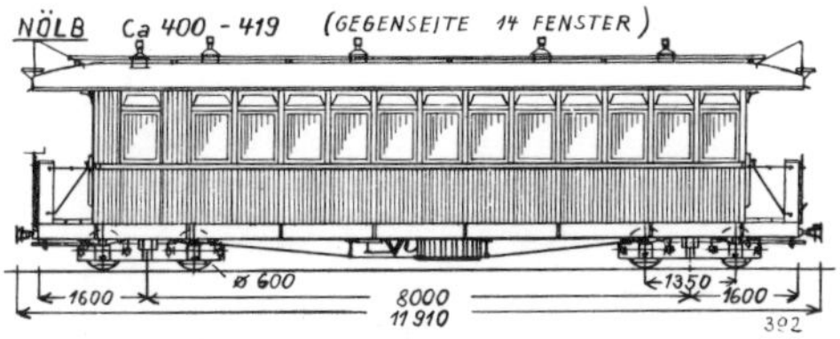

392

NÖLB Ca 420 - 453

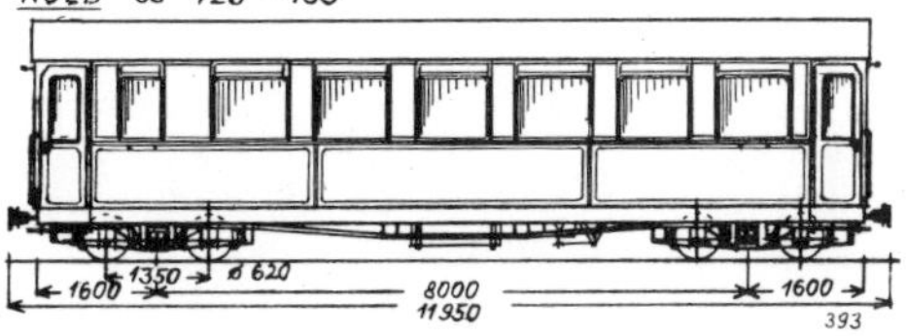

393

NÖLB AB^i 26^{I} → S 4

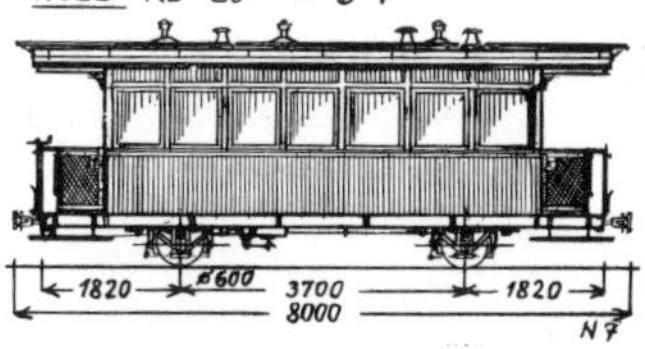

N 7

NÖLB B^i 50 - 58

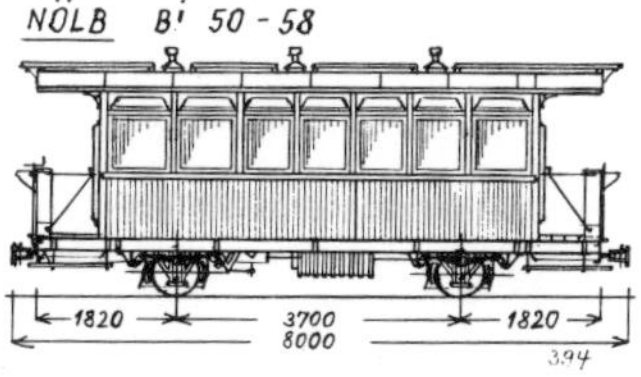

394

NÖLB BC^i 100 - 101, 110 - 112 (mit Br.)
150 - 151, 160 (ohne Br.)

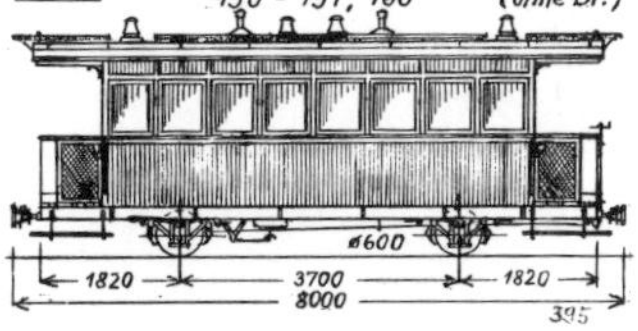

395

NÖLB BC^i 102 - 107

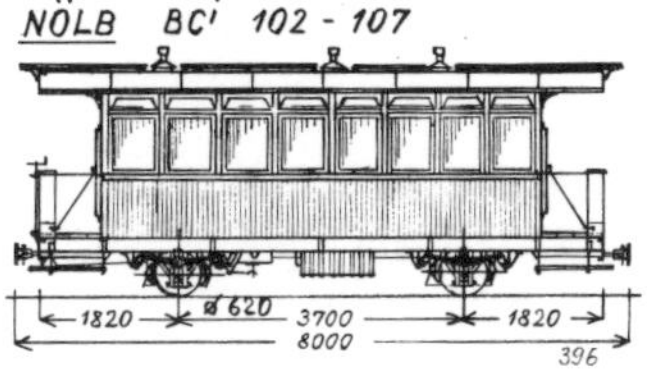

396

NÖLB C^i 200 - 205, 250 - 253 (mit Br.)
300 - 302, 320 - 321 (ohne Br.)

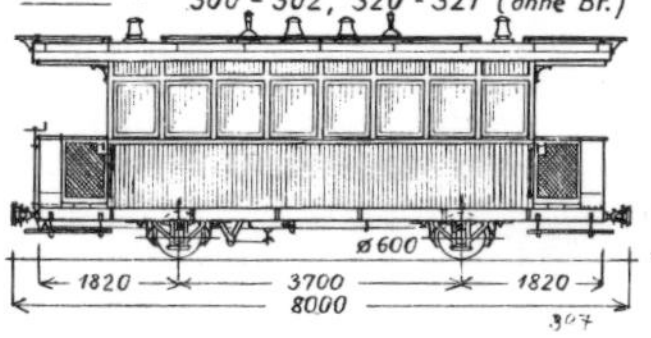

3?7

NÖLB C^i 206 - 249

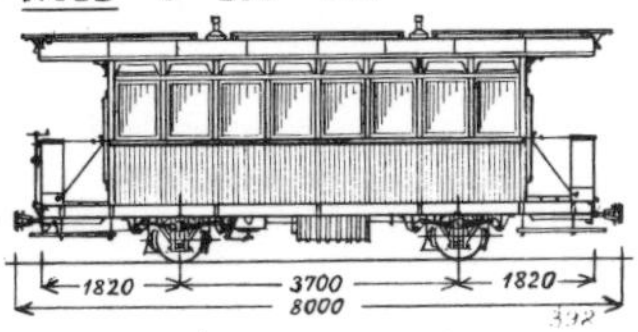

NÖLB DF 500 - 502

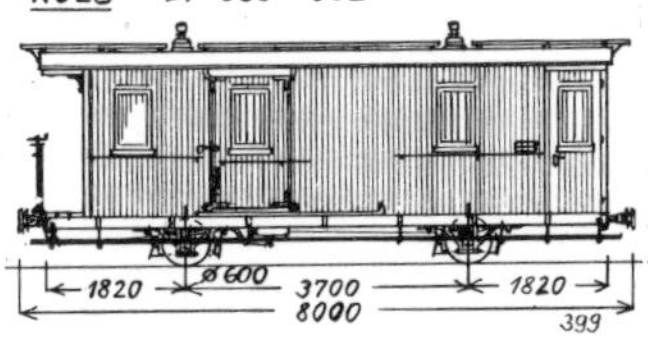

399

NÖLB DF 520 - 523

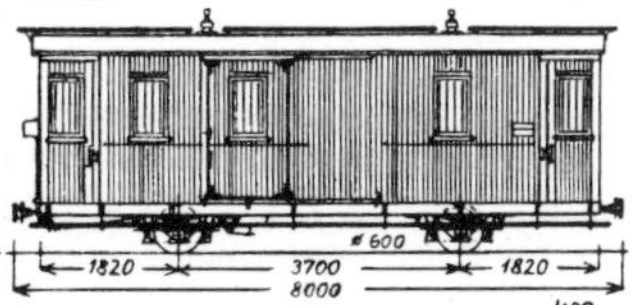

400

NÖLB DFa 526

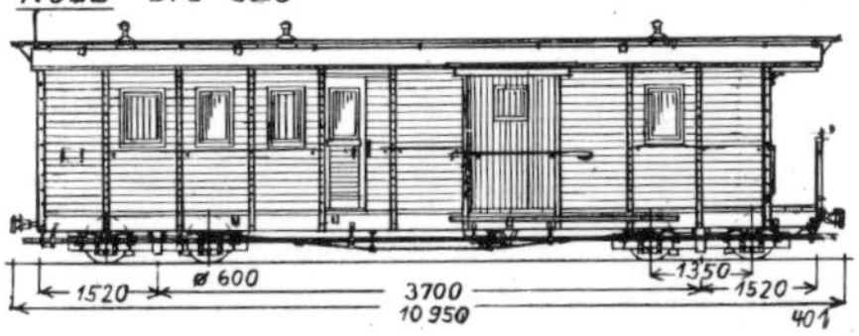

401

NÖLB DFGa 527 - 528

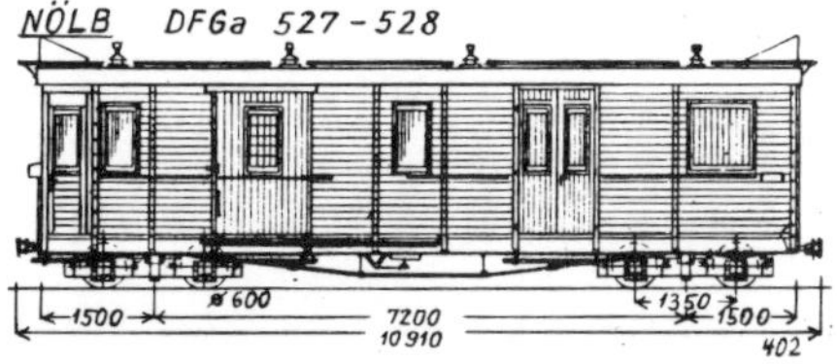

402

NÖLB DFa 529 - 534

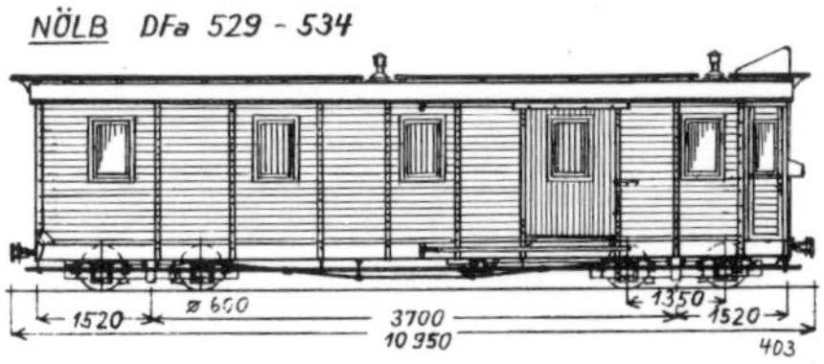

403

NÖLB DFa 535 - 538

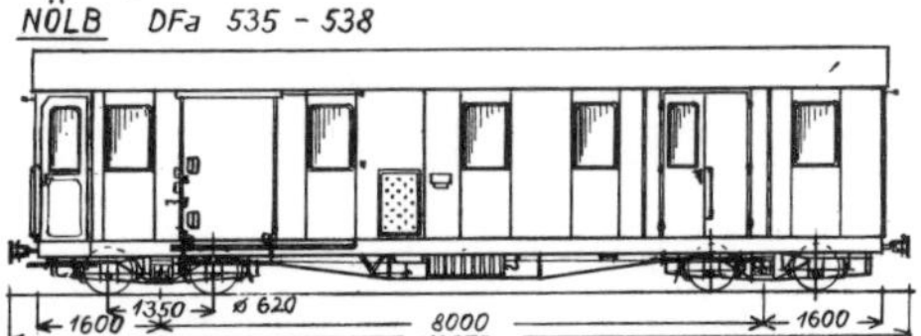

404

NÖLB Ga 600 - 601

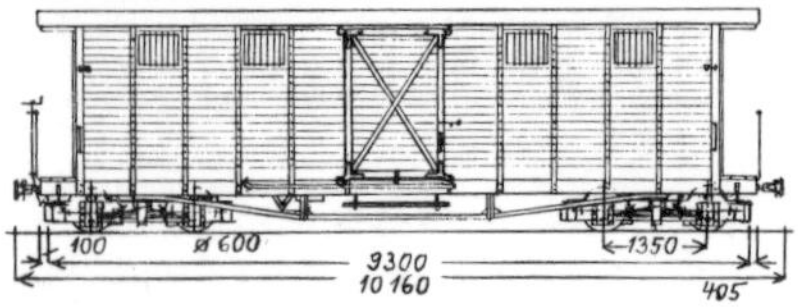

NÖLB Ga 602 - 603

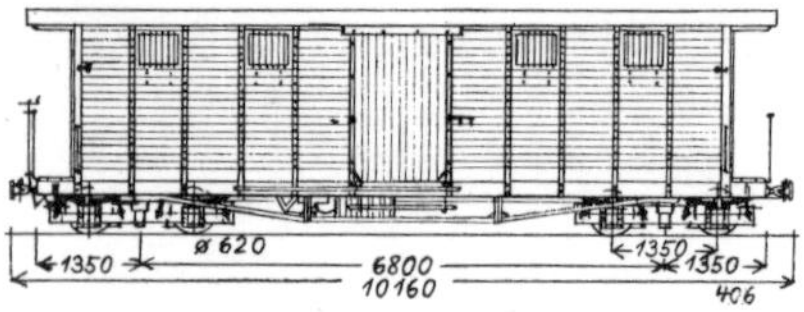

NÖLB Ga 604 - 611

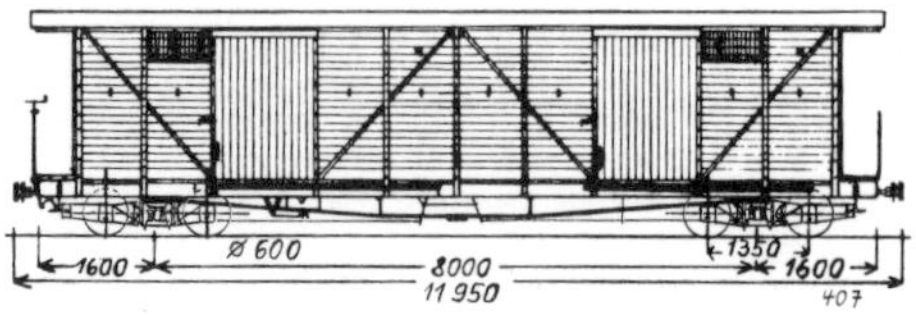

NÖLB Ga 612 - 616

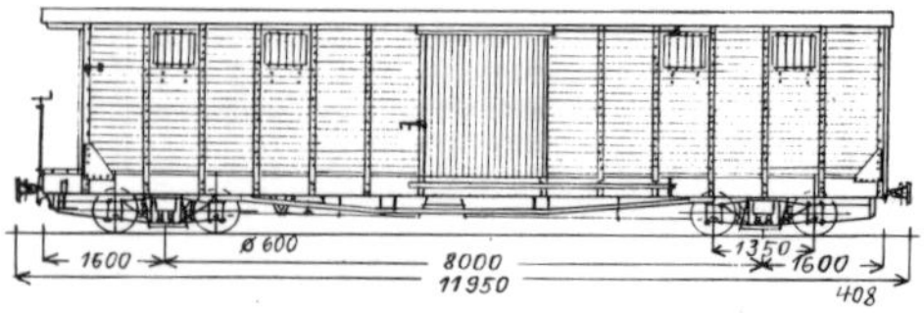

NÖLB G 700 - 707, 740 - 749

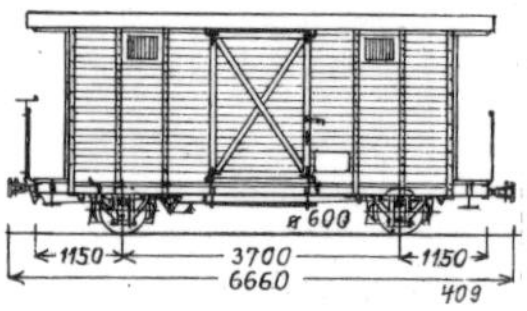

NÖLB G 750 - 759, 790 - 796

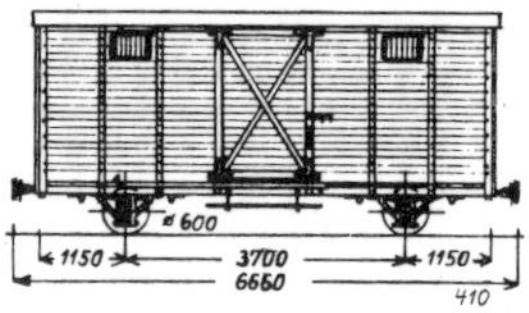

NÖLB Gy 800 - 803

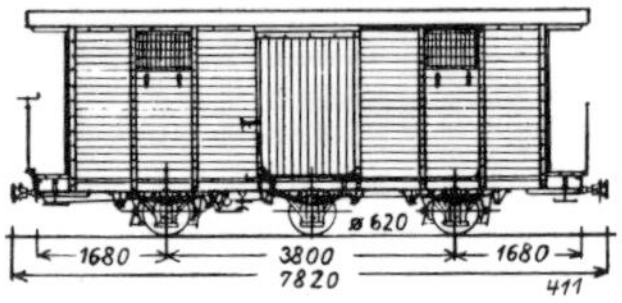

NÖLB Gy 804 - 813

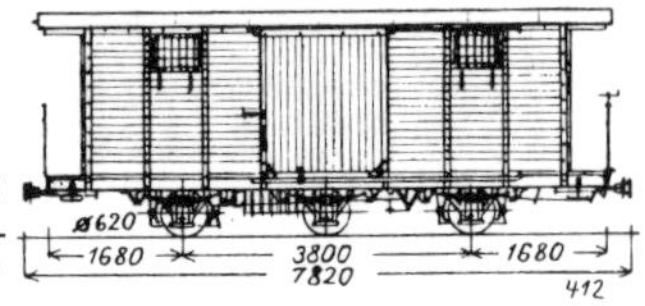

NÖLB Gy 850 - 855

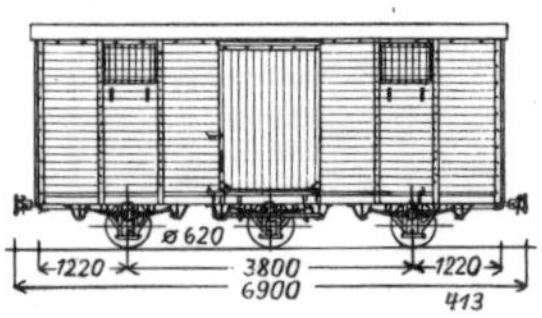

NÖLB Jk 900 - 902, 920 - 925

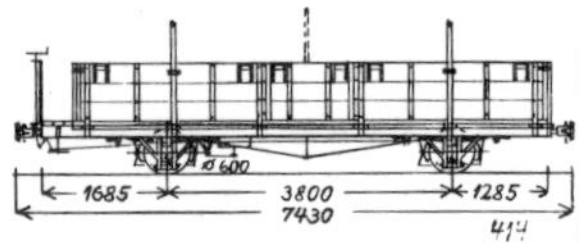

NÖLB Jk 950^I - 954^I, 990 - 995

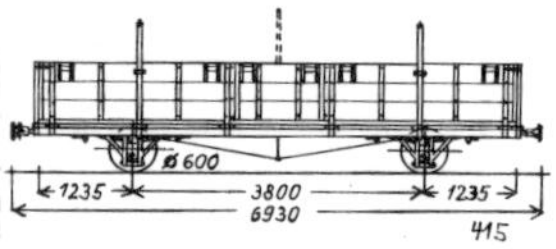

NÖLB Jky 1000 - 1007, 1040 - 1042

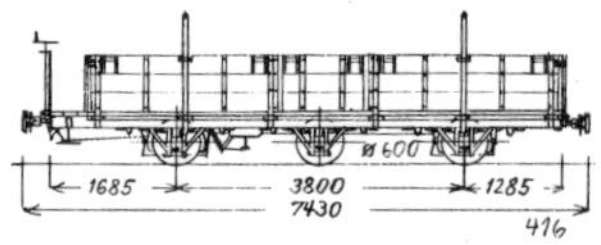

NÖLB Jky 1050 - 1061, 1090 - 1092

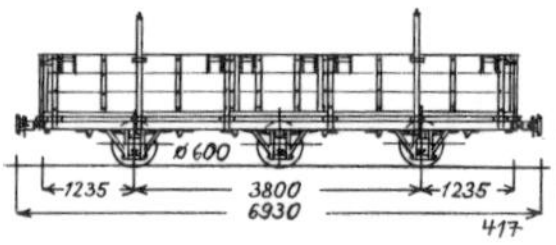

NÖLB Jk^y 1008 - 1028,
Kz^y 1300 - 1323

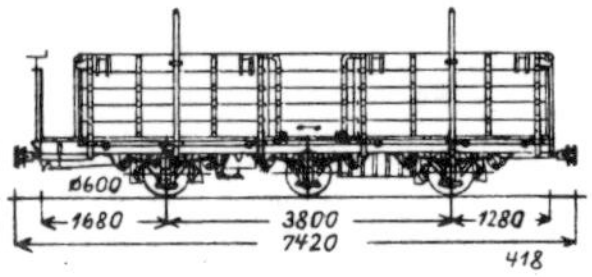

NÖLB Jk^y 1062 - 1074

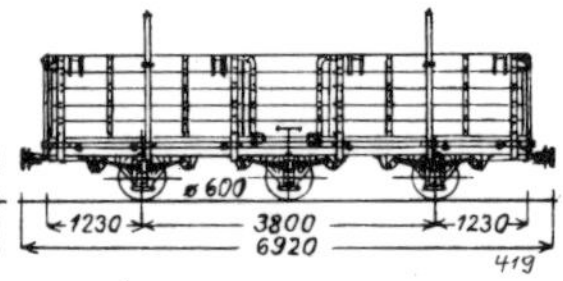

NÖLB Jk^y 1043 - 1047

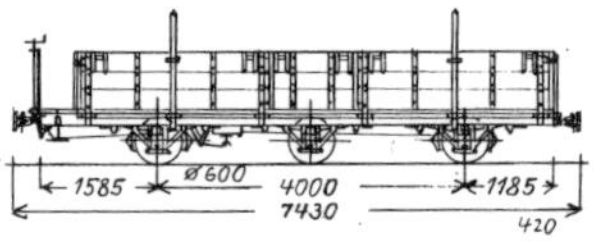

NÖLB Jk^y 1093 - 1097

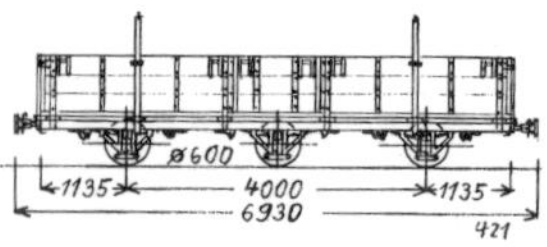

NÖLB Ky 1200 - 1224

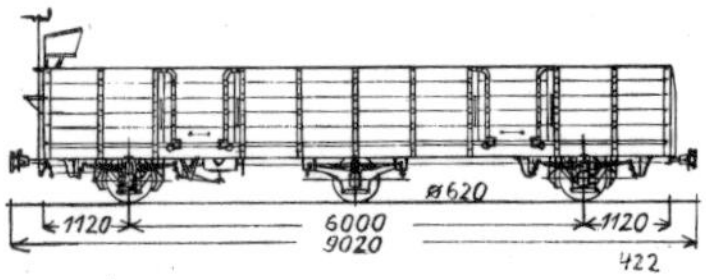

NÖLB Ky 1225 - 1239

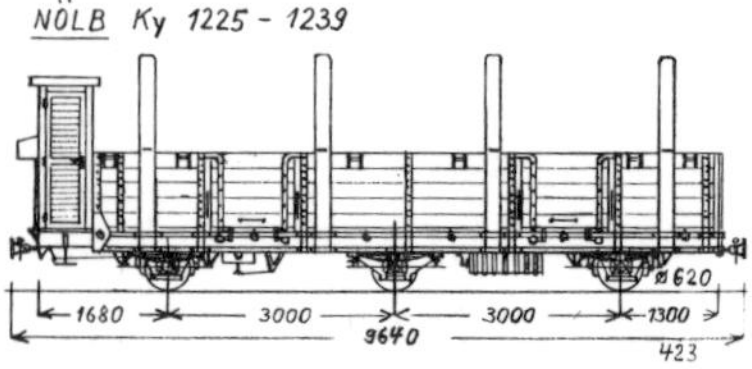

NÖLB Jk^a 1400 - 1409

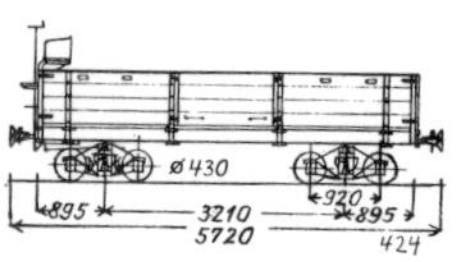

Kriegsverluste 1918

Fl Fleimstalbahn
St Steinbeisbahn
Hr Hrubieszow
Gr Grödnerbahn
TP Triest – Parenzo
Sa Sabac

BCi	56	Gr
Ci	200	Fl
	202	Fl
	204	Fl
	206	St
	207	Gr
	210	St
	217	Hr
	224	Gr
Ga	600 – 04	St
	606 – 07	St
	609 – 10	St
	612 – 16	St
G	700 – 07	Gr
	750 – 52	St
	754 – 57	St
	759	St
Gy	802 – 03	St
	850 – 53	St
Jka	901	Gr
Jk	950	St
	952 – 54	St
Kzy	1302	Sa
	1307	Sa
	1315	TP
Jka	1400 – 05	Gr
14	1408 – 09	Gr
Jky	1000	St
	1001	Sa
	1002	Gr
	1005	Gr
	1009	St
	1010	Sa
	1011	St
	1012	Sa
	1014	St
	1015	St
	1016	TP
	1019	St
	1022	St
	1024	Sa
	1026	St
	1027	St
	1051	St
	1055	St
	1056	St
	1063	St
	1064	St
	1065	St
	1066	St
	1068	St
	1070	St
	1071	St
	1072	St
	1073	St
	1074	St

NÖLB Jh 1150 – 1153, 1164 - 1167

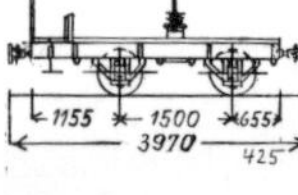

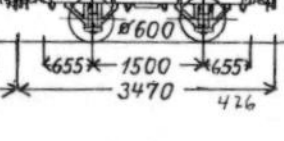

Jh 1154 – 1163, 1168 – 1199, 11050 – 11053

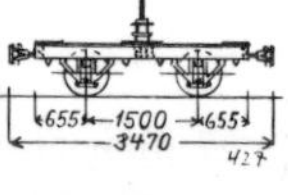

NÖLB Rollböcke T 1650 - 1695

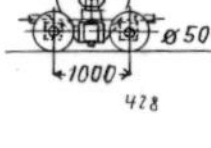

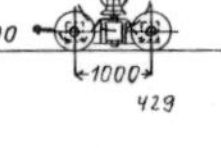

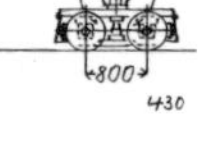

NÖLB	Mz	Ga	600 – 601	1898	m	4	10,0	7650	–	*)
	Mz	Ga	602 – 603	1905	m	4	10,0	9040	–	*)
	LF	Ga	604 – 611	1906	m	4	15,0	9960	1934 – 1936	
	Mz	Ga	612 – 616	1912	m	4	15,0	10320	–	*)
	Mz	G	700 – 707	1898/99	m	2	6,0	4400	–	*)
	BBÖ	G	708 – 717	1924	m	2	8,0	4960	1201 – 1210	
	BBÖ	G	738 – 739	1924	m	2	8,0	4980	1211 – 1212	
	WB	G	740 – 749	1900/03	m	2	6,0	4400	1120 – 1129	*)
	Mz	G	750 – 759	1898/99	o	2	6,0	3650	1150 – 1151	*)
	WB	G	790 – 796	1900/02	o	2	6,0	3840	1130 – 1136	*)
	LF	Gy	800 – 803	1907	m	3	10,0	5640	1540 – 1541	
	Mz	Gy	804 – 813	1912	m	3	12,5	5680	1520 – 1529	
	LF	Gy	850 – 855	1907	o	3	10,0	4520	–	*)
	Mz	Jk	900 – 902	1898	m	2	6,0	3950	3170 – 3172	*)
	BBÖ	Jk	904 – 905	1924	m	2	8,0	4340	3228 – 3229	
	BBÖ	Jk	906 – 907	1920	m	2	10,0	4200	4480 – 4481	
	WB	Jk	920 – 925	1900/01	m	2	6,0	3950	3140 – 3145	*)
	BBÖ	Jk	926 – 941	1920	m	2	10,0	4300	4330 – 4345	
	Mz	Jk	950 – 954	1898	o	2	6,0	3430	3172	*)
	BBÖ	Jk	950 – 957	1920	o	2	10,0	3500	4346 – 4353	
	WB	Jk	990 – 995	1900/01	o	2	6,0	3510	3146 – 3151	*)
	BBÖ	Jk	996 – 997	1924	o	2	8,0	4300	3870 – 3871	
	Mz	Jky	1000 – 1007	1898/99	m	3	10,0	3990	4980 – 4983	*)
	Mz	Jky	1008 – 1024	1905/06	m	3	10,0	4830	4260 – 4266	
	LF	Jky	1025 – 1028	1907	m	3	10,0	4830	4354 – 4355	
	WB	Jky	1040 – 1042	1900	m	3	10,0	4510	4230 – 4232	*)
	WB	Jky	1043 – 1047	1901	m	3	10,0	4510	4233 – 4237	
	Mz	Jky	1050 – 1061	1898/99	o	3	10,0	3440	4267 – 4274	*)
	Mz	Jky	1062 – 1066	1905	o	3	10,0	4000	4275	
	LF	Jky	1067 – 1074	1906	o	3	10,0	4000	4356 – 4357	
	WB	Jky	1090 – 1092	1900	o	3	10,0	4030	4238 – 4240	*)
	WB	Jky	1093 – 1097	1901	o	3	10,0	4030	4241 – 4245	*)
	WB	Jh	1150 – 1153	1903	o	2	10,0	2710	8560 – 8563	
	WB	Jh	1154 – 1163	1903	o	2	10,0	2500	8564 – 8573	
	WB	Jh	1164 – 1167	1903	o	2	10,0	2310	8574 – 8577	
	Mz	Jh	1168 – 1179	1906/07	o	2	10,0	2300	8590 – 8601	
	LF	Jh	1180 – 1199	1907	o	2	10,0	2300	8624 – 8643	
	LF	Ky	1200 – 1209	1907	m	3	10,5	5670	5500 – 5509	
	Mz	Ky	1210 – 1224	1908	m	3	10,5	5500	5470 – 5484	
	Mz	Ky	1225 – 1239	1912	m	3	15,0	6740	5485 (6314), 6300 – 6313	
	LF	Kzy	1300 – 1323	1908	m	3	10,0	6300	9150 – 9170	
	Mz	Jka	1400 – 1409	1908	m	4	6,0	2760	–	*)
	WB	T	1650 – 1671	1900/02	o	2	13,5	1290	9410 – 9431	
	Mz	T	1672 – 1695	1909	o	2	13,5	1290	9450 – 9473	
	BBÖ	T	1696 – 1709	1924/26	o	2	13,5	1350	9510 – 9523	
	LF	Jh	11050 – 11053	1907	o	2	10,0	2250	8644 – 8647	
	BBÖ	Jh	11054 – 11055	1922	o	2	10,0	2490	8620 – 8621	
	BBÖ	Jh	11056 – 11057	1922	m	2	10,0	2960	8622 – 8623	

*) 600–602: erbaut von Graz
602–603: erbaut von Simmering
612–616: erbaut von Simmering
700–707: geliefert von Graz mit Nr. 201–208
740–749: geliefert mit Nr. 201–210
750–759: geliefert mit Nr. 251–260
790–796: geliefert mit Nr. 251–257
850–855: erbaut von Simmering
900–902: geliefert mit anderer Nummer (101–128)
920–925: 920–921 geliefert mit Nr. 304–305 (922–925 ex 311–314 ?)
950–954: geliefert mit anderer Nummer (101–128)
990–995: 990–991 geliefert mit Nr. 354–355 (992–995 ex 361–364 ?)
1000–1007: geliefert mit 2 Achsen (Nr. 101–128); 1901 Einbau 3. Achse;
1040–1042: geliefert (1900 Zweiachser?, ab 1901 Dreiachser) mit Nr. 301–303 (1043–1047 ex 306–310?)
1050–1061: geliefert mit 2 Achsen (Nr. 101–128); 1901 Einbau einer 3. Achse; 1060 Abgang (1908?)
1090–1092: geliefert mit Nr. 351–353 (1900 Zweiachser ?/ab 1901 Dreiachser)
1093–1097: geliefert mit 300er Nummer
1400–1409: geliefert von Roessemann und Kühnemann; 1406,1407 UB in Arbeitswagen

In den Fahrpark der NÖLB (Mariazellerbahn) waren auch Parteiwagen eingereiht, über die sich aber in den Geschäftsberichten und amtlichen Unterlagen bisher nichts finden ließ. Bekannt sind aus den Aufzeichnungen von Ernst Pröll (um 1910) folgende Wagen: 0929 Jk, 0937 Jk, 0938 Jk, 0939 Jk, 0940 Jk, 0942 Jk, 0943 Jk, 0951 Jk, 010954 Jh und 010955 Jh. Davon ist der Jk 0943 durch ein Foto (Seite 97) belegt.

StmLB 1 - 4

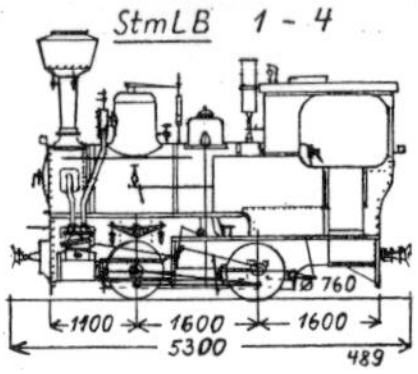

StmLB 2 (UB)

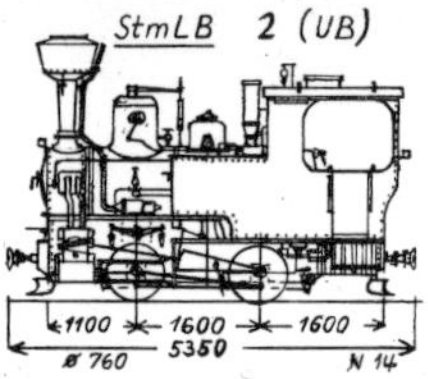

StmLB 5 - 7

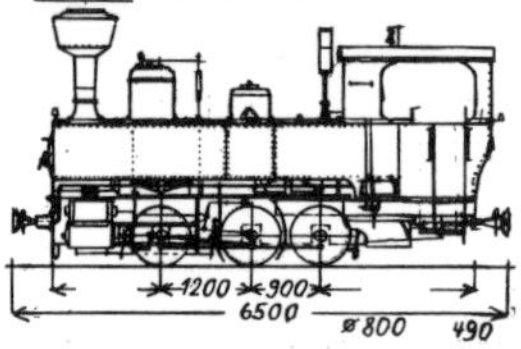

StmLB 8 - 12, U.7, U.42 - 44

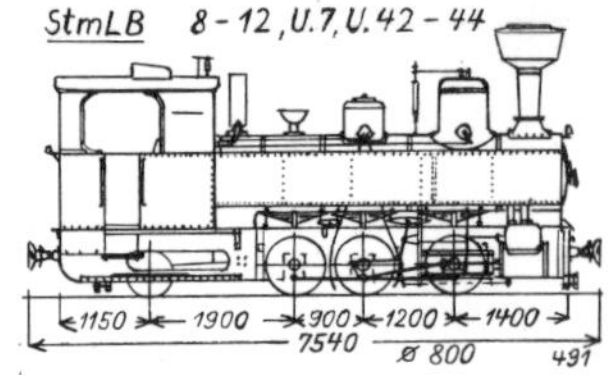

StmLB U.... (UB) (U.38 → GIESL-FLACHEJEKTOR)

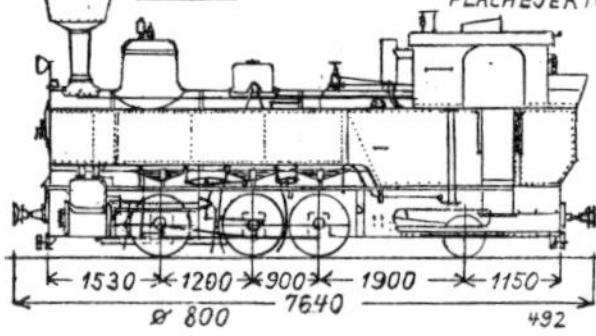

StmLB U 29 (UB)

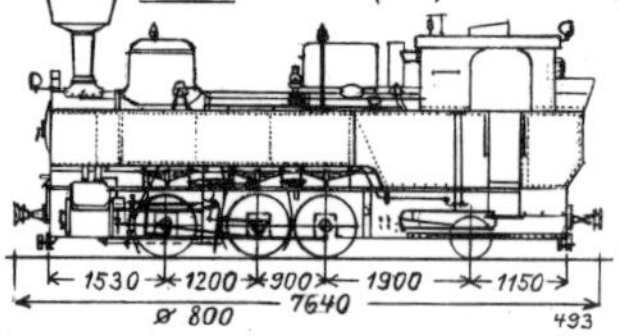

StmLB Kh. 101

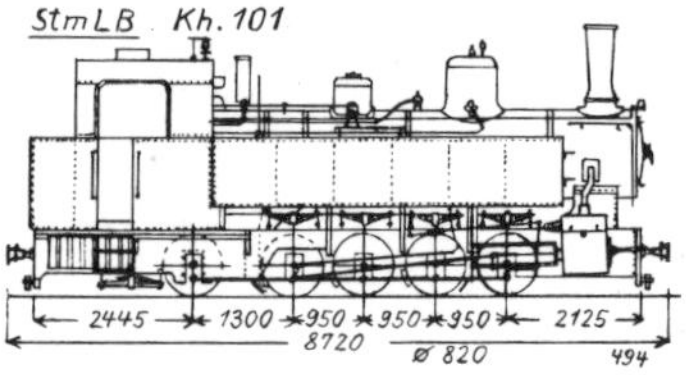

StmLB Kh. 111

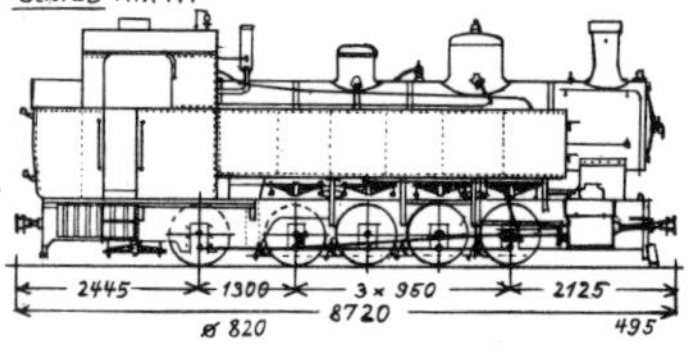

StmLB S. 7, 11 (S 7 → KOBEL-RAUCHF.)

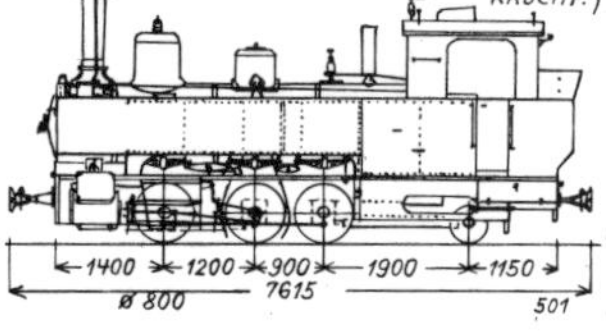

StmLB S.12

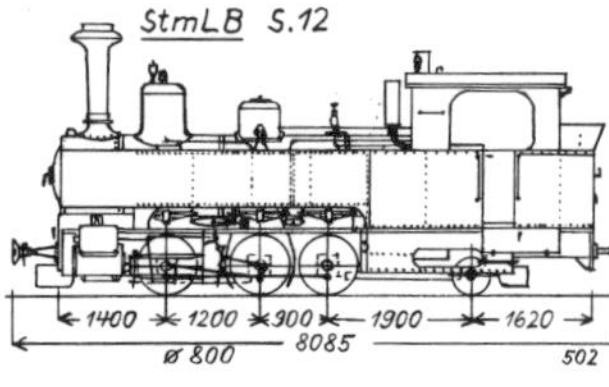

StmLB 11 805, 11 810, 11,811

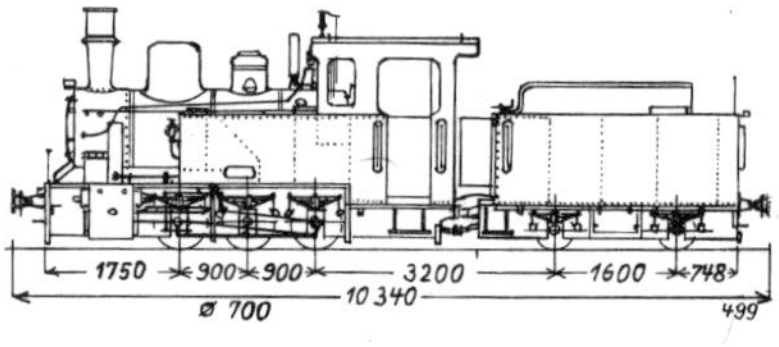

StmLB 11.811 (UB)

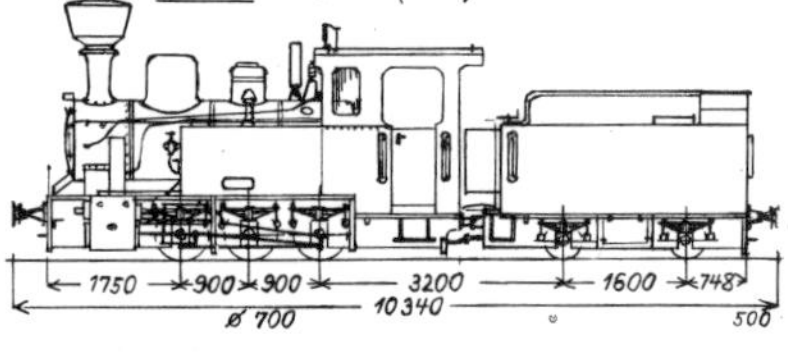

StmLB 0 40

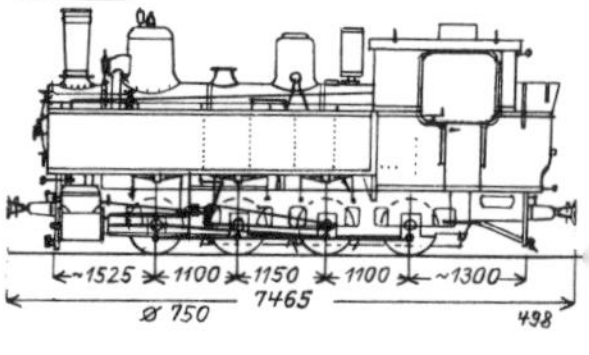

StmLB 502 (ERST KOBELRAUCHFANG)

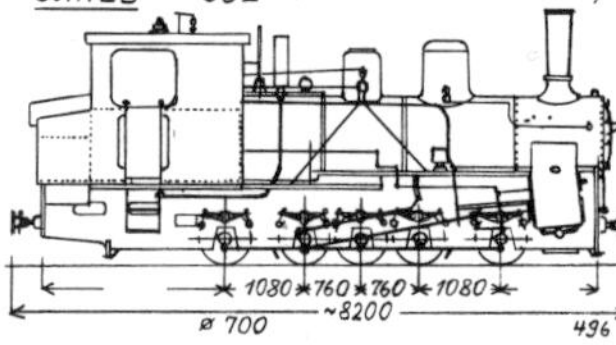

StmLB 7911, 7912, 7914

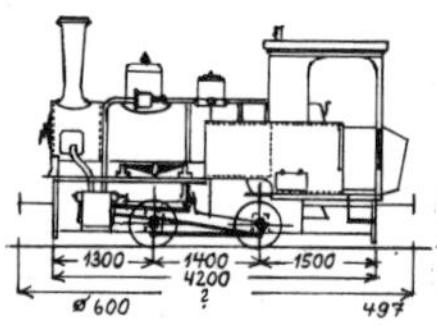

StmLB 699.01

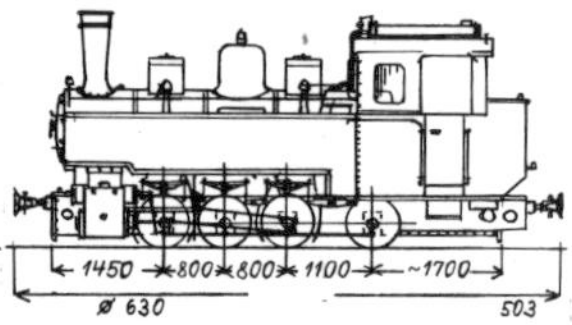

StmLB VL 01

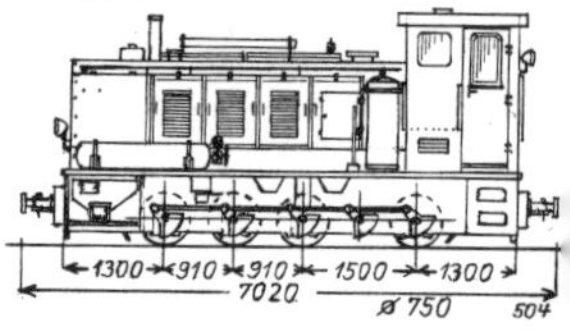

StmLB VL 2 - 3

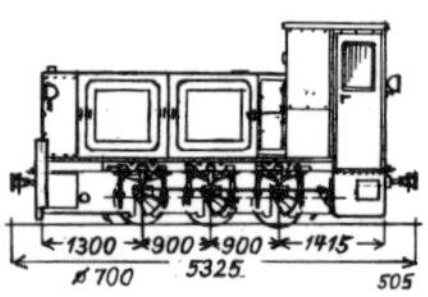

StmLB VL 11 - 16

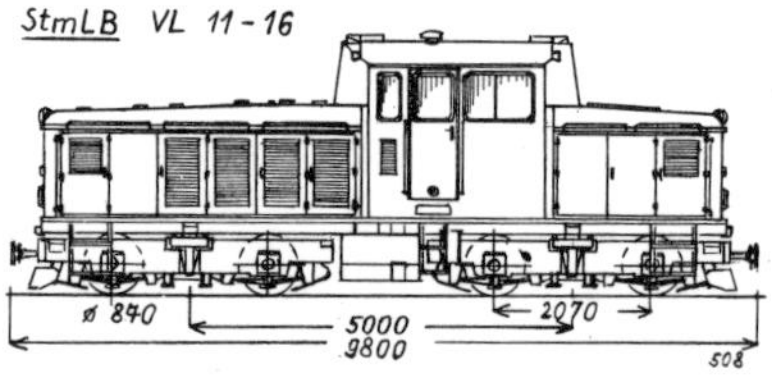

StmLB VL 21

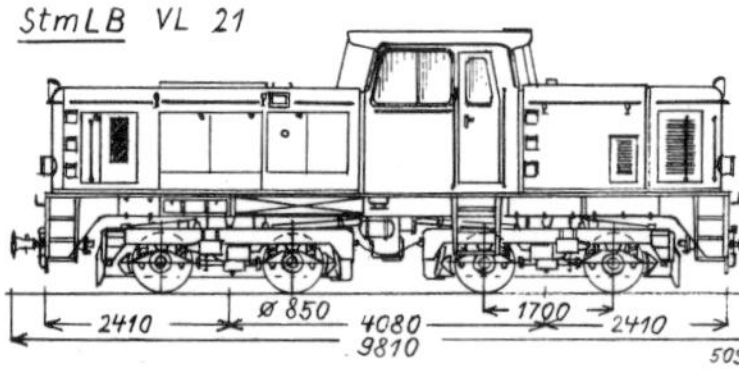

StmLB RT 2

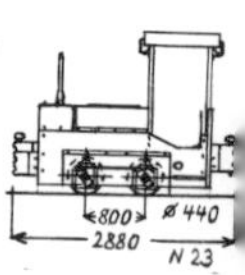

StmLB VL 4

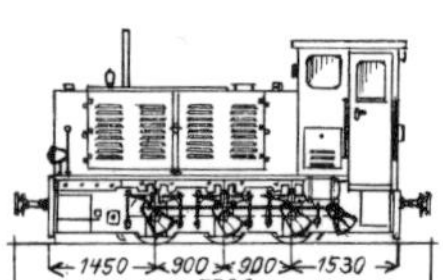

StmLB VL 5

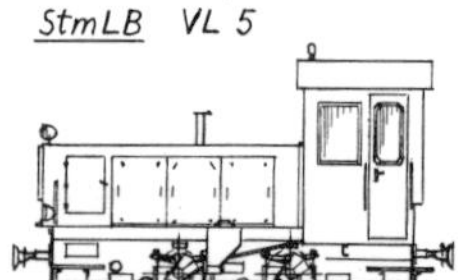

Diesellokomotiven

Ka	VL 01	Deutz	36643/1942	DDh	1958 von SKGLB gekauft (ex D 40)
St	VL 2	Wh	750/1943	CDh	1958 gekauft (ex HF M 13979)
St	VL 3	Wh	753/1943	CDh	1960 gekauft (ex HF M 13982)
WR	VL 4	Gd	3990/1942	CDh	1971 von Rechberg Papierfabrik
Mu	VL 5	Demag	1938	BDm	1974 von ÖAM (Erzberg) umgebaut
Mu	VL 6	O&K	25869/1959	BDh	1974 von Zillertalbahn
Ka	VL 11	ÖAM	2836/1964	Bo'Bo'De	
Mu	VL 12	ÖAM	3260/1966	Bo'Bo'De	
Mu	VL 13	ÖAM	3618/1967	Bo'Bo'De	
WR	VL 14	ÖAM	3620/1967	Bo'Bo'De	
WR	VL 15	ÖAM	3621/1967	Bo'Bo'De	
Mu	VL 16	ÖAM	3619/1967	Bo'Bo'De	
Ka	VL 21	Gd	5327/1964	B'B'Dh1	1971 von DB ex 251-901-5 (V51 901)
Mu	RT 2	Demag	1941	BDm	1968 von ÖAM (Erzberg)

Steiermärkische Landesbahnen (StmLB, auch StLB) *Schmalspur-Fahrpark*

Ganz links ist angegeben, wo jede einzelne Lokomotive ursprünglich stationiert war. Die Abkürzungen bedeuten: St = Preding—Stainz, Go = Pöltschach—Gonobitz—Hohlenstein, Ka = Kapfenberg—Au, Mu = Murtalbahn, WB = Weiz—Birkfeld, WR = Weiz—Ratten, BR = Birkfeld—Ratten

Dampflokomotiven (Spurweite 760 mm)

St	MERAN	1	KL 2773/1892	Bn2t	1943 an Forstindustrie Lemberg verliehen	
St	STAINZ	2	KL 2774/1892	Bn2t	1969 UB auf Heißdampf und Einmannbedienung, von St nach Mu	
Go	GONOBITZ	3	KL 2775/1892	Bn2t	1918 in SHS verblieben	
Go	HEILIGENGEIST	4	KL 2776/1892	Bn2t	† 1933 in Ka	
Ka	AFLENZ	5	KL 2884/1893	Cn2t	1945 Go verblieben	
Ka	THÖRL	6	KL 2885/1893	Cn2t	1943 UB auf Heißdampf, 1972 verkauft an Club 760, von Ka nach Mu	
Ka	HOCHSCHWAB	7	KL 2886/1893	Cn2t	† 1934	
Mu	TEUFENBACH	8	KL 3062/1894	C1n2t	1894 kkStB ab 1899 = U8	Lokanschrift auch nach 1899
Mu	MURAU	9	KL 3063/1894	C1n2t	1894 kkStB ab 1899 = U9	StmLB 8—11 mit hinzugefügtem U unter der Nummerntafel
Mu	TAMSWEG	10	KL 3064/1894	C1n2t	1894 kkStB ab 1899 = U10	
Mu	MAUTERNDORF	11	KL 3065/1894	C1n2t	1894 kkStB ab 1899 = U11	
Ka	GRAZ	12	KL 3335/1896	C1n2t	† September 1969	

	Bh 1	KL	5330/1905	C1h2t	Eigentum Club 760, Inbetriebnahme voraussichtlich 1976
Mu	Kh 101	KL	1419/1926	Eh2t	
BR	Kh 111	KL	1519/1930	Eh2t	(zuerst Kh 201)
WR	S 7	KL	2751/1893	C1n2t	1958 von SKGLB gekauft, Mai 1975 verkauft an Club 760
Ka	S 11	KL	3034/1894	C1n2t	1958 von SKGLB gekauft, November 1972 verkauft an Fahrzeugmuseum Marxzell bei Karlsruhe
WR	S 12	KL	5513/1906	C1n2t	1958 von SKGLB gekauft
Mu	U 7	KL	4138/1899	C1n2t	1922 von BBÖ (Mu)
Mu	U 8	KL	3062/1894	C1n2t	1922 von BBÖ (Mu)
Mu	U 9	KL	3063/1894	C1n2t	1922 von BBÖ (Mu)
Mu	U 10	KL	3064/1894	C1n2t	1922 von BBÖ (Mu), † 1933
Mu	U 11	KL	3065/1894	C1n2t	1922 von BBÖ (Mu)
Go	U 29	St	3064/1903	C1n2t	1942 von DR ex JDŽ 188-004, ab Herbst 1942 in Mu, ab Herbst 1944 in Weiz (16. 4.—23. 8. 1945 vorübergehend Dienst in Mu), 1948 an JDŽ
Go	U 30	KL	4973/1903	C1n2t	1942 von DR ex JDŽ 188-001, ab Herbst 1944 nach schwerer Beschädigung (Beschuß in Go) in Mu BU abgestellt, 1948 an JDŽ
WB	U 37	WN	4867/1908	C1n2t	1922 von BBÖ; an kuk Heeresbahn geliehen; 1918 SHS
WB	U 38	WN	4868/1908	C1n2t	1922 von BBÖ; † Mai 1965
WB	U 40	WN	4870/1908	C1n2t	1922 von BBÖ: 1947 Umbau auf Heißdampf
Mu	U 42	WN	5740/1909	C1n2t	1922 von BBÖ; an kuk Heeresbahn geliehen; 1918 SHS
Mu	U 43	KL	6824/1913	C1n2t	1922 von BBÖ; 1965 Umbau auf Heißdampf
Mu	U 44	KL	1257/1922	C1n2t	1965 Umbau auf Heißdampf
Ka	HF 11 805	BMF	2190/1944	Cn2	1949 gekauft (ex HF); † Mai 1965
St	HF 11 810	Jg	10120/1944	C1n2t	1949 gekauft (ex HF); September 1970 verkauft an Waldbahn Abreschviller bei Straßburg
WR	HF 11 811	Jg	10121/1944	C1n2t	1949 gekauft (ex HF); † Mai 1965
Go	O 40	Bp	3106/1912	Dn2t	1942 von DR ex JDŽ 81-004 (ex MÁV 490.019), 1945—48 Ka, 1948 an JDŽ
BR	502	Mf	3966/1920	Eh2t	1928 von Holzverkohlungsindustrie in Konstanz gekauft; 16. 11. 1932 bis 18. 2. 1939 im Heizhaus Birkfeld hinterstellt; 1939/65 Ka; † Mai 1965
BR	7911	OK	7911/1916	Bn2t	1943 Forstindustrie Lemberg geliehen
BR	7912	OK	7912/1916	Bn2t	1943 Unfall Strecke St.; Heizkessel in Weiz
BR	7914	OK	7914/1916	Bn2t	+ 1933 Steuerung in der techn. Hochschule Graz
					7911, 7912, 7914 gekauft von Feistritztaler Industrie AG (Schleppbahn Birkfeld—Ratten)
WR	699.01	FB	2855/1944	Dh2	Umbau aus SKGLB-Lok Nr. 19, von 1958 an in Betrieb; Dezember 1969 verkauft an Welshpool & Llanfair Light Railway, dort No. 10 mit dem Namen SIR DREFALDWYN (= walisischer Name der Grafschaft Montgomeryshire, wo sich diese Bahn befindet).

StmLB VT/s 01 - 06

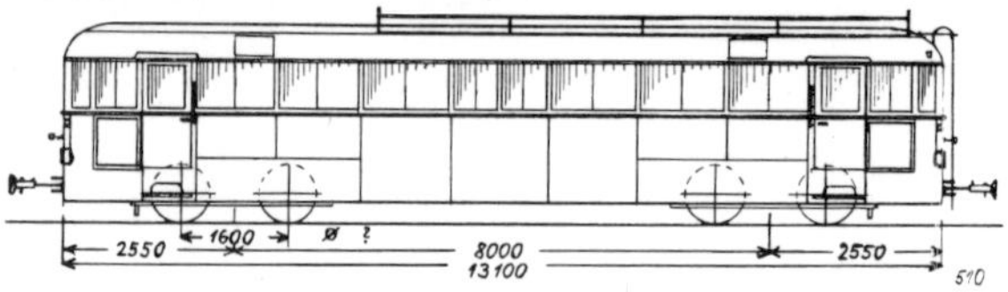

Benzintriebwagen

Mu	Vt/s 01	Austro-Daimler	21064/1	1933	(1A)(A1) Bm
Ka	Vt/s 02	Austro-Daimler	21064/2	1933	(1A)(A1) Bm
Mu	Vt/s 03	Austro-Daimler	21064/3	1933	(1A)(A1) Bm
WR	Vt/s 04	Austro-Daimler	21064/4	1933	(1A)(A1) Bm
Ka	Vt/s 05	Austro-Daimler	21064/5	1933	(1A)(A1) Bm
Mu	Vt/s 06	Austro-Daimler	21064/6	1933	(1A)(A1) Bm

Bestand am 31. Dezember 1974

Murau	**Weiz**	**Kapfenberg**
Stainz 2	U 7 BU	Kh 101 *)
U 9 BU	U 8	S 7
U 11 BU	U 44	
U 40		VL 01
U 43	VL 4	VL 11
Kh 111 BU	VL 14	VL 21
	VL 15	
VL 5		
VL 6 BU		
VL 12		
VL 13		
VL 16		**Stainz**
RT 2		S 11
Eigentum Club 760:		VL 2
Bh 1 (ÖBB 398.01)		VL 3
699.01		
6 Thörl		

*) Hauptreparatur in der Werkstätte Weiz
BU = betriebsuntauglich

StmLB Ca 1, 3

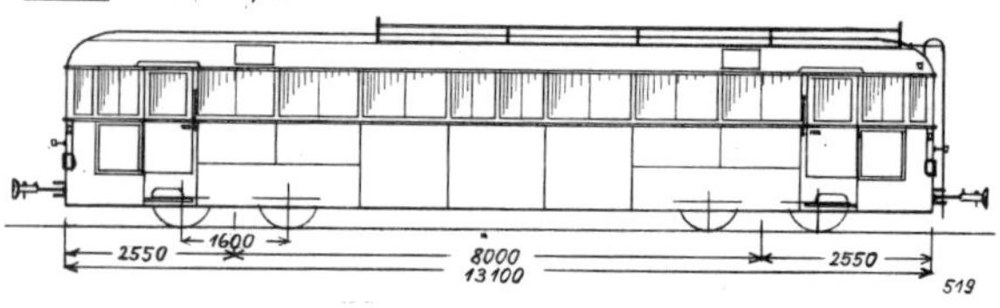

StmLB Ca 2

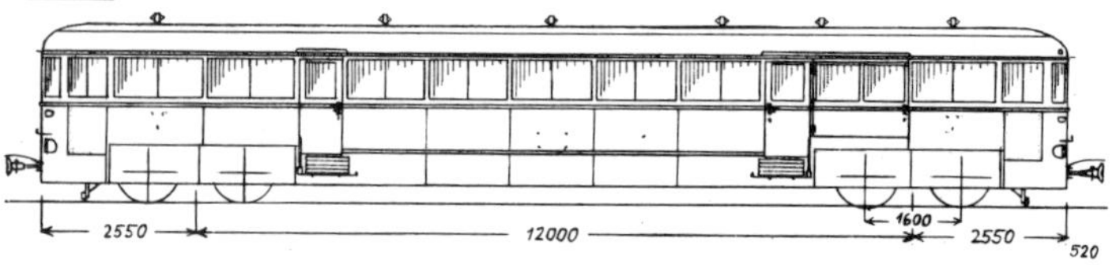

StmLB A 11

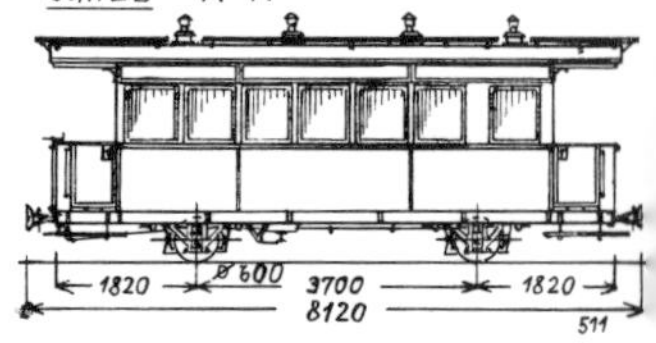

StmLB AC 31 - 37, 65 - 67

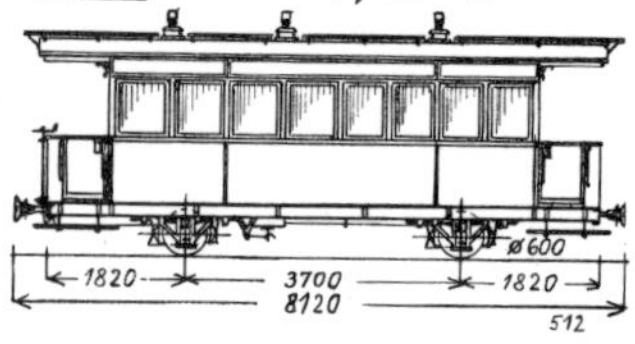

StmLB AC 61 - 64

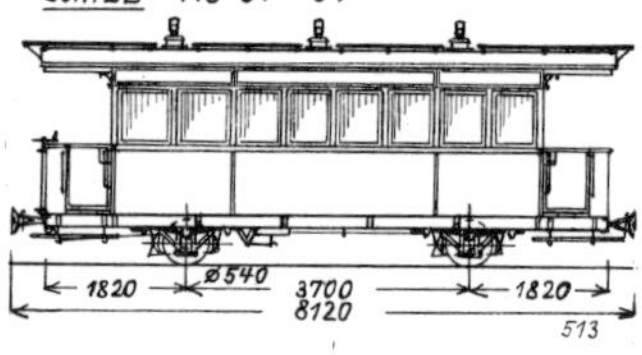

StmLB C 101 - 105, 205 - 212, 213[I] - 214[I], 215 - 217

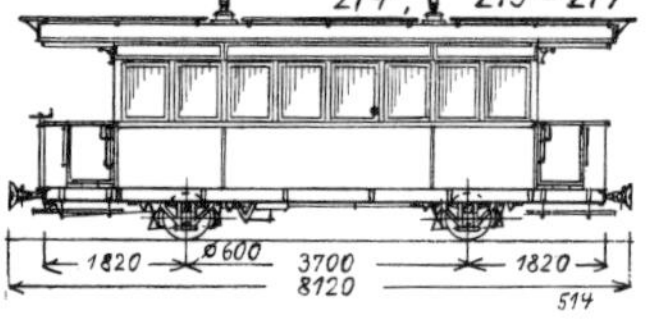

StmLB C 201 - 204

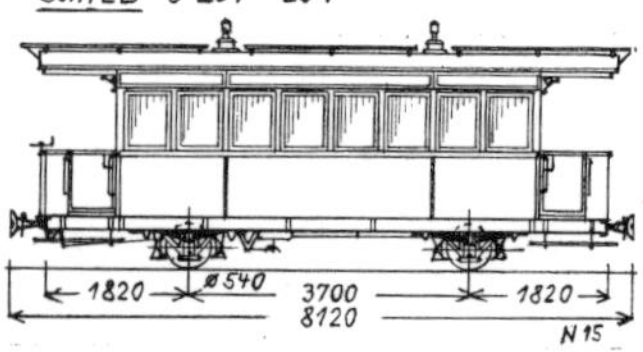

StmLB C 213[II]

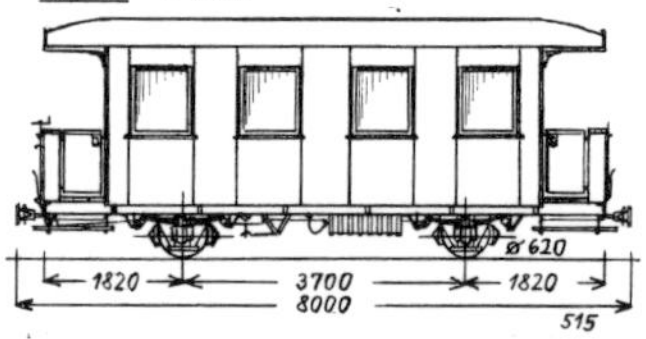

StmLB Ca 214[II]

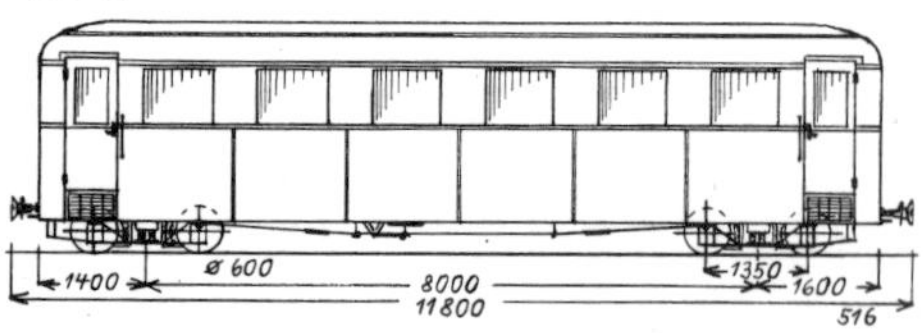

StmLB Ca 214[II] (UB)

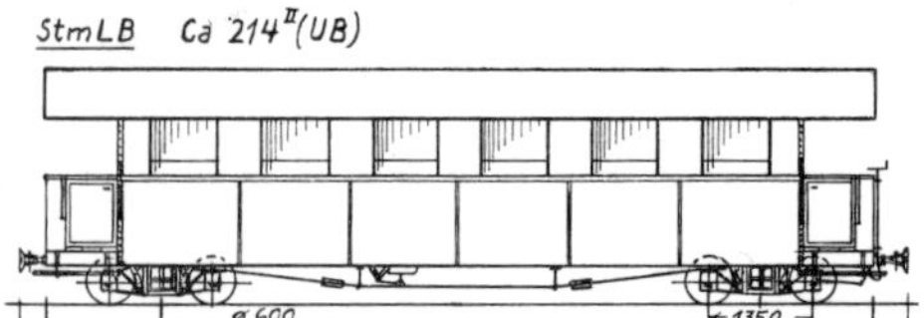

StmLB S 2001

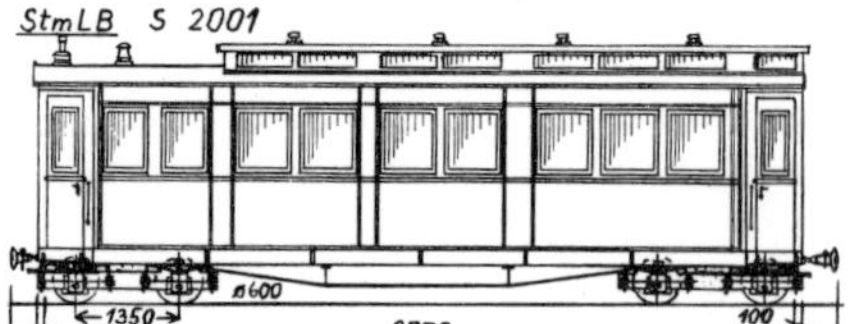

StmLB DF 331 - 334

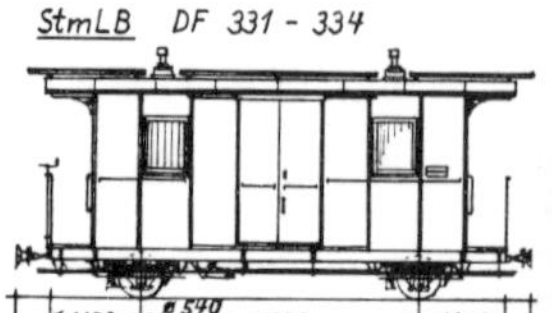

StmLB DF 335 - 336

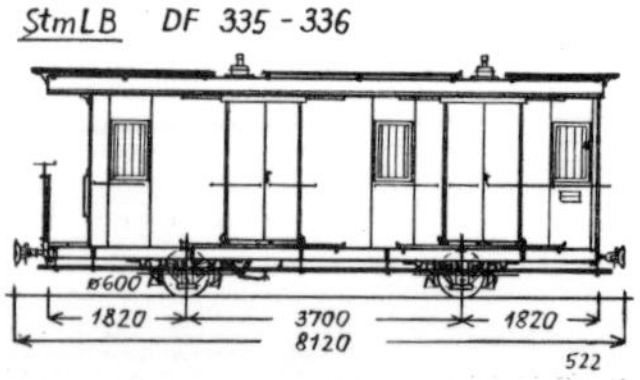

StmLB D 335 (UB)

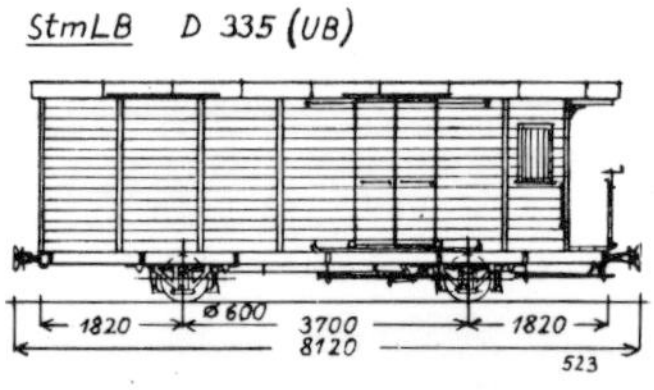

StmLB D 335 (2. UB)

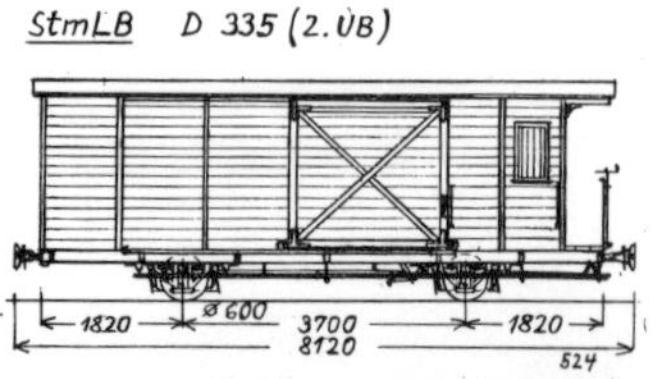

Serie	Wagennummer	Baujahr	Br.	Ax	Sitzpl. Ladegw.	Eigengw.	gel. für	Mtb.-Nr. ab 1928	Anmerkung
Ca	1, 3	1933	m	4	46	16000	(St)	–	*)
Ca	2	1933	m	4	71	16000	(St)	–	*)
A	11	1894	o	2	21	4710	Mu	11	
AC	31 – 34	1893	o	2	12/15	4730	(Ka)	–	*)
Bi	31	1898	m	2	18	5000	(St)	–	*)
Bi	32 – 33	1908, 1907	m	2	32	5000	(St)	–	*)
Bi	34	1929	m	2	16	5000	(St)	–	*)
AC	35 – 37	1894	o	2	12/15	4710	Mu	21 – 23	
AC	61 – 62	1892	m	2	6/18	4200	St	–	*)
AC	63 – 64	1892	m	2	6/18	4200	Go	–	*)
AC	65 – 68	1893	o	2	12/15	4730	Ka	–	*)
AC	65 – 66	1894	m	2	12/15	5120	Mu	51 – 52	
BC	67	1909	m	2	12/15	5180	Mu	53	
C	101 – 102	1894	o	2	32	4400	Mu	31 – 32	
C	103 – 105	1898	o	2	32	4400	Ka	–	*)
C	201 – 202	1892	m	2	24	4050	St	–	*)
C	203 – 204	1892	m	2	24	4050	Go	–	*)
C	205 – 208	1893	m	2	32	4770	Ka	–	*)
C	209 – 211	1894	m	2	32	4800	Mu	61 – 63	
C	212	1893	m	2	32	4730	Ka	–	*)
C	213 – 214	1901	m	2	32	4800	Mu	64 – 65	
C	213	UB 1931	m	2	32	5200	(Ka)	–	*)
Ca	214	UB 1935	m	4	48	10600	(Ka)	–	*)
C	215 – 217	1909	m	2	32	4940	Mu	66 – 68	
S	2001	1894	m	4	14	9100	Mu	–	*)
D	86	1893	m	2	6,0	4685	(Ka)	–	*)
DF	301 – 302	1892	m	2	6,0	3800	St	–	*)
DF	303 – 304	1892	m	2	6,0	3800	Go	–	*)
DF	305 – 306	1893	m	2	6,0	4900	Ka	–	*)
DF	331 – 332	1892	m	2	6,0	3800	(St)	–	*)
DF	333 – 334	1892	m	2	6,0	3800	(Go)	–	*)
DF	335 – 336	1893	m	2	6,0	4900	(Ka)	–	*)
DF	337 – 339	1894	m	2	6,0	4870	Mu	71 – 73	
DF	340	1909	m	2	6,0	5250	Mu	74	
D	341	1895	m	2	6,0	4200	(Mu)	75	*)
F	371	1911	m	2	6,0	4850	Mu	91	

---

*) Ca 1: von Ka 1945; UB aus VT 02; 1951 +
Ca 2: von Mu 1945; UN aus Ca 78; 1951 +
Ca 3: von Mu 1947; UB aus VT 03; 1951 +
AC 31 – 34: UN 1894 aus 65 – 68; später BC, ab 1940 C; 31: 1966 †; 32: Abgang 1905 lt. GB (UB in 212?); 33: UB 1965 in 5410; 34: UB 1965 in 5409
Bi 31 – 33: ab 1971 in Betrieb, ex ÖBB 3621, 3693, 3705; Eigentum Club 760
Bi 34: ab 1973 in Betrieb, ex ÖBB 6422 (Wagenkasten vom 3627); Eigentum Club 760
AC 61 – 62: ab 1932 Ka, ab 1940 C
61: ab 1955 in Weiz (UB in G 170); 62: UB 1961 in J 1117
AC 63 – 64: ab 1918 Jugoslawien (JDŽ 3290 – 3291)
AC 65 – 68: UN 1894 in 31 – 34
C 103 – 105: 103 ab 1955 in Weiz (UB in G 171); 104 UB 1965 in 5408; 105 ab 1967 Umladehütte in Ka, 1975 verkauft an VKEF
C 201 – 202: ab 1932 Ka; 201 1962†; 202 ab 1969 Mu (Mtb. 51)
C 203 – 204: ab 1918 Jugoslawien (JDŽ 3292 – 3293)
C 205 – 208: 205 UB 1965 in 5512; 206 1958+ (Zusammenstoß 26. 10. 1949 = BU); 207 UB 1965 in 5514; 208 UB 1965 in 5511
C 212: Lt. GB 1905 Abgang 1 AC – Zugang 1 C, vermutlich UB aus AC 32, tatsächlich schon früher (Wagen 213 – 214 für Mu 1901 geliefert); ab 1959 in Weiz (UB in G 169)
C 213: UB aus Ci 15 (oder BCi 3?) von Weiz; UB 1964 in G 4015
Ca 214: UB aus Jka 6102; 1947 UB (offene Plattformen!); ab 1958 in Weiz (UN in Bia 40)
S 2001: verkauft 1910 an NÖLB (Mariazellerbahn)
D 86: 1975 UN aus 335
DF 301 – 304: 1893 UN in 331 – 334
DF 305 – 306: 1893 UN in 335 – 336
DF 331 – 332: 1893 UN aus 301 – 302
331: ab 1939 Mu (Mtb. 85), ab 1945 St, ab 1951 in Weiz (D 53); 332: ab 1912 Ka, ab 1956 in Weiz (Gerätewagen 41, später 942)
DF 333 – 334: 1893 UN aus 303 – 304, ab 1918 Jugoslawien (JDŽ 6290 – 6291)
DF 335 – 336: 1893 UN aus 305 – 306; 335: UN 1974 in 86; 336: ab 1959 in Weiz, UB in DF 56
D 341: UB ca. 1925 aus G 517

StmLB F 332

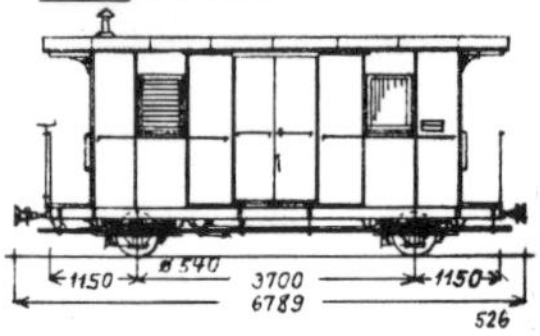

StmLB DF 337 - 340

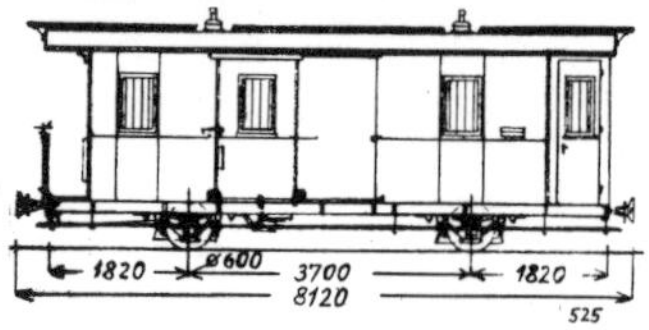

StmLB F 371

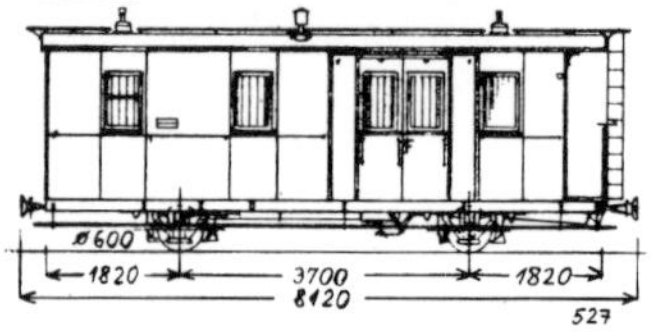

StmLB G 401 - 402, 4106

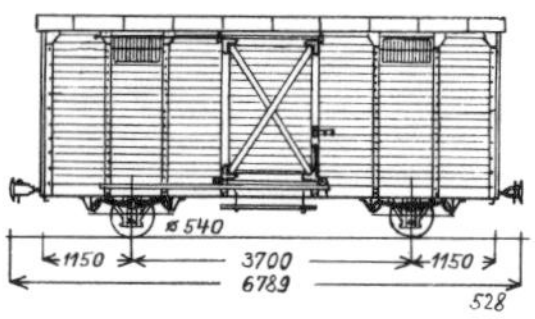

StmLB G 403^{I} - 407^{I}, 408 - 413

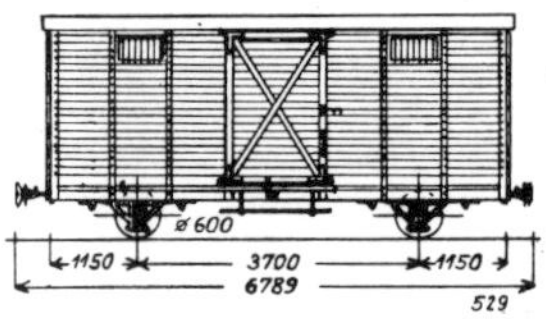

StmLB G 403^{II} - 407^{II}, 414 - 416

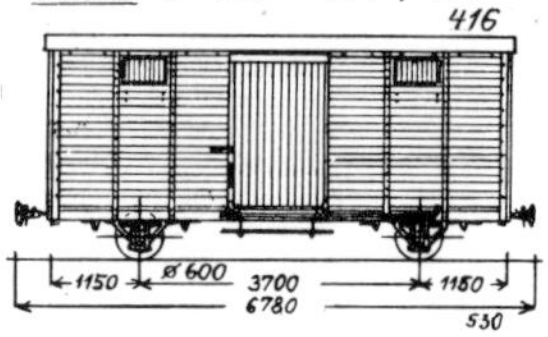

StmLB G 501 - 502

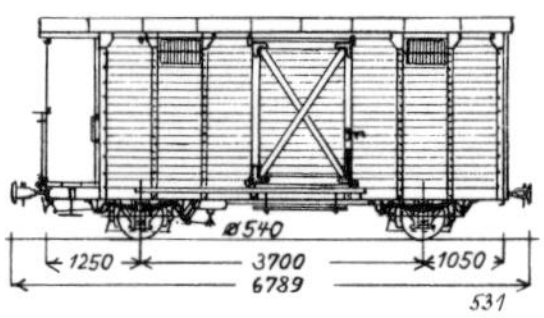

StmLB G 503^{I} - 506^{I}, 508 - 510

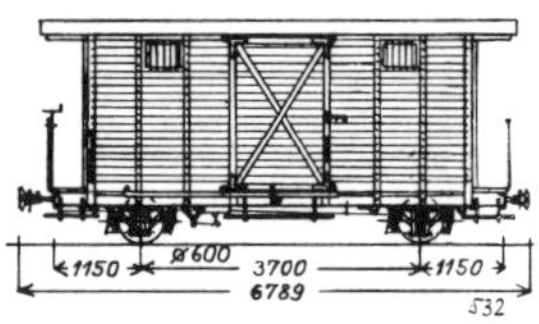

StmLB G 503^{II} - 506^{II}

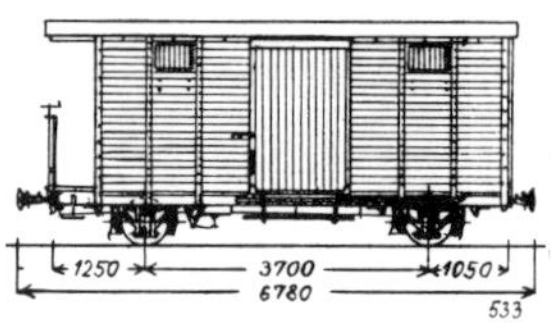

StmLB G 507

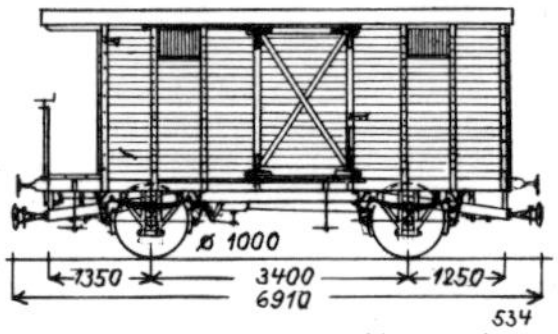

StmLB G 511 - 517

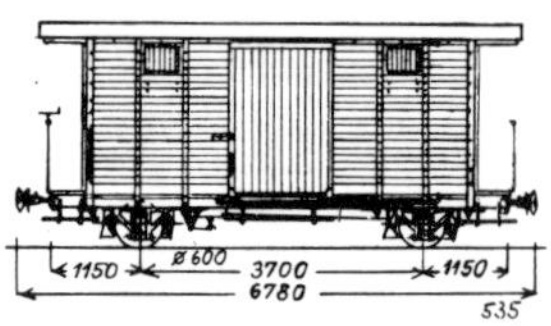

StmLB Ga 3001 (SPÄTER → BREITERE TÜR)

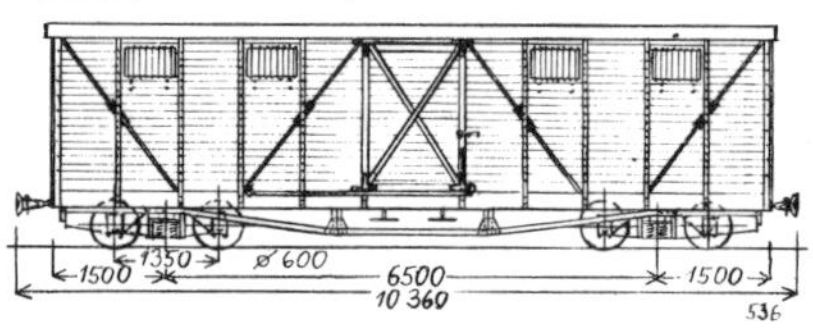

StmLB Ga 3102

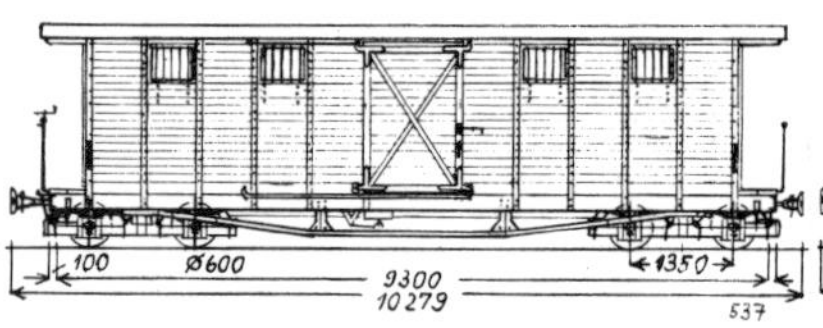

StmLB Ga 3101, 3103

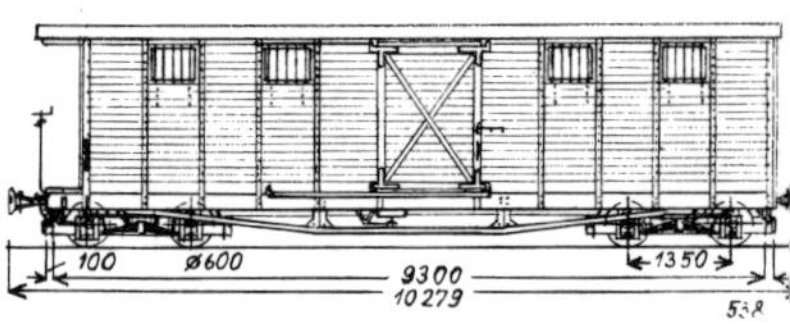

StmLB G 4001 - 4008, 4010 - 4014

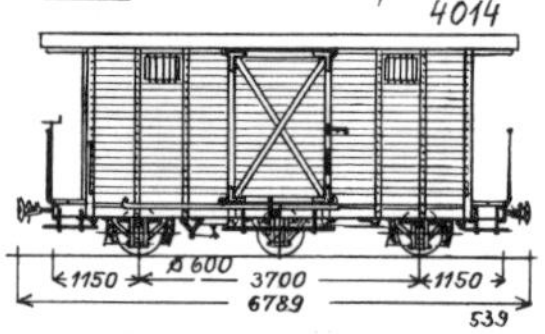

StmLB G 4009 (UB)
SPÄTER → BREITERE TÜR

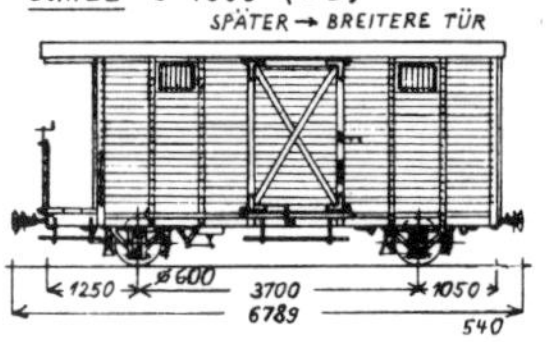

StmLB G 4009

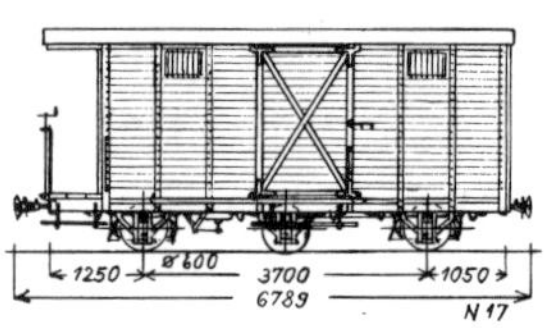

StmLB G 4015

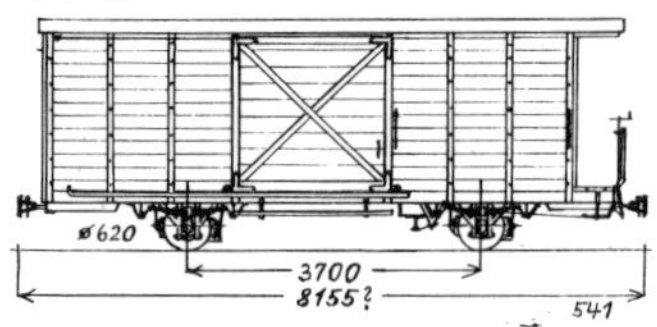

StmLB G 4101 - 4105
(4106 s. G 401-402!)

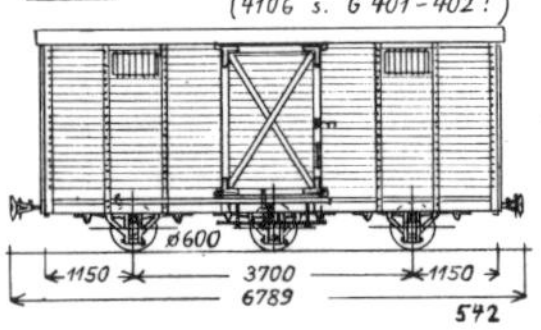

StmLB O 300 - 307

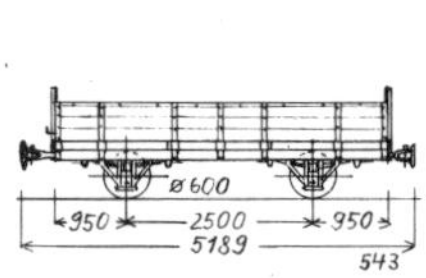

StmLB O 305 (UB)

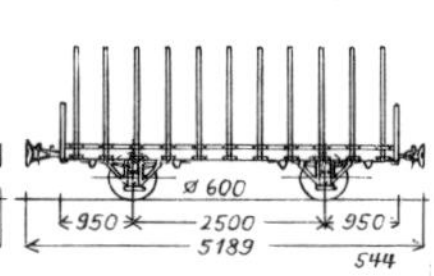

StmLB O 400 - 403

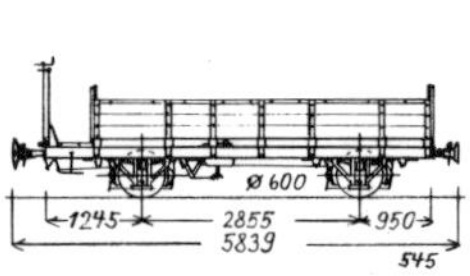

StmLB O 402 (UB)

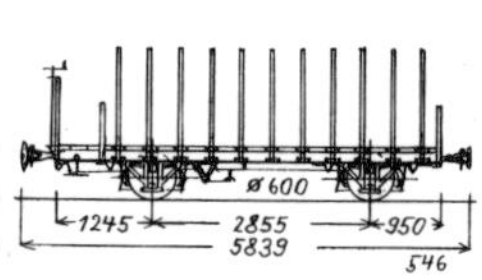

StmLB O 404

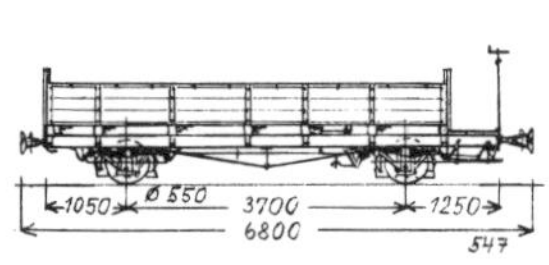

StmLB O 405

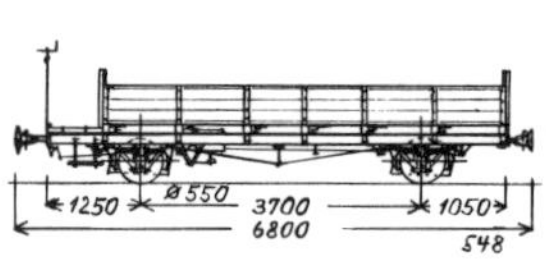

StmLB K 601 - 604

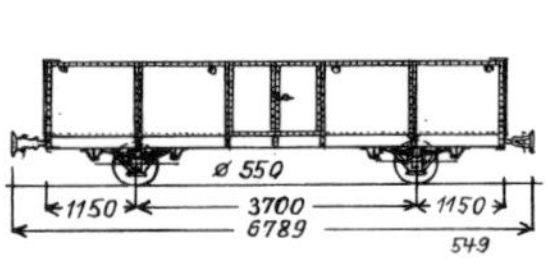

StmLB K 605 - 627

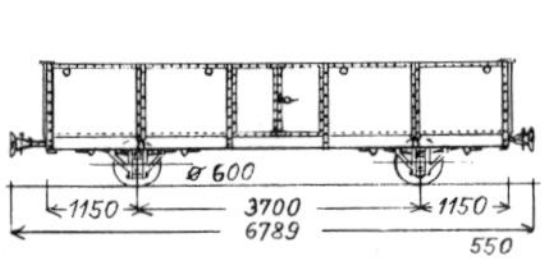

StmLB K 605....627 (UB)

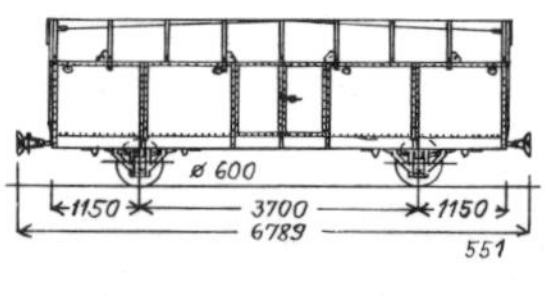

StmLB Ka 700, 702^{I}, 704^{I}, 706

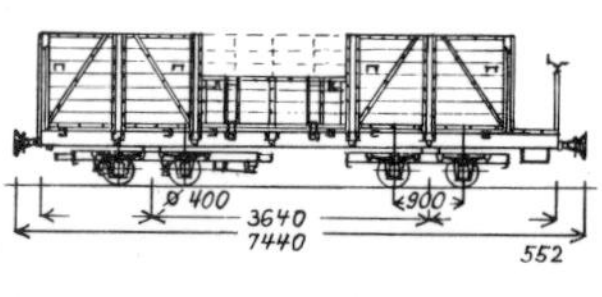

StmLB Ka 701, 703^{I,II}, 704^{II}, 705, 750 - 752

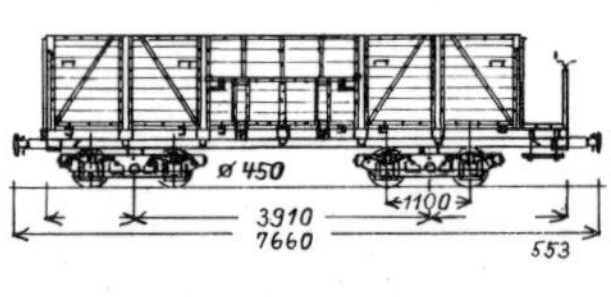

StmLB K 901 - 904

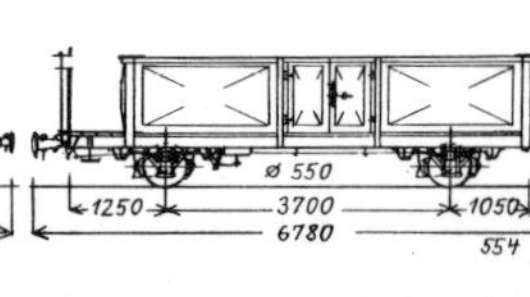

StmLB K 905 - 923

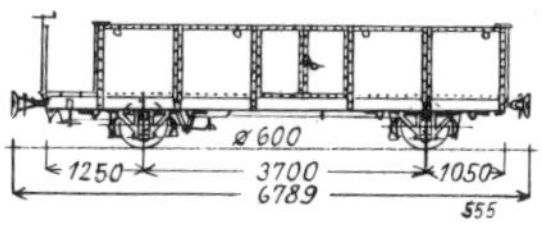

StmLB Kk 1801 - 1808

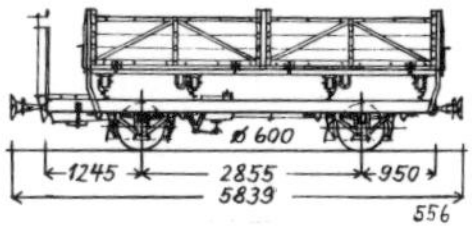

StmLB Kk 1901 - 1908

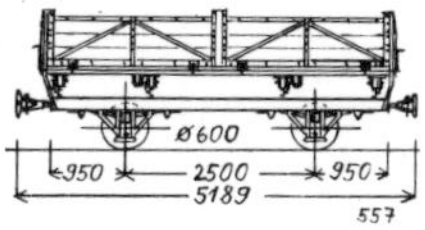

StmLB K 5201 - 5209

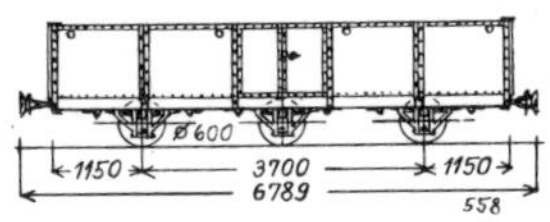

Serie	Wagennummer	Baujahr	Br.	Ax	Sitzpl. Ladegw.	Eigengw.	gel. für	Mtb.-Nr. ab 1928	Anmerkung
Jhk	263, 266 – 267	1906	m	3	10,0	3700	(Ka)	–	*)
O	300 – 307	UB 1940/48	o	2	7,5	2200	(Ka)	–	*)
Jhk	310 ∸ 328	1894	o	3	10,0	3500	(Ka)	–	*)
Jhk	352 ∸ 370	1894/1907	m	3	10,0	4000	(Ka)	–	*)
O	400 – 403	UB 1940/42	m	3	7,5	2700	(Ka)	–	*)
G	401	1892	o	2	6,0	3220	St	–	*)
G	402	1892	o	2	6,0	3220	Go	–	*)
G	403 – 407	1893/94	o	2	6,0	3500	Ka	–	*)
G	403 – 407	1907/08	o	2	6,0	3555	Mu	101, 105, 106, 102	
O	404 – 405	1892	m	2	6,0	2800	(Ka)	–	*)
G	408 – 413	1894	o	2	6,0	3500	Mu	107 – 111, 103	
G	414	1899	o	2	6,0	3500	Mu	–	
G	415 – 416	1909	o	2	6,0	3630	Mu	112, 104	
NNra	462 – 463	1940	m	4	16,0	7800	(Ka)	–	*)
GG	501	UB 1953	m	4	16,0	8140	(Ka)	–	*)
G	501	1892	m	2	6,0	3580	St	–	*)
G	502	1892	m	2	6,0	3580	Go	–	*)
G	503 – 506	1893	m	2	6,0	4020	Ka	–	*)
G	503 – 506	1908/09	m	2	6,0	4100	Mu	151 – 154	
Ge	507	1894	m	2	6,0	4880	Ka	–	*)
G	508 – 510	1894	m	2	6,0	4050	Ka	–	*)
G	511 – 517	1894/95	m	2	6,0	4050	Mu	155 – 159	*)
K	511	1892	o	2	6,0	2700	(Ka)	–	*)
K	512 – 518	1893/94	o	2	6,0	3100	(Ka)	–	*)
K	541	1892	m	2	6,0	3120	(Ka)	–	*)
K	601 – 602	1892	o	2	6,0	2770	St	–	*)
K	603 – 604	1892	o	2	6,0	2770	Go	–	*)
K	605 – 616	1893/94	o	2	6,0	3700	Ka	–	*)
K	617 – 625	1894	o	2	6,0	3220	Mu	–	*)
K	626 – 627	1900	o	2	6,0	3100	Ka	–	*)

*) Jhk 263. 266 – 267: 1975 von Weiz, ex 263, 266, 267; UB aus K
O 300 – 307: UB aus Kk 1901 – 1908
Jhk 310 ∸ 328: 310, 312, 317, 318, 325, 328; ex Mtb 310, 303, 317 von Weiz 1974 (1971 – 1974 in Weiz!), 318 (1973) 325 und 328 (1974) ex Mtb.
Jhk 352 ∸ 370: 352, 358, 370 ex Mtb; 1973/1974/1973 von Mu
O 400 – 403: UB aus Kk 1803, 1804, 1806, 1807
G 401: ab 1939 Ka; UN in 4106
G 402: ab 1918 Jugoslawien
G 403 – 407: 1903/05 Einbau 3. Achse, UN in 4101 – 4105
O 404 – 405: 1948 UB aus 1501 – 1503
NNra 462 – 463: 1962 von Vorarlberger Illwerke AG ex Omrs 27, 26; UB 1968/69 in Jka 6106, 6105
GG 501: 1974 UB aus Gmag 501 Zillertalbahn
G 501: ab 1898 Ka, ab 1912 Go, ab 1918 Jugoslawien
G 502: ab 1918 Jugoslawien
G 503 – 506, 508 – 510: 1903/05 Einbau 3. Achse, UN in 4001 – 4007
G 507: Einschaltwagen (hatte auch normale Zug- und Stoßvorrichtung); 1939 +
K 511: 1975 UN aus 602
K 512 – 518: ab 1974 UN aus 605 – 608, 610 – 611, 613
G 517: UB ca. 1925 in DF 341
K 541: 1976 UN aus 652 vorgesehen
K 601 – 602: ab 1932 Mu, ab 1947 Ka; 601 UB 1972 in 5518 (5414); 602 UN in 541 vorgesehen
K 603 – 604: ab 1918 Jugoslawien
K 605 – 613: 609, 612 UB 1967 in Jr 1016 – 1017; 605 – 608, 610 – 611, 613 UN in 512 – 518 vorgesehen
K 614 – 616: ab 1912/1909/1912 in Go, ab 1918 Jugoslawien
K 617 – 625: 1913 Einbau 3. Achse, UN in 5201 – 5209
K 626 – 627: ab ca. 1925 in St; ab 1928/29 in Mu (Mtb. 508 – 509)

Serie	Wagennummer	Baujahr	Br.	Ax	Sitzpl. Ladegw.	Eigengw.	gel. für	Mtb.-Nr. ab 1928	Anmerkung
K	651 – 652	1892	m	2	6,0	3050	(St)	–	*)
Ka	700 – 706	1938/42	o	4	*)	*)	Ka	–	*)
Ka	707	1942	m	4	9,5	3660	(Ka)	–	*)
Ka	750 – 752	1941/42	m	4	*)	*)	Ka	–	*)
SSrm	881 – 882	1974	m	4	27,0	11500	Ka	–	*)
K	901 – 902	1892	m	2	6,0	3120	St	–	*)
K	903 – 904	1892	m	2	6,0	3120	Go	–	*)
K	905 – 914	1893	m	2	6,0	3525	Ka	–	*)
K	915 – 921	1894	m	2	6,0	3550	Mu	–	*)
K	922 – 923	1900	m	2	6,0	3450	Ka	–	*)
Jh	1001 – 1003	1892	o	2	6,0	2600	St	–	*)
Jh	1004 – 1006	1892	o	2	6,0	2600	Go	–	*)
Jh	1006	1907	o	2	6,0	2830	Mu	241	*)
Jh	1007 – 1014	1893	o	2	6,0	3000	Ka	–	*)
Jh	1015 – 1047	1894	o	2	6,0	3030	Mu	*)	*)
Jh	1015	1892	o	2	6,0	2250	(Ka)	–	*)
Jh	1016 – 1017	1893/94	o	2	10,5	3600	(Ka)	–	*)
Jh	1018 – 1019	1894, 1908	m	2	8,4	3100	(Ka)	–	*)
Jr	1020	1894	o	2	10,5	3520	(Ka)	–	*)
Jh	1048 – 1058	1907/08	o	2	6,0	3200	Mu	*)	*)
Jh	1116	1892	m	2	6,0	2700	(Ka)	–	*)
Jh	1117	UB 1961	m	2	6,0	3065	(Ka)	–	*)
Jhk	1302, 1305, 1307	1894	o	3	10,0	3300	(Ka)	–	*)

*) K 651–652: ab 1932 in Mu; UN aus 901–902; ab 1947 Ka; 651: UB in Umladekran; 652: UN in 541 vorgesehen

Ka 700–706, 750–752: gekauft 1949 von Kontrollbank (Deutsche Heeresfeldbahnwagen von der Pinzgauer Lokalbahn)

Ka 707: UB 1971 aus Mtb. 753 (ex SKGLB 7102)

	Bauj.	Lgw.	Egw.	LüP	Hersteller *)	
700	1938	7,5	4540	7440	O&K	ab 1955 in Weiz (UN in 750)
701	1942	9,0	3620	7660	LHB	ab 1957 in Weiz
702	1938	7,5	4440	7440	O&K	ab 1955 in Weiz (UN in 751)
703	1942	9,0	3700	7660	Brün.	ab 1955 in Weiz (UN in 702)
704	1938	7,5	4460	7440	O&K	ab 1957 in Weiz (UN in 754)
705	1942	9,0	3480	7660	LHB	1973 UB in 5417
706	1942	7,5	4590	7440	O&K	1971 UB in 5413
707	1942	9,0	3660	7440	Brün.	1971 UB aus Mtb. 753
750	1942	9,0	3830	7660	LHB	1966 UN in 704
751	1941	9,0	3930	7660	Dolb.	1966 UN in 703
752	1941	9,0	3980	7660	Dolb.	ab 1957 in Weiz

*) Brün. Stahlwerke Brüninghaus AG, Westhofen in Westf.
Dolb. Dolberg AG, Berlin
LHB Waggon & Maschinenfabrik AG vorm. Busch, Bautzen
O&K Orenstein & Koppel AG, Berlin, Fabrik Dorstfeld

SSrm 881–882: Neubau von Knotz, Wien
K 901–902: ab 1932 Mu; UN in 651–652
K 903–904: ab 1918 Jugoslawien
K 905–912: 1900/01 Einbau 3. Achse; UN in 5301–5308
K 914: ab 1909 Go; ab 1918 Jugoslawien
K 915–921: 1902 Einbau 3. Achse; UN in 5309–5314
K 923: 1972 Einbau 3. Achse; UN in 5312
Jh 1001–1003: 1 Wagen ab 1939 Ka, UN in 1015
Jh 1004–1005: ab 1918 Jugoslawien
Jh 1006: ab 1893 Ka, Abgang 1899
Jh 1008, 1010: 1967 Einbau 3. Achse, UN in 5412, 5411
Jh 1015–1058: von Mtb. 1928 UN in:

–	–	–	–	301	302	303	304	305	306
201	307	308	309	310	311	202	312	203	313
314	315	242	316	317	318	319	204	320	321
322	323	324	325	326	327	328	205	329	243
244	330	331	206	332	207	208	209	–	–

1923–1928 Einbau 3. Achse bei den Wagen 301–332

Jh 1015: ab 1932 Weiz, ab 1939 Ka (UN aus 1001–1003)
Jh 1016–1017: 1967 UB aus 609, 612
Jh 1018–1019: 1971 UN aus Mtb. 204, 207
Jh 1020: 1972 UN aus Mtb. 202
Jh 1116: ab 1932 Weiz, ab 1939 Ka (UN aus 1501–1503, verm. 1502), ab 1946 in Stainz
Jh 1117: UB aus C 62; 1967 Einbau 3. Achse; UN 1973 in 5517
Jhk 1302, 1305, 1307: 1974/75 ex Mtb. 302, 305, 307 (307 von 1971–1975 in Weiz!)

Serie	Wagennummer	Baujahr	Br.	Ax	Sitzpl. Ladegw.	Eigengw.	gel. für	Mtb.-Nr. ab 1928	Anmerkung
Jh	1501 – 1503	1892	m	2	6,0	2940	St	–	*)
Jh	1504 – 1506	1892	m	2	6,0	2940	Go	–	*)
Jh	1505	1907	m	2	6,0	3245	Mu	–	*)
Jh	1507 – 1514	1893	m	2	6,0	3370	Ka	–	
Jh	1507 – 1514	1907/08	m	2	6,0	3400	Mu	*)	*)
Jh	1515 – 1537	1894	m	2	6,0	3380	Mu		
Jh	1538 – 1540	1908	m	2	6,0	3400	Mu	–	*)
Kk	1801 – 1808	1902	m	2	5,0	3350	Ka	–	*)
Kk	1901 – 1908	1902	o	2	5,0	3000	Ka	–	*)
Jra	2501	1929	o	4	15,0	5300	St	–	*)
Ga	3001	1910	o	4	15,0	7340	St	–	*)
Ga	3101	1893	m	4	15,0	7570	Ka	–	*)
Ga	3102	1893	m	4	15,0	7570	St	–	*)
Ga	3103	1900	m	4	15,0	7570	St	–	*)
G	4001 – 4007	1893/94	m	3	10,0	4600	(Ka)	–	*)
G	4008	1904	m	3	10,0	4600	Ka	–	
G	4009	1901	m	3	10,0	4600	Ka	–	*)
G	4010 – 4014	1904/05	m	3	10,0	4650	Ka	–	
G	4015	UB 1965	m	2	10,0	5150	(Ka)	–	*)
G	4101 – 4105	1893/94	o	3	10,0	4070	(Ka)	–	*)
G	4106	1892	o	2	6,0	3170	(Ka)	–	*)
K	5201 – 5209	1894	o	3	10,0	3700	(Mu)	501 – 507	*)
K	5301 – 5308	1893/94	m	3	10,0	4000	(Ka)	–	*)
K	5309 – 5315	1894	m	3	10,0	4000	(Mu)	551 – 555	*)
K	5310 – 5311	1900, 1906	m	3	10,0	4000	(Ka)	–	*)
K	5312	1900	m	3	10,0	4000	(Ka)	–	*)
Jh	5401	1899	o	3	10,0	3700	Ka	–	*)
Jh	5402 – 5403	1899	o	3	10,0	3700	Mu	333	
Jh	5404 – 5407	1901	o	3	10,0	3150	Ka	–	*)
Jh	5408 – 5410	UB 1965/66	o	3	10,0	4500	(Ka)	–	*)
Jh	5411 – 5412	1893	o	3	10,0	3400	(Ka)	–	*)
Jknm	5412	UB 1971	m	2	11,5	4420	(Ka)	–	*)

*) Jh 1501–1503: ab 1939 in Ka (UN bzw. UB in 1116, 404–405)
Jh 1504, 1506: ab 1918 Jugoslawien
Jh 1505: ab 1893 Ka, Abgang 1898
Jh 1505: 1913 Einbau 3. Achse, UN in 5516
Jh 1507–1514: 1898/99 Einbau 3. Achse; UN in 5502–5509
Jh 1507–1514: von Mtb 1928 UN in:

–	–	–	–	–	–	251	351	252	352
353	354	355	253	KV	356	357	358	359	360
254	361	362	363	364	365	366	255	367	368
256	257	258	259	369	260	370	261	262	371

1923–1928 Einbau 3. Achse bei den Wagen 351–371
Kk 1801–1808: 1801–1802 abgegeben 1934 an Böhler; 1805 verkauft 1937 an Fa. Pengg, ab 1943 als dreiachsiger Privatkesselwagen P 101 im Wagenstand von Ka; 1808: 1939+; 1803, 1804, 1806, 1807 UB in O 400–403
Kk 1901–1908: UB in O 300–307
Jra 2501: 1929 von Mtb gekauft, UN in 401
Ga 3001: ab 1932 Mu (Mtb. 411)
Ga 3101: ab 1898 St, ab 1938 Mu (UN in 451 vorgesehen, jedoch in Fa 92 UB)
Ga 3102: ab 1932 Mu (Mtb. 452)
Ga 3103: ab 1932 Mu (Mtb. 453)
G 4001–4007: 1903/05 Einbau 3. Achse, UN aus 503–506, 508–510
G 4009: Ausbau der 3. Achse 1939
G 4015: UB 1965 aus C 213
G 4101–4105: 1903/05 Einbau 3. Achse, UN aus 403–407
G 4106: ab 1938 Ka, UN aus 401
K 5201–5209: 1913 Einbau 3. Achse, UN aus 617–625
K 5301–5308: 1900/01 Einbau 3. Achse, UN aus 905–912
K 5309–5315: 1902 Einbau 3. Achse, UN aus 915–921
K 5310–5311: 1958 von SKGLB ex 6165, 6451 UN erst 1974/1973!
K 5312: 1972 Einbau 3. Achse, UN aus 923
Jh 5401: ab 1909 in Go, ab 1918 Jugoslawien
Jh 5404–5407: 1910–1932 in St
Jh 5408–5410: UB aus C 104, C 34, C 33
Jh 5411–5412: 1967 Einbau 3. Achse, UN aus 1010, 1008
Jknm 5412: UB von Knotz, Wien

Kriegsverluste 1918 (von Kapfenberg–Au nach Pöltschach)

G 501
K 604
K 614
K 615
K 616
K 904
K 914
Jh 5404
Jh 5512
Jh 5513
Jh 5514
Jh 5401
Jh 5700

Serie	Wagennummer	Baujahr	Br.	Ax	Sitzpl. Ladegw.	Eigengw.	gel. für	Mtb.-Nr. ab 1928	Anmerkung
Jr	5413	1942	o	4	6,5	3600	(Ka)	–	*)
Jknm	5413	UB 1975	m	2	15,0	4040	(Ka)	–	*)
Jr	5414	1892	o	3	10,5	3670	(Ka)	–	*)
Jr	5415 – 5416	1894	o	3	10,5	3800	(Ka)	–	*)
J	5417	1942	o	4	9,0	3240	(Ka)	–	*)
Jknm	5418	UB 1975	m	2	15,0	4040	(Ka)	–	*)
Jh	5501	1898	m	3	10,0	3470	Ka	–	
Jh	5502 – 5509	1893	m	3	10,0	3600	(Ka)	–	*)
Jh	5510 – 5511	1899	m	3	10,0	4100	Mu	372 – 373	
Jh	5510	1890	m	3	10,0	3310	(Ka)	–	*)
Jh	5511 – 5512	UB 1965	m	3	15,0	5100	(Ka)	–	*)
Jh	5512 – 5515	1901	m	3	10,0	3500	Ka	–	*)
Jh	5513	1906	m	3	10,0	3330	(Ka)	–	*)
Jh	5514	UB 1966	m	3	15,0	5090	(Ka)	–	*)
Jh	5515 – 5516	1906	m	3	10,0	3400	(Ka)	–	*)
Jh	5516	1906	m	3	10,5	3370	Mu	–	*)
Jh	5517	UB 1961	m	3	10,5	3100	(Ka)	–	*)
Jh	5518	1892	o	3	10,5	3670	(Ka)	–	*)
Jh	5518	1908	m	2	10,5	3850	(Ka)	–	*)
Jh	5519	1893	m	3	10,5	4350	(Ka)	–	*)
Jhr	5700 – 5704	1908	m	3	10,0	4600	Ka	–	*)
J	5705	1906	m	3	10,0	3490	(Ka)	–	*)
Jr	5706	1906	o	3	10,0	3090	(Ka)	–	*)
Jhr	5707 – 5708	1894	o	3	10,0	3700	(Ka)	–	*)
Jka	6100 – 6104	1908	m	4	15,0	8350	Ka	–	*)
Jka	6105 – 6106	1940	m	4	16,0	8100	(Ka)	–	*)
Rollschemel									
T	1 – 2	1892	o	2	8,0	1000	St	–	
T	3 – 4	1892	o	2	8,0	1000	Go	–	*)
T	5 – 6	1899	o	2	8,0	1300	St	–	
T	7 – 8	1943	o	2	16,0	1320	St	–	
T	9 – 14	1948	o	2	16,0	1280	St	–	
W	15 – 18	1957	o	2	16,0	1350	St	–	
W	19 – 22	1958	o	2	16,5	1350	St	–	
W	23 – 26	1960	o	2	17,0	1320	St	–	
Umladekräne									
UK	2	UB 1968	m	2	–	.	(Ka)	–	*)
UK	3	UB 1970	m	3	–	.	(Ka)	–	*)
Privatwagen									
P	101	UB 1942	m	3	7,5	4710	(Ka)	–	*)

*) Jr 5413: 1971 UB aus 706
Jknm 5413: UB von Knotz, Wien
Jr 5414: 1972 Einbau 3. Achse UN aus 5518 (ex 601)
Jr 5415–5416: 1972 UN ex Mtb. 320, 319
J 5417: 1973 UB aus 705
Jknm 5418: UB durch Knotz, Wien aus 704
Jh 5502–5509: 1898/99 Einbau 3. Achse, UN aus 1507–1514
Jh 5510: 1958 von SKGLB ex R 2
Jh 5511–5512: 1965 UB aus C 208, C 205
Jh 5512–5515: ab 1912 Go, ab 1918 Jugoslawien
Jh 5513: 1958 von SKGLB ex 3151, UN erst 1967!
Jh 5514: 1966 UB aus C 207
Jh 5515–5516: 1958 von SKGLB ex 3451, 3352 – UN erst 1967/1968!
Jh 5516: 1913 Einbau 3. Achse, UN aus 1505
Jh 5517: 1973 UN aus 1117
Jh 5518: 1. 3. 1972 UB aus K 601; 4. 12. 1972 UN in 5414
Jh 5518: 1972 UN aus Mtb. 261
Jh 5519: 1973 UB aus 5302
Jhr 5700: ab 1909 Go, ab 1918 Jugoslawien
J 5705: 1958 von SKGLB ex 9151
Jr 5706: 1958 von SKGLB ex 9051
Jhr 5707–5708: 1971 UN von Mtb. 301, 313
Jka 6100–6101: ab 1938 Mu (UB in Ca 70–71)
Jka 6102: 1935 UB in Ca 214
Jka 6103: 1955 nach Weiz (UN in OO 550)
Jka 6105–6106: 1968/69 UB aus 463, 462

Rollschemel 3–4: ab 1918 Jugoslawien
UK 2: 1968 UB aus 651
UK 3: 1972 von Weiz (UB 1970 aus Nka 305 Weiz

P 101: UB aus Kk 1805; gekauft am 7. 6. 1937 von Fa. Johann Pengg in Thörl (Vertrag vom 4. 12. 1942 zwischen Fa. Pengg und Stm. Gaueisenbahnen: Privatkesselwagen P 101, Aufnahme in den Wagenbestand der Gaueisenbahn Kapfenberg–Au-Seewiesen); Wagen erstmals am 7. 1. 1943 in Verwendung.

StmLB P 101

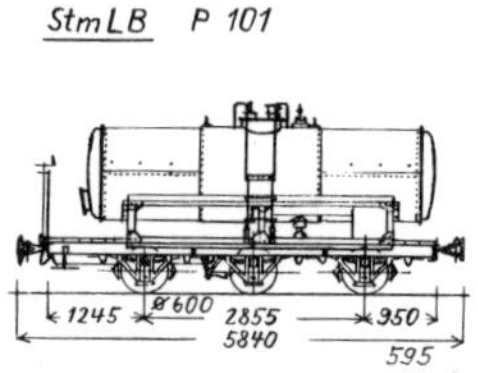

StmLB K 5301 - 5315

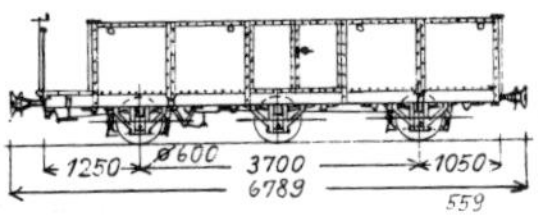

StmLB K[6165, 6451] (SKGLB-Nrn.) → K 5310^II - 5311^II

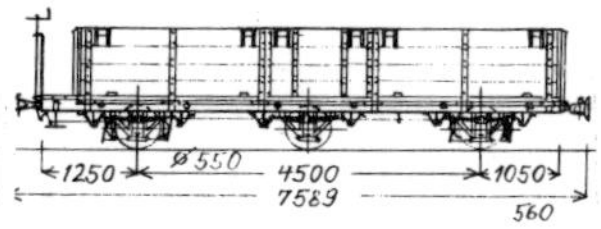

StmLB Jka 6100 - 6104

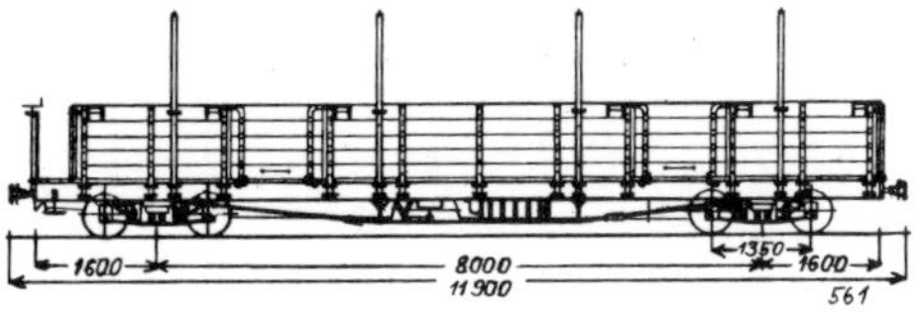

StmLB SSrm 881 - 882

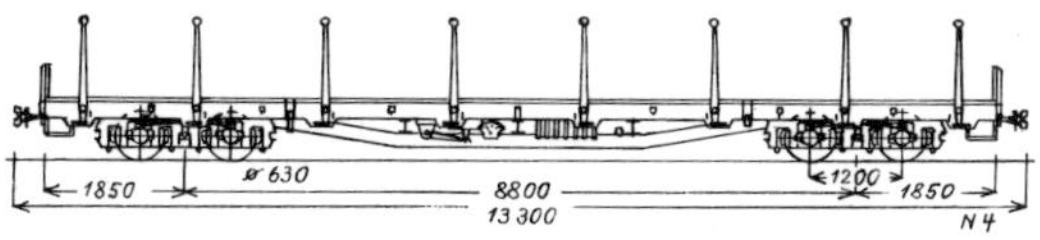

StmLB Jka 6104 (UB)

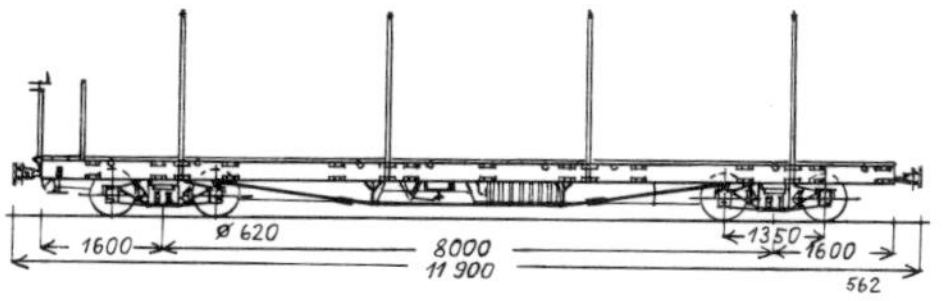

…nLB Jka 6104 (2. UB)

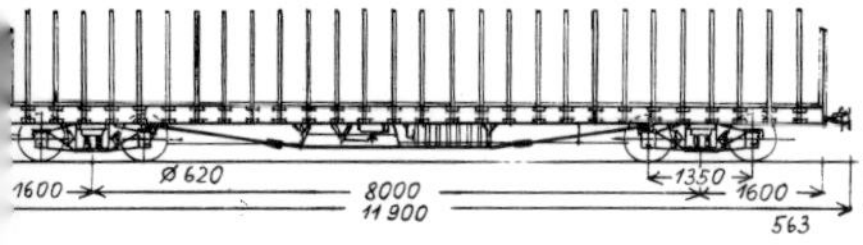

StmLB NNra 462 - 463 → 6105 - 6106

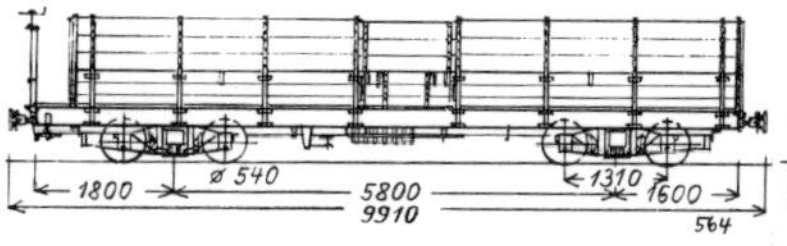

StmLB Jka 6105 - 6106 (UB)

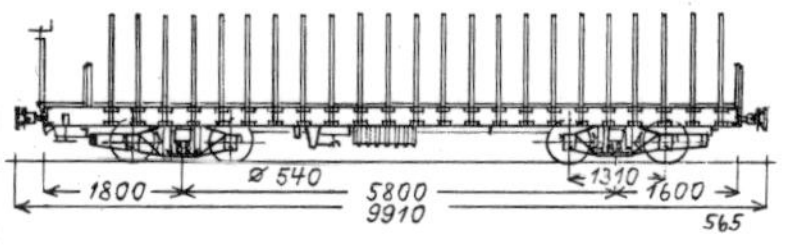

StmLB J 1001 - 1006^I (1006^II s. 1048 - 1058 !)

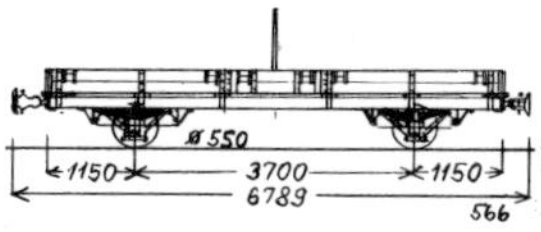

StmLB J 1007 - 1047

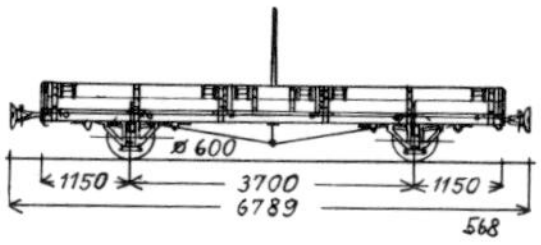

StmLB Jh 1007 .... 1014 (UB), 1016^II - 1017^II

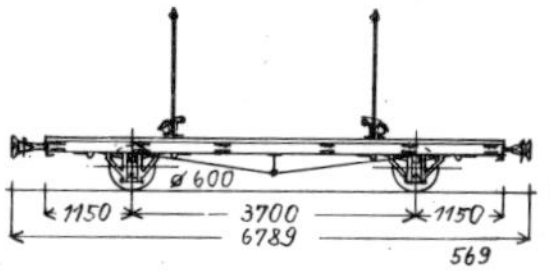

StmLB Jh 1015^II (1018^II - 1019^II s. KESSELWAGEN!)

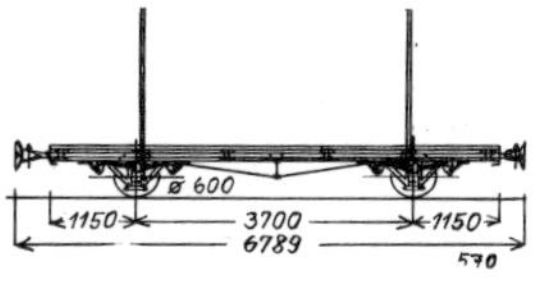

StmLB J 1006^II, 1048 - 1058

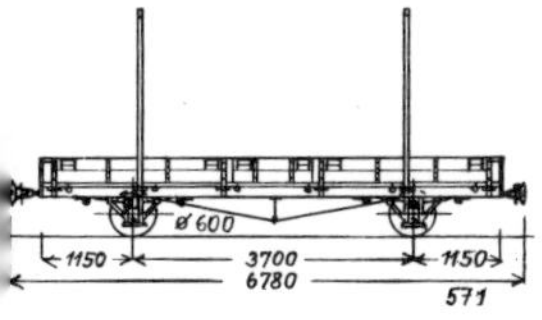

StmLB Jn 1116

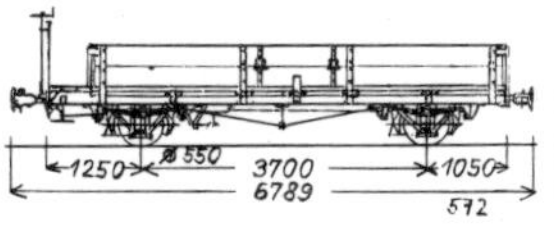

StmLB J 1117 → 5517

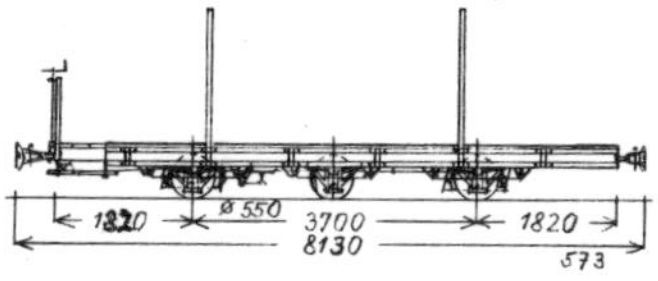

StmLB J 1501 - 1506

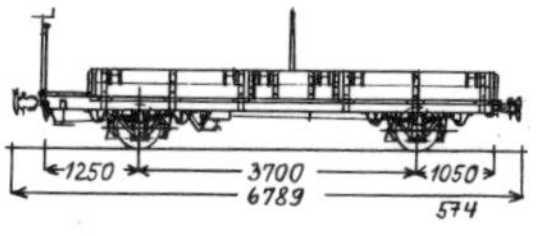

…tmLB J 1507 - 1537

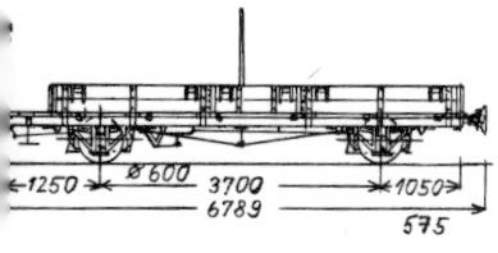

StmLB J 1505^II, 1507^II - 1514^II, 1538 - 1540

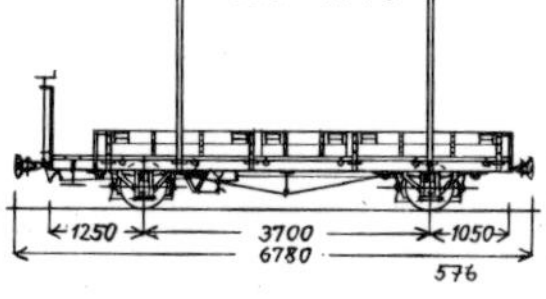

StmLB Jra 2501

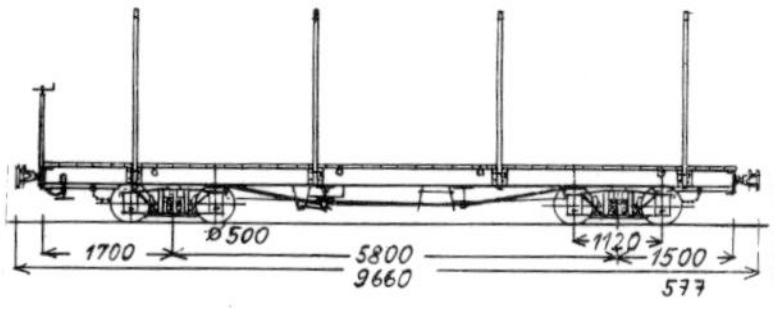

StmLB Jh 5401 - 5407

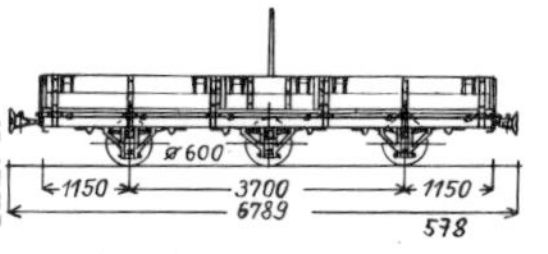

…mLB Jh 5401 - 5407 (UB), 5411 - 5412^I

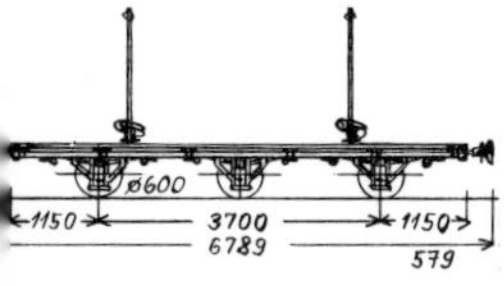

StmLB Jh 5408 - 5410

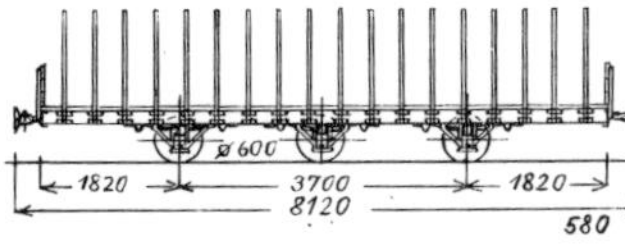

StmLB Jknm 5412^II, 5413^II, 5418^II

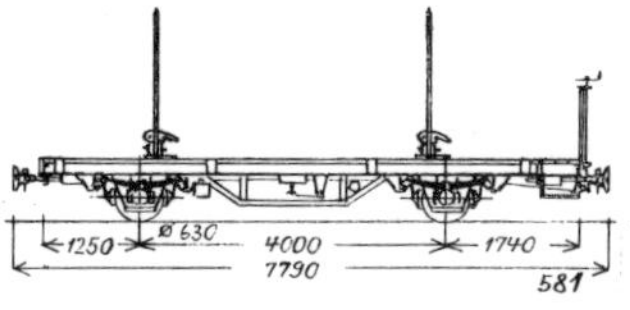

StmLB J 5414

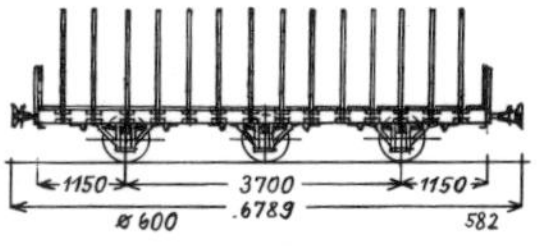

StmLB J 5415 - 5416 (5417 s. KESSELWAGEN!)

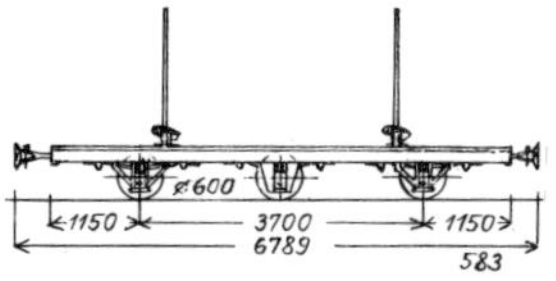

StmLB Jh 5501 - 5516

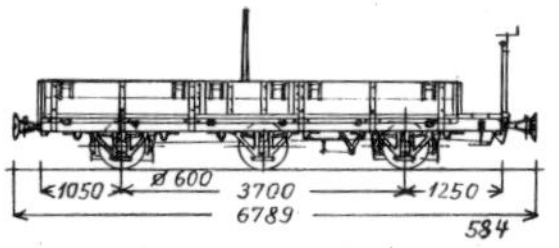

StmLB J 5501 - 5509 (UB)

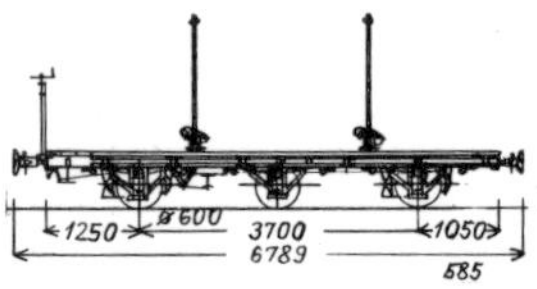

StmLB Jh 5513^II, 5515^II, 5516^II

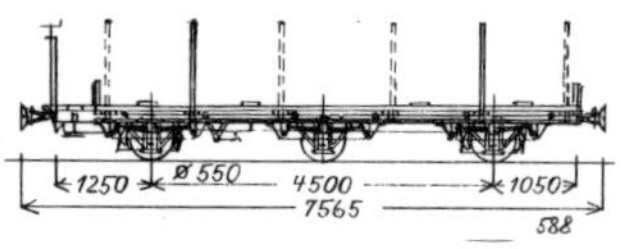

StmLB Jh 5510

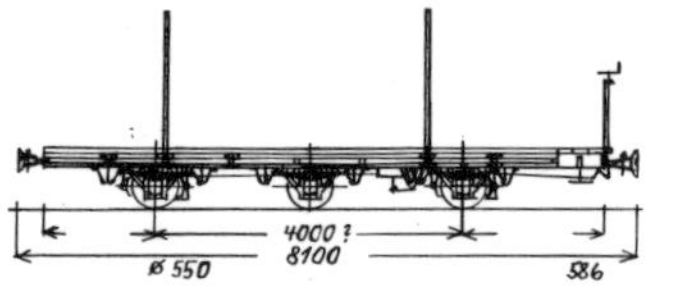

Fahrzeuge, welche die Steiermärkischen Landesbahnen von anderen Bahnen erworben haben

a) SKGLB (1958)

SKGLB	StmLB	Betriebsltg.	Anmerkung
7	S 7	Weiz	Dampflok
11	S 11	Kapfenberg	Dampflok
12	S 12	Weiz	Dampflok
D 40	VL 01	Kapfenberg	Diesellok
Ba 652	Ca 75	Murau	
Ba 654	Ca 72	Murau	
Ba 656	Ca 74	Murau	
Ba 658	Ca 76	Murau	
Ba 660	Ca 73	Murau	
TCa 672	(Bia 41)	Weiz	1)
D 757	D 55	Weiz	
D 765	D 54	Weiz	
Gwa 1111	(Ga 454)	Murau	2)
Gwa	(Ga 455)	Murau	3)
Gwa 1381	GG 420	Weiz	
Prd 3151	Jh 5513	Kapfenberg	
Prd 3351	O 263	Weiz	
Prd 3352	Jh 5516	Kapfenberg	
Prd 3353	O 264	Weiz	
Prd 3451	Jh 5515	Kapfenberg	
Prd 3452	O 265	Weiz	
Prd 3453	O 266	Weiz	
Prd 3454	O 267	Weiz	
K 6151	K 556	Murau	
K 6153	K 557	Murau	
K 6154	– –	St. Erhard	4)
K 6155	Kkp 123	St. Erhard	
K 6156	Kkp 122	St. Erhard	
K 6158	Kkp 121	St. Erhard	
K 6159	(O 262)	Weiz	5)
K 6160	Kkp 120	St. Erhard	
K 6161	– –	St. Erhard	4)
K 6165	K 5310	Kapfenberg	
K 6166	– –	St. Erhard	4)
K 6167	(Jk 124)	St. Erhard	
K 6451	K 5311	Kapfenberg	
Ka 7101	– –	Murau	6)
Ka 7102	OOw753	Weiz	
Ka 7104	– –	Murau	7)
Sr 9051	Jhr 5706	Kapfenberg	
Sr 9151	Jhr 5705	Kapfenberg	
Ra 1	Zs 6	St. Erhard	
R 2	Jh 5510	Kapfenberg	
F 954	–	Murau	Gerätewagen

1) UB 1970 in WR 41 Mtb
2) UB 1968 in GGw 419 Weiz
3) UB 1973 durch Knotz, Wien in Glm 154 Mtb
4) durch Hochwasser zerstört
5) UB 1971 durch Knotz, Wien in Glm 152 Weiz
6) UB 1967 durch Knotz, Wien in Ezm 655 Mtb
7) 1971.04.08 verkauft an HGT Grafrath; UB durch ZB (Werkstätte Jenbach) in Personenwagen

b) Südwestdeutsche Eisen- und Rohprodukten-Großhandels GmbH (Spurweite 750 mm; 1955 erworben, zuletzt auf der Strecke Steinhelle – Medebach)

alte Bezeichnung	neue Bezeichnung	Betriebsleitung
G 109	(GG 54) NN 55	St. Erhard
G 110	(GG 55) NN 56	St. Erhard
G 111	GG 210	Weiz
G 112	GG 211	Weiz
G 113	GG 53	St. Erhard
O 201	(Jka 201) GGp 2	St. Erhard
O 205	(Jka 252) GGp 1	St. Erhard
O 209	(Jka 250) OO 252	St. Erhard
O 210	(Jka 251) OO 203	St. Erhard
O 213	OO 310	Weiz
O 214	OO 311	Weiz
O 215	(Jka 202) GGp 3	St. Erhard
R 295	NNm 410	Weiz
R 296	GGm 453	Weiz
R 297	GGm 454	Weiz
R 298	GGm 455	Weiz
H 303	Jn 138	St. Erhard
H 304	Jn 139	St. Erhard

c) Vorarlberger Illwerke AG (Wagen von der 18 km langen Materialbahn mit beschränkt-öffentlichem Personenverkehr Tschagguns – Parthennen; 1962 erworben)

alte Bezeichnung	neue Bezeichnung	Betriebsleitung
Gwl 21	G 181	Murau
Gwl 22	G 182	Murau
Cie 23	NNra 653	Weiz
Omrs 24	NNra 652	Weiz
Omrs 25	NNra 461	Murau
Omrs 26	NNra 463	Kapfenberg
Omrs 27	NNra 462	Kapfenberg

StmLB Jh 5511^II, 5512^II, 5514^II

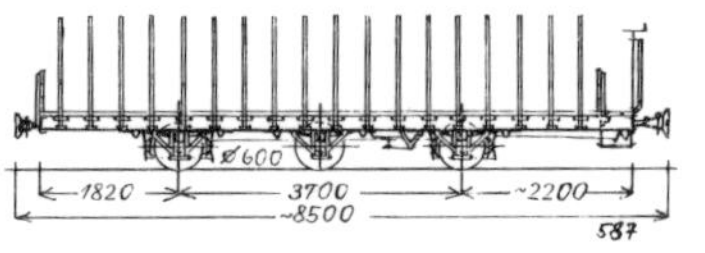

StmLB Jh 5513^II, 5515^II, 5516^II (UB) (J 5517 s. 1117 !)

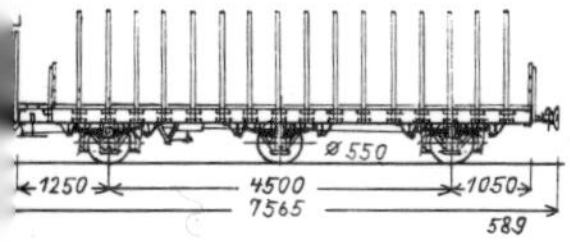

StmLB Jh 5700 - 5704

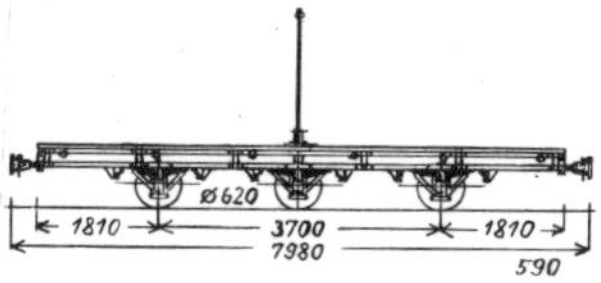

StmLB [Sr 9051^x), 9151] SKGLB - Nrn. → Jh 5705 - 5706^x)

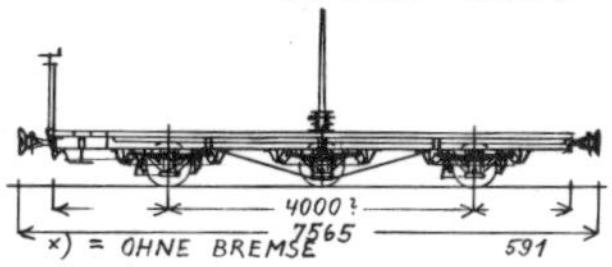

StmLB Jhr 5705 (UB)

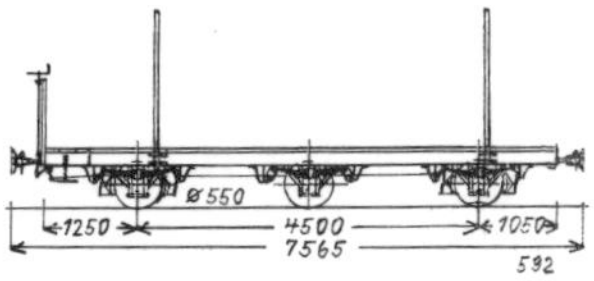

StmLB Jhr 5706 (UB)

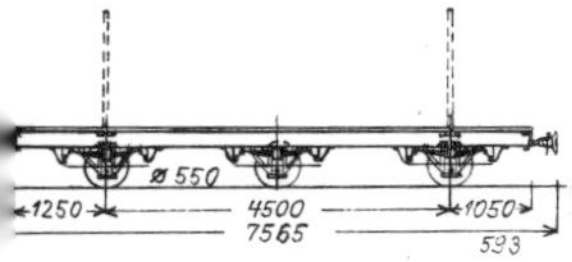

StmLB Jh 5707 - 5708

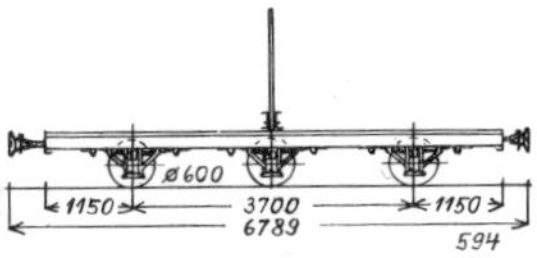

StmLB K 707

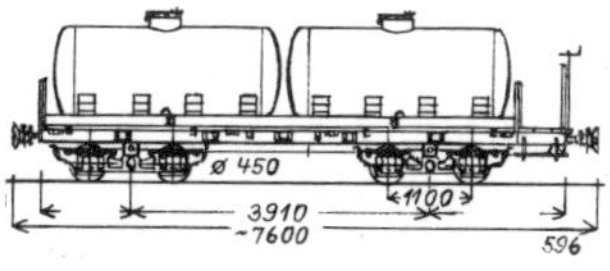

StmLB K 707 (UB)

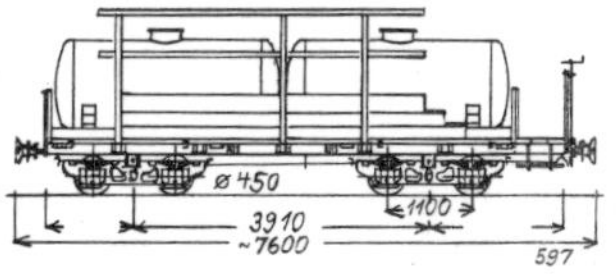

StmLB J 1018^II - 1019^II

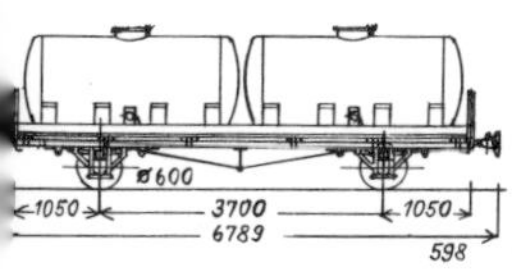

StmLB J 1018^II - 1019^II (1. UB)

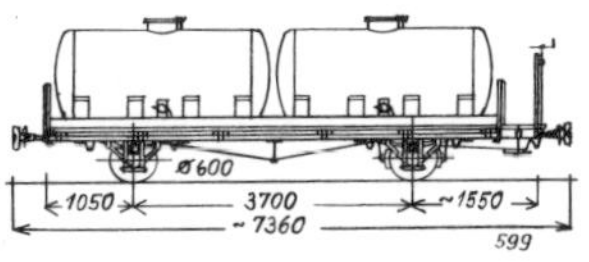

StmLB J 1018^II - 1019^II (2. UB)

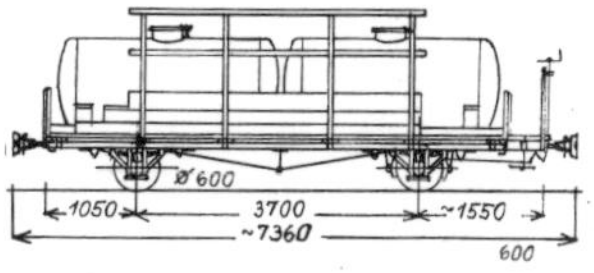

StmLB J 5417

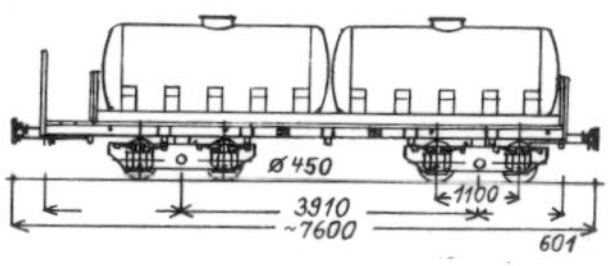

Murtalbahn (Mtb)

Personenwagen C 209 mit den Initialen Mtb. U. M. (Murtalbahn Unzmarkt–Mauterndorf), um 1910; 1928 als Ci 61 bezeichnet.
Archiv Dr. H. Pötschner

Mtb B 11

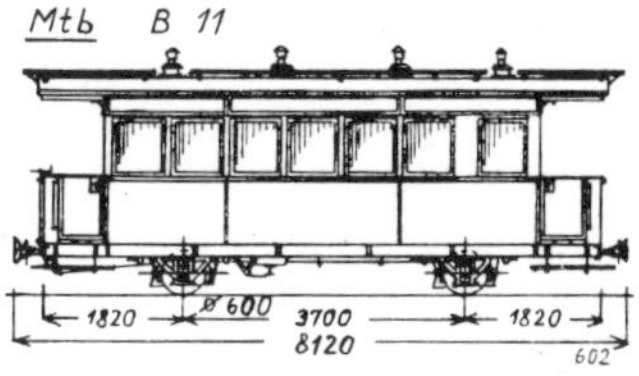

Mtb BCi 21 - 23, 51 - 53

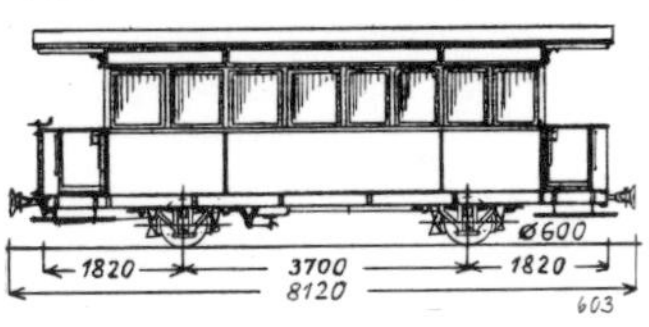

Mtb Ci 31 - 32, 61 - 68

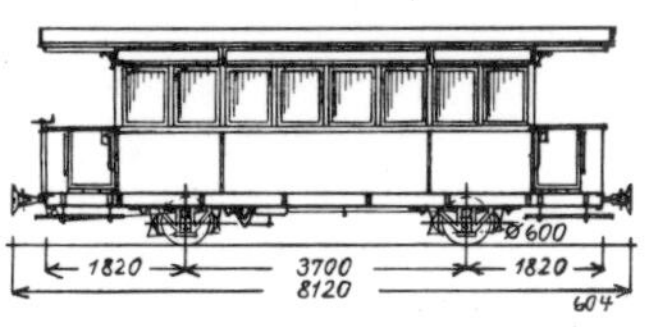

Mtb C 56 (UB)

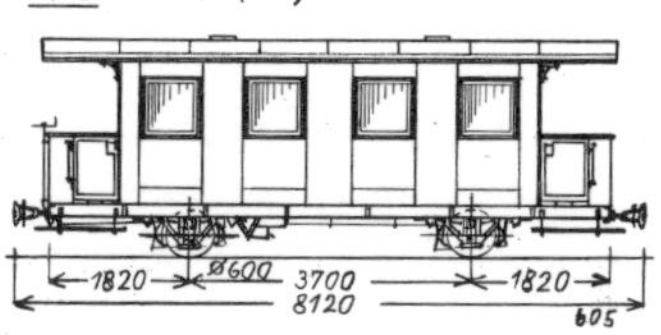

Mtb Ci (UB) 53, 57, 63 - 69

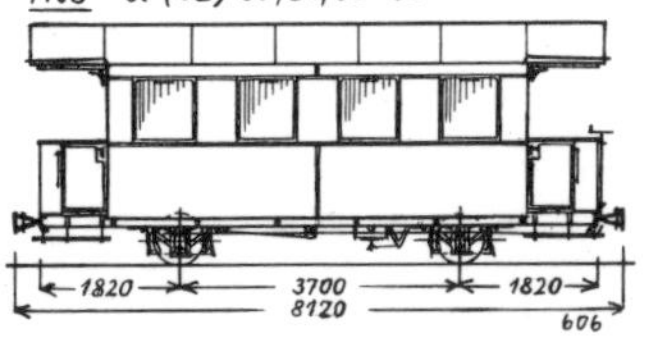

Mtb WR 41

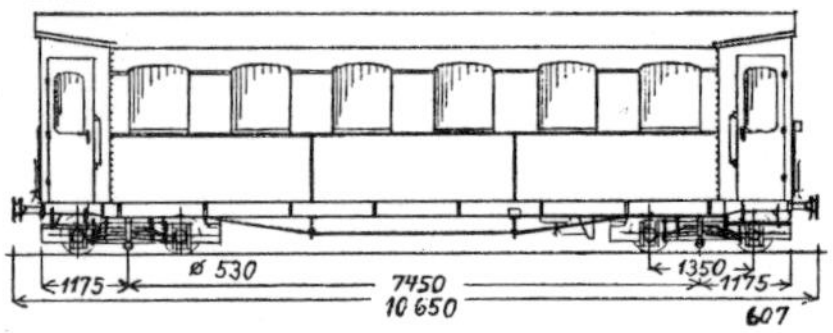

Mtb WR 41 (UB)

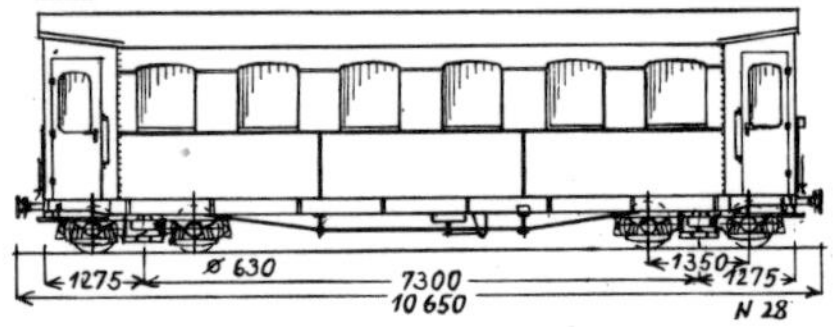

Murtalbahn (StmLB-Nummernschema) 1894–1928

Serie	Wagennummer	Baujahr	Anmerkung
Salon	2001	1894	1910 an NÖLB verkauft
B	11	1894	
BC	35 – 37	1894	
BC	65 – 66	1894	
BC	67	1909	
C	101 – 102	1894	
C	209 – 211	1894	
C	213 – 214	1901	
C	215 – 217	1909	
DF	337 – 339	1894	
DF	340	1909	
D	341	1895	UB (1925?) aus G 517
F	371	1911	
G	403 – 407	1907/08	
G	408 – 413	1894	
G	414	1899	
G	415 – 416	1909	
G	503 – 506	1908/09	
G	511 – 517	1894/95	
K	617 – 625	1894	UB 1913 in 5201 – 5209
K	915 – 921	1894	UB 1902 in 5309 – 5315
Jhn	1006	1907	
Jhn	1015 – 1047	1894	
Jhn	1048 – 1058	1907/08	
Jhn	1505	1907	UB 1913 in 5516
Jhn	1507 – 1514	1907/08	
Jhn	1515 – 1537	1894	
Jhn	1538 – 1540	1908	
K	5201 – 5209	1894	UB 1913 aus 617 – 625
K	5309 – 5315	1894	UB 1902 aus 915 – 921
Jh	5402 – 5403	1899	
Jh	5510 – 5511	1899	
Jh	5516	1907	UB 1913 aus 1505

Mtb WR 42

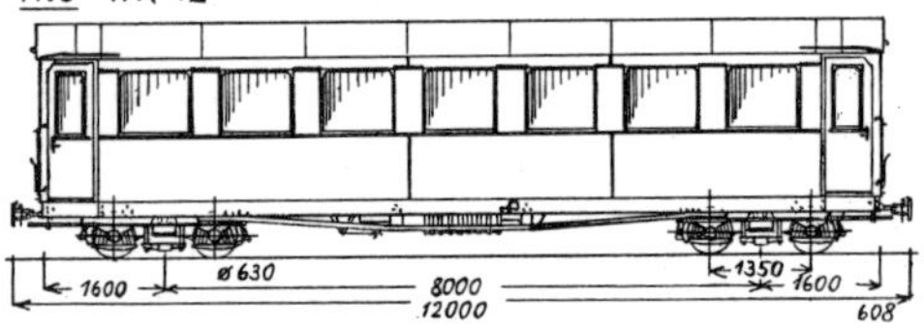

Mtb C 51

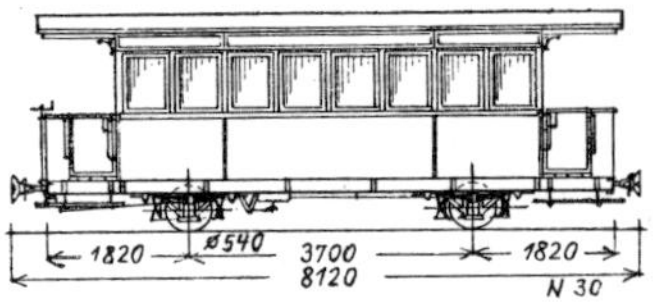

Kriegsverluste

G	407	Steinbeisbahn
G	414	Steinbeisbahn
G	513	Steinbeisbahn
Jhn	1515	Mori – Arco – Riva
K	5202	Mori – Arco – Riva
K	5204	Mori – Arco – Riva
K	5309	Mori – Arco – Riva (bei Kriegsende 1918 Werkst. Debreczen)
K	5313	Mori – Arco – Riva
K	5402	Mori – Arco – Riva
Jh	5516	Mori – Arco – Riva

Mtb Cia 70 - 71

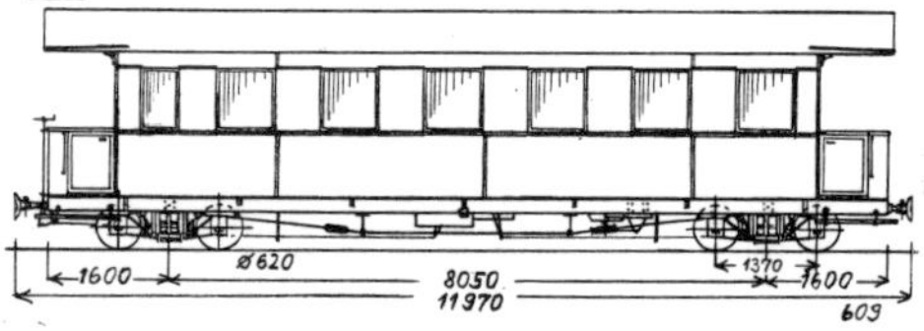

Mtb Bia 70 - 71 (UB) (SPÄTER DREHGESTELLE WIE WR 421)

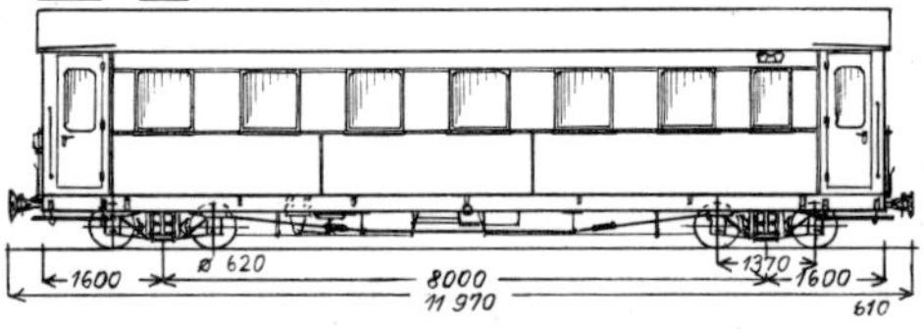

Mtb Ca 72 - 76

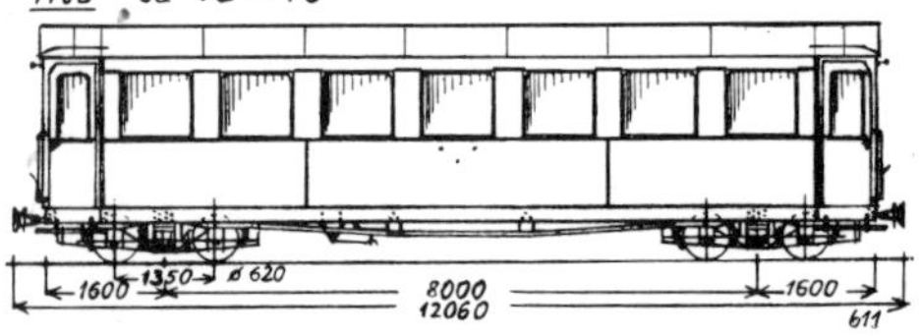

Mtb Ca 78

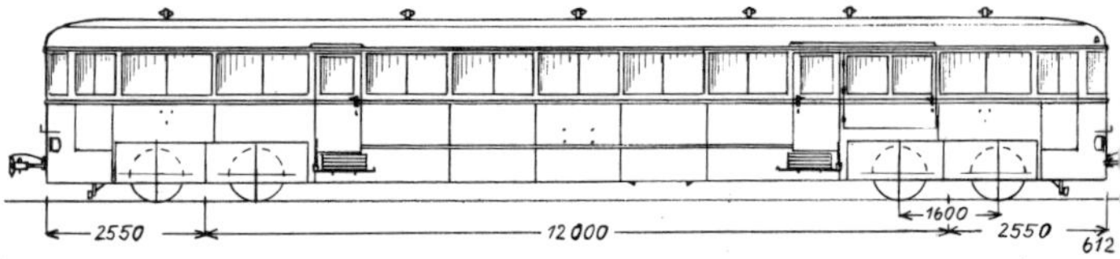

Mtb Ba 75 - 76 (UB)

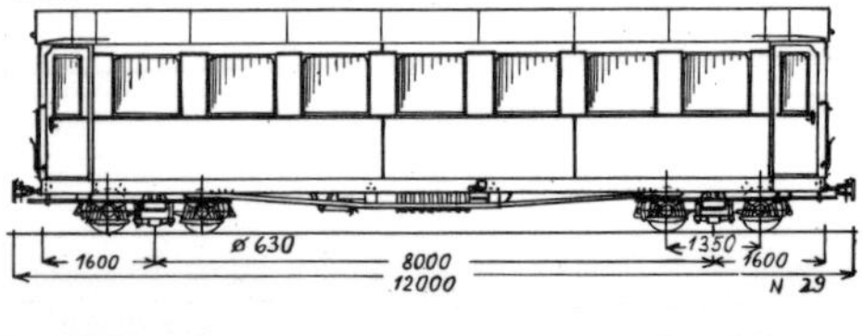

Mtb D 71 - 74

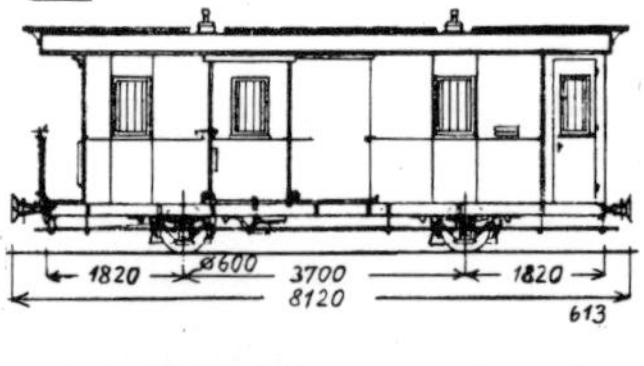

Mtb D 81 - 84

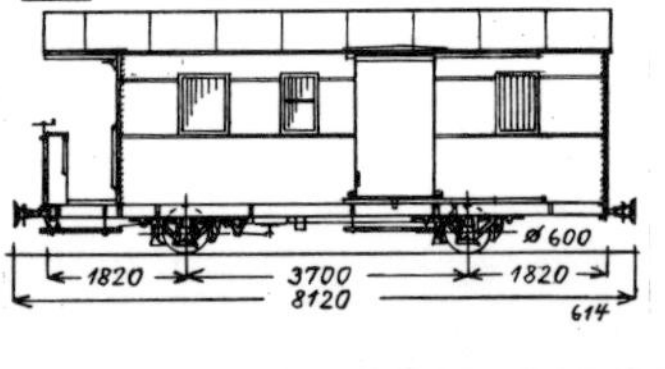

Murtalbahn / Mtb (Nummernschema 1928)

Serie	Wagennummer	Baujahr	Br.	Ax	Sitzpl. Ladegw.	Eigengw.	StmLB-Nummer bis 1928	Anmerkg.
B	11	1894	o	2	21	4700	11	
BCi	21 – 23	1894	o	2	12/15	4700	35 – 37	
Ci	31 – 32	1894	o	2	32	4400	101 – 102	
C	33	1894	o	2	27	4870	–	
Bi	37	1906	m	2	32	5000	–	*)
Bi	38	1925	m	2	32	5700	–	*)
WR	41	UB 1970	m	4	19	10440	–	*)
WR	42	1928	m	4	40	13180	–	*)
BCi	51 – 53	1894/1909	m	2	12/15	5100	65 – 67	
C	51	1892	.	2	24	4000	–	*)
C	53, 55–58	1894/1909	m	2	32	4900	–	
C	60 – 63	1894/1909	m	2	32	4800	–	
Ci	61 – 68	1894/1909	m	2	32	4800	209–211, 213–217	
C	64 – 69	1894	m	2	32	5250	–	
Ca	70 – 71	UB 1942/54	m	4	50	11250	–	*)
Ba	72 – 76	1928	m	4	52	13200	–	*)
Ca	78	1933	m	4	70	16000	–	*)
D	71 – 74	1894/1909	m	2	5,0	4900	337 – 340	*)
D	75	1895	m	2	5,0	4100	341	*)
D	81 – 84	1894/1909	m	2	5,0	5250	–	*)
DF	85	1892	m	2	3,0	3600	–	*)
F	91	1911	m	2	5,0	4850	371	
Fa	92	UB 1939	m	4	12,0	8850	–	*)
G	101 – 112	1894/1909	o	2	8,0	3600	*)	*)
Glm	101 – 110	UB 1970/73	(m)	2	10,5	5150	–	*)
Glm	110	UB 1971	m	2	10,5	5400	–	*)
G	151 – 154	1908/09	m	2	8,0	4100	503 – 506	*)
Glm	152, 154	UB 1971/73	m	2	10,5	5400		*)

*) Bedingt durch die Auflassung der II. Klasse am 28. August 1939 und den Einbau von Bremsen wurden die zweiachsigen Personenwagen umnumeriert. Bekannt ist nur, daß am 5. September 1944 folgende Umnumerierung angeordnet wurde:

Ci 31 wird Ci 53 — Ci 21 wird Ci 59
Ci 32 wird Ci 54 — Ci 22 wird Ci 60

Die 17 zweiachsigen Personenwagen hatten nach 1945 folgende Nummern:

ohne Bremse

Nr.	Baujahr	Sitzpl.
32	1894	32
33	1894	27

Diese zweiachsigen Personenwagen haben noch immer die Gattungsbezeichnung C!

mit Bremse

Nr.	Baujahr	Sitzpl.
53	1894/UB 1935	32
55	1894	32
56	1909	32
57	1901/UB 1951	32
58	1909	32
60	1894	27
61	1894	27
62	1909	27
63	1894/UB 1941	27
64	1894/UB 1941	32
65	1894/UB 1941	32
66	? /UB 1941	32
67	? /UB 1936	32
68	1901/UB 1935	32
69	? /UB 1937	32

37: Eigentum Club 760 ex ÖBB 3665; seit 1971 auf Mtb in Betrieb
38: Eigentum Club 760 ex ZB 22; seit 1972 auf Mtb in Betrieb
41: 1958 von SKGLB ex Tw 672, UB in 'Murtal-Bar'
42: 1972 UB aus Ba 72 'Steirer-Bar'
51: 1967 von Ka, ex StmLB 202
70–71: UB aus Jka 6100–6101
72–76: 1958 von SKGLB, ex 654, 660, 656, 652, 658
78: ab 1941 im Bestand der Mtb; UB aus SKGLB Tw (452, 454 oder 456) am 2. 2. 1945 nach Stainz (UN in Ca 2)
71–74: UN 1939 in 81–84
75: UB 1938 in G 160
81–84: UN 1939 aus 71–74
85: UN 1939 aus StmLB DF 331; 1944 nach Stainz; 1951 nach Weiz
92: UB aus Ga 3101, Zugang 1938 aus Weiz (bis 1932 in Stainz, UN in Mtb 451 vorgesehen); UB 1963 (ohne Plattform!)

101–112:

Mtb.-Nr.	StmLB-Nr.	Baujahr	Mtb.-Nr.	StmLB-Nr.	Baujahr
101	403	1907	107	408	1894
102	406	1908	108	409	1894
103	413	1894	109	410	1894
104	416	1909	110	411	1894
105	404	1907	111	412	1894
106	405	1908	112	415	1909

101^{II}, 103^{II}, 104^{II}, 106^{II}, 110^{II}: UB durch Knotz, Wien (ohne Handbremse) aus G 101, 103, 104, 106, 159
110^{II}: UB durch Knotz, Wien (mit Handbremse) aus G 110; UN 1973 in 159^{II}
152^{II}, 153^{II}, 154^{II}: UB durch Knotz, Wien aus 152, 153 und (455); 154^{I} UB 1972 in fahrbare Ölumladepumpe

Serie	Wagennummer	Baujahr	Br.	Ax	Sitzpl. Ladegw.	Eigengw.	StmLB-Nummer bis 1928	Anmerkg.
G	155 – 159	1894/95	m	2	8,0	4150	511–512, 514–516	
Glm	159	UB 1971	m	2	10,5	5400	–	*)
G	160	1895	(m)	2	8,0	4100	–	*)
G	161 – 164	UB 1938	(m)	2	8,0	4100	–	*)
Glm	161, 163	UB 1971/73	m	2	10,5	5400	–	*)
G	165 – 166	UB 1960	m	2	8,4	5000	–	*)
Glm	165	UB 1973	m	2	10,5	5400	–	*)
G	181 – 182	1928	m	2	10,0	5200	–	*)
Jr	201 – 209	1894/1908	o	2	8,0	2650	*)	*)
Jr	201	UB 1958	o	2	8,0	2900	–	*)
Jr	210 – 212	1894/1907	o	2	8,0	2750	–	*)
Jknm	210	UB 1971	m	2	11,5	4500	–	
Jr	241 – 244	1894/1907	o	2	8,0	2750	1006, 1033, 1050–1051	
Jr	251 – 262	1894/1908	m	2	8,0	3200	*)	*)
Jr	263	UB 1955	m	2	8,0	3150	–	*)
Jhk	301 – 333	1894/1908	o	3	10,0	3400	*)	*)
Jknm	304, 314, 323	UB 1971	m	2	11,5	4450	–	*)
Jhk	351 – 373	1894/1908	m	3	10,0	3700	*)	*)
Jknm	355, 360	UB 1970/75	m	2	11,5	4300	–	*)
Jra	401	1929	o	4	15,0	5300	2501	
Ga	411	1910	o	4	15,0	7700	–	*)
Ga	(451)	1893	m	4	12,5	7500	–	*)
GGm	451 – 456	1967	(m)	4	26,0	10550	–	
Ga	452	1893	m	4	12,5	7690	–	*)
Ga	453	1900	m	4	18,5	7500	–	*)
Ga	(454)	1940	m	4	9,0	4920	–	*)
Ga	(455)	1900	m	4	.	.	–	*)
GG	458	1893	m	4	12,5	7690	–	
GGm	458 – 459	UB 1974	m	4	20,0	11150	–	*)
GG	459	1900	m	4	12,5	7500	–	

*) 159'': UN 1973 aus 110''
160: UB 1938 aus D 75
161–164: UB 1938 aus 203, 201, 241, 205
161'', 163'': UB durch Knotz, Wien aus G 161, 163
165–166: UB aus C 62, C 58
165'': UB durch Knotz, Wien aus G 165
181–182: 1962 von Vorarlberger Illwerke ex Gwl 21, 22
201–209: ex StmLB Nr. 1021, 1027, 1029, 1038, 1048, 1054, 1056–1058; 201' = 1960+
201'': UB aus C 33; UB in 613
210–212: UN aus 242–244
251–262: ex StmLB Nr. 1507, 1509, 1514, 1521, 1528, 1531–1534, 1536, 1538–1539
263: UB aus 208
301–333: ex StmLB-Nr. 1015 1016 1017 1018 1019 1020 1022 1023 1024 1025
1026 1028 1030 1031 1032 1034 1035 1036 1037 1039
1040 1041 1042 1043 1044 1045 1046 1047 1049 1052
1053 1055 5403
Teilweise als Jhn (1975 = 306, 308, 309, 316, 326, 332, 333) Niederbordwagen
301–332: 1923/28 Einbau der 3. Achse
304'', 314'', 323'': UB durch Knotz, Wien aus 304, 314, 323
351–373: ex StmLB-Nr. 1508 1510 1511 1512 1513 1516 1517 1518 1519 1520
1522 1523 1524 1525 1526 1527 1529 1530 1535 1537
1540 5510 5511
355'', 360'': UB durch Knotz, Wien aus 355, 360
351–371: 1923/28 Einbau der 3. Achse
Teilweise als Jhn (1975 = 354, 357, 362, 363, 368, 371) Niederbordwagen
411: umnumeriert aus StmLB Ga 3001 (bis 1932 in Stainz); ab 1941 im Bestand der Mtb
(451): Der StmLB Ga 3101 (bis 1932 in Stainz) sollte in 451 umnumeriert werden, wurde jedoch vor der Umnumerierung in Fa 92 umgebaut.
452–453: Umnumerierung aus StmLB Ga 3102–3103 (bis 1932 in Stainz); ab 1941 im Bestand der Mtb.; 1967 Umnumerierung in 458–459; 1974 Umbau in GGm 458–459
(454): Der SKGLB Gwa 1111 (Zugang 1958) sollte in 454 umnumeriert werden, blieb jedoch betriebsuntauglich in Murau abgestellt; 21. 11. 1968 nach Weiz (UN in 419)
(455): Der Pw4 ohne Nummer (Zugang 1958 von SKGLB) sollte in 455 umnumeriert werden, blieb jedoch betriebsuntauglich in Murau abgestellt und wurde erst 1973 in den Glm 154 umgebaut; dieser Wagen (als Gwa bezeichnet) unbekannter Herkunft, der durch die Deutsche Heeresfeldbahn auf die Pinzgauer Lokalbahn kam, wurde nach Kriegsende an die SKGLB verkauft; Fabriksschild: Sächsische Waggonfabrik Werdau GmbH, Baujahr 1900
458–459: 1967 Umnumerierung aus 452–453; 1974 in GGm 458–459 umgebaut
458''–459'': 1974 Umbau durch Knotz, Wien aus GG 458–459

Serie	Wagennummer	Baujahr	Br.	Ax	Sitzpl. Ladegw.	Eigengw.	StmLB-Nummer bis 1928	Anmerkg.
NNra	461	1928	m	4	16,0	7720	–	*)
OOm	471 – 474	1967	(m)	4	26,0	10350	–	
K	501 – 507	1894	o	3	10,5	3700	5201, 5203, 5205 – 5209	*)
K	508 – 509	1900	o	3	10,5	3700	–	*)
Om	509	UB 1975	m	2	11,0	5050	–	*)
K	551 – 555	1894	m	3	10,5	4000	5310 – 5312, 5314 – 5315	*)
Om	551	UB 1971	m	2	11,0	5070	–	*)
K	556 – 557	1893	m	3	10,5	3500	–	*)
K	556	UB 1960	m	3	10,5	4650	–	*)
K	557	UB 1960	m	3	10,5	4650	–	*)
K	561 – 565	1893	m	3	10,5	4400	–	*)
Om	565	UB 1975	m	2	11,0	5000	–	*)
K	601 – 602	1892	o	2	6,0	2700	–	*)
Ez	601	UB 1962	o	3	10,5	5820	–	*)
Z	611 – 612	UB 1972	m	2	10,0	4960	–	*)
Z	613	UB 1972	o	2	9,0	5800	–	*)
K	651 – 652	1892	m	2	6,0	3050	–	*)
Ez	651	UB 1962	m	3	10,5	5760	–	*)
Ez	652 – 653	UB 1965	m	3	10,5	6150	–	*)
Ez	652 – 653	UB 1971	m	2	10,5	6000	–	*)
Ez	654	UB 1966	o	3	12,5	6000	–	*)
Ezm	654 – 655	UB 1968/67	(m)	2	15,0	7300	–	*)
Ezm	656 – 657	1975	m	2	12,0	4500	–	*)
ZZ	671	UB 1962	m	4	17,0	9050	–	*)
ZZ	672	UB 1958	m	4	16,0	9150	–	*)
ZZm	681 – 682	1974	m	4	22,0	10520	–	*)
Ka	750–751, 753	1938/42	m	4	9,0	3500	–	*)
–	954	1891	m	2	.	4000	–	*)
–	UK 1	UB 1958	.	3	.	.	–	*)

*) 461: 1962 von Vorarlberger Illwerke ex Omrs 25
501 – 507: geliefert mit 2 Achsen Nr. 617 ÷ 625; 1913 Einbau 3. Achse
508 – 509: Zugang 4. 8. 1928 und 15. 7. 1929 von Stainz, ex StmLB 626 – 627; ab 1941 im Bestand der Mtb.
509[II]: Umbau durch Knotz, Wien aus 509
551 – 555: geliefert mit 2 Achsen Nr. 916 ÷ 921; 1902 Einbau 3. Achse
551[II]: Umbau durch Knotz, Wien aus 551
556 – 557: 1958 von SKGLB ex 6151, 6153 (geliefert mit 2 Achsen, 3. Achse 1905 eingebaut); 556 in den Jahren 1961 – 1962 Umbau in UK1; 557 † 27. 9. 1960
556[II]: Umnumerierung 1968 aus 557[II]
557[II]: Umbau aus C55, Umnumerierung 1968 in 556
561 – 565: Zugang 1964/65 ex 5301, 5302, 5303, 5304, 5306
565[II]: UB durch Knotz, Wien
601 – 602: 3. 7. 1932 und 5. 7. 1932 von Stainz, ab 1941 im Bestand der Mtb; 25. 9. 1947 nach Ka
601[II]: Umbau aus C32 in Ez; Umbau 1966 in 654
611 – 612: Zugang 1972 ex Zillertalbahn 417, 460
613: Umbau aus 201
651 – 652: 13. 6. 1932 und 2. 11. 1932 von Stainz, Umnumerierung aus 901 – 902; ab 1941 im Bestand der Mtb; 25. 9. 1947 nach Ka
651[II]: Umbau aus C56 in Ez; 1971†
652 – 653: Umbau aus 312, 356
652[II] – 653[II]: Umbau durch Knotz, Wien aus 652 – 653
654: Umbau aus 601
654[II] – 655: Umbau durch Knotz, Wien; ex 654[I] und 7101 SKGLB
656 – 657: Neubau Knotz, Wien
671 – 672: 1972 von Mixnitz, ex Zz 7, Zz 5
681 – 682: Neubau Knotz, Wien
750, 751, 753: 1964 von Weiz; 1967 außer Stand; 753 ab 28. 1. 1971 in Ka (UB in 707);
750 – 751: 8. 4. 1971 verkauft an HOT GUN TOWN (HGT) Grafrath bei München; UB durch ZB (Werkstätte Jenbach) in Personenwagen
954: Gerätewagen; 1958 von SKGLB (nicht im Wagenstand)
UK 1: Umladekran UB aus 556[II]

Mtb F 91

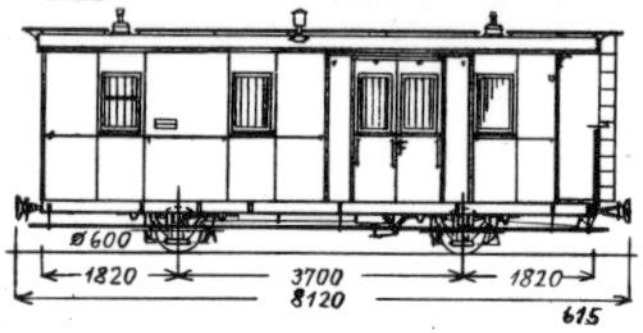

Mtb Fa 92

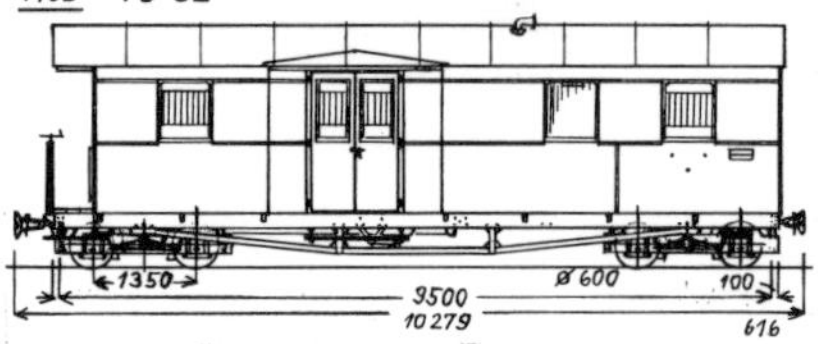

Mtb Fa 92 (UB)

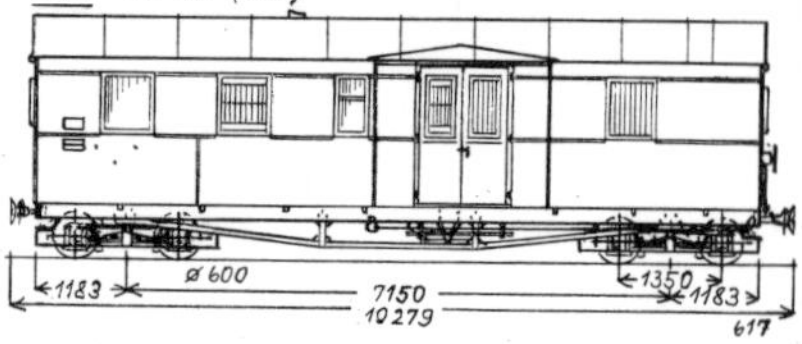

Mtb G 101.... 112

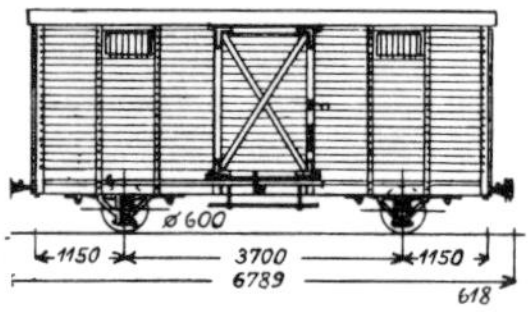

Mtb G 101.... 112

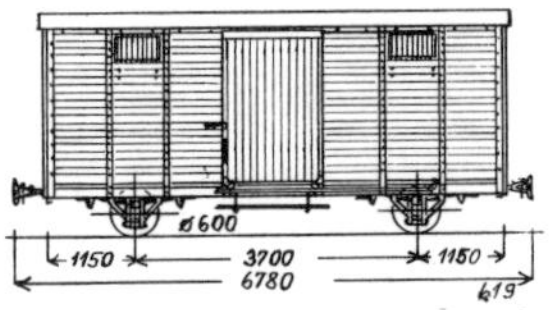

Mtb Glm 101^II, 106^II

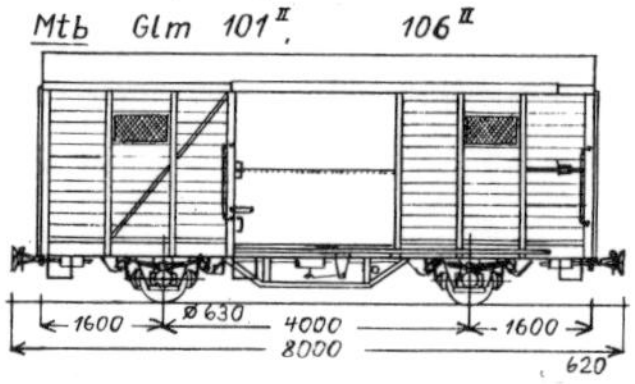

Mtb Glm 103^II, 104^II, 110^III

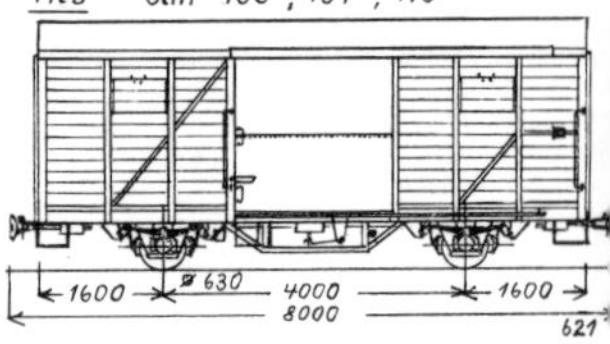

Mtb G 151 - 154

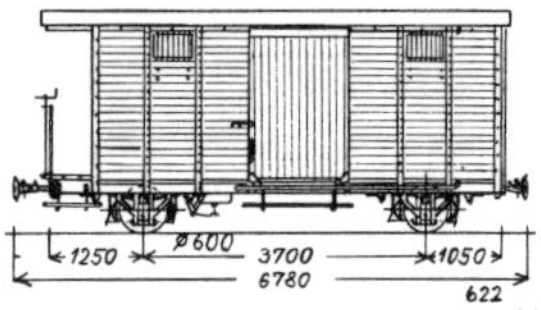

Mtb Glm 152^II, 159^II, 161^II

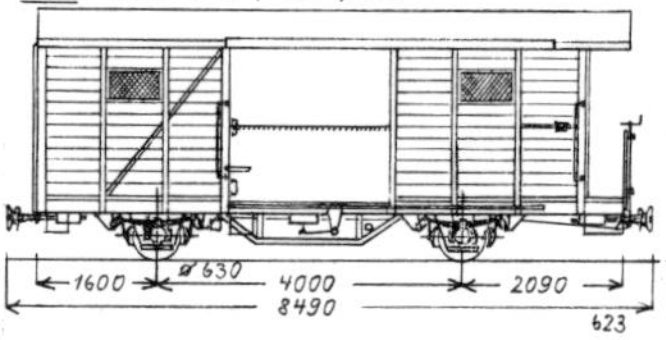

Mtb Glm 153^II, 154^II, 163^II, 165^II

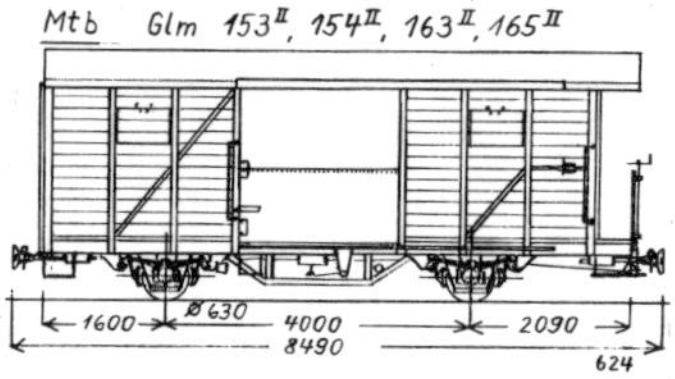

Mtb G 155 - 159

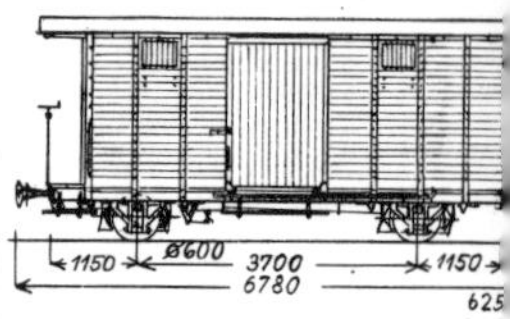

Mtb G 160

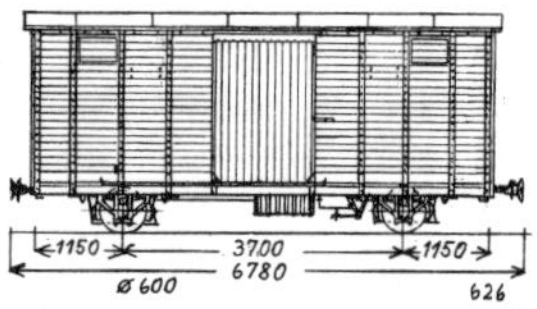

Mtb G 161 - 164

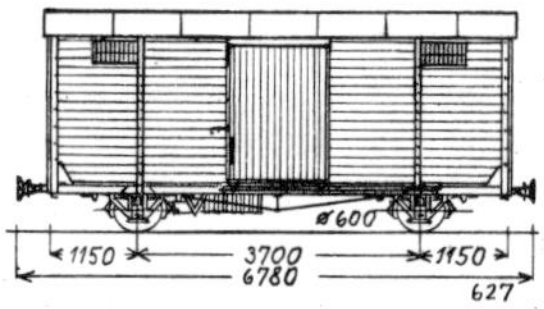

Mtb G 165 - 166

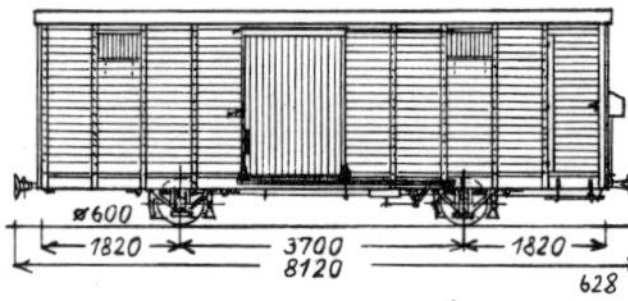

Mtb G 181 - 182

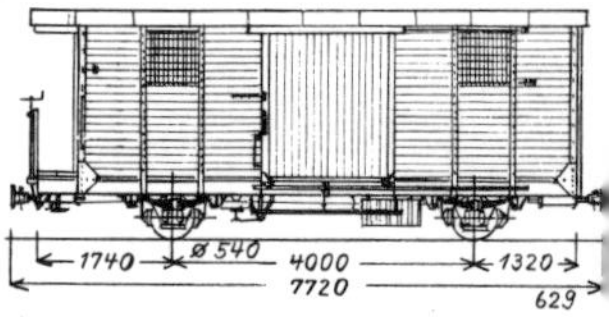

Mtb Ga 411

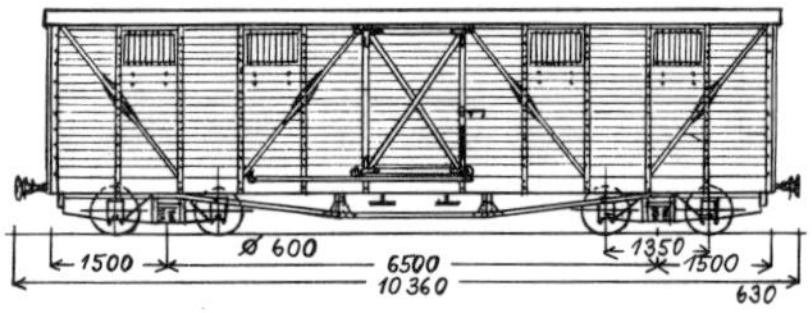

Mtb Ga 452^I

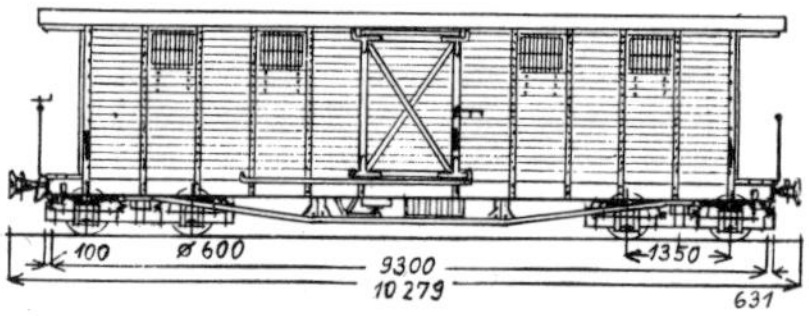

Mtb Ga 452^I → GG 458 (UB)

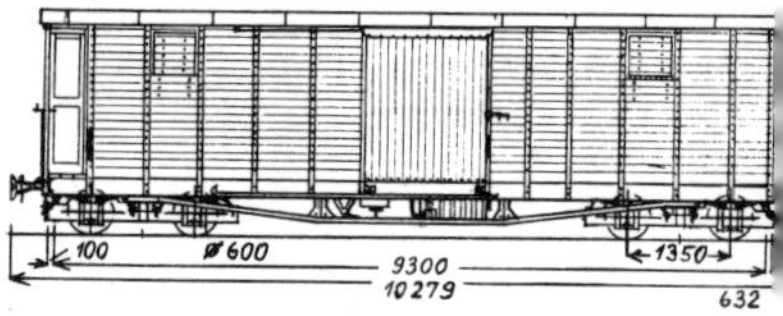

Mtb Ga 453^I → GG 459

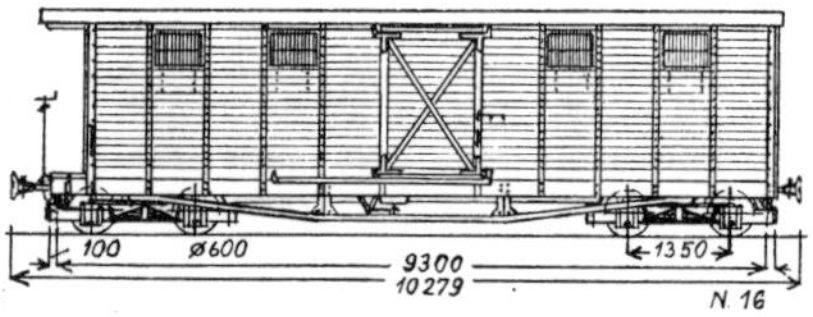

Mtb Ga 453^I → GG 459 (UB)

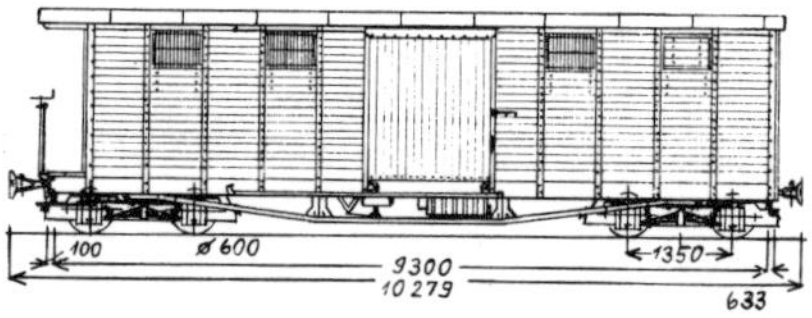

Mtb (Ga 454, VORGESEHENE NUMMER!)

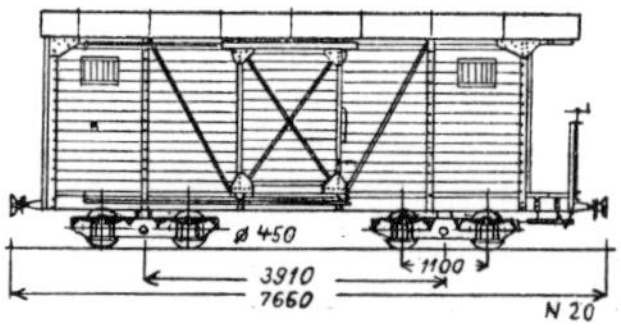

Mtb GGm 451^II - 453^II, 454 - 456

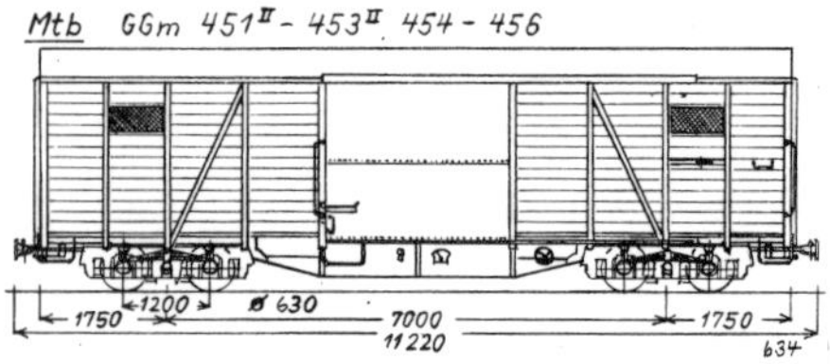

Mtb GGm 458^II - 459^II

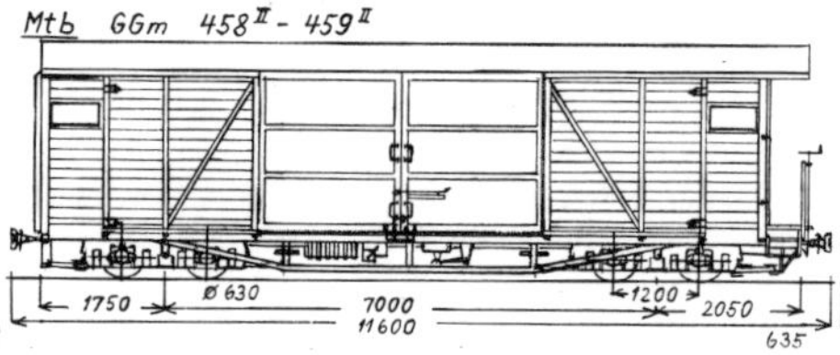

Mtb (Ga 455, VORGESEHENE NUMMER!)

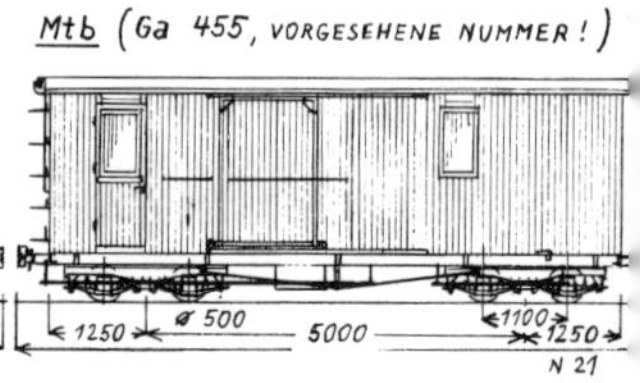

Mtb OOm 471 - 474

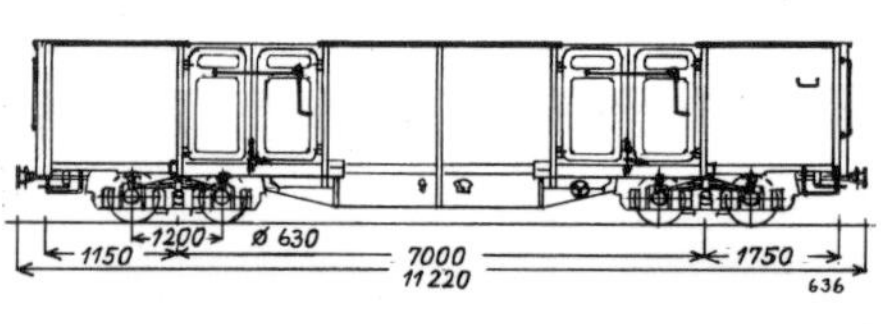

Mtb K 501 - 509

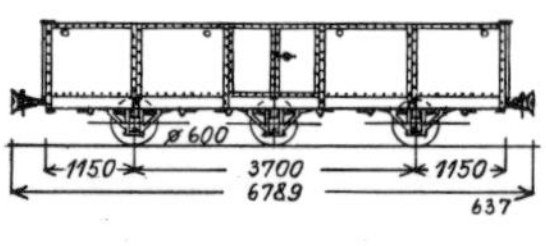

Mtb K 501....509 (UB)

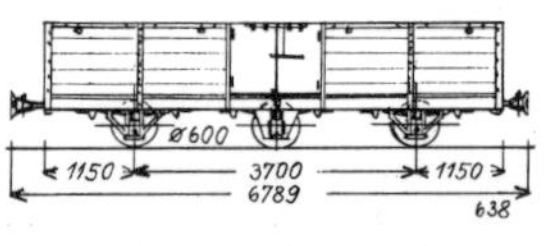

Mtb K 501....509 (UB)

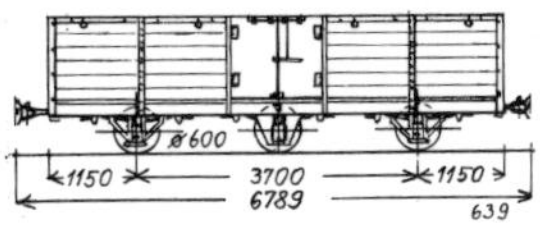

Mtb K 551^I - 555, 561 - 565

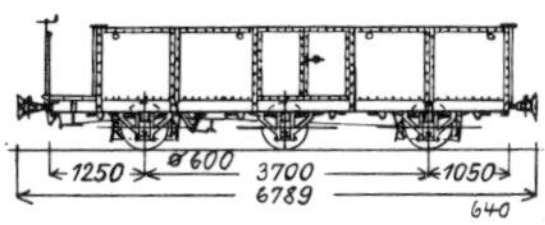

Mtb K 551^I - 555 (UB)

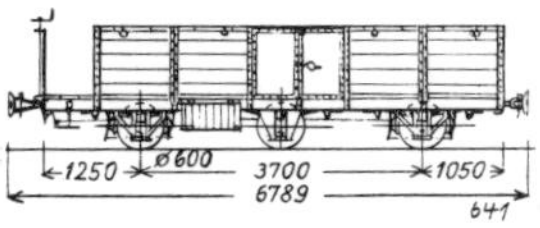

Mtb Om 551^II

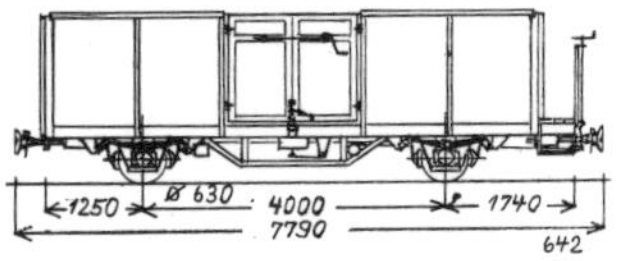

Mtb K 556^I - 557^I

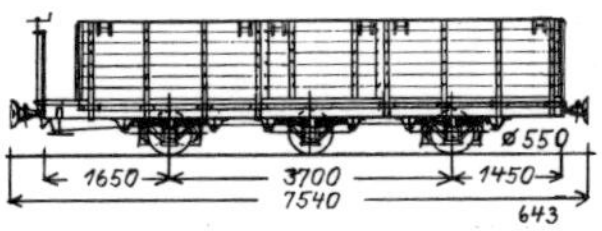

Mtb K 601 - 602

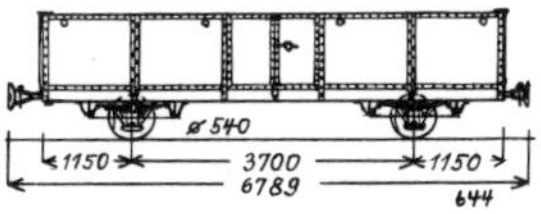

Mtb K 651 - 652

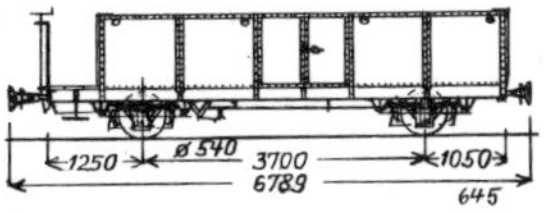

Mtb Jr 201^I - 209
J 241 - 244 → 210 - 212

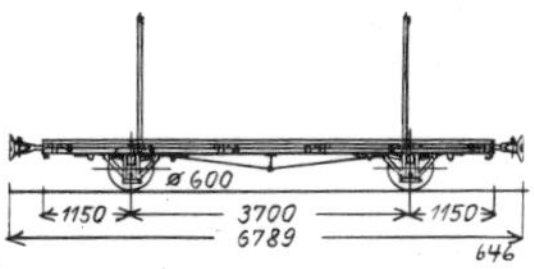

Mtb J 201^II

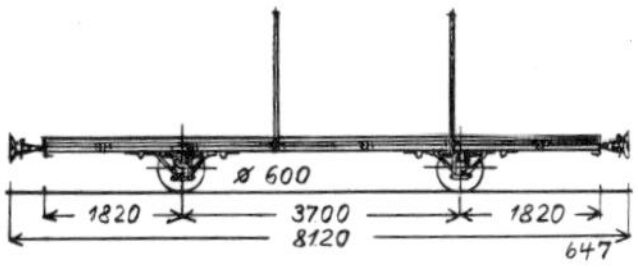

Mtb Jknm 210^II, 304^II, 314^II, 323^II

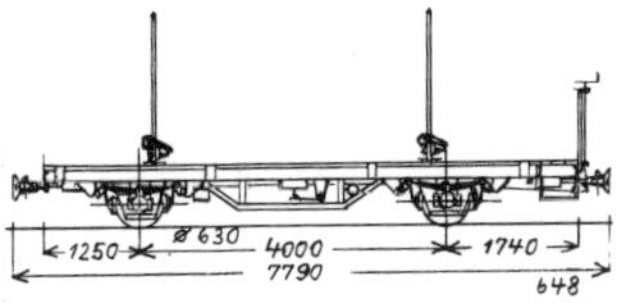

Mtb Jknm 355^II

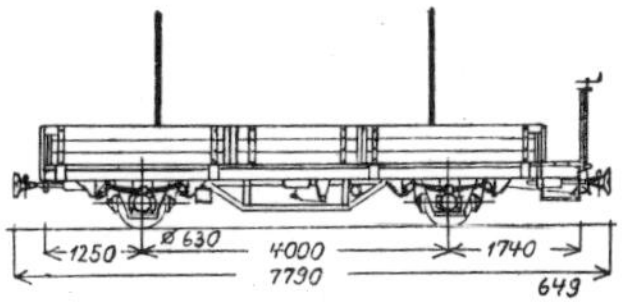

Mtb J 251....263

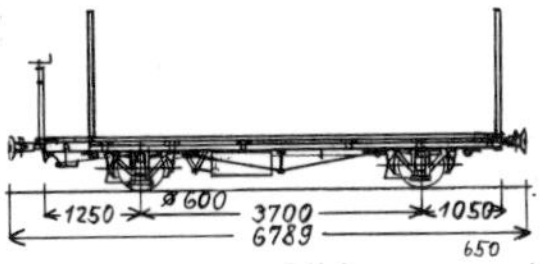

Mtb J 251.... 263

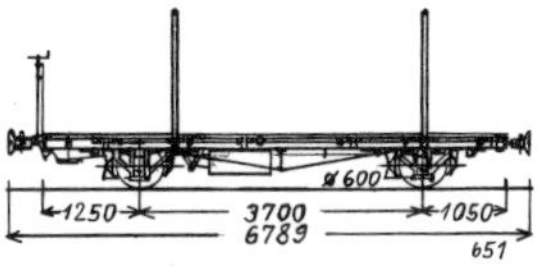

Mtb Jh 301 ÷ 333

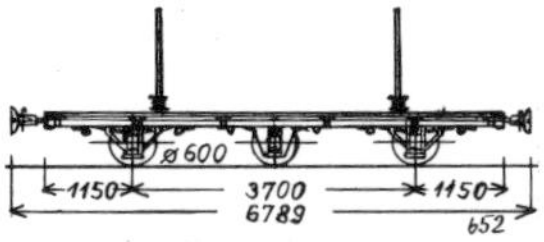

Mtb Jhk 301 ÷ 333

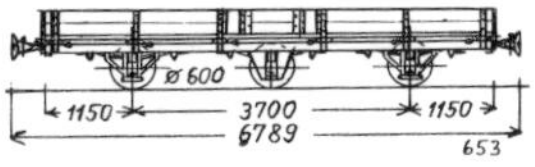

Mtb Jhk 351 - 373
teilweise als Niederbordwagen
(siebe Z 652/653)

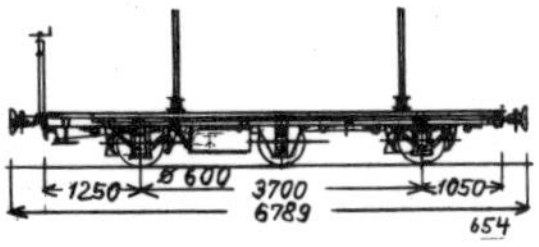

Mtb Jra 401

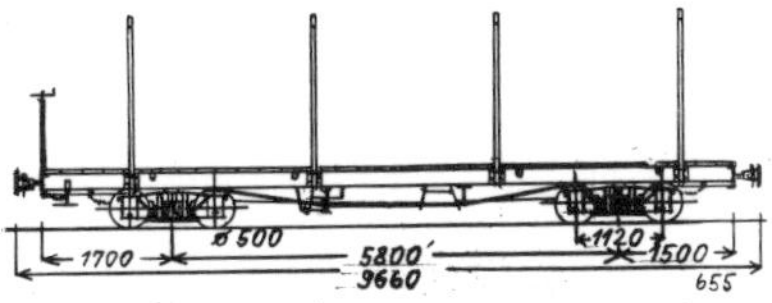

Mtb NNra 461

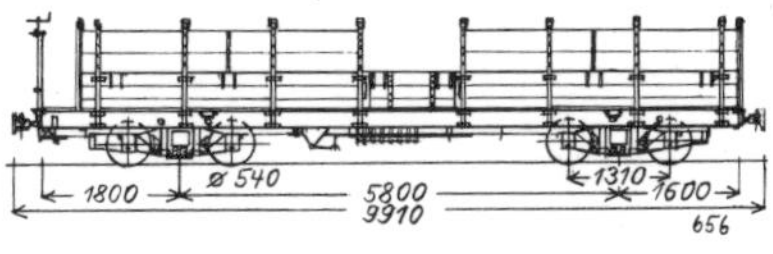

Mtb Ez 601^II

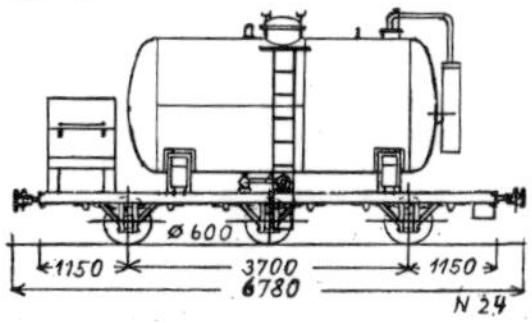

Mtb Z 611

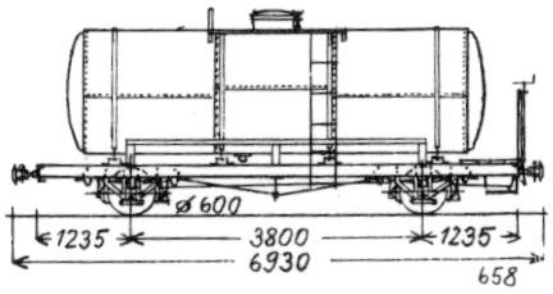

Mtb Z 612

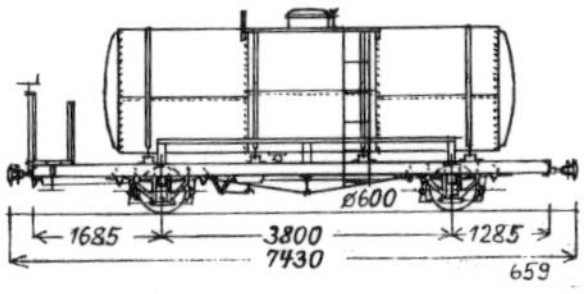

Mtb Z 613

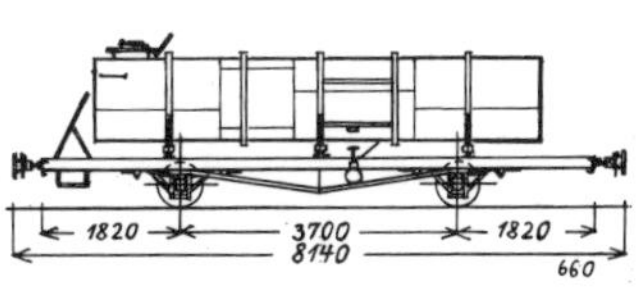

Mtb Ez 651^II

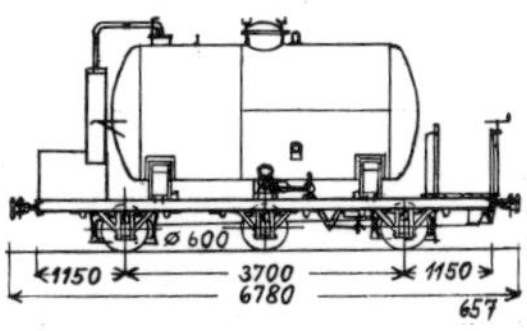

Mtb Ez 652 - 653

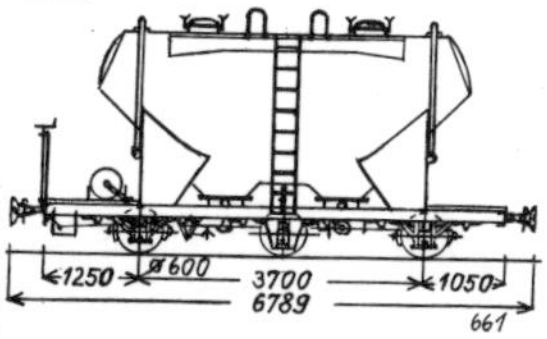

Mtb Ez 652 - 653 (UB)

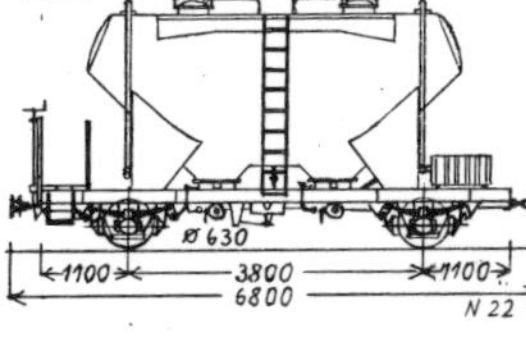

Mtb Ezm 654 - 655

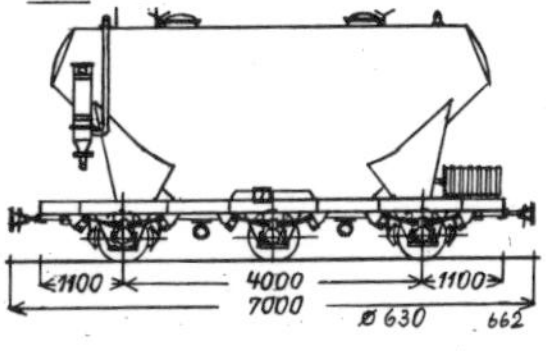

Mtb ZZ 671

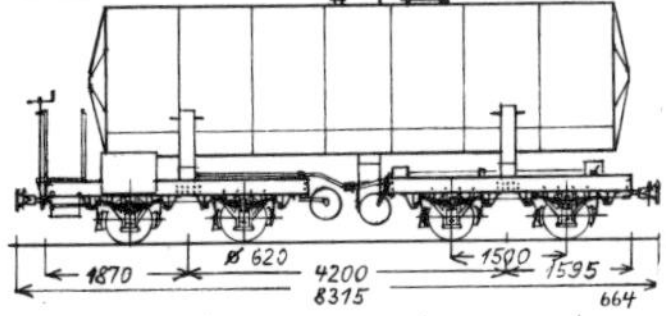

Mtb ZZ 672

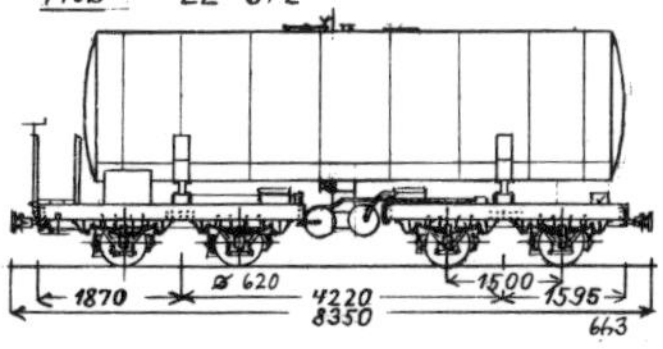

Mtb ZZm 681 - 682

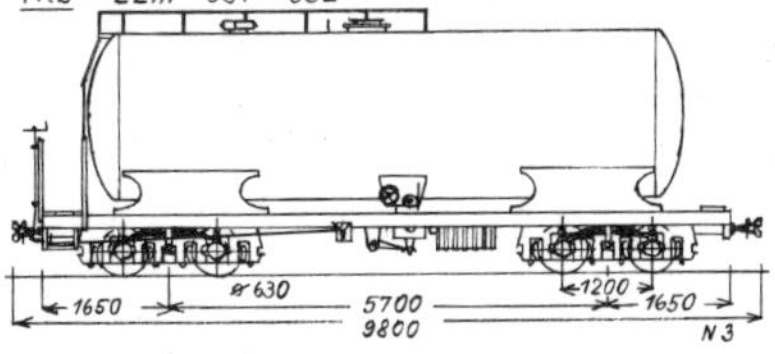

Weiz – Birkfeld – Ratten 1911 – 1961

Serie	Wagennummer	Baujahr	Br.	Ax	Sitzpl. Ladegw.	Eigengw.	Nummer ab 1961	Anmerkung
BCi	1 – 3	1911	m	2	12/15	5400	168, 166, 64	*)
Ci	11 – 15	1911	m	2	32	5200	61 – 63, 167	*)
Bia	40	UB 1935	m	4	52	10550	40	*)
Bia	(41)	UB 1928	m	4	–	–	(41)	*)
DF	51 – 52	1911	m	2	3,15	5670	51 – 52	
D	53	1892	m	2	3,0	3600	53	*)
D	54	UB 1930	m	2	3,0	4600	54	*)
D	55	UB 1925	m	2	3,0	5000	55	*)
Gi	81 – 85	1917	m	2	8,0	3200	81 – 85	*)
G	101 – 103	1911	m	3	10,0	5440	161 – 163	
G	104 – 105	1911	o	3	10,0	4750	121 – 122	
Jk	106 – 111	1911	m	3	10,0	4900	254 – 259	*)
Jk	112 – 117	1911	o	3	10,0	4720	201 – 206	
Jhn	118 – 121	1911	m	3	10,0	5000	351 – 354	
Jhn	122 – 125	1911	o	3	10,0	4450	301 – 304	
Jhn	126	1920	m	3	10,0	4800	355	
Jhn	127	1920	o	3	10,0	4300	305	
Jk	130 – 131	1920	m	3	10,0	4700	260 – 261	
Jk	132 – 133	1920	o	3	10,0	4100	207 – 208	
Jna	201 – 202	1929	m	4	15,0	6300	851 – 852	*)
GG	210 – 211	.	m	4	15,0	9100	451 – 452	*)
GG	212	1944	m	4	15,0	5850	420	*)
OO	310 – 311	.	(m)	4	15,0	7700	551 – 552	*)
NNm	410	1926	(m)	4	15,0	9110	654	*)
GGm	453 – 455	1926	m	4	15,0	10400	453 – 455	*)

---

*) 1 – 3, 11 – 15: Im Jahre 1928 Abgang 1 BCi (in späteren Wagenständen fehlt jedoch Ci 15!), der mit neuem Kasten 1931 als C 213 in Ka in Betrieb genommen wurde.
40: 15. 1. 1958 von Ka ex Cia 214
(41): 1958 von SKGLB ex Triebwagen TCa 672 UB in Personenwagen vorgesehen, jedoch nicht durchgeführt
53: 19. 3. 1951 von Stainz ex Mtb. 85, ex StmLB DF 331
54: 1958 von SKGLB ex D 765
55: 1958 von SKGLB ex D 757
81 – 85: Zugang 1925; Fabrikschild: Carminati & Toselli Società Italiana, Milano, Baujahr 1917
106 – 111: geliefert von Sanok
201 – 202: geliefert von Firma Ing. Seif, Wien
210 – 211: 1955 von Steinhelle – Medebach ex G 111 – 112
212: 1958 von SKGLB ex Gwa 1381
310 – 311: 1955 von Steinhelle – Medebach ex O 213 – 214
410: 1955 von Steinhelle – Medebach ex R 295
453 – 455: 1955 von Steinhelle – Medebach ex R 296 – 298; 1959 UB von offene in gedeckte Güterwagen

StmLB (WB) BCi 1 - 3
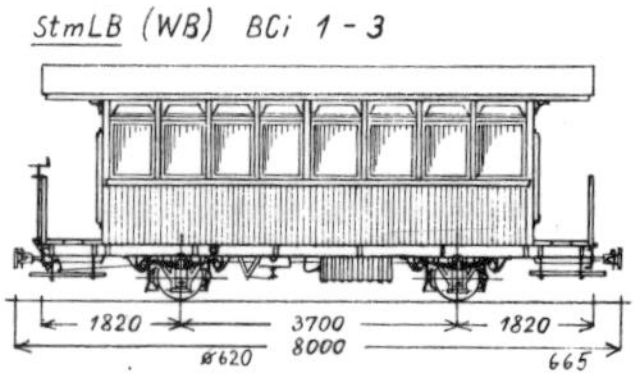

StmLB (WB) Ci 11 - 15
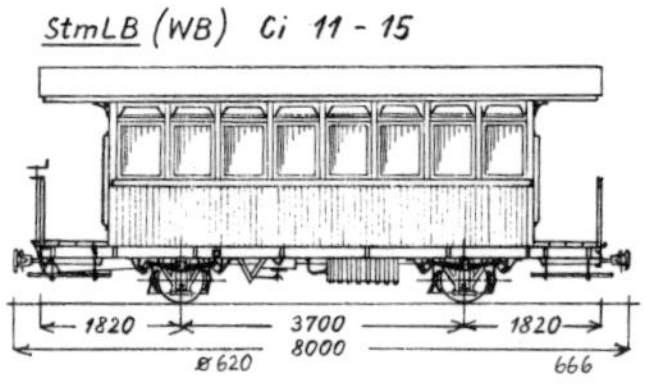

StmLB (WB) Ci 12 (UB)
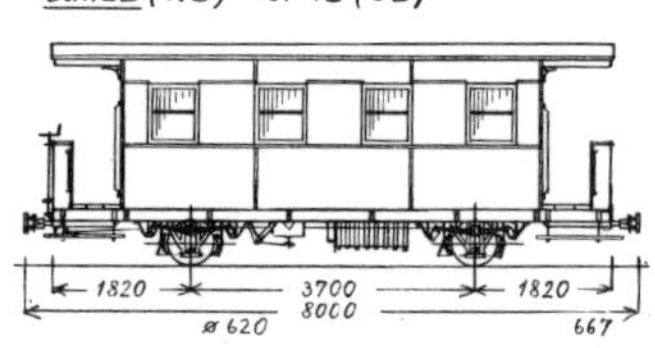

StmLB (WB) Bi 61 (UB)
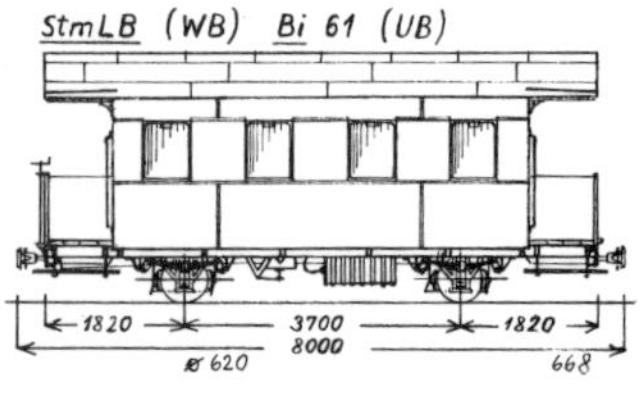

StmLB (WB) Bi 62 (UB)
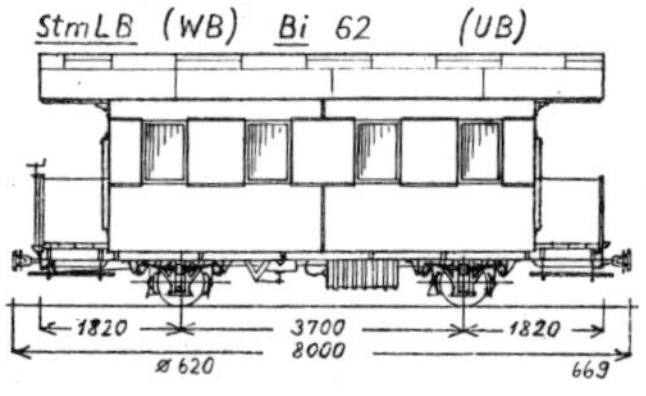

StmLB (WB) Bi 63 (UB)
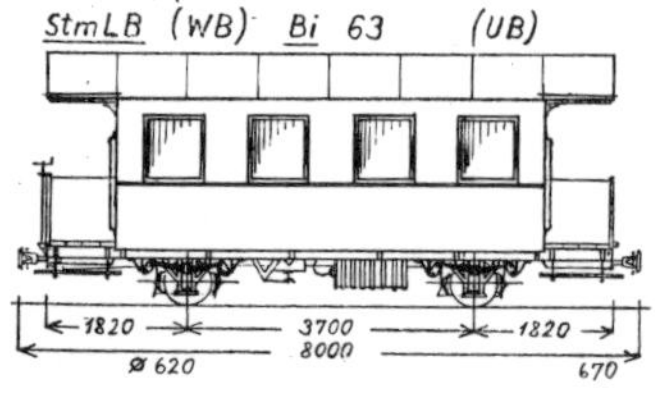

StmLB (WB) Bi 64 (UB)
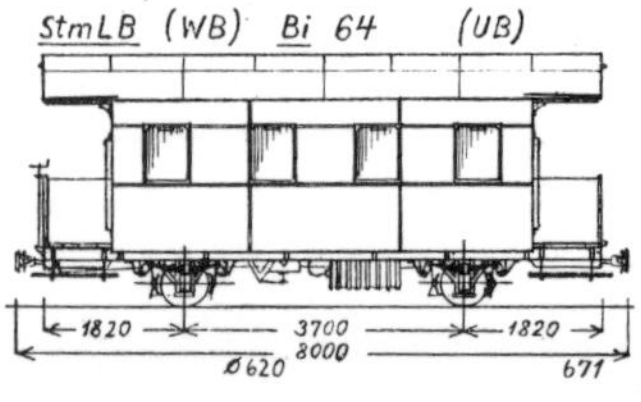

StmLB (WB) Bi 66, 68, 69; WR 42 → 44
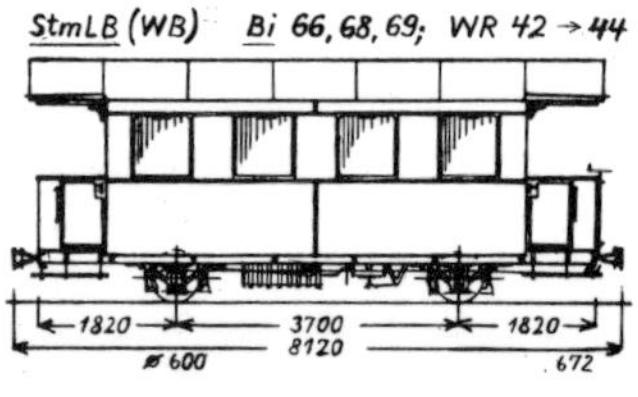

StmLB (WB) Cia 40
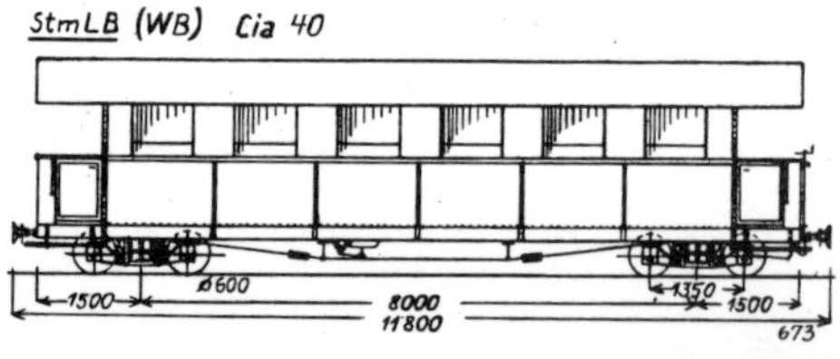

Weiz – Birkfeld – Ratten (Nummernschema 1961)

Serie	Wagennummer	Baujahr	Br.	Ax	Sitzpl. Ladegw.	Eigengw.	Nummer bis 1961	Anmerkung
Bia	40	UB 1935	m	4	52	10550	40	*)
Bia	(41)	UB 1928	m	4	–	–	(41)	*)
WR	42	1911	m	2	16	5700	–	*)
WR	44	1911	m	2	16	5700	–	*)
WR	45	UB 1974	m	4	30	10300	–	*)
Bi	61 – 64	1911	m	2	32	6000	11 – 13, 3	
Bi	66, 68 – 69	1894/01	m	2	32	6000	–	*)
DF	51 – 52	1911	m	2	6,0	6000	51 – 52	*)
D	53	1892	m	2	3,0	3600	53	*)
D	54	UB 1930	m	2	6,0	6000	54	
D	55	UB 1925	m	2	6,0	6000	55	
DF	56	1893	m	2	6,0	6000	–	*)
Gw	81 – 85	1917	m	2	8,0	3200	81 – 85	
G	109	1894	o	2	8,4	3850	–	*)
Gwd	111	1894	o	2	8,5	3970	–	*)
Gwd	112	1909	o	2	8,5	4160	–	*)
Gw	113 – 114	1924	m	2	8,4	4900	–	*)
G	121 – 122	1911	o	3	10,0	4200	104 – 105	
Gd	123 – 125	1893/94	o	3	10,0	4100	–	*)
Glm	151	UB 1971	m	2	10,5	5330	–	*)
Glm	152	UB 1971	(m)	2	10,5	5215	–	*)
Glm	153	UB 1974	m	2	10,5	5500	–	*)
G	156	1894	m	2	8,4	4200	–	*)
G	161 – 163	1911	m	3	10,0	5200	101 – 103	
G	164	1894	m	3	10,0	4710	–	*)
G	166 – 167	UB 1961	m	3	10,0	5200	–	*)
G	168 – 172	UB 1963	(m)	3	12,5	5400	–	*)
G	173 – 174	1912	m	3	13,0	5500	–	*)
Oa	201 – 206	1911	o	3	10,5	4720	112 – 117	
Oa	207 – 208	1920	o	3	10,5	4100	132 – 133	
Oa	(251 – 253)	1893	m	3	10,0	4100	–	*)
Oa	254 – 259	1911	m	3	10,5	4900	106 – 111	
Oa	260 – 261	1920	m	3	10,5	4700	130 – 131	
Oa	(262)	1893	m	3	10,0	3600	–	*)
Oa	263 – 267	1906	m	3	9,0	4400	–	*)
Nka	301 – 304	1911	o	3	10,5	4450	122 – 125	
Nka	305	1920	o	3	10,5	3830	127	
Nka	350	1920	m	2	10,5	4370	–	*)
Nka	351 – 354	1911	m	3	10,5	5000	118 – 121	
Nka	355	1920	m	3	10,5	4800	126	
Nk	356 – 357	1926	m	3	15,0	5100	–	*)
Nk	360	1920	m	3	10,5	4335	–	*)
GGw	419	1940	(m)	4	10,0	4225	–	*)
GG	420	1944	m	4	15,5	6250	212	
GG	451 – 452	.	m	4	15,7	9100	210 – 211	
GG	453 – 455	1926	m	4	19,5	10400	453 – 455	*)
GGm	460	1942	m	4	19,5	11020	–	*)
OO	550	1908	m	4	15,5	8770	–	*)
OO	551 – 552	.	(m)	4	15,5	7800	310 – 311	
NN	652 – 653	1928	m	4	16,0	7600	–	*)
NNm	654	1926	(m)	4	20,0	9425	410	
OOw	701 – 702	1942	(o)	4	10,0	3700	–	*)
OOw	750 – 754	1938/41	m	4	10,0	4000		*)
SS	850	UB 1967	m	4	15,0	8790	–	*)
SS	851 – 852	1929	m	4	15,0	6300	201 – 202	
–	941 – 942	1892	m	2	–	.	–	*)
–	UK 3	UB 1970	m	3	–	.	–	*)

---

*) 40: UB 1967 in SS 850
(41): nach Mu (UB in WR 41)
42: 1971 UB aus Bi 69; 1972 UN in WR 44
44: 1972 UN aus WR 42 = "Feistritztaler Schenke"

Restliche Anmerkungen auf Seite 303

StmLB (WB) WR 45

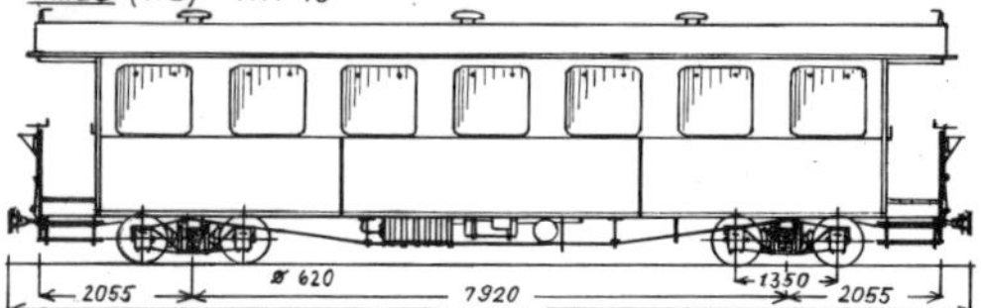

674

StmLB (WB) DF 51

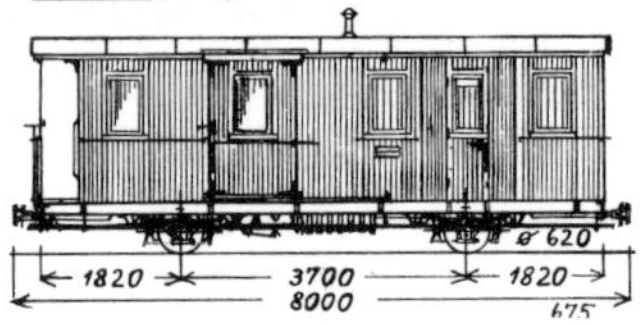

675

StmLB (WB) F 51 (UB)

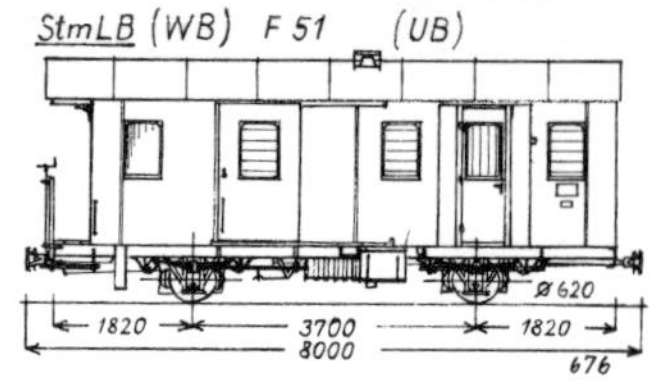

676

StmLB (WB) DF 52

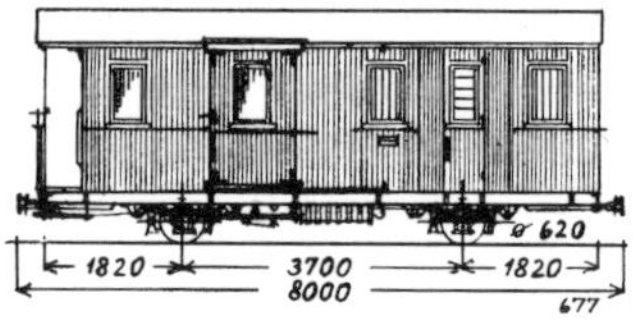

677

StmLB (WB) D 53

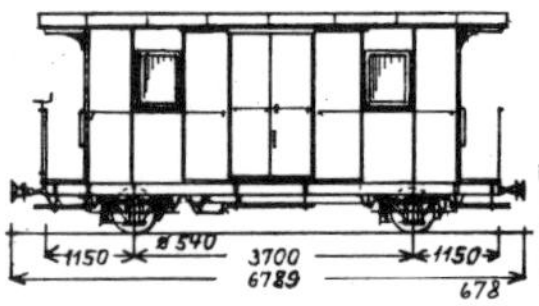

678

StmLB (Wz) D 54

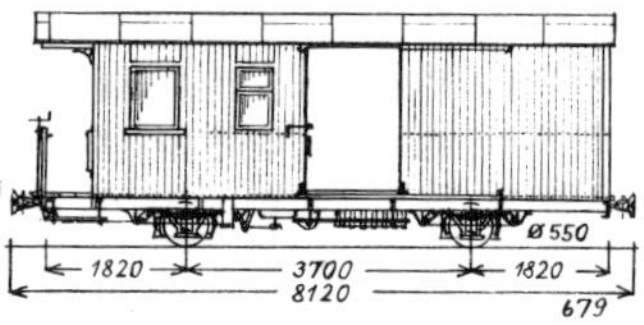

679

StmLB (WB) D 55

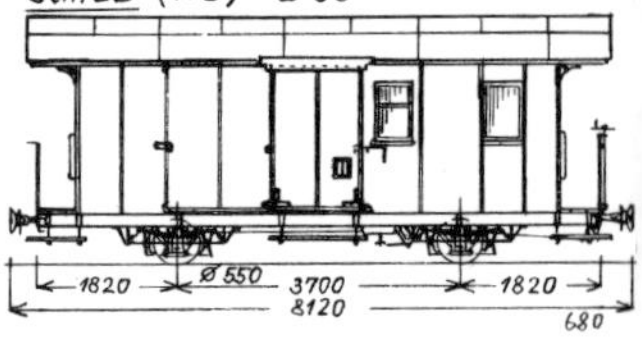

680

StmLB (WB) DF 56

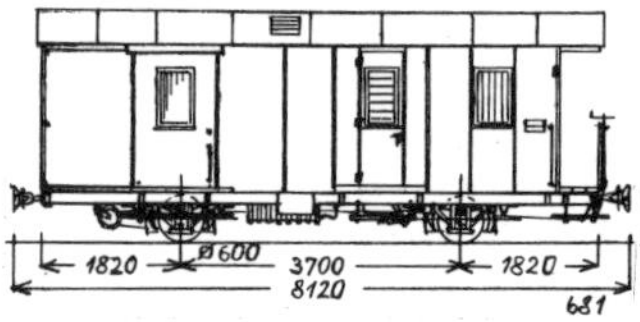

681

StmLB (WB) Gw 81 - 85
(SPÄTER → RADSTAND 3140)

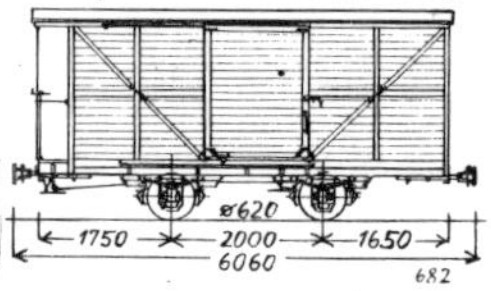

682

StmLB (WB) Gw 82, 84 (UB)
(SPÄTER → RADSTAND 3140)

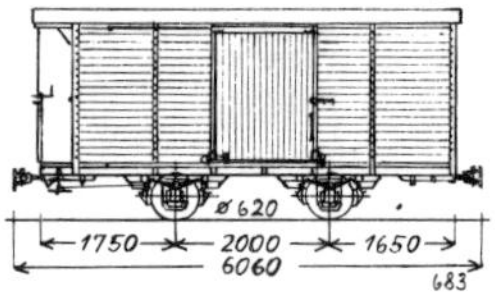

683

StmLB (WB) G 101 - 103 →
G 161 - 163

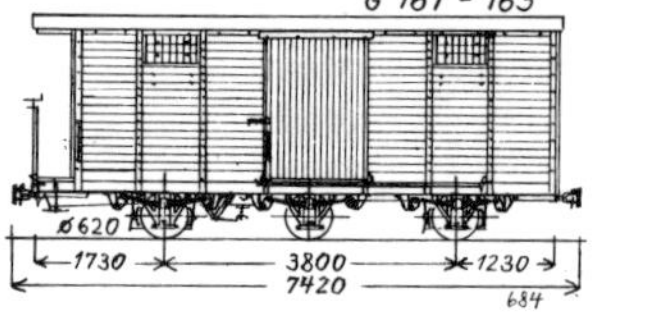

684

StmLB (WB) G 104 - 105 →
G 121 - 122

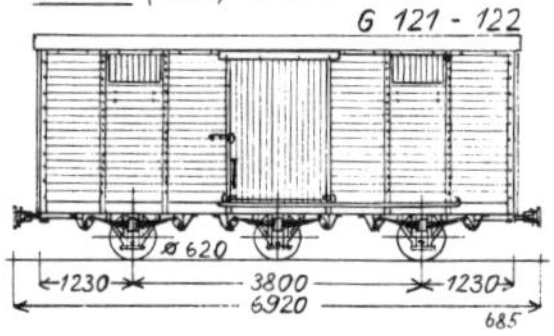

685

StmLB (WB) G 111

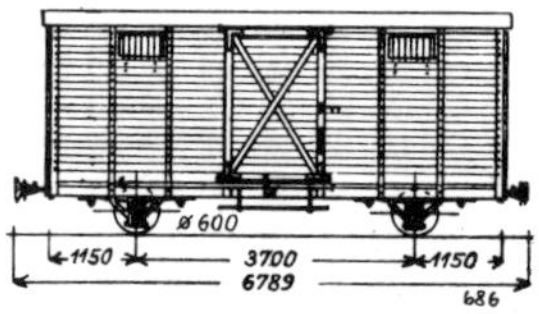

686

StmLB (WB) G 109, 112

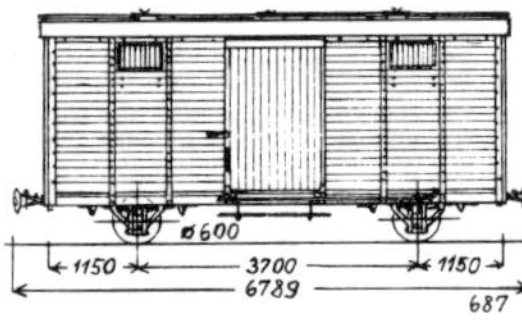

687

StmLB (WB) Gw 1205, 1209 →
G 113 - 114

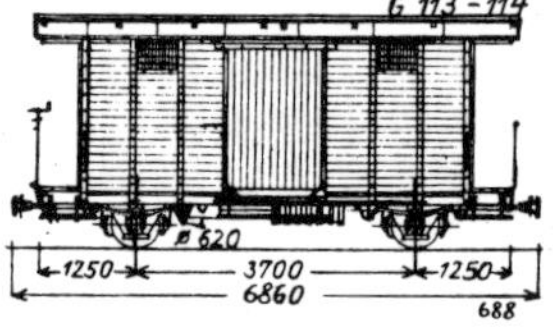

688

StmLB (WB) G 123 - 125

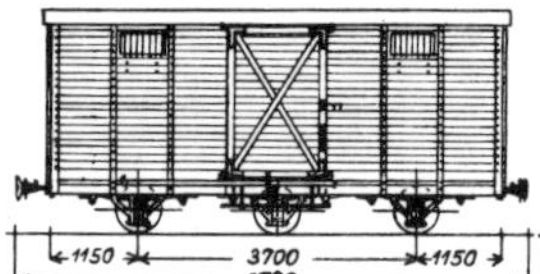

689

StmLB (WB) Glm 151, 153

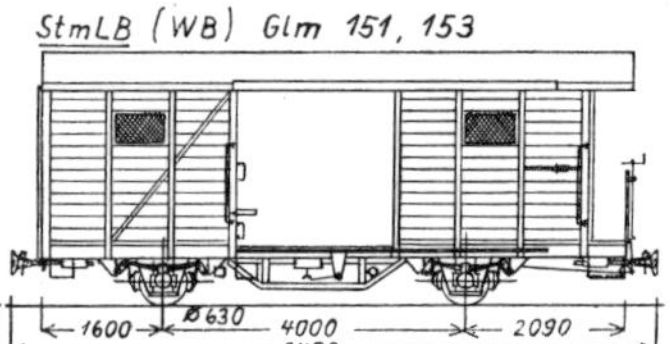

690

StmLB (WB) Glm 152

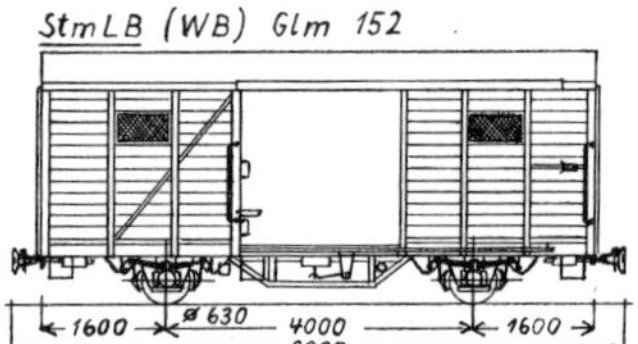

691

StmLB (WB) G 164

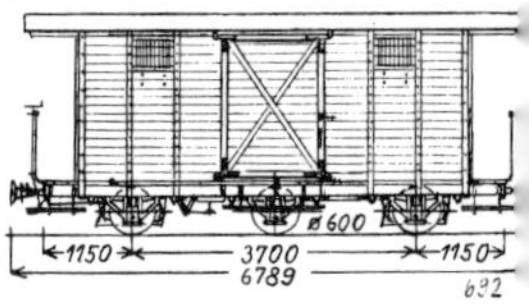

692

StmLB (WB) G 166 - 167

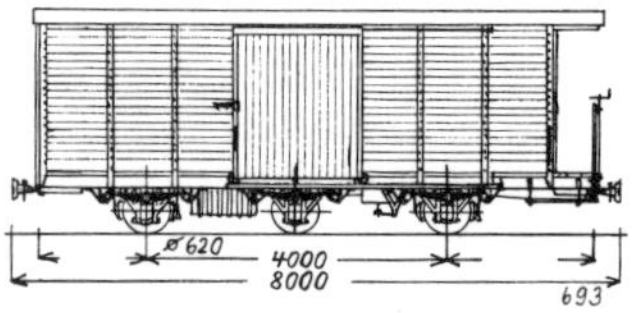

693

StmLB (WB) G 168 - 172

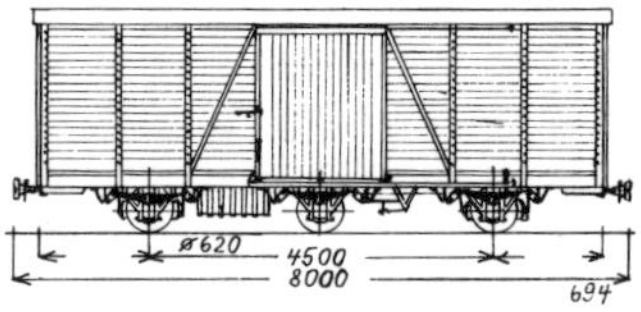

694

StmLB G 1526 → 11 657 → G 173
(WB)

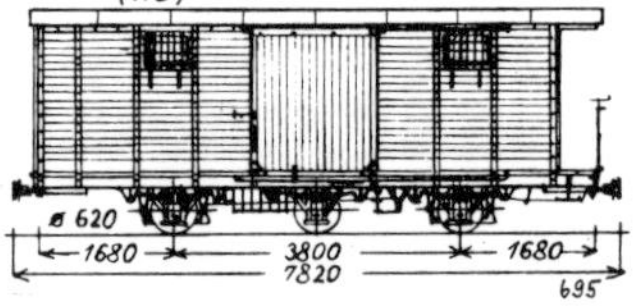

695

StmLB G 1527 → 11 658 → G 174
(WB)

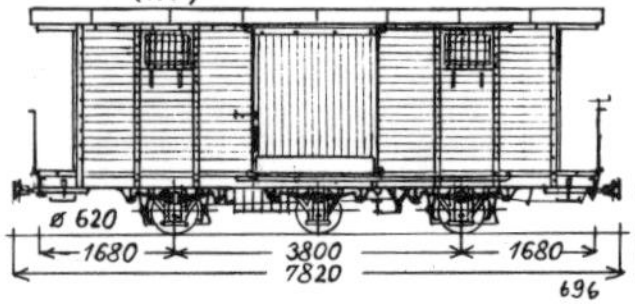

696

StmLB (WB) GG 210 → 451

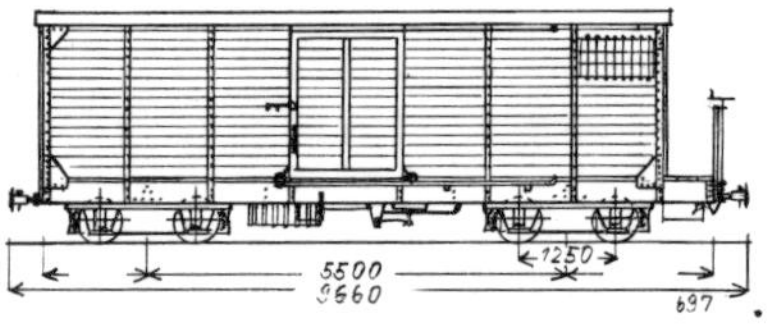

697

StmLB (WB) GG 211 → 452

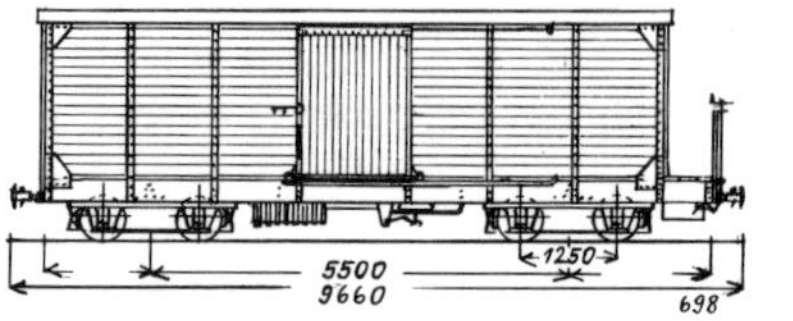

698

StmLB (WB) GG 212 → 420.

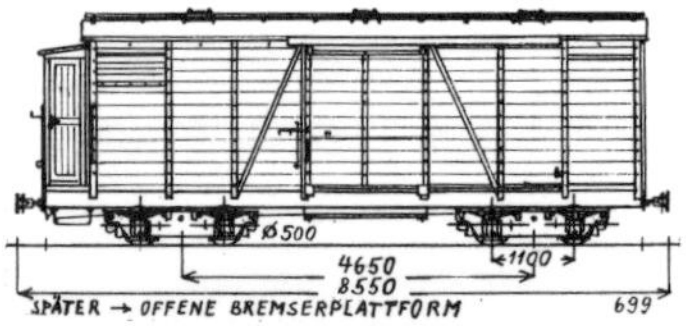

SPÄTER → OFFENE BREMSERPLATTFORM

699

StmLB (WB) GGw 419

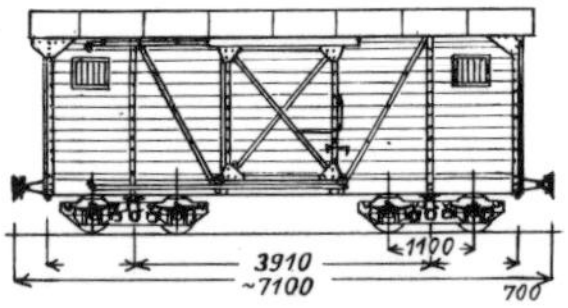

700

StmLB (WB) GGm 453 - 455

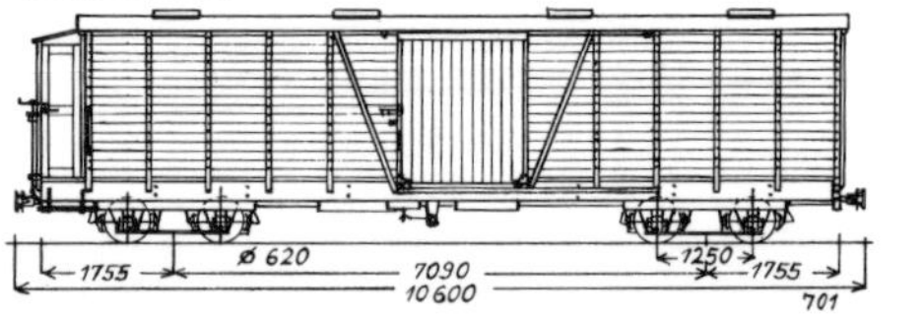

701

StmLB (WB) GGm 76855 → GGm 460

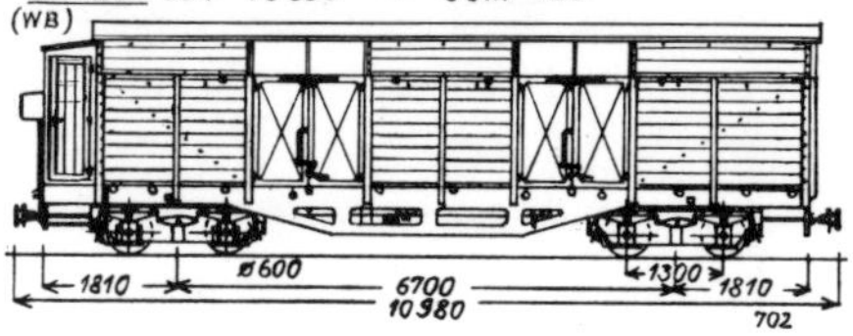

StmLB (WB) Jk 106 - 111 → Oa 254 - 259

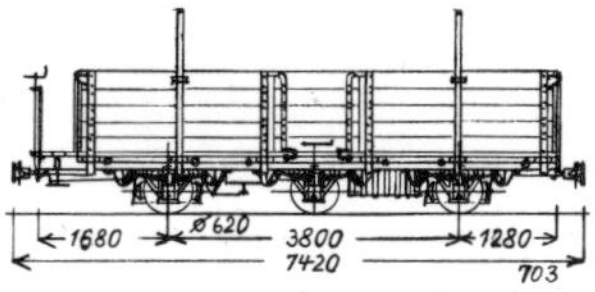

StmLB (WB) Jk 112 - 117 → Oa 201 - 206

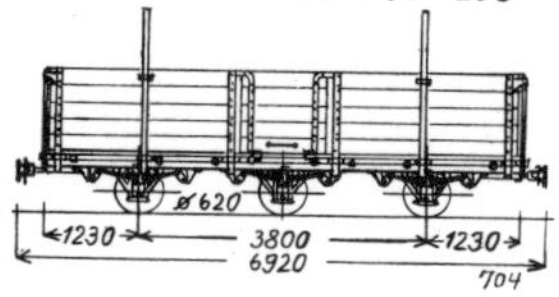

StmLB (WB) Jhn 118 - 121, 126 → Nka 351 - 355 (z.T. → ABGEBORDET MIT HOLZBÖCKEN)

StmLB (WB) Jhn 122 - 125, 127 → Nka 301 - 305 (z.T. → ABGEBORDET MIT HOLZBÖCKEN)

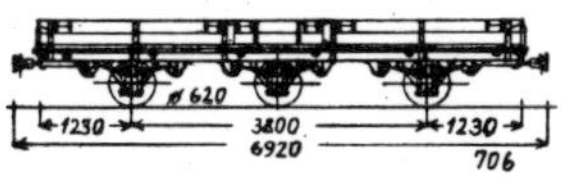

StmLB (WB) Jk 130 - 131 → Oa 260 - 261

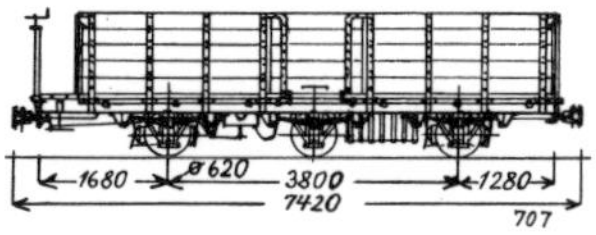

StmLB (WB) Jk 132 - 133 → Oa 207 - 208

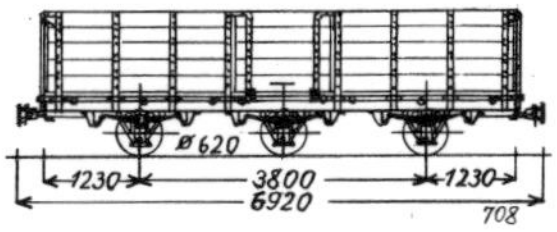

StmLB (WB) Jha (→ SS) 201 - 202 → SS 851 - 852

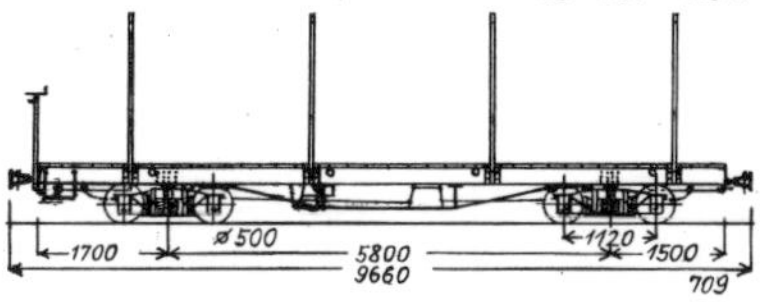

StmLB (WB) O 263 - 267

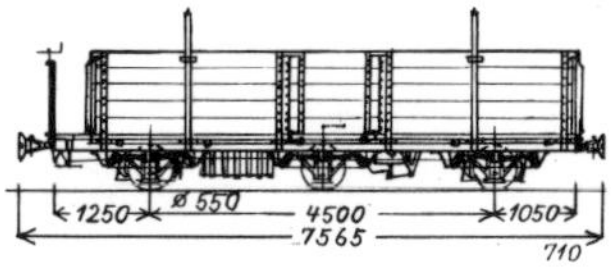

StmLB (WB) O 264 (UB)

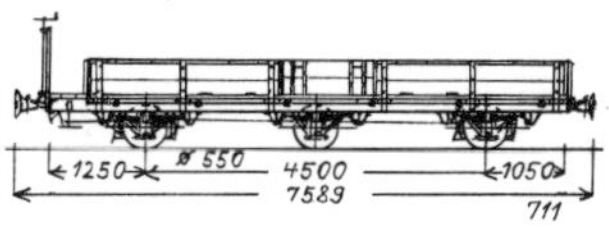

---

*) ***Anmerkungen zur Liste auf Seite 301:***

45: 1974 von VBW (Vereinigte Bern – Worb-Bahnen) ex Nr. 4; UB von 1000 mm auf 760 mm Spurweite; geliefert 1898 von SIG, Neuhausen; UB 1946 (neuer Wagenkasten)
66, 68 – 69: von Mu 1958/59 ex Mtb. 66, 68 – 69
52: bei Unfall 1962 zerstört
53: UB in Gerätewagen 942 (vorübergehend Nr. 42)
56: 1959 von Ka, UB aus DF 336
109: 1970 von Mu, ex Mtb. 109
111 – 112: 1954 von St. Erhard (von 1947 – 1954 in St. Erhard) ex Mtb. 111 – 112
113 – 114: 1971 von ÖBB ex 10216 (1205 bis 1954) und 10219 (1209 bis 1954), entlehnt seit 15. März 1951; geliefert von Simmering
123 – 125: 1941/1957/1941 von Ka ex 4101, 4103, 4104; 1905 Einbau 3. Achse
151: UB durch Knotz, Wien; ex SKGLB 6159 (UN in 262 war vorgesehen)
152: UB durch Knotz, Wien; ex Mtb. 211
153: UB durch Werkstätte Weiz aus Nka 352
156: 1970 von Mtb. ex Mtb. 156
164: 1951 von Stainz ex 4007 (1946 – 1951 in Stainz, bis 1946 in Ka); 1903 Einbau 3. Achse
166 – 167: UB aus 2, 14
168 – 172: UB aus Ci 1, aus C 212, C 61, C 103 von Ka und aus Bi 61 ex Mtb
173 – 174: 1971 von ÖBB ex 11657 (1526 bis 1954) und 11658 (1527 bis 1954), entlehnt seit 20. Jänner 1952; geliefert von Simmering
(251 – 253): 1954/57 von Ka gekommene 5301, 5303, 5306 sollten in 251 – 253 umnumeriert werden, kamen jedoch 1964 vor der Umnumerierung nach Mu; 1901/02 Einbau 3. Achse
(262): Der 1958 gekommene SKGLB 6159 (1905 Einbau 3. Achse) sollte in 262 umnumeriert werden; UB 1971 in Glm 152
263 – 267: 1958 von SKGLB ex 3351, 3353, 3452 – 3454; 264 als Niederbordwagen seit 1965 in Stainz
350: 1971 von ÖBB ex 31451 entlehnt seit 21. 4. 1955
356 – 357: 1971 von ÖBB ex 34608, 34614 entlehnt seit 21. 4. 1955
360: 1965 UB aus 260
419: 1968 von Mu ex SKGLB Gwa 1111 (sollte Mtb. 454 werden); UB 1969 in Weiz (Plattform entfernt!)
453 – 455: 1959 UB in Weiz aus offenen Güterwagen
460: 1971 von ÖBB ex OOm 76855, entlehnt seit 21. 4. 1955; geliefert von Waggon- & Maschinenfabrik AG vorm. Busch, Bautzen
550: 1955 von Ka ex 6103
652 – 653: 1962 von Vorarlberger Illwerke AG ex Omrs 24, Cie 23
701 – 702: 1957/1955 von Ka ex Nr. 701 und 703 Ka
750 – 751: 1955 von Ka ex Nr. 700, 702; 1964 nach Mu
752: 1957 von Ka ex 752 Ka
753: 1958 von SKGLB ex Ka 7102; 1964 nach Mu
754: 1957 von Ka ex Nr. 704
850: UB aus Bia 40
941 – 942: Gerätewagen (vorübergehend Nr. 41 – 42); 941: ex DF 332 am 3. 12. 1956 von Ka; 942: ex DF 331 am 19. 3. 1951 von Stainz (1939 – 1951 Mtb. Nr. 85!)
UK 3: UB aus Nka 305; 1972 nach Ka

StmLB (WB) Oza 265 (UB)

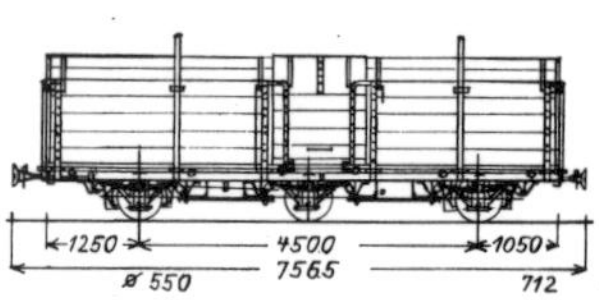

StmLB (WB) OO 310 - 311 → 551 - 552

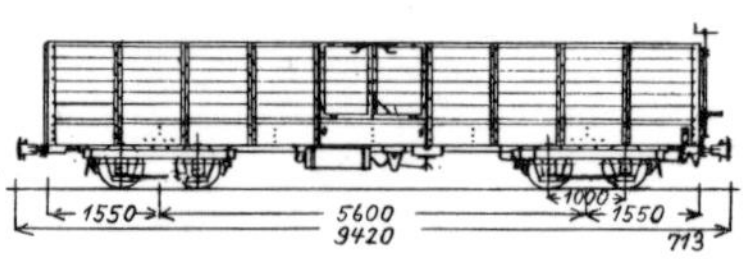

StmLB (WB) Jb 31451 → Na 350

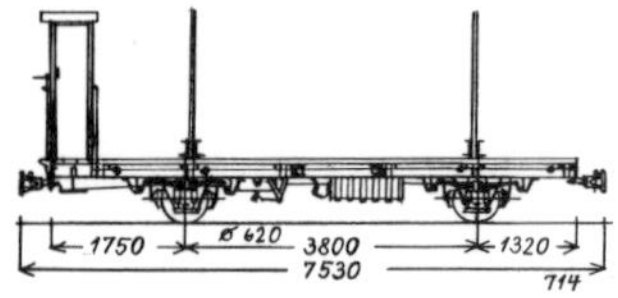

StmLB (WB) Jbm 34608 → Na 356

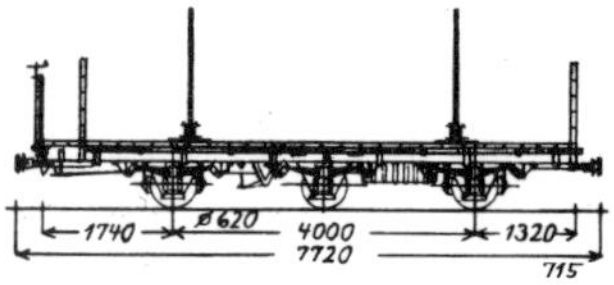

StmLB (WB) Om 34614 (Jbm) → Oa 357
(MEIST ABGEBORDET IM EINSATZ!)

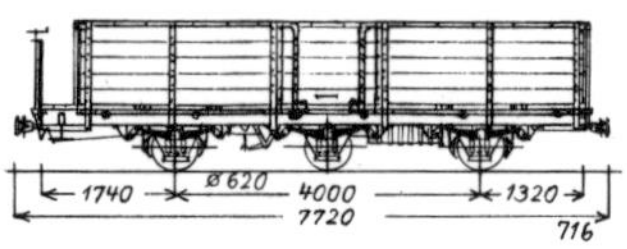

StmLB (WB) Nk 360

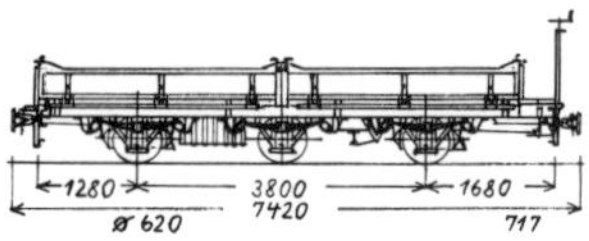

StmLB (WB) NNm 410 → NNra 654

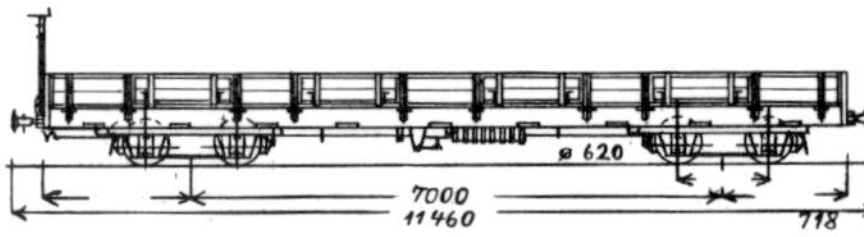

StmLB (WB) NNra 654 (UB)

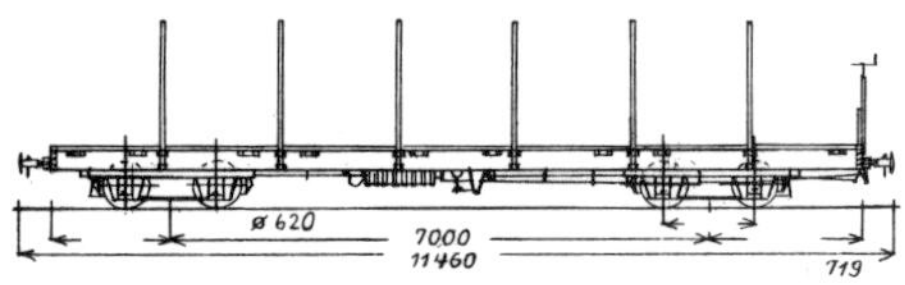

StmLB (WB) OOw 550

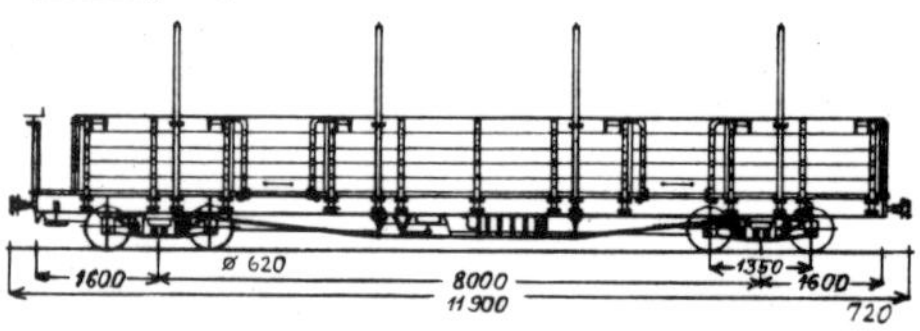

StmLB (WB) NNra 652 - 653

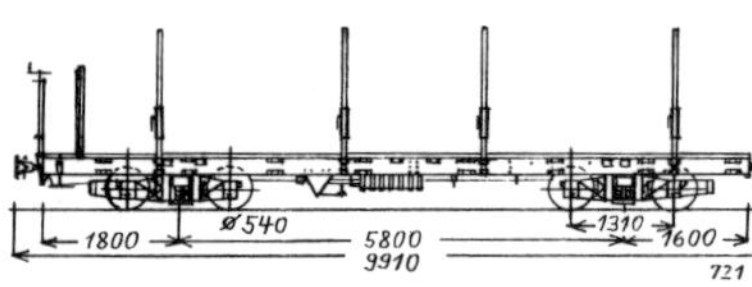

StmLB (WB) OOw 700, 702, 704 → 750, 751, 754

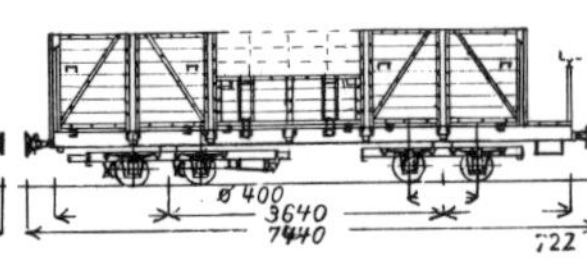

StmLB (WB) OOw 701, 703, 752
701, 702 (ex 703) ohne Handbremse
752 mit Handbremse

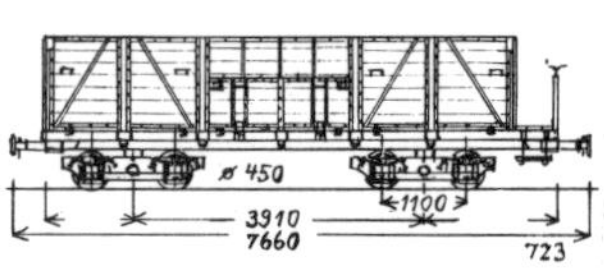

StmLB (WB) OOw 753

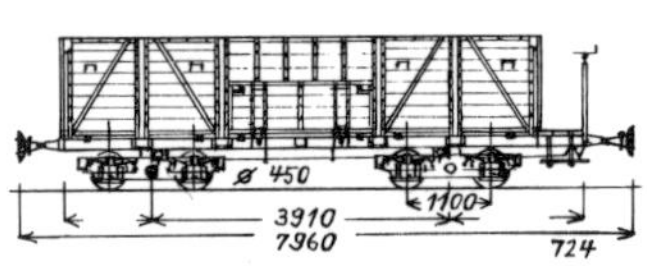

StmLB (WB) SS 850

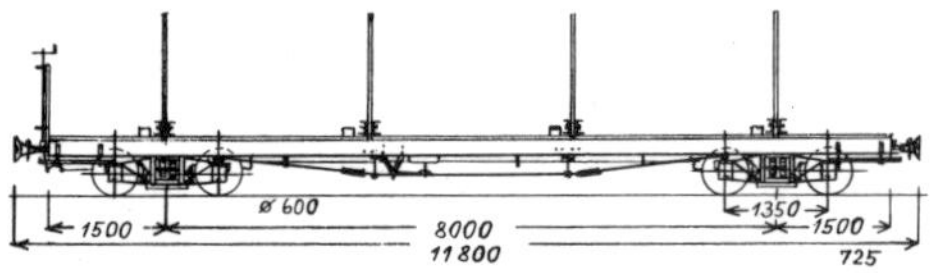

M.St.E. 1 - 2

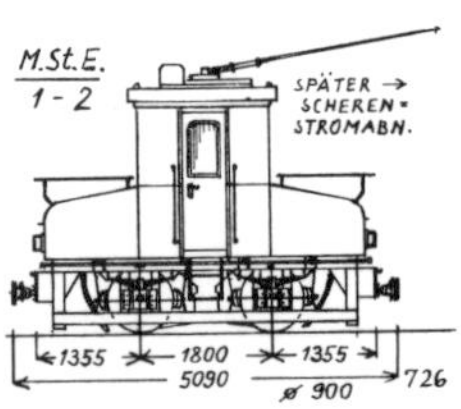

M.St.E. 3

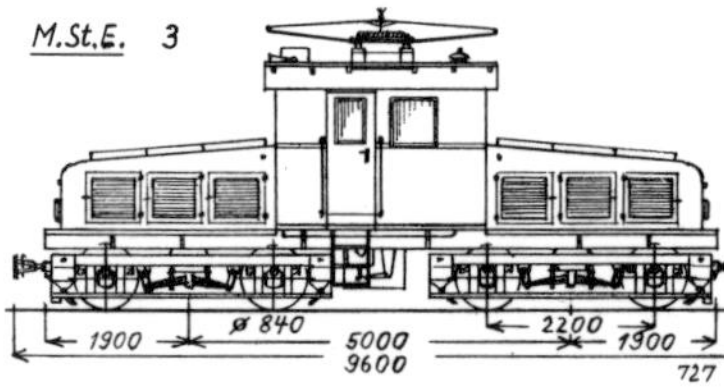

M.St.E. 4

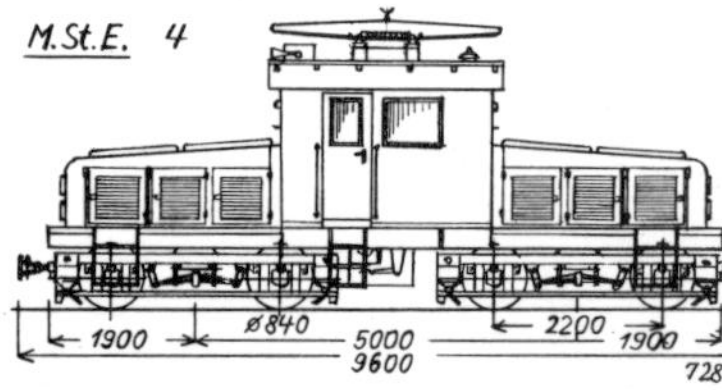

MStE Te 1

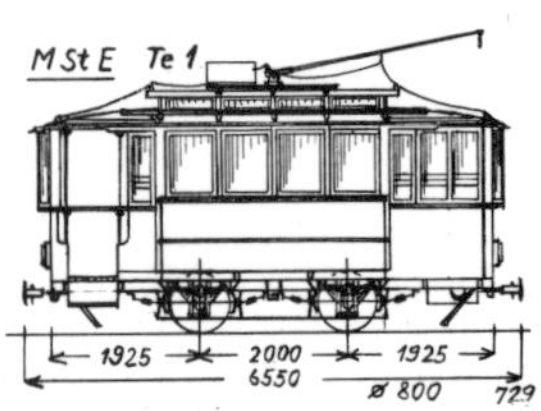

MStE T 2

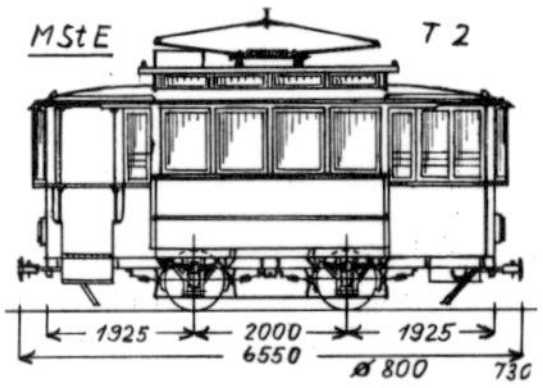

M.St.E. C 1

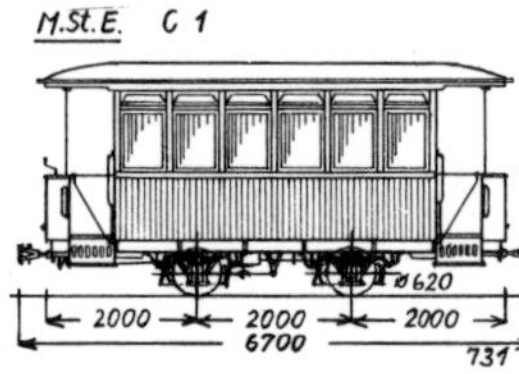

M.St.E. CD 2 (ANDERE SEITE 6 FENSTER WIE C1)

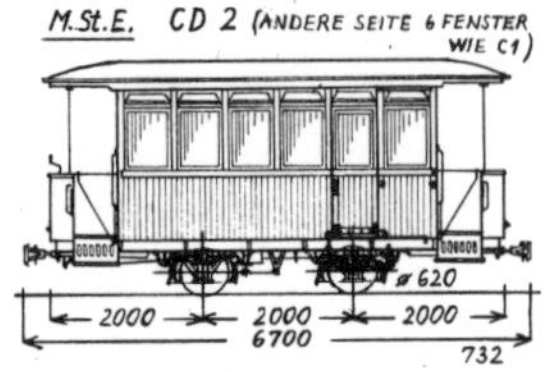

M.St.E. C 2 (1. UB)

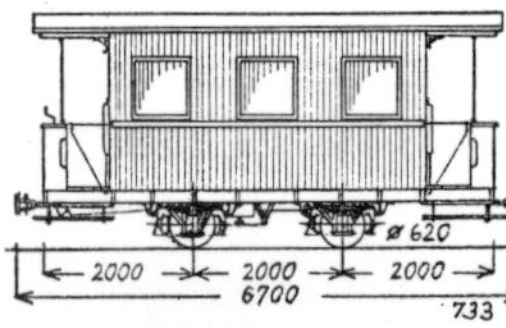

M.St.E. C 2 (2. UB)

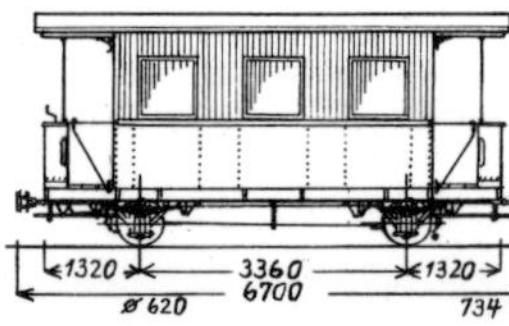

M.St.E. C 10 - 11

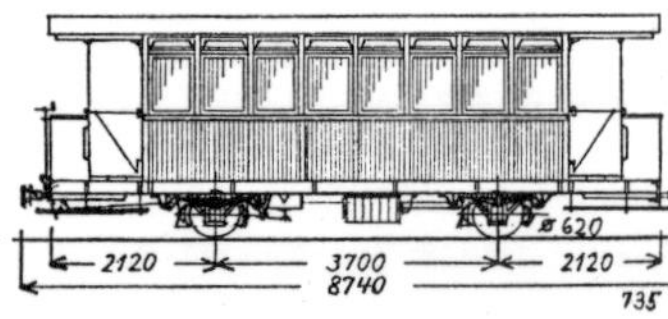

Mixnitz – St. Erhard

Elektrische Lokomotiven

BREITENAU	E 1	AEG	1508/1913	1926 von BBÖ	Bo
HOCHLANTSCH	E 2	AEG	1509/1913	1926 von BBÖ	Bo
	E 3	ÖAM/BBC	1601/1957		BoBo
	E 4	ÖAM/BBC	2409/1963		BoBo

Elektrische Triebwagen für Verschubdienst

Te 1	Graz	1907	1954 von Ybbs gekauft
T 2	Graz	1907	1954 von Ybbs gekauft

Serie	Wagennummer	Baujahr	Br.	Ax	Sitzpl. Ladegw.	Eigengw.	Anmerkung
Personenwagen							
C	1	1913	m	2	18	3750	*)
CD	2	1913	m	2	12	3750	*)
C	2	UB 1939	m	2	24	4000	*)
C	10 – 11	1914	m	2	32	5300	*)
C	12 – 13	1921	m	2	32	5100	
Gepäckwagen							
D	50		m	2		3200	*)
Gedeckte Güterwagen							
GGp	1	UB 1961	o	[illegible]	15,0	7150	*)
GGp	2 – 3	UB 1961	(m)	4	15,0	7350	*)
G	51	.	o	2	6,0	3200	*)
GG	52	1924	m	4	15,0	7650	*)
GG	53	1903	m	4	15,0	9500	*)
GG	54 – 55	1903	m	4	15,0	8100	*)
G	111 – 112	1894, 1909	o	2	8,0	3600	*)
Offene Güterwagen							
NN	55 – 56	UB 1965/69	m	4	10,0	8000	UB aus GG 54–55
Jk	101 – 107	1913	m	3	10,0	5300	
Jk	108 – 111	1913	(m)	3	10,0	4900	*)
Jkh	112 – 114	1913	(m)	3	10,0	5300	*)
Jk	115	1914	(m)	3	10,0	5300	*)
Jk	116 – 119	1922	m	3	10,0	4900	*)
Jk	120 – 123	1893/UB 1906	m	3	10,0	3800	*)
Jk	124	1906	m	3	10,0	3800	*)
Jh	130 – 131	1914	o	2	10,0	2500	*)
Jh	132, 134, 136	1921/22	o	2	10,0	2500	*)
Jh	133, 135, 137	1921/22	m	2	10,0	2900	*)
Omp	141 – 144	1970 UB	o	2	15,0	4600	UB von Knotz, Wien
Omp	151 – 156	1963	m	2	14,5	5500	
Jka	201 – 203	1926/27	m	4	15,0	6750	*)
OO	250	1926	m	4	15,0	6750	*)
OO	252	1926	o	4	15,0	7350	*)
Kesselwagen							
Z	1	UB 1952	m	2	8,3	5100	*)
Z	2	UB 1952	o	2	8,3	4700	*)
Z	3 – 4		m	2	5,0	3000	*)
ZZ	5	UB 1958	m	4	15,5	8850	*)
ZZ	6	UB 1950	m	4	9,0	8200	1958 ex SKGLB Ra 1
ZZ	7	UB 1962	m	4	17,0	8700	*)

---

*) *Personenwagen*

1: geliefert von Ringhoffer Werke AG in Prag-Smichov; 1931 verkauft an die Waldbahn Deutschlandsberg – Freiland

2: geliefert von Ringhoffer Werke AG in Prag-Smichov; 1931 ausgeschieden; 1939 wieder im Bestand UB in C 2; 1970 VKEF

10–11: geliefert von Ringhoffer Werke AG in Prag-Smichov; 1967 an Verein der Kärntner Eisenbahnfreunde

12–13: 1967 an Verein der Kärntner Eisenbahnfreunde

Gepäckwagen

50: geliefert an Roessemann & Kühnemann in Prag; Achslageraufschrift: k.k.B.H.St.B. = BOSNISCH-HERZEGOWINISCHE STAATSBAHN; 1975 VKEF

Restliche Anmerkungen auf Seite 307

M.St.E. C 10 (UB)

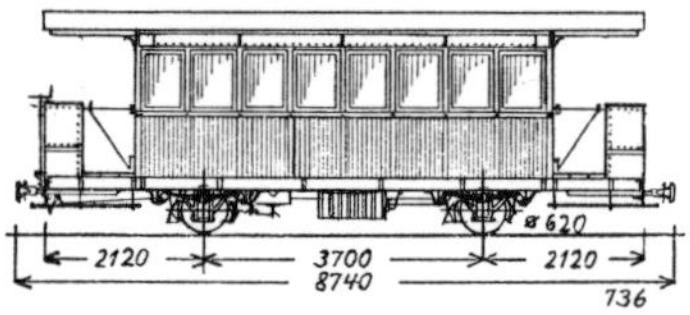

736

M.St.E. C 11 (UB)

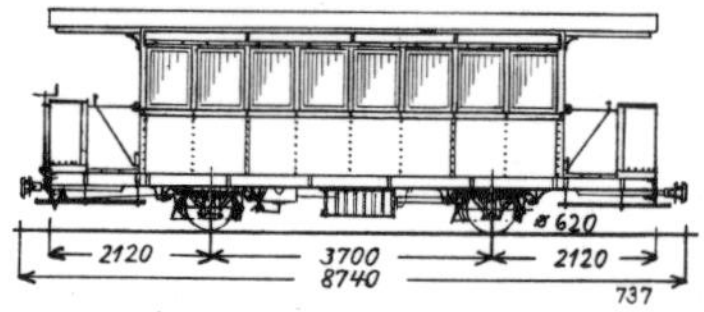

737

M.St.E. C 12 - 13

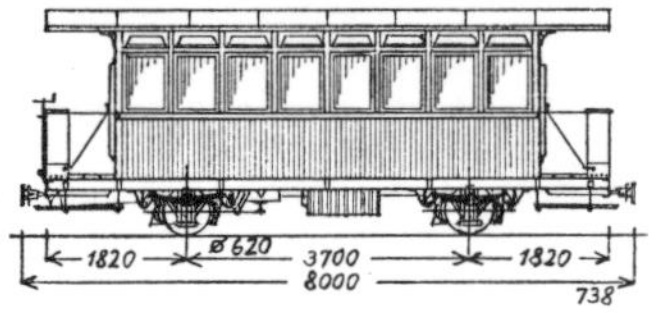

738

M.St.E. C 12 (UB)

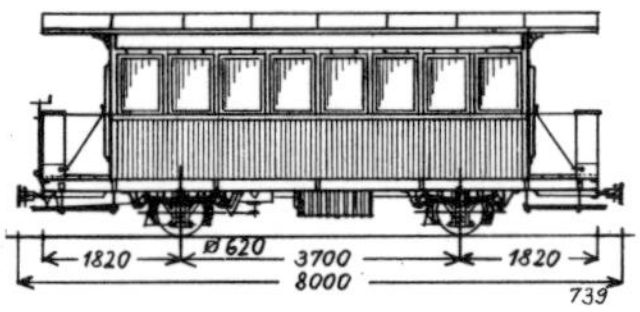

739

M.St.E. C 13 (UB)

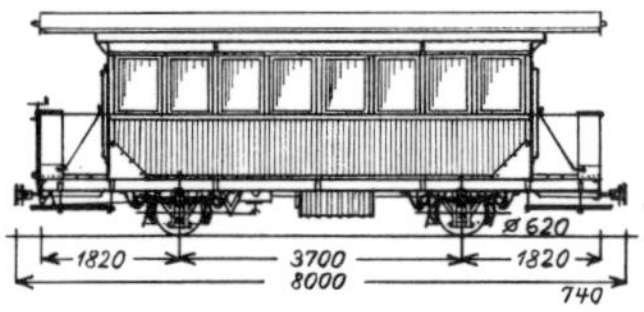

740

M.-St.E. D 50

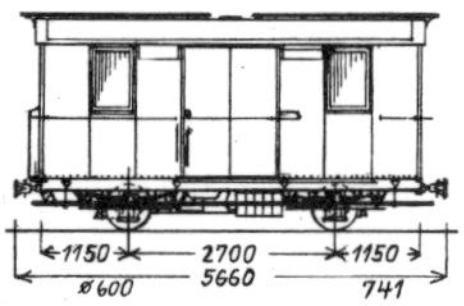

741

M.St.E. G 51

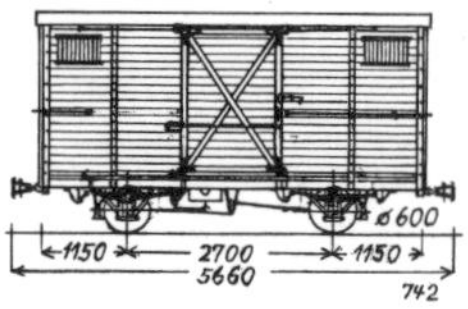

742

MStE GG 52

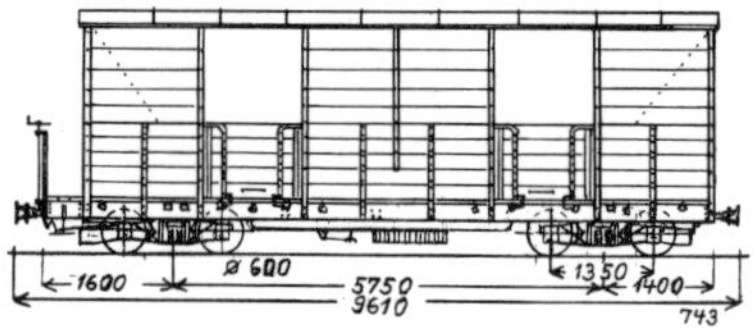

743

MStE GG 53

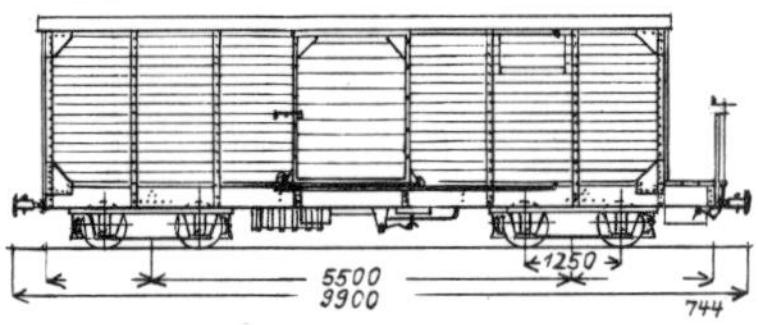

744

MStE GG 54 - 55

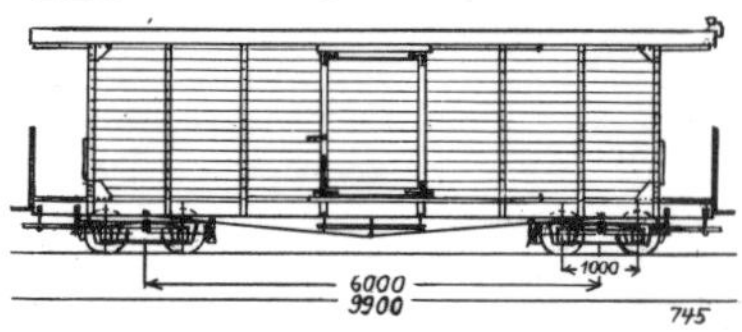

745

MStE GGp 1 - 3 (GGp 1 OHNE BREMSE)

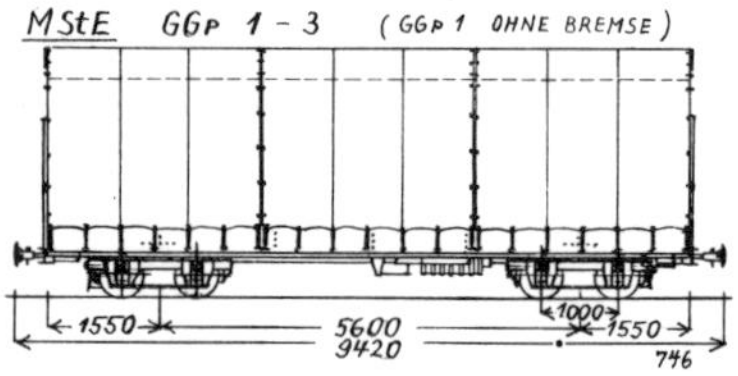

746

MStE NN 55

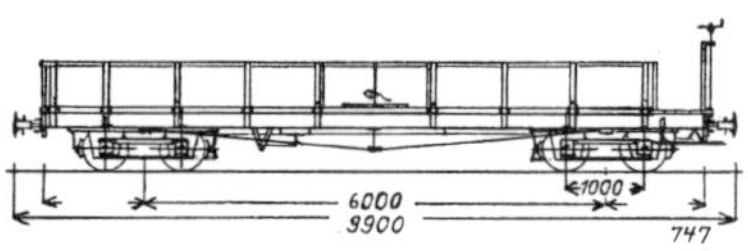

747

MStE NN 56

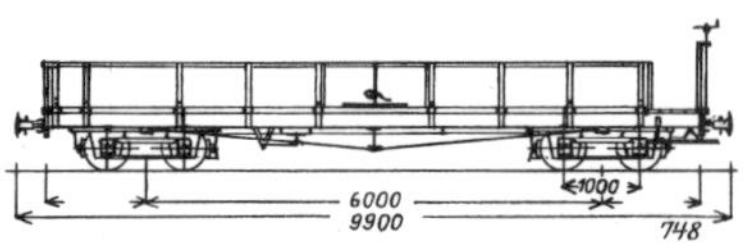

748

MStE Jk 101 - 107

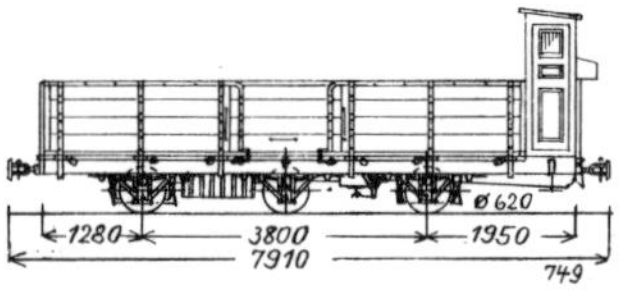

749

MStE KKp 101 - 107

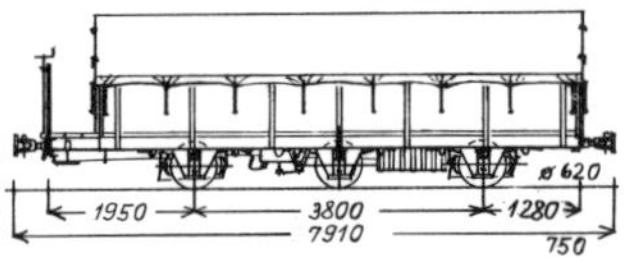

750

MStE Jk 108 - 111, 115

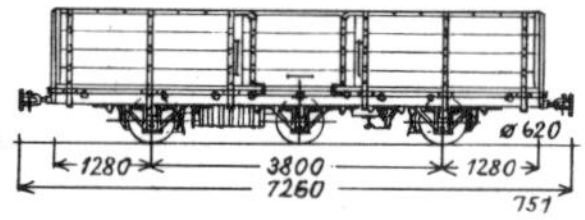

751

MStE Jk 109 (UB)

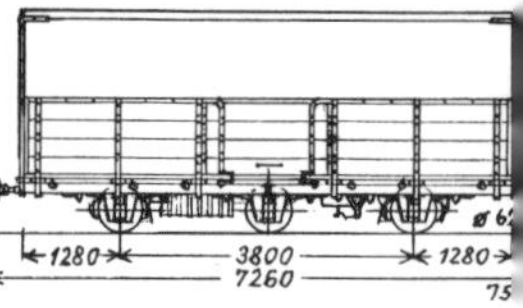

75

MStE Jkh 112 - 114

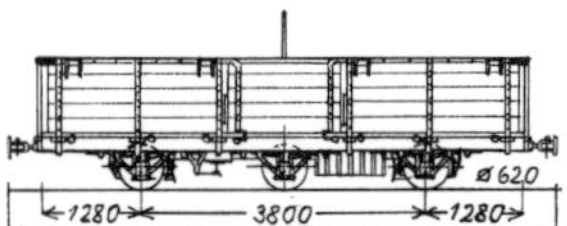

753

MStE KKp 108 - 115

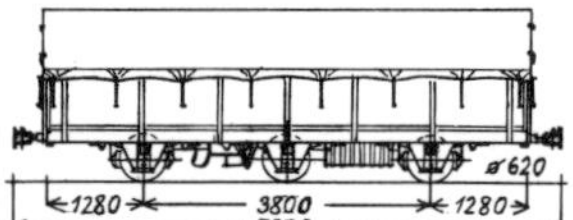

754

MStE Jk 116 - 119

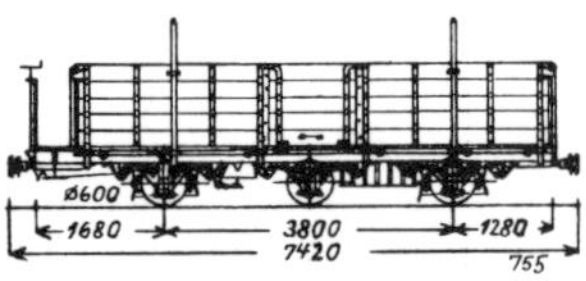

755

MStE Jk 116 .... 119 (UB)

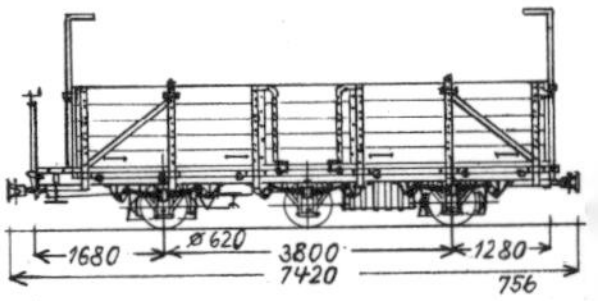

756

MStE KKp 116 - 119

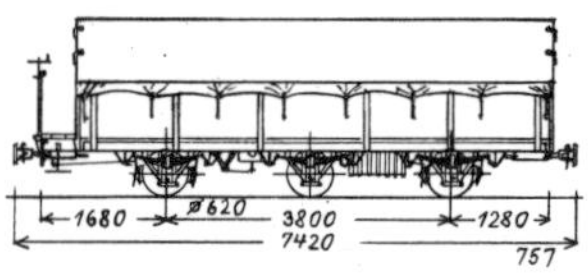

757

MStE Jk 120 - 123; K 6154 (SKGLB-Nr.)

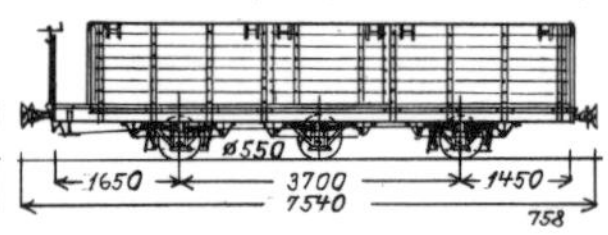

758

MStE KKp 120 - 123

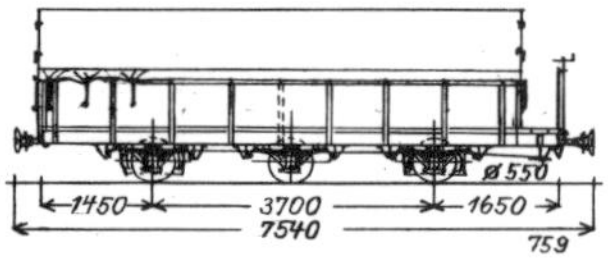

759

MStE Jk 124; K 6161, K 6166 (SKGLB-Nrn.

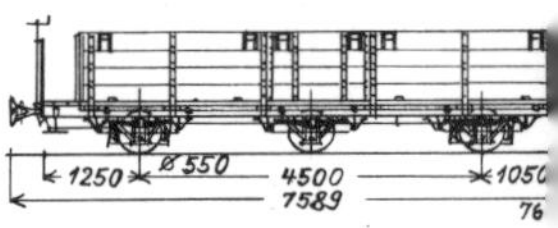

76

MStE Jh 130 - 131

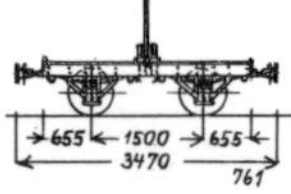

761

MStE Jh 132, 134, 136

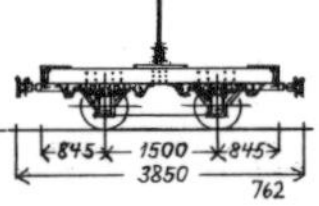

762

MStE Jh 133, 135, 137

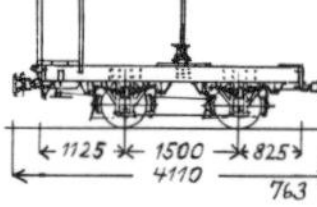

763

MStE Jh 138 - 139

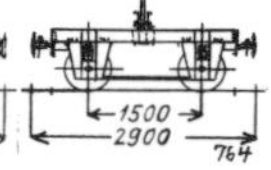

764

MStE Omp 141 - 144

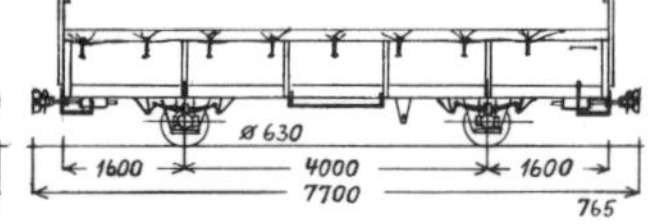

765

MStE Omp 151 - 156

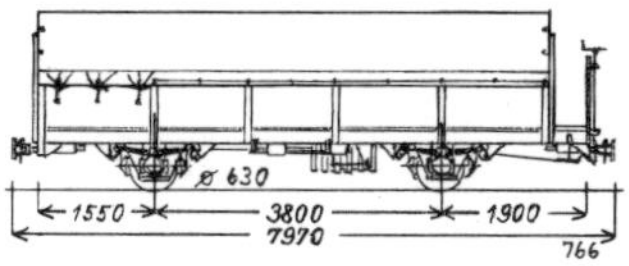

MStE OO 201 - 202; 209 → 252

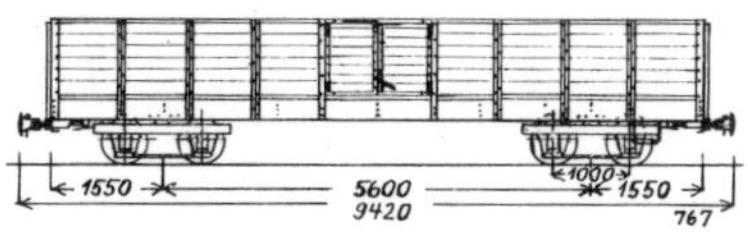

MStE OO 210 → 203 → 250

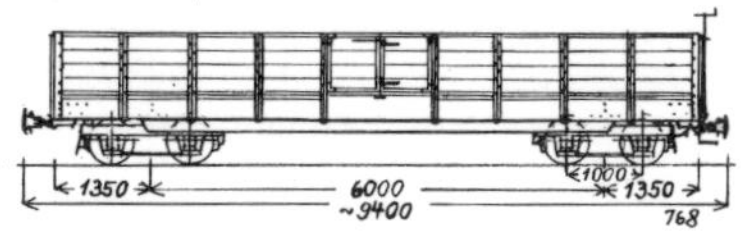

MStE Zs 1

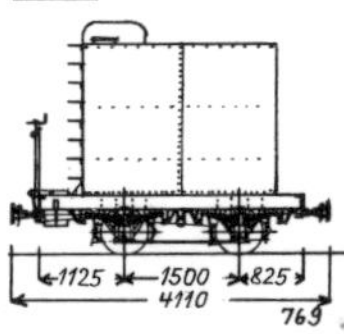

MStE Zs 2

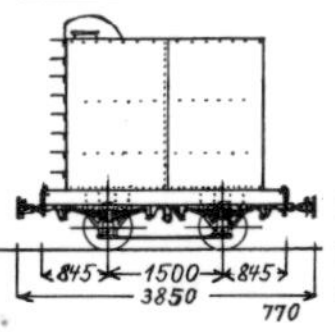

MStE Zs 3

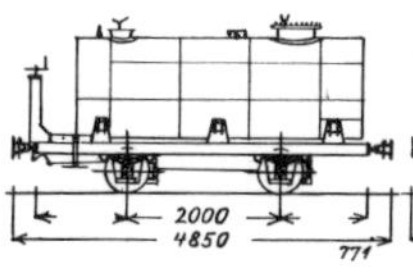

MStE Zs 4

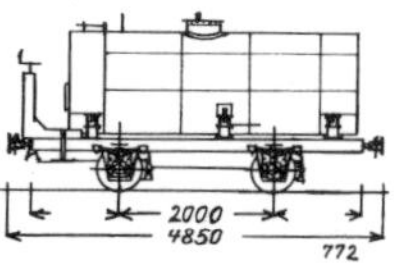

MStE ZZ 5

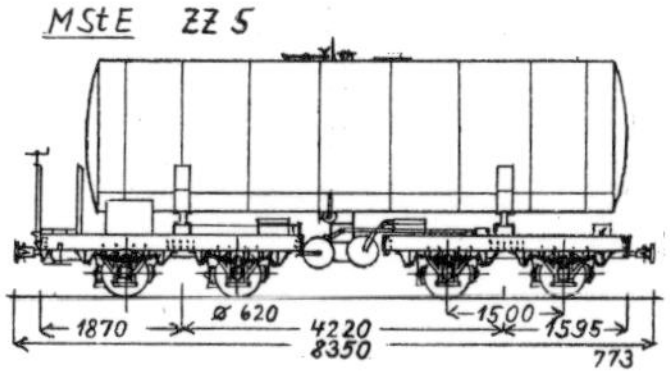

MStE ZZ 6

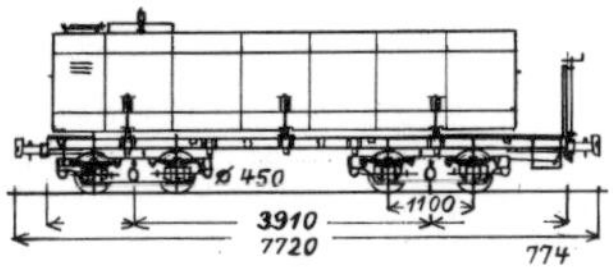

MStE ZZ 7

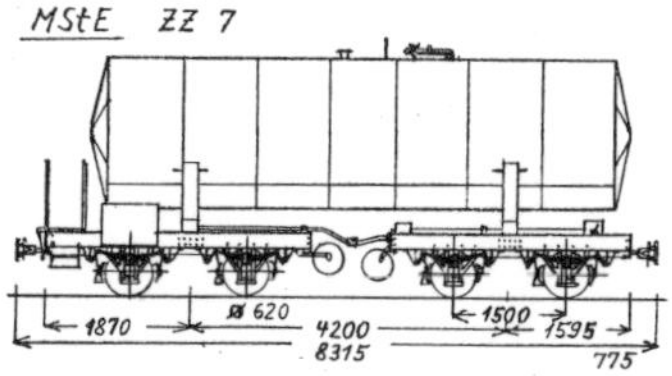

Anmerkungen zur Fahrzeugliste Mixnitz – St. Erhard (Seite 305):

Gedeckte Güterwagen

1 – 3: UB aus Steinhelle – Medebach Nr. 205, 201, 215

51: geliefert von Roessemann & Kühnemann in Prag; 1970 VKEF

52: geliefert als Parteiwagen Omra 360 für Böhm. Kamnitzer Papierfabriken AG (später Haunoldmühle); 1940 UN in GGw 20.000 (UB in gedeckten Güterwagen); gekauft 1951 ex Steyrtalbahn

53: ex G 113 Steinhelle – Medebach; gekauft 1955 von der Südwestdeutschen Eisen- und Rohprodukten-Großhandels GmbH

54 – 55: G 109 – 110 von Steinhelle – Medebach (Wagen wurden nicht umnumeriert); geliefert von Waggon-Fabrik AG Uerdingen (Rhein); 1955 gekauft von der Südwestdeutschen Eisen- und Rohprodukten-Großhandels GmbH; UB 1965/69 in NN 55 – 56

111 – 112: Zugang Dezember 1947 von Murau; Abgang 1954 nach Weiz

Offene Güterwagen

101 – 115: geliefert von Orenstein & Koppel

101 – 123: UB 1956/60 in Kkp für lose Magnesitverladung

118 – 119: von 1947/54 in Kapfenberg

120 – 124: 1958 von SKGLB ex 6160, 6158, 6156, 6155, 6167; die ebenfalls von der SKGLB gekauften 6154, 6161 und 6166 wurden nach Hochwasser-Totalschaden kassiert; 6167 (nicht UN in 124); 1961†

130 – 131: geliefert von Roessemann & Kühnemann in Prag

134: 1952 UB in Z 2

135: 1952 UB in Z 1

136 – 137: 1958 UB in ZZ 5

138 – 139: ex H 303 – 304 Steinhelle – Medebach; gekauft 1955 von der Südwestdeutschen Eisen- und Rohprodukten-Großhandels GmbH; 1961 ausgeschieden

141 – 144: geliefert von Knotz, Wien

201 – 203: 1955 wurden von der Südwestdeutschen Eisen- und Rohprodukten-Großhandels GmbH fünf offene Güterwagen erworben;
Übersicht über die Umnumerierung:

Steinhelle–Medebach	vorgesehene UN	UN in
O 201	Jka 201	GGp 2
O 205	Jka 252	GGp 1
O 209	Jka 250	OO 252
O 210	Jka 251	OO 203 → OO 250
O 215	Jka 202	GGp 3

250, 252: siehe 201 – 203

Kesselwagen

1 – 2: UB aus 135, 134; 1962 UB in ZZ 7

3 – 4: geliefert von Franz Hog, Straßenreinigungsmaschinen, Wien-Perchtoldsdorf; 1953 gekauft von Fa. Matejka, Wien; ex Wiener Müllablagerungsstätte Bruckhaufen

5: UB aus 136 – 137; 1972 an Murtalbahn; UN in ZZ 672

7: 1962 UB aus Z 1 – 2; 1972 an Murtalbahn; UN in ZZ 671

Lokalbahn Payerbach – Hirschwang (LBPH)

E-Lok	I – III		1903	m	2	–	9000	*)
Diesellok	D 1	Wdhf	767/1943	m	C-Dh	–		*)
	DL 233	Jung	9043/1941	m		–		*)

Gattung	Wagennummer	Baujahr	Br.	Ax	Sitzpl. Ladegw.	Eigengw.	Anmerkung
Triebw.	1 – 2	1926	m	4	56	19000	*)
Persw.	11 – 14	1926	m	4	56	13000	*)
Off. Gw.	1 – 32	.	m	2	3,0	1400	*)
Off. Gw.	51 – 56	.	m	2	1,6	850	*)
Off. Gw.	61, 63, 65, 67	.	m	2	3,0	820	*)
Off. Gw.	62, 64, 66, 68	.	m	2	3,0	820	*)
Off. Gw.	81	.	m	4	6,0	3940	UB aus 2 zweiachsigen Kippern
Ged. Gw.	91	.	m	2	3,0	2300	*)
Ged. Gw.	92	1935	o	2	8,0	3600	Eigenbau der LBPH
Ged. Gw.	93 – 94	UB 1936	m	4	10,0	4300	*)
Ged. Gw.	95	1921	o	2	8,0	4500	*)
Ged. Gw.	96 – 97	1940	o	4	10,0	4300	*)
Off. Gw.	101 – 102	1928	m	2	8,0	4000	*)
Off. Gw.	201 – 212	.	m	4	8,0	2300	*)
Off. Gw.	251 – 256	1940	o	4	10,0	3600	*)
Off. Gw.	301 – 310	UB 1933/36	m	4	10,0	4000	*)
Off. Gw.	311 – 312	1940	m	4	10,0	4200	*)
Ged. Gw.	312	UB 1965	m	4	10,0	4500	*)
Off. Gw.	313 – 317	.	m	4	10,0	4200	*)
Ged. Gw.	313 – 317	UB 1965/66	m	4	10,0	4500	*)
Off. Gw.	318 – 328	1940	m	4	10,0	4200	*)
Ged. Gw.	318 – 323	UB 1965/66	m	4	10,0	4500	*)
Off. Gw.	332 – 333	.	m	4	10,0	4000	*)
Off. Gw.	351 – 354	UB 1936	m	4	10,0	4000	*)
Off. Gw.	I, III	.	o	2	3,0	1300	*)
Off. Gw.	II, IV	.	m	2	3,0	1300	*)

*) I – III: gebaut von Siemens-Schuckert/Brand-Lhullier (Brünn), Zugang 1917 von Baufirma Redlich & Berger vom Bau des Karawankentunnels, Umbau 1953/60

D 1: gekauft am 21. 12. 1972 von der Deutschen Baryt-Industrie, Bad Lauterberg, Harz; Bauart HF 130C (KML 3)

DL 233: am 1. 7. 1947 von Leopold Zillinger; Rohproduktenhandel, Wien I, gekauft und von 600 mm auf 760 mm Spurweite umgebaut; seit 1957 Werkslokomotive der Papierfabrik Hirschwang; auf der Lok war keine Nummer angeschrieben.

1 – 2: 1964 an die Zillertalbahn verkauft (Umbau in 701 – 702)

11 – 14: 1964 an die Zillertalbahn verkauft (Umnumerierung in 36, 35, 38, 37)

1 – 32: laut Zeichnung (Mai 1918) von Bauunternehmung Brüder Redlich & Berger an die Materialbahn Payerbach – Hirschwang gekommen; die 1935 noch vorhandenen Wagen 2, 4, 6, 8, 10, 11, 12, 13, 15, 17, 19, 23, 25, 27, 28, 29, 31, 32 wurden in der Nummerngruppe 1 – 18 zusammengefaßt.

51 – 56: laut Zeichnung (Jänner 1923) von Feld- und Industrie-Bahnwerke Dr. Bruckner & Pollitzer; nur an einer Seite kippbar

61 – 68: Herkunft und Baujahr unbekannt; nach Ausscheiden der alten Wagen wurden 61" – 64" aus Kippern umgebaut (I – XIV)

91: vermutlich aus einem offenen Güterwagen 1 – 32 umgebaut; LüP 5500 mm, Achsstand 1500 mm, Bodenfläche 7,2 m^2

93 – 94: Umbau aus zweiachsigen Langholzwagen (je 1 Waldbahntruck mit und ohne Bremse), von der Railway AG, Wien, gekauft

95: erbaut als dreiachsiger Güterwagen (Gy 300P – Ybbstalbahn) von Simmering; nach Ausbau der Mittelachse ab 1937 im Bestand der LBPH

96 – 97: als vierachsige Plattformwagen (762 mm Spurweite) mit Eck- und Türrungen für nachträglichen Kastenaufbau von der Maschinenbau und Bahnbedarfs AG vorm. Orenstein & Koppel, Werk Bochum, im Jahre 1940 für die Deutsch-Amerikanische Petroleum-Gesellschaft (Hamburg) erbaut. Kastenaufbau durch LBPH

101 – 102: Eigenbau der LBPH, ab 1928 im Bestand

201 – 212: ab 1928 im Bestand, gekauft von Railway Kleinbahn Industrie AG, Wien-Inzersdorf, Achslageraufschrift kukHF (Feldbahnwagen)

251 – 256: als vierachsige Plattformwagen (762 mm Spurweite) mit Eck- und Türrungen für nachträglichen Kastenaufbau von der Maschinenbau und Bahnbedarfs AG vorm. Orenstein & Koppel, Werk Bochum, im Jahre 1940 für die Deutsch-Amerikanische Petroleum-Gesellschaft (Hamburg) erbaut. Kastenaufbau durch LBPH; 253" und 256" Umbau aus Kippern

301 – 306: Umbau aus LBPH aus zweiachsigen Langholzwagen (je 1 Waldbahntruck mit und ohne Bremse), die von der Railway AG, Wien, gekauft wurden; ab August 1933 in Betrieb, 1933/38 Eigentum der NAG (Neusiedler AG für Papierfabrikation), ab 1938 Eigentum LBPH

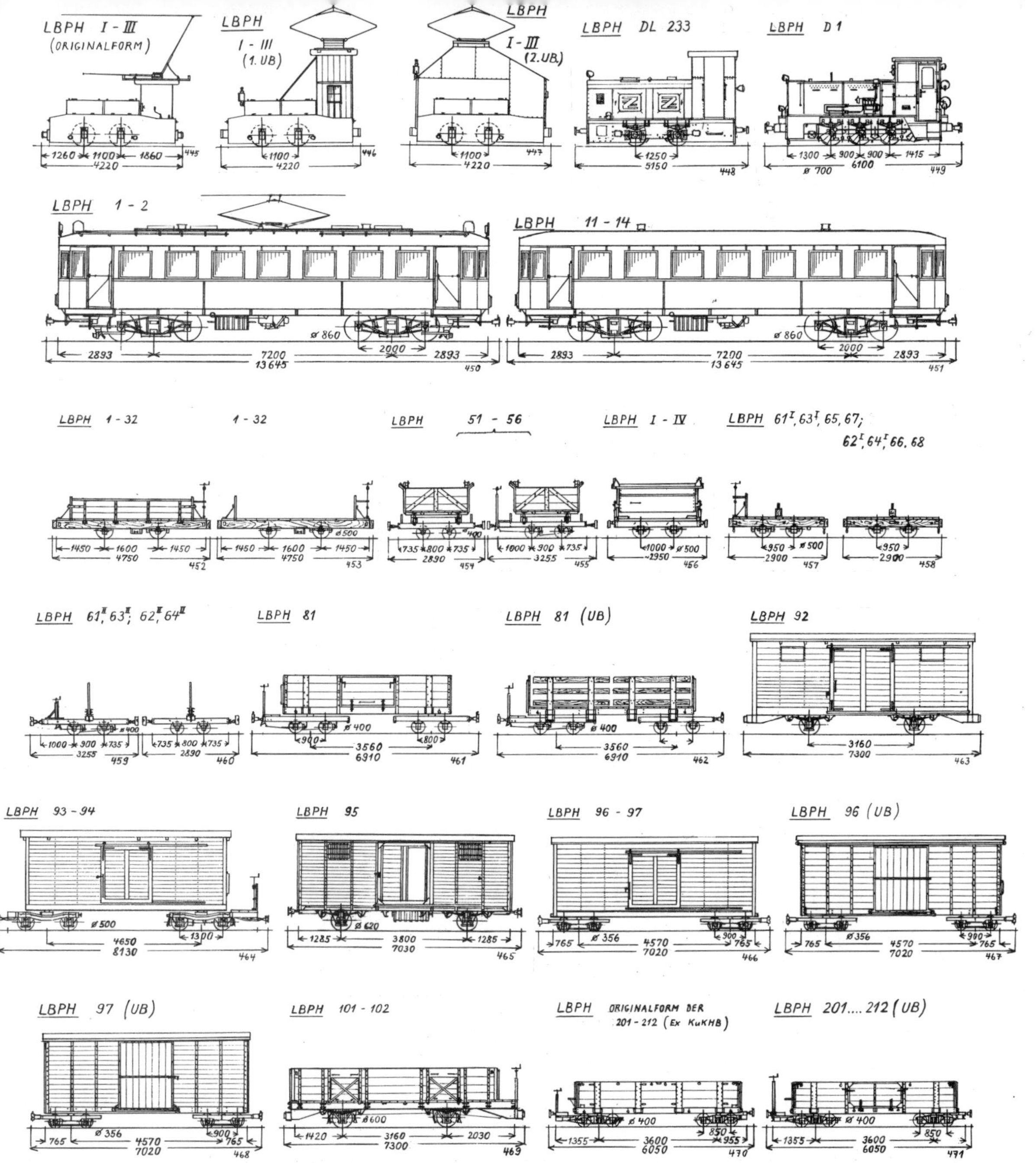

307–310: 1957 Umnumerierung aus 354, 353, 351, 352

311–328: von Lamingtal Schleppbahn gekauft, seit 1961–1964 in Betrieb

311–312, 324, 326–328 (Achslageraufschrift: JA & C. 2083) laut Zeichnung (5. 1. 1940) von Franz Thier, Feldbahnen und Fuhrgeräte, Wien; die un gefederten Wagen 313–317 dürfte auch die Firma Thier geliefert haben;

318–323 und 325 geliefert von Maschinenbau und Bahnbedarfs AG vorm.Orenstein & Koppel (Achslageraufschrift MBA)

312–323 Umbau 1965/66 in gedeckte Güterwagen (seitlich nur mit Plache abschließbar)

332–333: von Lamingtal Schleppbahn, ab 1964 in Betrieb (Umnumerierung aus 329–330?); Hersteller unbekannt

351–354: Umbau von zweiachsigen Langholzwagen (je 1 Waldbahntruck mit und ohne Bremse), die von der Railway AG, Wien, gekauft wurden; Umnumerierung 1957 in 309, 310, 308, 307

I–IV: von den im Eigentum der ZIAG (Ziegelindustrie AG) gewesenen Kippern I–XIV (Wagen mit gerader Nummer ohne Bremse, mit ungerader Nummer mit Bremse) wurden im Jahre 1938 die Wagen I–IV von der LBPH und die Wagen V–XIV von der NAG gekauft.

LBPH 201....212 (UB)

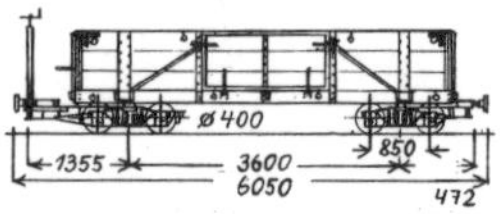

LBPH 201....211 (UB)

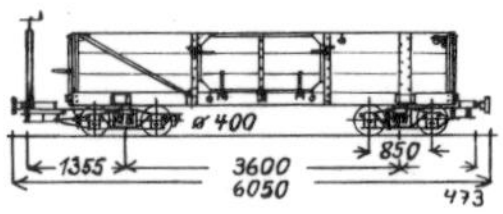

LBPH 251 - 256

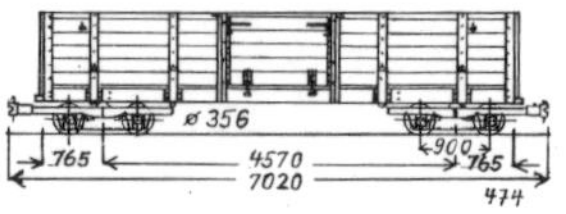

LBPH 251 (1. UB)

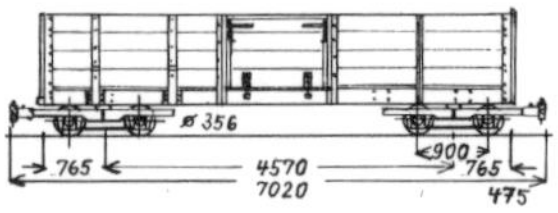

LBPH 251 (2. UB)

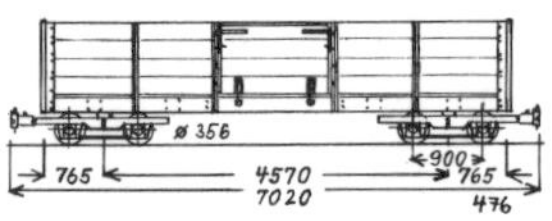

LBPH 253 (UB)

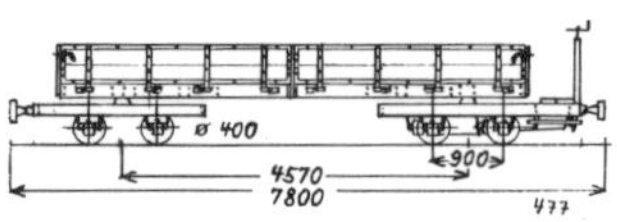

LBPH 256 (UB)

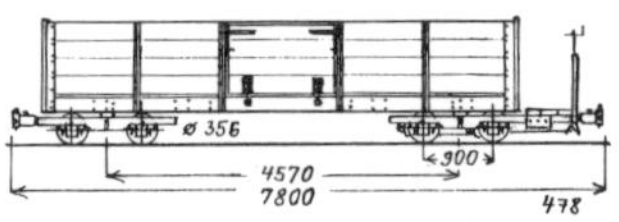

LBPH 301 - 310

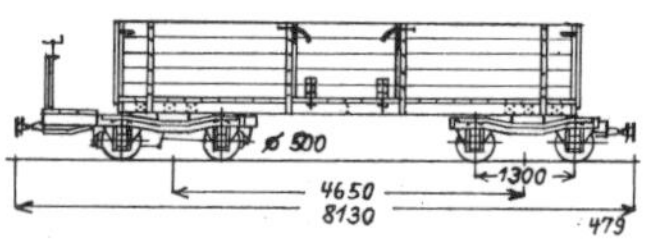

LBPH 301, 303 (UB)

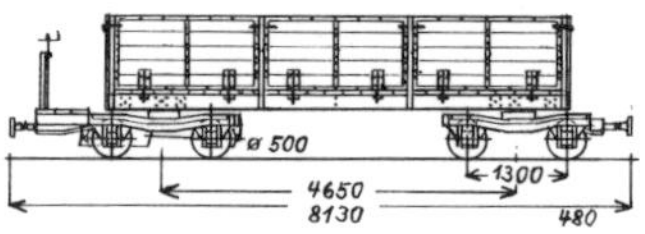

LBPH 302, 304 - 310 (UB)

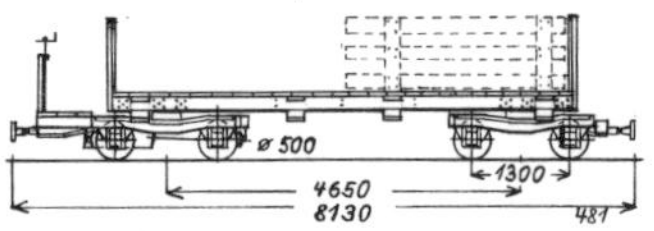

LBPH 311 - 312, 324, 326 - 328

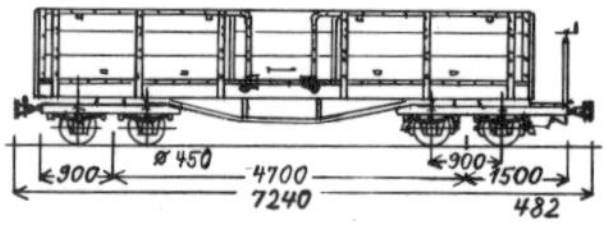

LBPH 311 - 312 (UB)

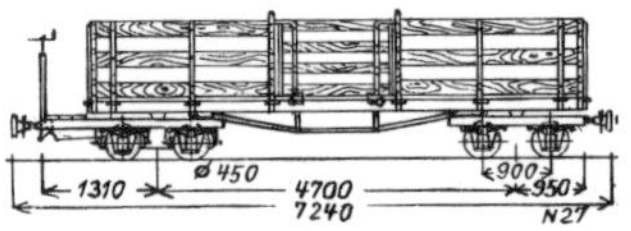

LBPH 312 (2. UB)

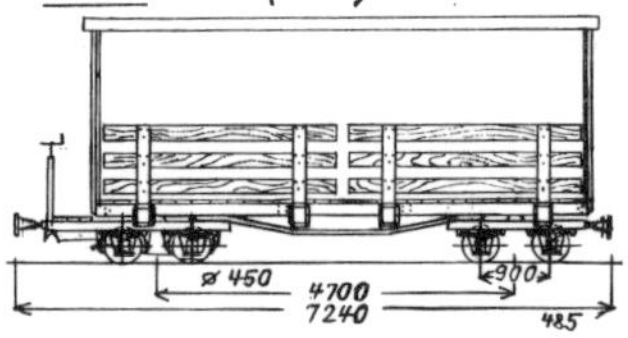

LBPH 313 - 317

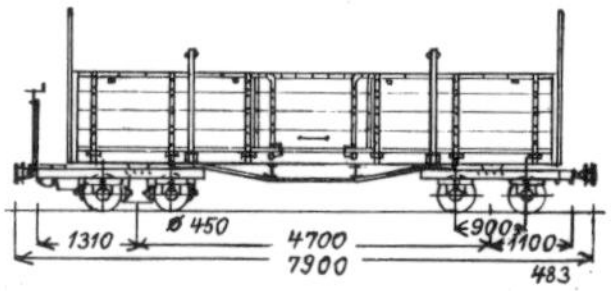

LBPH 313 - 317 (2. UB)

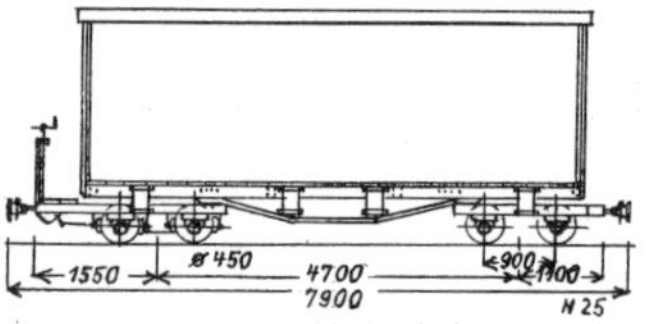

LBPH 314 (3. UB)

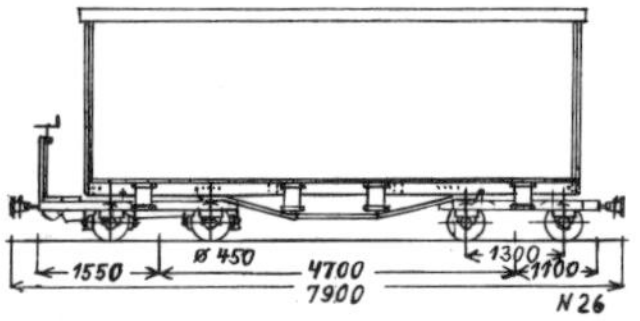

LBPH 318 - 323, 325

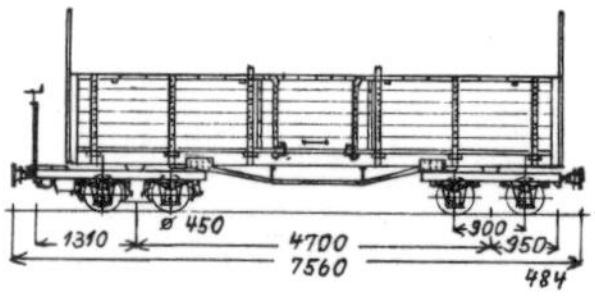

LBPH 318 - 323 (2. UB)

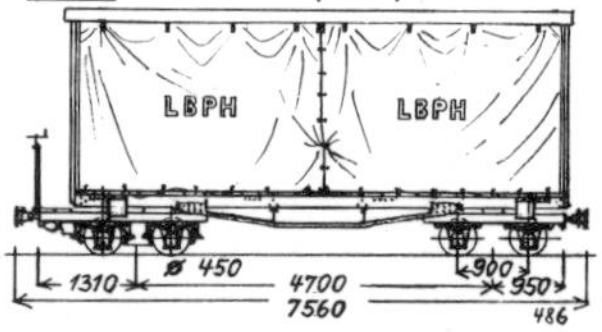

LBPH 332 - 333

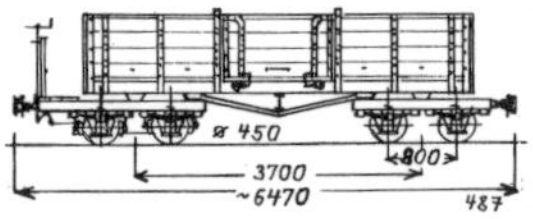

LBPH 351 - 354 (→ 307 - 310)

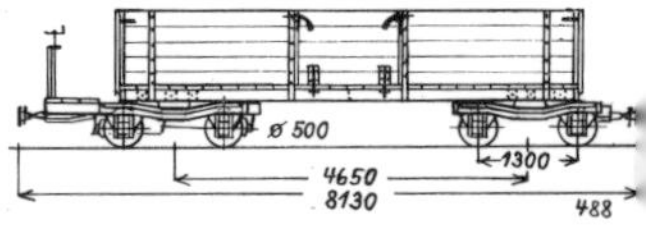

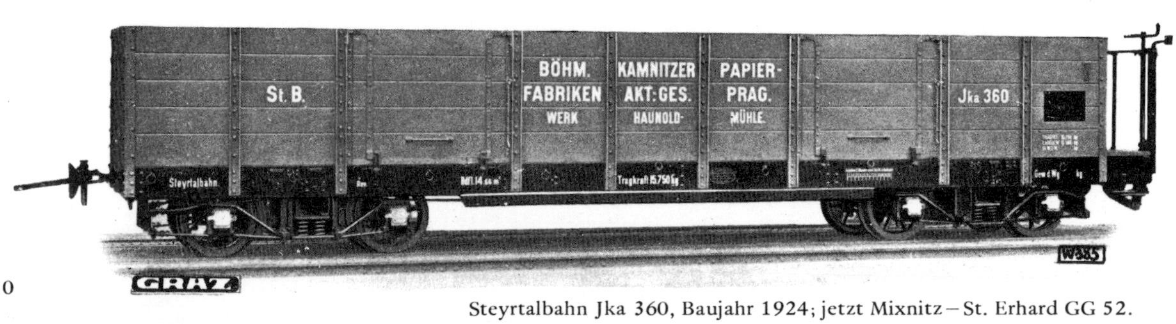

Steyrtalbahn Jka 360, Baujahr 1924; jetzt Mixnitz – St. Erhard GG 52.

Steyrtalbahn (St.B.)

Dampflokomotiven C1n2t

1	STEYR	KrLi	1993/1889
2	SIERNING	KrLi	1994/1889
3	GRÜNBURG	KrLi	1995/1889
4	MOLLN	KrLi	2256/1890
5	LETTEN	KrLi	2501/1891
6	KLAUS	KrLi	6925/1914

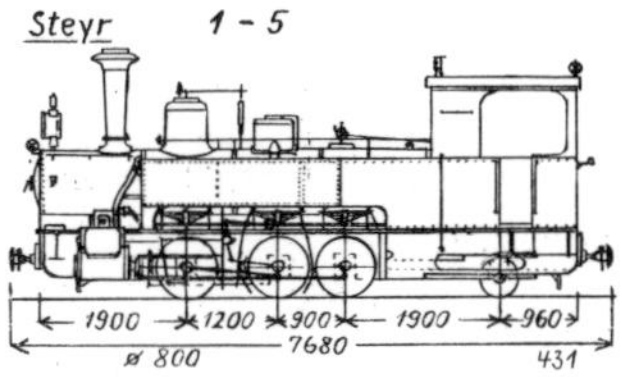

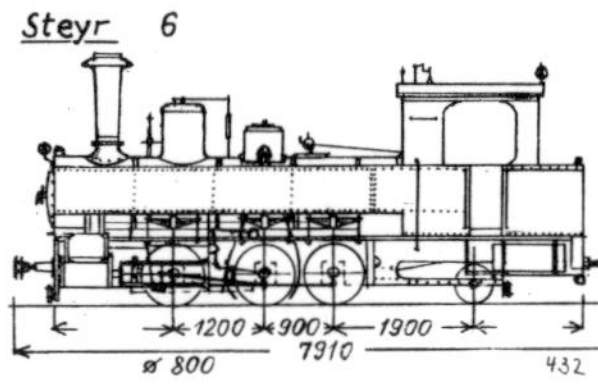

Gattung	Wagennummer	Baujahr	Br.	Ax	Sitzpl. Ladegw.	Eigen-gew.	BBÖ-Nummer	Anmerkung
BC	1 – 9	1889-91	•	2	8/12	4200	570–571, 270–276	*)
C	10 – 22	1889-91	•	2	20	4200	572 – 584	*)
BC	101 – 102	1891	•	2	8/12	4200	277, 4	*)
CF	201 – 203	1892	m	2	10	3800	970 – 971, 795	UB in F
D	30 – 33	1889-91	m	2	5,0	3800	820 – 823	
G	40 – 43	1889	m	2	6,0	3600	1155 – 1158	
G	44 – 53	1889-91	o	2	6,0	3600	1159 – 1168	
G	54 – 59	1909-12	m	2	6,0	4200	1169 – 1174	
Jn	60 – 67	1889	o	2	6,0	3000	2560 – 2567	
Jk	68 – 99	1889-91	o	2	6,0	3200	3280 – 3311	*)
G	140 – 143	1912-13	m	2	6,0	4200	1175 – 1178	
Jk	160 – 169	1891	o	2	6,0	3200	3312 – 3321	
Jk	170 – 175	1897	o	2	6,0	3200	3322 – 3327	
Jk	176 – 183	1908-12	m	2	6,0	3600	3328 – 3332, 2568, 3333–3334	
Jk	184 – 193	1912-13	o	2	6,0	3600	3335 – 3344	
Jk	194 – 199	1913-14	m	2	6,0	3600	3345 – 3350	
Gc	250 – 257	1914-15	m	2	6,0	4200	1179 – 1186	*)
Jk	260 – 267	1914-15	o	2	6,0	3600	3351 – 3358	
Jk	268 – 271	1915	m	2	6,0	3600	3359 – 3362	
K	291 – 293	1911	m	2	5,6	4400	7060 – 7062	
Jka	360	1924	m	4	15,0	7000	–	*)
T	303 ∸ 331	1898-09	o	2	12,0	1285	–	*)
T	356 ∸ 376	1906-08	o	2	12,0	1400	–	*)

*) 1–9: 1–2 UB 1894 in C; 4, 7, 8 bei Übernahme durch BBÖ keine Handbremse
10–22: 10, 12–16, 18–19, 22 bei Übernahme durch BBÖ keine Handbremse
101–102: als B bestellt mit 20 Sitzplätzen; 102 UB 1894 in Salonwagen mit 10 Sitzplätzen
201–202: UB in F
68–99: 80–87 mit Drehschemel
250–257: zur Personenbeförderung verwendbar, 2 Deckenöllampen, 1 Flügeltür auf der Plattformstirnwand
360: erbaut von Graz für Böhm. Kamnitzer Papierfabriken AG; von BBÖ nicht umnumeriert; UB in gedeckten Güterwagen; von DRB umnumeriert in 20000; 1951 verkauft an die Lokalbahn Mixnitz–St. Erhart (Nr. 52); war nicht Eigentum der BBÖ/DRB
303∸331: Die Rollschemel 303, 304, 309, 311, 312, 314, 315, 316, 324, 326, 327, 331 von Neuhaus–Neubistritz waren von 1916–1919 leihweise auf der Steyrtalbahn.
356∸376: Die Rollschemel 356, 357, 361, 376 von Neuhaus–Wobratain waren von 1917–1919 leihweise auf der Steyrtalbahn.
Die Güterwagen der Steyrtalbahn waren mit Schmidscher Schraubenradbremse ausgerüstet.

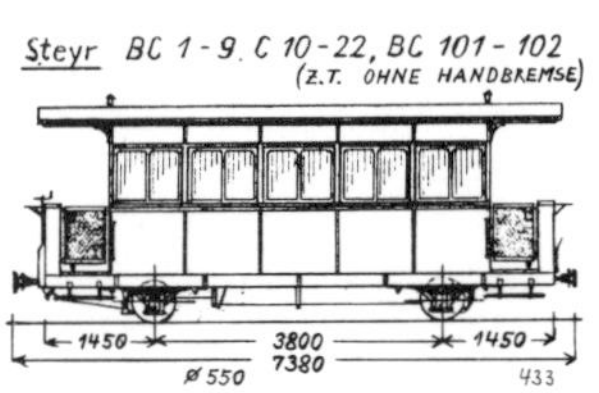

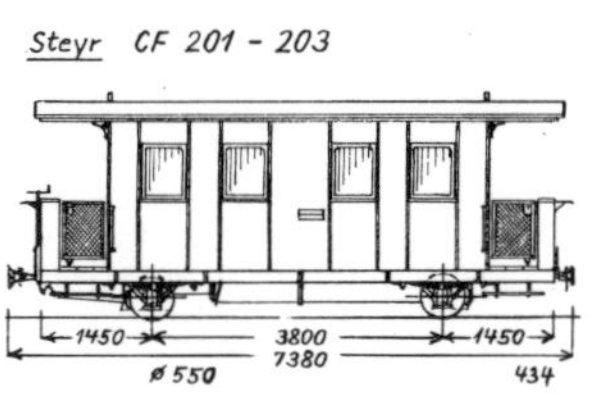

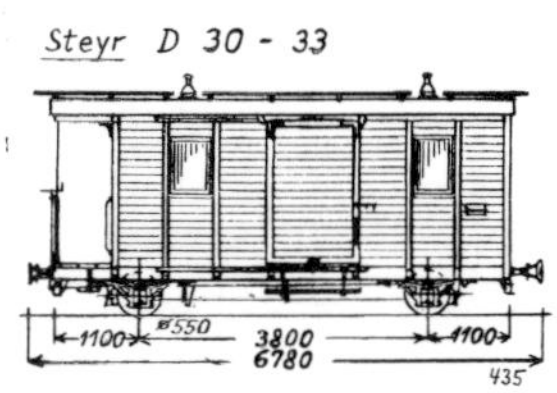

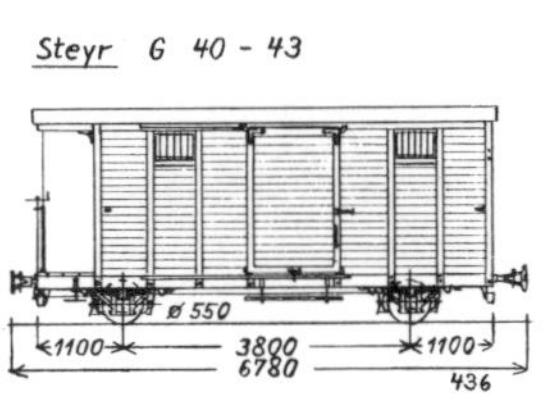

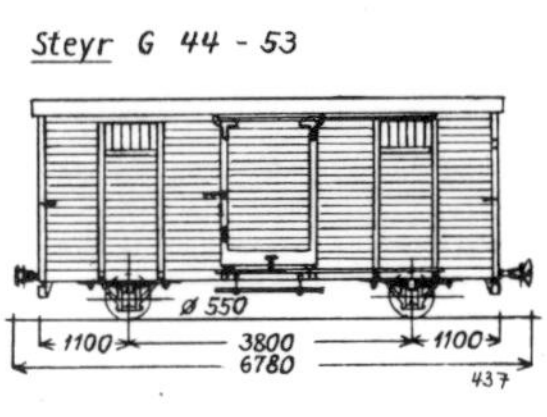

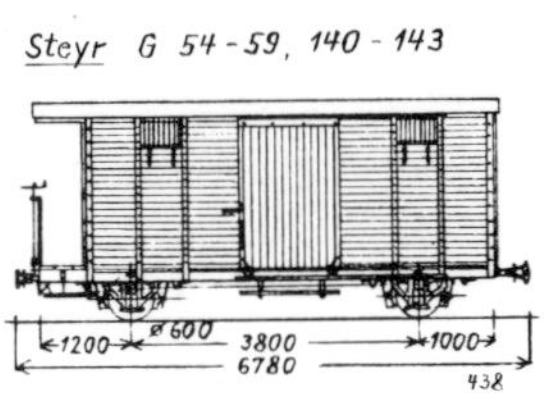

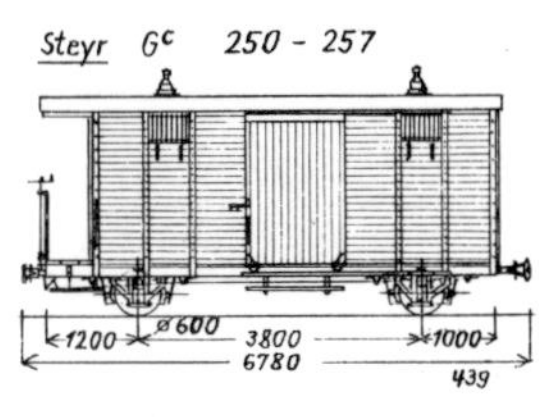

Steyr Jn 60 - 67

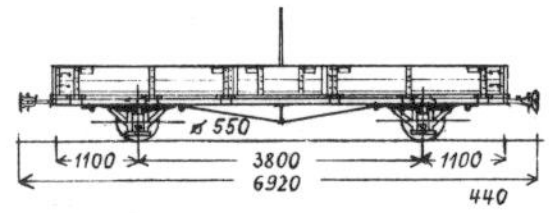

Steyr Jk 68 - 99, 160 - 169
(80 - 87: mit Drehschemel)

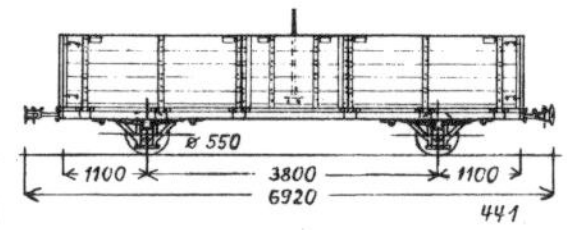

Steyr Jk 170 - 175, 184 - 193,
260 - 267

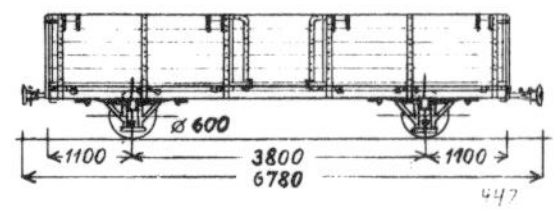

Steyr Jk 176 - 183, 194 - 199,
268 - 271

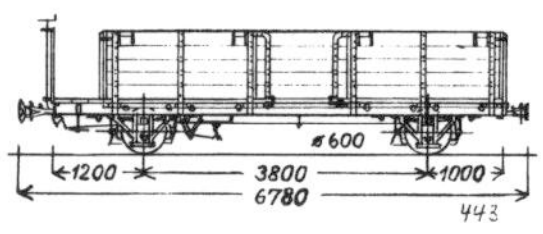

Steyr K 291 - 293

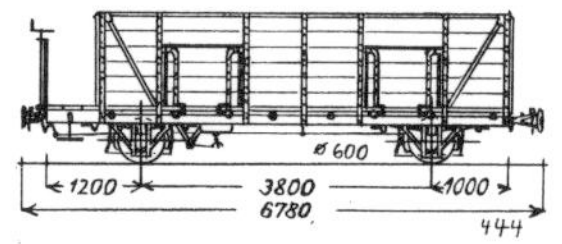

Steyr 360 [P] Jka

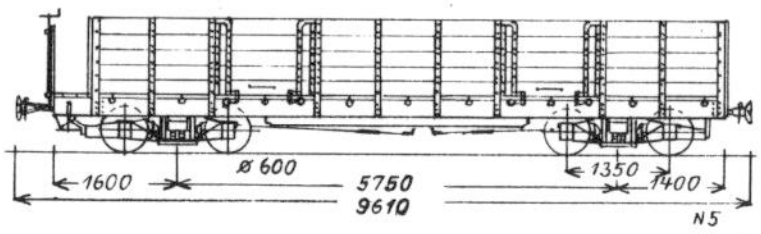

Salzkammergut-Lokalbahn (SKGLB)

				SKGLB seit	
1	KrLi	2324/1890	B n2t	1890	1918 KV (Lokalbahn Czudin – Koszczuja) später CFR
2	KrLi	2325/1890	B n2t	1890	† 1953
3	KrLi	2340/1890	C1n2t	1891	Mai 1930 UB (kurze Rauchkammer)
4	KrLi	2341/1890	C1n2t	1891	
5	KrLi	2342/1890	C1n2t	1891	1918 KV (Bosnien)
6	KrLi	2511/1891	C1n2t	1893	† 1948
7	KrLi	2751/1892	C1n2t	1893	StmLB (S 7)
8	KrLi	2752/1892	C1n2t	1893	1918 KV (Bosnien)
9	KrLi	2821/1893	C1n2t	1893	
10	KrLi	2822/1893	C1n2t	1893	+ 1957
11	KrLi	3034/1894	C1n2t	1894	StmLB (S 11)
12	KrLi	5513/1906	C1n2t	1906	UB 1936 (Rahmen um 470 mm länger, Kohlen- und Ölfeuerung), StmLB (S 12)
19	Fr-B	2855/1944	Dh2	1946	ehem. HF 2855, 1955 an StmLB (699.01)
20	KrLi	1335/1923	Dn2vt	1925	† 1957
21	Maff	3965/1920	Eh2t	1928	(ex Holzverkohlungsindustrie Konstanz) + 1955
22	Bors	14806/1939	En2	1945	(ex HF Nr. 191) an ZB (4)
30	O&K	13573/1940	Cn2t	1942	† 1957
31	O&K	13574/1940	Cn2t	1942	† 1957
32	BMF	2187/1944	Cn2	1945	(ex HF 2187) † 1955
33	He	25342/1942	Cn2	1945	(ex HF 11 778) † 1955
D40	Deutz	36643/1942	D	1945	(ex HF) 1957 StmLB VL 01
452 }	A-D	1933	(1A)(A1) TBCa	1933 }	1939 StmLB als Anhänger
454 }	A-D	1933	(1A)(A1) TBCa	1933 }	1939 StmLB als Anhänger
456 }	A-D	1933	(1A)(A1) TBCa	1933 }	1939 StmLB als Anhänger
672		(ex S 51)	Bo2	1928	UB 1927/28 (TCa 51) zuerst Diesel, 1929 benzinelektrisch (auch für Holzgas); ab 1931 TCa 672; 1957 StmLB

SKGLB 1 - 2

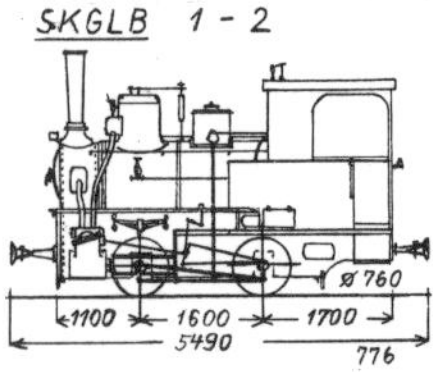

SKGLB 3 - 5

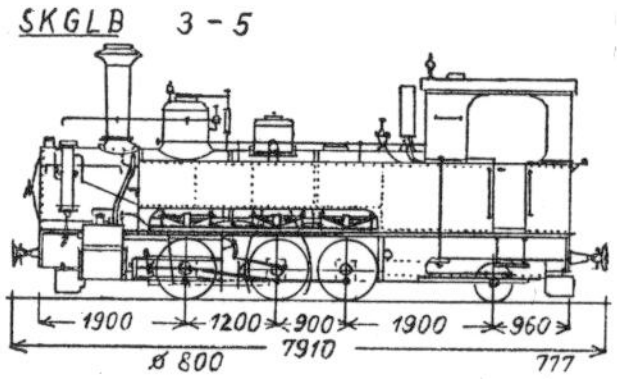

SKGLB 3 (UB)

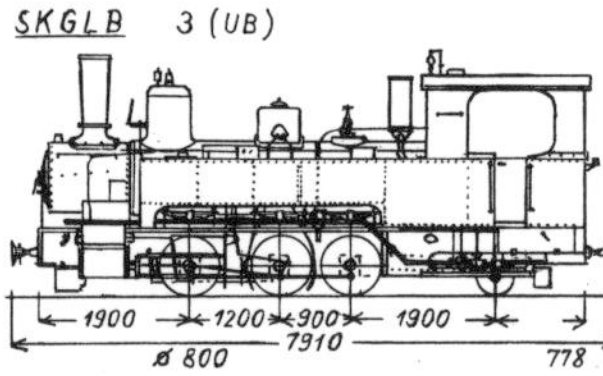

SKGLB 6 - 12

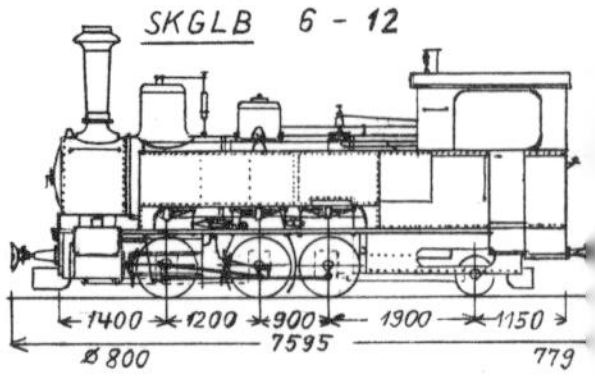

SKGLB 12 (UB)

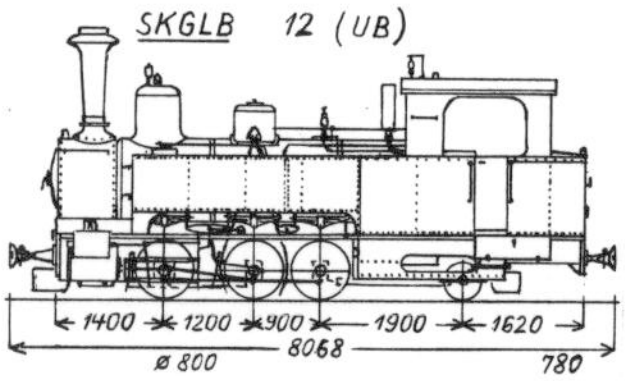

SKGLB 19 (KDL 11)

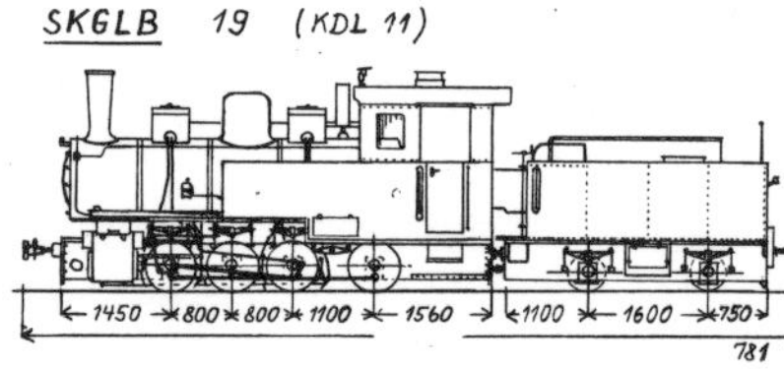

SKGLB 20

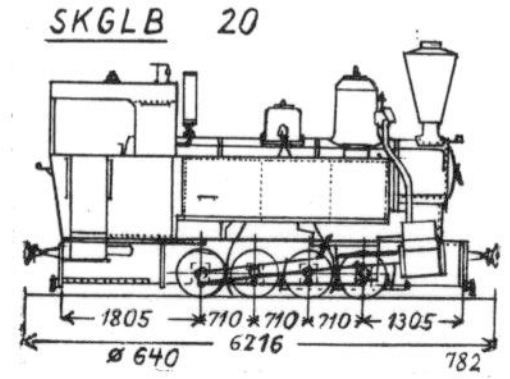

SKGLB 21

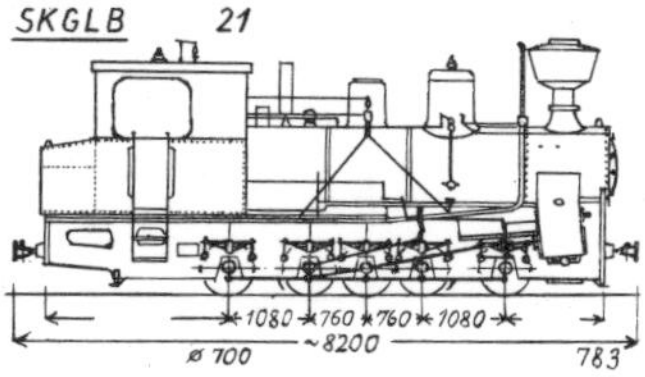

SKGLB 22

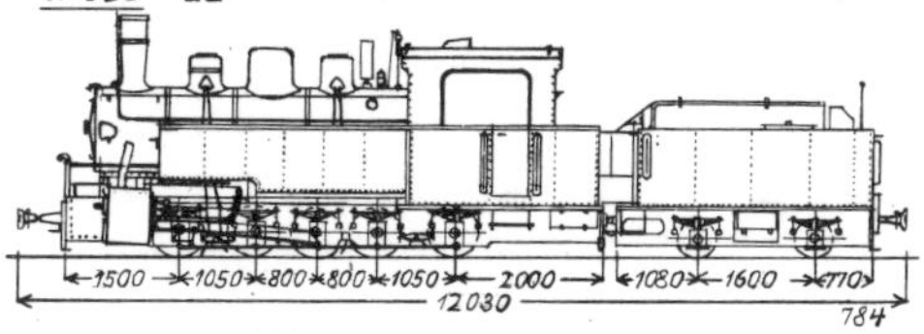

SKGLB 30 - 31

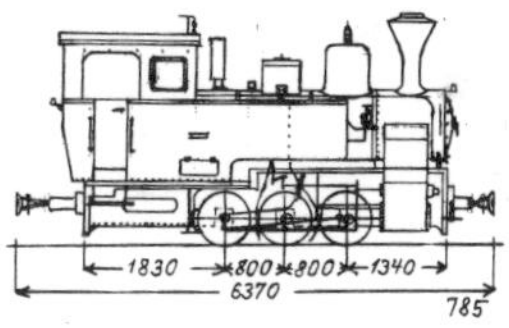

SKGLB 32

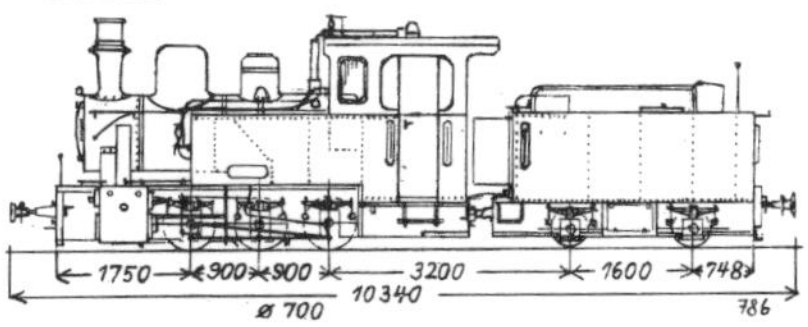

SKGLB 33

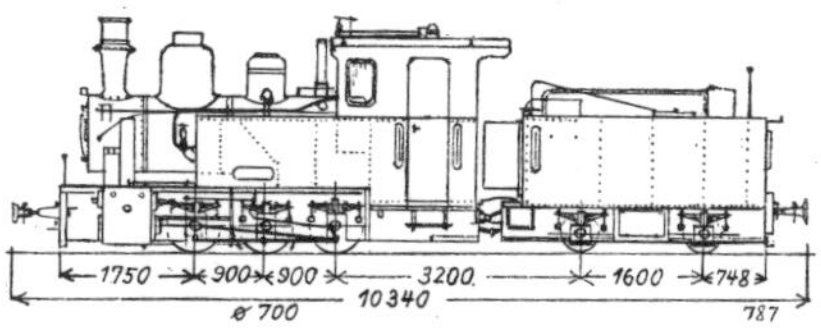

SKGLB D 40

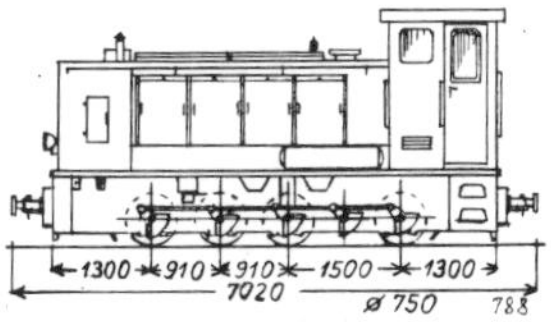

SKGLB TCa 51

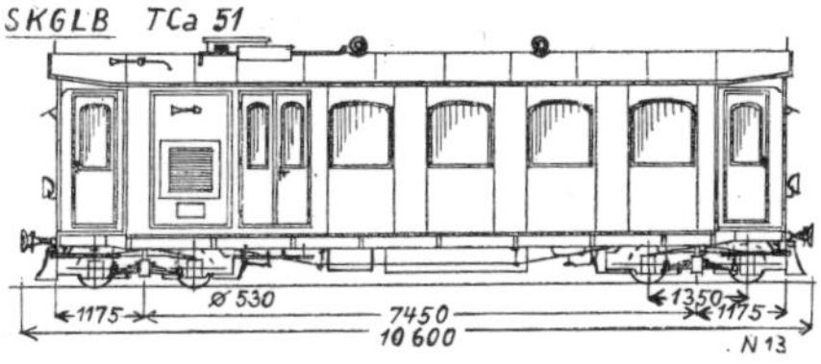

SKGLB TCa 51 → 672 (UB)

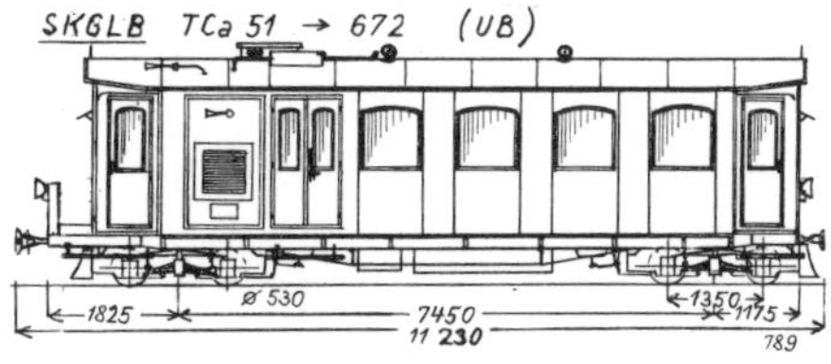

SKGLB TBCa 452, 454, 456

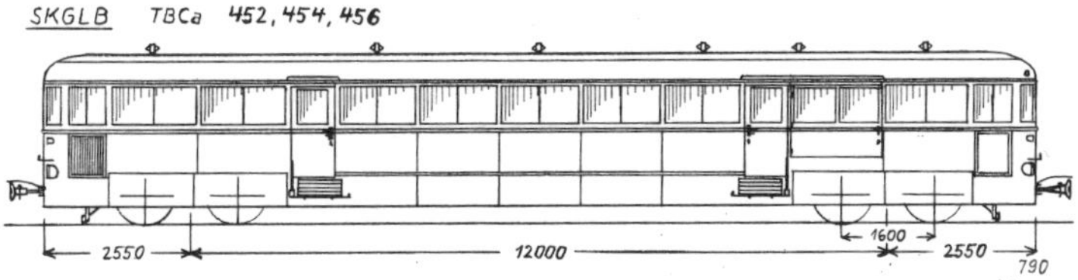

SKGLB S 1, A 16 - 17, 36 - 37

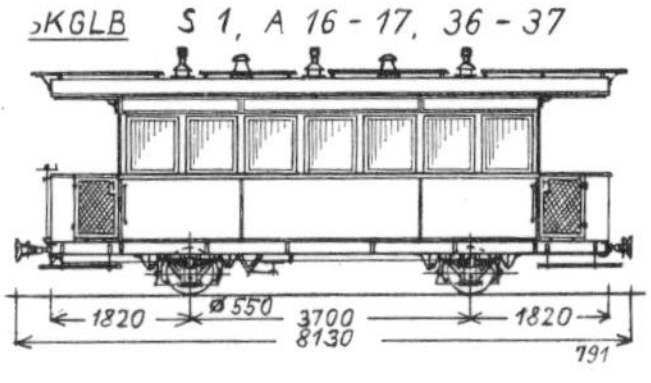

SKGLB C 2 - 5

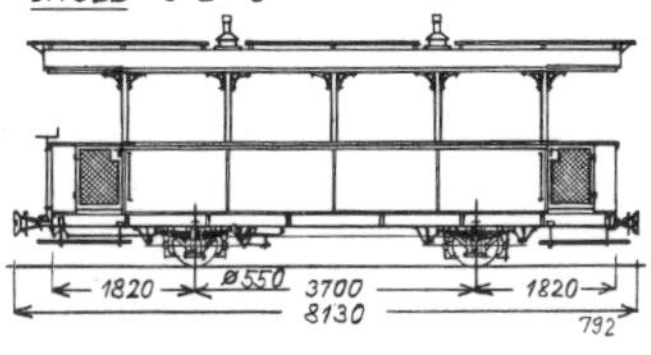

SKGLB C 2 - 5 (UB), 6 - 8, 22 - 35, 40 - 47

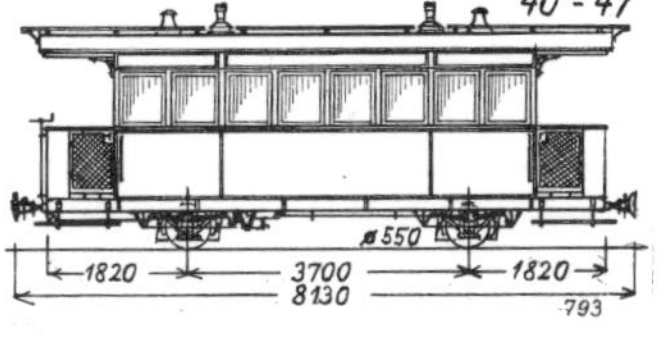

SKGLB AC 18 - 21, 38 - 39

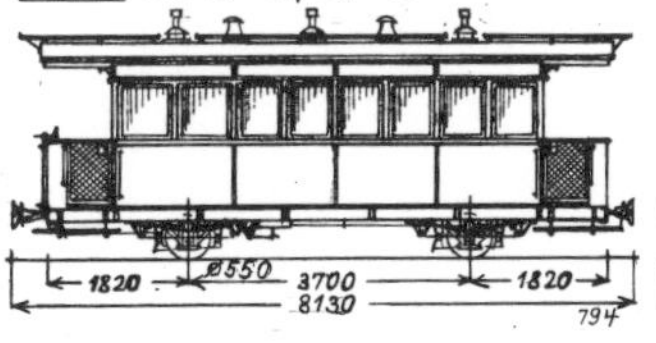

SKGLB A 48 - 50, 150 - 151

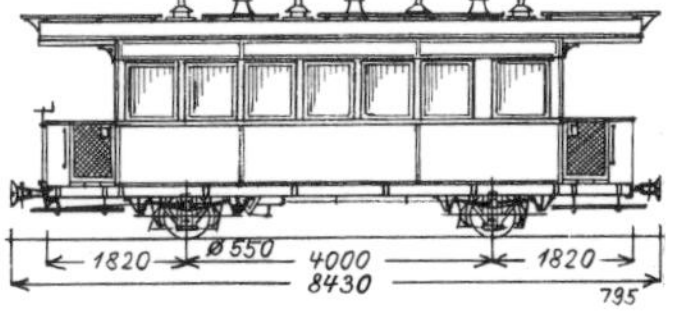

SKGLB S 51

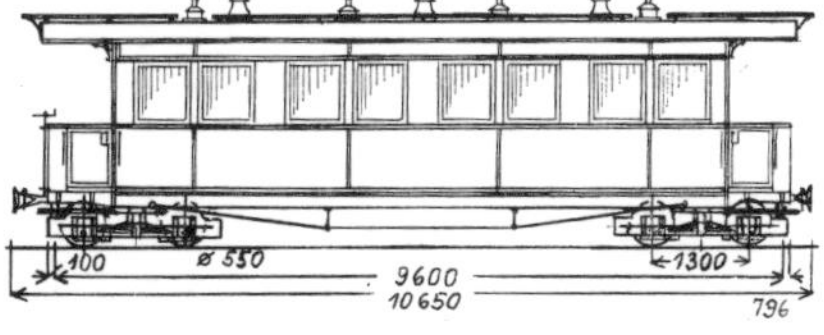

SKGLB Be 110 → Be 158

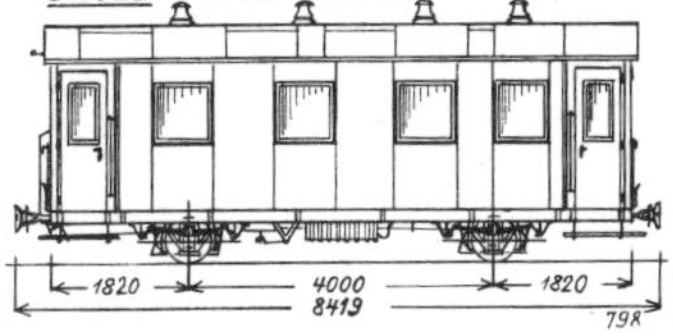

SKGLB S 152

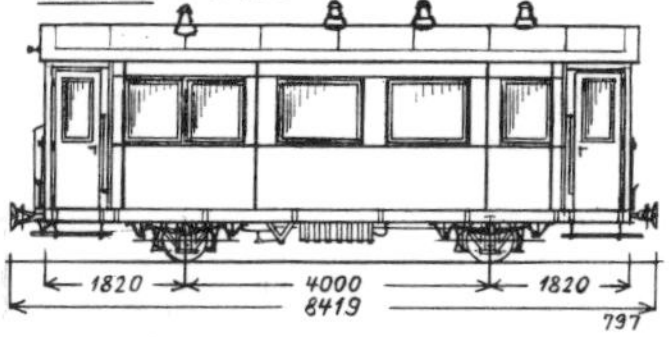

SKGLB A 153

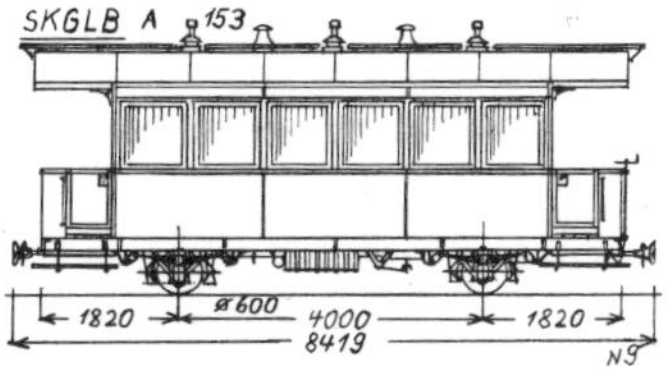

SKGLB C 154 - 157

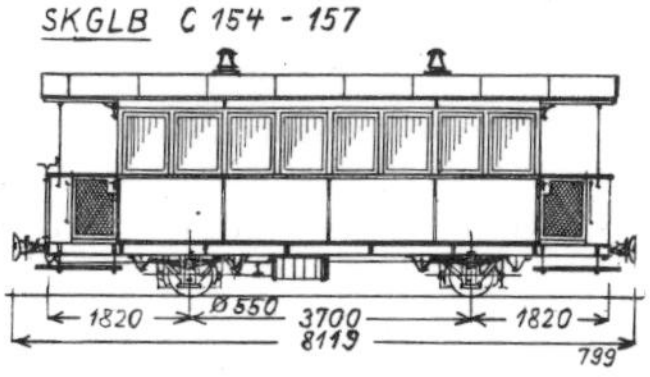

SKGLB C 158 - 167

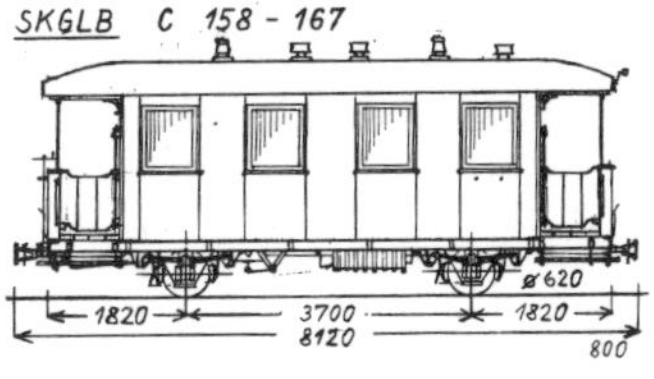

SKGLB Ca 201 - 205

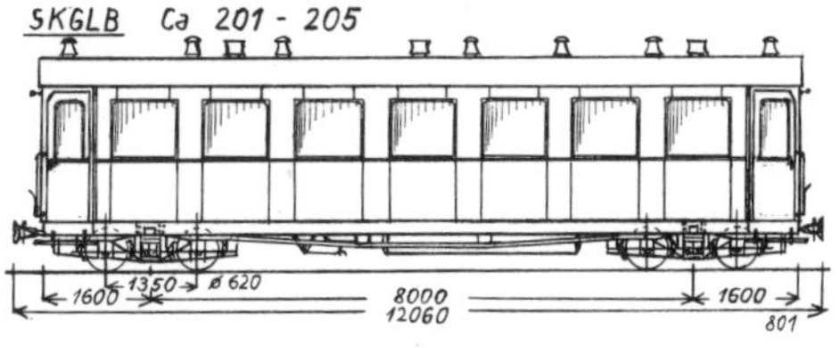

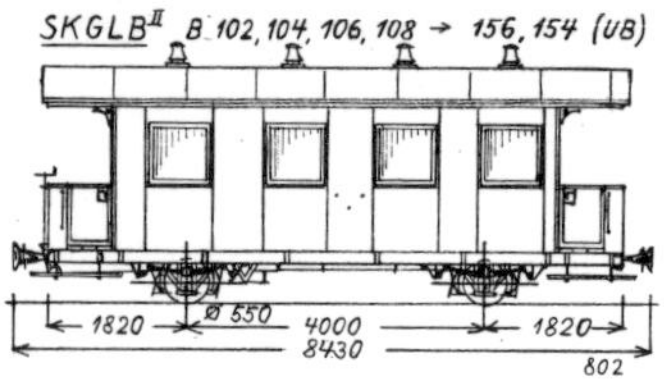

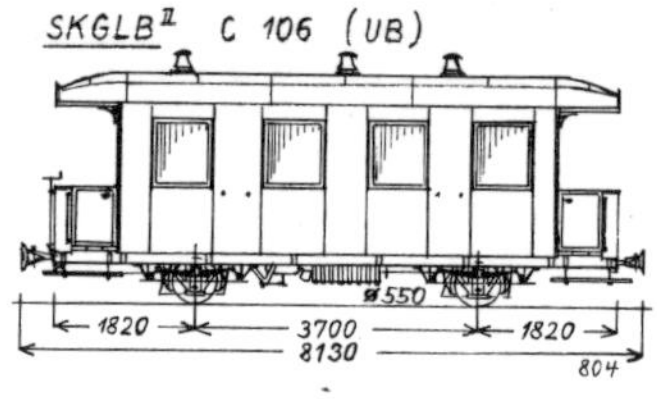

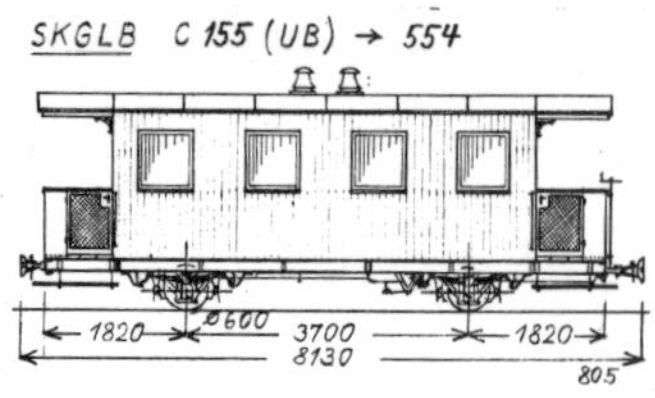

SKGLB 1890–1930

Serie	Wagennummer	Baujahr	Br.	Ax	Sitzplätze I	II	III	Abort	Eigengw.	Wagennummer ab 1930/32	Anmerk.
Personenwagen											
S	1	1890	m	2	14	–	–	–	4460	151	*)
C	2 – 5	1890	m	2	–	–	24	–	3430	504, 506	*)
C	6 – 8	1890	m	2	–	–	24	–	3960	–	*)
A	16 – 17	1891	m	2	21	–	–	–	4200	–	*)
AC	18 – 19	1891	m	2	6	–	18	–	4070	351, 353	*)
AC	20 – 21	1891	m	2	8	–	24	–	4460	355, 357	
C	22 – 30	1891	m	2	–	–	24	–	3960	–	*)
C	31 – 35	1893	m	2	–	–	32	–	4320	555, 557, 559	*)
A	36 – 37	1893	m	2	28	–	–	–	4460	101, 359	*)
AC	38 – 39	1893	m	2	8	–	24	–	4350	361, 363	
C	40 – 47	1893	m	2	–	–	32	–	4320	501 ÷ 513	
A	48 – 50	1894	m	2	26	–	–	A	4900	102, 104, 154	
S	51	1894	m	4	14	–	–	–	8400	672	*)
A	150 – 151	1896	m	2	26	–	–	A	5000	106, 108	
S	152	1906	m	2	10	–	–	A	6380	152	
A	153	1906	m	2	10	–	–	A	5550	110	
C	154 – 157	1906	m	2	–	–	18	A	5340	552 ÷ 558	
C	158 – 162	1925	m	2	–	–	28	A	6000	560 ÷ 568	
C	163 – 167	1925	m	2	–	–	32	–	6000	561 ÷ 569	
Ca	201 – 205	1928	m	4	–	–	52	A	13520	652 ÷ 660	
D	9 – 12	1890/91	m	2					3620	751 ÷ 755, 851	
F	13 – 15	1891	m	2					4100	952, 954, 956	
D	24, 32, 35	UB 1925	m	2					5000	757, 761, 763	*)

---

*) Anmerkungen

Personenwagen

Personenwagen mit einer Breite von 2100 mm sind als *schmal* gekennzeichnet (Normalbreite 2400 mm). Im Jahre 1916 wurde die I. in II. Klasse geändert (die Wagen I. und I/III. Klasse erhielten nun die Gattungszeichen B und BC).

1: *schmal;* UB 1908 in A mit 12 Sitzplätzen

2–5: *schmal;* offene Wagen (ohne Fenster); UB 1906 geschlossener Wagenkasten (2400 mm breit) mit 28 Sitzplätzen und Abort
C4 UB 1925 in Jr 4

6–8: *schmal;* UB 1927 in Jr 6–8

16–17: *schmal;* UB 1906 10 Sitzplätze und Abort; UB 1928/26 in Jr 16, 17

18–19: *schmal;* UB 1907 (2400 mm breit); 8/24 Sitzplätze; Gewicht 5000 kg

22–30: *schmal;* UB 1930 in D 765; UB 1931 in Nwrd 4301; UB 1925 in D 757; UB 1930 in Gwd 1308 bis 1311, D 759, Gwd 1312

31–35: UB 1925 C 32 in D 761, C 35 in D 763

36–37: B 37 UB 1929 in BC

51: UB 1904 auf AC mit 6/24 Sitzplätzen; ab 1906 10/24 Sitzplätze; ab 1916 BC mit 10/27 Sitzplätzen; später 8/32 Sitzplätze; UB 1928 in Triebwagen TCa 51 mit 28 Sitzplätzen; Gewicht 14.000 kg

Gepäck- und Postwagen

24, 32, 35: UB in der Enzesfelder Waggonfabrik aus C 24, 32, 35

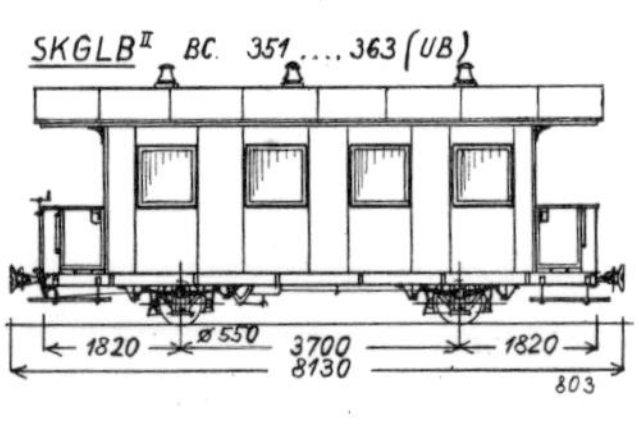

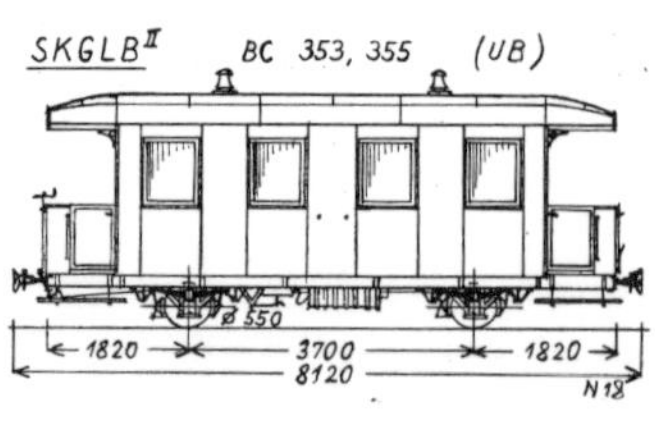

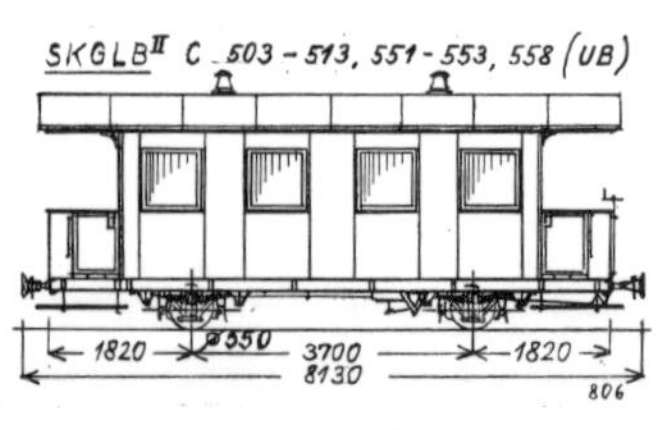

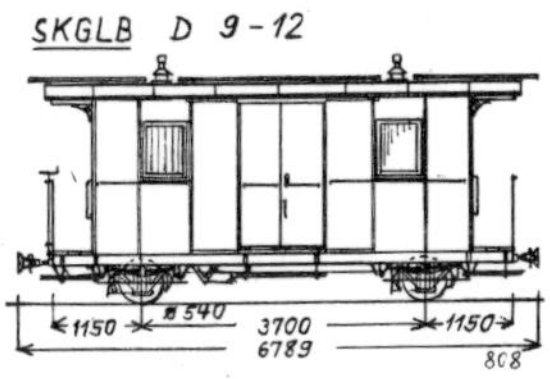

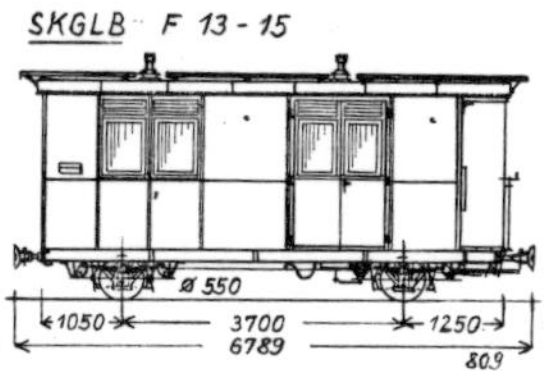

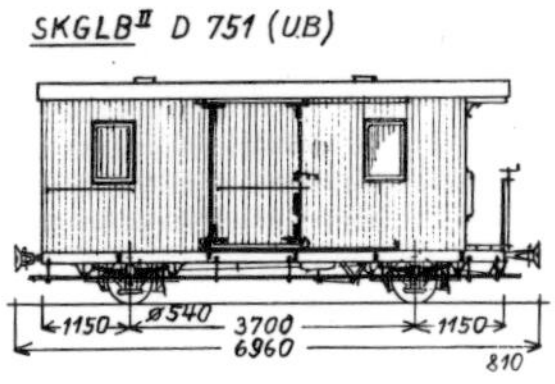

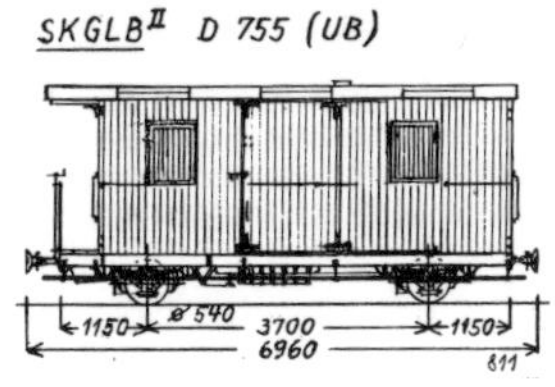

SKGLB 1890 – 1930

Serie	Wagennummer	Baujahr	Br.	Ax	Ladegw.	Eigengw.	Wagennummer ab 1930/32	Anmerkung
Güterwagen								
Jr	4, 6 – 8	UB 1925/27	m	2	5,0	2900	2301 ÷ 2305	UB aus C 4, 6, 7, 8
Jr	16 – 17	UB 1928/26	m	2	5,0	3100	2303, 2306	UB aus B 16, 17
G	52	1890	m	2	5,0	3450	1301	*)
G	53 – 55	1890	o	2	5,0	3180	1201 – 1203	
G	56 – 59	1891	m	2	5,0	3520	1302 – 1305	*)
G	60 – 69	1892/93	m	2	5,0	3450	1101 – 1110	
K	70 – 71	1890	m	2	5,0	3040	5301 – 5302	*)
K	72 – 76	1890	o	2	5,0	2710	5201 – 5205	*)
K	77	1890	m	2	5,0	3040	5303	geliefert mit Nr. 51
K	78 – 79	1893	m	2	5,0	3050	5101 – 5102	
K	80 – 89	1893	m	2	5,0	3050	6151 – 6160	*)
K	90 – 95	1893	m	2	5,0	3050	5103 – 5105	
Ja	96	1890	m	2	5,0	2730	8301	geliefert mit Nr. 40
Ja	97 – 99	1890	o	2	5,0	2360	8201 – 8203	*)
J	100 – 106	1893	m	2	5,0	2680	*)	*)
Ky	107 – 111	1900	m	3	10,0	3800	6161 – 6165	
G	112 – 113	1900	m	2	5,0	3500	1306 – 1307	
Ky	114 – 115	1906	m	3	10,0	4200	6451, 6351	
Kyr	116 – 123	1906	m	3	10,0	3700	*)	*)
Ky	124 – 127	1906	m	3	10,0	4200	6166 – 6169	
Jhry	128	1906	m	3	10,0	3300	9151	
Jhry	129	1906	o	3	10,0	3300	9152	
Ka	130 – 135	(1929)	o	4	8,0	2450	7001 – 7006	*)

*) 52: als Gepäckwagen verwendbar
56 – 59: 58 als Gepäckwagen verwendbar, später auch 57
70 – 71: geliefert mit den Nummern 44, 45
72 – 76: geliefert mit den Nummern 46 – 50
80 – 89: 1904/06 3. Achse eingebaut; Gewicht 3.100 kg
97 – 99: geliefert mit den Nummern 41 – 43
100 – 106: neue Nummern: 4101, 4102, 8101, 4103, 4104, 8102, 8103
116 – 123: neue Nummern: 3451, 3452, 3453, 3351, 3454, 3352, 3353, 3354
130 – 135: UB 1929 aus k.u.k. Heeresfeldbahnwagen

Salzkammergut-Lokalbahn SKGLB 1930 – 1957

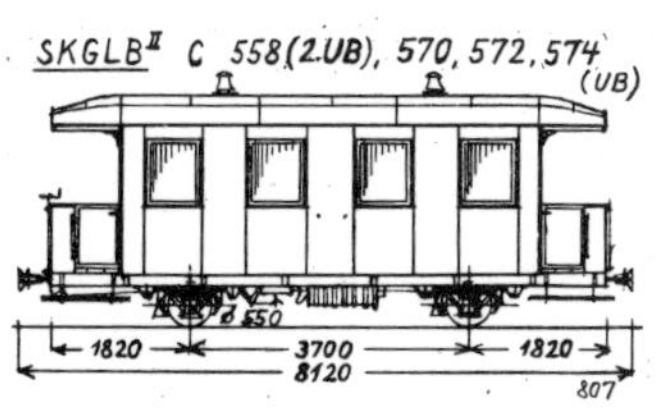

System der Wagenbezeichnung

Personen-, Gepäck- und Postwagen

ohne	Heizvorrichtung	101 – 150	301 – 350	501 – 550	601 – 650
mit	Heizvorrichtung	151 – 199	351 – 399	551 – 599	651 – 699

ohne	Abort	ungerade Wagennummern
mit	Abort	gerade Wagennummern

Güterwagen

x)	xx)	xxx)	gedeckt 2ax	Plattformw. 2ax	Plattformw. 3ax	Niederbordw. 2ax	Niederbordw. 4ax	Kohlenwagen 2ax	Kohlenwagen 3ax	Kohlenwagen 4ax	Schemelwagen 2ax	Schemelwagen 3ax
o	o	o	–	–	–	–	4501-	5001-	–	7001-	8001-	9051-
m	o	o	1101-	2101-	3151-	4101-	–	5101-	6151-	7101-	8101-	9151-
o	m	o	1201-	–	–	–	–	5201-	–	–	8201-	–
m	m	o	1301-	2301-	3351-	4301-	–	5301-	6351-	–	8301-	–
m	m	m	1401-	2401-	3451-	–	–	–	6451-	–	–	–

x) = Spindelbremse; xx) = Bremsleitung; xxx) = Bremszylinder; m = mit; o = ohne
Endzahl 01 – 50: Ladegewicht weniger als 10 t
Endzahl 51 – 99: Ladegewicht 10 t oder mehr

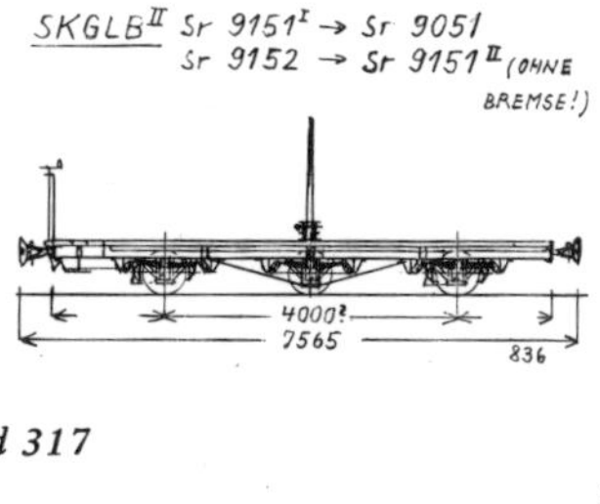

Wagenverzeichnis zum SKGLB-Nummernschema 1930 – 1957 auf den Seiten 316 und 317

SKGLB 1930–1957

Wagenverzeichnis

Serie	Wagennummer	Baujahr	Br.	Ax	Sitzpl. II III	Abort	Eigengw.	Wagennummer bis 1930/32	Anmerkung
B	101	1893	m	2	28 –	–	4500	36	*)
B	102, 104	1894	m	2	26 –	A	5000	48, 49	*)
B	106	1896	m	2	26 –	A	5000	150	*)
B	108	1896	m	2	26 –	A	5000	151	*)
Be	110	1906	m	2	18 –	A	6500	152	*)
B	151	1890	m	2	12 –	–	5000	1	*)
Be	152	1906	m	2	14 –	A	6500	152	*)
B	154	1894	m	2	26 –	A	5000	50	*)
B	156	1896	m	2	26 –	A	5000	–	*)
Be	158	1906	m	2	18 –	A	6000	–	*)
BC	351 ÷ 365	1891/93	m	2	8/24	–	5000	18–21, 37–39	*)
C	501 ÷ 513	1893	m	2	– 32	–	4500	40, 41, 43–47	*)
C	504, 506, 508	1890/93	m	2	– 28	A	3500	3, 5, 42	*)
C	551 ÷ 559	1893	m	2	– 32	–	4500	*)	*)
C	552 ÷ 558	1906	m	2	– 28	A	5500	154 – 157	*)
C	560 ÷ 568	1925	m	2	– 28	A	6000	158 – 162	*)
C	561 ÷ 569	1925	m	2	– 32	A	6000	163 – 167	*)
C	570, 572, 574	UB 1947	m	2	– 28	A	6000	–	*)
C	571	UB 1947	m	2	– 32	–	6000	–	*)
Ca	652 ÷ 660	1928	m	4	– 52	A	13500	201 – 205	*)
Gepäck- und Postwagen									
D	751, 753, 755	1890	m	2	– –	–	4000	9 – 11	*)
D	757, 761, 763	UB 1925	m	2	– –	–	5000	24, 32, 35	*)
D	759, 765	UB 1930	m	2	– –	–	4600	–	*)
DF	851	1891	m	2	– –	–	4000	12	*)
F	952, 954, 956	1891	m	2	– –	A	4000	13 – 15	*)

*) 101: UB 1947 neuer Wagenkasten (4 Fenster je Wagenseite); UN in BC 365
102, 104: neuer Wagenkasten (4 Fenster je Wagenseite); UB 1929, 1932
106: 1926 neuer Wagenkasten; UB 1947 neuer Wagenkasten; 1952 UB in C 574
108: 1942 UN in 156
110: 1931 neuer Wagenkasten (4 Fenster je Wagenseite) mit geschlossenen Plattformen; 1944 UN in 158
151: Wagenkasten in ursprünglicher Form (7 Fenster je Wagenseite)
152: Hofsalonwagen; UB 1931 in B
154: 1931 neuer Wagenkasten (4 Fenster je Wagenseite)
156: 1942 UN aus 108; Wagenkasten in ursprünglicher Form (7 Fenster je Wagenseite)
158: 1944 UN aus 110
351 ÷ 365; 351, 353, 355, 359, 361, 363 neuer Wagenkasten (4 Fenster je Wagenseite): UB 1928–1932; 353, 355 1947 neuer Wagenkasten (355 UN 1952 in C 571); BC 365 UN 1947 aus 101
501 ÷ 513: 501–513 nur ungerade Nummern; 503–513 neuer Wagenkasten (4 Fenster je Wagenseite); UB 1926–32; 505 UN 1944 in 551; 513 UN 1943 in 553; 501 Wagenkasten in ursprünglicher Form (8 Fenster je Wagenseite)
504 ÷ 508: 504 und 506 UB 1939 in 2304–2305; 508 Ofen eingebaut (nur 24 Sitzplätze)
551 ÷ 559: 551 UN 1944 aus 505; 553 UN 1943 aus 513; 555, 557, 559 UN aus 31, 33, 34; 555 neuer Wagenkasten 1947 (4 Fenster je Wagenseite); UN in 570; 559 Wagenkasten in ursprünglicher Form (8 Fenster je Wagenseite)
552 ÷ 558: nur gerade Wagennummern; 552, 554, 558 neuer Wagenkasten (4 Fenster je Wagenseite), UB 1931, 1925, 1931; 558 neuer Wagenkasten 1947; 559 Wagenkasten in ursprünglicher Form (8 Fenster je Wagenseite)
560 ÷ 568: nur gerade Wagennummern
561 ÷ 569: nur ungerade Wagennummern; 567 neuer Wagenkasten 1947 UN in 572
570, 572, 574: UN aus 555, 567, 106
571: UN aus 355
652 ÷ 660: nur gerade Wagennummern
751, 753, 755: neuer Wagenkasten 1927, 1925, 1927
757, 761, 763: UB aus Personenwagen
759, 765: UB aus Personenwagen C 29, 22
851: neuer Wagenkasten 1927
954: UB 1939 in Rüstwagen

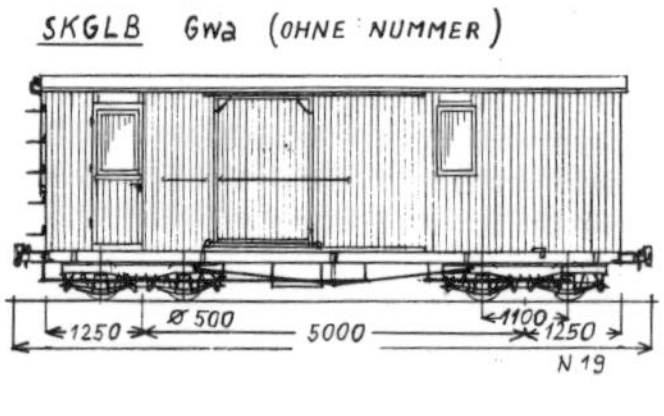

SKGLB 1930–1957

Serie	Wagennummer	Baujahr	Br.	Ax	Ladegw.	Eigengw.	Wagennummer bis 1930/32	Anmerkung
Gw	1101 – 1110	1892/93	m	2	5,0	3400	60 – 69	
Gwa	1111	1940	m	4	9,0	4920	–	*)
Gwd	1201 – 1203	1890	o	2	5,0	3200	53 – 55	
Gwd	1301 – 1307	1890/1900	m	2	5,0	3600	52, 56–59, 112–113	
Gwd	1308 – 1312	UB 1930	m	2	5,0	3900	–	*)
Gmda	1381	1944	m	4	15,0	5500	–	*)
Gwd	1401	1891	m	2	5,0	3900	–	*)
Pwr	2101 – 2102	UB 1928/27	m	2	5,0	3000	–	*)
Pwrd	2301 – 2306	UB 1925/28	m	2	5,0	3000	4, 6, 16, 7, 8, 17	*)
Pwrd	2304 – 2305	UB 1939	m	2	5,0	3000	–	*)
Pwrd	2401	UB 1927	m	2	5,0	3400	–	*)
Pr	3151	1906	m	3	10,0	3300	–	*)
Prd	3351 – 3354	1906	m	3	10,0	3500	119, 121–123	*)
Prd	3451 – 3454	1906	m	3	10,0	3500	116–118, 120	
Nwr	4101 – 4104	1893	m	2	5,0	2700	100, 101, 103, 104	*)
Nwrd	4301	UB 1931	m	2	5,0	3200	–	*)
Nwra	4501 – 4507	UB 1930	o	4	7,5	2400	–	*)
Kw	5001 – 5004	1891	o	2	5,0	3000	–	*)
Kw	5101 – 5108	1893	m	2	5,0	3100	78, 79, 90–95	
Kwd	5201 – 5205	1891	o	2	5,0	2800	72, 74–76, 73	*)
Kwd	5301 – 5303	1890	m	2	5,0	3100	70, 71, 77	
K	6151 – 6169	1893/1906	m	3	10,0	3800	*)	*)
Kd	6351	1906	m	3	10,0	4000	115	
Kd	6451	1906	m	3	10,0	4000	114	
Kwa	7001 – 7006	UB 1929	o	4	7,5	2500	130 – 135	*)
Kwa	7101 – 7104	1941	m	4	9,0	4390	–	*)
Swr	8001 – 8003	1891	o	2	5,0	2500	–	*)
Swr	8101 – 8105	1890/93	m	2	5,0	2800	102, 105, 106	*)
Swnrd	8201 – 8203	1891	o	2	5,0	2800	97 – 99	*)
Swnrd	8301	1890	m	2	5,0	2800	96	*)
Sr	9051	1906	o	3	10,0	3100	–	*)
Sr	9151 – 9152	1906	m	3	10,0	3400	128 – 129	*)
Ra	1	UB 1950	m	4	15,0	7120	–	*)
R	2	UB 1951	m	3	10,0	4470	–	*)

*) 1111: ex Deutsche Heeresfeldbahn, geliefert von Dolberg AG, Berlin; ab 1947 in Betrieb
1308–1312: UB aus Personenwagen C 25–28, 30
1381: ex Deutsche Heeresfeldbahn, geliefert von Waggon- u. Maschinenfabrik AG, vorm. Busch, Bautzen; ab 1946 in Betrieb
1401: 1934 UN aus D 755; 1944 UN in D 755
2101–2102: 1935/36 UN aus 2303 und 2305
2301–2306: UB 1925–1928; 2303 und 2305 UN 1935/36 in 2101–2102; 2304 UN 1935 in 2401; 2306 UN 1936 in 2303
2304–2305: UB 1939 aus C 504 und 506; 2304 UB 1951 in R 2
2401: 1935 UN aus 2304
3151: 1935 UN aus 3354
3351–3354: 3354 UN 1935 in 3151
4101–4104: 4101 UB 1936 in 8104; 4102–4104 UN 1935/36 in 4101–4103
4301: UB 1931 aus C 23
4501–4507: ex k.u.k. Heeresfeldbahn
5001–5004: UN 1935–1937 aus 5202–5205
5201–5205: 5202–5205 UN 1935–1937 in 5001–5004
6151–6169: UN aus 80–89, 107–111, 124–127; 6151–6160 bis 1904/06 zweiachsig
7001–7006: ex k.u.k. Heeresfeldbahn
7101–7104: ex Deutsche Heeresfeldbahn; ab 1951 in Betrieb
8001–8003: 1935/36 UN aus 8201–8203
8101–8105: 8104, 8105 UN 1936 aus 4101, 8301
8201–8203: UN 1935/36 in 8001–8003
8301: UN 1936 in 8105
9051: UN 1935 aus 9151
9151–9152: 1935 UN 9151 in 9051, 9152 in 9151
Ra 1: ex Deutsche Heeresfeldbahn, ab 1950 in Betrieb; erbaut 1942 von Brünighaus AG, Westhofen in Westf.
R 2: UB aus 2304

SKGLB[II] Nwrd 4301

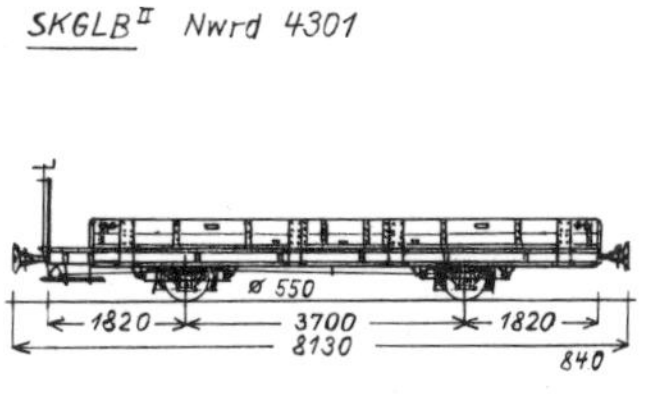

SKGLB Ra 1

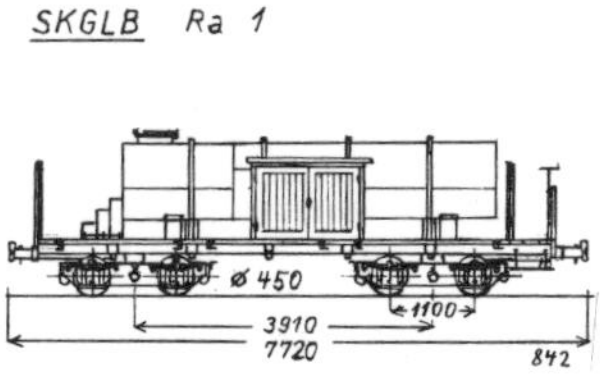

SKGLB R 2

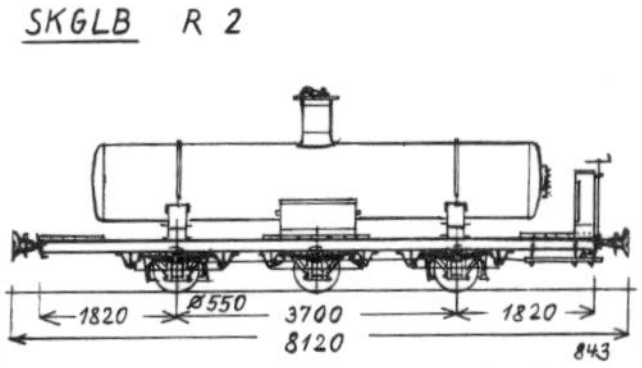

SKGLB^{II} D 759, 765 (UB)

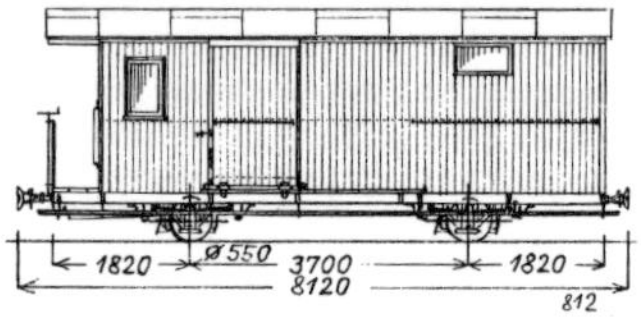

SKGLB^{II} D 757, 761, 763 (UB)

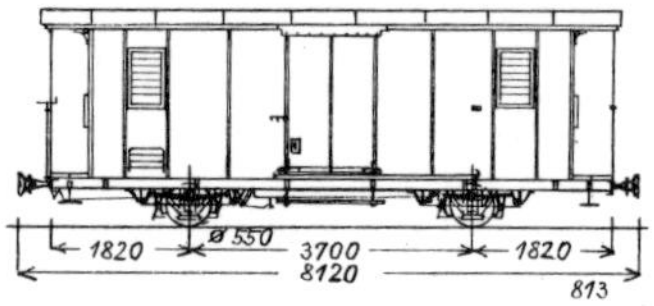

SKGLB^{II} DF 851 (UB)

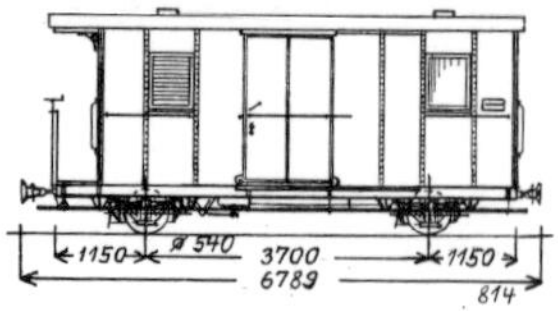

SKGLB G 52, 56 - 69, 112 - 113

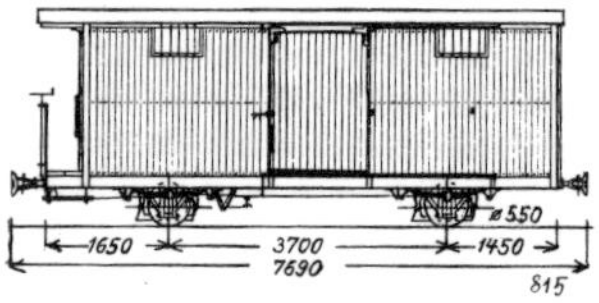

SKGLB G 53 - 55

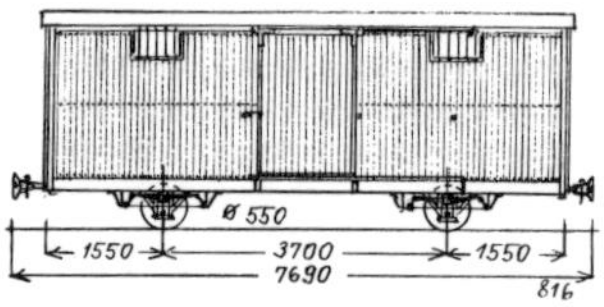

SKGLB^{II} Gwa 1111

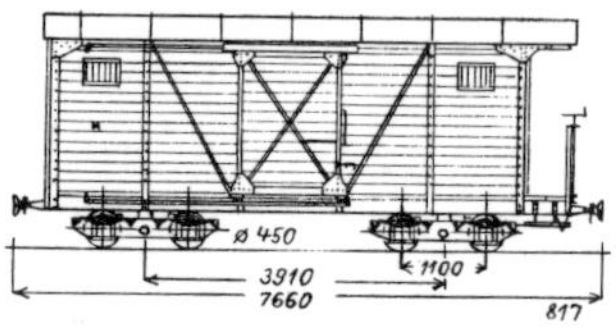

SKGLB^{II} Gwd 1308 - 1312

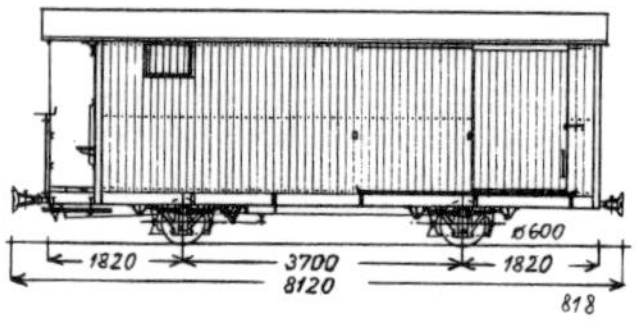

SKGLB^{II} Gmda 1381

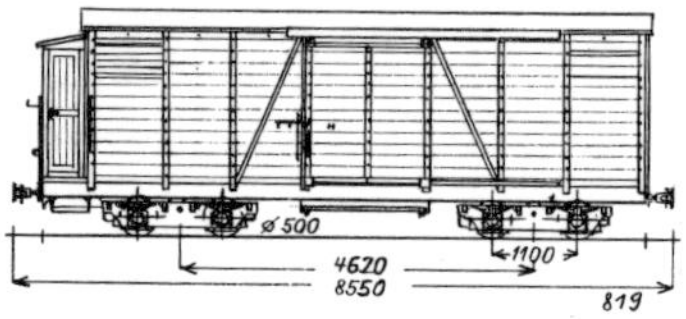

SKGLB^{II} Gwd 1401

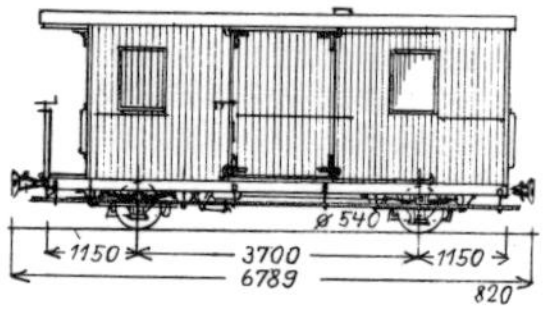

SKGLB K 70 - 71, 77 - 95
(80 - 89 SPÄTER UB → 3-ACHSIG)

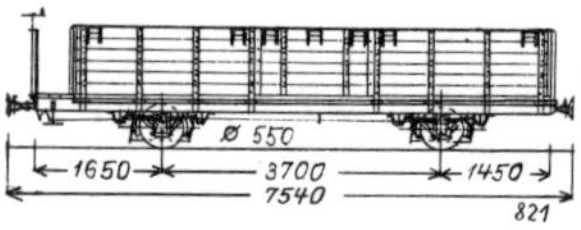

SKGLB K 72 - 76

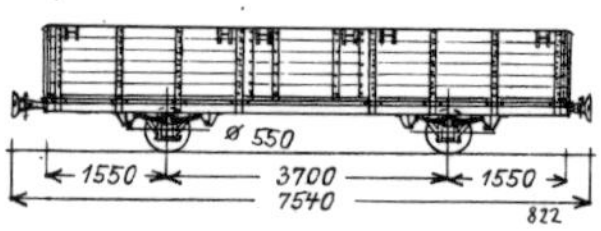

SKGLB^{II} K 6151 - 6160

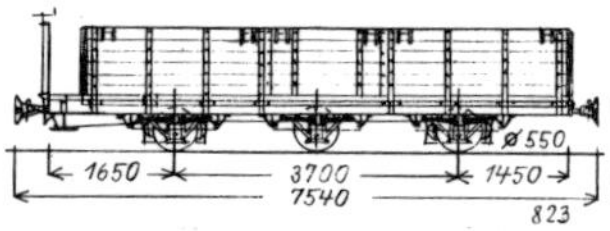

SKGLB Ky 107 - 111,
Kg 114 - 115, 124 - 127

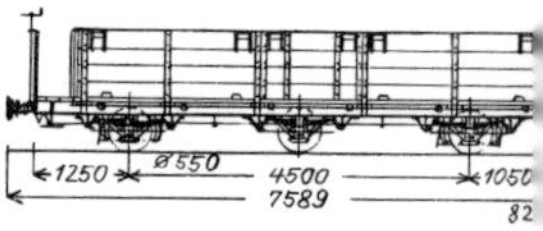

SKGLB K 130 - 135

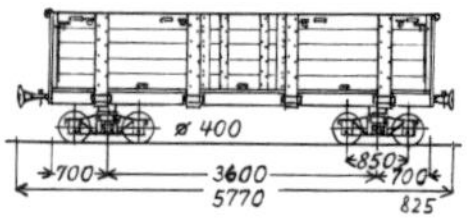

SKGLB Ka 7101 - 7104

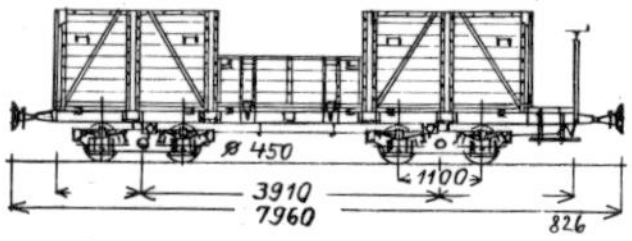

SKGLB Jn 96, 100 - 106

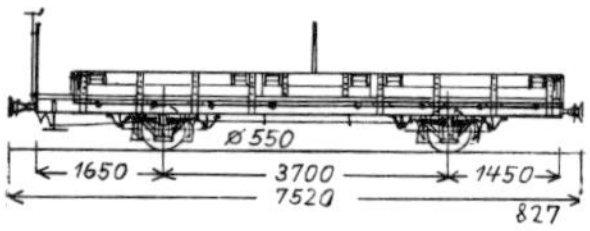

SKGLB^{II} Nwr 4101^{I} - 4103^{I} 4104,
4101^{II} - 4103^{II}

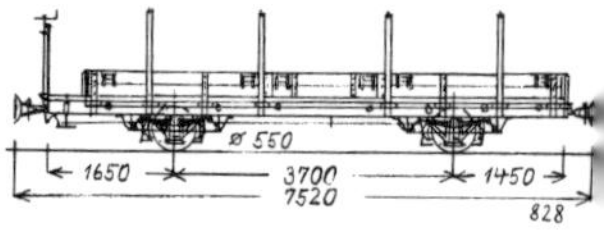

SKGLB^{II} Swr 8101 - 8105

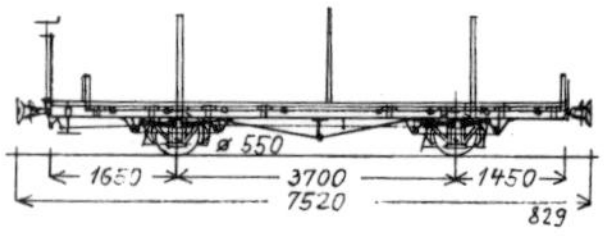

SKGLB^{II} Swnrd 8301

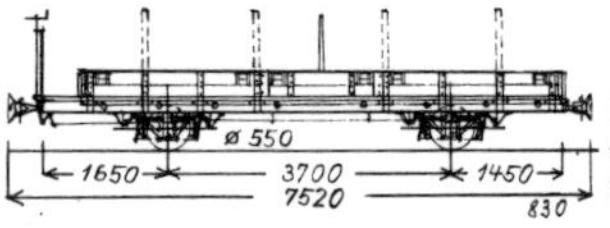

SKGLB Jn 97 - 99

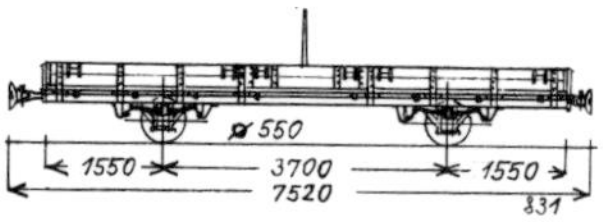

SKGLB^{II} Swr 8001 - 8003

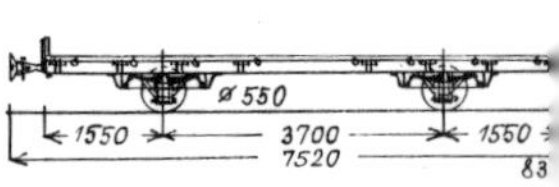

SKGLB^{II} Swnrd 8201 - 8203

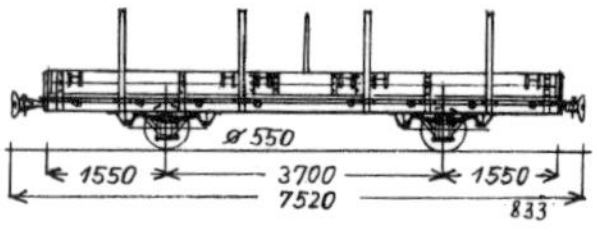

SKGLB J 116 - 123

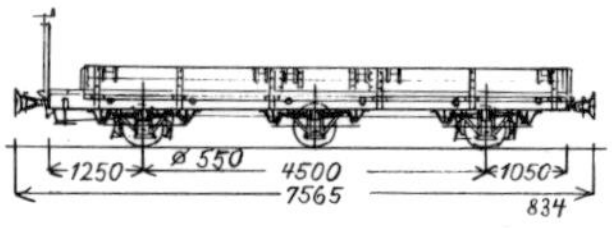

SKGLB^{II} Pr 3151, Prd 3351 - 3354,
Prd 3451 - 3454

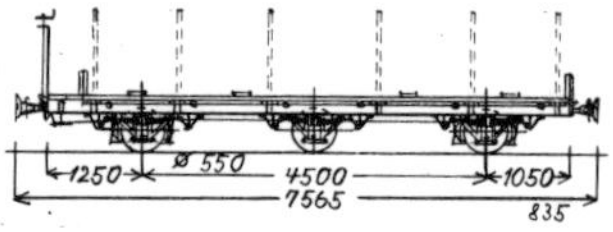

SKGLB^{II} Nwra 4501 - 4507

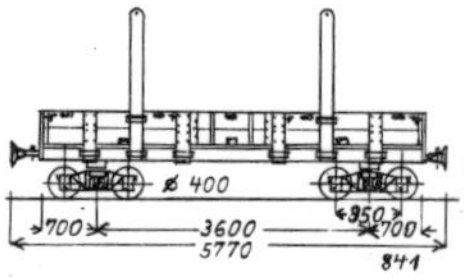

SKGLB^{II} Pwr 2101 - 2102

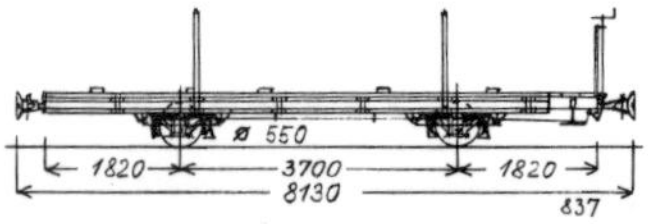

SKGLB^{II} Pwrd 2301 - 2302, 2303^{I} -
2305^{I}, 2306, 2303^{II}, 2401

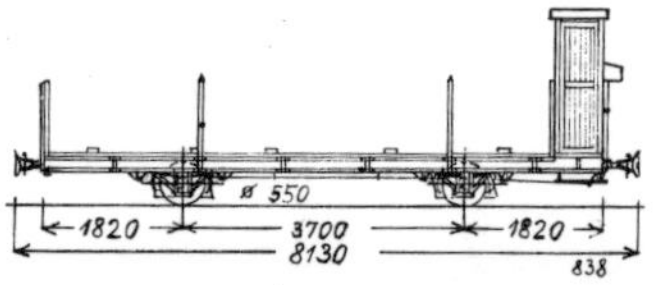

SKGLB Pwrd 2301 (als Jr 4)

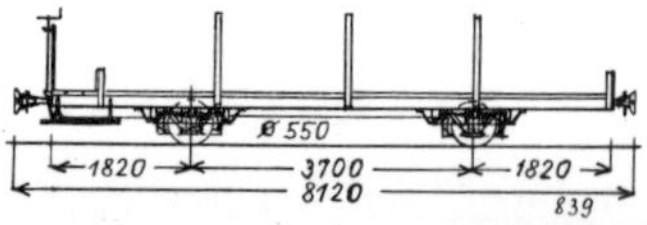

ZB 1 - 2

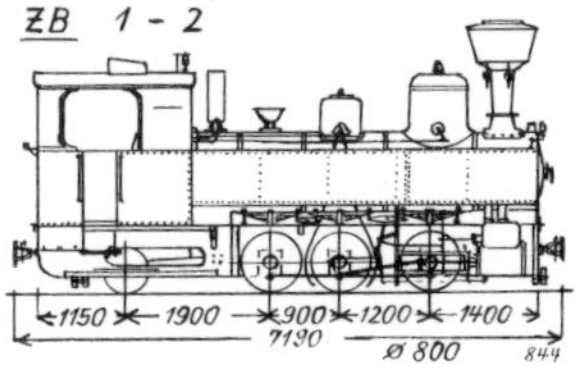

ZB 3

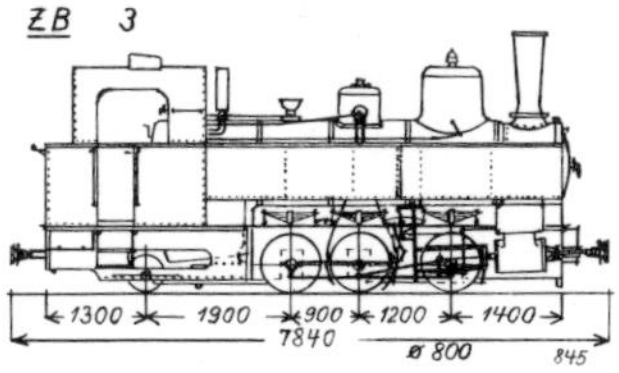

ZB 4 I

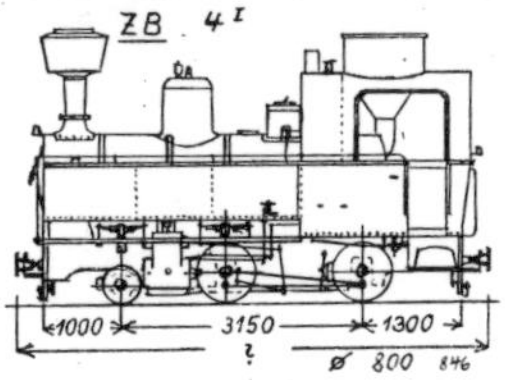

ZB 4 I (UB)

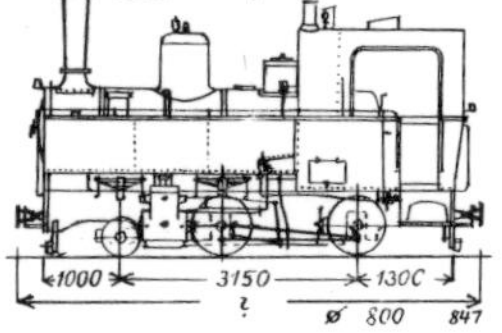

ZB 4 II

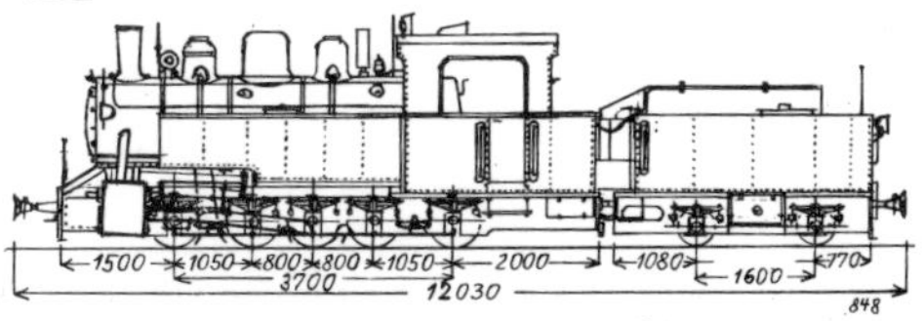

ZB 5

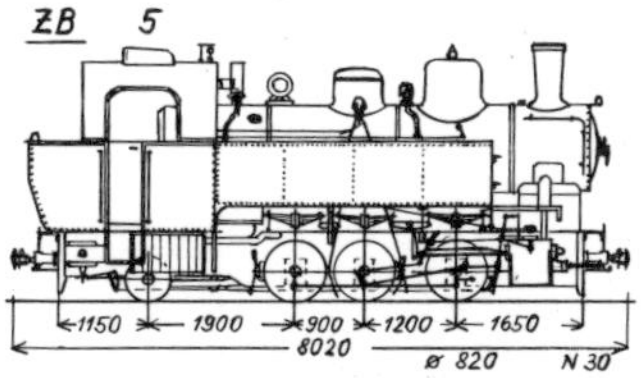

ZB 5 (UB)

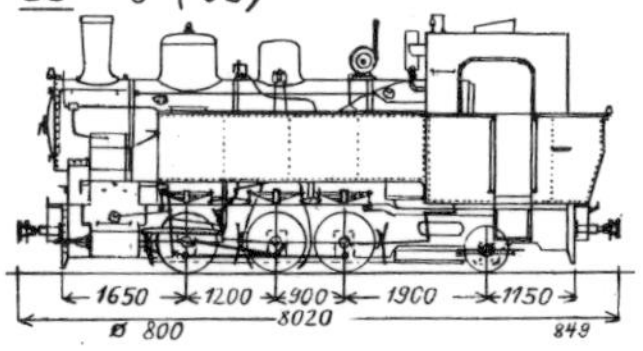

Zillertalbahn (ZB)

1	KrLi	4505/1900	C1n2t	(Reihe U)	RAIMUND	ab 1970 Landesmuseum Innsbruck (Zeughaus)
2	KrLi	4506/1900	C1n2t	(Reihe U)	ZILLERTHAL	
3	KrLi	4790/1902	C1n2vt	(Reihe Uv)	TIROL	
4ᴵ	KrLi	5355/1905	1Bn2vt	†1958	GERLOS	
4ᴵᴵ	Bors	14806/1939	En2	(HF)	CASTLE CAEREINION *)	
5	KrLi	1521/1930	C1h2t	(Reihe Uh)	1941 UB Caprotti → Lentz-Steuerung	
6	KrMü	7182/1916	Bn2t		1972 gekauft von den Böhlerwerken in Kapfenberg; UB durch ZB (Selbstfahrerlokomotive)	

ZB 6

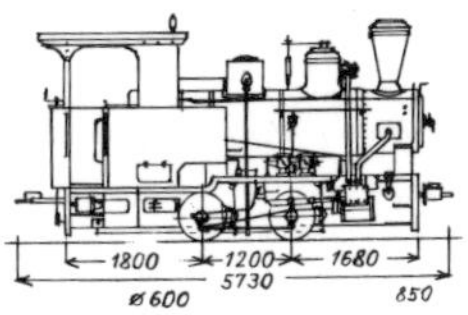

*) Gekauft 1958 von SKGLB (Nr. 22). CASTLE CAEREINION (die Namengebung geht auf den Besuch walisischer Eisenbahnfreunde am 27. 10. 1963 zurück), ein Ort an der Welshpool-Llanfair-Bahn und 1965/71 Endstation, setzt sich aus dem englischen Castle (Schloß) und dem walisischen Caer- (als Teil von Ortsnamen ebenfalls: Schloß) -einion (Flußname) zusammen, also: Schloß am Einion. Derart gemischte Namen findet man in diesem Grenzgebiet öfters. Seit Sommer 1974 auf der Bregenzerwaldbahn für historische Dampfzüge.

Diesellokomotiven

D 6	Wdhf	755/1943	C	D-hy	1956 gekauft (ex HF M 13984); 1971 verkauft an StmLB
D 7	Gebus	1940	Bo' Bo'	D-e	1961 von Lammingtal Schleppbahn
D 8	O&K	26615/1967	D	D-hy	
D 9	O&K	26616/1967	D	D-hy	
D 10	O&K	25923/1959	B	D-hy	} 1969 gekauft von Rhein-Sieg-Eisenbahn
D 11	O&K	25965/1960	B	D-hy	} UB von Spurweite 785 mm, ex V12, V13
V 11	O&K	25869/1959	B	D-hy	1969 gekauft von Rhein-Sieg-Eisenbahn; UB von Spurweite 785 mm, jedoch nicht in Betrieb (Ersatzteilspender); 1973 an StmLB (Murtalbahn) weiterverkauft (UB Murau in VL6)

Triebwagen

					Sitze	Egw.	Spurweite in mm 1954	1963	1969	
VT 1 (St 1)	DÜWAG	26887/1954	2'B'	–	34+5	16,2	1000	1067	760	*)
VT 1 (GW)	RTM	1963	2'2'	D-e	13	18,1	–	1067	760	*)
VT 1 (St 2)	DÜWAG	26888/1954	B'2'	–	34+5	16,2	1000	1067	760	*)
VT 2	Talbot	96939/1954	B'B'	Dm	56+4	20,0	750	–	760	(ab 1968; von KOK ex T2)
VT 3	Warch	1928	(1A)(A1)	D-h	32+2	25,6	–	–	–	UB 1953 aus BET 101
BET 101	Warch	1928	(1A)(A1)	B-h	44+2	24,0				**)

*) Die beiden Steuerwagen (mit je 1 Motordrehgestell und je 1 Führerstand) St 1 und St 2 beschaffte die DB als ET 195 01 und 02, und sie liefen bis zur Auflassung (1959) auf der Strecke Ravensburg – Baienfurt; 1961 an Rotterdamsche Tramweg Maatschappij (RTM) verkauft und dort von 1963 an als 17.01 und 17.02 mit dem dazugebauten Generatorwagen (GW) M 17.00 (2 Führerstände, keine Fahrmotoren) bis 1966 im Verkehr; 1967 von den Zillertaler Verkehrsbetrieben gekauft und nach Umbau 1970 in Betrieb gestellt; der Generatorwagen erhielt 1972 DÜWAG-Drehgestelle (von Kölner Verkehrsbetriebe) Einsatz als Dreiwagen- oder Zweiwagenzug möglich: St 1 + GW + St 2 oder St 1 + GW oder GW + St 2

**) Ursprünglich benzinelektrisch; 1938 benzinelektrische Maschinenanlage ausgebaut und daraufhin als Personenwagen verwendet; 1952/53 Umbau in dieselhydraulischen Triebwagen VT 3. Der benzinelektrische Triebwagen wurde bei Warchalowski und ÖSSW bestellt. Bis zur Lieferung des Triebwagens stellte Warchalowski eine benzinelektrische Lokomotive vom System Gebus leihweise zur Verfügung. Diese Bo-Lokomotive war ab August 1927 im Personenzugdienst und im Winter im Verschubdienst eingesetzt. Später BBÖ-Nr. 2021.01.

ZB D 6 (ERST OHNE FÜHRERST.FENSTER)

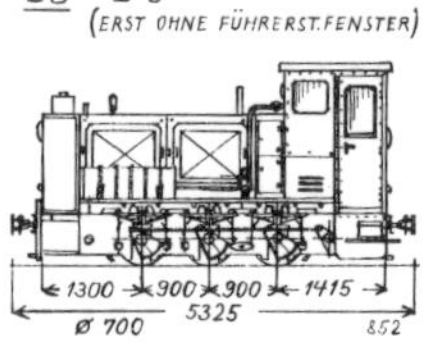

ZB D 7

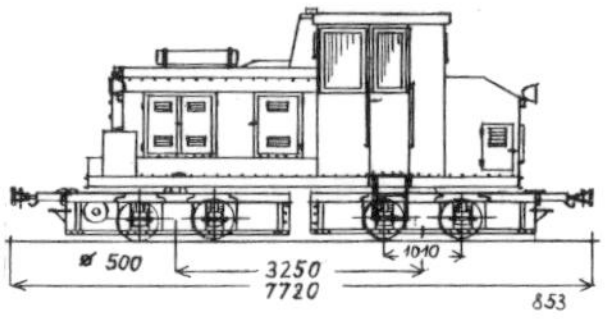

ZB D 8 - 9

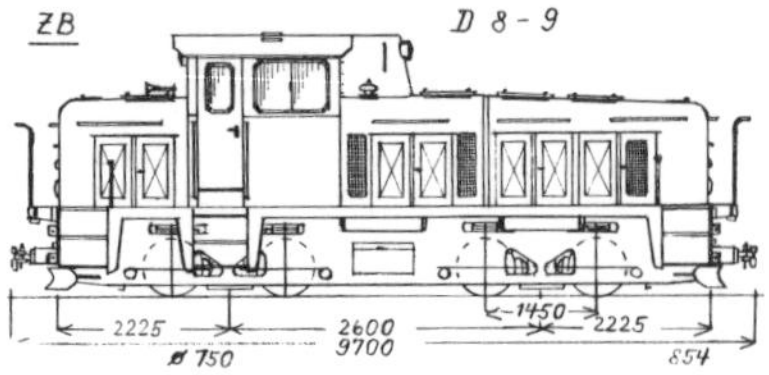

ZB D 10 - 11

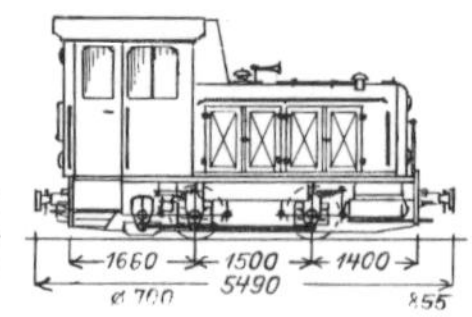

ZB VT 1 (St 1)

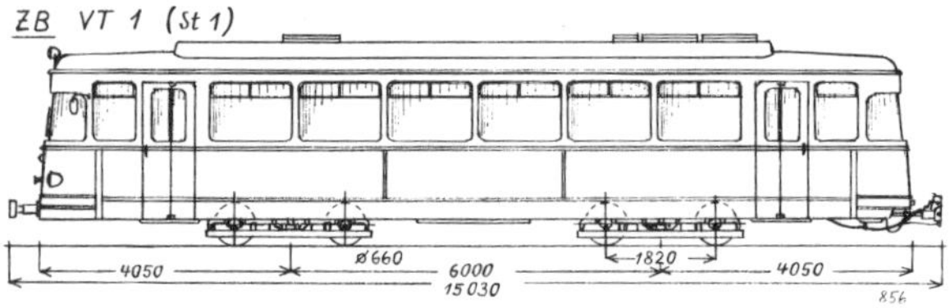

VT 1 (GW)

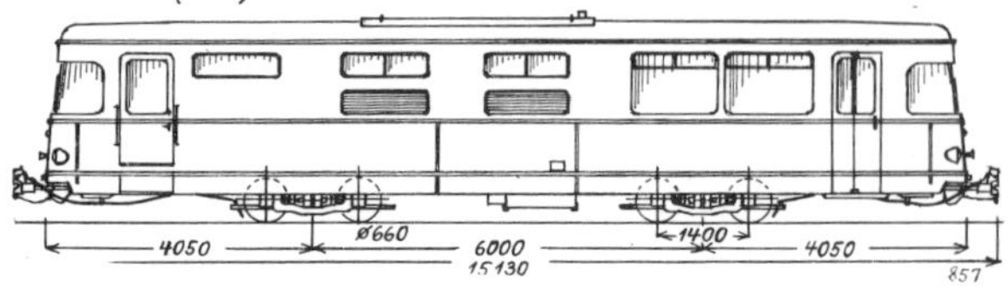

VT 1 (St 2)

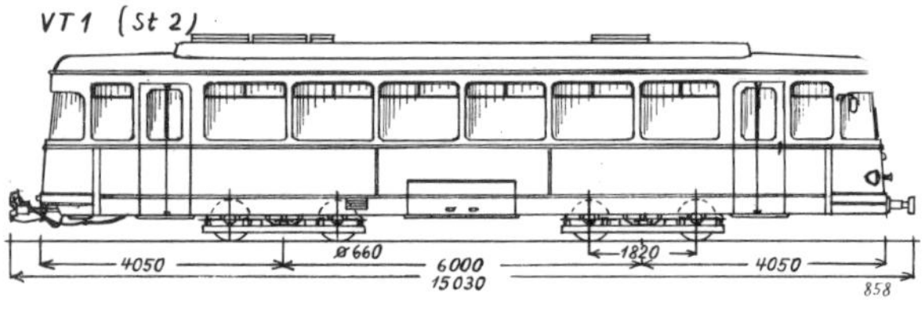

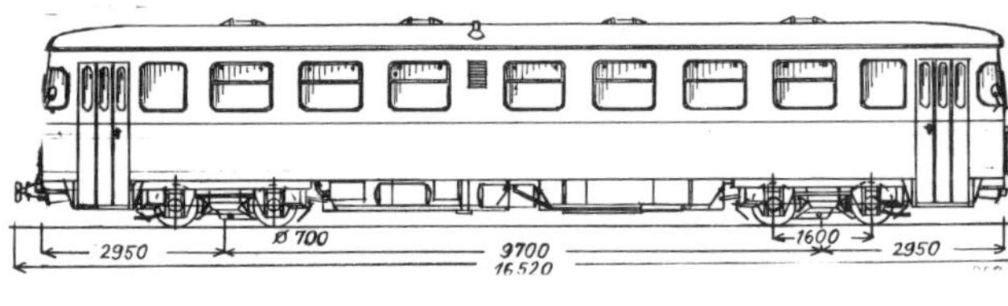

ZB BET 101

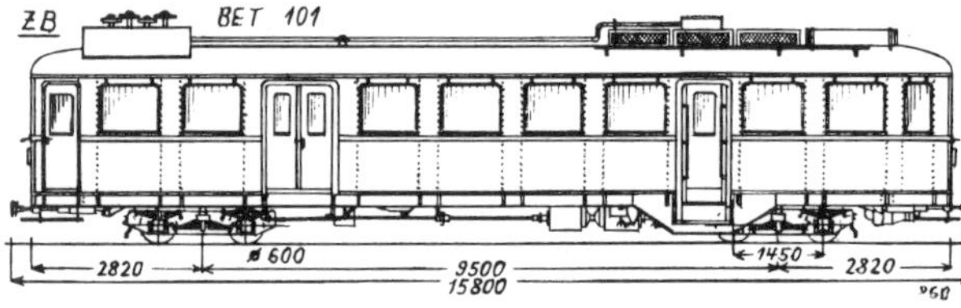

ZB VT 3 (UB)

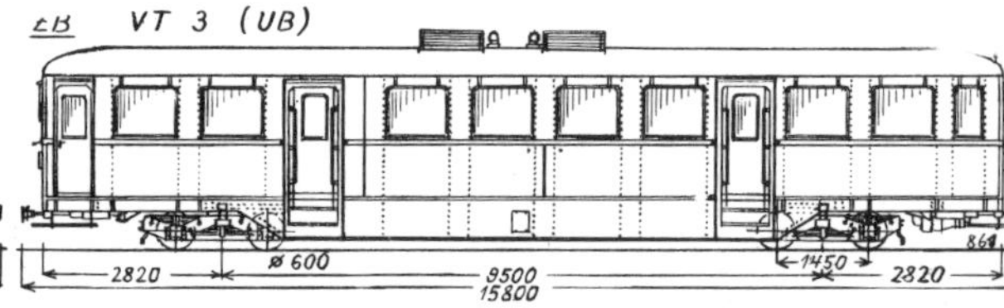

ZB Gebus - VL

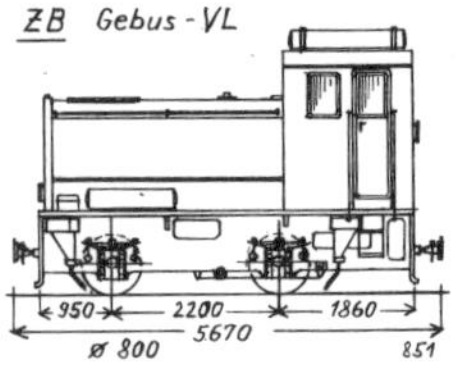

Zillertalbahn VT 2
Foto H. Sternbart (1971)

ZB Bi 1 - 2, BCi 8, Ci 20 - 26

ZB BCi 6 - 7

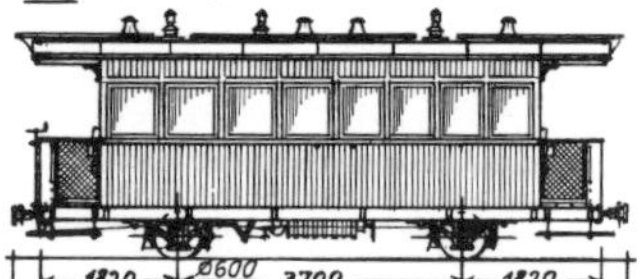

ZB Ci 26 (UB) → II C 19

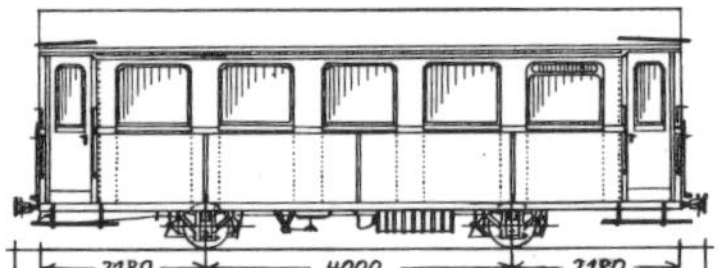

ZB Ci 27 - 28 → II C 20 - 21

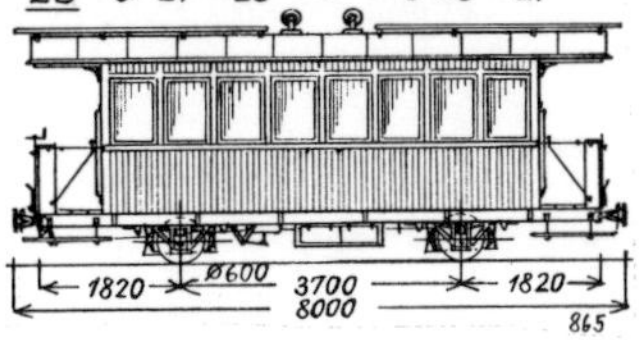

ZB Ca 30 - 31

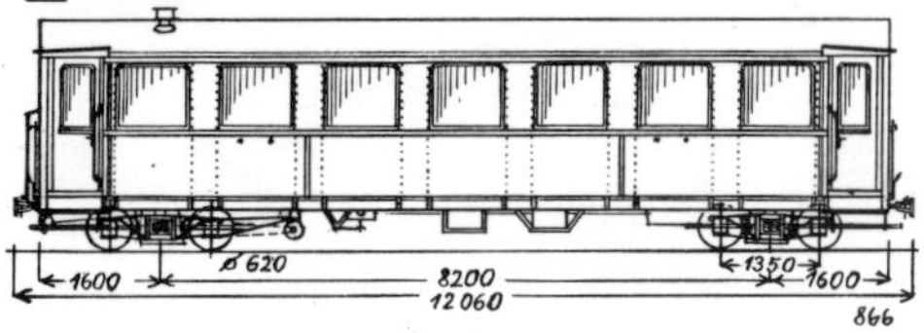

ZB^II BCi 1, 6, Ci 11....18

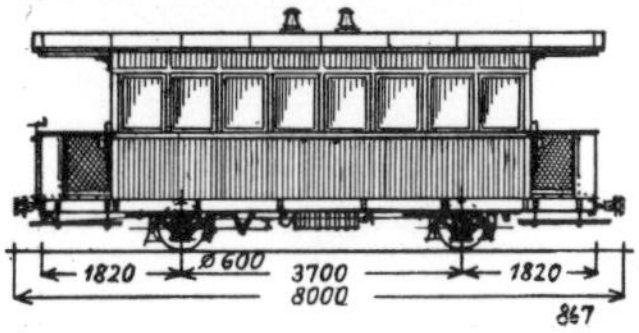

ZB-Wagenverzeichnis 1900–1933

Serie	Wagennummer	Baujahr	Br.	Ax	Sitzpl. Ladegw.	Eigengw.	Wagennummer ab 1933	Anmerkung
Bi	1 – 2	1901	m	2	32	4800	18, 1	
BCi	6 – 7	1900	m	2	12/15	5100	2 – 3	
BCi	8	1903	m	2	16/16	4800	11	*)
Ci	20 – 26	1900/03	m	2	32	4800	13 – 17, 12	*)
Ci	26	UB 1930	m	2	40	7600	19	*)
Ci	27 – 28	1914	m	2	32	5500	20 – 21	
Ca	30 – 31	1929	m	4	52	13800	30 – 31	
DF	51 – 52	1900	m	2	6,0	5000	51 – 52	
G	61	1900	m	2	6,0	4400	53	*)
G	62 – 63	1900	o	2	6,0	3700	161 – 162	
G	64 – 65	1900	o	3	10,0	4400	163 – 164	
G	66 – 67	1900	m	3	10,0	5100	102 – 103	
G	68	1900	o	3	10,0	4400	165	
G	69 – 70	1901	m	3	10,0	5100	100, 104	
G	71	1908	o	3	10,0	4900	166	*)
G	72	1913	m	3	10,0	5070	105	
G	73	1926	m	2	10,0	4480	101	
G	74 – 76	1929/30	o	3	10,0	6450	167 – 169	
G	77	1930	m	3	10,0	7350	106	
Ga	91	1908	m	4	15,0	9500	–	*)
Jk	101 – 104	1900	m	3	10,0	4900	210 – 213	
Jk	105	1900	m	2	6,0	4100	217	
Jk	106	1900	o	2	6,0	3500	260	
Jk	107 – 108	1901	m	3	10,0	4900	214 – 215	
Jk	109 – 110	1901	o	3	10,0	4100	261 – 262	
Jk	111 – 114	1904	o	3	10,0	4200	263 – 266	*)
Jk	115	1904	m	3	10,0	4600	216	*)
Jka	151 – 152	1908	o	4	15,0	6300	267 – 268	*)
Jka	153	1908	m	4	15,0	6800	KV	*)
Jka	153	UB 1926	m	4	15,0	8100	218	*)
Jka	154	1913	m	4	15,0	8130	219	
Jka	155	UB 1926	m	4	15,0	7470	220	*)
Jka	156 – 158	1929	m	4	15,0	9150	200 – 202	

*) 8: UB 1910 in B, später in C
20–26: Wagen 20 geliefert 1903
26: UB 1930, neuer Wagenkasten in geänderter Bauart
61: UB 1933 in DF 53
71: geliefert von Roessemann & Kühnemann
91: geliefert von Roessemann & Kühnemann, UB 1926 in Jka 153"
111–115: geliefert von Roessemann & Kühnemann
151–153: geliefert von Roessemann & Kühnemann
153": UB aus Ga 91
155: UB aus elektr. Gütermotorwagen; geliefert 1911 von Graz an Fa. Anton Rauch (Rauch-Mühle in Innsbruck-Mühlau); 1926 von ZB gekauft

Kriegsverlust 1918
Jk 153 an die Fleimstalbahn

ZB^II ABi 1 (UB)

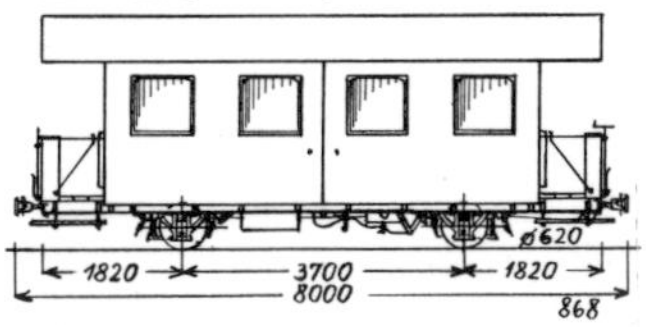

ZB^II BCi 2 - 3

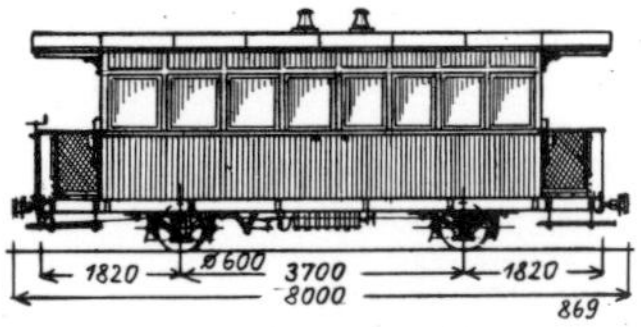

ZB^II ABi 2 (UB)

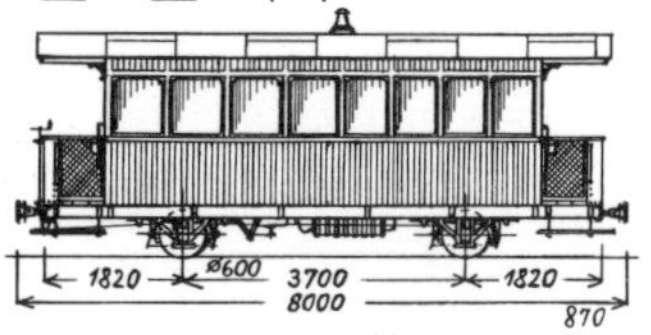

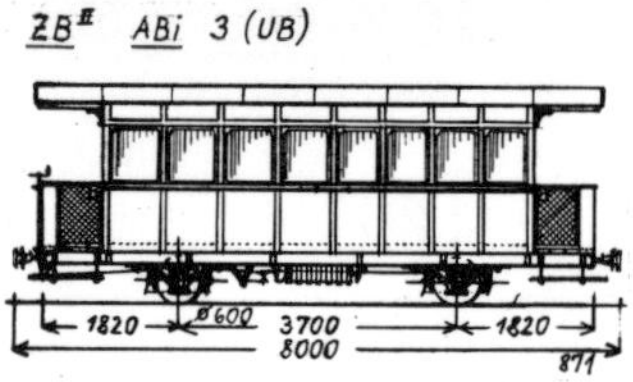

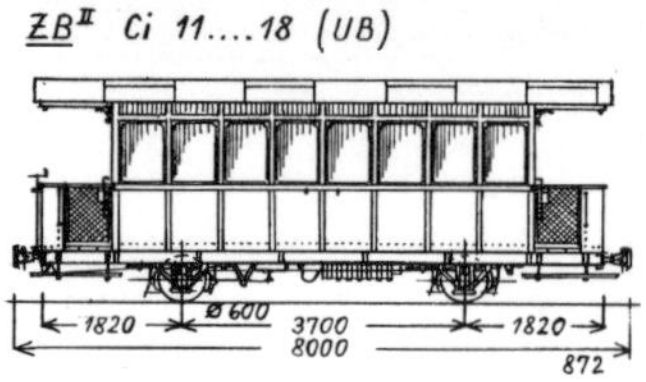

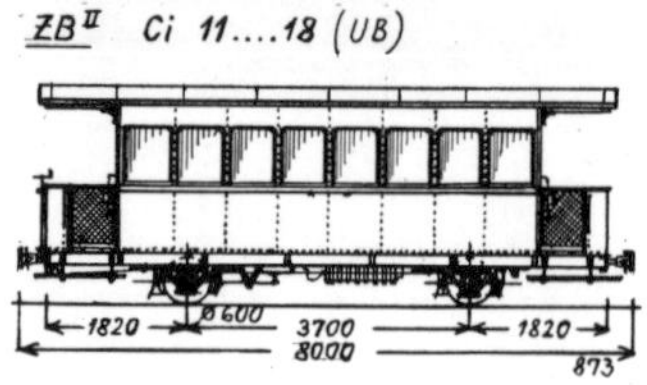

ZB-Wagenverzeichnis 1933–1975

Personen- und Dienstwagen

Serie	Wagennummer	Baujahr	Br.	Ax	Sitzpl.	Eigengw.	Wagennummer bis 1933	Anmerkung
BCi	1 – 3	1900/01	m	2	16/16	5100	2, 6–7	
ABi	1	UB 1961	m	2	16/16	5800	–	*)
BCi	6	1900	m	2	16/16	5200	–	*)
Ci	11 – 19	1900/03	m	2	32	5200	8, 25, 20–24, 1, 26	*)
Ci	19	UB 1930	m	2	40	7600	–	*)
Ci	20 – 21	1914	m	2	32	5500	27 – 28	*)
Bi	22, 24	1925	m	2	32	5700	–	*)
ABi	23	1925	m	2	16/16	5670	–	*)
Bi	25 – 26	1925	m	2	28	6200	–	*)
Bi	27 – 28	1906, 1908	m	2	32	5600	–	*)
Ca	30 – 31	1929	m	4	52	13800	30 – 31	*)
B4i	32 – 33	UB 1956	m	4	48	12000	–	*)
AB4i	34	UB 1956	m	4	16/24	12000	–	*)
B4i	35 – 38	1926	m	4	56	13660	–	*)
B4i	39	1949	m	4	46	9000	–	*)
B	40 – 41	1889	(m)	2	24	4300	–	*)
Ca	101	1928	m	4	44	17600	–	*)
B4i	200, 202	UB 1956	m	4	48	11800	–	*)
AB4i	201	UB 1956	m	4	16/24	12000	–	*)
P	50	UB 1962	m	3		6280	–	*)
DF	51 – 52	1900	m	2		5300	51 – 52	*)
DF	53	UB 1933	m	2		4700	61	*)
Gwd	100	1901	m	3		5200	–	*)

---

*) 1: 1961 neuer Wagenkasten (Spantenbauart)
6: UB aus Ci 11, UB in X 603
11–18: 11 UB in BCi 6; 12, 18 Unfall am 27. 11. 1968 in Rotholz, zerstört; 14, 16, 17 am 25. 3. 1968 verkauft an Welshpool & Llanfair Light Railway
19: UB 1930 neuer Wagenkasten in geänderter Bauart, von Mai 1970 an Kioskwagen
21: UB in X 604
22–26: 1958 gekauft, ex SKGLB 563, 565, 569, 572, 574; 22 und 24 an Club 760; 25 am 25. 3. 1968 verkauft an Welshpool & Llanfair Light Railway; 26 Baujahr 1896, UB 1947 neuer Wagenkasten, an Alpenrasthaus Zehetner
27–28: 1968 von ÖBB ex 3660, 3696
30–31: später Gattungszeichen B4i
32–33: 1969 UN aus 200, 202
34: 1969 UN aus 201
35–38: 1964 gekauft, ex Payerbach–Hirschwang 12, 11, 14, 13; 37 UB 1971 mit Gepäckabteil und 37 Sitzplätzen
39: 1968 gekauft, ex Kreisbahn Osterode–Kreiensen (K.O.K.) Nr. 22; geliefert von Niedersächsische Waggonfabrik Joseph Graaf-GmbH, Elze (Hannover)
40–41: 1972 von Waldbahn Reichraming–Unterweißwasser bzw. Brunnbach; neuer Wagenkasten von Waldbahn ex Nr. 1, 2; geliefert für Steyrtalbahn
101: Die benzinelektrische Maschinenanlage des BET 101 bewährte sich nicht und wurde bereits im Jahre 1938 ausgebaut und der Triebwagen daraufhin als Personenwagen verwendet. 1953 UB in VT 3
200–202: UB 1956 aus Ol 200–202 durch Karosseriefabrik Karl Schreiner & Söhne in Wien V; 1969 UN in 32, 34, 33
50: 1962 UB aus Gw 102, 1966 Ausbau der 3. Achse
51–52: später Gattungszeichen: 51 = PF, 52 = F
53: 1933 UB aus G 61
100: seit ca. 1939 als Hilfsdienstwagen in Verwendung

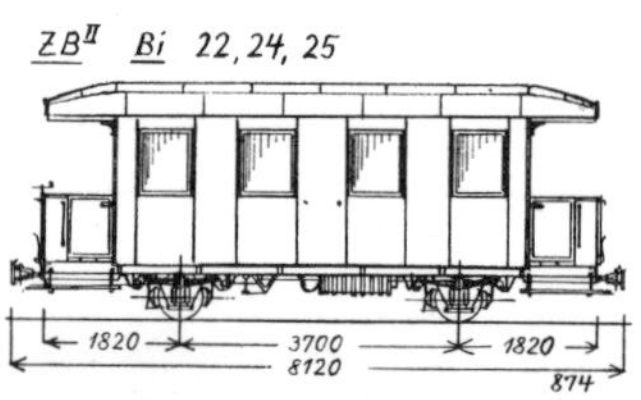

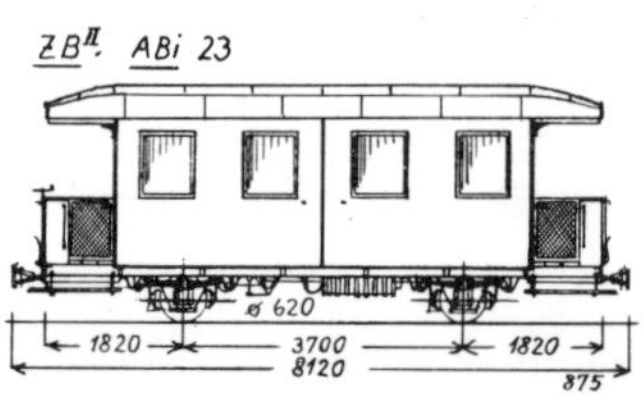

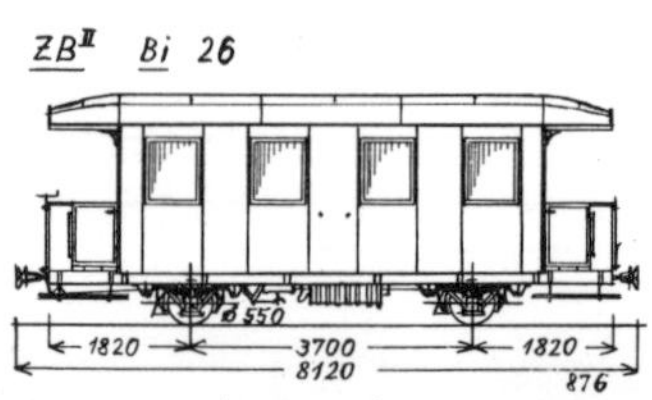

Güterwagen

Serie	Wagennummer	Baujahr	Br.	Ax	Ladegw.	Eigengw.	Wagennummer bis 1933	Anmerkung
Gw	100	1901	m	3	10,0	5600	69	*)
Gwk	101	1926	m	2	10,0	4370	73	
Gw	102 – 104	1900/01	m	3	10,0	5200	66–67, 70	*)
Gw	105	1913	m	3	10,0	5070	72	
Gl	106	1930	m	3	15,0	7300	77	*)
Gl	107	UB 1949	m	4	15,0	8470	–	*)
Gl	107	1929	(m)	3	15,0	7300	–	*)
Gwk	161 – 162	1900	o	2	10,0	4000	62 – 63	
Gw	163 – 165	1900	o	3	10,0	4600	64 – 65, 68	*)
Gw	166	1908	o	3	10,0	4900	71	
Gl	167 – 169	1929/30	o	3	10,0	5100	74 – 76	*)
Gw	167	UB 1960	m	4	10,0	5100	–	*)
Gw	167	UB 1970	(m)	4	5,0	5930	–	*)
Ol	200 – 202	1929	m	4	15,0	9100	156 – 158	*)
Ol	203	UB 1956	(m)	4	15,0	8450	–	*)
Ol	204 – 205	UB 1956	(m)	4	20,0	10200	–	*)
Ow	210 – 215	1900/01	m	3	10,0	4500	101–104, 107–108	
Ow	216	1904	m	3	10,0	4530	115	
Ow	217	1900	m	2	6,0	4100	105	*)
Ok	218	UB 1926	m	4	15,0	8100	153	*)
Ok	219	1913	m	4	15,0	8200	154	*)
Ol	220	UB 1926	m	4	15,0	8400	155	*)
Ow	260	1900	o	2	6,0	3500	106	*)
Ow	261 – 262	1901	o	3	10,0	4100	109 – 110	
Ow	263 – 266	1904	o	3	10,0	4200	111 – 114	
O	267 – 268	1908	o	4	15,0	6200	151 – 152	
Ol	269	UB 1926	(m)	4	15,0	8600	–	*)
Tyy	300	1967	m	12	70,0	29000	–	*)
Tyy	301	1943	m	6	30,0	8500	–	*)
WW	302 – 307	1936	m	6	32,0	7350	–	*)
WW	308 – 314	1928	m	4	30,0	7400	–	*)
WW	315	1941	m	4	30,0	8000	–	*)
WW	316 – 320	1928	m	4	30,0	7400	–	*)
R	317	UB 1934	m	2	10,0	5100	–	*)
R	318	UB 1957	m	3	10,0	5600	–	*)
WW	321 – 329	1968	m	4	40,0	7100	–	*)
WW	321 – 322	1921, 1924	m	4	30,0	6130	–	*)
R	360	UB 1934	o	2	10,0	4900	–	*)
X	401 – 402	.	m	4	8,0	2600	–	*)
R	417	UB 1934	m	2	10,0	5340	–	*)
R	418	UB 1957	m	3	10,0	5500	–	*)
R	460	UB 1934	o	2	10,0	4900	–	*)
X	461	.	o	4	8,0	2000	–	*)
Gmag	501	UB 1952	m	4	15,0	10600	–	*)
Gmag	502	1930	m	3	15,0	8830	–	*)
Gmag	503	UB 1960	m	4	15,0	10440	–	*)
Gmag	504	1930	(m)	3	15,0	8840	–	*)
Gmag	561 – 562	1929/30	o	3	15,0	8830	–	*)
X	601 – 602	.	m	4	8,0	2600	–	*)
X	603 – 604	UB 1967	m	2	8,0	4000	–	*)
Xw	605 – 607	1890/97	o	2	6,0	3000	–	*)
SS	701 – 702	UB 1968/69	(m)	4	10,0	8800	–	*)
–	801	1892	m	2	5,0	6000	–	*)

*) 102: 1962 Umbau in P 50
103: 1957 Umbau in R 318
106: 1952 Umbau in Gmag 502
107: 1949 Umbau aus Ik 219, 1960 Umbau in Gmag 503; 1960 Umnumerierung aus 167 (Einbau der Bremse)
165: 1973 Ausbau der 3. Achse, Ladegewicht 8,0, Eigengewicht 4450 kg
167–169: Umnumerierung in 107; Umbau in 561–562
167: 1960 Umbau aus offenem Güterwagen der Lammingtaler Schleppbahn; 1970 neuerlicher Umbau des vierachsigen Güterwagens 167 durch Einbau der Drehgestelle des KOK-Personenwagens Nr. 21 (sollte B4i 40 werden)
200–202: 1956 Umbau in B4i 200, AB4i 201, B4i 202
203: 1956 gekauft von M. Grass, Berlin (ex Steinhelle–Medebach R 299)
204–205: 1956 gekauft von M. Grass, Berlin (ex Steinhelle–Medebach R 294, 293)
217: 1934 Umbau in R 317
218: 1966 Umnumerierung in 269 (Ausbau der Bremse)
219: 1949 Umbau in Gl 107

Restliche Anmerkungen auf Seite 325

ZB II Bi 27

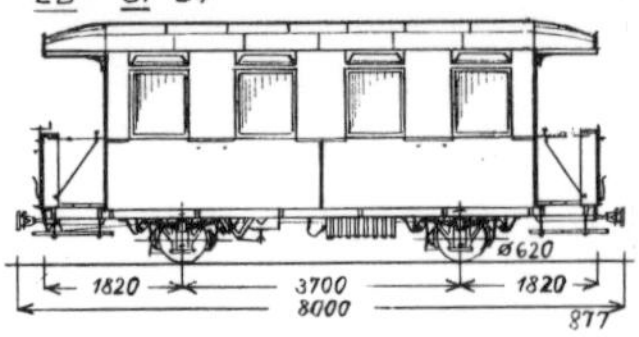

ZB II Bi 28

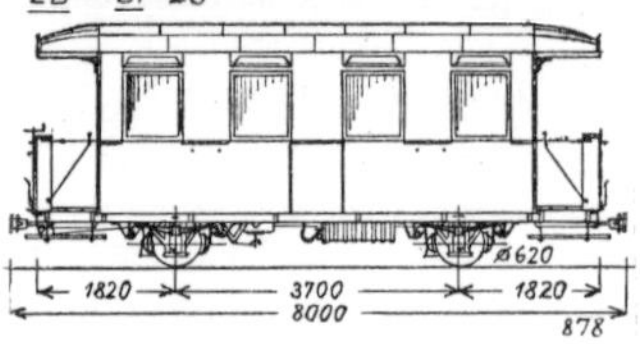

ZB II (A)B4iph 200 - 202 → 32, 34, 33

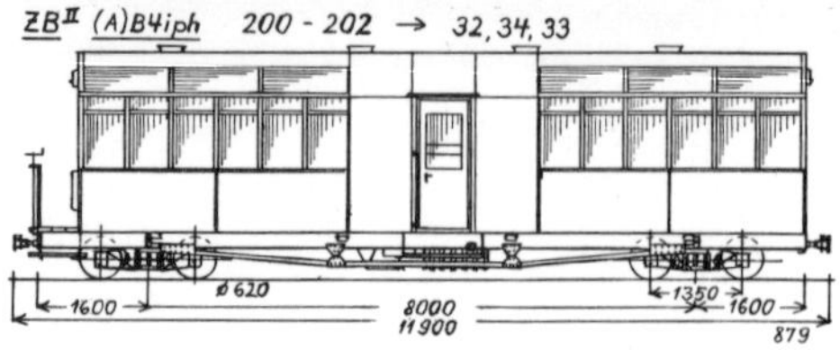

ZB II B4iph 35 - 38 (z.T. → GESCHLOSSENE PLATTFORMTÜREN)

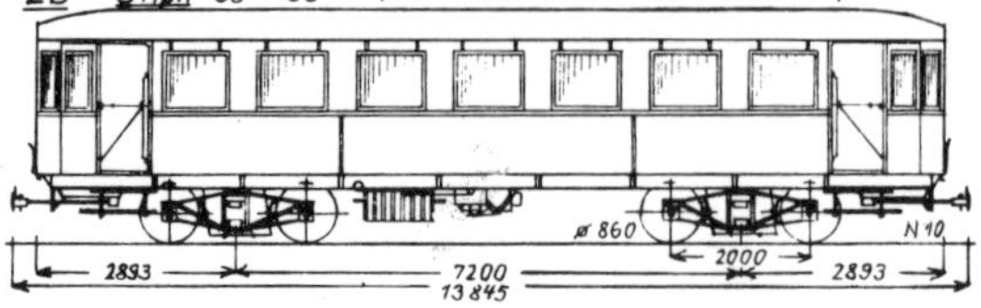

ZB II B4 39

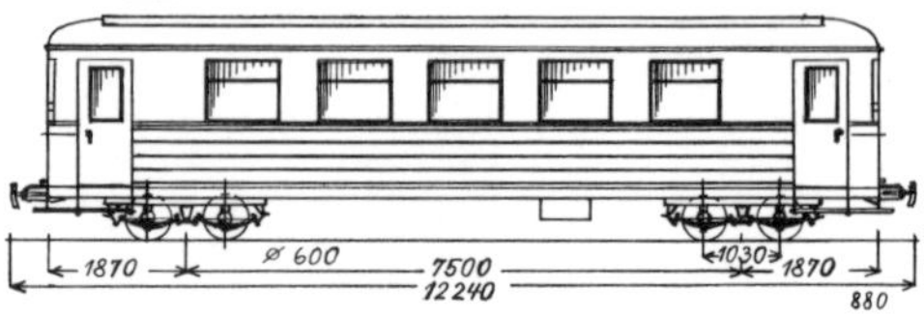

ZB B 40 - 41

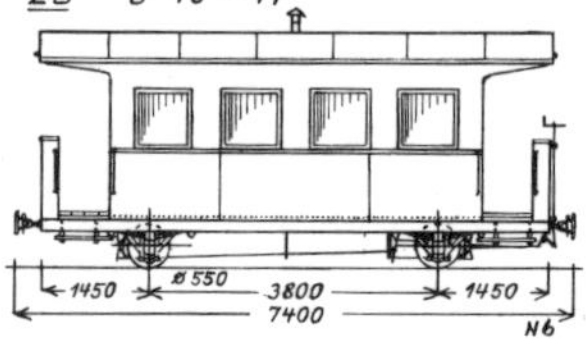

ZB P 50

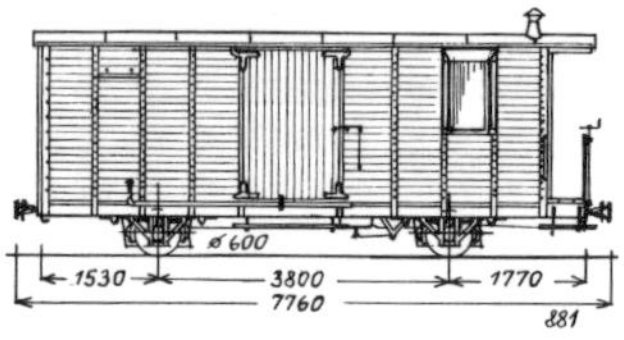

ZB DF 51 - 52

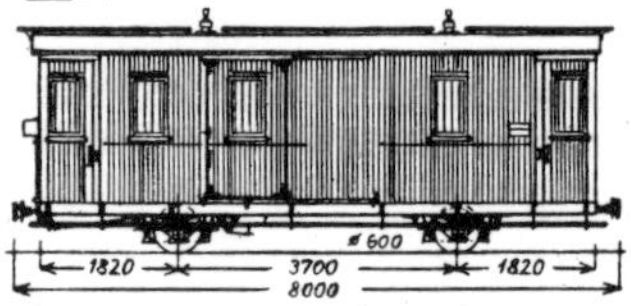

ZB DF 51 - 52

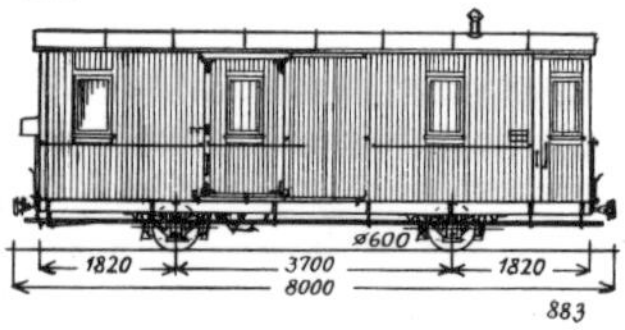

ZB DF 53 → Ds 53

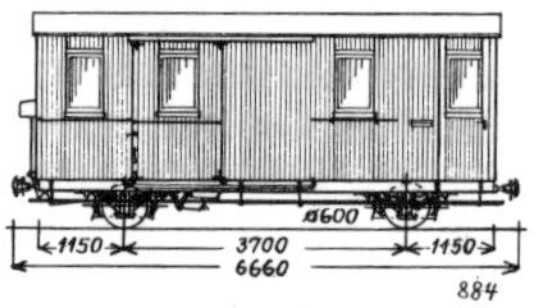

ZB G 61

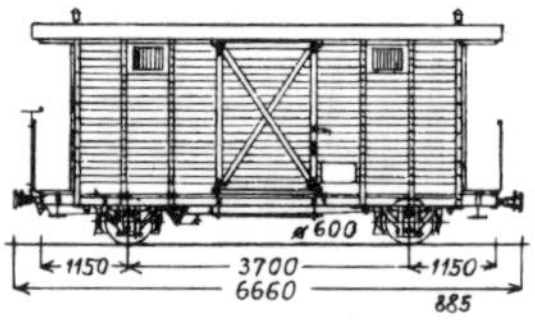

ZB G 62 - 63 → Gw 161 - 162

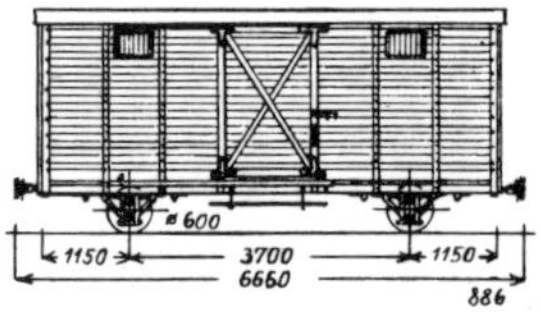

ZB II Gwk 161 - 162

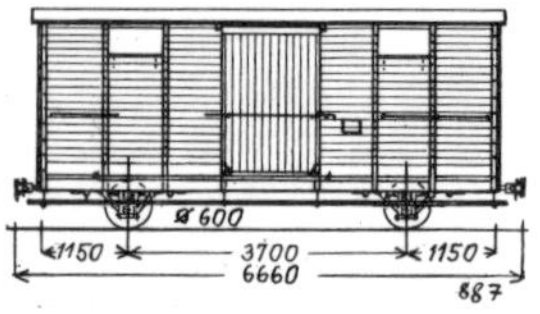

ZB G 64 - 65, 68 → Gw 163 - 165
(165: SPÄTER UB → 2-ACHSIG!)

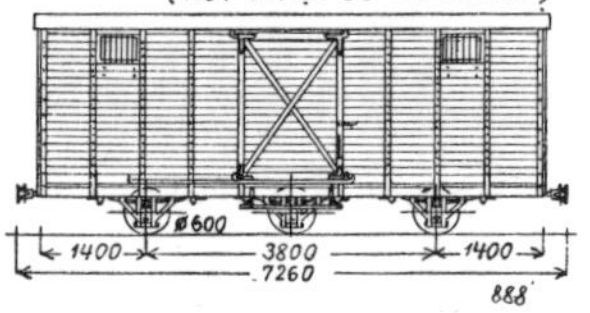

ZB II Gw 163 - 164

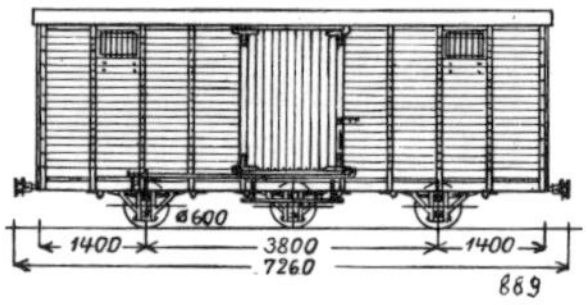

ZB G 66 - 67, 69 - 70 → Gw 102 - 103, 10
10

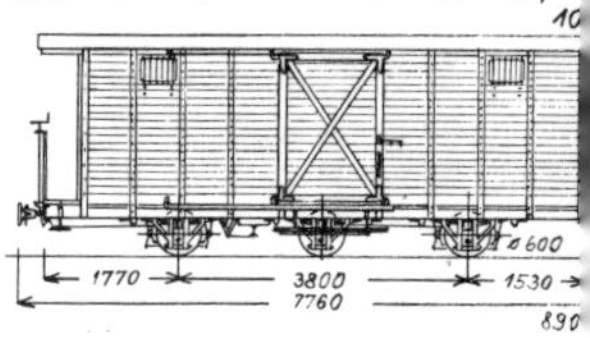

ZB II Gw 100

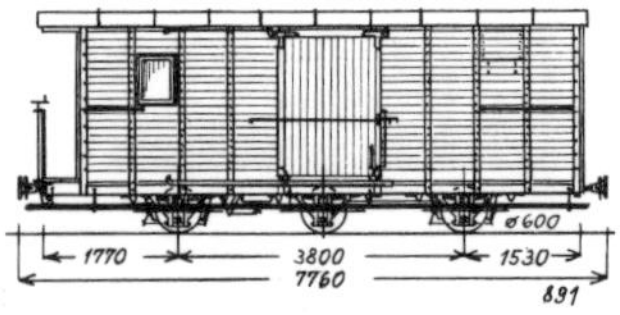

ZB II Gw 102 - 104

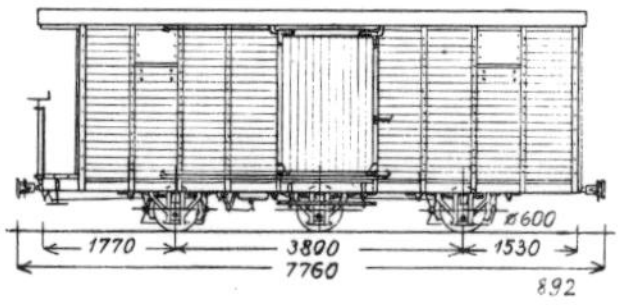

ZB G 71 → Gw 166

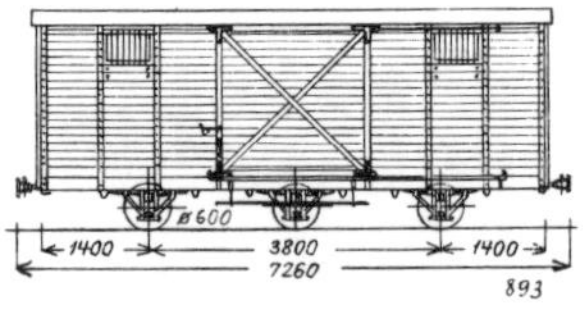

ZB II Gw 166

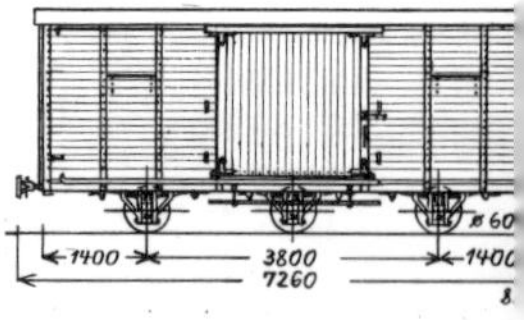

ZB G 72 → Gw 105

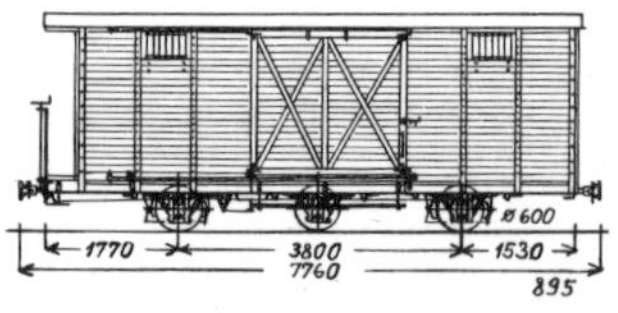

ZB II Gw 105

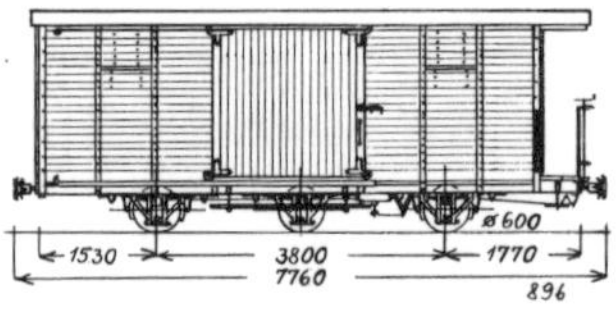

ZB G 73 → Gwk 101

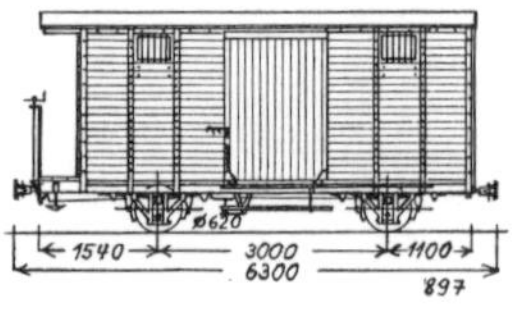

ZB II Gwk 101

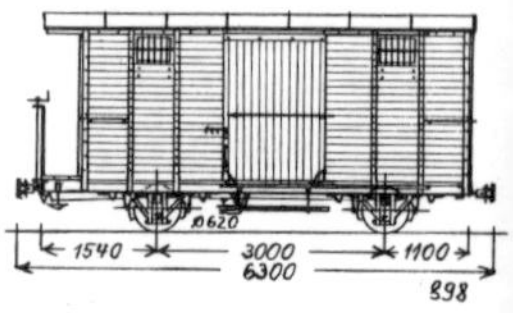

ZB G 74 - 76 → Gl 167 I - 169 (OHNE BREMSE)
Gl 167 I UB → Gl 107 II (MIT BREMSE)

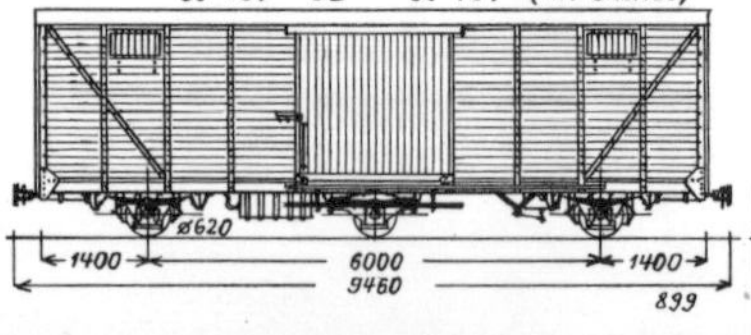

ZB G 77 → Gl 106

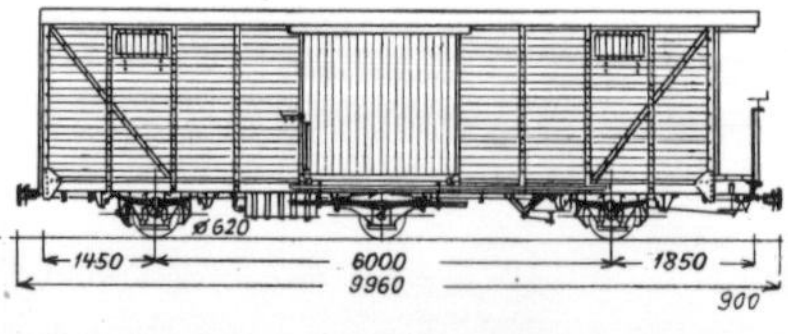

ZB Ga 91

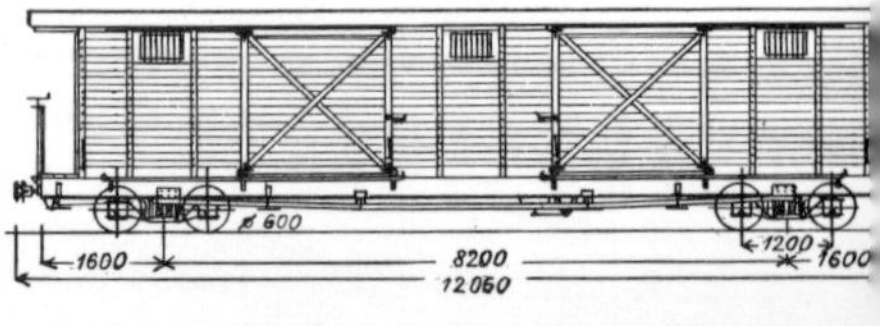

ZB II Gw 167

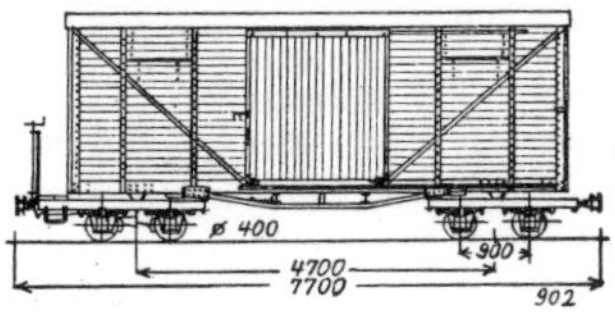

ZB II Gw 167 (UB)

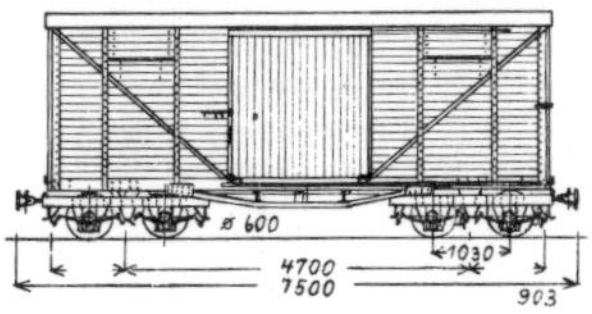

ZB II Gmag 501 (LADESEITE)

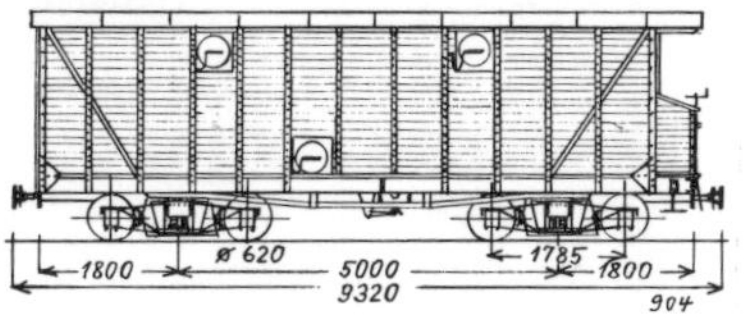

ZB II Gmag 501

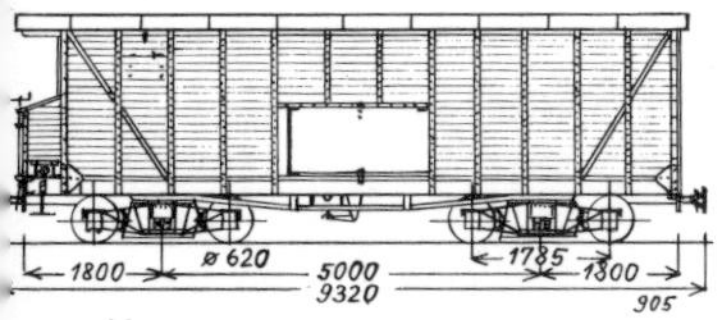

ZB II Gmag 502 (LADESEITE)

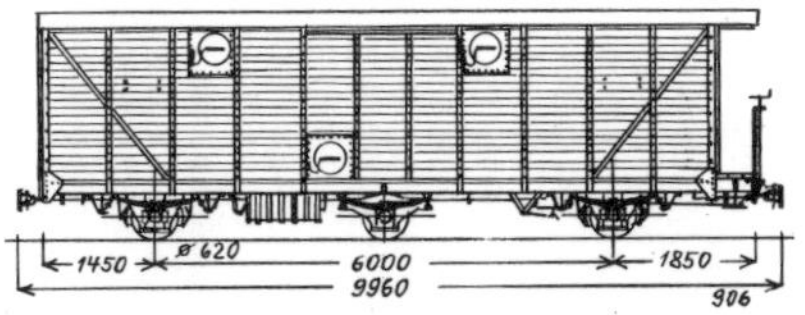

ZB II Gmag 502

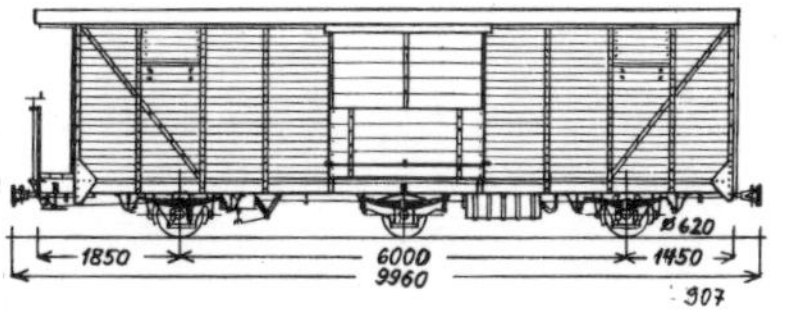

ZB Gmag 503 (LADESEITE)

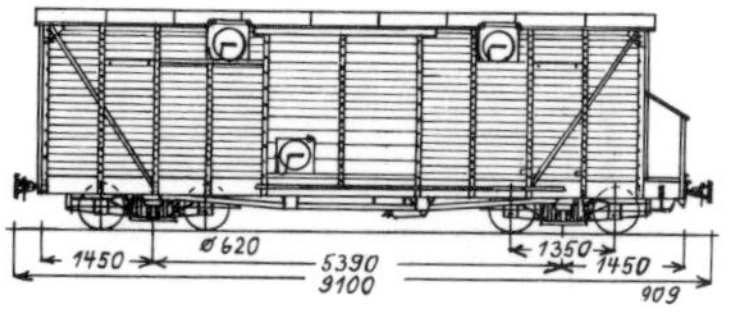

ZB II Gmag 504; 561 - 562 (OHNE BREMSE) (LADESEITE)

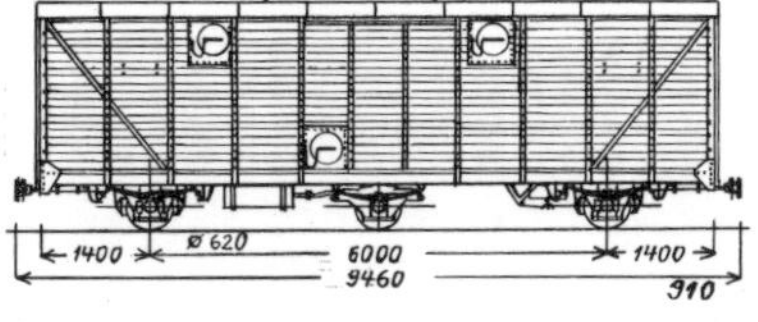

ZB Gmag 503

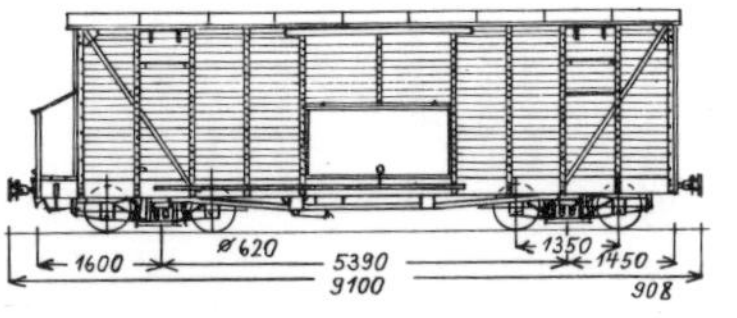

ZB II Gmag 504; 561 - 562 (OHNE BREMSE)

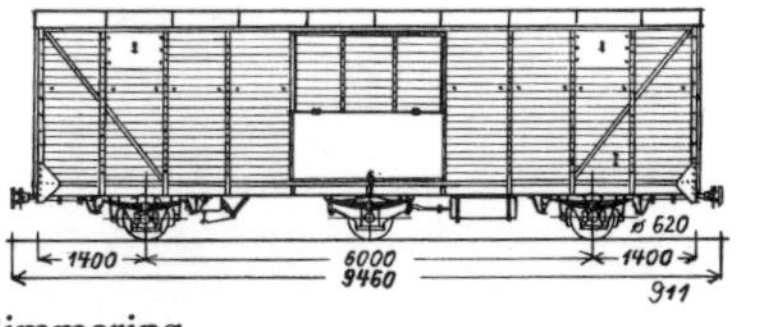

Anmerkungen zur ZB-Güterwagenliste auf Seite 323

220: 1952 Umbau in Gmag 501
260: 1934 Umbau in R 360
269: 1966 Umnumerierung aus 218
300: Eigentum der Tauernkraftwerke AG, geliefert von SGP Wien-Simmering
301: geliefert von SGP Graz an Tiroler Wasserkraftwerke AG als Tiefladewagen; Umbau 1968 in Rollwagen, Eigentum Zillertalbahn
302–307: 1957 gekauft von Hümmlinger Kreisbahn (Werlte–Lathen in Hannover; geliefert von Orenstein & Koppel)
308–320: von Vorarlberger Illwerke AG (Materialbahn Tschagguns–Parthennen) gekauft; ex Jaat 8, 4, 12, 1, 7, 5, 2, 14, 10, 9, 6, 11, 3; bei der Zillertalbahn in Betrieb genommen von 1961 bis 1967
317: 1934 Umbau aus 217; 1966 Umnumerierung in 417
318: 1957 Umbau aus 103; 1966 Umnumerierung in 418
321–329: 321–327 geliefert von SGP Wien-Simmering; 321–322 Umnumerierung 1972 in 328 bis 329
321–322: 1972 von ÖBB ex 89400–89401; geliefert für die Kohlenwerks GmbH (Schwanberg-Kalkgrub)
360: 1934 Umbau aus 260; 1966 Umnumerierung in 460
401: 1952 gekauft von Glaser & Pflaum, Wien; 1966 Umnumerierung in 601
402: 1961 Umnumerierung aus 461 (Einbau einer Bremse); 1966 Umnumerierung in 602
417: 1966 Umnumerierung aus 317; 1972 verkauft an StmLB (Murtalbahn, Umnumerierung in 611)
418: 1966 Umnumerierung aus 318
460: 1966 Umnumerierung aus 360, 1972 verkauft an StmLB (Murtalbahn, Umnumerierung in 612)
461: 1952 gekauft von Glaser & Pflaum, Wien; 1961 Umnumerierung in 402
501: 1952 Umbau aus Ok 220, ab 1974 StmLB (Kapfenberg GG 501)
502: 1952 Umbau aus Gl 106
503: 1960 Umbau aus Gl 107
504: 1960 Umnumerierung aus 562 (Einbau einer Bremse)
561: 1952 Umbau aus Gl 168
562: 1952 Umbau aus Gl 169, 1960 Umnumerierung in 504
601–602: 1966 Umnumerierung aus 401–402
603–604: 1967 Umbau aus Bi 6, 21
605–607: 1968 von ÖBB ex 60020, 60024, 60032; 1970 verschrottet
701–702: Umbau aus Triebwagen 1 und 2 Payerbach–Hirschwang (1964 gekauft)
801: Umbau aus F 8460; 1969 als Ersatz für PF 53 (bei Unglück am 27. 11. 1968 in Rotholz zerstört) von der Österr. Post- und Tel.Verwaltung gekauft; Umbau 1974 in Gerätewagen; geliefert für die Steyrtalbahn; Umbau 1955 (neuer Wagenkasten)

ZB Gerätew. 801

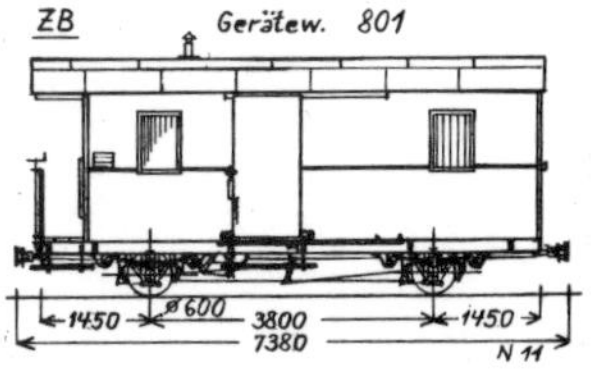

ZB Jk 101 - 104, 107 - 108 → Ow 210 - 215
Jk 115 (mit Schemel) → Ow 216

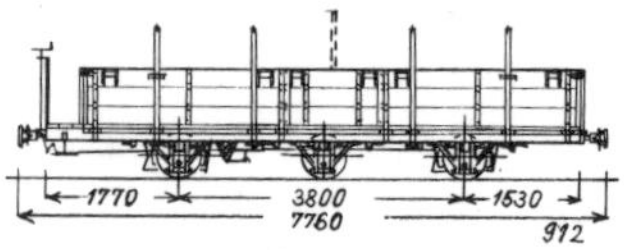

ZB Jk 109 - 110 → Ow 261 - 262
Jk 111 - 114 (mit Schemel) → Ow 263 - 266

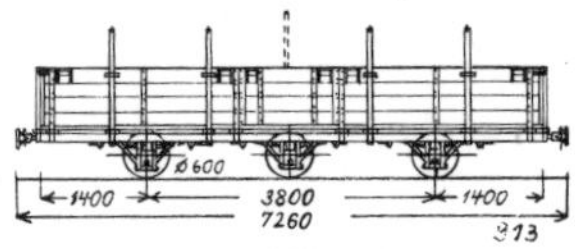

ZB Jk 105 → Ow 217

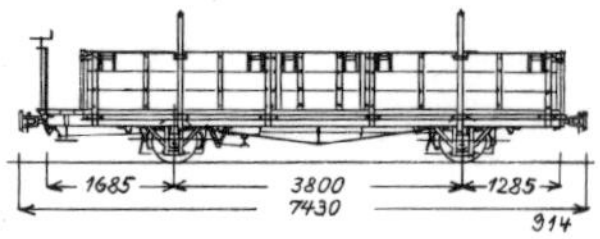

ZB Jk 106 → Ow 260

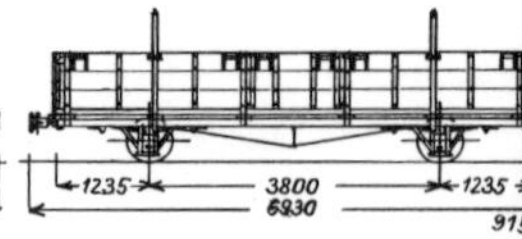

ZB Jk^{a} 151 - 152 → O 267 - 268

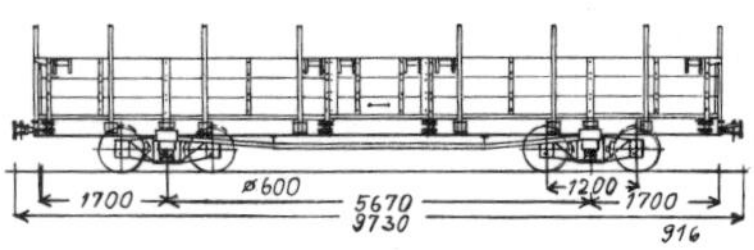

ZB Jka 153^{I}

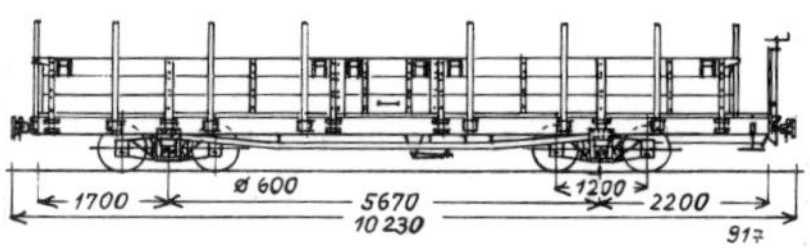

ZB Jk^{a} 154 → Ok 219

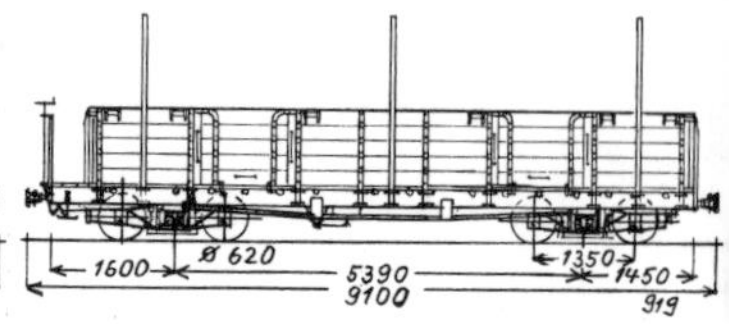

ZB Jka 153^{II} → Ol 218

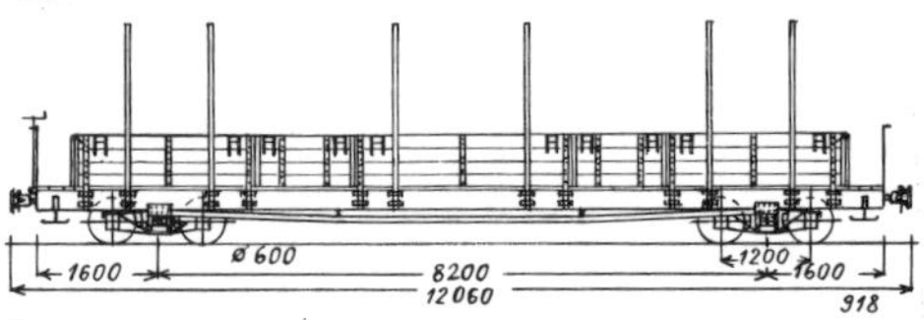

ZB Jk^{a} 155

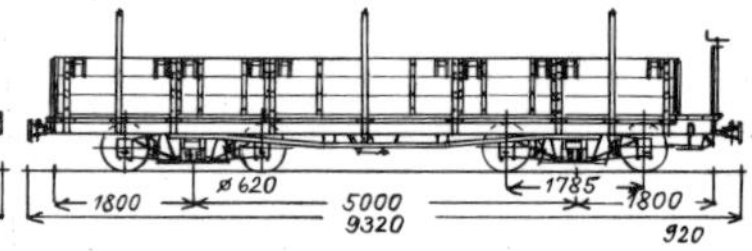

ZB Jk^{a} 155 (UB) → Ok 220

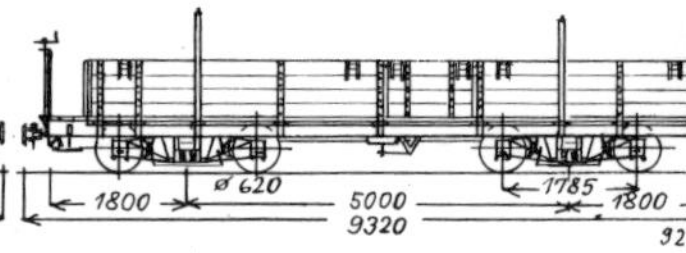

ZB Jk^{a} 156 - 158 → Ol 200 - 202

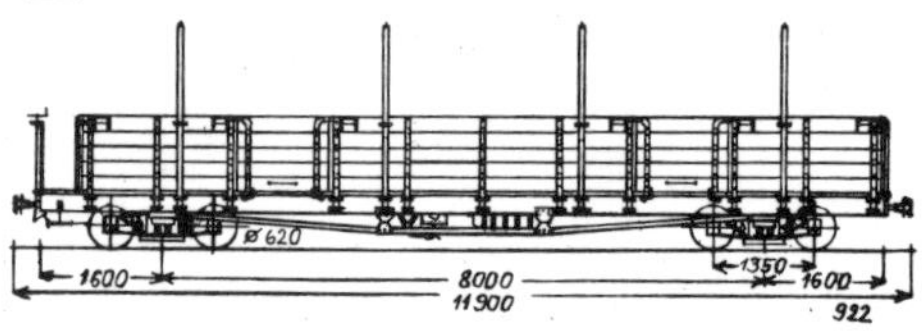

ZB^{II} Ol 203

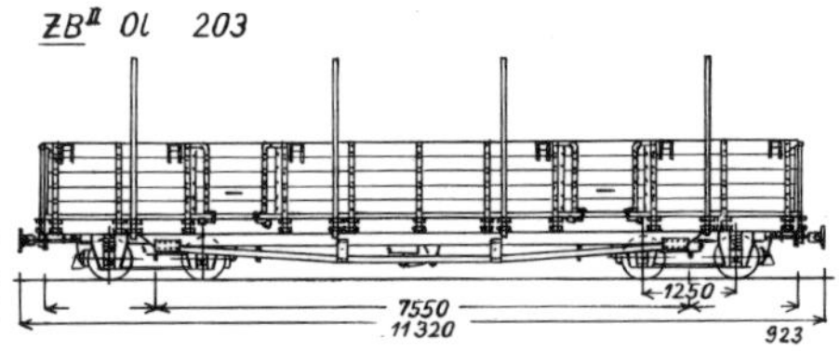

ZB^{II} R 360 → 460

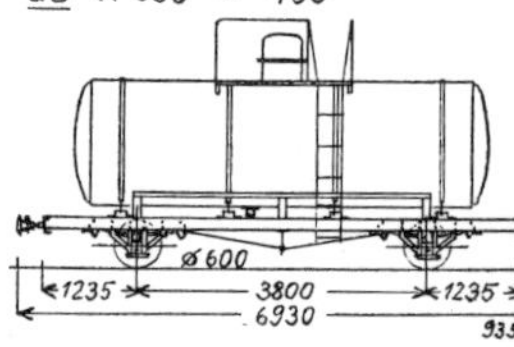

ZB^{II} Ol 204 - 205

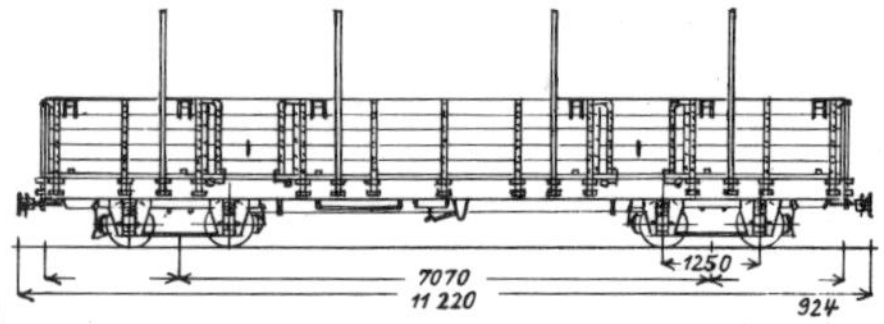

ZB^{II} Ol 269

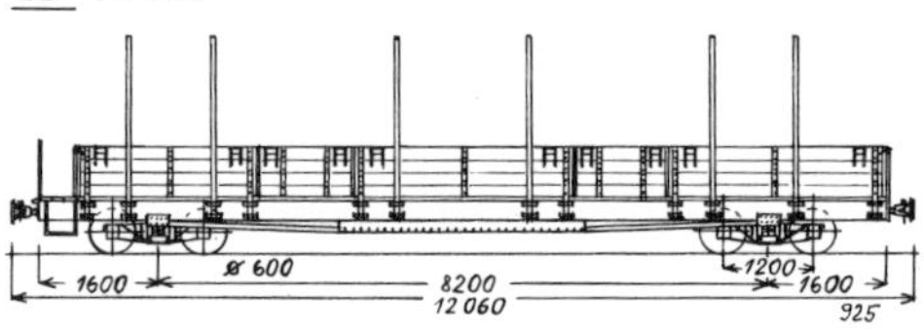

ZB X 401 - 402 → 601 - 602

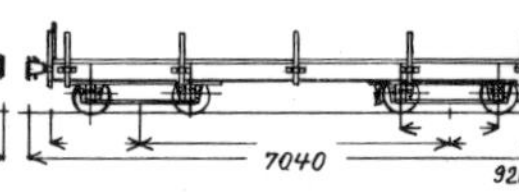

ZB X 461

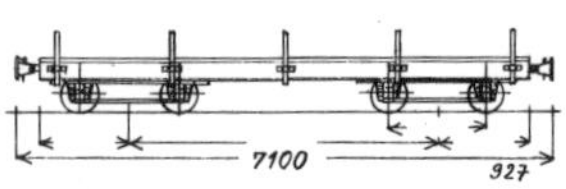

ZB X 603 - 604

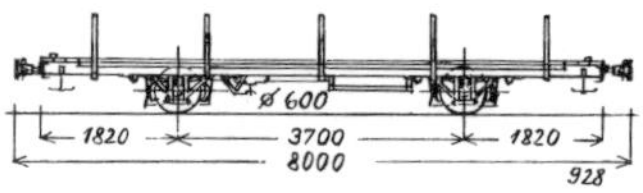

ZB SS 701 - 702

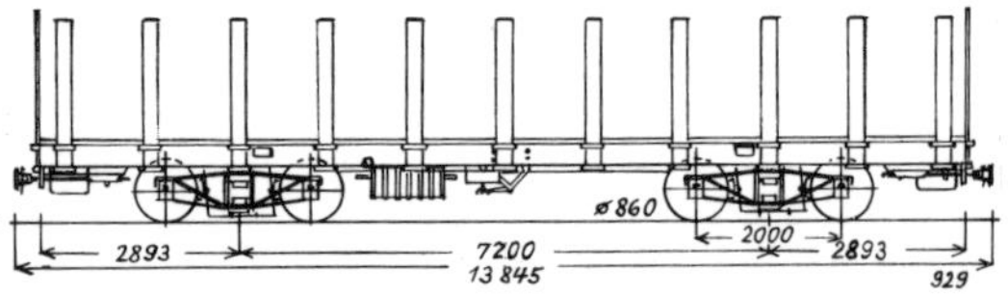

ZB^{II} Tyy 300

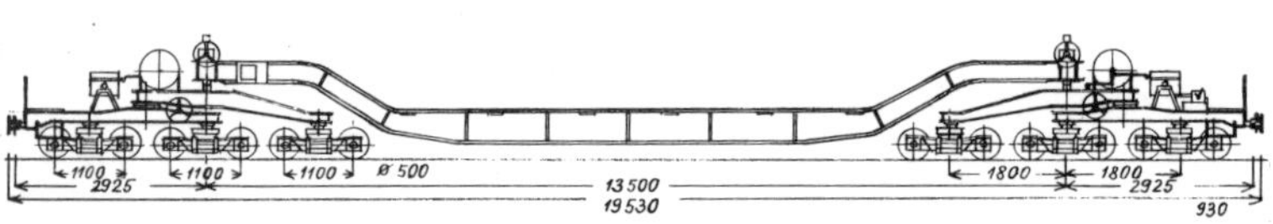

ZB^{II} Tyy 301

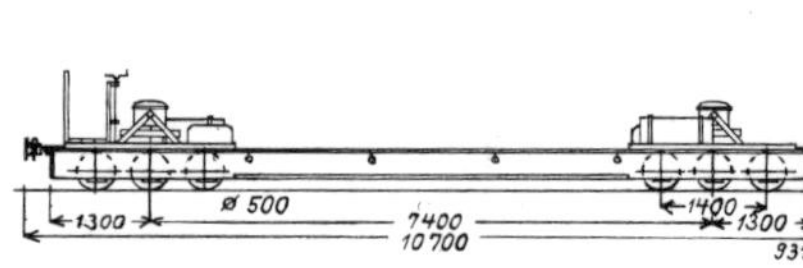

ZB^{II} 308 - 314, 316, 317^{II}, 318^{II}, 319 - 320

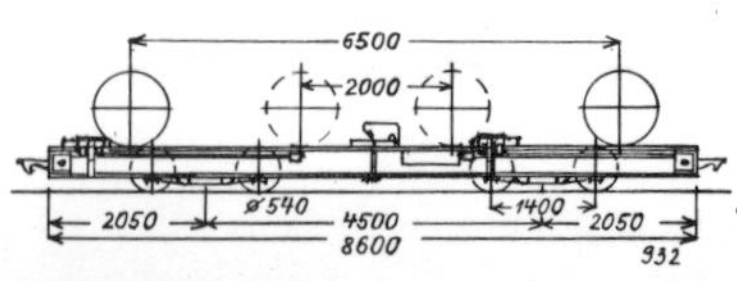

ZB^{II} R 317^{I} → 417

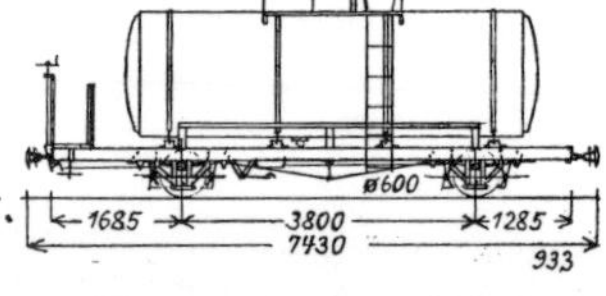

ZB^{II} R 318^{I} → 418

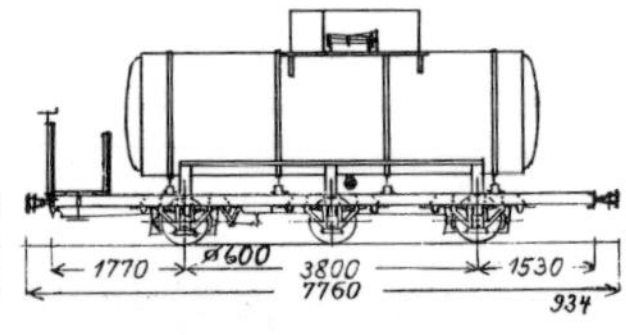

Kesselwagen R 360 → 460 vier Zeilen weiter oben

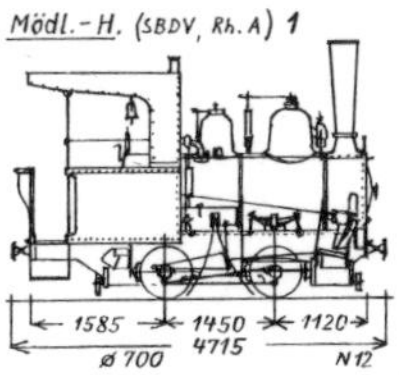

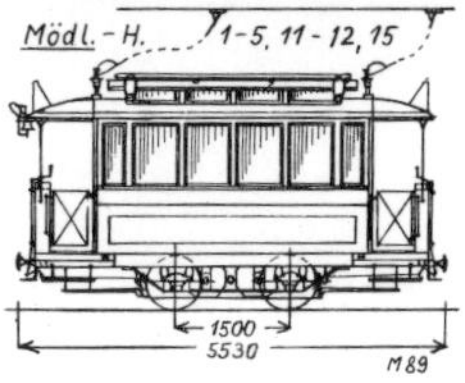

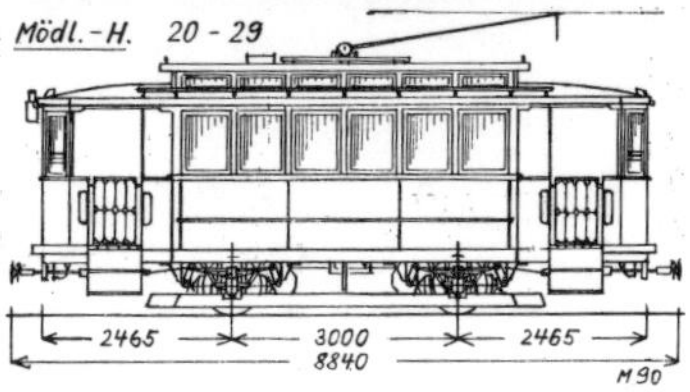

Elektrische Bahn **Mödling–Hinterbrühl** (Spurweite 1000 mm)

Dampflokomotiven

Bn2t 1 Floridsdorf 493/1884 ab 1887 vermietet, 1896 verkauft an die Waldbahn Korenicani (Slawonien)

Triebwagen

Nummer	Baujahr	Br	Ax	Sitzpl.	Eigengw.	Anmerkung	
1 – 5	1883	m	2	18	4300	1903 Umbau in Beiwagen	*)
11 – 12	1885	m	2	18	4300	1903 Umbau in Beiwagen	*)
15	1887	m	2	18	4300	1903 Umbau in Beiwagen	*)
20 – 29	1903	m	2	21	8600		*)
Beiwagen							
1 – 5	UB 1903	m	2	18	3240	Umbau aus Triebwagen	*)
6 – 10	1883/85	m	2	18	2900		*)
11 – 12	UB 1903	m	2	18	3240	Umbau aus Triebwagen	*)
13 – 14	1885/87	m	2	18	2900		*)
15	UB 1903	m	2	18	3240	Umbau aus Triebwagen	*)

*) 1–5: geliefert von Herbrand & Co, Köln-Ehrenfeld, und Siemens & Halske, Berlin
6–9: geliefert von C. v. Milde & Co, Hernals
10–15: erbaut in der Südbahnwerkstätte, Wien
20–29: geliefert von der Grazer Waggonfabrik und von Ganz, Budapest

In der Kraftstation befand sich die als Stabilmaschine adaptierte Südbahn-Dampflokomotive Nr. 277 (1B, 140 PS).

Nach Stillegung der Hinterbrühler Bahn (1. 4. 1932) blieben diese Wagen in der Remise Mödling hinterstellt und gingen 1938 an die DRB über, die 1940 vier Wagen für die Strecke Klingenthal–Sachsenberg-Georgenthal (4,46 km, RBD Dresden) adaptierte und die übrigen sechs Triebwagen sowie alle Beiwagen ausmusterte. Die Wagen 21 und 22 blieben Triebwagen und erhielten die Nummern ET 198 01 und 02, die Wagen 26 und 27 wurden zu Beiwagen mit den Nummern EB 198 01 und 02 umgebaut. Bei Übernahme der Klingenthaler Linie durch die Straßenbahn Plauen am 4. 4. 1964 war noch der Hinterbrühler Wagen Nr. 22 vorhanden, allerdings nicht mehr in Betrieb. 1967 erhielt ihn die Gemeinde Hinterbrühl geschenkt und stellte ihn als Denkmal auf. Der Wagenkasten entspricht aber nicht mehr dem Ursprungszustand.

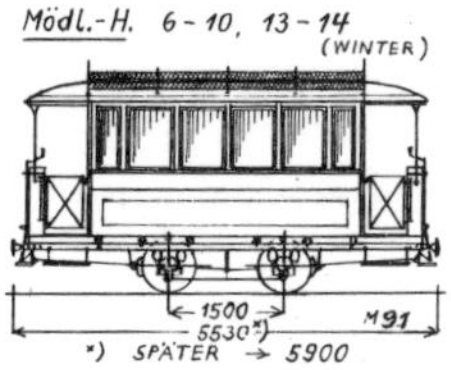

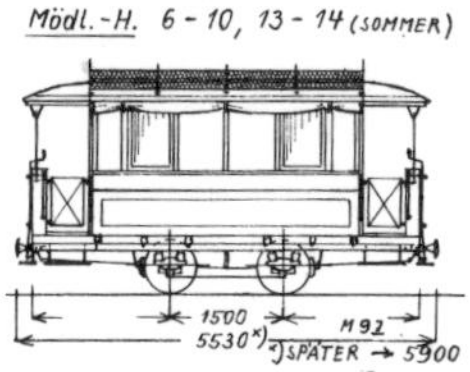

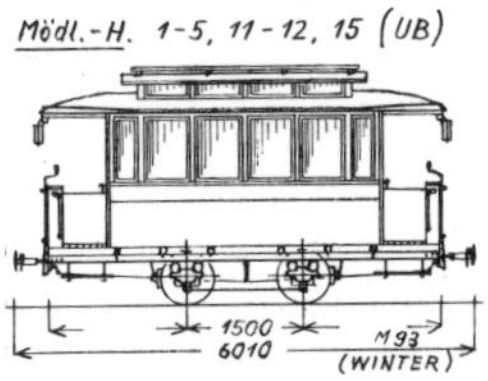

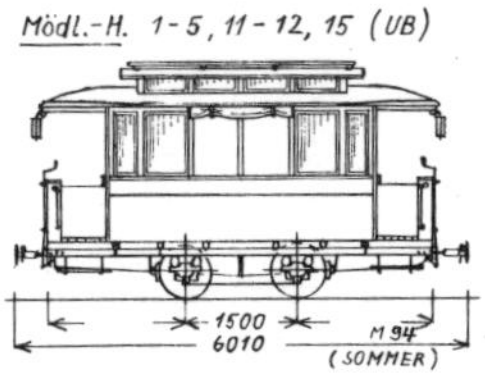

Stern & Hafferl (St&H) / Gmunden–Vorchdorf / Vöcklamarkt–Attersee

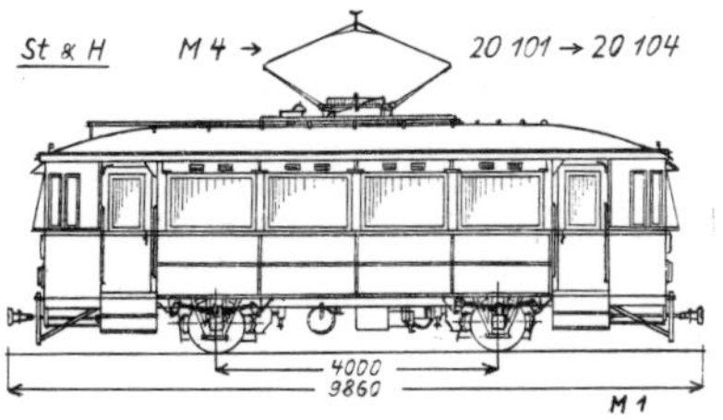

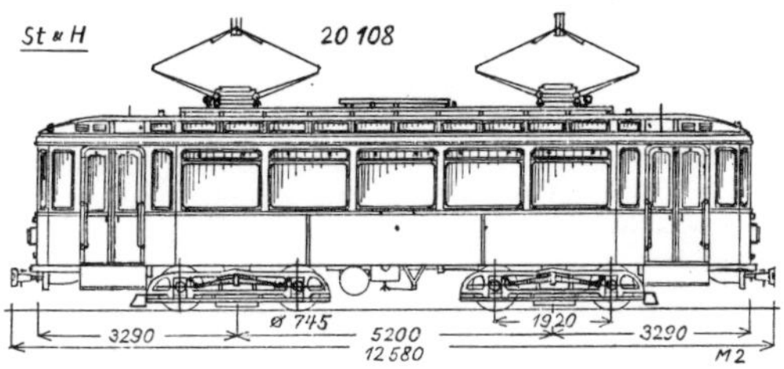

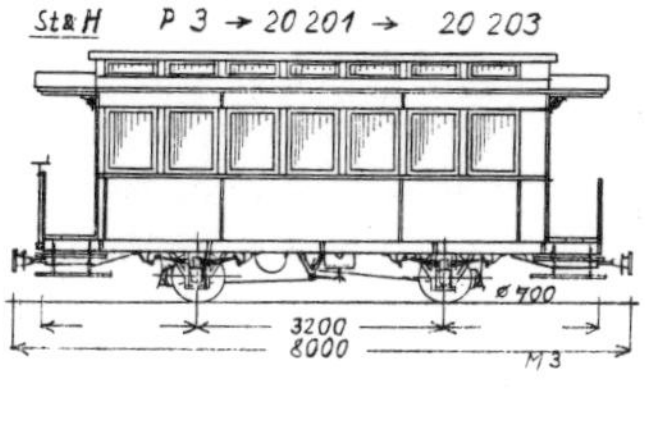

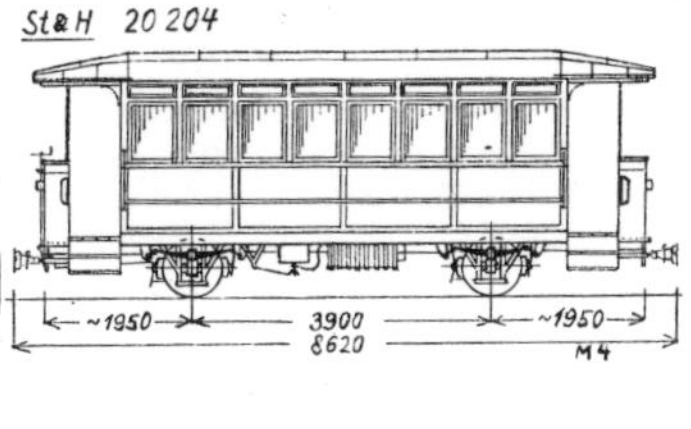

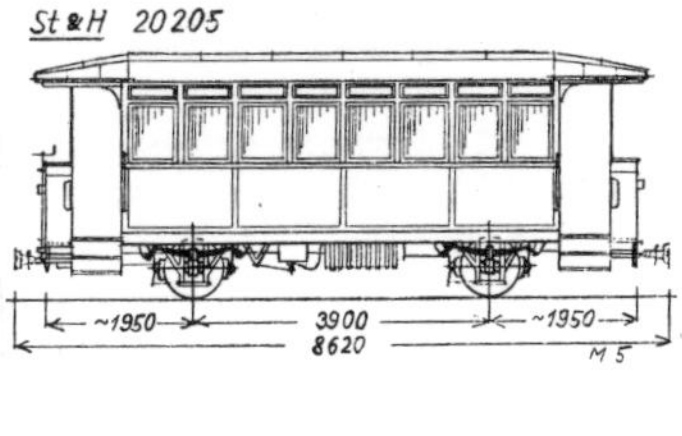

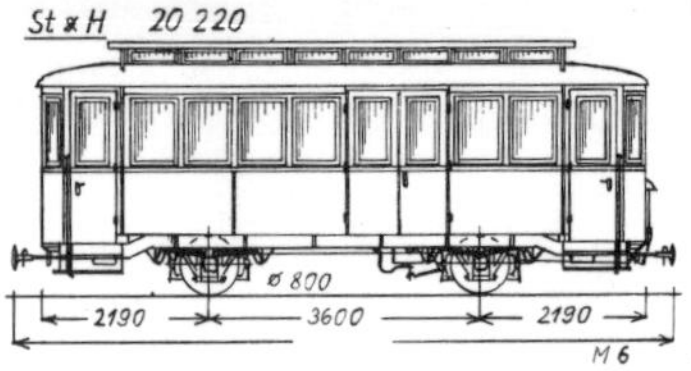

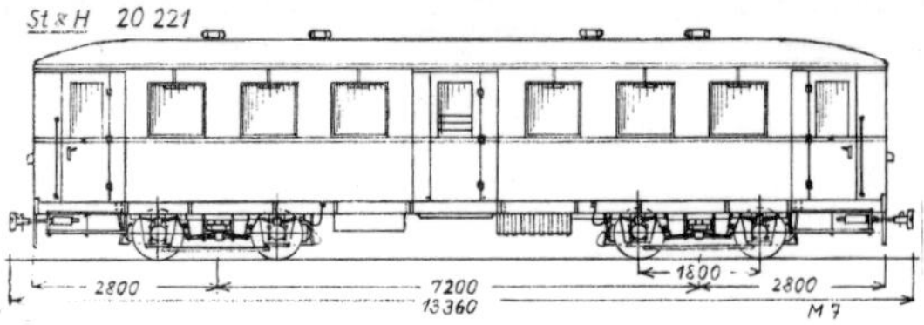

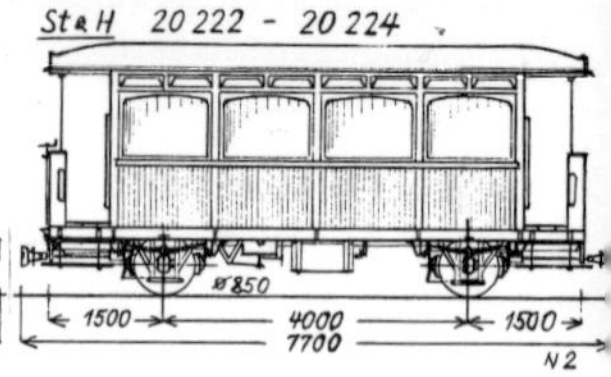

Lokalbahn Gmunden – Vorchdorf (Spurweite 1000 mm)

Ursprüngliche Nummern

Gattung	Wagennummer	Baujahr	Br.	Ax	Sitzpl. Ladegw.	Eigengw.	Nummer 1926/43	ab 1943	
El. Tw.	1 – 3	1912/22	m	2	28				
El. Tw.	1 – 3	1912/22	m	2	28	11400	VM 1 – 3	23 101 – 23 103	
C	1a – 2a	1912	m	2	32	5700	VP 1 – 2	23 201 – 23 202	
CD	3a	1913	m	2	16	3600	VP 3	23 203	
C	4a	1898	m	2	32	.	VJk 1	23 402	*)
G	1 – 2	1912	m	2	6,0	4250	VG 1 – 2	23 301 – 23 302	
Jn	3 – 4	1912	m	2	6,0	3500	VJn 1 – 2	23 461 – 23 462	
Jn	5	1912	m	4	6,0	4000	VJn 3	23 401	
G	6	1912	m	2	6,0	4000	VG 3	23 303	

*) 4a: gekauft 1919 als Straßenbahnpersonenwagen von Deutschland (Albthal-Bahn?); ab 1921 als Personenwagen (vermutlich mit Nr. 4a) auf LBGV; 1926/27 Umbau in offenen Güterwagen

Nummernschema 1943

Gattung	Wagennummer	Baujahr	Br.	Ax	Sitzpl. Ladegw.	Eigengw.	Nummer bis 1943	Anmerkung
El. Tw.	20 108	1935	m	4	32	18000	–	*)
Pers.	20 220	1907	m	2	24	7100	–	*)
Pers.	20 221	1937	m	4	54	11700	–	*)
Pers.	20 222 – 20 224	1913	m	2	32	5000	–	*)
El. Tw.	23 101 – 23 103	1912/22	m	2	28	11400	VM 1 – 3	*)
El. Tw.	23 104	1935	m	4	32	18000	–	*)
Pers.	23 201 – 23 202	1912	m	2	32	5700	VP 1 – 2	*)
Pers.	23 203	1913	m	2	25	4000	VP 3	*)
Pers.	23 250	1913	m	2	16	5000	VPG 1	*)
Ged. Gw.	23 301 – 23 302	1912	m	2	6,0	4250	VG 1 – 2	
Ged. Gw.	23 303	1912	m	2	6,0	4000	VG 3	*)
Off. Gw.	23 401	1912	m	4	6,0	4130	VJn 3	*)
Off. Gw.	23 402	1898	m	2	9,0	5390	VJk 1	*)
Off. Gw.	23 461 – 23 462	1912	m	2	6,0	3500	VJn 1 – 2	
Off. Gw.	23 463	1912	m	4	6,0	4130	–	*)

*) 20 108: ex Nr. 112 Rheinische Bahngesellschaft AG, Düsseldorf; 31. 12. 1962 Ankauf; 20. 6. 1967 Betriebsbewilligung; geliefert von DÜWAG

20 220: ex Triebwagen Nr. 6 Gmundner Straßenbahn (1907/43 Triebwagen Nr. 2 ELBUS); 25. 6. 1962 Inbetriebnahme; 13. 7. 1962 LBVA

20 221: ex EB 196.02 der Deutschen Bundesbahn (Strecke Ravensburg – Baienfurt); 13. 11. 1962 Ankauf; 21. 12. 1962 Inbetriebnahme; geliefert von Esslingen

20 222 – 20 224: 1974 von der aufgelassenen Straßenbahn Ebelsberg – St. Florian, ex Beiwagen Nr. 2, 3 und 1; UB von 900 mm auf 1000 mm Spurweite

23 101: 15. 10. 1943 neuer Wagenkasten, 36 Sitzplätze

23 102: September 1957 neuer Wagenkasten, 40 Sitzplätze

23 103: 18. 11. 1959 neuer Wagenkasten, 40 Sitzplätze; 11. 7. 1967 LBVA

23 104: ex Nr. 110 Rheinische Bahngesellschaft AG, Düsseldorf; 11. 3. 1963 Ankauf; 12. 8. 1964 Betriebsbewilligung; geliefert von DÜWAG

23 201: 30. 11. 1956 neuer Wagenkasten

23 202: 16. 11. 1950 neuer Wagenkasten

23 203: von LBVA, 27. 3. 1933 Umbau aus Gf/s 1; 1960 abgewarackt

23 250: 14. 11. 1947 Umbau des Wagenkastens (nur noch 8 Sitzplätze)

23 303: von Feld- und Industriebahnwerke Dr. Bruckner & Politzer, Wien, geliefert; seit 1922 LBVA; seit 1968 wieder LBGV

23 401: von Feld- und Industriebahnwerke Dr. Bruckner & Politzer, Wien, geliefert; seit 1922 LBVA; 1953 Umnumerierung in 23 463

23 402: gekauft 1919 als Straßenbahnpersonenwagen von Deutschland (Albthal-Bahn?), ab 1921 als Personenwagen (Nr. 4a?) auf LBGV; 1926/27 in offenen Güterwagen umgebaut; Achslageraufschrift: van der Zypen & Charlier, Köln-Deutz

23 463: 1953 Umnumerierung aus 23 401

Lokalbahn Vöcklamarkt–Attersee (Spurweite 1000 mm)

Ursprüngliche Nummern

Gattung	Wagennummer	Baujahr	Br.	Ax	Sitzpl. Ladegw.	Eigengw.	Nummer 1926/43	Nummer ab 1943	
El. Tw.	1 – 2	1913	m	2	8/24	11000	AM 1–2	26101 – 26102	
M.G.	3	1913	m	2	5,0	9620	AM 3	26103	
C	1a–2a	1913	m	2	32	5170	P 1–2	26201 – 26202	
CD	3a	1913	m	2	16	4800	PG 1	26250	
DF	3 – 4	1913	m	2	5,0	4100	Gf 1–2	26306	*)
G	5 – 6	1913	m	2	6,0	3930	G 1–2	26301 – 26302	
J	7 – 8	1913	m	2	6,0	3140	Jn 1–2	26461 – 26462	
Jh	9 – 12	1909/13	m	2	6,0	1850	S 2, 4	26444, 26446	
Jk	14 – 16	1913	m	2	10,0	4400	Jk 1–3	26401 – 26403	

*) Gf 1 nach Umbau ab 27. 3. 1933 LBGV VP 3 (23203)

Nummernschema 1943

Gattung	Wagennummer	Baujahr	Br.	Ax	Sitzpl. Ladegw.	Eigengw.	Nummer bis 1943	Anmerkung
El. Tw.	20 101	1914	m	2	24	13000	M 4	*)
El. Tw.	20 104	1914	m	2	24	13000	–	*)
Pers.	20 201	1893	m	2	28	5750	P 3	*)
Pers.	20 203	1893	m	2	28	5750	–	*)
Pers.	20 204 – 20 205	1894	m	2	24	5600	–	*)
Pers.	20 220	1907	m	2	24	7100	–	*)
Ged. Gw.	20 302, 20 304	1917	m	2	9,0	5000	G 5, G 4	*)
Ged. Gw.	20 303	.	m	2	9,0	5840	–	*)
Off. Gw.	20 401 – 20 402	.	m	2	10,0	4500	Jk 6 – 7	*)
Off. Gw.	20 403	.	o	2	10,0	4900	Jk 8	*)
Off. Gw.	20 441 – 20 442	1896	m	2•	10,0	4360	H 1 – 2	*)
Off. Gw.	20 443	.	.	2	.	5350		*)
El. Tw.	26 101 – 26 102	1913	m	2	32	11000	AM 1 – 2	*)
El. Tw.	26 103	1913	m	2	24	9600	AM 3	*)
El. Tw.	26 105 – 26 106	1935	m	4	32	18000	–	*)
Pers.	26 201 – 26 202	1913	m	2	32	5200	P 1 – 2	*)
Pers.	26 203	1893	m	2	28	5750	–	*)
Pers.	26 204 – 26 205	1894	m	2	24	5600	–	*)
Pers.	26 250	1913	m	2	16	5000	PG 1	*)
Pers.	26 251	1913	m	2	12	4480	–	*)
Ged. Gw.	26 301 – 26 302	1913	m	2	6,0	3900	G 1 – 2	
Ged. Gw.	26 306	1913	m	2	6,0	4100	Gf 2	*)
Off. Gw.	26 401 – 26 403	1913	m	2	10,0	4400	Jk 1 – 3	
Off. Gw.	26 404 – 26 405	1898	m	2	9,0	5800	Jk 4 – 5	*)
Off. Gw.	26 443/1 – 26 443/2	1909	m	2	6,0	1900	S 1/1 – 1/2	*)
Off. Gw.	26 444/1 – 26 444/2	1913	m	2	6,0	1800	S 2/1 – 2/2	
Off. Gw.	26 445/1 – 26 445/2	1909	m	2	6,0	1900	S 3/1 – 3/2	*)
Off. Gw.	26 446/1 – 26 446/2	1927	m	2	6,0	1700	S 4/1 – 4/2	
Off. Gw.	26 461 – 26 462	1913	m	2	6,0	3140	Jn 1 – 2	
Off. Gw.	26 463	1913	m	2	7,0	3500	Jn 3	*)
Off. Gw.	S Jn 1	1897	m	2	3,0	1500	–	*)

*) 20 101: geliefert von Ganz & Co., Budapest, als Triebwagen 1612 für die POHEV (Pozsony-országhatárszeli helyiérdekü villamos vasut); 1941 als Triebwagen Nr. 54 gekauft von Elektrická lokalná železnica Bratislava-krajinská hranica u spol.; 1942 Umbau von Spurweite 1435 mm auf 1000 mm (11. 6. 1942 Inbetriebnahme); 1953 Umnumerierung in 20 104

20 104: 1953 Umnumerierung aus 20 101

20 201: gekauft Oktober 1940 von der Waldbahn Ruhpolding–Reit im Winkel, ex Personenwagen Nr. 9; Fabriksschild: van der Zypen & Charlier, Deutz, 1893 No. 45763; 1953 Umnumerierung in 20 203

20 203: 1953 Umnumerierung aus 20 201; 31. 12. 1955 Kauf durch LBVA; Umnumerierung in 26 203

20 204: 1952 Umbau aus Triebwagen Nr. 2 der Gmundner Straßenbahn (1943/49 bei ELBUS); 31. 12. 1955 Kauf durch LBVA; Umnumerierung in 26 204; geliefert von Rohrbacher, Wien

20 205: 24. 8. 1955 Umbau aus Triebwagen Nr. 3 der Gmundner Straßenbahn; irrtümlich in 26 205 umnumeriert; geliefert von Rohrbacher, Wien

20 220: 13. 7. 1962 von LBGV; Umbau aus Triebwagen Nr. 6 der Gmundner Straßenbahn

20 302: gekauft Juli 1939 von der Waldbahn Ruhpolding–Reit im Winkel; erbaut von Gottfried Lindner AG in Ammendorf bei Halle

20 303: gekauft Juli 1939 von der Waldbahn Ruhpolding–Reit im Winkel als Rungenwagen; 26. 3. 1947 mit neuem Wagenkasten in Betrieb genommen

Restliche Anmerkungen auf Seite 331

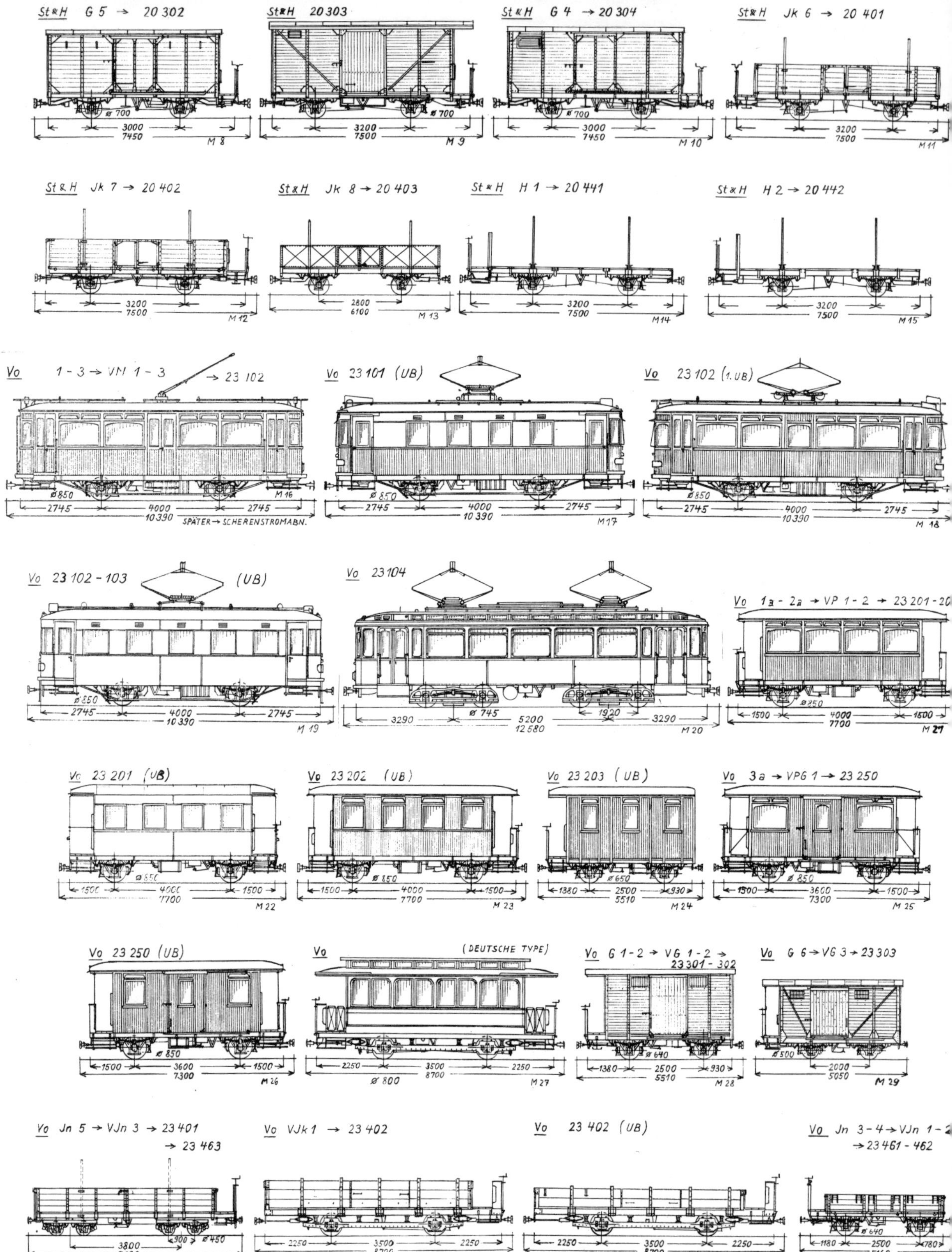
St&H G 5 → 20 302
ø 700
3000
7450
M 8
St&H 20 303
3200
7500
ø 700
M 9
St&H G 4 → 20 304
ø 700
3000
7450
M 10
St&H Jk 6 → 20 401
3200
7500
M 11
St&H Jk 7 → 20 402
3200
7500
M 12
St&H Jk 8 → 20 403
2800
6100
M 13
St&H H 1 → 20 441
3200
7500
M 14
St&H H 2 → 20 442
3200
7500
M 15
Vo 1 - 3 → VM 1 - 3 → 23 102
ø 850
M 16
2745
4000
2745
10 390
SPÄTER → SCHERENSTROMABN.
Vo 23 101 (UB)
ø 850
2745
4000
2745
10 390
M 17
Vo 23 102 (1. UB)
ø 850
2745
4000
2745
10 390
M 18
Vo 23 102 - 103 (UB)
ø 850
2745
4000
2745
10 390
M 19
Vo 23 104
ø 745
1920
3290
5200
3290
12 580
M 20
Vo 1a - 2a → VP 1 - 2 → 23 201 - 20
ø 850
1500
4000
1500
7700
M 21
Vo 23 201 (UB)
ø 850
1500
4000
1500
7700
M 22
Vo 23 202 (UB)
ø 850
1500
4000
1500
7700
M 23
Vo 23 203 (UB)
ø 650
1380
2500
930
5510
M 24
Vo 3a → VPG 1 → 23 250
ø 850
1500
3600
1500
7300
M 25
Vo 23 250 (UB)
ø 850
1500
3600
1500
7300
M 26
Vo (DEUTSCHE TYPE)
2250
3500
2250
8700
ø 800
M 27
Vo G 1 - 2 → VG 1 - 2 → 23 301 - 302
ø 640
1380
2500
930
5510
M 28
Vo G 6 → VG 3 → 23 303
ø 500
2000
5050
M 29
Vo Jn 5 → VJn 3 → 23 401 → 23 463
3800
900
ø 450
7180
M 30
Vo VJk 1 → 23 402
2250
3500
2250
8700
ø 800
M 31
Vo 23 402 (UB)
2250
3500
2250
8700
ø 800
M 32
Vo Jn 3 - 4 → VJn 1 - 2 → 23 461 - 462
ø 640
1180
2500
780
5160
M 33

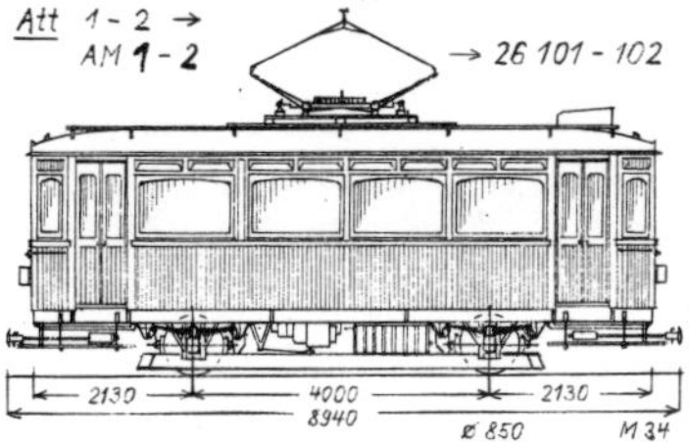

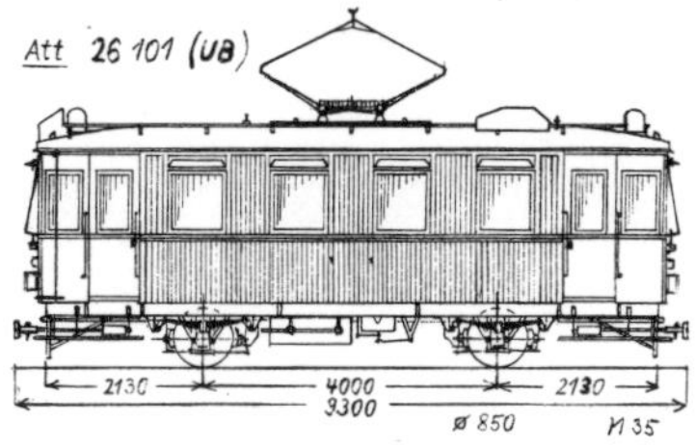

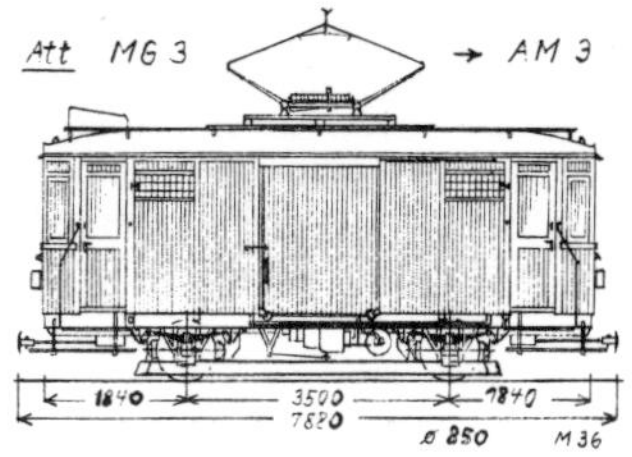

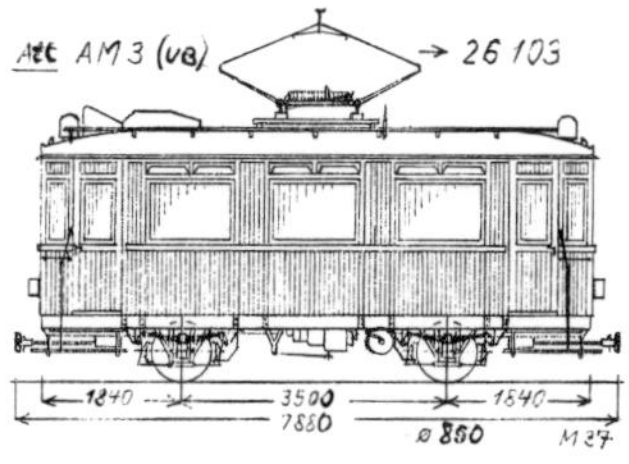

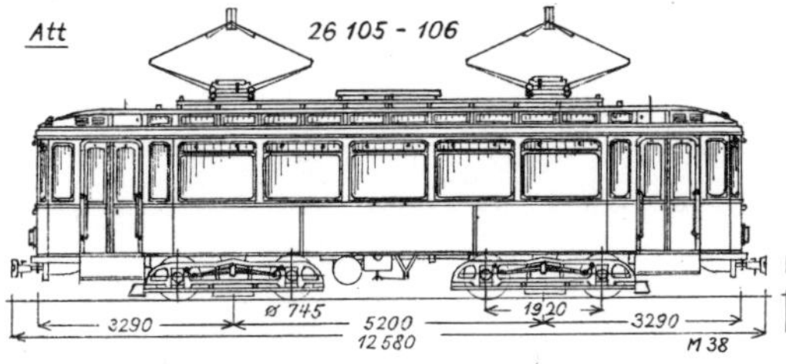

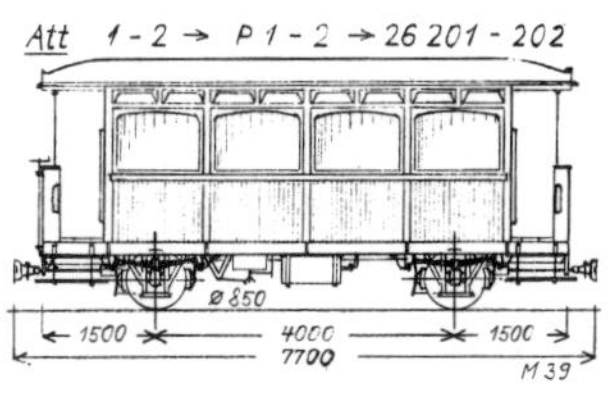

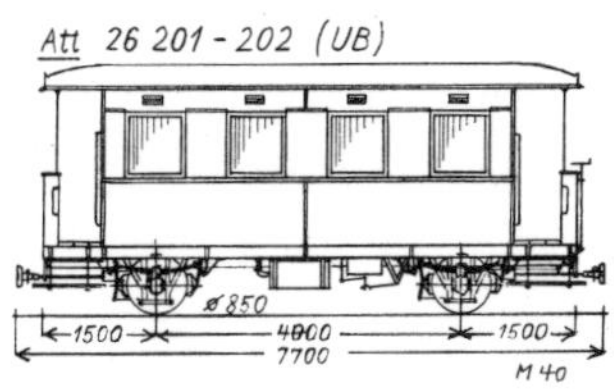

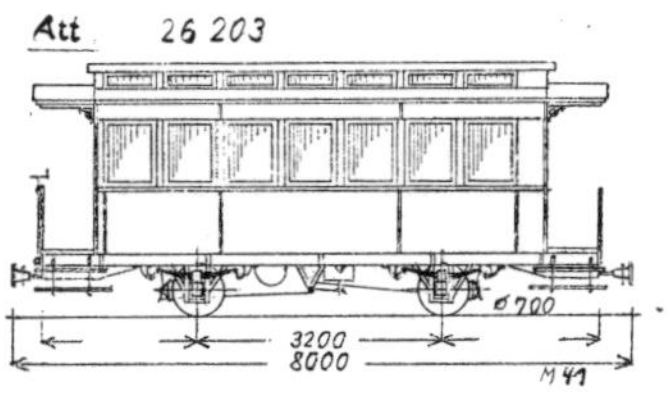

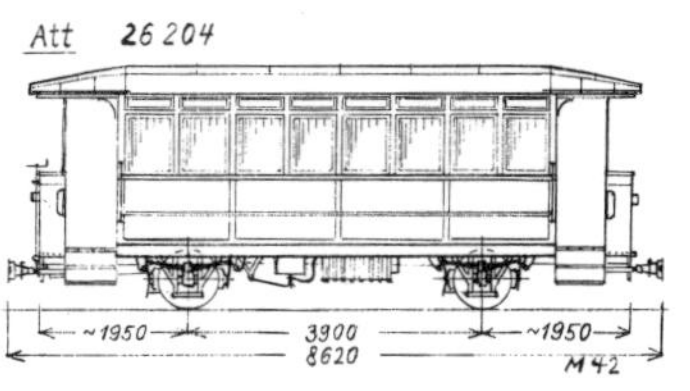

Anmerkungen zur Liste Vöcklamarkt–Attersee (Seite 329)

20 304: gekauft Juli 1939 von der Waldbahn Ruhpolding–Reit im Winkel; erbaut von der Waggonfabrik Rastatt; Achslageraufschrift L&G/G. J. Jaeger, Elberfeld

20 401: gekauft Juli 1939 von der Waldbahn Ruhpolding–Reit im Winkel; Achslageraufschrift: HW LIBLAR/G. J. Jaeger, Elberfeld

20 402: gekauft Juli 1939 von der Waldbahn Ruhpolding–Reit im Winkel; Achslageraufschrift: L&G/G. J. Jaeger, Elberfeld

20 403: gekauft 1939/40; Achslageraufschrift: Schütte, Meyer & Co. Letmathe 1914

20 441: gekauft Oktober 1940 von der Waldbahn Ruhpolding–Reit im Winkel

20 442: gekauft Oktober 1940 von der Waldbahn Ruhpolding–Reit im Winkel; Achslageraufschrift: B&T/HW LIBLAR/G. J. Jaeger, Elberfeld

20 443: gekauft 1939/40; 9. 9. 1946 als Unkrautvertilgungswagen verwendet; Dezember 1951 abgewrackt

26 101: 14. 6. 1948 neuer Wagenkasten

26 102: 27. 9. 1951 Umbau (Fenster neu, Kasten versteift); Mai 1965 ausgeschlachtet

26 103: 1913/30 Gütermotorwagen 9,62 t Eigengewicht, 5 t Ladegewicht, 1930/31 UB Personentriebwagen; 1967 ausgeschieden

26 105: ex Nr. 109 Rheinische Bahngesellschaft AG, Düsseldorf; 27. 12. 1962 Ankauf; 16. 7. 1963 Betriebsbewilligung; geliefert von DÜWAG

26 106: ex Nr. 119 Rheinische Bahngesellschaft AG, Düsseldorf; 27. 12. 1962 Ankauf; 16. 2. 1964 Betriebsbewilligung; geliefert von DÜWAG

26 201: 3. 7. 1961 neuer Wagenkasten

26 202: 30. 4. 1956 neuer Wagenkasten; Dezember 1968 LBGV

26 203: ex 20 203; 31. 12. 1955 von Stern & Hafferl an LBVA verkauft; 1961 an LBGV; August 1970 an Museumseisenbahn Bruchhausen–Vilsen

26 204: ex 20 204 (ex Triebwagen 2 der Gmundner Straßenbahn); 31. 12. 1955 von Stern & Hafferl an LBVA verkauft; 10. 9. 1959 an LBGV; September 1962 außer Betrieb

26 205: ex 20 205 (ex Triebwagen 3 der Gmundner Straßenbahn); Umnumerierung irrtümlich, da noch immer Eigentum Stern & Hafferl

26 250: Personenwagen mit Gepäckabteil; 16. 10. 1948 neuer Wagenkasten

26 251: 6. 4. 1954 Umbau aus 26 306; PPersonenwagen mit Gepäckabteil; 1969 Umbau in Güterwagen (Stückgut)

26 306: geliefert als Gepäckwagen, 4,1 t Eigengewicht, 5 t Ladegewicht; März 1946 Umbau (Anbau einer 2. Plattform und Einbau von Notbänken); 6. 4. 1954 Umbau in 26 251

26 404–26 405: Stern & Hafferl kaufte 1919 in Deutschland (Albthal-Bahn?) 3 gebrauchte Straßenbahnpersonenwagen für die LBGV; nur 1 Personenwagen ist auf der LBGV in Betrieb gestanden; 2 kamen 1925/26 zur LBVA und wurden in offene Güterwagen umgebaut; Achslageraufschrift van der Zypen & Charlier

26 443/1–26 443/2: geliefert von Orenstein & Koppel für ELBUS

26 445/1–26 445/2: geliefert von Orenstein & Koppel für ELBUS

26 463: 1937 Umbau aus Biertransportwagen Gb 7, 3300 kg Eigengewicht, 7 t Ladegewicht; 1913/36 Eigentum der Brauerei Zipf

S Jn 1: 30. 5. 1951 Zugang von der ELBUS; 1969 verschrottet

Att 26 205

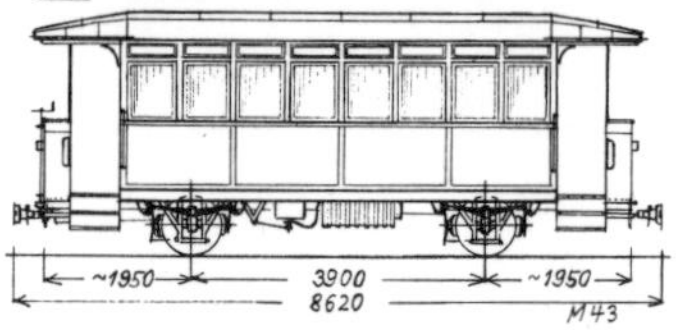

Att 3 → PG 1 → 26 250

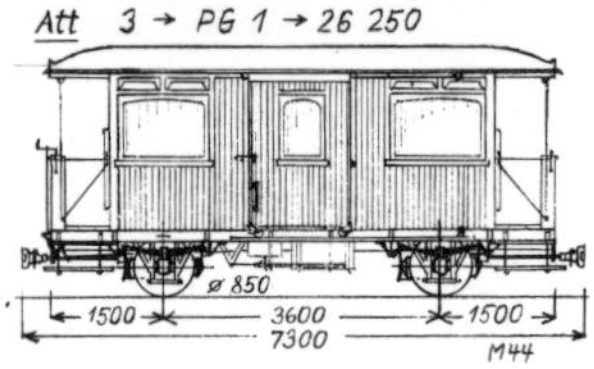

Att 26 250 (UB)

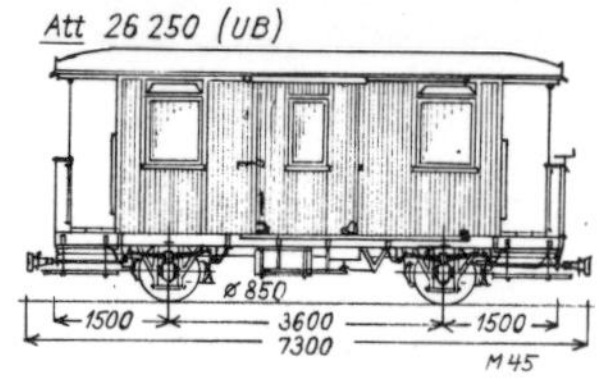

Att G 3 - 4 → Gf 1 - 2 → 26 306

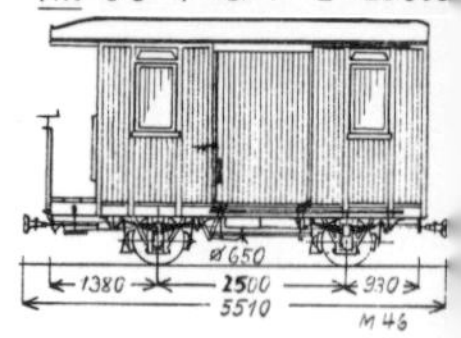

Att 26 251 (UB)

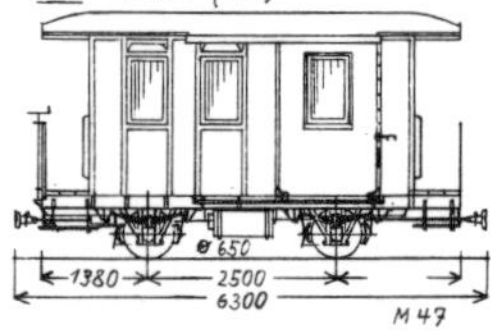

Att G 5 - 6 → G 1 - 2
→ 26 301 - 302

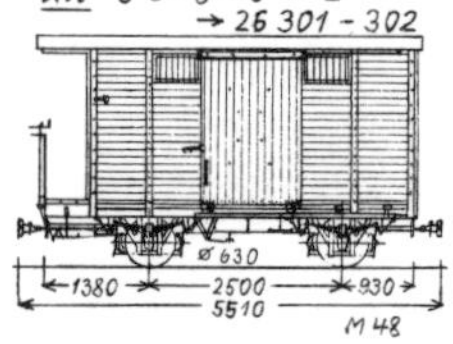

Att 26 306 (UB)

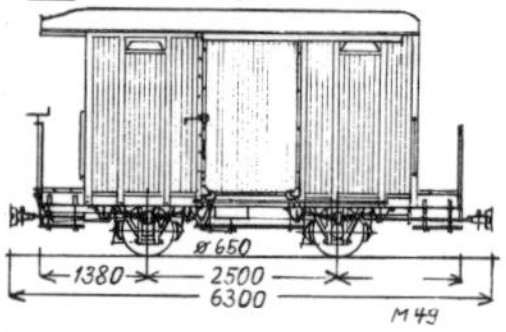

Att Jk 14 - 16 → Jk 1 - 3
→ 26 401 - 403

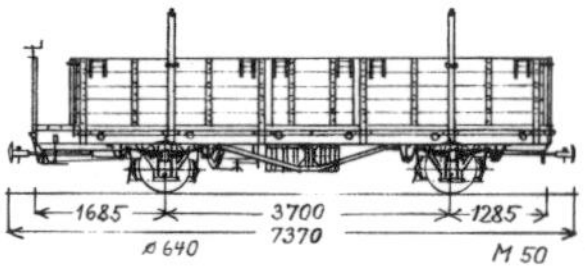

Att Jk 4 - 5 → 26 404 - 405

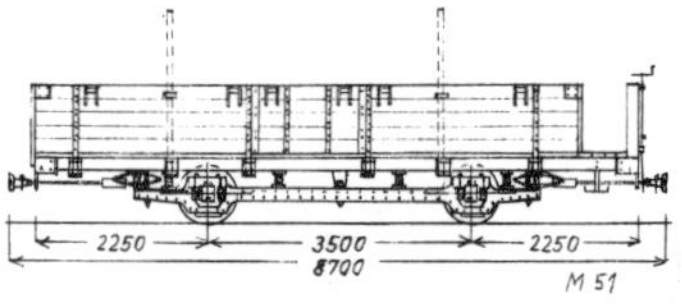

Att S 1 - 4/1 → 26 443 - 446/1
S 1 - 4/2 → 26 443 - 446/2
(26 444/2: OHNE BREMSEN UND PLATTFORM, LÜP - 3010)

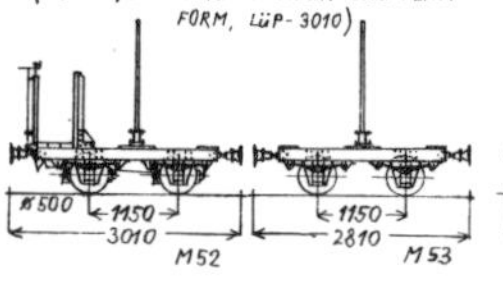

Att J 7 - 8 → Jn 1 - 2
→ 26 461 - 462

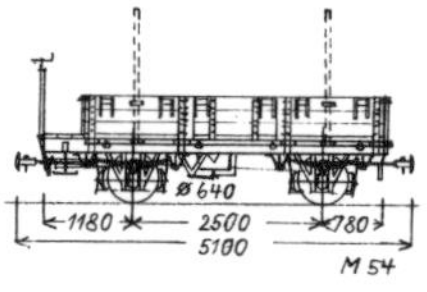

Att Jn 3 → 26 463

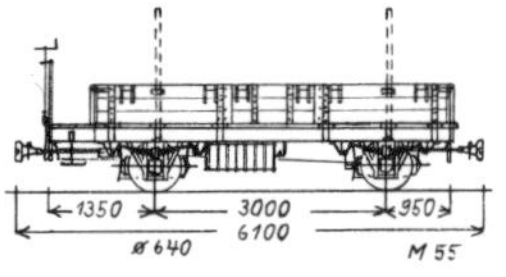

Att Gb 7

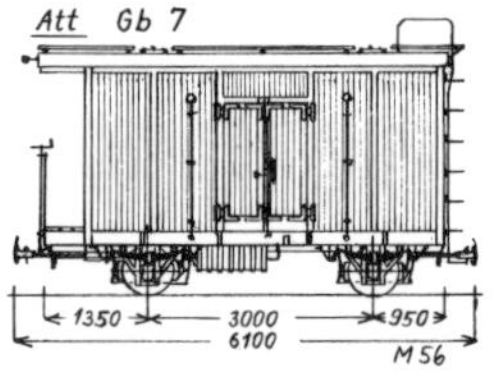

BPwsm 26251 in Attersee. *Foto H. Sternhart (25. 7. 1961)*

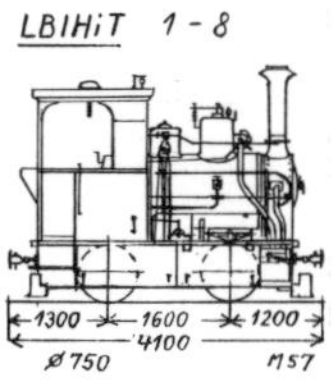

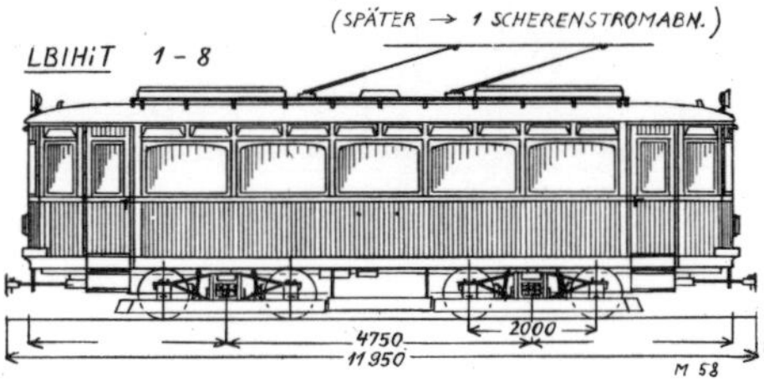

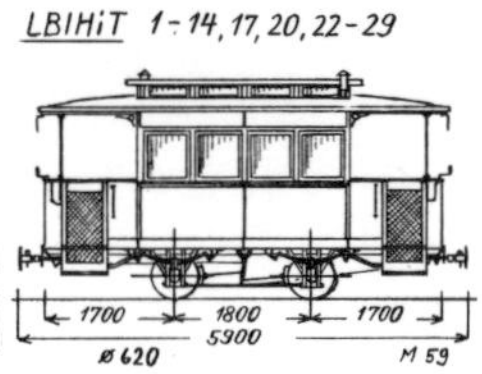

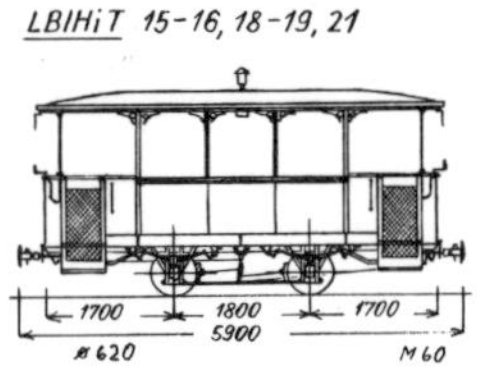

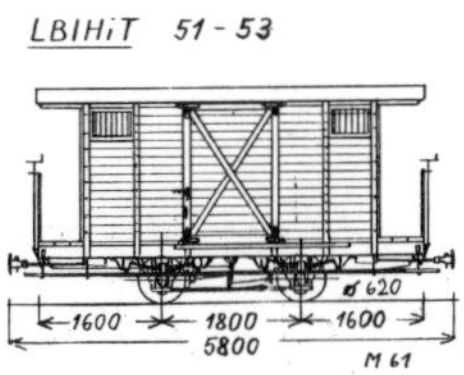

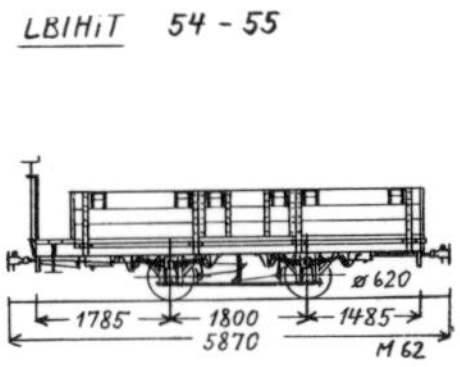

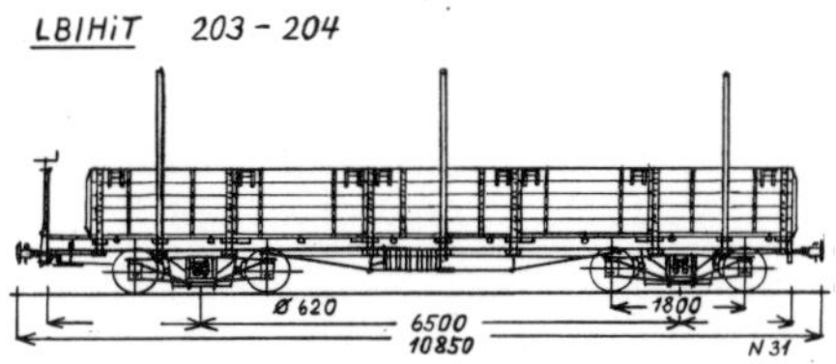

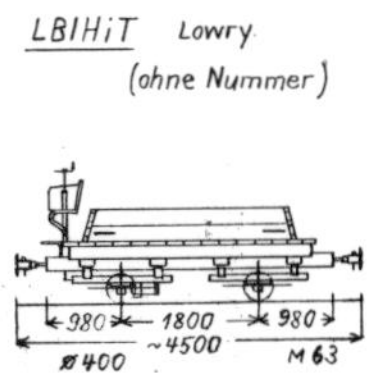

Localbahn Innsbruck – Hall in Tirol (L.B.I.H.i.T., Spurweite 1000 mm)

(Seit 8. März 1941: Innsbrucker Verkehrsbetriebe A.G.)

Dampflokomotiven (alle Bn2t)

1 KrLi 2362/1890
2 KrLi 2363/1890
3 KrLi 2446/1891
4 KrLi 2447/1891
5 KrLi 2608/1891
6 KrLi 2609/1891
7 KrLi 4483/1900
8 KrLi 4484/1900

	Nummer	Baujahr	Br	Ax	Sitzpl. Ladegw.	Eigengw.	Nummer ab 1911	Anmerkung
Elektr. Triebw.	1 – 8	1909	m	4	30	15500	1 – 8	
Personenwagen	1 – 14	1891	m	2	16	2300	113 – 126	
Aussichtswg.	15 – 16	1892	m	2	16	2300	127 – 128	
Personenwagen	17, 20	1892/93	m	2	16	2300	129, 132	
Aussichtswg.	18 – 19, 21	1892/93	m	2	16	2300	130 – 131, 133	
Personenwg.	22 – 29	1893, 1900	m	2	16	2300	134 – 141	
Ged. Güterwg.	51 – 53	1891/93	m	2	5,0	2800	251 – 253	als Dienstwg. verwendet
Off. Güterwg.	54 – 55	1905	m	2	5,0	3000	201 – 202	
Off. Güterwg.	–	1918	m	4	15,0	7700	203 – 204	

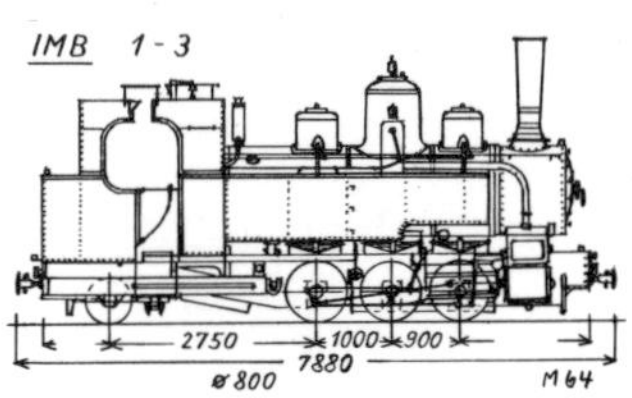

Innsbrucker Mittelgebirgsbahn (IMB, Spurweite 1000 mm)

Dampflokomotiven (alle C1n2vt)

1 KrLi 4364/1900
2 KrLi 4365/1900
3 KrLi 4540/1901

	Nummer	Baujahr	Br	Ax	Sitzpl. Ladegw.	Eigengw.	Nummer ab 1911	Anmerkung
Personenwagen	101 – 112	1900	m	2	16	2200	101 – 112	
Ged. Güterwg.	113 – 114	1900	m	2	5,0	3160	261 – 262	als Dienstwg. verwendet
Off. Güterwg.	115 – 116	1900	m	2	5,0	2520	211 – 212	
Ged. Güterwg.	117	1905	m	2	5,0	3500	263	
Elektr. Triebw.	2 – 3	1909	m	2	30	19500		
Elektr. Triebw.	4	1909	m	2	30	19500		

Von den elektrischen Triebwagen der L.B.I.H.i.T., die nur 2 Motoren hatten, wurden ab 1936 für die Strecke Berg Isel – Igls (46 Promille Steigung!) eingesetzt:
Triebwagen Nr. 3 mit 4 neuen Motoren AEG USLW 325 mit 50 kW und
Triebwagen Nr. 4 mit 4 alten Motoren AEG U 105 mit 37 kW (Die Motoren vom Triebwagen Nr. 3 wurden zusätzlich eingebaut!)
Ab 1940 verkehrte der Triebwagen Nr. 4 wieder Innsbruck – Hall in Tirol und dafür kam zum Einsatz:
Triebwagen Nr. 2 mit 4 neuen Motoren AEG USLW 325 mit 50 kW.

IMB 101 - 112

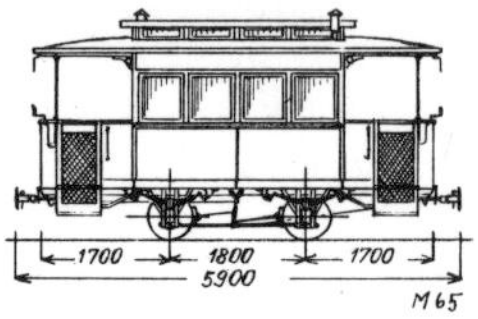

IMB 113 - 114

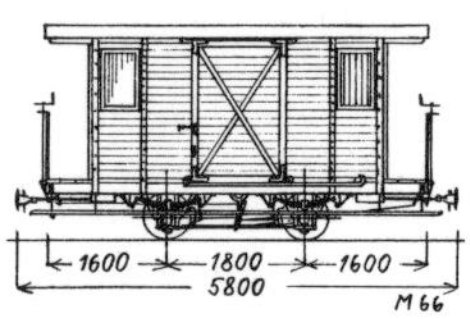

IMB 117

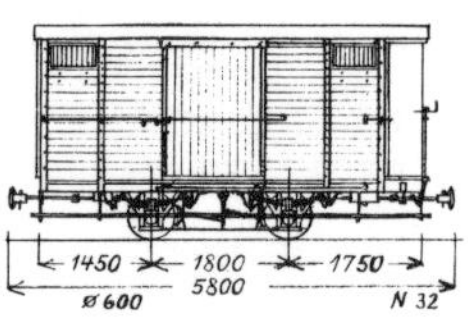

IMB 115 - 116

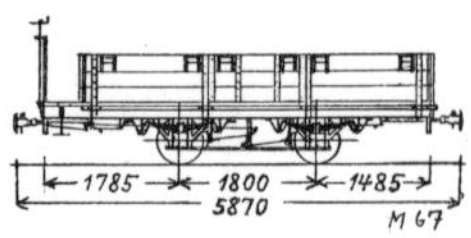

Aktiengesellschaft **Stubaitalbahn (AGStB,** Spurweite 1000 mm)

Bauart	Wagennummer	Baujahr	Br.	Ax	Sitzpl. Ladegw.	Eigengw.	Anmerkung
El. Tw.	1 – 3	1904	m	4	36	19785	
El. Tw.	4	1905	m	4	36	20700	
Pers.	11 – 16	1904	m	4	40	6550	*)
Pers.	17	1967	m	4	38	7000	Wagenneubau durch Stubaitalbahn
Pers.	161	1913	m	2	24	6300	*)
Pers.	162	1913	m	2	24	6900	*)
Jhn	21 – 22	1904	m	2	6,–	2900	
Jhn	23 – 24	1905	m	3	10,–	5200	
Jk	25 – 26	1906	m	2	6,–	3380	
Jkh	27 – 30	1908/12	m	3	10,–	4900	
G	31 – 32	1904	m	2	6,–	3480	*)
G	33 – 34	1905	m	3	10,–	5500	
G	35 – 36	1906	m	2	6,–	3950	36: jetzt GF

*) 11–16: 1964/67 Umbau (neuer Wagenkasten gleiche Bauart wie Nr. 17, 38 Sitzplätze, 7000 kg Eigengewicht); Wagen 13 ab 1905 als CF (später Wagen 36 mit Postabteil)
161–162: ex Nr. 52 und 32 Rechtsufrige Thunersee-Bahn, gekauft 1953 von den Innsbrucker Verkehrsbetrieben für die Strecke Innsbruck–Hall in Tirol; Eigentum der IVB; verkehrten 1954–67 auf der Stubaitalbahn (in den letzten Jahren mit der Aufschrift A.G. Stubaitalbahn); geliefert von Credé & Co.
31: 1905 umbenannt in GF (Güterwagen mit Postabteil); 1963 ausgeschieden

AGStB 1 - 3

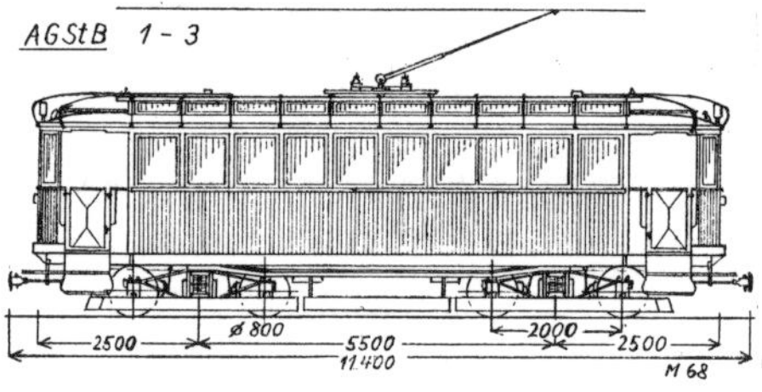

AGStB 1 - 3 (1. UB)

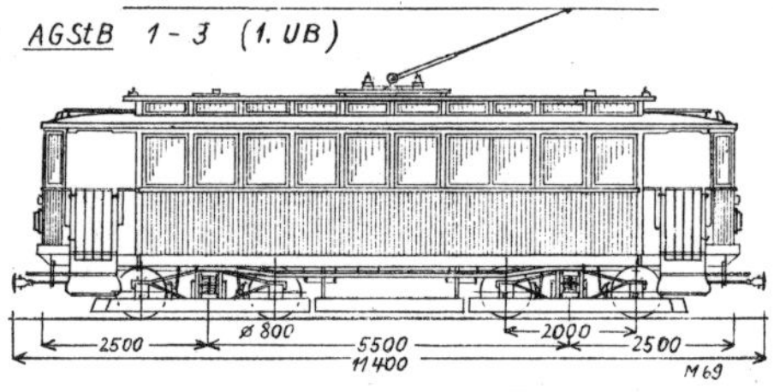

AGStB 1 - 3 (2. UB)

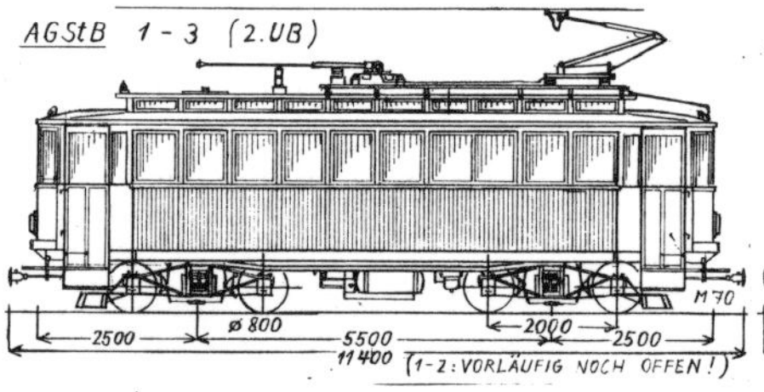

AGStB 4

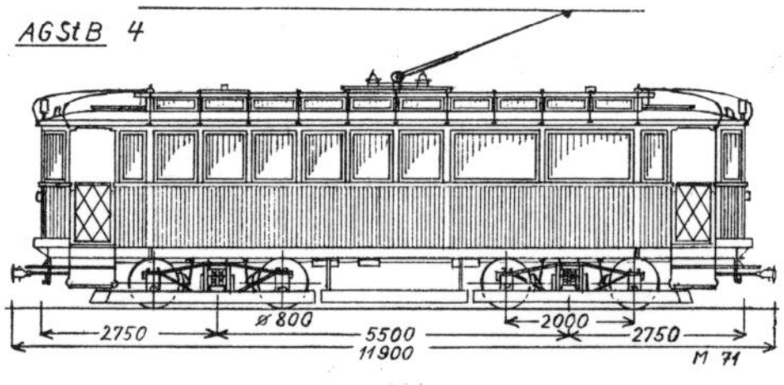

AGStB 4 (1. UB)

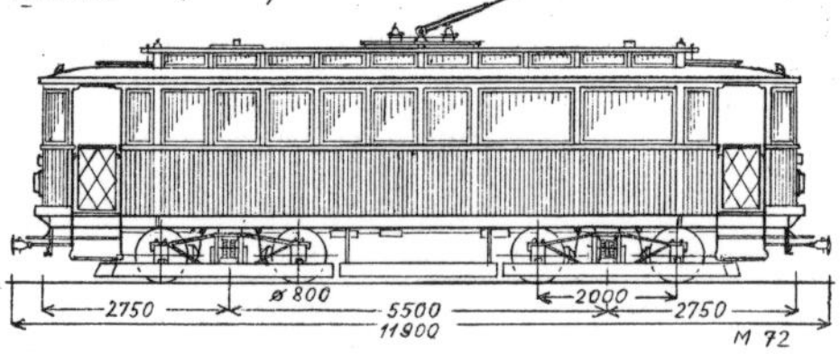

AGStB 4 (2. UB)

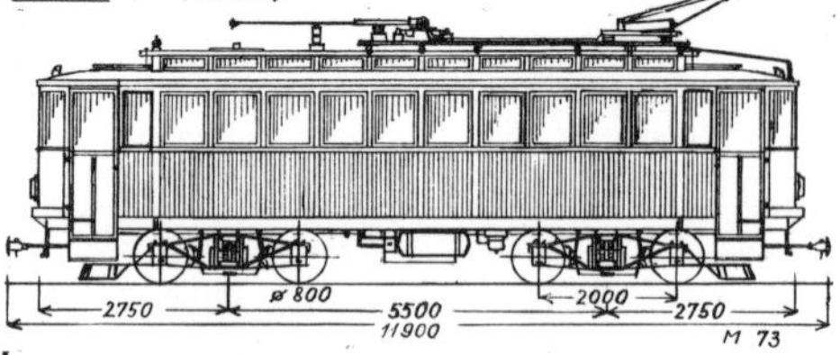

AGStB 11 - 16

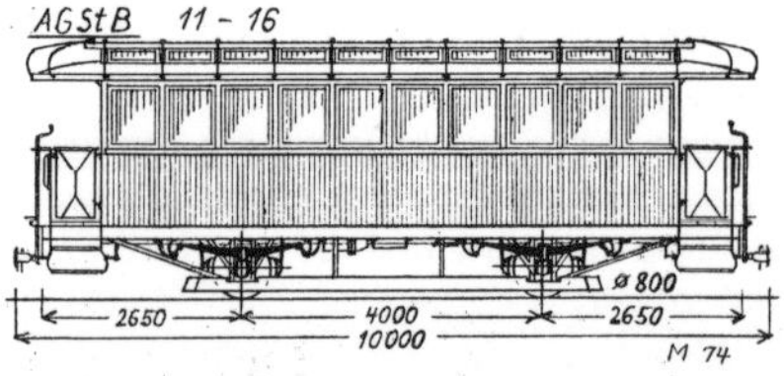

AGStB 11 - 16 (1. UB)

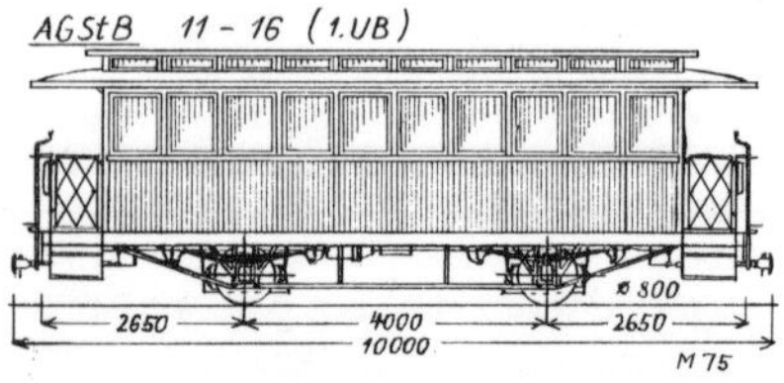

AGStB 11-16 (2. UB), 17

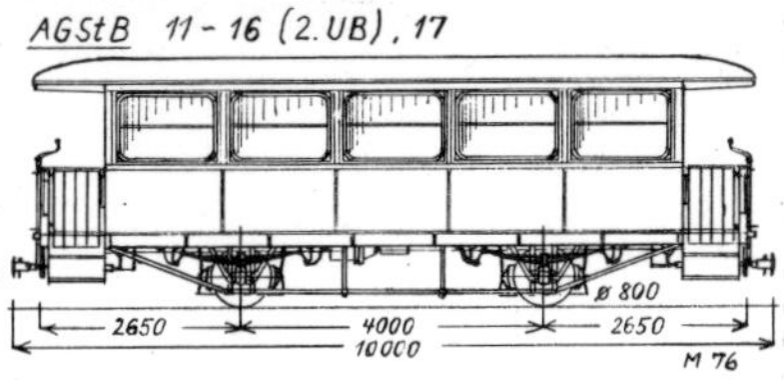

AGStB 161

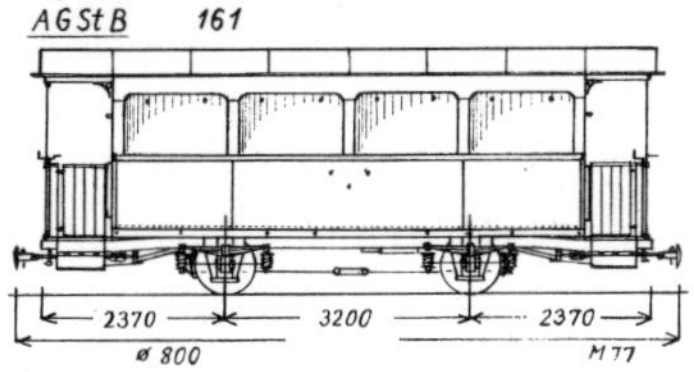

AGStB 162

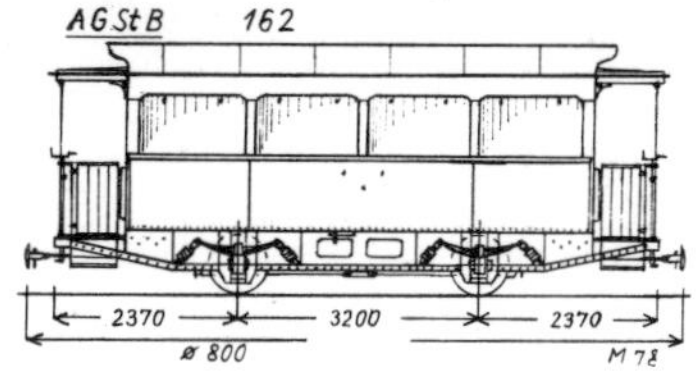

AGStB G 31-32

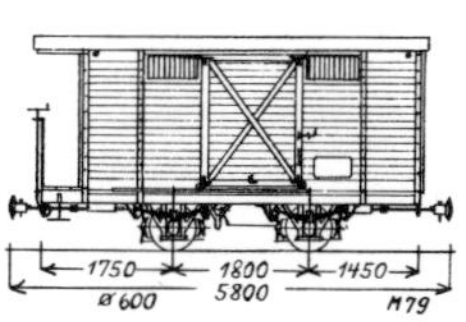

AGStB G 33-34

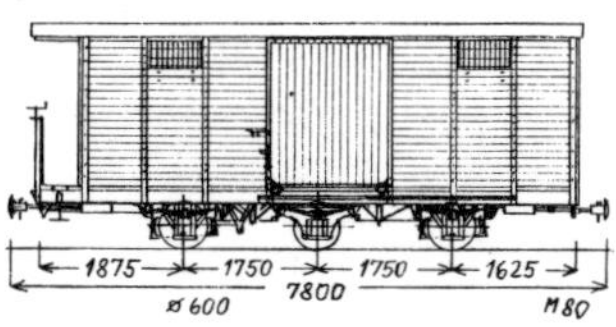

AGStB G 35-36

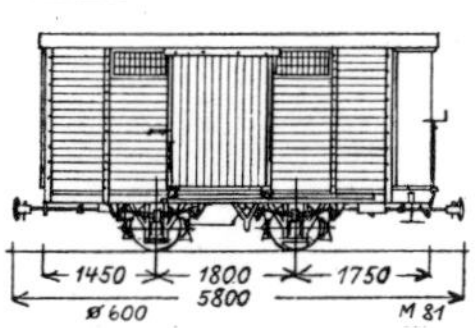

AGStB GF 36 (UB)

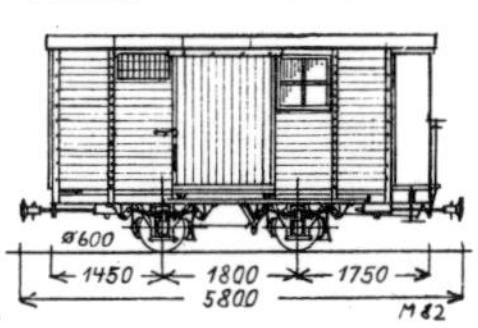

AGStB Jhn 21-22

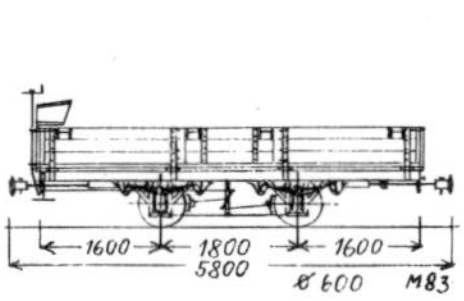

AGStB Jhn 23-24

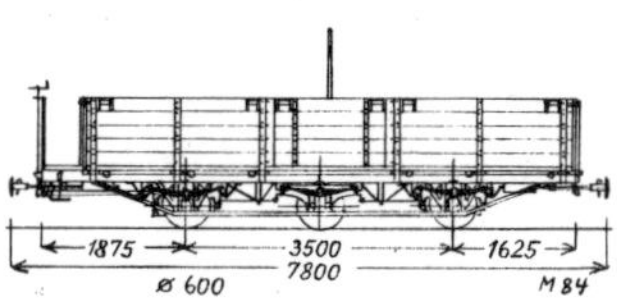

AGStB Jhn 23-24 (UB)

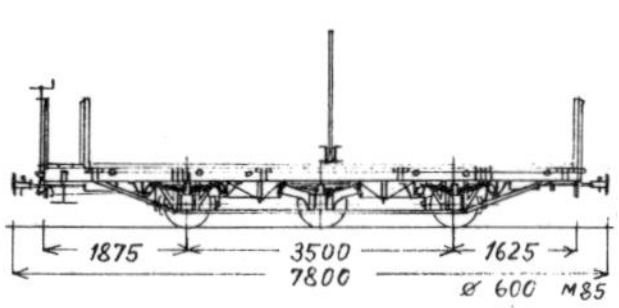

AGStB Jk 25-26

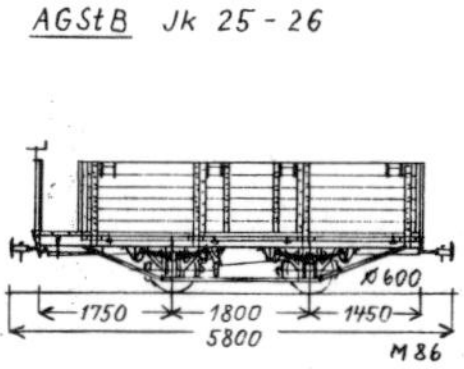

AGStB Jkh 27-30

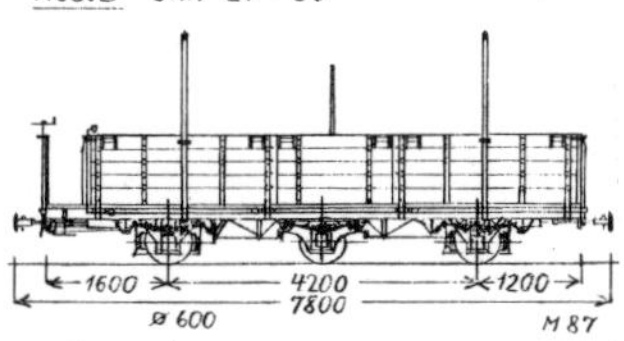

AGStB Jkh 27....30 (UB)

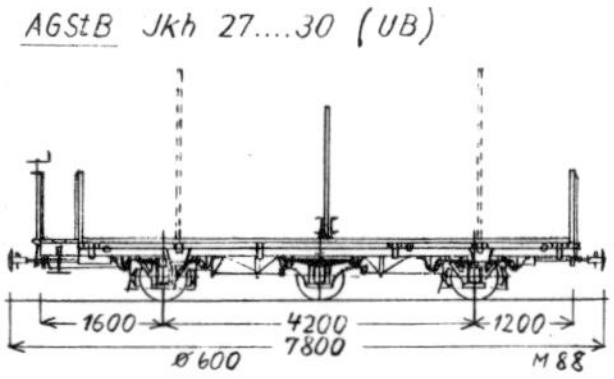

Höhenbahn Schoberboden – Reißeck-Seenplateau (Spurweite 600 mm)

Konzessionär: Österreichische Draukraftwerke AG, Klagenfurt
Betriebsführende Verwaltung: Reißeck – Kreuzeck – Höhenbahnen Ges.m.b.H., Klagenfurt

Diesellokomotiven

B-dieselmechanisch	D 1	Jenbacher Werke AG	2240/1960
	D 2	Jenbacher Werke AG	2406/1963

Waggons

	Nummer	Baujahr	Br.	Ax	Sitzpl. Ladegw.	Eigengw.	Anmerkung
Personenwagen	1 – 2	1956	m	2	36	2200	geliefert von Schwechater Maschinenbau Johann Wessely
Skiwagen	1	.	o	2	4,0	400	
Offene Güterwagen	1 – 4	.	o	2	4,0	400	

Gleisbahnschneefräse 'Kalbacher 700 – 800/1700' geliefert 1969 von Toni Kalbacher, Kitzbühel, Werk-Nr. 60 – 166, B-dieselhydraulisch

HB D2

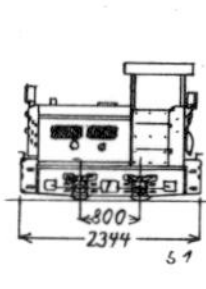

HB D1

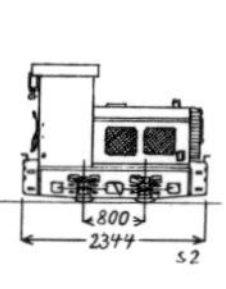

HB 1-2

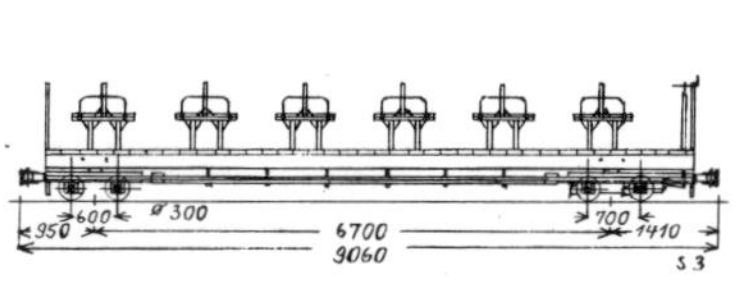

HB 1-2 (UB)

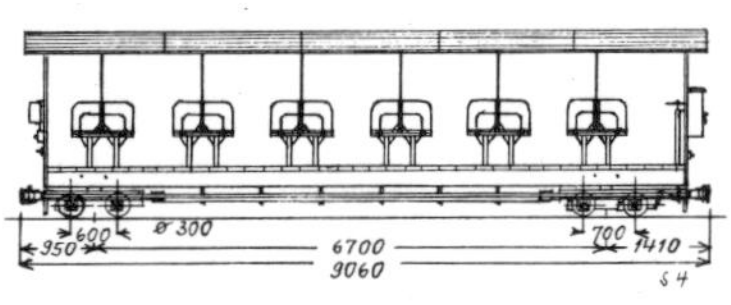

HB 1 (SCHIWAGEN)

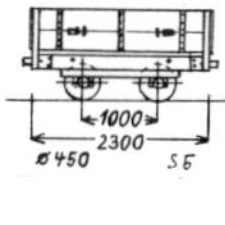

HB 3

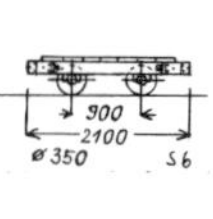

HB

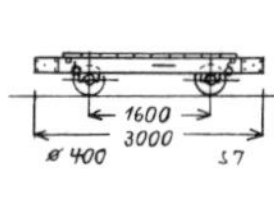

HB

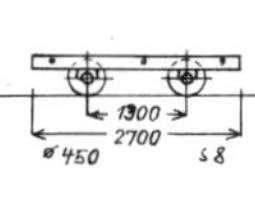

HB

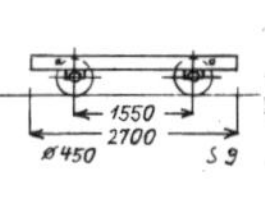

Lambach – Gmunden (Spurweite 1106 mm)

Lokomotiven

2Bn2T	1 – 10	Günther, Wr. Neustadt	1854-55	1882 ausgeschieden
1C1n2T	11 – 14	Günther, Wr. Neustadt	1855-56	1882 ausgeschieden
Bn2T	G.1 – 4	Krauss, Linz	1883	1903 ausgeschieden
1Bn2T	Gv.1 – 4	Krauss, Linz	1895-99	1903 UB in 189.01 – 04

Personen-, Post- und Gepäckwagen

Gattung	Wagennummer	Baujahr	Spindelbremse	Hebelbremse	Saugluftbremse	Saugluftleitung	Sitzpl.	Radstand	Eigengw.	Anmerkung
Salon	1		–	–	–	/		1,74	3750	
A	2		–	/	–	/	18	1,73	3850	{ ohne Seitenfenster offen
A	3		–	/	–	/	12	1,74	4350	mit Schutzleder
AB	4 – 5		–	/	–	/	6/16	1,74	4100	
B	6 – 8		/	–	/	–	20	1,73	4200	
B	9 – 10		–	/	–	/	24	1,74	3700	offen *)
C	11 – 12		/	–	/	–	24	1,74	3800	
C	13 – 14		/	–	/	–	21	1,74	3800	mit Abort
C	15 – 16		/	–	/	–	24	1,74	3800	
C	17		/	–	/	–	21	1,74	3800	mit Abort
C	18 – 20		–	/	–	/	30	1,74	3500	
ABi	21	1898	/	–	/	–	4/14	3,70	5888	*)
Ci	22 – 24	1898	/	–	/	–	32	3,70	5430	*)
D	51 – 55		/	–	/	–		1,75	3600	*)
FK	56	1898	/	–	/	–		3,70	6030	mit Abort *)
D	57	1898	/	–	/	–		3,70	6380	mit Abort *)

*) 9 – 10: ohne Seitenfenster offen mit Schutzleder
10: im Österreichischen Eisenbahnmuseum
21: ab 1903 Bregenzerwaldbahn BCi 7
22 – 24: ab 1903 Bregenzerwaldbahn Ci 17 – 19
51 – 55: lichte Kastenbreite 2,00 m, Länge 2,75 m, Höhe 1,77 m
56: ab 1903 Bregenzerwaldbahn DF 103
57: ab 1907 Bregenzerwaldbahn DF 104

Fahrzeugbestand

Lokomotiven

Jahr	±	Bestand
1856		14
1882	– 14	0
1882	+ 4	4
1895-99	+ 4	8

Rollböcke

Jahr	±	Bestand
1893		18
1896	+ 8	26

Personenwagen

Jahr	±	Bestand
1856		58
1860-63	– 10	48
1864-68	– 20	28
1869	+ 1	29
1870	+ 2	31
1871	+ 2	33
1872	+ 12	45
1873	+ 7	52
1875-76	+ 1	53
1878-81	– 2	51
1882	– 31	20
1898	+ 4	24

Gepäck- und Güterwagen

Jahr	±	Bestand
1856		403
1869	+ 13	416
1870	+ 57	473
1871	+ 20	493 (11+482)
1872	+ 50	543
1873	– 1	542
1874	– 18	524 (9+515)
1882	– 239	285 (4+235) (5+280)
1887	– 33	252 (5+247*)
1898	+ 2	254 (7+247)

Bis 1903 (Umstellung auf Normalspur) keine Änderung

*) Güterwagenbestand ab 1887:
100 zweiachsige gedeckte Güterwagen
140 zweiachsige offene Güterwagen
7 vierachsige offene Güterwagen
247

Beschränkt-öffentliche Schmalspurbahnen

		Spur mm	Länge km		Eröffnung	
Breitenschützing – Kohlgrube	Bergwerksbahn	1106	11,0	D	1923	+
Redl-Zipf – Frankenburg – Aschegg	Bergwerksbahn	1000	9,4	E	1924	+
Steinkogel – Offensee	Waldbahn	790	8,1	D	1930	+
Mürzzuschlag – Hönigsberg	Industriebahn	760	3,5	D,V	1925	+
Tschagguns – Parthenen	Materialbahn	760	18,1	D	1928	+
Deutschlandsberg – Freiland	Waldbahn	760	9,9	D	1931	+
Bruck a. d. Mur – Oberdorf a. d. Laming	Materialbahn	760	15,4	D	1936	+
Tromenier – Vermunt	Materialbahn	760	2,6	V	1950	+
Reichraming – Weißwasser/Brunnbach	Waldbahn	760	30,1	V	1953	+
Langau – Lunz am See	Waldbahn	700	9,4	V	1926	
Unter Waltersdorf – Hof am Leithageb.	Industriebahn	600	10,0	V	1923	+
Ebenfurth – Zillingdorf	Bergwerksbahn	600	7,0	D	1923	+
Lockenhaus – Glashütten	Waldbahn	600	12,8	V	1933	+
Steinhaus – Rettenegg	Waldbahn	600	22,0	D	1934	+

D = Dampfbetrieb
E = Elektrischer Betrieb
V = Betrieb mit Verbrennungsmotoren
+ = aufgelassen

Diese Angaben beziehen sich nur auf den beschränkt-öffentlichen Verkehr, wie er zuletzt bestanden hat. Nichtöffentlichen Verkehr gab es mitunter schon vorher oder auf einem längeren Streckenabschnitt.

Schmalspurfahrzeuge des Vereins der Kärntner Eisenbahnfreunde (VKEF)

Stand vom 1. Jänner 1975; diese Fahrzeuge sind zum Großteil in Klagenfurt oder in Treibach-Althofen hinterstellt, nur einzelne verkehren an den Betriebstagen der 'Gurkthalbahn' (GTB). Angaben über den Museumsbahnbetrieb auf Seite 42.

Diese Liste beschränkt sich auf die *österreichischen* Fahrzeuge des VKEF, der darüber hinaus auch ausländische besitzt.

Dampflokomotiven

298.102
498.08
898.01
998.01
199.02
499.01
699.101
STEFFI, Rheinbauleitung, 1906
BÖHLER, 1916, Kapfenberg
BARBARA, Felten & Guilleaume, Spur 630 mm

Elektrische Fahrzeuge

TW 2 ex Ybbs ex Mixnitz
Lok 1 der Kestag Werksbahn
Lok 2 der Kestag Werksbahn

Diesellokomotiven und Benzinfahrzeuge

201	Gebus	Werksbahn St. Magdalen, Villach
202	Gebus	Werksbahn Konkordiahütte, Werfen
203	O&K	Werksbahn Steyrmühl
204	Jung	Waldbahn Reichraming Nr. 4
205	O&K	Waldbahn Reichraming Nr. 5
206	Gmeinder	Waldbahn Reichraming Nr. 2
207	Gmeinder	Werksbahn Bad Deutsch Altenburg Nr. 3
208	O&K	Werksbahn Bad Deutsch Altenburg Nr. 4
209	JW 15	Waldbahn Zinkenbach
210	JW 50	Werksbahn Konkordiahütte, Werfen
211	O&K	Werksbahn Frohnleiten

Draisine 2 der Waldbahn Reichraming
Draisine 3 der Waldbahn Reichraming
X 21 der StmLB
4 ÖBB Draisinen
3 Schienenmotorräder Bauart ÖBB
1 Schienenmotorrad Bauart StmLB

Personenwagen

ÖBB	3601	StmLB	C 1	ex LBMSTE	
	3618		C 2	ex LBMSTE	
	3630		C 10	ex LBMSTE	
	3691		C 11	ex LBMSTE	
	3697		C 12	ex LBMSTE	
	3734		C 13	ex LBMSTE	
	4765		C 105	Kapfenberg	
	97003				

Schöller-Bleckmann
P 2, P 3, P 5,
P 6, P 7, P 8

SKGLB C 569
S 151 (S 1)

Waldbahn Reichraming Nr. 3

Dienstwagen

ÖBB 6410
6805
6803
6491

StmLB	D 50	ex LBMSTE
	D 84	ex Murtalbahn
	B 3	ex Schoeller-Bleckmann

Güterwagen

1 JŽ vierachsig
11 Waldbahn Reichraming
3 Waldbahn Mitterbach
17 Schoeller-Bleckmann
6 Kleinwagen verschiedener Herkunft
4 St. Magdalen
1 LBMSTE G 51

Gattungszeichen der österreichischen Schmalspurwagen

bis 1928

S Salonwagen
ABC 1., 2., 3. Klasse
D Gepäckwagen
F Postwagen
G gedeckte Güterwagen (10 t)
J offene Wagen
K Kohlenwagen (10 t)
R Kesselwagen

a vierachsig
e erhöhtes Ladegewicht
h Drehschemel
k hohe Bordwände (abnehmbar)
l Güterwagen-Ladelänge
n niedere Bordwände
r Rungen
t Rollwagen (Jat)

1928–1939 (BBÖ)

S, A, B, C, D, F wie oben
e geschlossene Plattformen
h elektrische Heizung
i offene Plattformen

G gedeckte Güterwagen
K Kohlenwagen
N Niederbordwagen
O Hochbordwagen
P Plattformwagen
R Kesselwagen
S Schemelwagen
T Rollschemel
X Bahndienstwagen

a vierachsig
b mit festen Schemeln und Rungen
d durchgehende Luftsaugbremse und Dampfheizleitung
l Ladelänge 7 m und darüber
m Ladegewicht 15 t
n niedere Bordwände (bei Gattung S)
r Rungen
s Drehschemel (bei Gattung O)
u Ladegewicht über 15 t (entfällt bei vierachsigen offenen Güterwagen)
w Ladegewicht unter 10 t
y dreiachsig (nicht immer angeschrieben)
yy sechsachsig
z Erzwagen (Kz)

Die Gattungszeichen der österreichischen Schmalspurwagen haben im allgemeinen die Form eines Bruches (z.B. Bi/s; die Fotos auf den Seiten 247 und 352 zeigen die Form mit waagrechtem Bruchstrich): im Zähler steht die Bauartbezeichnung, der Nenner s kennzeichnet Schmalspur. In den Texten und Listen dieses Buches ist der Nenner mit dem s in der Regel weggelassen, weil es sich ja ausschließlich um Schmalspurfahrzeuge handelt.

seit 1953/54 (ÖBB)

A, B, C, F wie oben
D Gepäckwagen seit 1962
P Gepäckwagen bis 1962

3, 4 Achsenzahl

g Gepäckwagen für Güterzüge
h elektrische Heizung
i Mittelgang, offene Plattformen, offene Übergänge
ip Mittelgang, geschlossene Plattformen, offene Übergänge
o elektrische Heizung, aber ohne Dampfheizung
w Gepäckwagen mit einem Ladegewicht unter 10 t

G gedeckte Wagen
H Schemelwagen
J Plattformwagen ohne Rungen und Seitenwände
N Niederbordwagen (Wandhöhe unter 70 cm, ohne Rungen)
O Hochbordwagen (Wände mindestens 70 cm)
S Plattformwagen mit eisernen Rungen
W Rollfahrzeuge

b fixe Schemel
d Dampfheizleitung
h Leitung für elektrische Heizung
l Ladelänge mindestens 7 m (bei S. J, O)
m Ladegewicht 15 t (bei G, H, S, J, O)
Ladegewicht 20 t (bei GG, SS, JJ, OO)
w Ladegewicht weniger als 10 t (bei G, H, S, J, N, O)
w Ladegewicht weniger als 15 t (bei GG, SS, JJ, OO)

Vierachsige Güterwagen tragen verdoppelte Hauptgattungszeichen (GG, OO, SS).
Die Privatbahnen haben im allgemeinen, aber nicht konsequent, das Bezeichnungsschema der Staats-(Bundes-)bahn übernommen.

Nach Umbauten wurde mitunter das frühere Gattungszeichen beibehalten, sodaß sich in einzelnen Fällen Unstimmigkeiten ergaben.

Im vorletzten Absatz auf Seite 80 sind die Änderungen erwähnt, die sich im Jahre 1956 im Zusammenhang mit der Abschaffung der 3. Wagenklasse ergaben.

Abkürzungen und Zeichen

A	(in der Sitzplatz-Spalte von Waggonlisten) Abort
AB	Alpenbahnhof (St. Pölten)
AD	Austro-Daimler
AEG	Allgemeine Elektricitäts-Gesellschaft
AG	Aktiengesellschaft; (auf Bahnhofsplan) Aufnahms(= Stations-)gebäude
AGStB	Aktiengesellschaft Stubaitalbahn
Al	(zulässige) Achslast
Au	Autobusgarage
Ax	(Zahl der) Achsen
B	(auf Bahnhofsplan) Buffet
BB	Waggonfabrik Busch, Bautzen
BBC	Brown, Boveri & Cie.
BBÖ	Österreichische Bundesbahnen (1921–1938)
BGBl.	(Österreichisches) Bundesgesetzblatt
BM, BMF	Erste Böhmisch-Mährische Maschinenfabrik, Prag (jetzt ČMKD)
Bo(rs)	Borsig
Bp	Maschinenfabrik Budapest
Br	Handbremse (m = mit, o = ohne)
BRD	Bundesrepublik Deutschland
BU	betriebsuntauglich
Bw	Bahnbetriebswerk (= Zugförderungsstelle); (auf Bahnhofsplan) (Gleis-)Brückenwaage
BWB	Bregenzerwaldbahn
CFR	Rumänische Eisenbahnen
Cie., Co	Compa(g)nie
ČSD	Tschechoslowakische Staatsbahnen
D	Dampflokomotive, -betrieb
DB	Deutsche Bundesbahn
Demag	Deutsche Maschinenfabrik AG, Duisburg
Dgw	Dienstgewicht (in t)
DR, DRB	Deutsche Reichsbahn (bis 1945)
Dr	Dresden
DÜWAG	Düsseldorfer Waggonfabrik AG
Dz	Deutz
E	Elektrolokomotive, -betrieb
Egw.	Eigengewicht (in kg)
El.	Elektrifizierung, elektrisch
EL(IN)	ELIN – AG für elektrische Industrie, Weiz
ELBUS	Elektrische Lokalbahn Unterach–See (galt aber als Straßenbahn)
ESG	Linzer Elektrizitäts- und Straßenbahn AG
EWG	Europäische Wirtschaftsgemeinschaft
ex	ehemals
F	Flugdach
FB, Fr-B	Societe Franco-Belge de Materiel de Chemins de Fer; Raismes
FK	Werkstätte Feldkirch
Fl, Flor	Lokomotivfabrik Wien-Floridsdorf
FS	Italienische Staatsbahnen
G	Garten
GB	Gurktalbahn; Geschäftsbericht; (auf Bahnhofsplan) Gleissperrbaum
Gd	Gmeinder = Steinmetz & Gmeinder KG, Gmeinder & Co GmbH, Mosbach
GdED	Gewerkschaft der Eisenbahner Deutschlands
gel.	geliefert
GKB	Graz–Köflach-Bahn
Gm & Co	siehe Gd
Go	Gonobitz
Gör	Görlitz (Waggonfabrik)
Gr	Grazer Waggonfabrik; (auf Fahrzeugskizzen und in Waggonlisten) Grestener Linie
Gs	Gleissperrschuh
H	Haltestelle; (auf Bahnhofsplan) Heizhaus
HB	Höhenbahn Schoberboden–Reißeck-Seenplateau (Sporthotel)
h	Höhe (der Bordwände)
He	Henschel, Kassel

HF	Deutsche Heeresfeldbahn
Hfl	Heizfläche
HGT	Hot Gun Town, Grafrath bei München (Freizeitgelände)
Hs	Henschel, Kassel
HW	Hauptwerkstätte
IMB	Innsbrucker Mittelgebirgsbahn Innsbruck – Igls
IVB	Innsbrucker Verkehrsbetriebe
JDŽ	Jugoslawische Eisenbahnen (früher SHS. jetzt JŽ)
Jg, Jung	Arn. Jung Lokomotivfabrik GmbH, Jungenthal bei Kirchen an der Sieg
K	Kohlenlager
Ka	Kapfenberg
K-E	Kühnsdorf – Eisenkappel
kk	kaiserlich-königlich (die österreichische Reichshälfte betreffend)
kkStB	kaiserlich-königliche österreichische Staatsbahnen
KL, KrLi	Krauss-Linz
KM, KrMü	Krauss-München
km/h	Kilometer pro Stunde
KML	(deutsche) Kriegs-Motor-Lokomotive
Konz.	Konzession
KRB	Kronprinz Rudolf-Bahn
KrLi	Krauss-Linz
KrMa	Krauss-Maffei
KrMü	Krauss-München
KT	Kohlenladeturm
Kü	Kühnsdorf
k.u.k.	kaiserlich und königlich (beide Reichshälften der österreichisch-ungarischen Monarchie betreffend)
KV	Kriegsverlust (1914 – 1918)
KVB	Kölner Verkehrsbetriebe
L	Ladestelle; (auf Bahnhofsplan) Laderampe
l	(innere) Länge
Ladegw.	Ladegewicht (in t)
LBGV	Lokalbahn Gmunden – Vorchdorf
L.B.I.H.i.T.	Lokalbahn Innsbruck – Hall in Tirol
LBPH	Lokalbahn Payerbach – Hirschwang
LBVA	Lokalbahn Vöcklamarkt – Attersee
LF	Landesfahrpark der NÖLB (Eigentum des Landes Niederösterreich)
Lgw.	Ladegewicht (in t)
LH	Linke-Hofmann; (auf Bahnhofsplan) Lagerhaus
LHB	Linke-Hofmann-Busch
Li	Linz
LK	Ladekran
LSE	Luzern – Stanstad – Engelberg-Bahn (Schweiz)
LüP	Länge über Puffer
M	Magazin
m	mit Bremse
MÁV	Ungarische Staatsbahnen
MBA	Maschinenbau und Bahnbedarf AG, Berlin (früher Orenstein & Koppel)
Mf	Maffei
Mödl.	Mödling – Hinterbrühl-Bahn
M-StE	Lokalbahn Mixnitz – St. Erhard
Mtb	Murtalbahn (Unzmarkt – Mauterndorf)
Mu	Murau
Mz	Mariazellerbahn
NÖ	Niederösterreich; auch für NÖLB
NÖLB	Niederösterreichische Landesbahnen (allgemeine historische Angaben auf Seite 21)
o	ohne Bremse
Ö1	Österreichischer Rundfunk, Hörfunkprogramm Österreich 1
ÖAM	Österreichisch - Alpine Montangesellschaft
ÖBB	Österreichische Bundesbahnen (seit 1947; bei Nummernlisten: seit 1953)
OG	Ober Grafendorf, bzw. Obergrafendorf
OK, O&K	Orenstein & Koppel
ÖSSW	Österreichische Siemens-Schuckertwerke
ÖStB	Österreichische Staatseisenbahnen (1945 – 1947)

P	Personenverkehr
PKP	Polnische Staatsbahnen
Pn	St. Pölten (Alpenbahnhof)
POHEV	Pozsony – országhátarszeli helyiérdekü villamos vasut / Elektrische Lokalbahn Preßburg – Staatsgrenze bei Berg NÖ
Pr-Dy	Przeworsk – Dynów
PS	Pferdestärken
Pzg	Pinzgauer Lokalbahn
R	Rampe
r	(kleinster) Bogenradius
RAW	Reichsbahn-Ausbesserungswerk
RBD	Reichsbahndirektion
Rfl	Rostfläche
R-G	Ruprechtshofen – Gresten
RGBl.	Reichsgesetzblatt (der österreichisch-ungarischen Monarchie)
RTM	Rotterdamsche Tramweg Maatschappij
RuK	Roessemann & Kühnemann
Rup	Ruprechtshofen
RVA	Rollwagenverladeanlage
S, S.	Spurweite; Seite
/s	pro Sekunde; Schmalspur (Stern & Hafferl: sm)
s. (a.)	siehe (auch)
Sb	Schiebebühne
SBB	Schweizerische Bundesbahnen
SG, SGP	Simmering und Graz, Simmering-Graz-Pauker
SHS	Königreich der Serben, Kroaten und Slowenen (siehe JDŽ)
SIG	Schweizerische Industriegesellschaft, Neuhausen
Simm, Sm	Waggonfabrik Simmering
SKGLB	Salzkammergut-Lokalbahn
SL, SR	Stirnladerampe
SLM	Schweizerische Lokomotivfabrik, Winterthur
SPD	Sozialistische Partei Deutschlands
SPÖ	Sozialistische Partei Österreichs
SS	Siemens-Schuckert
St	Steyrtalbahn
StEG	Staatseisenbahn-Gesellschaft
St&H	Stern & Hafferl, Gmunden
St(m)LB	Steiermärkische Landesbahnen
StP	St. Pölten
STW, StW	Stellwerk
SW, sW	sonstige Werkstätte
T	Dieseltankanlage
Tr	Treibrad (Durchmesser)
Tw	Triebwagen
U, UB	Umbau
UN, Un	Umnumerierung
U-Plan	Umzeichnungsplan
US	United States (Vereinigte Staaten von Amerika)
V	Triebfahrzeuge mit Verbrennungsmotor
Vi	Villach
VKEF	Verein der Kärntner Eisenbahnfreunde
Vmax	Höchstgeschwindigkeit (in km/h)
Vo	Vorchdorf (– Gmunden)
W	Wasserkran
W, WB	(bei NÖLB- oder BBÖ-Wagen) Waldviertelbahn, (bei StmLB-Wagen) Weiz – Birkfeld (auch W-B)
Wdhf, Wh	Rheiner Maschinenfabrik Windhoff AG, Rheine
WH	Wagenhalle
WN, WrN	Wiener Neustadt (Lokomotivfabrik)
WS, Ws	Werkstätte (Fahrzeuge)
YB	Ybbstalbahn
ZB	Zillertalbahn
Zf	Zugförderungsstelle
Zy	Zylinder (Durchmesser)

Kursive Abkürzungen in Waggonlisten bedeuten:

a) Bei BBÖ: wohl beschafften die BBÖ die betreffenden Wagen, sie bekamen aber noch Nummern entsprechend dem Schema der Vorgängerbahn.
b) Bei DRB: die betreffenden Wagen wurden nur zum Teil umnumeriert.

Streckenpläne

- Normalspurbahn / standard-gauge railway / chemin de fer à voie normale
- Schmalspurbahn / narrow-gauge railway / chemin de fer à voie etroite
- Bahnhof / railway station / gare ou station ▲
- aufgelassen / abandoned / abandonné
- Tunnel ▼
- Brücke oder Viadukt / bridge or viaduct / ▼ pont ou viaduct
- Grenze / border / frontière
- Fluß / river / cours d'eau
- Elektrizitäts-Werk
- F photogene Stelle / photogenie situation / endroit propice à la photographie
- Trajektverkehr / train-ferrry service / service de ferry-boat
- Rollschemelbetrieb / service avec trucks de transbordement / operation by transporter-truck
- ‰ Maximalneigung / maximal gradient (per thousand) / rampe maximum
- ∾ ähnlich oder ungefähr / similar / ressemblant
- * eröffnet oder gebaut (geliefert) / opening of line / date d'ouverture
- † kassiert / scrapped / abandonne

Lokstelle / shed / depot:

- Dampf / steam / vapeur
- Elektro
- Diesel

▲ z.B.: 3,6/214 = 3,6 km von Beginn der Strecke, Seehöhe 214 m.

▼ z.B.: 3,6(214 m) = Lage (3,6 km) und Länge (214 m) von Bauwerken. Bei einem längeren Bauwerk gilt die km-Zahl für dessen Anfang. Hat ein Bauwerk (Brücke oder Tunnel) keinen besonderen Namen oder ist es nach dem Fluß oder der nächsten Station benannt, so sind in der Streckenkarte nur die Kilometerzahl und die Länge angegeben.

Bahnhofspläne

- Schmalspurgleis
- Normalspurgleis
- Schmalspurschleppbahn
- 3 Dreischienengleis
- 4 Vierschienengleis
- Weiche
- Bw Gleisbrückenwaage
- LK Ladekran (fahrbar)
- Bahngebäude
- M Magazin
- sonstiges Gebäude
- Flug- (Bahnsteig-) dach
- Armsignal
- Scheibensignal
- Lichtsignal
- Gs Gleissperrschuh
- Abhang: Oberkante, Unterkante
- Schrankenanlage
- Haltepunkt, beleuchtet
- Trockenklosett

Fahrzeuglisten

Die Angaben über die Bauart der Lokomotiven entsprechen den Normen der UIC bzw. des VMEV (erklärt in IAL 2).

Die Gattungszeichen der Waggons sind auf Seite 339 erklärt. Steht in den Waggonlisten über dem bis-Strich ein Punkt (zum Beispiel 101∸107, so besagt dies, daß die betreffende Nummerngruppe nicht vollständig besetzt ist.

Fehlt in Waggonlisten eine Erbauer-Spalte, so hat die Waggonfabrik Graz die betreffenden Wagen gebaut, sofern in der Anmerkung keine andere Firma genannt ist.

Die *Bahnhofspläne* haben einen Längenmaßstab von 1 : 4000 (1 cm = 40 m) und einen Breitenmaßstab von 1 : 2000 (1 cm = 20 m). Daher erscheinen die Drehscheiben elliptisch. Ausnahme: der Bahnhofsplan Garsten ist in beiden Dimensionen im Maßstab 1 : 4000 wiedergegeben. Die Jahreszahlen geben an, welchem Stand die Bahnhofszeichnung entspricht. Bahnhofspläne ohne Jahreszahl zeigen den gegenwärtigen Bestand.

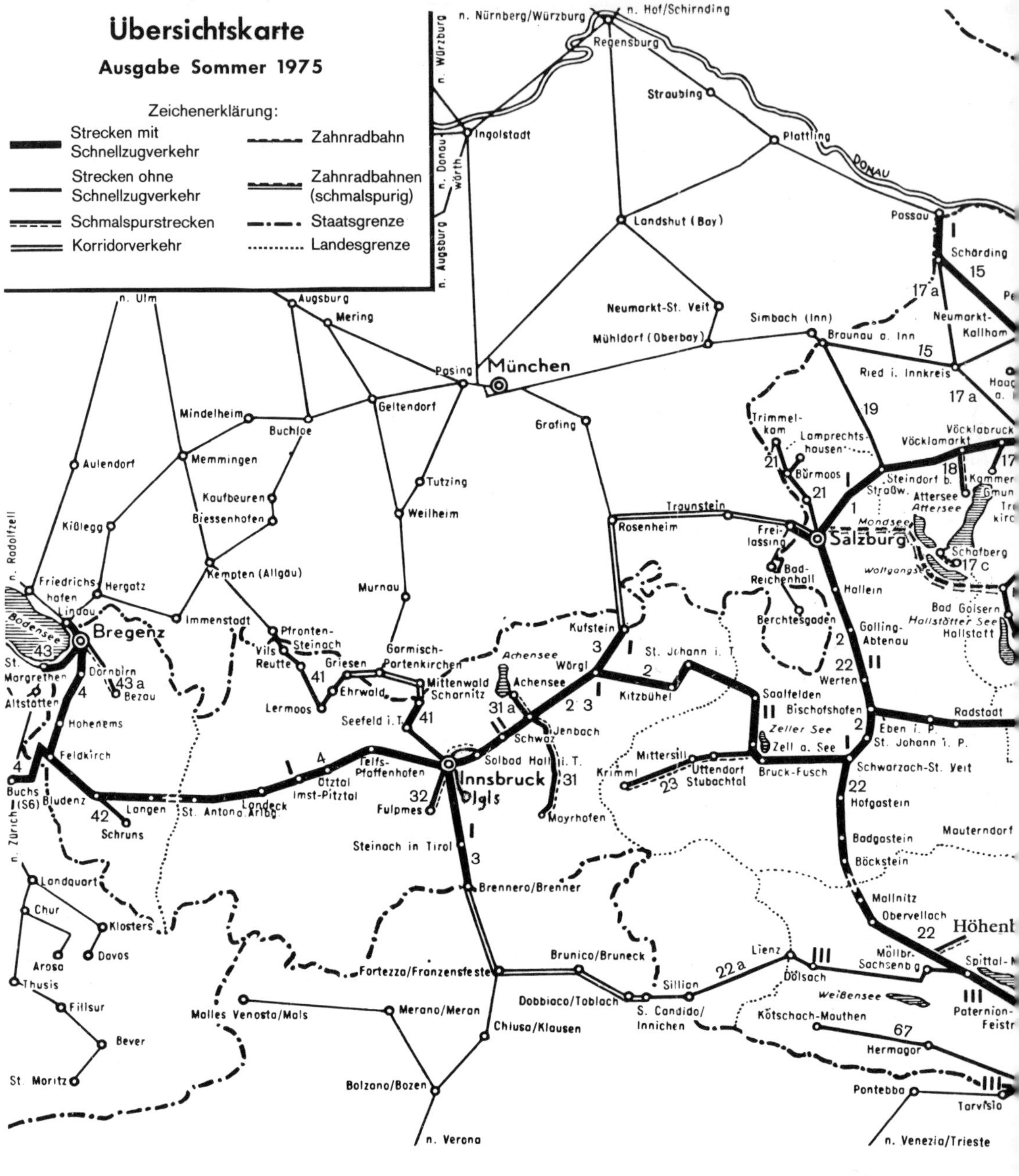

▲ Höhenbahn

▲ 18 Vöcklamarkt – Attersee

▲ Salzkammergut-Lokalbahn
Salzburg–Bad Ischl

▲ 23 Pinzgauer Lokalbahn
Zell am See – Krimml

▲ 31 Zillertalbahn
Jenbach – Mayrhofen

▲ Innsbruck – Hall

▲ Mittelgebirgsbahn

▲ Innsbruck – Igls

▲ 32 Stubaitalbahn
Innsbruck – Fulpmes

▲ 43a Bregenzerwaldbahn
Bregenz – Bezau

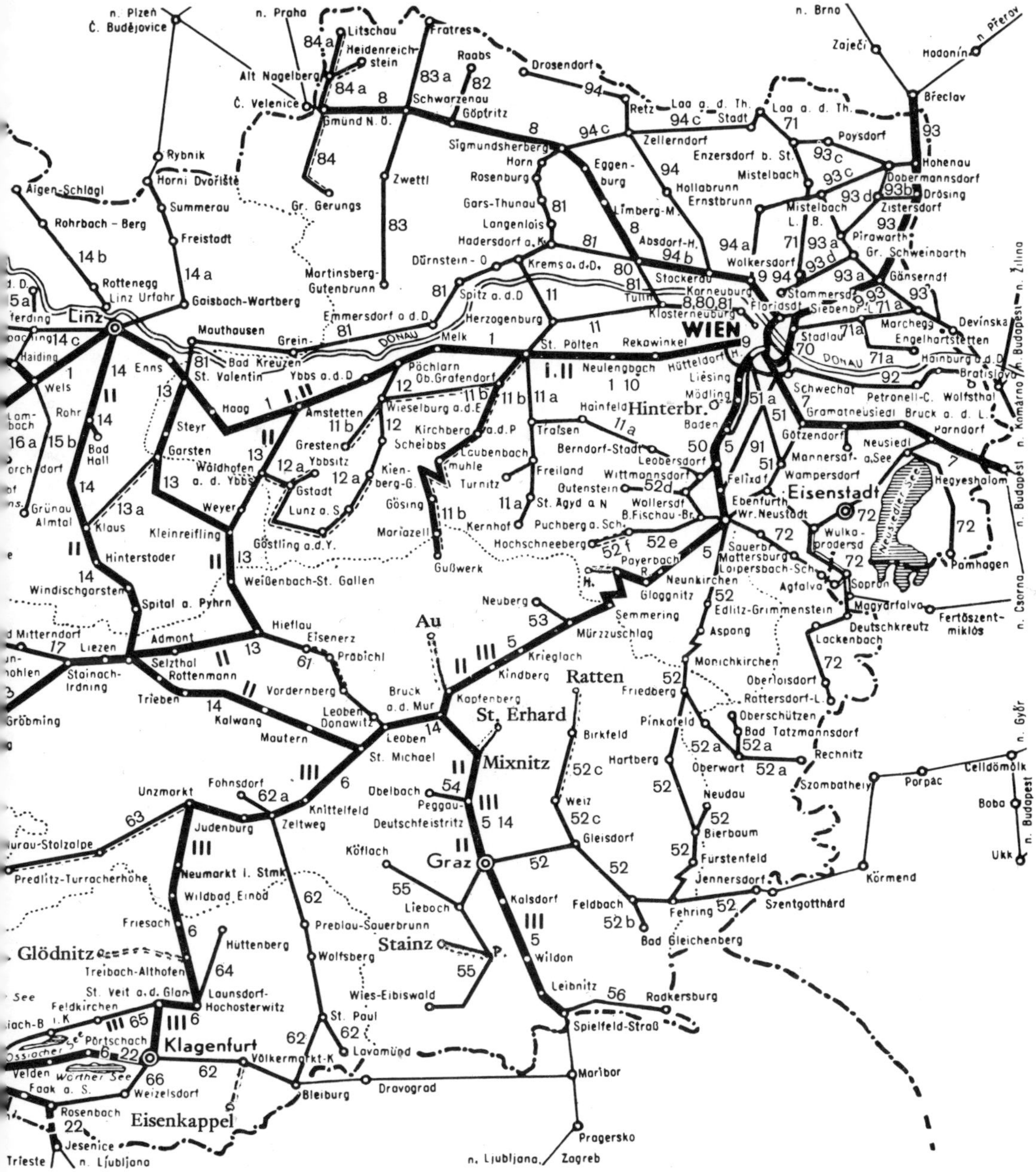

▲ Mödling – Hinterbrühl

▲ Payerbach – Hirschwang

▲ 52c Birkfeld – Weiz

▲ Mixnitz – St. Erhard

▲ 11b Mariazellerbahn
St.Pölten – Gußwerk/Gresten

▲ Kapfenberg – Au-Seewiesen

▲ 84, 84a Waldviertelbahn
Groß Gerungs – Litschau/Heidenreichstein

▲ 12a Ybbstalbahn
Waidhofen a.d. Ybbs – Kienberg-Gaming

▲ Kühnsdorf – Eisenkappel

▲ Gurktalbahn
Treibach-A. – Klein Glödnitz

▲ 13a Steyrtalbahn
Garsten – Klaus

▲ 63 Murtalbahn
Unzmarkt – Mauterndorf

▲ 16a Vorchdorf – Gmunden

Altösterreichische Schmalspurbahnen, die 1918 an Nachfolgestaaten fielen

Schmalspurbahnen in der österreichischen Reichshälfte der österreichisch-ungarischen Monarchie, die im Jahre 1918 zu den ČSD, PKP, FS, JDŽ und CFR kamen. Diese Bahnen erhielten ebenso wie die Schmalspurbahnen des Okkupationsgebietes Bosnien-Herzegowina ihr Rollmaterial im wesentlichen aus österreichischen Fabriken. Es finden sich daher in diesem Raum dieselben Bauarten wie in Österreich, wogegen die ungarische Reichshälfte eigenständige Typen entwickelte, die hier nicht berücksichtigt sind.

kkStB (760 mm)

	Konz. Urk. RGBl. Nr.	Baulänge	eröffnet	Dampflok	Pers.-wg.	Gep.-wg.	ged. Güterwagen	off. Güterwagen	Post-wg.	nach 1918
Bärn-Andersdorf (Ondrášov) – Hof in Mähren [1]	141/96	11,5	31. 12. 98	2	4	2	3	6	–	ČSD
Röwersdorf (Třemešná) – Hotzenplotz (Osoblaha)	141/96	20,6	14. 12. 98	3	4	2	3	2	–	ČSD
Neuhaus (Jindřichův Hradec) – Neubistritz (Nová Bystřice)	(129/94) 17/95	30,4	1. 11. 97	3	4	2	8	27	–	ČSD
Neuhaus (Jindřichův Hradec) – Wobratain (Obrataň)	168/04	44,1	24. 12. 06	3	8	3	10	26	–	ČSD
Przeworsk – Dynów [2]	39/02 76/03	46,2	8. 9. 04	4	7	3	14	48	–	PKP
Lupków – Cisna	201/96	25,3	22. 1. 98	3	2	2	4	46	–	PKP
Triest – St. Andrae – Buje	233/98 77/99	59,6■	1. 4. 02							
Buje – Parenzo	120/07	63,5	15. 12. 02	8	28	6	38	58	–	FS
		123,1	†1. 9. 35							
Spalato (Split) – Sinj	233/98	45,1×	12. 9. 03	3	9	3	30	16	–	JDŽ
Uskoplje – Gravosa ▼	233/98	14,5	16. 7. 01							JDŽ
Dolnja Glavska – Zelenika ▼	233/02	44,8	17. 7. 01							JDŽ
Czudin – Koszczuja	19/07 14/11	23,1	17. 10. 08	2	4▲		3	56	–	CFR
Brodina – Sipitul – Seletin [3]		21,3	10. 8. 12 26. 10. 13	2	4	1	3	41	–	CFR

Stand vom 31. 12. 1913

---

1 Betrieb am 15. 9. 1933 eingestellt; Strecke 1937 abgetragen; Hof heißt tschechisch Dvorec na Mor.

2 ab 1925 im Eigenbetrieb

3 Neue Bukowinaer Lokalbahn

▲ 3 Zweiachser, 1 Vierachser

■ Hievon 4,486 km gemeinsam mit den kkStB, und zwar 0,817 km mit der Linie Herpelje – Triest, 3,669 km mit der Schleppbahn Triest-St. Andrae – S. Sabba. In einer Länge von 2,652 km läuft das Geleise innerhalb des Hauptgeleises der kkStB (Linie Herpelje – Triest 0,128 km, Linie Triest-St. Andrae – S. Sabba 2,524 km).

× Von der Station Spalato läuft das Geleise der Schmalspurbahn in einer Länge von 5,105 km innerhalb des Hauptgeleises der Staatsbahnlinie Spalato – Knin.

▼ Uskoplje bis zur Grenze (2,496 km)
Dolnja Glavska bis zur Grenze (1,485 km)
dann in der kurrenten Strecke (7,453 km)
} Eigentum der bosnisch-herzegowinischen Landesbahnen
Diese kkStB-Strecken waren im Betrieb der Süddalmatinischen Staatsbahnen

Privatbahnen (760, 750 und 700 mm)

	Konz. Urk. RGBl. Nr.	Baulänge	eröffnet	Dampflok	Pers.-wg.	Gep.-wg.	ged. Güterwagen	off. Güterwagen	Post-wg.	nach 1918
Chybi – Schwarzwasser	35/11	5,2	11. 2. 11	2▲	4	–	2	2	–	PKP
Friedland (Frýdlant) – Reichsgrenze §	38/99	10,8	25. 8. 00	3	4	1	6	12	–	ČSR
Hruschau (Hrušov) – Polnisch Ostrau (P. Ostrava) §§	229/03	4,1	9. 1. 04	2 + 1 ET	6	–	2	10	–	ČSR
Smečno – Schlan (Slaný) *	246/08 130/11 227/13	14,1	16. 12. 08 + 1935	3	2■	2	10	110	–	ČSR
Mori – Arco – Riva	194/89	24,5	29. 1. 91	4	18	2	18	14	2	Italien
Pöltschach (Polčane) – Gonobitz (Slov. Konjice)	90/92	14,9	20. 12. 92	2	4	2	8 +	5	Div.	SHS

§ Friedländer Bezirksbahnen (Spurweite 750 mm)
§§ Mährisch-schlesische Lokalbahn, gemischter Betrieb (Elektro und Dampf)
* nur Güterverkehr; Spurweite 700 mm
■ vierachsig
▲ Dampftriebwagen

kuk Heeresbahn (Spurweite 760 mm)

Klausen (Chiusa) – Plan	31,0	6. 2. 16	11	–	–	3	34	● Italien
(Grödenbahn)		†28. 5. 60	1	3	–	11	28	□ Italien
Auer (Ora) – Castello (Fleimstalbahn) ◆	31,2	21. 4. 17	13	–	–	9	91	● Italien
Castello – Predazzo (Fleimstalbahn) ◆	18,7	20. 1. 18	3	4	–	7	11	□ Italien

● kuk Heeresbahn
□ Leihfahrzeuge von anderen Bahnen
◆ umgespurt auf 1000 mm und elektrifiziert; neuerliche Betriebsaufnahme 28. 10. 1929, stillgelegt 10. 1. 1963

Elektrische Bahnen (1000 mm)

	Konz. Urk. RGBl. Nr.	Baulänge	eröffnet	Lok/Tw	Pers.-Wg.	Gep.-Wg.	ged. Güterwagen	off. Güterwagen	Post-Wg.	nach 1918
Trient (Trento) – Malè ○	▲	59,6	14. 9. 09 12. 10. 09	– 14	16	–	30	43	3	Italien
Dermulo – Mendelpaß (Mendola)	244/06	23,6	2. 9. 09	– 5	5	–	5	7	–	Italien
Bozen (Bolzano) – Oberbozen Oberbozen – Klobenstein ×	137/06 175/07	♦11,6	13. 8. 07 29. 2. 08	4 4▼	2	–	3	3	–	Italien

▼ ET mit Gepäckabteil
× Rittnerbahn
○ Betrieb durch kkStB
▲ RGBl. 85/01, 122/05, 4/07, 195/05, 84/07
♦ Hievon 4,097 km Zahnstangenstrecke; 0,164 km gemeinsam mit der Kleinbahn Bozen – Gries

Literatur

P. Allen / P. Whitehouse: *Narrow Gauge Railways of Europe,* London, 1959

F. Aschauer: *Oberösterreichs Eisenbahnen,* Wels, 1964

O. Bamer: *Modernisierung der Schmalspurbahnen der ÖBB,* in den *VdEf-Mitteilungen 8/1960*

O. Baschny: *Waldbahn Reichraming,* im *Wald- und Holzarbeiter,* 12/1958 und 11/1959

H. Bürnheim: *Die Lokalbahnen der Firma Stern & Hafferl,* in den *Hamburger Blättern* 10/1960

M. Drude: *Nebenbahnen in ländlichen Räumen – Zur Erfassung ihres Wohlstandsbeitrages,* Schriften zu Regional- und Verkehrsproblemen in Industrie- und Entwicklungsländern, Berlin, 1971 *)

K. Feiler: *Die alte Schienenstraße Budweis–Gmunden,* Wien, 1952

H. Fröhlich: *Die niederösterreichische Waldviertelbahn,* in den *Kleinbahn-Berichten* 10/1961

H. Griebl: *Die Industriebahn der Vorarlberger Illwerke,* in den *Kleinbahn-Berichten* 7/1960

A. Koci: *75 Jahre elektrische Eisenbahnen in Österreich,* Wien, 1955

J. Konrad: *Die Steiermärkischen Landesbahnen,* Graz, 1956 (in *Die Steiermark – Land, Leute, Leistung)*

J. Kössner: *Die Waldbahn Steinhaus–Rettenegg,* in *Eisenbahn* 11/1958

J. Kössner: *Die Kohlenbahnen im Hausruck,* in *Eisenbahn* 10–11/1960

A. Lehner: *Neuere Fahrbetriebsmittel für Schmalspur der Österreichischen Bundesbahnen,* in *Gewichtsersparnis im Transportwesen,* Jg. 1938, Heft 1–2, Seite 7 bis 10

(A. Lehner): *Die Entwicklung der Dampflokomotive in Österreich,* in *Die Entwicklung der Lokomotive im Gebiete des Vereins Mitteleuropäischer Eisenbahnverwaltungen,* II. Band (1880–1920), München 1937

A. Luft: *Die Niederösterreichische Waldviertelbahn,* Wien, 1973

A. Luft: *Die Murtalbahn in Wort und Bild,* Murau, 1974 *)

J. Matznetter: *Karte der Entwicklung des Eisenbahnnetzes* (ebenso Neigungen und Streckenbelegung), *Atlas von Niederösterreich,* Wien, 1952

P. Mechtler: *Gescheiterte Eisenbahnprojekte in Niederösterreich,* in *Unsere Heimat,* 1953, S. 97

B. Morgan: *The End of the Line,* London, 1955; S. 143–158: Österreich

M. Muschak: *Die Schmalspurlokomotiven Österreichs,* in den *VdEf-Mitteilungen* 8–10/1960

A. Niel: *Die Feistritztalbahn,* Wien, 1970 *)

A. Niel: *Der 'Vike' fährt durchs Kärntner Unterland* (Kühnsdorf–Eisenkappel), Klagenfurt, 1971 *)

W. Nördling: *Stimmen über schmalspurige Eisenbahnen,* Wien, 1871

H. Palt: *Festschrift zur 75-Jahrfeier der Eröffnung der Pielachtalbahn,* 1973

E. Petroni: *Die Schmalspurbahnen Österreichs,* in *Eisenbahn* 6–7/1961

F. Pfeffer: *Oberösterreichs erste Eisenbahnen* (Pferdebahn Budweis–Linz–Gmunden), in den *Oberösterreichischen Heimatblättern,* 1951, S. 97–181

H. Prinz: *50 Jahre Niederösterreichische Waldviertelbahn,* Gmünd, 1950

E. Rihosek / A. Schmidmayer: *Entwicklung des Reisezugwagenparks der Österreichischen Bundesbahnen seit 1945,* in der *Eisenbahntechnischen Rundschau,* Jg. 1974, S. 468–475

J. Rihosek: *Die Lokomotiven der ehemaligen Bosnisch-Herzegowinischen Landesbahnen,* in *Eisenbahn,* 1–9/1951, dazu Ergänzungen von K. Schäffer in Heft 10–11/1951

V. Röll: *Enzyklopädie des Eisenbahnwesens,* 1. und 2. Auflage, Wien, 1890–1921

G. Roselli: *La ferrovia Trieste–Buie–Parenzo e i problemi ferroviari dell' Istria e di Trieste,* Trieste, 1972 *)

W. Saliger: *Österreichische Spezialwagen für Schwertransporte auf Regelspur und auf Schmalspur,* in der *Eisenbahntechnischen Rundschau,* Jg. 1973, Heft 3, S. 88–98

J. Slezak: *Von Salzburg nach Bad Ischl* (SKGLB), Wien, 1958 und 1959

J. Slezak: *Waldbahn Lunz–Langau,* im *Eisenbahner* 17–18/1960 und im *Wald- und Holzarbeiter* Nr. 3/1961

J. Slezak / H. Sternhart: *Die 100jährige GKB,* Wien, 1960; S. 6: GKB-Projekt Preding–Stainz

J. Slezak: *Der Giesl-Ejektor;* Wien, 1967 *)

M. Stepan: *Prehledne dejiny československych železnic* 1824–1948, Praha, 1958

H. Stockklausner: *Österreichs Lokomotiven und Triebwagen in Wort und Bild,* Wien, 1949 und 1954

W. Tausche: *Dampflokomotiven auf der Steyrtalbahn,* Stuttgart, 1974 *)

J. Teichtmeister: *Die elektrisch betriebene Mariazellerbahn,* in der *Verkehrswirtschaftlichen Rundschau* 10/1935

M. Weber: *Normalspur und Schmalspur,* Wien, 1876

J. Wenusch: *Die Schmalspurbahnen und ihre volkswirtschaftliche Bedeutung,* Wien, 1904

F. Zezula: *Im Bereiche der Schmalspur,* Sarajevo, 1893

---

*) Diese Veröffentlichungen sind noch im Handel.

Geschäftsberichte der einzelnen Bahnverwaltungen

Geschichte der Eisenbahnen der österreichisch-ungarischen Monarchie, Wien, 1898 und 1908 (vor allem Band I-2, S. 467 und V-1, S. 283 und 543)

Österreichs Straßenbahnen in Wort und Bild, Wien, 1951; darin u. a. Mödling – Hinterbrühl, Unterach – See, Graz – Maria Trost, Innsbruck – Hall/Igls, Dornbirn – Lustenau

50 Jahre Stubaitalbahn, Innsbruck, 1954

20.000 Schriftquellen zur Eisenbahnkunde, Kassel 1941

Beschreibungen österreichischer Schmalspurlokomotiven in den Zeitschriften *Die Lokomotive* (Lok), *Verkehrswirtschaftliche Rundschau* (VWR), *Eisenbahn* (Eb) und *Organ für die Fortschritte des Eisenbahnwesens:*

Reihe Bh:	Lok 1910, S. 225	Reihe P:	Lok 1912, S. 83	Reihe 2021/s:	VWR 9/1936
Reihe G:	Lok 1935, S. 147		Lok 1927, S. 220	Reihe 2041/s:	Lok 1936, S. 91
Reihe Gv:	Lok 1926, S. 30	Reihe Uh:	Lok 1931, S. 29	Reihe 2070/s:	Organ 1935, S. 351
Reihe Kh:	Lok 1924, S. 168	Reihe Yv:	Eb 1950, S. 36		VWR 9/1936
Reihe Mh:	Lok 1906, S. 124	Reihe Z:	Lok 1931, S. 29		
	Lok 1907, S. 193	Reihe E:	Eb 1960, Mod.-S. 51		

Weiterführende Literatur

Schriftenreihe *Internationales Archiv für Lokomotivgeschichte (IAL)*

Die angegebenen Preise beziehen sich auf das Jahr 1975; Preisänderung vorbehalten.

IAL 1 **Die Lokomotivfabriken Europas**; 32 Seiten, 18 Fotos; *vergriffen*

IAL 2 **Verzeichnis der deutschen Lokomotiven 1923–1965**; mit einer Übersicht der Lokomotivbezeichnungssysteme Europas; 160 Seiten, 2., erweiterte Auflage; öS 70.–

IAL 3 **Schmalspurig durch Österreich**; 2., erweiterte Auflage, 352 Seiten öS 360.–

IAL 4 **Geschichte der deutschen Kriegslokomotiven – Reihe 52 und 42**; 352 Seiten, 90 Fotos, 22 Skizzen, Einzelnummernverzeichnis mit Baudaten und Umnumerierungen nach 1945; öS 240.–

IAL 5 **Österreichs Zahnradbahnen**; *in Vorbereitung*

IAL 6 **Die GySEV** – Geschichte und Fahrpark der Györ–Sopron–Ebenfurter Eisenbahn sowie der Neusiedlerseebahn; 96 Seiten, 50 Fotos, 5 Pläne, 144 Fahrzeugskizzen öS 70.–

IAL 7 **Der Giesl-Ejektor – Verjüngungskur für Dampflokomotiven**; 64 Seiten, 70 Fotos, 5 Skizzen; öS 42.–

IAL 8 **Geschichte der Sechs- und Siebenkuppler**; *in Vorbereitung*

IAL 11 **ČSD-Dampflokomotiven** – Die Geschichte der tschechoslowakischen Dampflokomotiven 1918–1968; 2 Teile (auch einzeln lieferbar) je öS 160.–
Teil 1: Text, 111 Fotos (Kunstdruck), 60 Typenskizzen, 160 Seiten;
Teil 2: Einzelangaben mit Baudaten sowie früheren und späteren Nummern, 176 Seiten

IAL 12 **Die Lokomotiven der Republik Österreich – Dampf/Elektro/Diesel 1918–1973**; 2. Auflage, 288 Seiten, 240 Fotos, 128 Typenzeichnungen, 10 Tabellen (BBÖ- und ÖBB-Reihen, Abmessungen) öS 270.–

IAL 12a **Ergänzungsteil** zur 1. Auflage 'Lokomotiven der Republik Österreich'; 80 Seiten, 88 Fotos, 8 Typenzeichnungen, Summary in English öS 90.–

IAL 13 **Lokomotivverzeichnis der Republik Österreich (BBÖ, ÖStB, ÖBB, Privatbahnen)**; Einzelnummern; *in Vorbereitung*

IAL 17 **Die Dampflokomotiven Jugoslawiens**; 196 Seiten, 263 Fotos (davon 5 färbig), viele Tabellen (Abmessungen, komplette Reihenübersichten SDŽ, SHS, JDŽ/JŽ und verstaatlichte Privatbahnen, Normal- und Schmalspur) öS 240.–

IAL 20 **Dampftramway Krauss & Comp. in Wien**; 224 Seiten, 180 Zeichnungen (Strecken- und Gleispläne, Profile, Bauten), 97 Fotos (Kunstdruck), Fahrparklisten, Statistik; öS 240.–

IAL 21 **Hundert Jahre Badner Bahn**; 192 Seiten, 2 Farbbilder, 200 Schwarz-Weiß-Fotos (auf Kunstdruckpapier), 81 Typenzeichnungen (1:100), 32 Pläne und Zeichnungen, Fahrparklisten, Statistik öS 240.–

Außerhalb der IAL-Reihe sind erschienen:

Straßenbahn in Wien; 352 Seiten, 254 Fotos (davon 5 färbig), 346 Typenskizzen; Summary in English öS 270.–

Straßenbahn Ybbs (Spurweite 760 mm); 24 Seiten, 17 Fotos, 33 Zeichnungen und Pläne öS 30.–

Kahlenbergbahn (Zahnradbahn in Wien, 1874–1922); 16 Seiten, 20 Fotos, 1 Aquarell in Farben, 1 Plan, 3 Skizzen öS 30.–

Arlbergbahn; Bauliche Anlagen (Stand 1890) und Lokomotiven (1896); 2 Nachdrucke; 20 Seiten Text, 6 Seiten Tabellen (Tunnel, Brücken, Viaduckte, Fahrpark, 21 Ausfalttafeln mit hunderten Übersichts- und Detailzeichnungen der Gleisanlagen und der Bauwerke) öS 95.–

DRB: **12. Verzeichnis der SF-Züge, 6. Oktober 1941**, Nachdruck; West-, Südost-, Ost-, Nord- und Heimat-SF-Züge (Schnellzüge für Fronturlauber) öS 120.–

Ergänzungen und Berichtigungen

Seite 34, 2. Absatz, 1. Zeile:
... die Leistung einer *Lokalbahn* trotz Autokonkurrenz ...

Seite 69; Ergänzung zum 1. Absatz (Reihe Uh):
Es sollten alle Lokomotiven der Reihe Uh auf Lentz-Steuerung umgebaut werden, tatsächlich erhielten eine solche aber bloß die Lokomotiven Uh 04 und ZB 5.

Seite 73; vor dem 3. Absatz fehlt die Zwischenüberschrift:
1965 StmLB VL 11–16

Seite 75, 2. Absatz, vorletzte Zeile:
... von *750 mm* ... auf 760 mm geändert.

Seite 109, oberes Bild:
Die JDŽ-Lokomotive 81-001 erhielt die DRB-Nummer 99 831.

Seite 154, unteres Bild:
... *Neubauten* von Knotz. (Firma Franz Knotz, Wien, ist ein Stahl- und Kesselbauwerk, das sich neuerdings auch mit dem Bau von Eisenbahnfahrzeugen befaßt.)

Seite 236, Tabelle 'Lokstand 1939–1943', rechte Spalte:
Bitte berichtigen: 99 *1003* RBD Linz

Seite 274, 9. Skizze; die Nummernangabe bei diesem Sägespänewagen muß lauten:
OOm 76869–76870 (UB)

Seite 292, 3. Skizze; die Nummernangabe muß lauten:
StmLB Jh 5510"

Seite 312; bei SKGLB-Lokomotive 12 bitte ergänzen:
Derzeit in einem privaten Fahrzeugmuseum in Marxzell bei Karlsruhe

Seite 320, rechte Zeichnung in der 3. Reihe; bitte Beschriftung ergänzen:
ZB VT 2

Zillertalbahn-Güterwagen G 74, Baujahr 1929, und ÖBB-Gepäckwagen in Spantenbauweise 6504 (aufgenommen am 28. 10. 1973 in Gmünd). Auf beiden erkennt man die für österreichische Schmalspurwagen typischen Gattungszeichen in Form einer Bruchzahl, wobei der 'Nenner' s *schmalspurig* bedeutet. *Foto Grazer Waggonfabrik und H. Sternhart*